"职引未来"系列丛书

蜕变

职校生的华丽转身

【上册】

"职引未来"系列丛书编委会 编

全国职业院校
优秀毕业生成长案例集

机械工业出版社
CHINA MACHINE PRESS

本书为全国职业院校优秀毕业生成长案例集，分为上下两册，收录了19个专业大类共97个毕业生各行各业成长成才的群像故事。每个故事以第一人称展开叙述，主要按照初/高中时期、中/高职时期、工作时期的成长脉络娓娓道来。本册为上册，共46个故事。他们中有为导弹雕刻"翅膀"的大国工匠、检修大国重器的"通关王"、高铁列车上的"大管家"，还有扎根基层小岗位、守护百姓大安全的维修工等。一个个鲜活的案例，呈现职校生的百样人生和追梦故事。文中还设置了"职业指南·家长选读""核心能力模型""工作后需要的职业类证书""进修学习路径""主要就业方向""主要专业能力"模块，指引读者进一步了解我国目前的职业教育及行业信息。

本书旨在通过榜样的引领，帮助中学生及家长、在读职校生熟悉和了解职业教育，以及相关职业的就业前景和发展路径，实现职业和生涯规划指导前移，提高职业教育的社会认可度，为职业教育发展注入新动能。

图书在版编目（CIP）数据

蜕变：职校生的华丽转身：全国职业院校优秀毕业生成长案例集. 上册 /"职引未来"系列丛书编委会编. 北京：机械工业出版社，2025.4. -- ISBN 978-7-111-78074-8

I. K828.4

中国国家版本馆CIP数据核字第2025FX2638号

机械工业出版社（北京市百万庄大街22号　邮政编码100037）
策划编辑：张晓娟　　　　　责任编辑：张晓娟　彭　婕
责任校对：陈　越　张　征　责任印制：常天培
北京联兴盛业印刷股份有限公司印刷
2025年5月第1版第1次印刷
184mm×260mm·18.25印张·380千字
标准书号：ISBN 978-7-111-78074-8
定价：128.00元（共2册）

电话服务　　　　　　　　网络服务
客服电话：010-88361066　机　工　官　网：www.cmpbook.com
　　　　　010-88379833　机　工　官　博：weibo.com/cmp1952
　　　　　010-68326294　金　书　网：www.golden-book.com
封底无防伪标均为盗版　　机工教育服务网：www.cmpedu.com

"职引未来"系列丛书编委会

顾　问：林　宇　　王路江
主　任：许世杰　　王振洪
副主任：翟东海　　陈海荣　　劳虓虓　　毕德全
编　委：丁　君　　刁　帅　　于永国　　于　佳[一]　　于　佳[二]　　王小庆　　王　文
　　　　王　东　　王永宁　　王沁琳　　王若男　　王清皿　　尹　明　　布俊峰
　　　　叶　青　　冯宝晶　　吉高云　　朱华玉　　朱晓宜　　乔晓丽　　庄文玲
　　　　刘　译　　刘金文　　刘　勇　　刘晏苹　　刘紫馨　　江友农　　许　安
　　　　孙　琳　　苏　娟　　李文新　　李兆河　　李更新　　李彦江　　李　娜
　　　　杨晓霞　　杨晶晶　　吴文平　　汪　妍　　张文涛　　张　百　　张庆超
　　　　张定华　　张翔宇　　张　媛　　张瑞珏　　张慧香　　陆兰甜　　陈　民
　　　　陈杭琪　　陈国超　　陈佳俊　　陈玲玲　　陈　树　　陈晓光　　陈　雷
　　　　周基燕　　周　斌　　郑印乐　　郑依蕾　　郑　晓　　赵　盈　　赵　健
　　　　赵　舵　　赵群芳　　郝　平　　胡　昊　　施丽敏　　贺辉群　　班兰美
　　　　袁红燕　　袁　林　　贾倩倩　　贾　倬　　夏先进　　原　茜　　钱瑶琳
　　　　倪研贤　　徐天舒　　徐永恒　　徐　敏　　徐　超　　郭天鹏　　唐明明
　　　　黄　欢　　龚　芳　　崔　娟　　崔晨秋　　梁达正　　斯德斌　　蒋一凡
　　　　嵇　怡　　程慧兰　　温雷雷　　谢礼炮　　谢建华　　蓝俊以　　蒙加林
　　　　路　静　　魏　麟

[一] 来自广东食品药品职业学院。
[二] 来自海南经贸职业技术学院。

在职业教育这条路上，你们将接触到许许多多看似简单却蕴含无穷智慧的技能。它们不仅仅是个人谋生的手段，更是你们认识世界、改变世界的工具。职业教育并非人生的次选，而是通往成功的另一条宽广大道。

真正的成功不仅仅在于对技能的掌握，更在于如何运用这些技能去创造价值、去服务社会，用行动去传承工匠精神，培养工匠之心。

不要轻视自己的选择，也不要畏惧前方的挑战。在职业教育这片沃土上，你们同样可以生根发芽、茁壮成长，最终绽放自己的精彩人生。

山东港口青岛港青岛前湾集装箱码头有限责任公司

工程技术部 固机高级经理

全国人大代表，第十一届、十二届全国人大常委，全国优秀共产党员

"人民工匠"国家荣誉称号获得者，改革开放杰出贡献者

"全国五一劳动奖章"获得者，全国劳动模范

序

以中国式现代化全面推进中华民族伟大复兴，使我国十四亿多人口整体迈进现代化，是世界历史上的伟大壮举。而中国式现代化的关键是人的现代化。高质量发展需要与之相匹配的人才数量、结构、质量。仅以高技能人才占技能人才比例这一数据为例，我国高技能人才总量超过6000万人，占比约为30%，与德国50%和日本40%相比，仍有不小的差距。尽管我国已建成全世界规模最大的职业教育体系，但我们应清醒地认识到，整个社会对职业教育的偏见仍然存在，对技能人才的成长通道依然模糊，对职校毕业生出彩人生的传播还远远不够。

为此，教育部职业教育与成人教育司委托高校毕业生就业协会（以下简称"协会"）编撰"职引未来"系列丛书，希望挖掘具有行业代表性、成长示范性的职校毕业生案例，营造人人皆可成才、人人尽展其才的良好环境，让社会各界更加深入了解职业教育，特别是帮助中学生及家长熟悉相关职业的就业前景和发展路径，实现职业和生涯规划指导前移，提高职业教育社会认可度，将习近平总书记"职业教育前途广阔、大有可为"的重要指示落到实处。

首批案例征集自2023年9月15日正式启动，由协会职业教育就业工作委员会具体负责。该分支机构是由教育部学生中心领导提议、在教育部职业教育与成人教育司有关领导支持下正式设立的。仅仅两个月，协会职业教育就业工作委员会便组织181所职业院校提供了302个案例，覆盖了高等职业教育全部19个专业大类。经专家评审，最终从产教融合深度、职业成长亮度、社会示范广度三个维度精选出97个典型案例。

这些案例，既有支撑"中国制造2025"的智能工厂的技术能手，也有服务乡村振兴的业务骨干；既有突破"卡脖子"技术的大国工匠，也有传承非遗的灵魂艺人；还有不少勇于开拓的创业者。这97个成长样本，对职校学子而言，是照亮生涯规划的北斗星辰；对职业教育而言，是提升吸引力的重要举措；对整个社会而言，希望这些案例能以"普通人的非凡故事"解除偏见，用"小人物的大时代叙事"说明价值。

前不久，一位曾在腾讯工作多年的好友来看我，谈起她因两个孩子考试成绩不理想而准备移民海外。在办公室和她聊天时，我把一些案例拿给她看，期待着这些真实的成长故事，能让这些被升学焦虑裹挟的父母获得新的启示。

最后，感谢教育部职业教育与成人教育司、协会领导在本书创作过程中给予的指导、支持和帮助，感谢协会职业教育就业工作委员会、机械工业出版社各位领导和评审专家付出的辛勤工作，感谢积极参与案例征集的各高职院校同仁对此项工作的热情支持。

共同的努力，为的是同样的希望：在实现中国式现代化的伟大征程中，希望每一个孩子都能成才、出彩……

许世杰

高校毕业生就业协会驻会副会长，教授

前　言

看见另一种可能——职业教育的光荣与梦想

在这个崇尚多元价值的时代，"成功"的定义正被重新书写。当社会依然被"名校情结"与"学历焦虑"裹挟时，我们希望通过这本凝聚了部分高职院校优秀毕业生成长轨迹的故事集，为千万家庭打开一扇窗——这里没有刻板印象中"末路选择"的叹息，只有一群在职业教育的土壤里扎根生长、最终破土成荫的追光者。

一、真实的力量：用生命叙事打破偏见

本书的每一页都浸透着"现场感"。当毕业生亲口讲述"我"如何从初高中时期的兴趣萌芽（如漫画少女在线条色彩创造的形象中窥见美的力量、烹饪少年被美食节目里馋涎欲滴的佳肴点燃职业理想），到高职阶段将爱好淬炼为专业技能，再到职场中用汗水浇灌出职业尊严时，这些带着温度的文字本身便是对"职教低人一等"最有力的回应。这些故事拒绝长篇大论的说教，而是通过"技能大赛领奖后永不止步的突破""自主改良创新工艺获得国家专利背后的每一个巧思""带领团队攻克卡脖子技术难关的通宵达旦"等细节，让读者看见：职业教育培养的从来不是流水线上的螺丝钉，而是有灵魂的匠人、有创造力的工程师、有社会担当的创业者。

二、成长的镜像：职教体系的立体图景

书中人物的多样性构成了职业教育的全景图谱：有在世界技能大赛上摘金夺牌的"技术状元"，有将非遗技艺与现代设计融合的文化传承者，有在乡村振兴中带领村民致富的新农人，也有在航空航天、人工智能等高新领域崭露头角的青年工程师。他们共同印证着一个被忽视的真相——职业教育不是"考不上本科的退路"（国家已开设职教本科），而是一条与普通教育并行的成才赛道。书中特别设置的人物成长坐标轴（如"初/高中时期—中/高职时期—工作时期"）、职业指南·家长选读、核心能力模型、工作后需要的职业类证书、进修学习路径、主要就业方向、主要专业能力等小模块，以及覆盖了所有职业大类的筛选汇编原则下的众多典型性案例的群像支撑，更直观地展现了职教人才如何嵌入中国制造的筋骨、撑起社会运行的脉络。

三、时代的注脚：个人奋斗与国家命运的交响

这些故事的价值不仅在于个体的"蜕变"，更在于与时代命题的深层共振。当"大国工匠""技能强国"成为国家战略，政策环境日益友好，书中主人公们用焊枪连接起高铁动脉，用代码赋能智能制造，用设计重塑文化自信的实践，恰恰诠释了职业教育如何成为产业升级的"人才引擎"，也揭示了职业教育与经济社会发展的共生关系。书中特邀的职教领域前辈、专家、学者纷纷为学子擘画职业未来，或嘱托勉励，或出谋划策，从政策高度、产业前沿、个人成长等多重视角，描绘佐证了个人是如何通过正确的选择与努力，融入对于提升国家竞争力具有重要意义的职业教育，从而获得了"人生出彩的机会"。

四、致读者：重新定义成功的坐标系

亲爱的读者，如果你是家长，当你为孩子的升学焦虑时，不妨看看这些故事：那个痴迷电器拆装的"捣蛋鬼"如何成长为驾驭"变形金刚"的高级技师，那个偏科的"后进生"怎样蜕变为一个已收入破亿的国家级专精特新企业的创业者。亲爱的读者，如果你是一名学生，如果你正在职业教育的路口徘徊，这些主人公们的足迹会告诉你：重要的不是站在哪条跑道上，而是如何全力奔跑。本书绝无删减主人公所亲历的"职校生的身份焦虑""初/高中时期、实习期、工作实践中的挫败"，更撕开了"成功叙事"的滤镜，展现真实困境中的破局智慧——这或许比任何励志口号都更有力量。

教育不是流水线，其目的从不是制造同一型号的"优秀产品"，而是让每颗种子都找到属于自己的土壤。当德国很多的企业高管和管理层人员都有职业教育背景、瑞士钟表匠与银行家共享同等社会尊重的今天，每年有过千万毕业生的中国职业教育正在书写自己的答案——"人人皆可成才，人人尽展其才"。愿本书能成为一块敲门砖，敲开社会偏见的围城；更愿这些带着机油味、烟火气、创新激情的成长故事，让更多人看见：人生的精彩，从来不只有一条路。

本书是教育部职业教育与成人教育司委托高校毕业就业协会的专项工作，在本书案例的征集、评审、编撰等一系列工作中，得到了教育部职业教育与成人教育司、教育部职业教育发展中心、高校毕业生就业协会及其职业教育就业工作委员会的大力支持，对这些单位及有关领导给予的指导和辛苦工作表示衷心的感谢。还要感谢所有参与案例撰写、修改、审读的院校、老师及我们的案例人，没有你们的支持和配合，就不会有如此精彩的故事呈现。

丛书策划　马小涵

专家推荐

职引未来，助力成长

有幸参加高校毕业生就业协会组织的"职引未来"职校生成才成长案例的评审工作，看到了不一样的职校生的成长成才鲜活样本，阅读了新时代职校生坚毅沉稳、奋力拼搏、渐进成长、崭露头角的故事。我被深深地感动，这也改变了我对职校生的传统认知，引发了我一些新的思考。

从成长成才的类型看，其中大致有三类人才：

（1）本专业岗位成才。从所学专业岗位逐步成长晋升，从青涩的学徒，到技术能手、技术骨干，最终华丽蜕变为高级技师、高级工程师和大国工匠。此种情况在制造业领域居多。

（2）从初级岗位起步成长为管理者。因为业务技术精湛，钻研能力强，在负责某项工程项目或某个专业岗位中成绩卓著，进而逐级晋升成为中高层管理者。此种情况在建筑、交通、电子等行业做出成绩者居多。

（3）个体创业成才成功者。开始项目都是微小投入，大多开始是小规模，后来逐步拓展发展，企业越做越大，进一步在产业链上延伸发展，与大多数民营企业家创业早期成长路径何其相似。此种情况在园艺、设计、广告、烹饪，甚至种养植业均有成功案例。

成长规律具有普遍性，也十分契合积极心理学的理论。萌生志向，专心致志；持续改进，蓄积实力；升级突破，渐入佳境。根本动力是向上发展、渴望改变的强大内驱力。

难能可贵的是农村创业成才的比例不少，许多还是投身于不被外界看好的种养植业，充分展示了新时代青年为改变家乡面貌、为乡村振兴做出的贡献，树立了职校生区别于第二、三产业成长的榜样，"解锁"了职校生成长成才路径的"新密码"。

曾几何时，职校生一直被定义为"差生"，中（高）考分数低、家庭教育被误解，更难以与创业成才的"骄子"相提并论了。

但是"职引未来"征集到的样本给我们展示了职校生成长成才异于传统认知的生动故事，更难能可贵的是彰显了他们不一样的奋斗、不一样的精气神、不一样的成才路，职校生也有人生出彩的机会。

我们需要做的：

首先，改变对职校生的传统认知。运用先进的教育理念和教育方法，摒弃对职校生的传统认知和评价。按照加德纳多元智能理论：人类智能可以分为不同类型，语言智能与数理逻辑智能占优的学生在现行考试制度下更易脱颖而出，但其他智能类型占优的学生以及智能均衡的学生在社会中同样具有重要的价值和作用，因此职校生不必"内卷"和自卑，相信终有适合的土壤与机会，助你在技术技能教育旅途中拔得头筹。

其次，学校教育要深化综合改革，改变传统评价方法，创造更好的鼓励职校生创新创业的环境。不可否认，现有职业教育院校"双创"问题还是不少的。如"双创"的文化氛围不浓，因为起步迟，"双创"的师资力量严重不足，还缺少真正意义上的"双创"孵化器和配套的激励措施。偶然读到法国教育心理学家让娜·西奥·法金所著书中的一句话，给我极深的触动："周围有充满善意的大人，他们朝着同一个方向努力，让孩子实现充分发展。"然而我们职校生周边不少是埋怨的氛围。如果我们的学校都充溢着善意环境，在不同教育环境中精心呵护，在科创深化、课程设计、社团培育、体育艺术方面多向发力，在"双创"系列化、体系化方面再下大功夫，我们职校生一定会成长得更快更好。

最后，社会也要创造更多有利于职校生成长成才的条件。要让职业教育有吸引力，首先是技术技能人才要有吸引力。当前还缺乏对技术技能人才在薪酬制度、社会舆论，以及向上发展空间等方面有力的政策举措。期待政府在这方面的重大制度创新，为源源不断地产生能工巧匠和大国工匠创造和谐环境。

2024年，习近平总书记参加十四届全国人大二次会议江苏代表团审议时强调，我们要实实在在地把职业教育搞好。早在2014年全国职教工作会议上，习近平总书记专门针对职业教育发展做出重要指示，要树立正确人才观，培育和践行社会主义核心价值观，着力提高人才培养质量，弘扬劳动光荣、技能宝贵、创造伟大的时代风尚，营造人人皆可成才、人人尽展其才的良好环境，努力培养数以亿计的高素质劳动者和技术技能人才……努力让每个人都有人生出彩的机会。"出彩"的原义来自戏剧表演，这里特指让人完美地展现自己的长处。如何让职校生充分发挥他们的潜力和长项，实现在专业岗位上成长晋升，在创业道路上成功拓展，让他们也有人生出彩的机会。这是对政府、学校、社会统筹推动，出实招出硬招，切实落实习近平总书记指示精神的最好检验。

沈剑光
宁波市职业技术教育学会会长，宁波市教育局原书记、局长

选好专业更能学好专业的三大"秘诀"

专业是高校开展教育教学的基本单元，也是联系学生学业与未来职业的纽带，对于学生的生涯发展至关重要，因此我国自古就有"男怕入错行"的老话。时至今日，国家更加重视职业教育的专业体系建设。2021年，教育部在对老版《职业教育专业目录》全面修（制）订的基础上印发了新版的《职业教育专业目录（2021年）》（简称《目录》），成为职业院校专业设置和家长、考生选择专业的重要指南。

《目录》体现了三个突出特点：一是全面反映国家对专业动态更新、专业升级和数字化改造的重要要求，体现了鲜明的时代特征和前沿方向；二是密切对接现代产业体系，服务产业基础高级化、产业链现代化，统一采用专业大类、专业类、专业三级分类，共设置19个专业大类、97个专业类、1349个专业；三是一体化设计中等职业教育、高等职业教育专科、高等职业教育本科不同层次专业，其中，中职专业358个、高职专科专业744个、高职本科专业247个。《目录》的特点与导向既是对近年来成功实践经验的总结，也是对未来国家经济社会发展要求的体现。很多职业学校毕业生的职业生涯之所以取得成功，就是因为他们的专业学习之路符合《目录》导向的三个特点。因此，新一代的职校生也应该汲取前人成功经验，按照《目录》的指引选好适合自己的专业，为更富价值的职业生涯奠定基础。

首先，无论是中考考生，还是高考考生，在面临填报专业选择时，既要考虑自己的兴趣和天赋，还要学会分析备选学校的专业简介乃至主要课程，不要只看专业名称就做出决定。例如，一位对建筑行业感兴趣的考生，在检索可填报的建筑类职业学校时，要根据《目录》的指导在查阅相关资料的基础上，重点考察该学校的专业设置是否符合建筑行业向数字建筑、装配式建筑等新技术迭代升级的发展方向，其主要课程是否包含数字建筑信息模型、BIM技术等代表着本行业前沿的内容，其合作的企业是否属于建筑行业的龙头企业或区域性的产业链主导企业。如果该校的专业设置、课程设计、实习实训还停留在建筑行业中相对传统甚至已落后淘汰的理论、工艺和实践项目的层面，则要果断放弃。

其次，职校生在入学以后，还要在初步学习的基础上，尽快了解本专业所处的专业大类、中类、小类及细分领域，找准自己的坐标；基于自身的兴趣与所长，锚定能代表本行业现代化、高端化、绿色化走向的专业细分领域，确定发展的目标，继而持之以恒地重点发力，学深悟透该领域的理论知识和技术技能，认真做好实习实训，积极参加大赛历练。

最后，要一体化规划好自己的专业进阶之路。从中职到高职，乃至本科及以后的学习与深造，最好能沿着同一赛道不断精进并持续深造。也就是说，我们大可不必过于执着于哪个学校名气大，也不必过多纠结哪个专业属于朝阳产业、哪个属于夕阳产业，任一《目录》中所列的专业都对应着经济社会发展所必需的行业产业，重点要看的是自己的兴趣特长以及所感兴趣的学校或技术技能是否代表着未来方向、有没有持续进阶的可能。

有了以上的自我探索和专业探索历程，相信每个学生在所选择的任何专业中都能取得成功。

王新波

中国教育科学研究院科研管理处处长

从务实的职业选择角度谈如何面对升学和就业

非常荣幸受邀参加了高校毕业生就业协会组织的"职引未来"职校生成长成才案例的评审工作。案例集中了一个个成功者的不凡经历和不俗业绩使人感动,而其成功之道更让人深受启发,得益良多。这些成功者的生涯发展有一个共同的特点,那就是当其面对升学和就业时,其选择都非常务实,规划的人生目标和行动路径都非常理性,符合自身的实际,行之有道,功效斐然。

第一,案例集中这些优秀代表在中学毕业升大学,或者大学毕业需要继续深造时,都有清醒的认识和明确的目标,能够把握其升学的实际价值和意义。升学是为了获得更专业的知识和技能,为未来的职业生涯提供更广阔的发展空间,而不是图谋虚名。特别是一些成功者,在工作一段时间之后,会选择继续深造,会沿着专升本,乃至攻读硕士、博士的路径攀登不止。这是因为在某些行业、某些岗位,掌握高深的知识和技能则意味着可以为社会奉献更多,能够创造更高的社会价值。

第二,当学业结束而直面就业时,案例集中这些优秀代表会更加务实,而没有想当然、随大溜或者胡乱攀比。他们在就业抉择时,都会积极了解自身特质、需求、价值观和能力所在,同时对外部环境也会进行积极探索,了解行业趋势、组织架构、岗位资质需求等,如此知己知彼,找到个人和工作岗位的最佳结合点,为接下来的职业生涯起步创造有利条件。而且入职后,他们都会把期望值预设得低一点、实际一点,认真了解组织环境,摆正自身就业定位,踏实做事,诚恳做人。

综上所述,"职引未来"系列丛书对青年学生求学、择业具有一定的指导意义。无论我们面对升学还是就业,关键在于科学的职业生涯发展规划,要对自我及外部环境有准确的了解,要以务实的态度选择升学和就业,要正确处理就业理想与就业现实的关系,如此在实践中不断为社会奉献,不断提升自身价值,以实现完满的人生。

王献玲

郑州大学教育系教育学教研室主任,教授,博士生导师

擘画职业未来，增添社会活力

非常荣幸参加高校毕业生就业协会组织的"职引未来"职校生成长成才案例的评审工作，除了被一个个生动鲜活的成长成才故事所打动外，每一个案例主人公的成长、成才的过程更让人欣慰，这不仅是高校人才培养的硕果，更是实现个人价值与社会价值的完美统一。我觉得，这些案例的社会意义大致有以下几个方面。

<u>一是优化人力资源配置</u>。明确个人的职业目标，选择适合自身兴趣爱好和个人能力的职业路径，从而提升劳动力市场的匹配度，不仅有利于减少人力资源的浪费，也可以使社会整体的人力资源得到高效的配置和利用。

<u>二是推动经济转型升级</u>。随着科学技术的进步，社会对人才的需求也在不断变化，正确地引导职校生向新兴产业、高技术岗位转移，为经济转型升级提供有力的人才支持。

<u>三是提升社会的稳定性</u>。通过科学的指导和规划让职校生找到归属感和成就感，提升个人的社会满意度和幸福感，从而减少因对职业的不满而产生的社会问题，进而有效地降低社会失业率。

<u>四是激发社会的创新力</u>。在鼓励职校生不断学习和成长的同时，培养其创新思维和解决问题的能力，提升社会的创新能力和创造能力，从而推动整个社会高质量发展。

我国拥有世界上规模最大的职业教育体系，国家高度重视职业教育，近年来不断出台相关的政策，但是，社会认可度不高、教育质量不高等依然是职业教育缺乏吸引力的主要症结。因此，从社会的层面，应为职校生提供多方面的支持和帮助，以确保他们能够获得良好的教育和发展机会。

<u>一是破除传统观念，提升社会认可</u>。不少人对职业教育有着"低人一等"的固有印象，甚至有的家长说："宁愿去最差的普通高中，也不愿去职业中学。"应鼓励和支持在中小学阶段增加职业教育相关教学内容，如职业启蒙、职业认知、职业体验等，帮助学生了解各种职业，培养对职业的好奇心和兴趣。进一步探索建立普职融合的综合高中，同时开设学术和技能课程，学生根据自己的兴趣、能力与未来职业发展规划自主选择参加普通高考或职教高考。

<u>二是拓宽教育资源，开辟就业新径</u>。可以考虑向职业院校开放教育资源，提供职业教育的相关材料和实践活动，以便学生能够更直观地了解各种职业，通过邀请行业专家进行讲座、组织实地参观等方式，帮助学生找到职业"触感"。与此同时，提供系统的职业生

涯规划和就业指导课程，建立职校生"一生一档"、开设职业生涯规划课程、开展家校互动等，以帮助学生树立正确的就业观和择业观，提高就业竞争力。此外，通过访企脱岗的形式，坚持"请进来"和"走出去"的双向互动方式，主动与用人单位沟通，开展校企合作，为学生提供更多的实习和就业机会。通过就业讲座、主题班会等形式，多渠道向学生宣传相关的就业政策，帮助学生更好地融入职场。

三是培养社会责任感，助力习惯养成。积极鼓励职校生参与社会实践活动，如志愿服务、社区服务等，以此培养他们的社会责任感和团队协作能力，有助于职校生更好地理解社会责任，为将来的职业生涯做好准备。同时，开展与此相关的校园文化建设，通过校园文化活动、社团活动载体，培养学生良好的职业习惯和综合的职业素养。例如，"一站式"社区寝室夜话活动等充分利用学校资源和平台，鼓励学生积极参与社会实践活动，从而促进学生的全面发展。

《国家职业教育改革实施方案》明确提出，支持技术技能人才凭技能提升待遇，积极推动职业院校毕业生在落户、就业、参加机关事业单位招聘、职称评审、职级晋升等方面与普通高校毕业生享受同等待遇。传递出尊重劳动者、尊重技能人才的鲜明导向，有助于引导学生与家长转变思维，形成多学技能、钻研技能、从事技能岗位的职业观念，增强职业教育吸引力，稳定职业教育招生规模，提高生源质量，塑造有利于职业教育类型化发展的良好教育生态。随着新一轮科技革命和产业变革加速推进，不少高科技企业的人才需求得不到满足，高技能人才紧缺。增强技术技能人才的职业荣誉感和归属感，激发技术技能人才的积极性和创造力，有利于扭转重学历轻技能的社会氛围，强化社会尊重技能的社会导向，促进形成技术技能人才发展的良好社会生态，培养更多高素质技能人才。建设技能强国，从"人口红利"向"人才红利"转变，不断提高技术技能人才社会地位，优化技术技能人才成长环境，创造公平、公正的发展环境，形成全社会热爱技能、学习技能、投身技能的氛围，构建适应我国经济社会发展需要的技能人才体系。

毛丙波

沈阳师范大学交流合作与校友工作处处长，

沈阳师范大学生涯发展教育研究院教授

永葆生涯希望，迎接可期未来

感谢高校毕业生就业协会和机械工业出版社提供的学习机会，受邀参与"职引未来"职校生成长成才案例的评审工作，于我而言这也是一个受益匪浅的过程。当一个个生涯榜样人物的故事由纸上跃入眼帘的时候，对我来说又是接受了一轮生涯教育，而在这些生涯榜样人物身上蕴藏的最宝贵的积极心理品质大概就是生涯希望。

生涯希望是面向未来生涯发展所持的一种希望感，在我所做的研究里将之划分为五个方面，分别为：积极期待、目标设定、路径达成、动因促进和反省调整。首先，他们在面对学业或职业发展的困难时能够保持积极期待，总是以乐观的态度去面对，并且相信美好的事情即将发生。其次，他们能够结合生涯发展阶段的任务，在自身定位的基础上可以清晰地生成有意义和有价值的目标，并及时做好蓝图的规划。再次，他们总是善于整合各种资源，不断提升自身的知识、技能和素养，及时解决生涯发展中遇到的问题。另外，他们对待学业和工作通常会比同龄人有更多的热忱和投入更多的努力，有活力和动力去时刻激励自己克服障碍。最后，他们善于在结束一些经历和体验后做好反思和总结，在面对新的变化的时候做好灵活的调整和应变。

阅读书籍的过程也是一个汲取榜样力量和学习优秀品质的过程。祝福我们的读者朋友们，可以像书中群像一样多期待、有目标、勤行动、储动力和常反思，可以获得如其所是的未来。

陈宛玉
广西师范大学教育学部心理学系教师，
心理学博士，硕士生导师

不被定义的人生

人的一生会面临很多抉择。

我们时而犹豫，时而迷茫。

我们习惯寻找一个关于选择的"标准答案"帮助我们少走弯路，甚至不走弯路，却恍然未觉，人生本就充满了各种不确定性，每一条路都有未知的精彩和艰难。

在用分数评定考试结果的学生时代，每一个"标准答案"就是我们努力的方向。你离"标准答案"越近，你的成绩就越好，你的努力就越能得到肯定。

不知不觉之间，我们已经慢慢习惯了"标准答案"式的思考框架，看待问题、解决问题更看重"对"与"错"、"好"与"坏"，但是关于成长、关于成才，却不会再有"固定解法"。

决定你未来走得顺不顺、稳不稳的，不再是手里有没有一副大家公认的"好牌"，而是，无论手握"好牌"还是"烂牌"，你都有合适的战略和战术，让它变成更好的结果。

在这本书里，你会看到形形色色的人生抉择与发展路径。

他们有的明明高考成绩高出本科线二三十分，却因为笃定自己的所长所爱，放弃去普通本科院校就读的机会，主动选择到高职院校进修，成为行业翘楚。

他们有的遭遇高考失利，怀揣"不得不"的无奈被动就读高职院校，但在就读期间奋起直追，一路升本、考研、读博，圆了自己的科研梦。

他们有的在初中时期就清晰自己的心之所向，然后一步一步"曲线救国"实现自己的人生理想。

他们有的到了高职院校才在丰富的校园生活与学习实践中找到一生热爱，扎根基层闯出自己的一番天地。

抉择虽有不同，但人生各有精彩。

面对人生这份考卷上的"选择题"，如何根据自己的"所向、所长、所爱"，找到自己生涯发展自洽与自适的逻辑，就是本书中的他们在每一个大大小小的抉择中，唯一的"确定性"。

人生本不应也不能被定义。

谭菲雪

北森生涯研究院院长

目　录

序

前言

专家推荐

职引未来，助力成长

选好专业更能学好专业的三大"秘诀"

从务实的职业选择角度谈如何面对升学和就业

擘画职业未来，增添社会活力

永葆生涯希望，迎接可期未来

不被定义的人生

装备制造大类

我是保障半导体晶圆安全的人	003
我是为航天设备制造"螺丝钉"的人	008
用"热爱"与"奋斗"铸就精益生产的"庖丁"	014
为导弹雕刻"翅膀"的大国工匠	020
沐职教春风，绘出彩人生	026
我是玩转数控技术的人	030
我为节能狂	036
我是和制冷设备打交道的人	041
做智慧数字化的实践者	048
我是给电气设备治"病"的人	053
我在广西制糖企业"变废为宝"	061
我是在港口驾驶吊桥的人	066
我是一名检修大国重器的"通关王"	073
扎根电梯维保"小岗位"，守护万家生活"大安全"	079

	我是高铁装备的"守护者"	085
	一心做动车的"守护神"	092
	我在清华大学无人驾驶实验室设计无人机	098
	我是解决汽车各种疑难故障的人	104

交通运输大类

我是高铁列车上的"大管家"	113
我是为火车指路的人	119
我向"兵"中去,又从"兵"中来——不忘初心本色,践行军人品质的退役大学生士兵创业者	125
我是一名"汽车医生",为百姓安全出行保驾护航	131
用心修好每一辆汽车	136
从四川走向大海	140
我是一名乘风破浪的 95 后女海员	146
我是护航蓝天的"飞机医生"	151
南航全国优秀共青团员的万米高空真情服务	157
我是有"千里眼"和"顺风耳"的"地铁医生"	161
轨道上的地下"2 平方米"	166

电子与信息大类

我是万物互联的"管家"	175
我是和"电"结缘的人	181
自动化设备"找茬"人	186
至精至微,极限追求——以忠诚奋斗者为本的劳动模范	192
我是在算法的世界中与科技并肩成长的人	197
从农家子弟到 IT 企业掌舵人	203
我画了城市吉祥物,还为奥运冠军画漫像	209
我是国防基石的一片小瓦砾	214
从职高走到 MIT:技术极客的奋斗故事	220
致力服务全球激光创客教育的先行者	225

能源动力与材料大类 土木建筑大类 水利大类

以职业的态度,为核电站安全运行保驾护航	233
我是在故宫修古建筑的人	238
我是给城市"动脉"问诊的人	244
让绿水青山变成夜间的金山银山	249
植根专业职业,杭州亚运场馆建设尽显高职生风采	254
我是一朵"工地玫瑰"	259
我是江河把脉人	266

蜕变：职校生的华丽转身

装备制造大类

于时代的浩渺长河极目远眺，技术之光，璀璨若星汉耀空，其芒万丈，照彻人类文明前行之径。航天领域，恰是此光最绚烂的舞台之一，神舟腾空、嫦娥奔月、天问探火，背后皆为技术的伟力在托举。

　　同学们，当于此时，植下崇技之良种，令对技术的尊崇与热爱在心底生根发芽。以勤为泉，浇灌知识之花；以思为壤，培育创新之蕾。他日长成参天秀木，方能为国家技术大厦献坚实之梁木。

　　职校学子们，身处技术人才的摇篮，更应心向技术高峰勇攀登。勿馁勿惧，专注精研专业技能，磨砺双手，以匠心雕琢未来。航天盛景，亦待诸君凭技添彩，或制航天器于精毫，或护地面设备以周全。

　　愿诸生皆能厚植技术情怀，学技修身，凭技报国。他日纵横于科技天地，特别是航天等国之重域，展青春风华，铸不朽功勋，使青春之躯，成国之脊梁，扬中华之威烈，书盛世之华章！

毕业于陕西工业职业技术学院
中国航天科技集团有限公司第六研究院西安航天发动机有限公司
特级技师，高级工程师，享受国务院政府津贴专家
"全国五一劳动奖章"获得者，2022年"大国工匠年度人物"，全国技术能手
"航天贡献奖""航天精神模范奖"获得者

王业浩

职　　业：浙江赛瑾半导体科技有限公司技术部部长
毕业学校、专业：常州机电职业技术学院、模具设计与制造专业
从业时间：6 年[一]

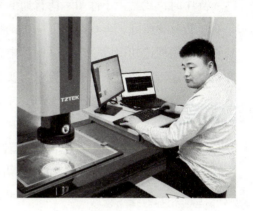

模具是"工业之母",是塑造世界的神奇工具!
模具是一种用来制作成型物品的工具,
任何产品的生产都离不开模具。
我是半导体载具领域的一个小小研发人员,
以注塑、压铸、冲压等方式使其按照预定的形状和结构进行成型。

我是保障半导体晶圆安全的人

我叫王业浩,我的工作是研发半导体制造过程中的关键设备——半导体晶圆载具。近年来随着半导体行业的快速发展,对晶圆载具的性能和可靠性要求不断提高,更加注重智能化、精密化和环保性。在半导体载具这一小众领域,我事不避难,钻研而上,面对开发难度高、原材料不足的困难,不断试错,千万锤成一器。

我曾获 2016 年全国机械行业职业院校技能大赛—高职模具数字化设计与制造技术技能大赛注塑模具设计制造及信息化技术赛项三等奖,2017 年全国职业院校技能大赛高职组模具数字化设计与制造工艺赛项一等奖,毕业后先就职于常州康泰模具科技有限公司,后因技术过硬,工作能力强,转到浙江赛瑾半导体科技有限公司从事半导体载具产品结构设计,现为公司技术部部长。

高中时期

高中时,我的成绩也不是很好,直接走提前单招进入了高职,我们徐州籍考生的

[一] 全书统计时间截至 2023 年底。

普遍想法是：上个高职院校，学个一技之长，在苏南地区找份好工作，就不想再回苏北了。

高中时，我就读于徐州一所普通的高中，文理科分班时候，我选择的是理科班。原因是我比较喜欢研究，喜欢对照说明书倒腾。高中理科学科的学习需要注重实践和实验，要求将所学的理论知识应用于实际问题中，并且能够进行实验验证来加深对理论知识的理解和掌握，这特别适合在平时积极参与实验课程和实践活动的我。同时我也注重人际关系的处理，主动跟同学交朋友，帮助同学。

高中时受父亲的影响也比较深刻，我父亲是一个普通的打工者，在常州的工厂里做机械加工，父亲每次回来都聊到常州的发展：街道、交通、高楼和机器，他的所见所闻，给我留下了深刻的印象。当时我的想法就是考一所常州或者常州附近的理工学校，学一个机械制造加工类的专业，出来后去企业搞生产、技术和研发。常州拥有良好的经济和社会发展水平，城市建设和人文环境也十分优秀。从徐州这片土地走向常州，在这个充满机遇和挑战的城市里，寻求知识和智慧的滋养，能够获得珍贵的机会和资源。高考填报志愿时，我选择了常州机电职业技术学院，学校提供了一系列热门和有前景的专业。

> **职业指南·家长选读**
>
> 模具设计与制造专业需要的知识结构
> 1. 理工科。对数学、物理及工程力学等课程有一定的学习要求。
> 2. 基础知识与创新精神并举。模具设计、制造、维修和相关设备的操作与维护等需要扎实的基础知识；增材制造（3D打印）技术的出现使得模具制造更加灵活和高效，人工智能和大数据的应用为模具设计提供了更加精准的分析和优化工具。

高职时期

我专业课程学习比较认真，同时积极参加社会实践和技能比赛，在实践中学会了服从领导和管理，学会了责任和担当，学会了主动、积极和争取。

我在大学学习期间，担任过班级主要班干部，对未来的美好生活充满期待，平时努力学习，积极地参加学校的各类活动。大一时，我就对自己所在的模具设计与制造专业兴趣浓厚，找准自己前进的方向。我想既然专业名称是模具设计与制造，那就要认定一个大体的专业学习方向，于是就选择了注塑模具方向。凭借着明确的目标和对专业的热爱，我不断地了解注塑方面的知识，动手实践，进行模具方面产品的设计。经过一定时间的在校学习，老师们对我的评价都是积极向上，对专业极度热爱，掌握技能知识较快。2016年3月，我顺利入选学院专门开设的"机电·朗培"模具创新创业班，在企业和学校"双导师"制的培养下，我成长得很快，获得2016年全国机械行业职业院校技能大赛—高职模具数字化设计与制造技术技能大赛注塑模具设计制造及信息化技术赛项三等奖。但我并不满足于三等奖，继续精耕模具，冲着国赛出发，又经过一年的打磨备赛，终于在2017年全国职业院校技能大赛高职组上获得模具数字化设计与制造工艺赛项一等奖。

我在高职期间最值得回忆的就是参加技能大赛,这极大地锻炼了自己,明确了自己的职业发展策略。首先,参加大赛让我更好地了解了职业和市场,通过参加大赛,可以接触到不同的公司和行业,了解到不同的职位和技能要求,以及他们对候选人的期望和要求。这些有助于我了解目前职业市场的情况,并为自己制订职业发展规划提供有价值的信息。其次,参加大赛提高了职业技能。在大赛中会面临各种不同的任务和挑战,这有助于提高解决问题能力、团队协作能力、沟通能力和其他职业技能。这些能力在未来的职业生涯中都是非常重要的,能够帮助我在职场中取得成功。我参加的全国机械行业职业院校技能大赛和全国职业院校技能大赛都不是个人赛项,而是三人分工合作,发扬团队合作的赛项。我意识到良好的沟通是成功的一半,通过大赛,我学会了如何与团队的指导老师沟通,如何与团队的成员沟通和协作,沟通能力得到了极大的提升,这为我后来的工作中展现出来的综合素质打下了良好的基础。

此外,参加大赛增强了我的自信心,在比赛中,面对来自不同背景和经验的人,我认识到谁都有自己的优势与劣势,与自己作比较,了解到自己的优点和不足,并有机会学习到如何克服自己的缺点,补强短板,这有助于在未来的职业生涯中更好地发掘自己的潜力。学好专业,参加大赛,是一项长期而且枯燥的过程,但只要你能坚持,就一定会有巨大的收获。

> **职业指南·家长选读**
>
> **职业探索**
>
> 模具设计与制造专业技术性较强,主要涉及模具设计、制造、维修和相关设备的操作与维护,以及生产过程的组织与管理等方面的知识和技能。专业课程强调理论知识的学习,还注重实践操作和创新能力的培养。
>
> 模具设计与制造专业的就业前景广阔,毕业后主要在汽车、机械、电子技术等行业,从事结构工程师、模具工程师、项目工程师、机械工程师、工艺工程师等岗位。

工作时期

我的工作说起来还是比较顺利的,前期大赛的经历让我比其他同学获得机会更多,提供的岗位也是技术含量较高的研发岗位,达到一般的研究生毕业找工作的起点。

随着我获得了国赛一等奖,常州康泰模具科技有限公司向我抛出了橄榄枝,就这样我找到了自己的第一份工作,进入模具产品设计岗位。随着对职业的深入了解,我转到浙江赛瑾半导体科技有限公司工作,一开始进入公司只是一名普通员工,我积极主动地参与到工作当中去,默默学习,积极工作,主动交流,慢慢地被领导注意,凭借对工作的热情,不断前行,进入到研发团队,担任负责人,从事半导体载具产品的开发。这是对我专业的再一次升华和挑战,在我的带领下,我的团队不断地努力、积极拼搏,在前开式晶圆传送盒(FOUP)领域取得了巨大的突破,于2022年获得了浙江省嘉善县第七届"梦想中国·智汇嘉善"创新创业大赛一等奖,并获得600万元的创业项目资助,同时我本人获得

职业指南·家长选读

职业上升路径

首先，从基础开始，需要从业者掌握绘图技能，这是模具设计师的基石。接下来，深入理解模具结构是关键。从业者将要学习材料科学、热处理、金属加工等知识，探索模具设计的深层原理，掌握关键技术和参数。最后是实践应用阶段。了解模具制造的流程，掌握成本预算和招标投标等相关知识，使自己的设计能够应用于实际生产。同时，还需要一定的职业道德、敬业精神、责任心、职业操守、跨学科学习能力、适应能力和心理承受能力等。

了 10 万元的奖金奖励和"科技创新荣誉员工"的称号。

我目前是公司技术部部长，常对我的同事及下属提到模具是"工业之母"，是制造业的核心，在设计和制作环节都要慎之又慎，产品的研发上市要有市场超前意识，晚一步，就多一分风险。

"高效、高质"是我工作的座右铭，我们的工作不仅仅与时间赛跑，也要与全球各国的模具载具竞赛，开发出高标准、高质量的载具，成为模具载具领域的工匠是我一直钻研和追寻的目标。

看看自己有哪些能力潜质，对照核心能力模型，这样你的未来之路就更有针对性。

核心能力模型

项目	要求
学科能力	数学、物理等基础学科能力；工程力学基础等专业学科能力
基础能力	操作能力、创新精神、沟通和表达能力、团队合作能力
社会能力	职业道德、敬业精神、责任心、职业操守、跨学科学习能力、适应能力、心理承受能力

工作后需要的职业类证书

拉延模具数字化设计、注塑模具模流分析及工艺调试、精密数控技工。

进修学习路径

专升本，进修学习专业：材料成型及控制工程、机械设计制造及自动化、工业设计。

主要就业方向

面向机械工程技术人员、工装工具制造加工人员等岗位，从事模具设计、模具制造、模具成型工艺管控、模具生产管理、产品检验和质量管理等工作。

主要专业能力

（1）具有识读和绘制模具零件图和装配图的能力。

（2）具有设计中等复杂程度冲压模具和塑料模具，操作、运维、管理、保养典型模具加工设备和冲压、塑压等成型设备的能力。

（3）具有产品测绘、三维数字化建模及操作快速成型设备的能力。

（4）具有模具零件制造工艺编制，模具装配与调试、维修、保养的能力。

（5）具有模具智能制造加工单元操作及管控的能力。

（6）具有产品成型工艺规划、质量检测、生产组织管理的能力。

撰稿人：汪小义　周　斌

余军伟

职　　业：河南航天精工制造有限公司镦制领域总制造师
职　　称：特级技师
毕业学校、专业：河南工业职业技术学院、机械设计与制造专业
从业时间：16 年

"螺丝钉虽小，但作用极大，

加工时绝不能让产品'带病'流转，微不足道的缺陷也不行。"

一名技术工人的"强迫症"，

最终成就了一颗颗小螺丝钉的"飞天梦"，

这就是我从工作中获得的成就感。

我是为航天设备制造"螺丝钉"的人

我叫余军伟，网名"小小打工头"。之所以起这个名字有两层意思：第一层意思是我从事的是航天航空用标准紧固件加工的第一道工序，是一名平凡的基层工人；第二层意思是尽管我是一名工人，但我一点也不自卑，不妄自菲薄，我安于当下，立于小事，尽我所能。我深信：认真生活的人都会得到生活的厚待！从学校毕业后我就迈入河南航天精工制造有限公司，从 2007 年至今，我已在企业工作了 16 年。工作期间，我扎根于基层一线，专注于镦制加工工艺研究，持之以恒、精益求精，主动承担富有挑战性的任务和工作，攻克多项新研产品镦制难题。多年的专注、热爱和坚守酿成了果实，我从一名普通的操作工逐步成长为有理想、敢担当、能创新的镦制领域总制造师，2020 年我获得"全国劳动模范"荣誉称号。

中专时期

在这里我第一次感受到了自动化生产的工作效率，树立了我未来职业发展的方向。

我出生在河南省信阳市的一个小山村，2001年，我的中考成绩不是很理想，带着些许的失落和无奈我踏入了一所职业中专，学习了机电专业。看到我情绪不佳，父亲安慰我说："三百六十行，行行出状元。但是有一点你要记住，不管任何时候都要用心，都要钻研，笨鸟要先飞，早起的鸟儿有虫吃。"外出打工的哥哥对我说："老弟，没知识打工也不行。"在父亲和哥哥的鼓励下，我调整情绪，开始投入到中专的学习中。

记得有次放假回家，父亲正在炒制茶叶（我家是茶农），看到父亲忙碌的样子，我也凑上去帮忙，父亲看着我说："好好学，没准哪天你设计制造出一个自动炒茶机，也能让我们省点力气。"父亲的话无意中为我指明了职业方向——机械设计与制造。记得是中专二年级的暑假，我跟着一个亲戚外出打工，他在广东佛山一家照明厂里从事数控工作。我看到在工作中，每当设备出了问题，我亲戚过去一看一摸就弄清原因了，画一个图纸交给数控加工的师傅，调试后设备很快就恢复了生产。通过这次实习，我开阔了眼界，看到100多米的流水线，每隔3米站一个工人，机器一环扣一环，工人只需要一些简单的配合，产品就一个接一个生产出来了，这是我第一次对自动化生产线、对现代制造有了直观的印象，也体会到了一名制造业技术工人的重要性。这次实习为我打开了一个包罗万象的机械世界，因此，在高考填报志愿时我填报了河南工业职业技术学院的机械设计与制造专业。

> **职业指南·家长选读**
>
> 机械设计与制造专业需要的知识结构
> 1. 理工科。对物理和数学要求较高。
> 2. 兴趣驱动。孩子要对新技术、新工艺有浓厚兴趣，以及注重细节，追求完美，喜欢亲自动手解决问题，享受从设计到制造的完整过程等兴趣会让孩子更易胜任这个职业。

高职时期

学校"导师制"育人模式使我在高职时期就接触了生产实际中的典型技术问题，实训老师的"细节控"使我深刻体会到精益求精的内涵，学校校企合作就业基地为我提供了宝贵的实习岗位和就业机会。

2004年，我进入了使我理想起航的学校——河南工业职业技术学院，学习机械设计与制造专业，这是一所教育部首批现代学徒制试点院校、全国首批教学质量诊断与改进工作试点院校，是国家骨干高等职业院校、国家优质专科高等职业院校、中国特色高水平高职学校和专业建设计划建设单位。学校立足军工特色，弘扬军工文化。很幸运，我就读的机械工程学院开设有"导师制"研修班，入学了解到这个情况后，我就积极申请，进入了研修班，这个研修班聘请了机械制造经验丰富的优秀教师及企业高级工程师担任"导师"，培养学生解决生产实际中的典型技术问题。这种培养方式使我在学校学习了扎实的机械制造专业的基础知识。在导师的指导下和理实一体化的项目式教学中，我将所学应用于实训，再从实训中总结提升，掌握了多项能够应用于生产实际的技术和技能，同时学校的军工文化也锤炼了我的"忠、毅"品性、"严、细"作风和"精、优"质量观念。

大学期间学习的"机械工程材料及应用""冷冲压技术""机械制图""液压气动技术""机床电气控制"等课程及机械、电气、金属塑型成型方面的专业知识，还有车工、铣工、钳工、线切割等配合工作中的修模工作使用的一些辅助性专业技能提高了我的综合技能水平，对目前从事的工作很重要。

大学时期我最大的收获就是从实训老师那里感悟到的"细节、细节，还是细节！"记得那是一门实训课程，实习作业是将一个圆柱体磨成一个六方体，我们小组6个人，一人一个面，在其他人休息的时候我还把他们的活儿一一琢磨了一遍，从中午12点到下午3点半，整整用了3个多小时，我仔细测量，认为合格了。第二天，实训老师针对每项要求，在三个方向分3次测量，结果显示，我们的作品不达标。通过这件事情，我体会到了作为一名机械人细节的重要性。

毕业前，我到我目前的工作单位进行了为期一个月的实习，我了解到，要想进入这个单位，除了学历、专业的要求外，还需要经过基本的车、钳、铣培训并取得等级证书，此外还需要具有较强的语言表达能力、写作总结能力，与上下级沟通的能力等。另外性格活泼大方、诚实守信的人更容易得到企业的青睐，在为期一个月的实习期内，我围绕师傅和单位要求开展工作，最后通过实习期后顺利成为一名企业员工。

> **职业指南·家长选读**
>
> **性格探索**
>
> 机械行业技术性较强，要和各种机械设备打交道，孩子做事需认真细致、有条理，关注细节，对于重复性的事情能够不厌其烦，精益求精更有利于未来的职业发展。

工作时期

2007年，我进入河南航天精工制造有限公司，成为镦制车间的一名冷镦操作工。公司比较重视拓展技术技能管理人才成长晋升通道，为加强人才队伍建设，公司建立"师带徒"制度，如今，像我这样实现"蜕变"的一线职工在河南公司越来越多。我长期立足生产一线，逐渐从一名一线操作工成长为特级技师，我先后被评为"航天技术能手""河南省五一劳动奖章""全国五一劳动奖章""全国劳动模范"等荣誉称号。

（一）夯实基础，刻苦钻研

刚进公司的那年，作为一个初出茅庐的小学徒，我深知在学校我虽然学习了一些理论知识，但缺乏实践经验，所以在一线学习和工作期间，我谨记父亲对我说的关于"笨鸟先飞"的嘱托，花大量的时间放在实践上，不断地去动手，去总结，每天不厌其烦地向师傅问这问那，问设备运行情况、一些小的故障排除办法等，都认真记在本子上，上班的时间不够用，下班以后别的同事都回家休息了，我还常常待在车间不出来，盯着机器琢磨，一会儿翻翻工艺手册，一会儿查看机器的运行状态，一起进入公司的同事不解地问我："你这么拼命干嘛啊？咱不刚来吗？"我对着他微微一笑："我比较笨，比你们学得慢。"但我内心在想："要干就要干出个样子来！"

（二）自强不息，勇于创新

学徒期结束后，我开始独立加工产品。一开始，我面临了很大的压力，遇到的问题和困难也很多，但我深信：熟能生巧，勤能补拙！那个阶段，我身边的每一位同事都变成了我的师傅，我不懂就问，为了尽早适应新的环境，尽快步入正轨，每天晚上我都会把白天遇到的问题归纳再复盘。功夫不负有心人，我逐渐发现工作生产中的大多问题我都可以独立解决了，同事们在日常产品加工中遇到问题，也都愿意跟我一起探讨，寻找解决方法。我在精进技能的同时也尝试创新，在热镦车间工作和学习的时候，我和队友解决了高温合金等螺栓的头部成型不饱满和模具寿命短等问题；根据产品结构设计模具结构，完善了模具的通用性，提高了冲床的导向精度。我在主动思考和创新中体会到了些许的成就感。

2009年，由于工作需要，我被调到冷镦车间工作，工种的转变带来的是更多的新知识和新难题。记得有一次，我接到一个冷镦一次成型小规格某钛合金内六角圆柱头螺栓的攻关任务，镦制该产品的设备机床已经有几个经验丰富的师傅一直在研究调试，都未取得实质性的突破，面对这个难题，我也有过犹豫，但想到领导的信任，我就用了大半年的时间去学习、研究、反复调试，一个个地剖析问题，最终设备得以调试成功，优化了之前的工艺路线，制订了说明书，固化了加工参数，并把这种镦制技术推广到班组全体人员，该项目还荣获中国航天科工集团有限公司2015年"五小成果"三等奖。

（三）精益求精，追求卓越

2012年，为助推军民融合，公司成立了精益车间，我有幸被选为镦制组组长，这对我来说是一个新的起点，也意味着更多的责任和挑战。

我坚信有压力才有动力，趁年轻，此时不搏，更待何时？在精益车间，我和团队成员主要负责开发和利用意大利生产的孟昭尼多工位连续温镦机设备，和技术、质量人员在一起相互学习，取长补短，研制完成了多系列高锁螺栓的镦制工作，产品涉及60多个规格，大大提高了公司在钛合金镦制领域的实力，为重点国防配套型号任务提供了保证。另外我和班组成员共同完成了不锈钢内六角螺栓多工位冷镦一次成型工作，取代了多年来依靠外协镦制的渠道，填补了公司此项技术的空白。

在民用产品生产过程中，镦制难度系数大，各种质量要求很严格，但我们团队坚信"只要思想不滑坡，办法总比困难多"，我和团队成员在遇到困难时，总是互相打气，以积极的态度去分析问题、看待问题、解决问题，最终攻破了一个个难题，如某型号一次镦制成型技术的实施、美国GE-A公司某螺栓的热镦成形技术、冷镦制成型技术的研究和推广等。

> **职业指南·家长选读**
>
> **职业上升路径**
>
> 机械设计与制造专业的学生毕业后大多从事技术性岗位，晋升路径为：初级工、中级工、高级工、高级技师、工程师。专业通道各层级的晋升时间遵循层级越高，实际升职时间越长的规律。在职场上，成长最快的一定是那些工作主动、有责任心和持续学习能力强的人。只有擅长发现问题、创造性地解决问题，对待工作一丝不苟、精益求精，才能脱颖而出，成为职场上的专家型人才。

当然，有得必有失，由于每天在车间工作的平均时间都在10~12个小时，每天都三点一线，即车间干活、食堂吃饭、回家睡觉。平常根本没时间陪伴老人、妻子和孩子，每天下班回家后妻子和孩子都入睡了，记得有次晚上回家不小心把孩子吵醒了，孩子双手抱住我的脖子恳求说："爸爸陪我玩一会吧，陪我玩一会，就一会。"每次听到孩子的恳求，我的心里都满是愧疚。但我又想，年轻时不努力，更待何时？再者我也喜欢镦制工作，看到每次通过我和团队成员的努力能够让全部产品镦制一次成形，能够减少机加工序，能够让技术难题早一些攻克，能够降本增效提高质量，我就会有满满的成就感和自豪感，感觉人生也变得更加有意义。

（四）不忘初心，以老带新

从一无所知到独当一面，我深知技术工人在企业成长的不易，于是以创新工作室为依托，帮助青年人不断提升技术技能，立足岗位建功立业，实现技能成长成才，这也是我作为一名技术骨干的职责。

我将自己日常工作中的一些认知与青年人分享：坚持创新成果"成熟一项，固化一项，推广一项"，服务现场，打通技术技能瓶颈，攻关高性能产品的镦挤方法，充分发扬劳模精神、劳动精神、工匠精神。

除了在单位参与技能操作基础培训、内外部相结合技术技能提升培训，我每年还与单位的青年人签订培养责任书，一对一进行能力拔高工作，近年来在党支部指导下成立了后浪奔涌培训班、志智成城成长计划，指导的成员先后荣获"河南省技术能手""航天精工先进个人""航天精工优秀师带徒""信阳市青年岗位能手"等荣誉称号。

航天"万人一杆枪"，人人都是螺丝钉。即便微小如螺丝钉，也都有机会圆梦"飞天"。但想要"上天"，必须做到严慎细实，必须做到"百万无一失"，努力将锤炼人品融入锻造产品，做到品质杠杠的，性能棒棒哒，无论"i人e人、浓人淡人"，都能成就精彩人生。

看看自己有哪些能力潜质，对照核心能力模型，这样你的未来之路就更有针对性。

核心能力模型

项目	要求
学科能力	物理、数学等

（续）

项目	要求
基础能力	语言文字表达能力、逻辑思维、创新能力、沟通能力
社会能力	工作责任心、团队协作能力、持续学习的能力、自我管理能力、社会责任感

工作后需要的职业类证书

数控车铣加工、多轴数控加工、车工、钳工、铣工、制图员、工业机器人操作与运维、机械产品三维模型设计、数控设备维护与维修、机械数字化设计与制造、精密数控加工。

进修学习路径

专升本，进修学习专业：机械设计制造及自动化、数控技术、机械电子工程技术、机械工程、机械工艺技术、机械电子工程。

主要就业方向

面向通用设备制造业、专用设备制造业的机械工程技术、机械冷加工等职业，从事机械产品数字化设计与制造、工艺和工装夹具设计、数控编程与设备操作、机械产品质量检测、产线调试及维护等工作。

主要专业能力

（1）具有机械设计与制造专业所必需的信息技术应用和维护的能力。

（2）具有识读各类机械零件图和装配图的能力。

（3）熟练使用三维机械设计软件进行机械设备及其有关零件产品的数字化选型与设计的能力。

（4）具有常用金属材料选用、成型方法和热处理方式选择的能力。

（5）数控编程和数控设备操作的能力。

（6）进行典型零件的机械加工工艺编制与实施的能力。

（7）具有基本的机械加工设备维护、保养的能力。

（8）具有产品质量检测及质量控制的基本能力。

撰稿人：丁　君　余军伟　刘彦华　唐　静

吴向波

职　　业：费斯托气动有限公司济南全球生产中心自动化
　　　　　设备维护负责人、设备维护工程师
毕业学校、专业：济南职业学院、机械设计及自动化专业
从业时间：10 年

人生出彩的方式各不相同，

不是非要用学习成绩证明一切，

用自己的热爱和奋斗掌握傍身技能，

同样可以书写精彩华章，值得被认可！

用"热爱"与"奋斗"铸就精益生产的"庖丁"

从来没有一蹴而就的成功，每个人的成功并非偶然，其实都是必然。我叫吴向波，是一名致力于智能制造业精益生产的技术工人。从幼时怀揣好奇心拆卸玩具探索其中的机械奥秘，到高职深入学习机械、机电方面的知识与技能，再到现在带领团队攻坚克难，为公司生产保驾护航，可以说，"热爱"与"奋斗"是我现在能练就傍身技能、实现人生价值的两个翅膀。

目前，我是费斯托气动有限公司（简称费斯托）济南全球生产中心自动化设备维护领班，带领着同事开展设备维护与优化工作，致力不断提高设备产能，每年为公司节约数百万元。每当有人问我的学习与成长经历时，我总是不厌其烦地一遍遍说，要耐下性子做一名智能制造业的"庖丁"。

中学时期

我从小就喜欢摆弄和拆卸玩具、电器，探索其中的奥秘，这既满足了我小小的好奇心，也让懵懂的我对机械、机电知识更加痴迷。步入高中后，偏科导致的成绩排名下滑一度让我丧失了求学的念想，但在短时间的迷茫无助之后，我还是遵循了自己的本心。

小时候，爸爸给我买了一辆遥控玩具车。我好奇为什么通过按动遥柄就能使小车灵活地移动，我就把它拆解了看，这时我才知道遥控车里"别有洞天"呢，里面的构造看似简单但又很神奇！小学五年级的时候，家里的收音机不响了。我自告奋勇地打开了收音机，笨拙地摆弄一番后，收音机竟然神奇地又恢复了响声。满满的成就感不言而喻，这对我不可谓不是一个大大的鼓励！

再后来，家里新购置了一辆农用拖拉机。于是，我又对这个大物件产生了浓厚兴趣，总是跟在爸爸屁股后头看他怎么维护和启动拖拉机。每当拖拉机突突响着冒起黑烟发动时，我总是好奇它怎么就有那么多使不完的劲儿呢。直到上了初中学习了简单的物理知识后，我才知晓了其中的一些奥妙。

初中时，我的学习成绩一度在班级名列前茅，但中考发挥一般的我，最终还是读了老家沾化的一所普通高中。当时又恰逢父亲身体出了问题，而我的学习又出现了偏科的现象，导致我的学习成绩与班级学习的佼佼者渐行渐远，这不由得让我担心起我能否考上我中意的象牙塔。

果不其然，3年后的高考，我的各科成绩高的高、低的低，但总成绩离着本科录取线还是差了一大截。是复读还是就此步入社会？我当时的人生可谓是进入了漫长的黑洞洞的隧道。那时，我拼命地帮父母干着农活，还去城里的饭店打杂工，以为人生也不过如此了。

终于有一天，那个炎热的下午，我陪着佝偻着身体的父亲喷洒农药，忙到一半时喷药的工具不出水了。父亲看我三下五除二就把喷壶修好了，感叹着说："学个技术不也是很好！"就在那一瞬间，我好像就找到了方向——对啊，上不了本科，读高职学一技之长不是正好符合了我的兴趣爱好吗，于是我志愿填报时毅然决然选择了高职。最终，我荣幸地被济南职业学院录取，这才有了我接下来的故事。

> **职业指南·家长选读**
>
> **机械设计及自动化专业需要的知识结构**
>
> 1. 理工科。对物理和数学有较高的要求。
> 2. 兴趣驱动。对机械设备及相关设计感兴趣，且对事物充满好奇心，喜欢探索和动手实验，更易对这一行业保持热爱。

> **职业指南·家长选读**
>
> **职业探索**
>
> 　　成才的道路并非只有读普通教育，职业教育虽然有时候是被动选择的结果，但适合自身兴趣与实际的才是最适合的。如果孩子动手能力比较强，不妨鼓励他在职业教育中探寻自身价值的实现。

高职时期

万丈高楼平地起，在把自己的兴趣通过锲而不舍的勤奋实现专业化的同时，我也实现了自身由"青铜"到"王者"的华丽转身。

在读高职前，我根深蒂固地认为，上学读书就是学习课本知识和进行纸面考试，然而这方面恰恰又不是我的特长。但专业理论知识与专业技能学习则恰恰满足了我爱动手爱创新的需求。值得指出的是，我一入学就成为费斯托的签约学徒，毕业前要获取德国工商大会颁发的德国及欧洲工业化国家普遍认可的工业机械职业资格证书，考试时要进行4个多小时的理论考试和14个小时的技能考核，使用机床完成德国工商大会按全球统一标准命题的"机构"加工。对于我来说，至今还很庆幸当初选择了能体现我动手能力强这一特长的职业教育，让自己赢在了起跑线上。

除了学习刻苦、工作勤奋，求学时期的我还展现出对产品设计的热爱与执着。在校期间，我发现市面上的越野车模产品存在诸多设计不合理之处。凭着对机械设计的感知和兴趣，我相信自己一定可以做出更为科学的汽车模型。于是，我自己设计了一份越野车图纸，模型的零部件的加工和装配，都是由我带着几名同学一点一滴地反复打磨。

平时上课时，老师就经常告诉我们，工匠始终是中国制造业的重要力量，工匠精神是创新创业的重要精神源泉。在平时的动手操作中，我更加感受到这一点，每一条线路、每一个零件，无不体现技术与工艺之美。值得一提的是，整个模型车的外壳，都是以用完的笔芯为原材料加工制作的。得益于专业技能的训练，以笔芯为原材料加工出来的零件的性能丝毫不比标准件差。最终，由我设计的小型遥控越野车获得了发明专利，这对当时的我来说可谓是一个大大的鼓励。

最让我骄傲的是，学校以学生发展和工匠精神培育作为项目建设主线，帮助我们实现了职业素养与职业技能的双提升。与知识技能相比，合作企业更看重学生的工作态度、沟通交流、团队合作、解决问题等非专业技能，德企赞誉的"珍宝般学徒"主要指人品厚道朴实、三观正、乐学敬业创新、职业忠诚度高。入学报到一入校门，我就被镌刻在校园显耀位置的"厚德博学，强能善技"的校训所吸引，那时候我就把这8个字作为自己的大学奋斗目标，励志在学习技能的同时更加注重自身能力素养的全面提升。另外需要指出的是，济南市有着雄厚的工业基础，这为我毕业后以技能优势立业济南提供了可能。

> **职业指南·家长选读**
>
> **性格探索**
>
> 对于职业院校的学生而言，如果说选择了一条适合自己的道路是成功的前提，那么甘于寂寞、敢于创新、注重实践、吃苦耐劳便是成功的必修课，这其中必然要具备的一点就是工匠精神。

工作时期

打铁还需自身硬，现在干的每一项工作就像是存款，将来一定会有用到的一天。

得益于对制造业的热爱与探索的精神，高职毕业且成功入职费斯托后，我继续秉承勤奋刻苦的优良作风扎实开展工作，如饥似渴地虚心向公司老技师学习，夜以继日地锻造和提升自己的工作技能。凭借出色的表现，毕业入职仅3年，我便被提拔为公司领队，不仅成长为企业技师,还成了济南职业学院学生在费斯托实训的兼职培训师,被评为费斯托全球生产中心业务之星。

入职不久,我就发现设备经常出现问题,问题发生的时间也有长有短,处理的时间过长会直接影响到产品质量和交付时间。有一个比较典型的案例:2018年的一批新设备中,有一个在调试阶段就故障频出,每个班组损失426秒,这个产品的生产节拍时长是9秒,也就是意味着会损失好多的时间,我们一直持续跟进,持续优化,到2018年12月降到310秒,但这个时间还是达不到标准。执着于把问题彻底解决的我把之前所有的故障及优化过的数据汇总好以后,再次约公司相关职能部门的同事一起开会讨论解决方案。大家一起讨论完之后,推翻原有机构,自己重新设计能够创新性地解决这个问题的新机构,然后紧跟加工流程,加班加点现场调试验证,最终到2020年5月达到了每班损失小于90秒的目标。仅这一项,每年为公司可节省十几万元的成本。

机会总是留给有准备的人,当时公司基于业务需要急需成立自动化维护团队,要承担核心技术自制设备接线调试及全厂所有自动化设备维护工作,这些工作对企业生产经营不可谓不重要。初生牛犊不怕虎的我和公司有着多年生产经验的技师同台竞聘该自动化维护团队领班一职,凭借着娴熟的技能和良好的大局观念,我出人意料地顺利胜出。自此,我工作更有劲头更有奔头了。如今,我时常也会做一些对现有设备的优化解决方案。2024年,我还独立设计开发了一款用于密封测试相关的产品,验证的效果反馈极好,目前已经应用在公司一个主流产品的生产中。凭借此项产品,每年为公司节省十几万元的成本。

制造业是国家经济命脉所系,我很高兴在制造业领域发挥自己的特长和实现自己的价值。干一行爱一行,爱一行专一行,任何时候都不能停止奋斗的脚步,我们要在岗位工作上不断超越自己。让我高兴的是,越来越多像我一样的高职生怀揣专业技能,秉承勤奋、探索的职业理念加入了我们公司,在企业的不同部门"发光发热",谱写着自己的"奋斗赞歌",其中有不少还加入了我的团队。

> **职业指南·家长选读**
>
> **价值观探索**
>
> 选一业守一事终一生,每一个"庖丁"都离不开"千磨万击还坚劲"的奋斗姿态和"没有最好只有更好"的进取精神,愿所有人都努力去做一个志存高远、脚踏实地的"追梦人"!

九层之台,起于垒土;千里之行,始于足下。回顾自己过往人生,选择了职业教育才成就了现在的我;展望未来的职业发展,依靠练就的傍身技能和养成的工匠精神,我对我的未来信心满怀。同时,也希望越来越多的人关注到职业教育的优势,选择适合自己的发展和成才之路。

看看自己有哪些能力潜质,对照核心能力模型,这样你的未来之路就更有针对性。

核心能力模型

项目	要求
学科能力	数学、物理、信息技术等
基础能力	强烈的好奇心、动手实践能力、创新能力、观察力、分析和解决问题能力
社会能力	团队协作能力、人际沟通能力、心理承受能力、企业忠诚度、社会责任感

工作后需要的职业类证书

德国工业机械职业资格、钳工、电工特种作业操作、中级维修电工、高级维修电工等。

进修学习路径

专升本，进修学习专业：电气工程及自动化、机电一体化工程、供用电技术、电气技术等。

主要就业方向

机械工程技术人员，可在工业生产一线从事机械的维修、保养和管理等工作；设计研发人员，负责参与新产品的设计、开发、生产，可从事新产品（零件）的机械部分的安装、调试、改进及图纸绘制等工作；机械产品的销售人员，可以从事相关行业机械类产品的销售和客服等工作。

主要专业能力

（1）具有熟练使用常用电工工具和仪器仪表的能力。

（2）具有熟练操作常用数控机床（车床、铣床）的能力。

（3）具有电子电路装配和调试的能力，低压电气电路的安装、调试与排故的能力。

（4）具有识读和绘制各类电气原理与电气线路图、机械结构图的能力。

（5）能熟悉一种以上典型数控系统，具有进行较为复杂零件的手工编程的能力。

（6）知道常用机械加工工艺、设备和热处理工艺。

（7）具有熟练操作PLC硬件装配和软件编程的能力，能进行PLC控制系统的安装、调试与故障检修。

（8）具有熟练使用常用机加工量具、刀具、夹具，能够按照技术要求控制零件加工质量的能力。

（9）知道交流变频调速的多段速控制、交流变频的无级调速等自动调速系统控制。

（10）具有利用传感器对简单的变频器控制、步进电机控制以及伺服控制、多轴运动等各类运动控制系统进行设计、程序开发以及调试的能力。

（11）会选择和配置合适的工业网络，具有使用主流的组态软件或触摸屏组态控制系统人机界面的能力。

（12）能进行工厂电力负荷和短路计算，具有选择并使用合适的供电线路导线和电缆的能力。

（13）熟练掌握常用文献检索工具，具有机械设计及自动化专业必需的信息技术应用和维护的能力。

（14）具有撰写符合规范要求的技术报告、项目报告等机械设计及自动化专业领域技术文档的能力。

（15）具有能较好地与生产管理、质检、设备维修等生产一线人员进行沟通的能力。

撰稿人：孔令柱　庄文玲　吴向波

曹彦生

职　　业：中国航天科工集团第二研究院数控铣工兼职工
　　　　　会副主席
职　　称：高级工程师、高级技师
毕业学校、专业：山西机电职业技术学院、数控技术专业
从业时间：18 年

有人说："劳模精神是超越别人的精神，
工匠精神就是超越自己的精神。"
在智能制造工作中，
我就是在不断超越自我。

 ## 为导弹雕刻"翅膀"的大国工匠

我叫曹彦生，在中国航天科工集团第二研究院（简称二院）从事复杂产品智能制造技术研究工作。2005 年入职以来，从一名操作工干起，潜心钻研数控精密加工技术，不断提升技术技能水平。现在，我的工作就是给飞行器装上最精准的"翅膀"，提升产品精度已成为我最大的人生追求。

中职时期

因为家庭原因，中考后我选择了上职业学校学习技能。现在回想起来，也正是当时这个决定，让我踏上了一条技能成才、匠心报国的道路，为我的人生添上了浓墨重彩的一笔。

我出生在山西的一个小山村，我的爷爷是抗战老兵，我从小就坐在山头上，听到了许多前辈先烈的种种动人事迹，而父亲作为村里为数不多的党员，处处起着模范带头作用，一心为公。就是这样的原生家庭，让我在很小的时候心里就有了真真切切的信仰，学习成绩一直在学校名列前茅。中考结束后，我的成绩达到了重点高中分数线，对于小

山村的大多数家庭来说，正是一件应该邀请亲朋好友、谢师庆祝的好事，但对于我却可谓喜忧参半。因为家里的条件不好，我从小就肩负起家里的重担，不能再给年迈的父母增加更重的经济负担，我毅然地选择了上职业学校学习技能。

经过了一番筛选，加上老师和学长的推荐，我选择了山西机电职业技术学院数控技术专业，接受中高职五年一贯制职业教育。那时选择专业其实并没有明确的目标，就是单纯地希望学一门手艺，能有一份不错的收入，给家庭减轻负担。机械加工制造领域对于我来说很陌生，只是隐约地感觉能够操作各式各样机床这样的庞然大物，造出生产生活需要的工具，甚至能改进设计，让它们变得更好，是件非常厉害的事情。中职期间，随着学习的重点从之前的理论学习转变为理论与实践并重，我的实际操作能力有了很大的进步，也逐渐对机械加工制造技术产生了兴趣。经过了一段时间孜孜不倦的学习之后，我逐渐对数控加工与编程、数控机床操作及数控设备管理、维护所必需的理论基础知识和专业知识有了一定的认识，通过考核升入高职数控技术专业继续学习。

> **职业指南·家长选读**
>
> **数控技术专业需要的知识结构**
> 1. 理工科。对数学、物理的要求较高，有一定的信息技术基础。
> 2. 兴趣驱动。对机械类感兴趣，并愿意主动去思考和探索，且爱动手实践，会更易保持职业热爱、胜任工作岗位。

> **职业指南·家长选读**
>
> **性格探索**
> 1. 孩子愿意使用工具从事操作性工作，动手能力强，做事手脚灵活，动作协调，偏好具体任务。
> 2. 孩子要求知欲强，肯动脑，善思考。喜欢独立的和富有创造性的工作。考虑问题理性，做事喜欢精确，喜欢逻辑分析和推理，不断探讨未知的领域。

高职时期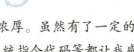

升入高职后，我对数控加工技术的兴趣愈发浓厚。虽然有了一定的专业基础，但是更复杂的机械图纸、仪器仪表、数控机床、数控系统指令代码等都让我感到神秘又充满好奇，我迫不及待地想揭开它们的面纱，弄清楚它们的操作方法，用它们实现自己的构想设计，制作出自己的作品，展现无与伦比的机械之美。

高职的学习和生活比之前丰富多样了不少，在可以自由支配的时间里，同学们都参加了多样的社团、研学等活动，而我却深深地陷入了对数控加工的痴迷中：数控设备按照提前编制好的程序，自动进行加工，一件件不起眼的铸件毛坯在经历了火光的洗礼后，变成了结构精巧、表面光洁的艺术品，然后装配在汽车、飞机、导弹模型上。要精确地实现这样的加工过程，刀具夹具怎么选怎么用，切削参数怎么确定，工艺流程怎么设计，数控程序怎么编制，一连串的问题总在我脑海中挥之不去，吃饭的时候想，走路的时候也在想。上课的时间对我来说总是那么短暂，为了争取更多的实践机会，下课后我就主动帮学校数控实训中心的老师看门、做杂活，那里成了我去得最多的地方，无数个周末、假期都是在

> **职业指南·家长选读**
>
> **职业探索**
>
> 机械制造基础加工人员包括机械冷加工人员、机械热加工人员、机械表面处理加工人员、工装工具制造加工人员和其他机械制造基础加工人员5个小类、29个细类（职业）共100余个工种，工作内容主要是使用各类机械设备和辅助工具，进行工件冷、热加工，表面处理和工装工具制造。与之相近或相关的职业还有金属制品制造人员、通用设备制造人员、专用设备制造人员等中类、机械工程技术人员等小类中的职业。

小小的实训工位上度过，甚至春节我都不回家，如饥似渴地学习相关知识，不知疲惫地一遍又一遍练习操作，这股子执着的精神令老师动容。终于，在老师的指导下，我逐渐具备了独立操作设备编程加工的能力，成为同批同学中的佼佼者，并代表学校参加了首届全国数控技能大赛，获得了省赛冠军的好成绩。

毕业在即，又一个人生选择摆在了我的面前，当时的技术工人待遇一般，是选择制造业的企业就业，还是选择入手快、回报高的其他行业就业？回想起学校老师的职业生涯指导，回想起父辈的家国情怀，我深知，应把个人的理想追求融入党和国家事业之中，于是我下定决心，做一名产业工人，让自己掌握的技能本领学有所用，不断攀登技能高峰，改变我国精密制造技术落后、关键技术"卡脖子"的问题。因为成绩突出，我顺利通过了航天二院的选拔，成为一名光荣的航天事业技术工人。

工作时期

毕业后，我以满腔热情步入职场，却从简单重复的铣平面工作中历经失落与警醒。一次失误让我深刻认识到每个细节的重要性，此后我潜心钻研技术，终成技术骨干，并参与了飞行器关键部件的加工。在工作中，我传承与发扬工匠精神，继承恩师衣钵，矢志培养新人，共同为航天事业奋斗。

（一）为导弹"雕刻"翅膀

2005年，我满怀希望与热情进入了工作岗位，准备大展身手。原本以为自己可以学习并且接触到世界先进的数控加工设备与技术，可是后来却发现每天只能做着最简单的铣平面工作，日复一日枯燥的重复操作让我的内心产生了巨大的落差，感到自己被大材小用了。时间一天天过去，我的心态渐渐发生了变化，变得心浮气躁起来，这之后的一次操作的失误让我的内心受到了强烈的震撼，也促使我彻底警醒。

在一次十分平常的铣平面的过程中，由于我的粗心，输入了一个错误的符号，程序运行开始后，刀具像往常一样开始转动，一切都同往日。突然，在电光火石的一瞬间，正在高速运转的刀具竟直直地扎到了工作台上！尽力保持冷静的我第一时间终止了这个错误程序的运行，可是此时工作台上早已留下一圈刀痕，我也登时愣在原地。这圈刀痕不仅是刻在工作台上的失误印记，更是炸响在我心中的一道惊雷，我终于明白，工作根本没有大小之分，任何一个平常的工作与微小的零件都影响着整体，任何一个小小的失误都会导致不可挽回的后果，一个部分出错，整体就要推翻重来。

这之后，我意识到自己必须尽快调整心态，决不能再犯类似的错误。当时我可以想到的最快让自己沉淀下来的方法，就是加工一种对于精度要求极高的鲁班锁来练手。这种鲁班锁由 12 个零件组成，是拥有高达 100 多个面的立方体。除了加工这样极其复杂的零部件来锤炼技术，其他的时间就扎进图书馆学习更加丰富、先进的知识，上专业网站了解目前最尖端的技术。就这样，在最平凡的岗位上工作了整整 3 年后，我终于接到了单位的一个极其重要的产品零部件的加工任务，需要加工的零部件是飞行器的重要构件，好比是飞行器的"翅膀"，前期的多次打样生产，加工出的产品始终不尽如人意。顶着极大的压力接下了这个重任后，我大胆改进生产方法，春节期间一个人在车间里不眠不休地干了整整四天四夜，终于生产出了符合标准的新产品，这次的加工也为我赢得了"雕刻师"的美誉。

坚持做好一件事的过程大体是枯燥的，甚至有的时候让人灰心。每天将沉重的工件抬上机床，穿着特制的工作鞋，在冷却液中往复穿行，大部分的工作平凡、不起眼，简单而繁重。但在这无数的重复操作中，我始终不忘追求技艺的突破。一次凌晨 3 点，躺在床上的我辗转反侧，突然一个念头闪过，一个或许能解决困扰我许久问题的方法在脑海浮现，我顾不得时间已是深夜，穿上衣服急匆匆地跑到厂房开始实操验证。凭借废寝忘食的努力钻研，我成为当时中国航天科工集团最为年轻的高级技师，获得了第三届全国职工职业技能大赛数控铣工组亚军，斩获"北京市金牌教练"称号，取得了 3 个职业工种的高级技师等级职业资格证书，获评高级工程师职称。我又先后获得"全国技术能手""全国五一劳动奖章""第十四届航空航天月桂奖"等荣誉，我的多项技术成果也申请了国家发明与实用新型专利。

这期间，为了更好地钻研技术，推动车间的技术发展，我不顾个人待遇降低，主动提出转岗开始从事复杂产品智能制造技术研究工作；不断学习专业知识，先后取得本科和研究生学历；在不断追求技术精益求精的同时，我还把自身积累的技能技艺传授给身边的同事，激发并带领一群人钻研数控加工技术，当选为二院工会兼职副主席。

（二）工匠精神代代传

人民的奋斗和劳动创造了历史，书写着当代，成就着未来。在全面建成社会主义现代化强国的新征程上，我们比以往任何一个时期都更需要一支知识型、技能型、创新型劳动者大军，更需要大力弘扬劳模精神和工匠精神，传承劳动光荣的社会风尚。作为一名航天事业的奋勇攀登者，我正是以此为己任，将报国志向和强国信念代代传承。

入职之初，我师从集团首席技师、"全国五一劳动奖章"获得者马景来，在参加第三届全国职工职业技能大赛并创造了当时二院全国技能竞赛的最好成绩后，开始当教练，带徒弟。那时我的学弟常晓飞刚刚入职，成了我的徒弟。在这场师徒之缘中，我们更倾向

职业指南·家长选读

职业前景

《中华人民共和国国民经济和社会发展第十四个五年规划和2035年远景目标纲要》中第八章第三节提出,推动制造业高端化、智能化、绿色化,推动集成电路、航空航天、船舶与海洋工程装备、机器人、先进轨道交通装备、先进电力装备、工程机械、高端数控机床、医药及医疗设备等产业创新发展,深入实施增强制造业核心竞争力和技术改造专项,建设智能制造示范工厂,完善智能制造标准体系。

于一种亦师亦友的关系,在技术交流、难题钻研上,我们经常共同探讨、共同攻关。他的技术能力也得到快速成长,在2014年第六届全国数控技能竞赛中一举夺得职工组冠军,成为"全国五一劳动奖章"获得者。受到我的经历影响,2015年,我的弟弟曹彦文继我入职10年后也通过选拔来到航天二院,成为常晓飞的徒弟,同样在技能大赛中站在了最高领奖台,成为当时二院最年轻的高级技师。

2016年5月4日,中央电视台《焦点访谈》栏目"五一特别节目"以《师徒——四代同堂传承技艺》为题,报道了马景来工作室师徒四代,矢志不渝,薪火相传,奉献祖国航天事业的故事,一门之下,4个"全国技术能手"、3个"全国五一劳动奖章"获得者,我身为其中一员倍感自豪。在国家人才强国战略的鼓舞和我的事迹的影响下,母校山西机电职业技术学院每年都有不少优秀的毕业生入职二院,像冀晓渊、胡兴盛等,他们都在各自的岗位上磨炼了意志、锤炼了技艺、做出了成绩。还有数不清的毕业于全国各高校的优秀人才,一批批、一代代前仆后继,在平凡的岗位上用辛勤的付出诠释了劳动之美,用毕生精力传承传递着工匠精神和工匠技艺。

产业工人是我国工人阶级中发挥支撑作用的主体力量,是创造社会财富的中坚力量,是创新驱动发展的骨干力量,也是实施制造强国战略和实现高质量发展的有生力量。当代青年是国家的希望,民族的未来,要肩负中华民族伟大复兴的时代使命,树立技能理想,坚定技能信念,勤学苦练、敢为人先,走上技能成才报国之路。

看看自己有哪些能力潜质,对照核心能力模型,这样你的未来之路就更有针对性。

核心能力模型

项目	要求
学科能力	数学、物理、信息技术等基础学科能力;机械制图与计算机绘图、机械设计基础、电工电子技术等专业学科能力
基础能力	自然观察思维能力、数学逻辑思维能力、视觉空间能力、沟通能力、数据分析能力、学习能力
社会能力	组织协调能力、团队协作能力、社会适应能力、创新能力、社会责任感

工作后需要的职业类证书

车工、铣工、多工序数控机床操作调整工、机床装调维修工等。

进修学习路径

专升本,进修学习专业:数控技术、机械设计制造及自动化、机械电子工程技术、智能制造工程技术、机械工程、机械工艺技术、机械电子工程等。

主要就业方向

进入制造业企业或科研设计单位,从事数控设备系统设计、装调、数控程序编制、数控设备使用维护与技术管理、机械设计方法研究、产品设计、机械制造加工工艺研发、生产技术组织等工作。

主要专业能力

(1)具有识读和绘制机械零件图、装配图,并对中等复杂零件进行计算机辅助设计的能力。

(2)具有规范使用夹具、刀具和量具的能力。

(3)熟悉数控机床操作和保养流程。

(4)具有数控加工工艺分析与设计、数控编程与仿真、计算机辅助制造以及机械加工制造生产组织、生产现场管理和产品质量检测与控制的能力。

撰稿人:贾 俾 高红军 张子祥 曹彦生

邢小颖

职　　业：清华大学基础工业训练中心实践课教师
毕业学校、专业：陕西工业职业技术学院、材料成型及控制技术专业
从业时间：9 年

不管起点高低，

努力就会带来希望。

职业院校的学生，

也会有多元的发展路径和出彩的人生。

人生就像跑马拉松一样，

能笑到最后的才是笑得最美的。

 沐职教春风，绘出彩人生

我叫邢小颖，现在是清华大学基础工业训练中心实践课教师，成形制造实验室一线教学指导人员，主要承担工科学生必修的金属加工工艺实习。教书育人是我首要工作，我最欣喜的就是与学生产生思想碰撞的时刻。

我的路或许比别人走得更长一点，更难一些，但只要坚持不懈地走下去，就一定能到达成功的终点。我曾连续六年荣获清华大学基础工业训练中心实践教学特等奖，2023 年获得"第十四届清华大学优秀实验技术人员"称号，主持或参与 13 项教研科研项目，荣获国家级、省部级和清华大学校级科研成果 8 项，以第一作者发表论文 25 篇，申请发明专利 1 项、实用新型专利 13 项。2022 年，我在全国第三届金工/工训青年教师微课评优活动被评为优秀，受邀作为全国唯一职业院校毕业生代表在教育部"教育这十年'1+1'系列发布会"做专题发言；2023 年，在第六届全国数字创意教学技能大赛中获二等奖。

挺意外的，我莫名其妙地"火了"，我讲铸造课的视频获得两亿播放量和百万点赞，可能职业院校毕业生给顶尖学府的学生讲课，会让很多人觉得不可思议。下面，我从 3 个方面和大家分享我的成长经历。

高中时期

高考落榜后，我拒绝了复读，选择相信技能的价值，在母亲的鼓励下，我选择了材料成型及控制技术专业，希望能学好专业知识，进入好企业工作。

我高中就读于陕西省渭南市大荔县两宜高中，2011年，我没考上本科，我爸妈还问过我要不要复读一年，往本科去奔一奔。但我当时相信，三百六十行，行行出状元，去读职业院校、学一技之长也未必不是一件好事。我妈经常跟我说，女人凡事也一定要靠自己，自己要有真才实学。有一技之长了，自己的内心才会丰盈。我希望能好好学专业知识、练技能，然后进一家好企业工作，听说材料专业的毕业生很"抢手"，用人企业来晚了，就招不到人了，所以在懵懂中选择了材料成型及控制技术专业。

> **职业指南·家长选读**
>
> **材料成型及控制技术专业需要的知识结构**
>
> 1. 理工科。对二维平面图纸的识读能力有一定要求，同时需要孩子有较强的立体思维能力及逻辑分析能力。
> 2. 兴趣驱动。对于爱动手、善沟通、乐钻研的孩子，更容易胜任工作，更容易在职业中取得长足发展。

高职时期

发现所选专业与最初的期待有所差别的我，没有气馁，而是脚踏实地，努力弥补自身短板，高职的学习生活成为我日后职业成长之路的坚实踏板。

2011年9月我刚进入陕西工业职业技术学院，就发现这个专业跟我以前了解的还有点差别。最初我以为就是搞材料研究的，等到学校之后我才知道还得翻砂箱、翻砂等。翻砂箱是个体力活，但日常训练中要反复练习，砂箱都要靠自己搬，我的体力有点跟不上，觉得挺累。但我没有气馁，也没有对我爸妈说过累——感觉跟他们说也没用，还会让他们为我担心。到了大一第二学期，我自己想了个办法，和宿舍的几个女生商量着每天早起一会儿、晚睡一会儿，去跑步、做仰卧起坐等各种练体能的运动，让自己的身体更有力量一些。我的理论课一直没有太大问题，就实践课拖了点后腿，所以在我加强锻炼后实操成绩好起来了，综合成绩也上去了。2013年，我以专业综合排名第一的成绩被推荐到清华大学基础工业训练中心任教。

> **职业指南·家长选读**
>
> **性格探索**
>
> 材料成型及控制技术行业门槛高，细分工艺类型复杂，工艺类型不同对应的设备类型不同，需要学习的知识技能较多，孩子在学习的过程中要根据兴趣特点，合理选择未来要投身的细分职业方向。此外，该行业也是一个"经验型"职业，职业初期工作枯燥、难度大，需要孩子有吃苦肯吃苦的朴实品质。

工作时期

笃定前行，行稳致远。我从高职学生到名校讲台，再成为一名优秀教师，背后是投身教育事业的初心笃定，是从学生到教师角色的转变与适应，更是无数个日日夜夜的充电与成长。

2013年11月，我带着兴奋的心情，和其他同学一起坐了12个小时的绿皮火车，第一次来到首都北京，走进清华大学基础工业训练中心实习，给学生上实践课。面对与我年龄差不多的清华学生，我心里是忐忑的："万一他们问问题我答不上来怎么办？"那段时光我压力很大，一堂课内容很多，从铸造原理到铸造技术，常常备课到深夜；空闲时我就去蹭课，看有经验的老师傅如何讲，为了不错过细节，我就拍视频、做笔记，下班后把工具想象成学生，和"它们"互动，晚上回到家也要对着空气练。

我讲课比较大声，一方面是因为训练中心设备声音嘈杂，怕讲课声音小了，学生听不清；另一方面是因为我每次给学生讲课时很开心、有激情，一有激情就会无意识地提高嗓门，声音就很大。另外，我考虑到我上学时，如果老师讲课声音比较小、没激情的话我就不想听。所以，我也在有意提高声音，以免学生上课开小差。学生还常提醒我："老师您小点声吧，我们能听清，您嗓子哑了，我们会心疼。"学生的评价和关心让我信心倍增。有时，也有学生偷偷问我是不是清华毕业的。我会从容地告诉他们，我是高职院校毕业的。我时常想，必须不断努力提高，才能有站稳清华讲台的十足"底气"。

以我个人经历来讲，我觉得不管上985、211大学，还是高职、中职等，进入学校后都要有一个明确的目标。我当时目标非常明确：要学好知识、练好技能，然后进入一个好的企业。现在的工作超出了我的预期，一路走来，我不会因为自己的专科起点而自卑，也不因为在网上走红而自满。我在工作之余继续学习，2017年完成专升本学习，获得了中国地质大学（北京）工学学士学位；2018年考取了热加工工艺方面教师资格证；2021年评上了工程师职称。未来，我要做的就是一步一步来，踏踏实实去沉淀自己、去提升自己。

职业指南·家长选读

职业探索

纵观每一个职场优秀人才，皆具意志笃定、转变思维、持续成长的品质。初入职场，孩子们难免陌生迷茫，这就需要他们能及时适应职场环境与角色，树立远大的职业目标，养成主动学习和自我提升习惯，踏实认真、成长成才，我们深信孩子们的职业生涯一定会绚丽多彩。

对有志进入职业院校学习或在读的职业院校的学生，我想说，一定要珍惜在学校的时光，积极向上、脚踏实地。一定要相信你看过的书、做过的题、熬过的夜都会变成一条宽阔的路，脚踏实地最后才能仰望星空。在"大国工匠"被越来越多人崇尚、社会对职业教育越来越重视和包容的今天，我期待着，职业院校的毕业生将不再被贴上"起点低""能力差"的标签。毕业于职业院校的我们，也应该找到自己热爱的领域，并一直为之努力，机会会留给不断努力的人，"制造强国"正等待着我们去完成。

看看自己有哪些能力潜质，对照核心能力模型，这样你的未来之路就更有针对性。

核心能力模型

项目	要求
学科能力	数学、物理、化学、语文、英语等

（续）

项目	要求
基础能力	语言表达能力，发现问题、提出问题并运用所学知识创造性地解决实际问题的能力，终身学习能力，信息加工、数字应用能力
社会能力	沟通交流能力和团队合作能力

工作后需要的职业类证书

铸造工、机械产品三维模型设计、增材制造模型设计、增材制造设备操作与维护等。

进修学习路径

专升本，进修学习专业：材料成型及控制工程、金属智能成型技术、材料科学与工程、技术材料工程、机械设计制造及其自动化。

主要就业方向

面向材料成型与改性工程技术人员、机械热加工人员、工装工具制造加工人员等职业，从事铸造工艺工装设计、生产操作、铸造智能产线运行及维护、产品质量检验、企业生产管理等岗位（群）。

主要专业能力

（1）具有扎实的机械制图技能、良好的识图和计算机二维/三维绘图的能力。

（2）具有使用铸造生产工艺仿真软件完成中等复杂程度铸件工艺设计、编制铸造工艺卡的能力。

（3）具有编制合金熔炼工艺卡，完成常用铸造合金的熔炼、检验、处理等工作任务的能力。

（4）掌握增材制造技术、逆向工程技术等，具有采用现代铸造技术完成较复杂产品生产或新产品试制等工作任务的能力。

（5）具有铸造机器人、自动浇注机、造型生产线等现代铸造生产设备操作、维护、保养等的能力。

（6）具有初步判定缺陷类型、分析缺陷产生原因、制订防止铸造缺陷措施的能力。

（7）具有企业生产管理、制造执行系统应用等数字技术和信息技术的应用能力，具有初步的现代铸造企业生产计划与决策、生产现场管理的能力。

（8）具有节能环保、安全生产等意识，能遵守职业道德准则、行为规范，具有工匠精神和社会责任意识。

（9）具有探究学习、终身学习和可持续发展的能力。

撰稿人：邢小颖　郝　平　王恩波　张　莹

孟庆津

职　　业：潍坊工程职业学院教师
职　　称：正高级实验师
毕业学校、专业：威海职业学院、机械设计与制造专业
从业时间：14 年

找准方向，持续不断地学习；

长远规划，脚踏实地地走；

人生是一个在努力学习中不断收获的过程。

我是玩转数控技术的人

我叫孟庆津，在 2013 年第五届全国数控技能竞赛决赛中勇夺职工组冠军，获得 2013 年"全国五一劳动奖章"，近几年又频频在国家级、省级大赛上担任专家、裁判长，也被潍坊工程职业学院聘为正高级实验师。我的技能水平究竟是怎样练就的？我的成长密码又是什么呢？

高中时期

高中时期，"偏科"基本上算是贴在我身上的一张标签，但理科成绩很好的我，已经认定目标，打算从职业教育上另辟成功蹊径。所以，有偏科的同学，也不要自暴自弃，成功道路千万条，就看你选哪一条。

人们一说某某聪明，立刻想到的就是他学习成绩好。其实，聪明有很多种。古人曰：知人者明，自知者智。了解自己、知道自己的人才更聪明、更智慧。

高中时期，我读的是理科班，因为偏科严重，总成绩在班里算不上好。可能在重视升本人数、升本比例的学校，我这样的学生自然也就被一些老师忽视了。我说的偏科，是英语成绩的确拿不出手，我对英语学习兴趣也不高，那时候真的不明白学习英语的用处在哪里。现在看来，英语对数控编程、设备调试是有用处的。我当时理科成绩在班里并不

差,也正是对几门理科的学习,我知道了自己的学习思路是没有问题的,知道了把一门课程学好后自己内心的满足感是什么滋味。很庆幸的是,我虽然不是被老师重视的学生,但我始终没有放弃自己,学理科养成的学习思维和习惯,为我后来学习专业打下了很好的基础。

2006年高考时,由于偏科严重,我的总成绩并不理想,摆在我面前的有三条路:一是复读,二是读高职,三是打工。当时自己并没有考虑过要复读或外出打工,加上我从小喜欢动手,自己坚持选择读高职。读高职既能学习知识,又能练就技能。家有钱财万贯,不如薄技一身,将来有一门技术到哪也不发愁。经过精挑细选,我最终选择了威海职业学院机电学院的机械设计与制造专业,又根据自己的兴趣爱好,成了数控技术专业的"编外学生",也由此走上了成功之路。

> **职业指南·家长选读**
>
> **数控技术专业需要的知识结构**
> 1. 理工科。对数学、物理的要求较高。编程时需要用到很多数学知识,同时要完成工艺设计、坐标计算也需要较强的数学功底,对设备的理解和掌握、对数控加工时的状态分析,需要具备丰富的物理知识和对自然规律的归纳总结,这都是理工科必备的思维。
> 2. 动手能力。孩子要动手能力强,不仅要会编程,更要会操作数控机床,懂加工工艺的设计,这样才能做出合格的机械零件和产品。

高职时期

对数控技术的浓厚兴趣,加上老师的悉心指导,我充分利用学校优越的实训条件,刻苦学习、训练,参加数控技术大赛,使我的数控技术、技能得到了长足进步,从此走上了玩转数控技术的职业道路。

其实,每个人都有自己的过人之处,总有一个最适合自己的专业,就像每一颗等待发芽的种子,总有一片最适合其成长的沃土。回头看看,我当年的选择是最适合我的。遗憾的是,很多人没有主动寻找、培育一块能发挥自己特长的土地,很多进入高职的学生觉得自己的梦已经破灭了,人生没有什么好追求的了,目标的缺乏往往很快使他们对未来感到迷茫、失望,没有坚持一直学习,随波逐流的结果就是扼杀了原本可以开花结果的种子。

然而,我却认为不管什么样的身份,都一样可以有自己的梦想,只是实现梦想的途径与方法不同而已。

入学后,看到学校优越的实践教学条件,激发了我内心迫切学习专业的想法,我很快确立了将来成为数控技术能手的目标。我想,有朝一日进了企业,一手精湛的数控技术一定会让自己脱颖而出,说不定还能解决企业的技术难题,那该是多么美好的事情。

有了目标,我的大学生活过得很充实,理论课上我认真听讲,做笔记,实训课上我醉心于技能训练,对于不懂的,我总要琢磨或者与身边的同学交流、探讨。老师们发现我这位来自山东潍坊的新生有着强烈的求知欲,特别是对机械制图、机械加工等方面的知识最感兴趣,在课堂上经常提问,而在课下,也是经常跑到老师办公室问这问那,有着一股打破砂锅问到底的劲头，老师们就对我格外关注，想尽办法解答我的疑惑。

我虽然是机械设计与制造专业的学生，但是我对数控技术专业的知识也十分感兴趣，特别是对数控编程与加工、数控机床安装与调试等课程更是喜欢有加。因此，每学期我总会把机械设计与制造专业和数控技术专业的课程表放到一起，在不耽误机械设计与制造专业课程学习的前提下，到数控技术专业班级旁听，利用业余时间自学数控技术专业相关知识。自学理论的大部分时间我都泡在专业书籍里，为了学习专业知识，在入学的第二天我就找到老师，借用老师的一卡通进图书馆借书。其实专业学习最难的是入门阶段，因为对专业没有足够的认识、没有专业基础，很多内容很难弄明白，我经常为了弄明白一个简单的问题在图书馆一坐就是几个小时。记得一次周末时间，为了弄明白数控编程中的一个小问题，我早上提前到图书馆门口等着开门，等搞明白问题出来的时候已经是下午4点多了，中午饭都顾不上吃，也没觉得饿，只觉得问题弄明白了心里特别踏实。也正是这种不放过任何一个疑问的学习态度，让我养成了比较严谨的学习习惯，对我毕业后的成长帮助很大。等我毕业时，我发现图书馆里关于数控方向书架上的书，我已经全部翻遍了。

晚自习和周末的时间，我也泡在实训室里，看学长们训练，旁听实训老师讲课，到晚上我经常是宿舍晚归的"违纪"分子。不同的是，我的晚归都是去实训室学习了，宿舍管理员每次看到我晚归也都没有追究，还会给我赞许的目光，有时候也会有几句温馨的鼓励，因为他们都明白我为什么"晚归"。有一次在半夜为了学习热处理方面的知识，自己偷偷翻宿舍窗户下去，去校办工厂车间，跟工厂里的师傅请教，帮师傅们干活，边干边学。有时候周末时间实训室关门，自己偷偷溜进去，打开设备自己偷学的事也干过。这些事虽然都是"违纪"，但出发点都是自己内心对专业学习的热爱，对专业知识的渴求，大的前提是有一个大爱包容的学校环境，才能容许我干这么多"坏事"。在学校安排的实训课上，特别是在机加工车间，我更是当仁不让，总是第一个把实训任务完成，接下来又开始思考更好的加工方法……

机会总是青睐那些有准备的人。我的努力，老师们都看在眼里，记在心里。因此，在2008年第一届全国职业院校技能大赛选手的提名上，领导和老师们首先想到的不是大三的学生，而是正在读大二的我。虽然被提名，但还需经过4轮的筛选，因此竞争是激烈的。最后，我跨年级、跨专业在众多学生中脱颖而出，4轮选拔我3次成绩第一名，不仅取得参赛资格，而且作为三人团队的队长，带领我的两位学长获得国赛二等奖，展示了我深厚的理论功底和扎实的实践技能，以及协调指挥能力。

2008年8月，我在济南参加第三届全国数控技能竞赛

职业指南·家长选读

性格探索

数控加工技术性较强，不仅仅要能读懂图纸、工艺要求，甚至要能够设计零件和工艺，还要能够操作数控设备把零件加工出来，孩子要对机械制图、机械设计、工艺设计、设备操作有一定兴趣，不怕吃苦。无论性格如何，玩转数控技术都首先要有严谨精细的工匠精神，"失之毫厘谬以千里"，工作久了，能够锻炼理性思维和积极认真的处事态度。

山东省选拔赛，获第二名；2009年1月，我获得"威海市技术能手"称号，6月，我参加全国职业院校技能大赛高职组数控机床装配、调试与维修项目，获优秀奖，7月，参加山东省第三届职工职业技能大赛获职工组第八名，并获得"优秀选手"称号。

当3年学习期满，看到我取得的很多荣誉，并具有数控车工、数控铣工两本技师资格证书，我清楚地知道自己努力的方向没错，自己所学的专业知识一定能用上，当时班里很多同学为了学历都准备升本，也有很多同学劝我升本，而我从来就没有动过这个心思，因为我对自己的职业生涯规划有非常明确的目标，学到知识、学好本事才是根本。教过我的老师都无比欣慰和自豪，感叹我前途无量，真是"青出于蓝，下学上达"。

工作时期

我凭借在全国职业院校技能大赛中的优异成绩，毕业后成功进入中国物理工程研究院（简称中物院）工作。尽管工作繁忙，我仍然与母校威海职业学院的老师保持沟通和联系，老师们说我仍然保持着当年的执着追求和梦想，保持那份学习的热情和优秀品质，以我的特质一定能够在中物院这方沃土上脱颖而出。

2009年，我正式加入了中物院机械制造工艺研究所（简称六所），时值院所科研生产任务"决战决胜"的关键时期，面对繁重的科研生产任务，我跟着师傅上岗实战。遇到不懂的问题，我主动向师傅和师兄请教，刻苦钻研每一道加工难题，对待每一次任务我都用尽量多的工艺方案去尝试，尽量试验每一种工艺参数的极限，每一次任务我都尽最大可能地干到完美。其间虽然辛苦，但带给我的成长却是巨大的。参加工作一年，我就在中物院技能比赛中荣获二等奖，被破格晋升为技师。

"爱琢磨"，这是六所很多人对我的评价。特别是我的师傅，每当谈起我的钻研精神，言语间无不流露出满意和欣慰之情，他说："一些关于机床参数的问题是厂家设置的，但有些说明书翻译得不明确，很难看懂，可小孟总能自己琢磨出是什么意思来，其实这背后是在学校里尽量多地涉猎专业相关课程的沉淀和坚持不断的学习换来的。"

在出征第四届全国数控技能竞赛时，院里邀请了北京的老师进行为期一天的培训。我十分珍惜这次机会，仔细研究老师讲授的每个例题、每种方法。培训中，老师对某轴类零件进行工艺分析，按此加工路线，虽然能很好地解决零件尺寸和位置精度高这个加工难题，但过程多、数据

> **职业指南·家长选读**
>
> **职业上升路径**
>
> 孩子选择了自己喜欢的发展方向，只是迈出了万里长征的第一步，不经历风雨，哪能见彩虹？要想获得成功，必须能坚持不怕苦、勤于学善于思。就数控加工行业来说，要会读图、懂设计、懂工艺、能编程、能加工，这一整套流程都要烂熟于胸，归根结底，是要勤学苦练、刻苦钻研。要想做到这些，还需要热爱数控加工行业，兴趣是最好的老师，"干一行爱一行专一行"。能够解决数控加工中别人解决不了的难题，孩子的成就感就会油然而生，出类拔萃的人不会被埋没，职业上升顺理成章、水到渠成。如果孩子还情商在线、懂管理，前途无量亦未可知。

复杂。我认为，可以借助自行设计的简单工装来加工，大大简化工艺路线，但尺寸和位置精度要求能否满足却是未知。我一时有点想不明白，经过反复思考，主动向老师请教，说出自己的想法。老师肯定了我提出的加工路线，认为很有新意，鼓励我继续深入探索。当天晚上，我一个人留在培训中心钻研，直到培训中心快要闭门。功夫不负有心人，最终，我综合两种工艺路线的优点，设计出了一套全新的、简易可行的工艺路线，在缩短加工时间的同时保证了零件的各项精度要求。

天道酬勤，耕耘有获。作为六所的技能明星，参加工作仅3年，我已在院所、四川省和全国技能大赛中获得奖项近10项。各种奖项和荣誉也接踵而来。我于2011年荣获绵阳市"十佳青年岗位能手"称号；在团中央2013年的先进表彰中，我又获得了"全国优秀共青团员"称号。由于在第五届全国数控技能竞赛中获得数控车职工组冠军，根据奖励办法，我申报并成功获得了"全国五一劳动奖章"和"全国技术能手"荣誉称号。

2016年4月，我参加了在襄阳技师学院进行的《中国大能手》（第二季）之"数控刀客"的高手对决，获得第二名。

我对自己的职业生涯始终有明确的定位，2016年底，因为对自己的定位不是一线工人，在车间一线干了近8年后，我辞职离开了中物院。

2017年9月开始，我投身职业教育，先后供职于山东省民族中等专业学校和潍坊工程职业学院，现被聘为潍坊工程职业学院正高级实验师，从事数控技术专业的理论和实践教学工作，也为企业提供技术支持和服务工作。在此过程中，我10多次担任省级、国家级大赛的专家和裁判长，因工作突出，两次被国家人社部评为"优秀裁判员"。一路走来，自己的专业边界渐渐变得模糊，自己所做的工作在专业边缘不断地扩展，唯一不变的是当时学专业和工作后养成的认认真真学习、脚踏实地干事的初心。

在成长的道路上，要用好在校期间的每一分钟，要以热爱的心态去积极拥抱你选择的专业，永远不要放弃自己的理想和兴趣，只要有明确的目标加上自己的努力，谁都可以学得很棒，任何一门专业课都不单单是知识本身，更重要的是能够激发你无畏向前的勇气。我之所以能够取得今天的成就，与学校的培养、单位的栽培和我个人的努力分不开，同时也昭示了"苦心人，天不负"，职校生同样可以有大作为。

看看自己有哪些能力潜质，对照核心能力模型，这样你的未来之路就更有针对性。

核心能力模型

项目	要求
学科能力	语文、数学、物理、英语等
基础能力	逻辑思维能力、身体动作协调能力、空间想象能力、人际交往能力
社会能力	团队协作能力、心理承受能力、表达能力、社会责任感

工作后需要的职业类证书

车工、铣工技师、高级技师、工程师、高级工程师。

进修学习路径

专升本，进修学习专业：机械设计制造及其自动化、机械电子工程、智能制造工程、产品设计、机器人工程等。

主要就业方向

面向现代装备制造行业，从事先进设备操作、机械零件加工、产品质量检测、数控设备安装与调试、工艺设计与管理、设备管理等工作。

主要专业能力

（1）具有识读各类机械零件图和装配图的能力。

（2）具有进行常用金属材料选用和热处理方法选择的能力。

（3）具有熟练操作多轴数控机床的能力。

（4）具有手工编制较为简单的数控加工程序的能力。

（5）具有熟练使用一种常用的工业软件，完成数字设计、自动编程、仿真优化、数据处理等相关的能力。

（6）具有进行零件机械加工工艺编制与实施的能力。

（7）具有产品质量检测及质量控制的基本能力。

（8）具有基本的数控设备维护、保养的能力。

（9）具有胜任生产车间的日常管理工作的能力。

撰稿人：李更新　孟庆津

陈国林

职　　业：广州市互邻科技有限公司总经理
毕业学校、专业：广东机电职业技术学院、制冷与空调技术专业
从业时间：19 年

空调是整个建筑体系中最耗能的部分，研究开发空调智能化控制系统有利于推动节能减排，为国家的低碳经济尽自己的绵薄之力。

我为节能狂

我叫陈国林。我从制冷与空调技术专业毕业后一直从事相关行业，响应国家节能减排号召，致力建筑空调智能节能技术研究近 20 年。我所创办的广州市互邻科技有限公司是国家级高新技术企业、空调物联网通信网关的龙头企业，2023 年 2 月在广东股权交易中心挂牌。

高中时期

我来自粤北贫困山区，家庭的贫困让我比同龄孩子显得懂事许多，也激励着我把读书升学作为走出去改变人生的重要通道。

我的高中是在县城读的。县城就是彼时我离家最远到达的地方，在这里，我在家人的支持下排除杂念埋头学习，为高考做好准备。

我选读理科，是因为我了解前面几届高中学长们的高考录取情况，知道理科录取分数相对低些、录取率大些，而且可选择的专业多是技术型或技能型的，将来方便就业。就这样，我平淡无奇地走过了 3 年高中，终于迎来了高考。

职业指南·家长选读

制冷与空调技术专业需要的知识结构

1. 理工科。对物理知识的要求较高，需要对制冷原理、热力学、流体力学、电、机械等内容感兴趣，有较强的逻辑分析能力。
2. 动手能力。这个职业技术性较强，动手能力强的人会更易胜任工作。

因为我在夏天短暂享受过县城中为数不多几家店铺的空调,那种感觉简直太爽了。所以,根据我的成绩水平,我在填报志愿时就写了几所设有制冷与空调技术专业的高职院校。我认为制冷与空调技术专业一定好就业、有前景,可以借此走出大山,起码能凭自身学到的一身技术享受到空调吹来的阵阵凉风。

高职时期

除了上课认真听讲、记录之外,课余时间在别的同学尽情地玩的时候,我要么是在干着学生会的活,要么就是当学生记者采访、拍摄学校社团活动或师生,要么就是在网吧兼职,再有就是跑到课室学习或实训室练习实操,总之就是空闲、放松的时间很少很少。

2001年9月,我入读广东机电职业技术学院制冷与空调技术专业,这是我人生中第一次走出县城。置身广州,我不敢想象这个世界原来可以这么繁华,于是我暗下决心,一定要发奋努力,让自己留在广州、活得精彩。

在学习上,我变得更加主动,更加明确自己以后的学习目标。大学里有很多的自由时间,我学会了合理安排学习时间,来充实自己的学习生活。我参加了学生会并通过竞选获任主席团成员,另外还获选为校团委记者站学生记者。我还在校外的一家网吧中兼职计算机管理员。记得当时是2002年,很多网吧老板都不太懂计算机,于是我们这些大学生很容易就能找到一份帮网吧修计算机的兼职工作。3年的大学生活,我过得非常充实,专业的学习、实训和实习也学得非常好,因为我觉得家庭对我的支撑不容易,我如果不学好就对不起家人,更影响就业。所以,当时的老师和同学都会觉得我是一个很"拼"的人,干什么都很认真、很执着、很卖力。

回想过去,大学的3年,因为我的初心,促使我在校园中不但注重学习专业知识与技能,也更注重参加服务师生的社团实践以及走出校园开展社会实践,使自己的专业知识技能和组织协调、交流合作等方面的能力得到了大大加强,尤其是我的坚持和努力有了好的结果,支撑了我的自信和奋斗的决心,激励着我勇闯社会、拥抱生活。

> **职业指南·家长选读**
>
> **职业探索**
>
> 空调与制冷技术专业的学生需要更加注重实践技能的培养和就业市场的适应性,加强行业认知和职业认知。既要学习好专业知识与技能,适当参加学生团体工作或参与集体活动,不断积累经验,强化沟通、团队协作、持续学习等方面的能力,还要通过实践过程逐渐清晰定位自身比较合适做一线工作还是技术管理、销售工作。此外,在大力发展绿色经济、智能制造的国家战略下,必须关注制冷与空调技术与其他领域的跨界融合,如智能家居、绿色建筑等,培养国际化视野。

工作时期

我的第一份工作与学校老师的教导有很深的关系,我记得我的班主任第一次给我们讲大学生的生活和学习时说过:大学是学会学习、学会做人、学会坚持。这句话让我获得了人生中的第一次工作机会。在创业之前的工作之中，我作为业务骨干，在项目选择、团队打造、资金筹集、客户开发等方面已经积累了丰富经验，为我开启创业之路打了坚实基础，所以创业对于我来说已经是轻车熟路了，所不同的是我作为第一责任人必须担负起企业的生存与发展重任。

（一）工作初期

2004 年 3 月，我怀揣着美好的梦想去到实习单位（后来的第一家工作单位）：广州市雅酷冷电技术有限公司。刚刚来到公司，作为一名实习生，我兢兢业业如履薄冰地前行，因为当时来自各个学校的实习生一共有 22 名，最终只会留下 4 人。为了能获得这份工作，我每天早上 6 点起床，6 点半前洗漱完毕，开始着手研究当天需要做些什么，如何去做。每天早上用一个小时的时间去计划好当天的工作，然后在 7 点半出门，8 点到公司，开始一天的工作。连续的努力使得我在 3 个月的实习工作中脱颖而出，成了公司留下来的 4 个人之一。

正式参加工作后，我依然保持那份坚持与努力，在同年 11 月被公司选中去青岛海尔公司学习，并在学习归来后因为技术过硬、善于团结，升任工程部经理一职，当时这家制冷企业有员工 500 多人，经理职位仅有 4 个。

我不断钻研技术，通过与客户接触了解市场、感悟市场，可以比较敏锐地观察到空调制冷市场的变化，尤其是团体性的需求变化，从而经常能找到新的小众、个性化需求并予以满足，也不断地促进公司技术力量的强化与技术水平的提升。正因为坚持不断的努力，我在 2008 年再次升职，任公司副总经理，是公司成立 10 年以来的第一位副总经理。我根据空调制冷市场需求为公司发展方向和业务策略的调整优化提出有力参考，成了公司老板、总经理的得力助手。同时，无论对公司同事还是对客户，我都抱着乐于助人，敢拼敢闯的态度做事，我曾经为了帮客户解决技术难题，连续三天三夜吃住在施工现场，最终在同事们和客户的配合下圆满解决了难题，我敢拼敢干的工作表现赢得了领导和同事们的赞誉和信任，也与众多客户建立了深厚感情，搭建起了一个互相信任的客户群体，这些都有益于我职业生涯的发展和今后的创业。

（二）创业时期

直到 2011 年 4 月，我开始创业，与原来的老板合作成立了广州市互邻科技有限公司。开始创业后，我带领我的团队努力工作，不断学习创新，开拓市场，在人人都认为空调行业已经走下坡路的时候，我的公司当年营销金额达 2000 万元之多，成为当时广州空调公司营销总额前十的企业。至 2023 年，广州互邻科技共获得专利 21 项、商标 3 个、著作权 437 个、资质证书 11 个等，成为一家集人才与

职业指南·家长选读

从事空调与制冷技术行业，必须要从一线先做起才能锻炼自己的技能，而直接接触客户，才能保持对市场的敏锐性，并通过在一线的实践判断自己的技术能力、管理能力和创业能力，为自己未来的职业发展打下坚实基础。

技术为一体的现代高新技术企业,是空调物联网通信网关龙头企业。

我与我的团队还于2012年成立了广州市几度节能科技有限公司,该公司主要研究开发空调节能控制产品,主要做建筑空调能源管理投资,奠定了我以空调节能为事业追求的创业基础。我个人或创业企业获得了很多奖项,如广州市科技创新小巨人奖(2016年)、中国产学研合作创新成果奖(2017年)、中国暖通品牌"中国暖通卓越工程商奖"(2018年)、第十一届中国创新创业大赛节能环保行业成长组优秀奖(2022年),特别是在2018年被认定为国家高新科技企业,充分说明了我的企业的技术创新能力,也是对我坚持不懈追求以技术创新服务市场的有力回报。我还热心公益事业,在2023年当选中外好人网志愿服务广州办事处副主任,获评2021—2022年度中外好人网志愿服务"贡献奖铜奖"。

前期的工作经历使我清晰地知道空调是整个建筑体系中最耗能的部分,研究开发空调智能化控制系统有利于推动节能减排,为国家的低碳经济尽自己的绵薄之力。这也是广东机电职业技术学院老师教导我的:让个人的事业追求与国家要求、国家战略同向同行,则个人发展了就可以促进国家的发展,真正为国家做一些力所能及的贡献。

> **职业指南·家长选读**
>
> **价值观探索**
>
> 有了奋斗拼搏的信念之后,就要选好自己的发展道路,并做好长远的规划。就业初期关注技术技能提升或经营管理经验;做一份职业规划,是做技术技能型的人才,还是通过一定的积累自己去创业。学习与就业甚至创业的动力,一定要源于生活中又高于生活,要生存,但更要从生存中找到生机、先机,自我激励向前冲,就一定会有路可以走。

笨鸟要先飞。从大山里出来的农家子弟,基础条件相对城市的孩子较差,因此更需要奋起直追。我就是抱着这样的心态一路坚持到现在,虽然现在已经有了一定成就,但我不会满足,还会一直坚持奋斗下去。

看看自己有哪些能力潜质,对照核心能力模型,这样你的未来之路就更有针对性。

核心能力模型

项目	要求
学科能力	物理、数学等基础学科能力,制冷原理与设备、制冷工艺设计、空气调节技术、制冷空调装置系统自动控制等专业学科能力
基础能力	持续学习能力、创新能力、动手操作能力
社会能力	团队协作能力、沟通能力、劳动素养创新能力、社会责任感

工作后需要的职业类证书

制冷工程师、电工、一级建造师、二级建造师(机电工程)、制冷设备维修安装人员、制冷设备操作工、中央空调系统操作员、制冷工职业资格、注册公用设备工程师执业资格、制冷与空调作业操作等。

进修学习路径

专升本，进修学习专业：制冷与空调工程、能源与动力工程、建筑环境与能源应用工程。

主要就业方向

进入制冷设备生产企业从事设计、制造、销售、安装、维修、保养、售后、管理等工作；进入制冷工程设计、施工、监理等企业，以及公共设施维护、节能环保领域，从事制冷与空调有关的工作。

主要专业能力

（1）具有识读施工图与编制预算的能力，能够识读空调工程和冷链冷库工程施工图，编制制冷空调工程造价与预决算。

（2）具有设计电冰箱、空调器、热泵热水器等制冷空调产品制冷系统的能力，并能根据整机性能测试效果改进产品设计。

（3）具有对制冷空调系统进行试运行与调试的能力。

（4）能够维修制冷系统和电气控制系统常见故障，运行、维护、管理大型制冷空调系统，并分析、判断、处理运行故障。

（5）能够编制制冷空调产品典型零部件生产工艺卡及整机总装工艺文件，分析与整改部件及整机生产现场一般工艺问题。

撰稿人：谢礼炮　陈国林

王新磊

职　　业：山东华仪能源科技有限公司创始人、总经理
毕业学校、专业：山东商业职业技术学院、制冷与空调技术专业
从业时间：12 年

我们不断学习和突破，
为客户提供更好的解决方案，
不但为公司创造了经济效益，
也为客户创造了经济效益，
我觉得很有价值感。

 ## 我是和制冷设备打交道的人

我叫王新磊，曾经是制冷设备生产和工程安装工程师，现在经营一家制冷设备公司，是山东华仪能源科技有限公司的创始人和总经理。

说到制冷设备，很多人可能会以为我是做空调的。其实，制冷行业有两大部分：第一部分聚焦普通人熟悉的家用空调、冰柜、冰箱等，这些并不需要工程师去安装；第二部分则是和大型制冷设备打交道，如屠宰厂、大型冷链物流用的冷库、医药行业的疫苗库，都需要安装大型制冷设备。它和空调不同，不是标准化产品，必须定制，根据使用场景设计专门的解决方案，需要工程师才能完成。

我的工作就是和大型制冷设备打交道。在工作中会认识很多客户，当我通过技术方案为客户解决了问题，节省了成本，他们会特别高兴，发自内心认可我们，这个时候，我会觉得自己的工作非常有意义，有价值感……

高中时期

我很感激父母的开明，他们让我从职业规划的角度去审视读高职这件事，做出适合自己的选择。

高中时，我就读于山东省德州市的一所重点高中——山东省武城县第二中学。这所高中分重点班和普通班，虽然我在普通班，但曾在全年级2400多名同学中考过前100名。假如能够保持这个名次，考上重点大学是没问题的，可惜我那时是名严重偏科的学生。

我读的是理科班，原因是我喜欢物理，从小动手能力就很强，喜欢拆收音机之类的小电器，拆开还能原封不动地还原，丝毫不影响电器的正常使用。长大后我很喜欢理科，高中时我的理想就是考一所理工科的重点大学，学一个建筑或者工程类的专业。

高中时我的物理成绩一直非常好，英语成绩却起起伏伏，很薄弱。高考前，由于学籍的原因，我要从武城县第二中学回到夏津县第一中学备考，那里没有宿舍，条件很艰苦，我对环境也完全不熟悉，心理上差点崩溃，导致高考发挥得很差，高考成绩没过本科分数线。

> **职业指南·家长选读**
>
> 制冷与空调技术专业需要的知识结构
>
> 1. 理工科。对物理的要求较高，需要孩子对电、机械等内容感兴趣，有较强的逻辑分析能力。
> 2. 动手能力。这个专业技术性较强，动手能力强的孩子会更易胜任工作。

我当时觉得考上好大学是评判人生成败的唯一标准，所以深受打击。我的父母很有智慧，他们没表现出一丁点失望的情绪，看我意志那么消沉，他们就用朴实的成才观劝导我，让我相信走职业教育的道路或许是个不错的选择。

那时我们通过亲戚朋友打听到，山东商业职业技术学院的制冷与空调技术专业非常强，是全国精品专业，恰好和我喜欢的工程类是对口的，所以我当时就只报了它，其他志愿都没填。按照上一年的录取分数线，我应当是差了20分左右，但很幸运，那年我被顺利录取了！

高职时期

我刻苦钻研专业课程，积极参加实训，这一时期学到的专业知识，为我后来从事技能行业、开拓市场和创办公司打下了坚实的基础。

读高职前，我就对自己的专业充满了兴趣和期待。到学院后，我发现我们的任课老师都是行业内的专家，很多还是专业教材的主编，实力非常强。

大一时大部分是基础课程，我当时最喜欢的就是"机械制图"这门课。课上老师给出一个机械部件，并教给大家画图的步骤及方法，让我们自己试着去完成。刚开始的时候，我常常画的半径不对、圆心不对、线号不对，只能反反复复地擦了画、画了擦。不过，当我最终看到一个复杂的机械部件被完美地画到图纸上并得到"优"的成绩时，会觉得特别开心。

大二时我们开始接触专业课程。我最喜欢的一门课是"制冷原理"，它也是制冷与空调技术专业最核心的一门课程，可以直接用到工程施工当中，如制冷系统里包含了哪些设备？彼此间怎么连接？有哪些阀门？它们的作用都是什么？甚至工程施工的思路和模型是什么？这些施工中最基本的问题都可以在这门课里找到答案。

当时我们是第一批参加联合国环境署揭牌仪式培训的学生，老师会带着我们进行一对一的辅导，联合国环境署的专家在旁边观察。那一批共有 50 多人，我拿到了第三名的成绩。正是在那段时间，我系统地学习了冷冻系统的设计、管理、技术支持以及相关设备的销售等课程，我后来既能从事技能行业，又能在制冷领域创业，都是在那时打下的基础。

我们的专业老师很多都是制冷与空调技术专业的专家，因此我们学到的知识是这个专业里最精华的内容，这些课程让我在后来的工作中少走了很多弯路。例如第一年实习，我去山东潍坊的一家食品企业进行设备安装，对方的设备跟我在实训中见过的不太一样，它的结构我看不明白，工作原理也不熟悉，我只好打电话向学校的老师请教。在老师的专业指导下，我明白了"经济器"就是换热器，作用是在节流前使液体过冷，增加制冷量。这时候我立刻恍然大悟，也能在大脑里把整个系统串联起来了，后面的实习也变得非常顺利。

工作时期

这份工作是从工地上开始的，虽然心理落差很大，但我还是迅速成长起来。在这个行业里，我做过项目经理，也做过销售总监。我喜欢迎接挑战，它使我成为更强大、更有价值的人。后来我选择创业做工程，是因为喜欢和客户沟通。当他们对设备很满意的时候，慢慢就和我们处成了朋友。

（一）工地上的实习

大三时，我顺利进入济南一家大型制冷企业做见习项目经理。实习要去工地，刚到工地时，因为项目图很复杂，好多细节都看不懂，每天我都拿着图纸跟施工现场进行比对，有不懂的地方就向项目技术总工请教。我们吃住都在工地上，和施工队的工人一起干活，条件非常艰苦，那个项目从 7 月份开始做，一直到当年年底才完成。开始时我的心理落差很大，甚至想过要放弃这个职业。一位同在公司的前辈（也是我的同门师兄）和我聊了很多，对我帮助非常大，让我在心理上也逐渐适应了这样的工作环境。项目一天天发生变化，最终调试完成的那一刻，我突然间觉得所有的苦和累都变成了欣慰。后来我才明白，公司派我们去工地就是为了让新人快速成长起来，亲自参与过施工后，才能在独立带项目时知道工人做得对不对，怎么施工后续调试才不易出问题。

> **职业指南·家长选读**
>
> **性格探索**
>
> 制冷行业技术性较强，首先要和各种机器和电子设备打交道，孩子最好对这些事物有一定兴趣，愿意钻研。性格内向或外向并不重要，因为职业会改变一个人，也会重塑人的性格。不过，职场新人要从工地施工或车间流水线做起，起步比较艰苦，孩子性格中最好有踏实、吃苦耐劳的一面。

（二）项目调试和售后

我毕业后的第一个正式岗位是项目调试和售后。我们的工程安装完毕，就要开始试机，冲注氟利昂和制冷剂，让温度降到要求的温度以下，像储存库要求的温度要在 –18℃ 以下，而速冻要求的温度要在 –35℃ 以下。

刚开始调试的时候会有老师傅带着，后面就要独立操作了。这个过程很能锻炼人，因为现实中遇到的问题远比实训时复杂得多，学到的东西不和实际一致，只能硬着头皮去解决，如翻开课本研究，打电话请教老师，利用一切可以利用的资源去解决遇到的问题。这个过程中，我的沟通表达和协作能力都得到很大的提升。

记得第一次独立调试，我面对的是一个16000平方米的4层冷库，共有3万多吨的储存量。刚开始降温是正常的，但调试三四天后，温度就降不下去了。排查了好长时间，最后才知道是过滤器堵塞了，氟利昂供应不过去。我把阀门关死，拆除过滤器，清理干净后，问题终于得到了解决。现在无论遇到什么设备，调试一段时间后，我都会把过滤器拆下来进行清洗，避免这样的情况发生。

还有一次是调试一套氨的制冷系统。氨是有毒的，危险性高，还易燃易爆。当时进入库房，氨的气味非常刺鼻，几乎无法呼吸，眼睛也睁不开；管道里都是氨的液体，温度极低，在 –50～–40℃，泄漏出来的液体溅到手上就会把皮肤冻伤。当时是很恐惧的，只能顶着压力寻找泄漏点，最后发现阀门压盖泄漏得很多，问题也因此得到了解决。这是我职业生涯里比较危险的一次，那一刻也曾经对自己的职业产生了动摇，但这种情况比较少，我最终坚持了下来。

当然，工作里也有非常开心的部分。我很喜欢出差，喜欢到各地跑，公司需要调试的项目遍布全国各地。因此，我很快就跑遍了全国20多个省市。每到一个地方，我都会了解一下当地的风土人情和特色小吃，工作之余就去当地有名的景点看看，吃吃当地的美食。

（三）从项目经理到销售总监

我成长比较快，在项目调试和售后的岗位上做了一年多后，就成为项目经理，开始独立负责项目。这是一个需要统筹和协调各个部门的岗位，开工前要组织施工人员，提取材料计划，然后进场施工；施工过程中，要协调各种设备进场的节点，确保各个工序有效衔接，既要保证工期，又要控制项目回款的进度，还要确保施工安全和工程质量……这份工作让我觉得非常充实，当你做好统筹，大家分工明确，团结协作，完成一个项目的时候会很有成就感。

项目经理主要还是和工程打交道，我做了两年就想再挑战一下自己，去和人打交道，所以我转行做了销售。

基于做工程安装和售后调试积累的专业经验，我很快就完成了转型。最初我负责山东的6个城市，那家公司在此前两年山东的市场份额几乎是零，我前面两任销售经理的业绩都是零，各做了一年就辞职了。换了我之后，第一年就有了业绩。那是2016年，网络信息还不像今天这么发达，我先通过百度查找当地有名的制冷公司，然后就去做第一次拜访。我每天接触两三家公司，先介绍公司的产品，再介绍自己的经历。拜访后，我会做一个筛选，看哪些是主要客户，哪些是潜在客户，哪些是不可能合作的客户。这样第二次拜访就有针对性了，进行重点攻关。我们这个行业技术性很强，基于我积累的技术经验，每次到客户公司，和他们的技术人员或者领导沟通时，我都会谈很多技术层面的东西，还会实际地帮他们解决一些问题，这样客户对我就越来越信任，有些业务也就达成了合作。

开始谈客户也是很难的，客户都有固定的供应商，他们的第一反应是排斥你，你要约很多次才能和他们见上一面。你可能谈了好几次，但是最终他们并没有采购你的设备。对新人来说，这种事情对心理的打击很大。但是我在这种打击里坚持了下来，终于签下了第一单。客户只要买过一次我们的设备，并且发现我还能为他们提供帮助后，就会渐渐信任我们，市场也就渐渐打开了。在开拓市场的过程中，我的职位每年都上一个台阶，先是销售经理，然后是大区经理，最后做到了销售总监。

做销售的几年，我的性格改变了很多。后来创业时，我能够比较好地管理公司的员工，都得益于做销售得到的锻炼——了解人心和人性，为他人提供价值，树立诚信、可靠的个人品牌，这是做一个好销售的关键，也是创业成功的关键。

> **职业指南·家长选读**
>
> **职业上升路径**
>
> 每个行业都有擅长管理的领导型人才和擅长技术的专家型人才，制冷行业也不例外。如果孩子喜欢和人打交道，擅长处理复杂的人际关系，那么可以努力成为领导型人才。如果孩子对技术非常精通，又热爱钻研、创新，擅长处理复杂的技术难题，那么可以精进技术，成为专家型人才。这仍然和内在的兴趣有关。找到自己擅长的、热爱的事情，挖掘个人不可取代的核心价值，是孩子在未来职场上非常关键的修炼。

（四）创业时期

在我们这个行业，大部分人是在销售中积累了一些客户后，尝试进行创业。其实这个过程并不容易。积累的客户是基于上一家公司的平台，到自己创业时，没有了原先的平台，客户会担心你的公司成立没多久，是否有能力把项目做好。除了看你的专业度外，他们首先会看你的人品，这包括诚信和责任心。

我算是一个善于总结和学习的人，工作第一年做见习项目经理时，我的师傅（也是同门师兄）是项目经理，他的情商很高，和客户打交道总能把事情处理得特别完美，这时我就会想：如果是我，我会怎么处理？我能跟他学到什么？工作3年后，我也成长为像师傅那样能够赢得客户尊重和信任的人。我后来选择创业做工程，就是因为喜欢和客户沟通。当他们对设备很满意的时候，慢慢就和我处成了朋友，当他们扩产二期、三期厂房时，一定会继续和我合作，我也会确保自己提供最优的方案和技术支持。久而久之形成良性循环，公司的市场也就越做越大。

除了食品、医药冷冻冷藏，我的公司也进入了化工行业的冷冻领域，我们现在重点开发的是硝酸钾的冷冻结晶系统。2017年，我们首次接触山东潍坊的一家化工企业，发现传统的冷冻结晶是在一个很大的结晶釜里，冷冻水在夹层中对结晶釜内混合溶液进行降温。我想，如果不要夹层，把管道直接布局到结晶釜溶液里，冷冻结晶的效率应该会大大提升，技术上其实也不难实现，只要选择抗腐蚀性强的换热管就好。这家企业当时已经和另一家制冷公司谈好了合作，马上就要签合同。因我的方案非常节能，他们也很想尝试。不过他们有非常苛刻的条件，就是保证制冷系统不出问题，一旦出了问题，也绝对不能影响到整个硝酸钾生产系统，否则损失由我公司来承担。这样的条件另一家制冷公司不敢签，最终他们和我们公司签订了合同。后来，这条生产线始终没出过问题，节能效果特别好，和老的生产线比，它的产量翻了一倍，耗能却没增加多少。

给山东潍坊这家化工企业的硝酸钾的方案做完后，湖南化工设计院对我们的方案非常认可，就和我们开展深度合作。我们联合申请了专利，专利授权给湖南化工设计院。而他们那边，凡是涉及硝酸盐的项目，都是由我公司来做方案。2022年，山西金兰化工集团要新建一条10万吨/年的硝酸钾生产线。这家集团董事长蔺向前是硝酸钾行业有名的技术专家，我只和他见过一面，谈到了我们公司的冷冻结晶能效比可以提高30%以上。之后我给他发送了详细数据，确定了制冷方案，并签订了合同。他没有去和任何公司比对价格，也没有过多考察我们公司，这是对我们极大的信任，令我深为感动。

作为一名制冷设备人，我喜欢这个职业，不仅因为它能带来可观的经济收入，改善家人的生活，更重要的是我能在工作中认识很多人。我帮客户解决问题，客户认可了，真正节省了成本，他们会特别高兴，这个时候，我也会觉得很自豪。我们不断地学习和突破，为客户提供更好的解决方案，不单为公司创造了经济效益，也为客户创造了经济效益，我觉得很有价值感。

我对职业的理解是，一定要出于自己的热爱而选择一个职业，不能仅是为了挣钱、养家糊口做出选择。学制冷与空调技术专业的人中，男性相对多一些，对于高中阶段喜爱物理、想要从事这个职业的人，我建议你一定要遵从自己的内心，真正喜爱这个职业。喜爱就意味着你能忍受艰辛，承受压力，要相信所有的压力都是暂时的，只是当下你还没想到解决的办法，千万不要动摇，要一直走下去。

职业指南·家长选读

价值观探索

人生是一场马拉松，无论是职业上的积累，还是做人做事，都需要孩子树立长期主义的价值观，不看中一时得失，不急功近利，也不投机取巧。从项目经理到独立创业的企业家，都需要这种长期主义的价值观。只要你诚恳面对每个客户，对每个项目负责到底，超出客户预期解决他们关键的需求，就一定能赢得客户的信任。

看看自己有哪些能力潜质，对照核心能力模型，这样你的未来之路就更有针对性。

核心能力模型

项目	要求
学科能力	物理、数学、化学等
基础能力	沟通能力、思维逻辑能力、总结反思能力、学习能力
社会能力	团队协作能力、心理承受能力、自我调节和解压能力、创新能力、社会责任感

工作后需要的职业类证书

制冷工程师、电工、一级建造师、二级建造师（机电工程）。

进修学习路径

专升本，进修学习专业：制冷与空调工程、能源与动力工程、建筑环境与能源应用工程等。

主要就业方向

进入制冷工程设计、施工、监理等企业，从事制冷设备生产企业的设计、售后、管理等工作。

主要专业能力

（1）具有识读空调工程和冷链冷库工程施工图、编制制冷空调工程造价与预决算的能力。

（2）能设计电冰箱、空调器、热泵热水器等制冷空调产品制冷系统，根据整机性能测试效果改进产品设计的能力。

（3）具有对制冷空调系统进行试运行与调试的能力。

（4）具有编制制冷空调产品典型零部件生产工艺卡及整机总装工艺文件，分析与整改部件及整机生产现场一般工艺问题的能力。

（5）具有维修制冷系统和电气控制系统常见故障，运行、维护、管理大型制冷空调系统，分析、判断、处理运行故障的能力。

撰稿人：王新磊　袁红燕

黄炳乐

职　　业：广州崇实自动控制科技有限公司董事长
毕业学校、专业：广东机电职业技术学院、电气自动化技术专业
从业时间：10 年

我从电气自动化技术专业出发，

立志创业，

逐渐找到了智慧数字化产业这个细分领域，

以此为基础服务广东乃至粤港澳大湾区智能制造等新兴产业的发展。

做智慧数字化的实践者

我叫黄炳乐，从广东机电职业技术学院电气自动化技术专业毕业已经 10 年，一直从事自动控制行业，带领团队于 2016 年成立了广州崇实自动控制科技有限公司，承接智慧园区、智慧楼宇、智慧工厂、智慧医院、智慧水务等领域设计安装业务。广州崇实自动控制科技有限公司是广东省高新技术企业、广东省专精特新企业、广东省科技创新型企业、小巨人科技企业。

高中时期

高中时，我决定选择电气自动化技术专业，我心无旁骛，专心学习，最后通过高考一搏选定学校和专业。

我的家乡在粤东农村，家里兄弟多，经济条件很一般，我高中的学习成绩在全校也处于中偏下水平。但是家庭人口多的压力激发了我的志向，我暗自决定无论高考成绩如何，我都要尽量选读电气自动化技术专业，并在适当时机在电气自动化行业创业，为改善家里的条件、孝敬父母老人尽力。

之所以想要选读电气自动化技术专业，是因为我在高中时通过亲戚了解到：这个专业

既有稳定的就业方向，又富有创新内涵和发展潜力，以这个专业去从事电气自动化职业是比较稳妥的，而且广东在当时正值"腾笼换鸟"产业转型升级的启动阶段，广东的制造业发展需要电气自动化技术，自然需要这方面的人才。更重要的是，亲戚告诉我，掌握好这门技术，就算自己创业也是可行的，因为这个行业所需要的创业资本可大可小，甚至只要有一把螺丝刀作为主要工具都可以。

> **职业指南·家长选读**
>
> **电气自动化技术专业需要的知识结构**
> 1. 理工科。扎实的数学、物理基础以及电路基础、电子技术、计算机技术等核心知识。
> 2. 兴趣驱动。具有较强的逻辑思维能力、动手实践能力、学习能力和团队合作能力。

高职时期

学校良好的学习风气、老师们的循循善诱、丰富的课外活动，潜移默化地改变着我的人生。我刻苦学习、遵规守纪，严格要求自己，响应学校和班级号召，参加各项文体活动；思想上积极要求进步，参加学校业余党校的学习和职业技能大赛、创新创业活动、专升本学习……

带着一个坚定的目标，我通过高考如愿来到广东机电职业技术学院就读电气自动化技术专业。适逢学校启用新校区，老师们无微不至的关怀帮助我们克服了新校区配套设施并不十分完善所带来的一些学习、生活上的不便，我很快就适应了新的校园生活。

在学习上，我深知这个学习机会来之不易，所以从不松懈，努力平衡好专业学习与学生工作的时间关系，尽量挤出时间加强课程学习和技能实践，别人有时间玩游戏、逛街、谈恋爱，而我是基本上没有什么时间去做这些的，正因此，在整个大学生涯中，我的成绩在班里乃至整个年级都是名列前茅，多次获得学校一等奖学金、国家奖学金、国家励志奖学金。2011年，我的学业成绩和奋斗精神赢得了老师的赏识，通过选拔成为学校技能竞赛的成员，经过半年的刻苦训练，与其他同学参加全国职业院校生产线的安装与调试项目广东选拔赛，获得一等奖。扎实的专业知识和通过技能竞赛锻炼出来的系统思维、动手优势，在我以后的发展道路上有力地帮助了我找准了细分市场。

在工作上，我担任电气技术学院团总支副书记和所在班级班长，本着"为同学谋取更大的利益、做更多的实事"的思想开展工作，尽心尽力服务同学们，受到了同学们的好评，也得到了学院领导和老师的高度认可。担任学院团总支副书记期间，我根据各个时间节点策划了一系列活动，活跃了校园文化，凝聚了全学院同学的心；我所在的班级排列第9班，作为班长，我提出"以人为本，打造9班品牌"理念，班级在同学们的共同努力下在各个方面都取得了不错的成绩，更使我明白了很多道理：服务就是要找准同学们所关切的问题，当学生干部必须能够帮助同学们解决学习上、生活上的困难，你帮

> **职业指南·家长选读**
>
> **职业探索**
>
> 电气自动化技术专业的学生大学期间要明确职业目标,扎实掌握基础知识,参加校内实训和社团活动,提升自己的综合素质;通过校外实习和毕业设计等方式,将理论知识与实践相结合,积累实际工作经验,为毕业后顺利就业打下基础;根据自己的职业规划和市场需求,选择合适的就业岗位或继续深造。

大家,大家自然也会帮你,活动需要根据所处环境预先做出策划与设计,往往就能不同凡响、卓有成效。这些道理,对于我以后的就业和创业都非常有益。

我深知,在大学里的一切历练,只是为了使我更好地成为对社会有用的人才。因为工作和学习出色,我在学校顶着很多光环,自然有很多企业对我抛出了橄榄枝,薪水待遇也高,但我却选择去一家待遇很低、工作压力巨大的"校中厂",因为通过在那里实习,我了解到这是一家可以学到特别多技术的公司。到这家公司仅半年,我就获评"最佳执行力员工",仅仅一年半时间我就升到经理级别。

工作时期

未来,无声的建筑可以因为自动化、智能化而鲜活起来,更好地服务于人们的工作、生活、学习和娱乐,更加保证人们的生命财产安全,更加高效、节能与环保。这是我选择创业的动力。

在我工作近3年时,社会上对建筑智能化、绿色建筑、工业自动化、工厂无人化的需求越来越大,我坚信这个市场在未来5~10年一定会有大的发展,市场足够大,就会产生巨大的机会!

于是我选择了自己创业,与3位同学凭着4把螺丝刀一步步做起,建立起广州崇实自动控制科技有限公司,注册资金1000万元。秉承"为建筑赋予生命"理念,我带领团队开发了数款自主可控核心技术产品,包括智慧云平台、边缘计算云网关、采集控制模块、传感器仪表的自主研发等,业务涵盖智慧园区、智慧楼宇、智慧工厂、智慧医院、智慧水务等领域,以及从事跨境电商、国际贸易等业务,为广东做大做强智能制造产业贡献力量。

目前,我又在深圳、珠海设立了公司,每年投入研发的费用占营收的10%~15%,成功申报了发明专利等知识产权50余项,成为美的、西门子的核心供应商。

上述历程和成就,强烈地印证了我所尊崇并践行的广东机电职业技术学院校训:修德强能、崇实鼎新。这也是我将公司定名为"崇实"的原因。修德就是要养成良好的品德和职业素养,强能就是要学习好、提升好自身的专业能力和技术水平,崇实就要脚踏实地在电气自动化行业细致耕耘,鼎新就要善于、勇于创新,根据各种不同的需求改进技术、改进设备。基于此,公司才能不断地发展壮大。

所以,我感恩广东机电职业技术学院!正是学校领导、老师们的教育引导和同学们的互相支持鼓励，使我以及我所在的班级电气自动化 1009 班一直保持比较好的状态，并一起持续至大家毕业后就业、创业的现在，目前这个班有近半的同学依托广东大力发展智能制造业的良好氛围在自主创业。

回顾历程，我从进入广东机电职业技术学院开始，逐渐从 2010 级电气自动化技术专业的一名普通学生，变为班长、学生会主席、国赛一等奖获得者、"校中厂"孵化技术骨干等，及至 4 位同学带着 4 把螺丝刀创业，扎根智能楼宇产业、研发核心技术，到目前成为行业内的领先者。而且，在我的带动下，我所在的电气自动化 1009 班的同学们形成了乐观生活、积极做事的良好状态，磨炼出了敢于挑战、善于学习、甘于奉献、团结协作、踏实进取、艰苦创业的优秀品质，驱动着大家在智能制造行业砥砺前行。我希望这些优秀品质能够伴随着同学们一直保持下去。

> **职业指南·家长选读**
>
> **价值观探索**
>
> 在学校，孩子应该学好自己的专业课程，锻炼自己的动手能力，拓展团队协作能力，不断地增强自己的综合素质。
>
> 要有理想和目标，制订清晰的职业规划，并学会坚持，吃得了苦、耐得住寂寞。要认清自己的优缺点，把优点发挥光大，把缺点尽可能隐藏或者改正。
>
> 创业路上必定历尽沧桑，遍尝千辛万苦，但是须知有志者事竟成。

看看自己有哪些能力潜质，对照核心能力模型，这样你的未来之路就更有针对性。

核心能力模型

项目	要求
学科能力	物理、数学、英语等基础学科能力；电路分析、电子技术、计算机技术等专业学科能力
基础能力	持续学习能力、创新能力、动手操作能力、解决问题能力、逻辑思维能力
社会能力	环保意识、安全意识、团队协作能力、沟通协调能力

工作后需要的职业类证书

注册电气工程师、电气工程师、注册自动化系统工程师、安全员证书、PLC 编程基础、高级编程、二级建造师、一级建造师、监理工程师、电工等。

进修学习路径

专升本，进修学习专业：电气工程及自动化、自动化技术与应用、智能控制技术、自动化、电气工程与智能控制。

主要就业方向

从事电气工程、电子技术、工业自动化系统、计算机及网络控制系统、机器人操作与运维、供配电系统的安装、调试、维护、检修、设计、技术改造、生产管理及售后技术支持与服务等工作。

主要专业能力

（1）具有识读和绘制电气图、工程图的能力。

（2）具有使用电工工具和仪器仪表进行电路故障检测与排除的能力。

（3）具有低压电气控制系统、可编程控制系统分析、设计、安装与调试的能力。

（4）具有调速系统设计、安装与调试的能力。

（5）具有供配电系统安装、调试与运维的能力。

（6）具有自动控制系统分析、设计与运维的能力。

（7）具有工业网络与组态技术应用、工业机器人应用、控制系统集成与改造的能力。

（8）具有与电气工程技术人员、自动控制工程技术人员等职业发展相适应的职业素养，具有适应产业数字化发展需求的数字技术和信息技术的应用能力，具有较强的分析与解决控制系统问题的能力。

（9）具有探究学习、终身学习和可持续发展的能力。

撰稿人：谢礼炮　黄炳乐

肖乾亮

职 业：中车时代电动汽车股份有限公司主任制造师
职 称：高级技师，高级工程师
毕业学校、专业：湖南铁道职业技术学院、电气自动化技术专业
从业时间：13年

我热爱我的工作，
在和电气设备打交道的过程中，
我发自内心觉得有意思，
每攻克一个难题我都感到特别满足和自豪。

我是给电气设备治"病"的人

我叫肖乾亮，我的工作是给电气设备治"病"。设备生病就会罢工，这时我要找出罢工的原因，排除故障，让它们重新运转。你在医院会看到有些医生的门上写着"主任医师"，我是主任制造师，负责攻关生产线上那些关键设备的疑难杂症。我也是公司班墨工场肖乾亮技能专家工作室领衔人，负责培养工匠，把先进的技术教给他们。

我热爱我的职业，在和电气设备打交道的过程中，我发自内心觉得有意思，每攻克一个难题我都感到特别满足和自豪。2011年，我参加了中国南车集团的一个国家二类比赛，获得"全国技术能手"称号。2020年，我成为公司首个享受国务院政府特殊津贴的人。此外，我曾获评首届"株洲工匠"年度人物、中国动力谷双创人才，获得"湖南青年五四奖章"称号……

假如你也从小就对一样东西有浓厚兴趣，或者动手能力很强，也许我的故事会对你有所启发。

初中时期

我从小就对各种电器着迷，初中最喜欢的学科是物理。那年中考失利，我想，读普通高中很难考上重点大学，不如去职业学校学一门技术。

小时候我有一个爱好，我很痴迷那些装电池的小玩具，它们怎么就会发光、发声或者会动呢？我喜欢把它们拆开，看里面长什么样。我还爱去废品店看别人扔掉的电器，像风扇、电视机等，研究它们的构造，看多久都不会烦。小学六年级的时候，我捡到一个别人扔掉的小电器，就把电机拆下来，装上用硬纸板做成的扇叶，它居然真的能吹风，我觉得很有成就感。

到了初中，我最喜欢的学科就是物理，尤其喜欢跟电有关的部分。那时教室里有灯坏了都是物理老师来修，是不允许学生动手去修的，但是物理老师不在的时候，我就会偷偷去修好它。

初三时，我们学校有5个班，我的成绩排在全校前30名，按理是十拿九稳能考上县重点高中。那时，全校前30名要求去县里参加考试，从没出过小镇的我人生中第一次坐车就晕车了，吐得很厉害，还因此而病倒，以至晚上带队老师带我去输了液。一番折腾下来，我没能考上县重点高中。

我从小家境特别不好，8岁时母亲就去世了，父亲常年在外面打工，我和姐姐跟着年迈的奶奶长大，因此在初中时我的心智就比同龄人成熟很多。我当时想得很清楚，如果去上县里的其他高中，考上好大学的机会很小，那我不如去职业学校学一门技术，即使未来考不上好大学，还可以有一技之长来减轻家里的负担。那时，大部分人都会觉得职业学校就是混日子，但我不那么想，我觉得任何一所学校都有学习好的，都能成才。

> **职业指南·家长选读**
>
> **电气自动化技术专业需要的知识结构**
>
> 1. 理工科。对物理的要求较高。
> 2. 兴趣驱动。喜欢并擅长拆装物件，动手能力强，或者对编程等感兴趣，会让孩子更易胜任这个职业。

中专时期

在这里，我学会了修更复杂的电器，能够回馈从小给予我帮助的乡亲们，我觉得无比开心和自豪。

我从小就对电气设备着迷，因此，2004年，我进入隆回职业中专电子44班。中专分两年制和三年制的，两年制的读完可以直接就业，我报考的是三年制的，可以参加高考。我们的高考试卷和普通高考的不同，可以报考的学校包括湖南师范大学、长沙铁道学院、长沙理工大学等。

在中专3年里，我一直非常努力。我记得竞选班长时，我心里很有压力，但我说的一句话让大家非常认可，同学们纷纷给我投票，我说的那句话是："我觉得班长是为大家服务的。"就这样，我当上了班长。

当班长，我觉得首先自己的学习成绩必须是最好的，这样大家才服你。那会儿有两个学期我考了那个专业的第二名，我就默默努力，在晚上熄灯后，到不断电的卫生间再多学一个小时；每天早晨 6 点 50 分我们集合做早操，我也会早起一小时学习。就这样，我确保自己之后的学习成绩始终保持在专业第一名。

通过对专业课的学习，我学会了修更复杂的电器，如我修好了家里那台早就坏掉的黑白电视机。因为家庭缘故，村里人一直很同情我，常常拼命塞东西给我吃，我非常感恩。后来我有能力了，我特别高兴自己能帮助别人。那时我回家，谁家电器坏了找到我，我就会帮他们修好，别人问要付多少钱，我会说："不用给钱，我不是靠这个吃饭的，只要能帮大家解决问题，我就很开心了。"在帮助别人的过程中，我学到的东西得到了应用，我的能力也得到了提升，别人的肯定和由衷的感激也使得我对专业课更加喜爱，更有信心。

> **职业指南·家长选读**
>
> **性格探索和职业探索**
>
> 这是一个要求工匠精神的职业，孩子最好喜欢钻研，做事情追求极致和完美。这一职业最初要从手上最基本的功夫开始训练，不断动手，形成肌肉记忆，这个过程是艰辛的，需要孩子既有内在兴趣，又有渴望成功的内在驱动力，不怕吃苦，踏实肯干，肯用心琢磨。

高职时期

我很珍惜学校的实训条件，里面几乎每样涉及电气自动化技术专业的设备我都拆开又复原过，对每个部件都了如指掌。大二时，我在湖南省电气控制职业技能大赛中荣获第二名，湖南省人社厅破格为我颁发了技师职业资格。

（一）老师的建议

我中专 3 年专业课的成绩非常突出，但却忽略了英语的提升，高考时，我的专业科目接近满分，英语却只考了 80 多分（满分是 150 分）。很遗憾，我没能考上对口的湖南师范大学。假如我的人生可以退回到中专时期，我可能会多付出些努力，关注英语这块短板，哪怕提高 10 分呢，结果都会不同。

那时我们的专业老师恰好去湖南铁道职业技术学院（后简称湖南铁道）参加了一个中职老师的培训班，他发现湖南铁道的实训条件非常好，他也知道我动手能力很强，就找到我说，假如不想复读，可以考虑报考这所学校。班主任老师也认为，没考上好大学也没关系，高职重视技术，以后企业会非常需要这种人才。

那年我的高考成绩超过湖南铁道的录取分数线四五十分，听了老师的建议，我深以为然，就直接报考了这所学校。报到那天是我第一次到市里，第一次见到湖南铁道。在学长的带领下，我径直跑到学校实训楼一睹为快。实训楼一共有 5 层，我一层层地看，透过窗户，看到各式各样的实训设备，我想自己真是来对了，在这儿一定能学到很多和专业有关的知识！当时我就有一个信念，一定要把自己的专业水平提上来。

（二）珍贵的实训楼

我很珍惜学校的实训条件。大一时，我就找到老师，问老师能不能在下课后也开放实训楼给我用，老师看我这么喜欢专业课，就把钥匙给了我。在学校的3年，我是所有同学中在实训楼里待得最久的，里面每样涉及电气自动化技术专业的设备我都了如指掌。遇到搞不懂的东西，我会把它拆开，再重新装起来，一定要明白某个部件是什么功能。在反复拆装的过程中，我很透彻地理解了每个部件的作用，这样当它们组装成产品后，一旦出了问题，我立刻就知道是哪个部件坏掉了。当然，这个过程中也有拆装后设备出故障的时候，我就得想尽一切办法去复位。有两次为了把设备恢复成原样，我一直待在实训楼里，忘记了时间，结果连宿舍都没回，整夜都在那里尝试各种办法……在这样的过程中，我锻炼出了超强的动手能力。

读高职时，我每天早上7点出门，晚上10点才回宿舍，白天的时间我就在图书馆和实训楼间穿梭。中专时我已经学了一部分专业课程，所以大一时我就去图书馆寻找大二的专业教材学习，教材里有些实验，我会去实训楼进行验证。努力总有回报，大二时，我在湖南省"义统杯"趣味电子设计大赛中获得三等奖，在湖南省电气控制职业技能大赛中荣获第二名，同时还破格获得技师职业资格。

（三）加入电气协会

我们学校有一个电气协会，实训楼里的设备由电气协会来定期维修、维护，加入这个协会，就会比其他同学多很多动手操作的机会。我在大一时就加入了这个协会，第二年当选为副会长，大三时当上了会长。当时老师对我非常信任，同学们也很认可我的能力，我的管理能力和自信心都得到很大的提升。协会的指导老师也是我的任课老师，像罗钟祈老师和杨庆徽老师都是从企业退休返聘回学校的，他们身上都有着非凡的敬业精神。特别是罗钟祈老师，他当时年纪已经很大，但是假如下午有实训课而他中午还没准备好，他一定不会去休息，要一直准备到上课前。无论我们去请教什么问题，罗老师都会不厌其烦地讲解，一直讲到这个问题完全透彻了才会停。那时他给我们上课，常常讲到嗓子嘶哑……在协会里，有更多机会和罗钟祈老师、杨庆徽老师和段树华老师等老师朝夕相处，他们为我树立了职业的标杆，后来在工作中，我也是像他们一样不怕吃苦，尽职尽责做好每一件事情。

> **职业指南·家长选读**
>
> **价值观探索**
>
> 一个人能够在某个领域做到让普通人望尘莫及，一定有内在的价值观做支撑，如强烈地渴望实现自我价值、渴望成功等。在肖乾亮身上，孩子会看到他从未抱怨过小时候经历的苦难和命运的不公，也不为家境的贫寒而自卑，他自立自强，对身边的人、对自己的境遇都抱有深深的感恩之心，以能够帮助别人为快乐，为能够回馈社会而自豪。如果孩子能够树立这样积极正向的价值观，那他一定能走上正确的人生道路上，成为一个有价值的人。

工作时期

我仔细学习所有工艺文件和作业指导书，请教身边的老师傅们，每天都是第一个到岗，最后一个离开。半年中，我提出很多项改善建议，在工作岗位上迅速成长起来。

（一）从新人开始

湖南铁道的电气自动化专业非常容易就业，因为它是国家级的高职类重点专业，我们那届的就业率达到了99%，大家进入的都是铁路局或者大型的国企、央企等。2010年我大学毕业，进入中车集团株洲电力机车研究所风电事业部（和新能源有关的部门）。

刚进入风电事业部，我从最基本的工作开始做起，这些工作我也会用心琢磨，接线怎么接，螺丝拧到什么扭力最符合要求等。我会很仔细地学习它的工艺文件和作业指导书，有些地方工艺文件中的描述不够详细，我就去请教身边的老师傅们。每天我都是第一个到岗，最后一个离开。我常常琢磨，怎么能降低劳动强度或者提高工作效率，半年中，我提出了很多项改善的建议。领导发现我动手能力强，又擅长发现问题，就把我调到生产管理部，让我负责生产改善、技能培训等工作。就这样，我在半年的时间里迅速成长起来。

（二）公司最年轻的技师

我的努力得到了领导的肯定，得知我大学时多次在省赛中获奖，他鼓励我去参加集团的比赛。进入公司的第二年，我就参加了中国南车集团第六届职业技能竞赛，这是一个国家二类的比赛，难度非常大，竞争对手都是非常有经验的老师傅。为此，我连续准备了近4个月。当时是11月份比赛，7月份正是株洲最热的时候，我就待在公司的实训基地，汗流浃背地不停训练。例如，最简单的剥线也需要不断练习，形成肌肉记忆，最后练到10根线剥完相差不到1毫米。我们这个职业，涉及的知识面很广，所以也要研读理论书，像《电工技术基础》《电子控制技术》等，都要读透。参加国赛的选手专业能力一般不相上下，心理素质和动手能力是关键。所以更多的时间我都在实训基地反复练习，最开始3个小时才能接好的控制电路，后来只需要40分钟就能接好，我知道这个速度已经非常快，因此信心也越来越足。后来，在众多经验丰富的老师傅中，我脱颖而出获得了第二名，为公司实现了这个领域"零"的突破，我也因此获得集团"技术标兵"称号，成为公司最年轻的技师。

（三）技术领头人

在工作中，我总是会想，这件事有没有可能更省劲，或者有没有办法提升效率，我提出了很多这样的问题，后来部门成立了一个技师工作室，让我带领团队专门进行技术攻关和人才培养。2014年，在风力发电机组装配现场，我看到好多人在给螺栓涂润滑油脂，当时有500多根螺栓，一天下来所有人都腰酸背痛。我就想，有没可能把工作时间缩短一点，或者把劳动强度降低一点？于是我就去现场干了几天，看看究竟要怎么改进。体验之后，我牵头成立了一个项目，叫作"一种紧固螺栓预涂润滑剂装置及方法"。我先分析给螺栓涂润滑油脂这项工序的作业步骤，然后利用专业的软件来绘制这种装置的三维构架图，接着是开模做出实物，进行组装调试。这个过程反反复复，组装调试出了问题，就要回到软件绘图阶段，重新调整。经过3个多月的辛苦攻关，为紧固螺栓涂抹润滑脂的装置终于研制成功。它让工效提升了31%，大幅度减轻了工人的劳动强度，为公司节约了大量人力成本。此外，这项攻关成果填补了国内的技术空白，获得了两项国家发明专利，还赢得公司改善成果二等奖、先进操作法一等奖，2016年授权专利一等奖。

用同样的方法，我解决了大量生产及设备的难题，提出各类改善方案90多项，研制装置35项，创造直接经济效益逾310万元，创新成果获得15项国家专利，仅发明专利就有7项。

（四）技能专家

在带领团队做类似攻关的时候，由于我要求很高，最初同事们都不愿意与我合作。别人觉得做到中间某个阶段就够了，但我还是坚持继续干，总是要求把它干得越漂亮越好。大家最后看到成果那么好，也渐渐接受并开始认同我精益求精的工作态度，一支创新的"工匠队伍"由此组建起来。

如今，我所在的中车时代电动汽车股份有限公司专门为我成立了班墨工场肖乾亮技能专家工作室，这个工作室的成员都是各个工种拔尖的核心骨干，我带领他们进行技术攻关，并开展人才培养。我们搭建了瓶颈工序技能提升训练营，专门解决那些耗时长或技术复杂的工序。例如，公交车扶手椅和座椅的安装，这是一个耗时长、人力消耗也多的工序，如果第一个点定位不准确，后面的误差就会越来越大，导致扶手安装批量地出现质量问题。我们制订了1∶1的模拟训练平台，在平时不忙的时候，组织工人进行强化训练。每次举办这样的训练营后，新员工可以迅速胜任工作，老员工可以提高效率，放到产线上，领导会反馈说，大家不止效率提高了，质量问题也基本可以消除了！这时我就会特别高兴，很有成就感。

> **职业指南·家长选读**
>
> **职业上升路径**
>
> 在职场上，成长最快的一定是那些擅长创造性地解决问题的人，工匠型的职业同样如此。从新人到技术领头人，需要吃透所有工艺文件和作业指导书，还要钻研工作流程里的每个细节，善于思考。只有擅长发现问题、创造性地解决问题的人，才能脱颖而出，成为职场上的专家型人才。

我是一个比较爱钻研的人，如技术专利和论文，都是由我自己来撰写的。写第一个专利的技术文件时，有技术人员指导我来写，第二个专利我就找到了技巧，后来专利代理机构对我写的专利技术文件评价很高，他们几乎不需要改什么就可以拿去申请。作为公司的技能员工内部培训师，我也会琢磨怎么把自己的方法和经验总结出来，做成课件，帮助大家快速提升技能。这些年来，由我培养的技术工人中，有近百人晋升为高级工，8人晋级为技师，6人成为公司"技术能手"。在我的指导下，我们的技术工人在市级、集团等各类技能竞赛中多次取得前三名的好成绩。

展望我的职业道路，我觉得自己最大的优势是年轻，别人拿到这些成绩可能要到四五十岁，而我才30多岁。未来，我想在工匠这条路上一直走下去，在自己的岗位上，多为企业创造一些价值，多培养一些人才，把工匠精神传递给更多的新人。

看看自己有哪些能力潜质，对照核心能力模型，这样你的未来之路就更有针对性。

核心能力模型

项目	要求
学科能力	物理、数学、英语、信息技术等
基础能力	学习能力、沟通能力、思辨能力、执行能力、抗压能力、自我调节能力
社会能力	适应社会能力、人际交往能力、开拓创新能力、团队协作能力、社会责任感

工作后需要的职业类证书

电工特种作业操作、中级维修电工、高级维修电工、轨道交通电气设备装调工等。

进修学习路径

专升本，进修学习专业：电气工程及自动化、机电一体化工程、供用电技术、电气技术等。

主要就业方向

进入铁路局、地铁公司、制造型企业等，从事电气装配工、电气维修工程师、实验测试员、售后服务员、质量工程师、售后服务工程师、设备工程师、电气工艺工程师等工作。

主要专业能力

（1）具有熟练使用常用电工工具和仪器仪表的能力。

（2）具有对常用电子元器件进行识别与检测的能力。

（3）具有电子电路装配和调试的能力。

（4）具有识读和绘制各类电气原理与电气线路图、机械结构图的能力。

（5）具有低压电气电路的设计与分析的能力。

（6）具有低压电气电路的安装、调试与排故的能力。

（7）具有PLC（可编程逻辑控制器）硬件装配和软件编程的能力。

（8）具有PLC控制系统的安装、调试与故障检修的能力。

（9）具有设计和操作交流变频调速的多段速控制、交流变频的无级调速等自动调速系统控制的能力。

（10）具有利用传感器对简单的变频器控制、步进电机控制以及伺服控制、多轴运动等各类运动控制系统进行设计、程序开发以及调试的能力。

（11）具有选择和配置合适的工业网络，能够使用主流的组态软件或触摸屏组态控制系统人机界面的能力。

（12）能进行工厂电力负荷和短路计算，具有选择并使用合适的供电线路导线和电缆的能力。

（13）具有电气自动化技术专业必需的信息技术应用和维护的能力，掌握常用文献检索工具。

（14）具有撰写符合规范要求的技术报告、项目报告等本专业领域技术文档的能力。

（15）具有自动化领域数字技术应用的能力。

撰稿人：王小庆　徐　敏　朱华玉　肖乾亮

韦礼光

职　　业：广西博庆食品有限公司石别糖厂党总支书记、副总经理、工会副主席
毕业学校、专业：南宁职业技术学院（现为南宁职业技术大学）、电气自动化技术专业
从业时间：22 年

王阳明说："辨既明矣，思既慎矣，

问既审矣，学既能矣，

又从而不息其功焉，斯之谓笃行。"

意思是：当我们已经分辨清楚，思考缜密，问得详细，

已经学会了，还是要持续不断地用功，这才是获得成功的前提。

 ## 我在广西制糖企业"变废为宝"

我叫韦礼光，在广西一家糖厂工作，主要工作就是想办法提高工厂的榨糖效率。我擅长"变废为宝"，利用所学专业知识，通过对陈旧设备的技术改造，提高自动化程度及生产安全率，提升榨糖的经济效益。

这些年来，我从一名中专生到高职院校就读，毕业后又从一名普通基层员工成长为工厂的技术骨干，并获得"全国五一劳动奖章"等多项荣誉称号，感触颇多。在这里，我主要跟大家分享的经验就是：虚心学习、诚实为人、用心做事，坚持不懈，那么你距离成功就不远了。

中专时期

我深知作为农村的孩子，更需要结合家里的情况，在读高中和中专中做出选择，但选择读职业中专，并不意味着放弃，我相信"三百六十行，行行出状元"。

百善孝为先，作为农村的孩子，当年我的家庭条件不好，很小就开始帮助家里干一些

农活，也潜移默化地培养了我的独立意识。1995年我初中毕业，父母是希望我去读高中的，但因没有信心考入重点高中，大学录入率又非常低，考虑到家中的情况，在和父母商议后，我选择了去读职业中专。但专业选择又让我陷入纠结，记得那时身边有不少同学都在踊跃地报考商贸、银行等热门专业。由于我自幼帮助家里干农活和家务，锻炼了我较强的动手能力，让我感受到劳动的收获感，同时也让我接触到一些农业设备和家用电器，心中也萌生了要掌握它们的想法，最终我选择去河池市东兰县职业技术学校读电气自动化技术专业。

进入中专后，因为有明确的目标，希望能学好技术后早日独立，在课程学习之余，我积极参加各类可以提升技能的活动。还记得在老师的带领下，我们经常上街去做一些实践性的勤工助学维修活动，帮大家修电视机、录音机、冰箱、电风扇等。通过实践活动让我对理论知识有了更加深刻的认识，也让我真正喜欢上了这个专业，但同时也深深感受到所学知识还远远不够。所以，在中专的最后一年，我调整了计划，决定参加中专升高职的考试，最终考入了南宁职业技术学院电气自动化技术专业。

> **职业指南·家长选读**
>
> **电气自动化技术专业需要的知识结构**
>
> 1. 理工科。有较好的数学、物理基础，并具备一定的动手能力。
> 2. 兴趣驱动。喜欢并擅长拆装物件，动手能力强，或者对编程等感兴趣，会让孩子更易胜任这个职业。

高职时期

在大学里，我迎来了新的起点，并通过努力学习不断提升自己各方面的能力。在校期间，我通过各种课外活动以及专业课的学习，不断提升自己的综合能力。

南宁职业技术学院注重德技兼修，推行产学研用一体化教学模式。我如饥似渴地抓住了学校提供的各种学习机会，提升自己，尽情地展现自己。

在学习专业技能方面，主要学习"电工与电子技术""电机与拖动""电气设备维修与维护""可编程序控制器应用技术""自动控制系统"等理论实践相结合的技术课程。

当年，我们电气班的几个同学经常跟着学院的腾冠章老师参加一些电子技术方面的活动，主要是做电路板，维修BP机等。这些细小的电器原件，等把它们组合在一起，就是一个多功能的设备或一段奇妙的音符。

这些做法表面上看是在玩，但从深层次来说，却是一种寓教于玩的学习方式，让我们在今后的职业中更加得心应手。

> **职业指南·家长选读**
>
> **性格探索和职业探索**
>
> 工科类专业要孩子具备工匠精神，要有踏实、严谨的工作作风。学习最初要训练动手能力，拆解、组装、排故、优化等，这个过程是艰辛的，需要孩子有内在兴趣，又有渴望成功的内在驱动力，不怕吃苦，踏实，肯用心琢磨。如果孩子对技术非常精通，又热爱钻研、创新，在职场上擅长处理复杂的技术难题，那么可以精进技术，成为专家型人才。

我还加入了学校的宣传部、记者团及学生会。在宣传部，我与同学一起出板报，一起编辑系刊《星河》，锻炼我的书法和写作能力；在记者团，我们出版校刊《南风》，不定期采访学院师生，撰写相关新闻，提高了我的表达能力和写作水平；在学生会，通过主持学校相关大型活动、晚会等，我的组织能力和应变能力有了质的飞跃。

世事洞明皆学问，人情练达即文章。这些经历，从专业上看与我将来从事的工作关联不大，但实际上，这对我在今后的工作中如何很好地跟人打交道助力颇多。

有了大学打下的基础，我的书法、写作能力在工厂里独树一帜，曾有书法作品参加全国比赛获奖；工厂历次举办的黑板报宣传竞赛，我成了获奖专业户；在公司主办的《宜州糖业》报纸上，常有我的通讯或文学作品发表，我还连续5年被《宜州糖业》评为优秀通讯员。这些业余爱好，陶冶了我的情操，使我的工作和休闲相得益彰。

工作时期

工作时的我曾想过打退堂鼓，但为了自己的职业梦想，最终坚持下来，并为企业做出一定贡献，成为有用之才。

（一）给老师写信说想"退缩"

2001年8月，我大学毕业后应聘到广西博庆食品有限公司石别糖厂工作，当时一起进厂的一共有10名大学生，有本科生，还有硕士生，但就我一个是高职生。

进厂后，我从事的岗位是电气维修工，而学历高的毕业生，都是坐办公室，当部门管理人员。我经常提着扳手、背着工具包检修电动机、启动柜，处理电气线路故障等，每天都过着满手油漆、汗水湿透的生活。在这么一个桂西北偏僻小镇，过着每天都让人沮丧的生活，再与在广东、上海工作的同学比一比，我一度有过打退堂鼓的念头。

我写信给学院的甘宇红老师，说："这里既远离城市的喧嚣，又没有沿海的繁华，在两点一线的单调生活中，我感到彷徨……"

甘老师很快给我回信，她鼓励我从小事做起，从基层做起，勇于挑战困难。她说，"疾风知劲草，板荡识诚臣。"在压力和困难面前，唯有坚持、努力，才能锻炼自己，才能成长自己。在她的鼓舞下，我转变观念，坚定信心，咬牙挺过来。

后来，我们那一届进厂的10个人，只有3个人留到了现在，经过这么多年的磨炼，都成长为企业的高层管理人员。

（二）0.5个百分点带来200多万元效益

应聘到糖厂工作两年后，因表现突出，我被任命为压榨车间技术员。当时，压榨机存在控制系统分立元件多、连锁繁杂、操作不便、调速范围狭窄、故障频发等问题，影响压榨抽出率，我看在眼里，急在心上，下决心寻找"医治"良方。2002/2003榨季结束后，工厂提出对系统进行全面改造。2003年我被派往西安学习压榨直流机调速系统。学成回厂后，作为项目负责人，我与同事共同探讨工作中存在的问题，积极投身于设备的维护与改造。我们完成5座压榨机直流调速控制系统的改造，并于当年投入运行，因为压榨机控制系统稳定、调速可靠、安全性能高，压榨抽出率指标由原来的96%提高到96.5%，仅计算这一项指标，每年可帮助糖厂多生产700余吨糖，折合人民币260多万元。

提升0.5个百分点，就有如此大的经济效益，让我突然觉得自己的工作很有意义，于是我开始在"变废为宝"的路上一发不可收，总是变着法子去帮工厂节能降耗增效。

（三）改善蔗渣打包系统获得同行认可

因为蔗渣打包率低、装包场地窄、劳动强度大等问题制约着工厂发展，2012年6月，公司决定让我负责技术改造工作。经过一系列改造后，新打包系统于当年11月投入使用，打包人员由87人减少到33人，每年节约了人力成本100多万元；不用绳子绑包后，每年减少绳子开支费用约30万元。当年的打包率由6.25%提高到6.86%，多产蔗渣8000余吨，增加产值折合人民币240万元。此项改造，获得了多家同行企业的认可并推广。

近几年来，我组织、参与了多项生产工艺流程的改进和设备的技术革新，如甘蔗自卸液压翻板系统、白砂糖自动装包系统、蒸发节能改造系统等，均取得了明显效益。通过技术革新后，石别糖厂的生产总收、经济效益、产品质量等各指标名列广西区内糖厂前茅。2023/2024榨季，石别糖厂产糖率达13.75%，位列广西区第2名，工厂实现利润达1.1亿元。

因为出色的工作表现，我获得了"河池劳动模范""全国五一劳动奖章"等荣誉称号，并多次荣获河池市、宜州区"优秀共产党员"。

我热爱这份"制造甜蜜"的事业。我当初想学一技之长养活家人的朴素愿望实现了。我从学校毕业已经有23年，我也成了南宁职业技术学院学弟学妹们眼里的大师兄，每次回学校的时候，我都会和他们分享我的人生经历，讲讲我在制糖企业"变废为宝"的故事，希望能带给他们一些启发。知识和精神需要传承，如果他们有兴趣从事我这行，我会很开心。回顾过去这些年的经历，我想告诉广大青年朋友，要敢于追梦，做新时代有志青年。起点低没关系，但千万不能放弃，只要你勇于拼搏，坚持不懈，机会总会垂青你。

看看自己有哪些能力潜质，对照核心能力模型，这样你的未来之路就更有针对性。

职业指南·家长选读

价值观探索

"学习无止境""技多不压身"等谆谆教诲，孩子们对知识要怀抱敬畏之心，要坚持读书，虚心学习。学习没有一蹴而就，也没有投机取巧，必须一步一个脚印，才能久久为功。只有虚心学习，扩充知识储备，提高实用技能，练好"看家本领"，成为"多面好手"，才能在激烈的竞争中脱颖而出。

核心能力模型

项目	要求
学科能力	数学、物理、信息技术、劳动实践等
基础能力	专业技术能力、学习能力、沟通能力、自我管理能力
社会能力	表达能力、环境适应能力、组织协调能力、团队协作能力、创新能力、社会责任感

工作后需要的职业类证书

特种设备作业操作、高级维修电工、中级工程师、高级工程师等。

进修学习路径

专升本，进修学习专业：电气工程及自动化、自动化技术与应用、智能控制技术、自动化、电气工程与智能控制。

主要就业方向

面向装备制造、通用设备制造、制糖等行业，从事自动化现场工程师、自动化设备和生产控制系统的设计与开发、装配维修、运行与调试、产品检测、管理与优化等工作。

主要专业能力

（1）具有熟练使用常用电工工具和仪器仪表的能力。

（2）具有对常用电子元器件进行识别与检测的能力。

（3）具有电子电路装配和调试的能力。

（4）具有识读和绘制各类电气原理与电气线路图、机械结构图的能力。

（5）具有低压电气电路的设计与分析及其安装、调试与排故的能力。

（6）具有PLC硬件装配、软件编程及其控制系统的安装、调试与故障检修的能力。

（7）具有制糖设备管理、安全管理、技术改造资料的收集与整理的能力。

（8）具有技术改造的设计分析、组织实施、项目验收等的能力。

（9）具有电气自动化技术专业必需的信息技术应用和维护的能力，掌握常用文献检索工具。

（10）具有撰写符合规范要求的技术报告、项目报告等电气自动化技术专业领域技术文档的能力。

（11）具有机电领域数字技术应用的能力。

撰稿人：莫　凡　覃启路　李珍珍　韦礼光

吴起飞

职　　业：宁波舟山港股份有限公司桥吊司机、桥吊导师
毕业学校、专业：宁波职业技术学院、电气自动化技术专业
从业时间：12 年

当我站在码头上，
操纵那庞大的桥吊时，
我能感受到一种来自内心的热情和骄傲。
每一次成功的装卸，
每一次为岗位付出的汗水，
都是我对工作的热爱和坚持的见证。

 我是在港口驾驶吊桥的人

我叫吴起飞，是浙江港口的桥吊"舞者"，我的工作是在浙江的码头上操纵那庞大的桥吊，确保每一个货物都能安全、准确地装卸。每一次桥吊的起落，都如同一场精确的舞蹈，需要我全心投入。你在医院里见过"主任医师"的牌匾，而我则是港口的"海港工匠"，面对各种复杂的装卸场景，我都能轻松应对。我还是一个培训新手、传承技艺的师傅，将多年累积的经验与技巧教给渴望成为桥吊大师的年轻人。

我热爱我的工作，每次桥吊的运转、每次成功的装卸都让我充满成就感。2016 年，我在浙江省桥吊技术比武中获得了一等奖，这为我带来了"浙江省青年岗位能手"的荣誉称号。2017 年，我获得"浙江省首席技师""浙江省青年岗位能手""浙江省金蓝领"等荣誉称号。这些荣誉背后，都是我对工作的热爱和坚持。

如果你也对某一领域有着深厚的热爱，或者有一双巧手，那么，我的故事或许能给你带来灵感。

初中时期

我从小对那些复杂的电动玩具和模型有着特别的喜好。我的父母有时会惊奇地发现,家里买回来的电动玩具,不出两天,就被我拆得七零八落,然后在我巧手的操作下又恢复为原样。

初中时,我对电气的热情无比浓烈。课堂上,每当老师讲述关于电气的知识,我总是比其他孩子更加聚精会神。我的作业本上,常常画满了自己的小电路设计,那些闪亮的小灯泡、复杂的开关,都是我的心头好。初中的科学老师发现了我的这一特长,经常鼓励我参加学校的科技竞赛。我也没有让大家失望,我制作的小电路板、自动化模型等作品,多次在校内外的科技展览中获得好评。同学们都羡慕地说:"吴起飞,你以后一定能成为一个伟大的工程师!"

那时,我的房间和小型工作室无异,墙上挂满了自己手绘的各种电路图图纸,桌上摆满了各种电子零部件和工具。放学后,我喜欢骑着自己改装的小自行车,四处寻找那些废弃的电机、旧电路板。那时的我,已经开始尝试着制作简单的电气模型,每次的成功,都会让我欣喜若狂。

高中时期

对我而言,高中不仅仅是学习书本上的知识,更多的是对人生观、价值观的塑造。我总是认真听讲,用自己独特的方式去理解和掌握知识。在课后的时间,我喜欢深入地钻研,尤其对于物理和数学,我更是情有独钟。

我是学校物理社的核心成员,经常与同学们探讨各种有趣的物理现象。此外,我还加入了学校的电子爱好者协会,利用课余时间动手制作各种电子小制品,将理论知识与实践相结合。

值得一提的是,正是在高中时期,我对电气产生了浓厚的兴趣。我经常去图书馆查阅相关资料,甚至利用寒暑假的时间去实习,为自己未来的专业选择做足准备。

高中时期,我的努力得到了老师和同学们的一致认可。在 2008 年毕业时,我被评为"优秀毕业生",并凭借出色的学业成绩和多方面的实践经验,顺利进入了宁波职业技术学院电气自动化技术专业学习。当被人问起为什么成绩优异依旧选择高职这个问题的时候,我想在当年大家对高

> **职业指南·家长选读**
>
> **电气自动化技术专业需要的知识结构**
>
> 1. 数理基础:"电路理论""控制原理"等核心课程均需要强大的数学和物理背景,具备这些能力能确保理论知识的深入理解和实际应用。
> 2. 实践能力:电气自动化技术不仅仅是理论,更多的是实际操作和应用。能够进行电路设计、编程、系统集成等,是此专业的核心技能。
> 3. 技术与创新:随着技术的不断进步,电气自动化领域也在不断更新和发展。有对新技术探索的热情和勇于创新的精神,会让孩子在这一领域取得更大的成就。

职的理解也许是有限的，认为只有高考成绩不理想考不上本科学院才会选择高职院校，但是我想说的是，对于职业院校的选择不应该局限于这种刻板的认知。是选择高职院校还是选择本科院校，应该从自己学习的兴趣和方向来考虑，如对于我所感兴趣的学科和未来的职业方向而言，高职院校的专业设置和课程更加适合我。

高职时期

在宁波职业技术学院（后简称宁职院）读书的这几年，我积极参与课程学习，尤其在实验课上，我总是那个最早来到实验室、最晚离开的人。对于我来说，那里不仅仅是一个学习的场所，更是一个可以实现自己梦想的地方。

在宁职院，我的求学之路迎来了崭新的篇章。这是一个充满挑战和机遇的阶段，也是我真正走向电气自动化技术领域的开始。进入学院，我很快就发现，这里的学术氛围浓厚，各种实践活动丰富多彩，这正好满足了我对电气自动化深入研究的渴望。专业会涉及多个核心课程，这些课程不仅涵盖了理论知识，还注重实践技能的培养。我个人对其中几门课程的印象比较深刻，其中"电路基础"这门课是电气自动化技术的入门课程，涵盖了电路的基本概念和原理。通过学习电路基础，我对电流、电压、阻抗等有了深刻的理解。还有"电子技术"，这门课主要学习半导体器件、基本放大电路、数字电路等内容。它让我学会了如何设计和分析基本的电子电路，极大地增强了我的动手能力。还有"PLC 技术与应用"和"自动控制原理"课程。"PLC 技术与应用"让我第一次接触到编程与实际控制相结合的应用，感受到了自动化带来的便利。而"自动控制原理"则让我对复杂系统的控制有了更深入的理解，学会了如何设计和优化控制系统。这些课程不仅合乎我的兴趣，还让我具备了扎实的专业知识和技能，为未来的职业生涯打下了坚实的基础。

不久，我的努力得到了老师和同学们的认可。我被推荐参与学院的各种技术比赛，多次在省级、市级比赛中取得优异成绩。而且，我不仅满足于个人的荣誉，还积极组织和带领团队参赛，分享自己的经验和技巧。

除了技术比赛，我还加入了学院的学生组织。我认为，技术是基础，但团队合作和组织能力也是成为一名优秀工程师的必备条件。在学生组织中，我学会了如何与人沟通、如何组织活动、如何解决问题。这些经验为我后来的职业生涯打下了坚实的基础。

学院生活中，最难忘的是与老师、同学们的深厚情谊。老师的言传身教对我影响很大，也让我真正了解了宁波这座城市。老师详细解释了宁波是一座依港而兴、靠海而生

职业指南·家长选读

性格探索

电气自动化技术专业要求对细节有严格的把握，孩子性格中最好有逻辑性强、细致、有耐心和求知欲的特质。如果孩子善于与人沟通、协作，这将是很好的加分项，因为在实际应用和项目实施中，团队合作与他人沟通都是关键。假如孩子对大型机械有浓厚的兴趣，那么港口桥吊司机这个职业或许就非常适合他（她）。

的城市。当他介绍电气自动化技术专业时，提到这个专业可以在港口工作，这像一颗种子种在了我的心里。大学期间，我努力学习专业知识，通过积极参加学校里的各种活动来提高自己。老师的指导和学校的教育帮助我逐渐成长。我常常和同学们一起研究实验，熬夜攻关。这些日子虽然充满了汗水，但也让我学到了很多宝贵的知识和技能。有一次，我和同学们在实验室里研究一个复杂的电路设计问题，经过多次尝试和讨论，最终成功解决。这次经历让我深刻体会到团队合作和坚持不懈的重要性。

毕业时，我已经掌握了扎实的专业技能，并且积累了丰富的实践经验。这些经历为我进入职场打下了坚实的基础，使我能够在工作中游刃有余。但我并没有骄傲自满，我知道，这只是人生旅程的开始，前方还有更多的挑战等待着我。于是，我带着学院给予的知识和经验，踏入了真正的工作世界，决心在电气自动化技术领域创造更大的辉煌。

工作时期

我一直秉承着宁职院的校训——"勤、信、实"，始终坚持谦虚谨慎、认真负责的态度，刻苦学习落实各项规章制度，通过师傅的言传身教、同事的协助配合，不断提升专业技能、改进不足。

毕业的时候在招聘会上，刚好看到了码头在招聘，我便毫不犹豫地投上了简历，并如愿以偿。我本该满心欢喜，但是现实却给我泼了一盆冷水。我原本想的是从事电器维修类的工作，但是到了公司后，我才知道要去从事的是操作类岗位，做一名龙门吊司机，最初我心里是很不情愿的，但是想起自己最初的梦想就是到港口工作，于是我下定决心，只要不轻易放弃，脚踏实地努力做好本职工作，慢慢地让自己成长进步，有朝一日还是可以从事自己所喜欢的工作。就是凭着这样的信念，我坚持了12年，这12年里我从一名龙门吊司机到桥吊司机，从听说到见证再到参与，从常规桥吊再到远程操控，一步一个脚印地转变成长，在各方面都取得了长足的进步。

2013年，梅山岛国际集装箱码头有限公司集装箱年吞吐量首次突破100万标箱，公司决定从龙门吊司机中选拔一批优秀人员充实到桥吊岗位，我凭借过硬的素质和技能，成了公司第一批龙门吊转桥吊司机。由于两者之间在操作手法上存在较大差异，且桥吊的高度较龙门吊有大幅提升，船上集装箱该如何安全操作成了摆在我面前急需攻克的难点。在师傅的谆谆教导下，我顶住压力、动真碰硬，凭着一腔热血不停练习新手法，甚至虎口处由于操作时间过长磨出了血泡也不减学习热情，每天下班后坚持对当天的操

> **职业指南·家长选读**
>
> **价值观探索**
>
> 港口桥吊司机，一个听起来与众不同的职业。看似简单，实则充满挑战。露天工作需面对风吹日晒，长时间的重复劳动会导致身体疲惫，操作巨型吊车需要专业知识和技巧。刚入这一行业，首先要从基层的吊车助理做起，起薪并不算高。但如果真心热爱这个行业，能够看重长远的职业发展而不仅仅盯着短期的薪资，那么就会更容易从每天的工作中获得满足和成就感。

> **职业指南·家长选读**
>
> **职业上升路径**
>
> 　　成功人士的两个显著特质是对工作的热情和勤奋，港口桥吊司机也不例外。从吊车助理到独立操作，再到班组领导，这一过程需要不断学习和实践。港口桥吊司机不仅操作设备，还需应对突发情况。工作时间从日出到日落，坚守港口前线。通过积累经验和模仿前辈，最终独立操作，逐步成为领域里的专家。

作进行总结反思，日复一日终成道。凭借出众的业务水平，我多次代表集团、公司参加省市级技能比武，并取得优异成绩，获得多项荣誉。2011年我代表公司参加了宁波市龙门吊技术比武；2014年我参加公司桥吊技术比武，荣获第一名；2016年我在浙江省装（卸）司机（桥吊）技能比赛中，获得第一名。在2016年，我通过不断的努力和钻研，被评为"浙江省首席技师"。2017年，我代表浙江省参加全国装（卸）司机（桥吊）技能大赛，获得了三等奖。这些成就的背后，是无数个日夜的刻苦训练和技术钻研。我经常在下班后留在操作室，反复练习新的操作手法，改进不足。

　　作为世界第一大港的90后青年职工代表，为了使桥吊操作更稳、更准、更快，我不断提高自己的熟练程度，并运用钟摆运动原理，起草形成了《7049桥吊操作法》，提高了操作效率和安全性。2019年，我牵头成立了以我名字命名的"起飞王牌战队"，致力于打造一支技术过硬、作风顽强、乐于奉献的青年员工队伍。

　　同年6月，在"夏洛特马士基"船装卸任务中，我们不仅安全高效地完成了作业，还一举刷新了公司开港以来的3项纪录，创造了宁波舟山港自2015年以来的船舶效率新高。战队的表现得到了船舶公司的高度认可，树立为优秀典型榜样，我也成了基层一线产业工人的表率。

　　作为智慧化港口建设的一员，我潜心研究"7049"远空桥调仓做法，积极参与智慧港口远程调试项目。身为"智慧梅山"青年工坊队长，我带领团队在创新创效等多项活动中大放异彩。通过这些实践和创新，我不仅提升了自己的专业技能，也为公司的发展贡献了自己的力量。

　　工作十余年来，我吊装了约40万个集装箱，累计带出了79个徒弟，我所在的桥吊班也由30余人扩大到近200人，而我也成了桥吊导师，从台前转向幕后，影响了一批青年员工，充分展现了新时代青年产业工人的风采，发挥了青年党员的先锋模范作用。十多年来，几乎每个春节都在单位加班，都未能陪家人度过一个完整的节日，也正是这样一份付出，让年轻的我能够展翅飞翔。

　　在回顾自己的职业生涯时，我深感职业教育对我的影响深远。宁职院不仅为我提供了坚实的理论基础和实践机会，更培养了我独立思考和解决问题的能力。选择一条适合自己的道路，热爱并坚持下去，你会发现，职业教育同样能够带你走向成功。只要心怀梦想，脚踏实地，不断努力，你一定能在自己选择的领域中脱颖而出，成就一番事业。

　　看看自己有哪些能力潜质，对照核心能力模型，这样你的未来之路就更有针对性。

核心能力模型

项目	要求
学科能力	物理、数学、信息技术等
基础能力	语言能力、逻辑思维能力和问题解决能力、空间感知能力、手眼协调能力、自然观察能力
社会能力	组织协调能力、团队协作能力、适应社会能力、表达能力、心理承受能力、社会责任感

工作后需要的职业类证书

电工特种作业操作、中级维修电工、高级维修电工、轨道交通电气设备装调工等。

进修学习路径

专升本，进修学习专业：电气工程及自动化、机电一体化工程、供用电技术、电气技术等。

主要就业方向

进入铁路局、地铁公司、制造型企业等，从事电气装配工、电气维修工程师、实验测试员、售后服务员、质量工程师、售后服务工程师、设备工程师、电气工艺工程师等工作。

主要专业能力

（1）具有熟练使用常用电工工具和仪器仪表的能力。

（2）具有对常用电子元器件进行识别与检测的能力。

（3）具有电子电路装配和调试的能力。

（4）具有识读和绘制各类电气原理与电气线路图、机械结构图的能力。

（5）具有低压电气电路的设计与分析的能力。

（6）具有低压电气电路的安装、调试与排故的能力。

（7）具有 PLC 硬件装配和软件编程的能力。

（8）具有 PLC 控制系统的安装、调试与故障检修的能力。

（9）具有设计和操作交流变频调速的多段速控制、交流变频的无级调速等自动调速系统控制的能力。

（10）具有利用传感器对简单的变频器控制、步进电机控制以及伺服控制、多轴运动等各类运动控制系统进行设计、程序开发以及调试的能力。

（11）具有选择和配置合适的工业网络，能够使用主流的组态软件或触摸屏组态控制系统人机界面的能力。

（12）能进行工厂电力负荷和短路计算，具有选择并使用合适的供电线路导线和电缆的能力。

（13）具有电气自动化技术专业必需的信息技术应用和维护的能力，掌握常用文献检索工具。

（14）具有撰写符合规范要求的技术报告、项目报告等本专业领域技术文档的能力。

（15）具有自动化领域数字技术应用的能力。

撰稿人：张晋楚　吴起飞　张定华

戴胜军

职　　业：中国广核集团中广核核电运营有限公司核电应急柴油发电机系统检修工程师、MDY区域大修协调主任工程师

毕业学校、专业：深圳职业技术学院（现为深圳职业技术大学）、机电一体化技术专业

从业时间：12年

我热爱这份工作，喜欢迎接挑战。

每亲手完成一次维修或管理任务，

总在心里自豪地对自己说："你又做到了！"

我是一名检修大国重器的"通关王"

我叫戴胜军，我的工作是定期对核电运行设备进行维护和项目管理。具体地说，就是为了保持核能发电的稳定性、安全性，保障当前各核电基地的高端稳定运行，定期进行核电站应急柴油发电机组的维护和检修工作，由此成了一名核电大修人。

也许因为名字里有个"胜"字，我非常享受在攻克一个个技术问题后所获得的成就感。刚参加工作不久，我就顺利完成多项设计制作，获得公司级科技进步奖。2017年，获得公司柴油机技能通关赛"通关王"称号，2017—2018年，前往法国进行应急柴油机的翻新驻厂监造工作，前往芬兰进行柴油机机身修复工作，克服语言障碍，挑战技术难关，高质量完成任务……

取得这些成绩，背后少不了故事，我的故事要从高中时期讲起。

高中时期

我成长在一个普通的县城里，初中毕业后，顺利就读于县城中一所普通中学。中学阶段，相对来说，我对数理化更有兴趣，还展现出较强的实践能力，积极参加实验操作活动，因此在高二文理科分班的时候，选择了理科班。

> **职业指南·家长选读**
>
> **机电一体化技术专业需要的知识结构**
>
> 1. 理工科。对物理和数学比较感兴趣，有好奇心和学习热情。
> 2. 实践操作能力。有动手能力和实践能力，需要通过实验、实训和项目实践，将理论知识转化为实际技能。

中学阶段，我对未来做过很多的设想，想过像父亲一样，成为一名受人爱戴的医生，也想过报考军校，投身军旅，也曾憧憬过航天报国……但最终高考的失利，让我与这些都失之交臂。高考成绩出来后，我也很迷茫：以后路在何方？

看着自己不上不下的分数排名，是选择一个普普通通的本科就读，还是追寻内心对数理化的热爱，掌握一技之长？我犹豫了很久，也咨询了众多前辈与亲友的意见，最终还是那份对理工科不灭的热情引领了我。特别要感谢的是我的父母，他们无条件地支持我追随内心的声音，鼓励我勇敢追求自己的梦想。于是，我来到了一个充满机遇与挑战的年轻城市，选择了一所不仅教学质量卓越，而且与我的理工科兴趣高度契合的高职院校，在这里充实自己，磨炼自己。

高职时期

我在学校刻苦自律，不仅努力学习专业知识与技能，还积极参加学校社团组织和社会实践活动，全面提升综合素质，为自己就职后的成长，打下坚实基础。

（一）学习的内驱力

在被录取之前，我就听说过，深圳职业技术学院在全国高职高专院校中名列前茅，被誉为高职院校中的"清华北大"，教师团队力量强大，教学资源丰富，就业率能达98%。

因此，我对未来的职业发展充满了好奇和期待，在广阔的专业选择面前，我选择了机电一体化技术专业。该专业主要学习"机械制图与计算机辅助三维设计""机械设计""电气控制与PLC""液压与气动技术""电工操作技能实训"等课程，致力于培养能从事自动化生产线等机电一体化设备的安装调试、维护维修、生产技术管理以及机电产品辅助设计与技术改造等工作的高素质技术技能人才。

一开始，我对机电一体化技术并不了解。透过教材和实践，我被电路理论和电子技术的奥妙所吸引，开始理解电路中电子元器件的作用和相互关系，每当我成功组装一个电路，并看到它顺利运行时，我内心涌动的喜悦感让我更加坚定了学习这个专业的决心。随着学习的深入，我接触到控制理论与技术，学习传感器与执行器的应用，我逐渐思考如何优化系统的性能。当我成功编写一个控制程序，并看到机械设备按照我设计的路径运动时，我感到了前所未有的成就感，我的学习热情也进一步提升。

（二）图书馆里的身影

大一时，我们专业理论课老师说过一句话："没有理论知识指导的实践是盲目的实践。"

我牢记着这句话，把课余的大部分时间花在了图书馆里。走进图书馆的大门，书架上摆满了各种各样的书籍，从基础的关于机械原理的书到高深的关于自动控制系统的书，我可以找到我所需要的一切书籍，它们是我学习的基石，我会仔细阅读每一页，并记录下重要的知识点和理论原理。此外，图书馆还提供了丰富的期刊和论文资源，我会定期查阅最新的研究成果和技术进展，了解行业的最新动态，加深对前沿技术的了解。因为刻苦自律，我的学习成绩也稳步提升，多次荣获二等奖学金、一等奖学金、国家励志奖学金等荣誉。

（三）实训室里的汗水

机电工程学院的实训室提供了如 abb、Franka Emika 机器人和西门子控制器等企业常用机械设备和工具，能让我们亲自动手进行实验和操作。

我始终牢记实训课老师说的："哪个环节出错了，要一一排查，不能闷着头做，不然就会'全盘皆输'。"实训里的挑战很多，有一次，在数控加工时出现过切、撞刀的情况，我要自行检测排除故障，通过不断地测试、修改、重新设定参数，最终解决了问题。这些训练经验时刻提醒着我，在面对问题时要保持头脑清醒，不要盲目地埋头苦干，才能避免出现更大的错误或失败。

> **职业指南·家长选读**
>
> **职业探索**
>
> 这是一条通往精湛技艺的道路，孩子需要拥有一颗热爱钻研的心，对每一个细节都力求完美，对每一次尝试都满怀激情。这个过程充满挑战与艰辛，孩子需要具备吃苦耐劳的精神，从最基础的操作技能开始，反复练习，脚踏实地，只有通过不断地思考与实践才能在技术的道路上越走越宽广，越走越坚定。

（四）求职期间的准备

在大学里，我努力把握每一个全面锻炼自己的机会，积极主动参加社团组织，组建了机电工程学院就业促进部并担任首届部长。任职期间，我组织了多场职业讲座、一对一生涯咨询活动与模拟面试活动，开展了机电工程学院双选会和职业发展活动，促进了学校和企业的合作，帮助机电工程学院的同学了解就业市场和行业趋势，也为自己的实习和就业打下坚实的基础。

我还参与了广东河源和平县合水中学及江西省吉安市吉安县大冲乡大冲小学社会实践活动、广东省深圳市南山区桃源街道福光社区志愿活动等，不仅检验了学习成果，也锻炼了工作能力。

工作时期

工作中，我喜欢自己琢磨，也喜欢向别人请教；敢于接受挑战，遇到难题从不打退堂鼓，总是想方设法去解决，这也许是我从不服输的好胜心决定的。

（一）核电新人的成长

入职后，我被分配到核电站应急柴油发电机项目组。这是一个完全陌生的系统设备，师傅给了我几张系统流程图和一本柴油机检修系统教材，我与柴油机的不解之缘从此就结下了。在工作中，我经历了从工作组基础成员到独立项目负责人的蜕变。期间，我夜以继日地深耕业务知识，不断精进工作流程，赢得了团队的信赖与尊重。随后，作为代班负责人，面对重重挑战，我凭借冷静的判断与扎实的能力，一一化解难题。转入品质控制岗位后，我更是秉持精益求精的态度，不断提升产品质量标准。最终，在中广核资深师傅的悉心指导下，我不仅成功晋升为项目负责人，还完成了多项改造与创新项目，并因工艺引进与创新方面的卓越表现，荣获科技进步奖与精益创新奖。每一步成长，都凝聚着汗水与智慧，见证了我的蜕变。

（二）荣获"通关王"称号

2017年3月，我受公司委派，前往法国进行应急柴油机的翻新驻厂监造工作。人生第一次出国，心中充满了不自信。在出国前，我主动联系有经验的监造工程师，学习监造相关要求及注意事项，同时利用闲暇时间重拾英语。到达法国后，为了让自己能够更加熟悉设备结构及厂家人员维修工艺，我每天泡在厂房，主动研读厂家工艺，识别出多项厂家工艺执行偏差，保障了设备翻新质量。

2017年9月回国后，我参加公司举办的柴油机技能通关赛，获得"通关王"称号。2018年9月，我再次前往法国执行翻新驻厂监造工作，翻新后设备缺陷率创历史最低。而后，前往芬兰完成柴油机机身的修复工作，我每天抱着技术手册，逐项核对各部件尺寸参数，打磨精度，将误差控制在微米之间，最终顺利完成工作，为公司节约了100万元的备件成本，获得公司成本控制奖。

（三）成为一名核电大修人

现在，我担任中国广核集团中广核核电运营有限公司的一名MDY区域大修协调主任工程师，主要从事项目管理工作，负责本部门大修项目实施顺利进行同时满足各项管理指标，参与多项集团重要攻关项目并取得国内行业卓越业绩。个人负责项目总成本逾1000万元，各项管理指标均合格，部分甚至达到了卓越值。

在其他岗位上，我也展示了自己的素质和能力。例如，担任部门团支部书记和青联组组长，协助公司组织各种文体活动及公司级技能比武，丰富员工业余生活的同时，带领部门荣获"五四红旗团支部""青年文明号"，个人荣获"优秀团干"等荣誉称号。

作为一名核电大修人，无数个日夜的坚守，成就了当前各核电基地的高端稳定运行，无数个节假日的埋头苦干，

职业指南·家长选读

职业上升路径

在职业生涯的广阔舞台上，那些能够迅速成长并崭露头角的，往往是那些擅长以创新思维破解难题的精英。在需要工匠精神的职业中，这一规律同样适用。从一名青涩的新手逐步晋升为技术领头人，这不仅仅是对所有规章制度与工艺指导书的深入掌握，更是对工作流程中每一个细微环节的深入钻研与不懈追求。要善于观察，勤于思考，培养敏锐的洞察力与深刻的思考能力，方能在激烈的职场竞争中脱颖而出。

助力了国内核电运营管理水平在国际上的后来居上。追求一次把事情做好，成就水到渠成！以积极的心态，化挑战为机遇，严慎细实，德业兼顾，为国家能源优化添砖加瓦。

职场之路，不仅仅是充满机遇与挑战，也伴随着付出与收获，对大部分人来说，付出往往是远大于收获。未来我们要以何种心态面对职场之路？唯有充满激情，不断奋进，厚积而薄发。回望在深圳职业技术学院时光，自律与实践创新不断推动着我前行，自主学习能力的培养，不断丰富着我的涵养。从图书馆到实训室，从理论到实操，每一步我都走得很踏实。在团学活动与社会实践的广阔舞台上，我学会了团队协作的力量，懂得了责任与担当的重量，这些都为我的职业生涯奠定了坚实基础。

机械维修工程师这条路并不好走，需要长时间的积累和沉淀，但又充满了魅力。没有谁能一步到达峰顶，唯有享受登顶过程中的艰辛与喜悦，感受每一次技术攻坚及优化创新所带来的荣耀与激情，快乐工作，快乐生活。职业的选择，往往在生计与热爱之间，让人摇摆不定，深思熟虑。我想说的是，无论从事什么职业，都应保持永远的学习能力、适当的激情以及足够坚韧的内心，也许你一直在路上，但并不妨碍你成为一名优秀的人。人生是丰富多彩的，不要急于做出选择，多了解、多尝试，总会找到真正适合自己的方向。

看看自己有哪些能力潜质，对照核心能力模型，这样你的未来之路就更有针对性。

核心能力模型

项目	要求
学科能力	信息技术、物理、数学等
基础能力	数学逻辑思维能力、视觉空间能力、自然观察能力、动手操作能力
社会能力	组织协调能力、团队协作能力、适应社会能力、创新能力、社会责任感

工作后需要的职业类证书

低压电工作业操作、电工（高级）技师、可编程控制器（PLC）程序设计师。

进修学习路径

专升本，进修学习专业：机械电子工程技术、电气工程及自动化、智能控制技术、自动化技术与应用、机械设计制造及自动化、机械电子工程、自动化、智能制造工程。

主要就业方向

面向战略性新兴产业（新一代信息技术产业、高端装备制造产业）和未来产业（航天航空产业、机器人产业、可穿戴设备产业、智能装备产业）的通用设备制造业、电气机械和器材制造业、金属制品、机械和设备修理等行业，从事智能（自动化）生产线和智能装备的装调、运维、生产管理、技术改造、售前和售后技术支持等工作。

主要专业能力

（1）具有探究学习、终身学习、分析问题和解决问题的能力。

（2）具有良好的语言、文字表达和沟通的能力，具有团队合作的能力。

（3）具有机电一体化技术专业必需的信息技术应用和维护的能力。

（4）能识读各类机械图、电气图，能运用计算机绘图，具有机械零件测绘及简单设计能力，并能进行一般工程问题的分析计算的能力。

（5）具有钳工和电工的基本操作技能，能选择和使用常用仪器仪表和工具，能进行常用机械、电气元器件的选型。

（6）具有根据设备图纸及技术要求进行装配和调试的能力。

（7）具有一般液压与气动控制回路及 PLC 程序的设计、安装与调试的能力。

（8）具有进行机电设备控制系统的设计、编程和调试的能力。

（9）具有对常用机电控制系统分析和解决问题的能力，能进行机电设备故障诊断和维修。

（10）具有自动生产设备、精密机械系统、柔性生产线、工业机器人智能制造单元等机电设备的机械结构、电气系统安装、调试、运行管理与维护维修的能力。

撰稿人：刘紫馨　戴胜军

王 进

职　　业：苏州远志科技有限公司电气工程师
毕业学校、专业：苏州市职业大学、机电一体化技术专业
从业时间：5 年

电梯，出门第一站，回家最后一站。
保障电梯安全是最重大的职责，
优化改造成本是最要紧的民生。

扎根电梯维保"小岗位"，守护万家生活"大安全"

我叫王进，是一名"电梯医生"，守护电梯的上下运行安全。电梯，这个只有 2 平方米左右的方寸空间却承载了无数人追逐梦想的过程，也记录着一个城市日新月异的发展变化。也正是在这个小小的电梯里，我从一名普通的高职毕业生，成长为"电梯医生"，这份维护电梯安全运行的工作，让我获得了无尽的成就感。

在刚入行时，师傅就对我说："干一行就要爱一行，爱一行就要钻一行。"在日常工作和学习中，始终有颗执着的心，始终坚持与自己较真，对每一个工作细节都保持认真负责的态度。下面就是我要讲的故事：扎根电梯维保"小岗位"，守护万家生活"大安全"。

高中时期

热爱理科学业，坚定机电一体化技术专业选择，高考后深入规划未来。

高中 3 年，虽然学业压力日增，但我始终保持着对理科的热情，特别是物理和数学，它们为我日后理解机电一体化技术领域中的力学、电路、控制理论等基础知识提供了坚实的支撑。相较于单纯的机械结构，我更加热爱如何用电气控制的方式让机械设备动起来。我也了解到机电一体化技术在现代制造业、自动化控制、智能设备等领域的重要应用，这更加坚定了我选择这一专业的决心。

然而，高考作为人生的重要节点，也曾给我带来过挑战与迷茫。面对成绩的波动与压

> **职业指南·家长选读**
>
> **机电一体化技术专业需要的知识结构**
>
> 1. 机电一体化技术专业融合机械、电子、控制及信息技术，需扎实的理工科基础与强大的动手实践能力。
> 2. 兴趣和创造力是机电一体化技术从业者持续进步的关键，编程、自动化控制及跨学科知识将助力孩子职业生涯腾飞。

力，我深刻意识到，单一的分数并不能完全定义一个人的价值与能力。在父母的鼓励与支持下，我开始以更加开放和理性的态度去审视自己的未来规划。他们告诉我，选择专业应当基于个人兴趣、能力特长以及长远的职业发展前景，而非仅仅局限于传统观念中的"热门"或"名校"。

在这样的背景下，我在高考结束后深入研究了机电一体化技术专业的课程设置、就业前景以及行业发展趋势，发现它不仅完美融合了我热爱的机械与电子两大领域，而且随着"中国制造2025"等战略的推进，该领域正迎来前所未有的发展机遇。因此，我毅然决然地将机电一体化技术作为我的大学专业志愿，并为之付出了不懈的努力。

高职时期

基础课程奠定专业框架，PLC 技术实践激发成就感，电梯专业学习深化自动化理解。

大一的时候，我学习了"高等数学""大学物理""计算机基础"等基础课程。"高等数学"为我提供了解决复杂工程问题的数学工具，"大学物理"则让我对自然界的物理规律有了更深刻的理解，"计算机基础"则为我打开了编程世界的大门。这些基础课程构建起我专业知识体系的框架，与我在高中的时候所向往的大学生活完全一致。

大二的时候开始学习专业课，我记得是"机电设备 PLC 控制系统的组建与调试"这门课，从电路基础到电机控制，从 PLC 编程到自动化控制系统，在课堂上，我第一次接触到了 PLC 这个神奇的设备。我们从最简单的逻辑门电路开始，一点一滴地学习如何将现实世界的控制需求转化为 PLC 能够理解的指令。随着课程的深入，我们开始学习电机控制，学习如何通过编程来操控电机的每一个动作。记得有一次实验课，我站在实验室的操作台前，看着面前闪烁着指示灯的 PLC 和一台静待指令的电机。我在编程软件中输入了一条条指令，并且反复确认。当我按下运行按钮，观察电机的反应时，电机先是缓缓地正向旋转，然后在我修改了程序参数后，又平滑地切换到反向旋转。自己将抽象的代码转化为机械运动的成就感，至今仍然让我激动不已，也正是这样的成就感激励我朝着这个方向继续努力。

到大二快要结束的时候，我有了一个新的机会，学校与苏州市电梯业商会于 2016 年 12 月合作成立电梯学院，开设电梯工程技术专业，要在我们这一届（2015 级机电一体化技术专业）学生中，挑选有意愿投身电梯行业的学生进行针对性的培养。

起初，我对电梯的运行原理一无所知，对其工作机制充满好奇。在老师的悉心讲解下，我逐渐明白了电梯的控制原理与我们学习的自动化设备异曲同工。原来，电梯是通过单片机来控制变频器，进而由变频器操纵曳引机来工作的。这样的解析不仅揭开了电梯的神秘面纱，更激发了我深入探索的兴趣。随着学习的深入，我发现电梯是我学习自动化相关知识的绝佳载体，后来的课程内容也正如老师最初所描述的那样，将理论与实践完美结合。

我们所有的课程教学在企业中都会有实际的"工作场景"，我们在课堂中提前学习相关知识，提前了解自己可以胜任什么样的工作以及类似工作的处理流程是怎样的。例如，当我们接到"自动扶梯控制实训"的任务时，老师首先向我们详细阐述了日常所见的自动扶梯运作原理及其安全保护装置。这时，我惊喜地发现自动扶梯的运行机制与我们在课堂上学到的电动机控制逻辑如出一辙，都包含了启动、停止、正转和反转的过程。不同的是，自动扶梯还配备了众多的保护功能和运行输出反馈检测功能。这一发现极大地增强了我学习的信心。在后续学习中，我主动寻找与自动化相关的知识，以加深对电梯控制逻辑的理解。正是建立了这种学习逻辑，使得我能更加游刃有余地完成课程学习。

我在校时积极参加学校和行业专业比赛，从一开始在实训设备上进行训练，到后来在整梯上进行训练，过程中会遇到一些问题，接触到新的知识，这就需要我们及时向自己的师傅请教，加上自己长时间的琢磨训练，直到完全掌握。功夫不负有心人，2017 年，我参加"鲁班杯"全国首届电梯安装维修工职业技能竞赛，获得个人优秀奖；2018 年，我参加全国职业院校技能大赛智能电梯装调与维护赛项，获得国赛二等奖。

> **职业指南·家长选读**
>
> **价值观探索**
>
> 　　在高职阶段要培养孩子持续学习与自我提升的能力，保持对新知识、新技能的学习和钻研，勇于探索未知领域，积极参加比赛和实训项目。在不断的实践中培养自己面对困难挑战时不轻言放弃，而是努力寻找解决问题的方法直到成功的意志品质。

工作时期

电梯现场工程师，高温挑战显担当，技能精进获殊荣，团队协作共成长。

（一）现场工程师

我 2018 年毕业，入职苏州远志科技有限公司，任现场工程师，在现场工程师岗位上，24 小时待命是工作常态。工作的电梯井道空间狭小，通风效果差。特别在夏天，电梯故障高发，工作环境通常是 40℃以上的高温，我们在井道里一待就是一小时，工作完成后衣服都是湿透的，但一想到用所学的专业技能可以服务群众、回报社会，也就不觉得苦了。

我印象中很深的是，公司给我们开展的关于行业标准、法规和法律的培训。告诉我们安全守则，如用电规范、进出电梯轿顶的规范、进出电梯底坑的规范等。我第一次去现场的时候，师傅先让我在公司的实训设备上去模拟安全相关的一些操作步骤，检验我是否牢记于心，我做的都规范后，才带我一起去现场。等到了现场他看我是怎么做的，针对做得不到位的地方，回来后我们再一起做总结复盘。

我们当时一批刚入职的年龄差不多的人住在一起，白天大家都在不同的现场，做维保，做调试。晚上回来后，大家一起交流白天的经历，把遇到的问题一起讨论解决，这样的过程让我们迅速地积累了很多经验，提高了我们解决问题的能力。

后来苏州有举办一些关于电梯安装维修技能大赛，我与我的伙伴得知这一消息后，便满怀激情地投入到了备赛当中。白天，我们穿梭于各个居民楼之间，负责电梯的日常维护和紧急抢修工作，确保每一部电梯都能安全平稳地运行，为市民的出行保驾护航。晚上，我们就在公司的培训室里，开始紧张而有序的备赛工作。

我们系统地复习了电梯安装与维修的专业知识，从电气控制原理到机械结构设计，从故障诊断到快速维修，通过模拟比赛、实操演练等方式，不断提升自己的应急处理能力和团队协作能力。每当遇到难题，我们都会集思广益，共同探讨解决方案，直到问题迎刃而解。最终我们在赛场上取得了好成绩，我也因此获得了"苏州市五一劳动奖章""苏州市青年岗位能手"的荣誉称号。

"城市因电梯而得以长高，电梯因我们而安全运行！"这是写在苏州市职业大学机电工程学院电梯实训车间墙上的一句话，也是激励我砥砺奋进的座右铭。坚持岗位练兵，提升服务效能，立志用过硬的专业本领守护万家幸福与安宁。

> **职业指南·家长选读**
>
> **职业上升路径**
>
> 持续学习和精进专业技能是职业发展的基石。通过不断实践、复习专业知识、参与技能培训和比赛，提升自己所在岗位的专业能力，确保能够高效、准确地解决工作中的各种问题。通过不断学习新知识、新技能以适应行业的变化和发展。将服务群众、回报社会作为自己的职业使命，积极履行社会责任，参与公益事业，展现良好的职业形象和社会责任感。

（二）电气工程师

电气转型引领创新，研发教学双轨并进。在我从现场工程师到电气工程师的角色转变中，我负责了电梯电气系统设计与新产品研发的任务。这一转变不仅引领我从产品的后期调试深入到前端的产品构思与设计阶段，更促使我不断反思设计的初衷与合理性，确保每一项设计都严格遵循国家标准，并得以前瞻性地规避了其他人以往工作中遇到的操作不便问题。

在与客户携手共创的过程中，我主导了一项创新项目——手提式扶梯演示箱的开发。该项目旨在将复杂的自动扶梯系统去繁就简，仅保留其核心电气组件，并巧妙地将这些组件集成到一个便携的（约等于行李箱大小）装置内。为了实现信号的精准模拟与控制，我们采用了PLC技术，以应对挑战。面对客户特有的非标准控制系统，我主动出击，一方面积极向客户请教其系统的操作细节，另一方面广泛搜集资料，深入学习该系统的工作原理与模块构成，确保我们的设计方案能够无缝对接。

经过多轮深入细致的沟通与讨论，我们成功地将双方的智慧融合，形成了新颖且切实可行的产品方案。该方案在获得客户的高度认可后，我们迅速转入实施阶段，包括精心绘制电气原理图、电缆布局图，以及严谨挑选并开发适配的电气部件。同时，我也积极参与到了产品制造过程中的问题协调与解决，确保每一个细节都精益求精。

最终，我们成功地将这款手提式扶梯演示箱交付给客户，其卓越的性能与便捷性赢得了客户的广泛赞誉。这个产品开发完成后，我们也开始开发我们自己系统的演示箱产品，并且开发了相应的培训教材以及实训指导手册，用于公司教学和培训，这个就是我们公司与其他公司不一样的地方，我们会将非标定制的方案开发成教育产品，前面做的东西成了课程的方案、案例以及教学的产品。

毕业后，我主动对接母校苏州市职业大学，发挥实践优势，参与研发各类培训课程，编制"电梯PLC和变频器应用"等课程资源，为提升欠发达地区电梯故障处理水平和技能人才培养贡献了积极力量。其中，参编教材《电梯安装与调试》成功入选首批"十四五"职业教育国家规划教材名单。

作为电梯工程师，我深知安全的重要性，从设计、制造到安装、维护，每一个环节都严格遵守国家标准与行业规范，确保电梯运行的万无一失。当然电梯工程师同样是一个服务性岗位，客户的满意是衡量工作成果的重要标准。当我们看到自己设计的产品交付到现场使用，得到用户的称赞；当我们看到自己维护保养的电梯每一天都能安全运行，守护好用户的"出门第一站"与"回家最后一站"，我想这就是我们电梯工程师的成就感和自豪感的体现。城市，因电梯而"长高"，电梯因我们而安全，而我们也因电梯而发展得更好。

看看自己有哪些能力潜质，对照核心能力模型，这样你的未来之路就更有针对性。

核心能力模型

项目	要求
学科能力	物理、数学、信息技术等
基础能力	语言表达能力、动手操作能力、视觉空间能力、识图能力、创新能力
社会能力	组织协调能力、适应社会能力、表达能力、心理承受能力、社会责任感

工作后需要的职业类证书

电工、焊工、数控机床操作、安全生产管理人员、特种设备作业人员等。

进修学习路径

专升本，进修学习专业：自动化与控制工程、电气工程与自动化、机械工程、智能制造与工业工程、能源与动力工程等。

主要就业方向

进入通用或专用设备制造业领域,从事产品设计与工艺设计、机电设备维护维修、机床操作、产品营销、生产现场管理等工作;进入汽车制造业领域,从事机电设备维护维修、自动化生产线操作、生产现场管理等工作;进入电气机械和器材制造业领域,从事产品设计与工艺设计、机电设备维护维修、机床操作、产品营销、生产现场管理等工作。

主要专业能力

(1)具有识读机械图、电气工程图及计算机绘图的能力。

(2)具有机械产品、机电设备常用机械结构的设计、制造与装配的能力。

(3)具有机电设备机械安装与调试,电气系统选型、安装与调试的能力。

(4)具有机电设备的故障诊断与维修维护的能力。

(5)具有自动化生产线控制系统运行维护和一般性故障识别与维修的能力。

(6)具有机电设备和自动化生产线整机调试、故障处理、简单编程的能力。

(7)具有机电设备和自动化生产线控制系统程序开发、通信与网络连接、技术改造的能力。

(8)具有安全防护、质量管理意识,具有适应产业数字化发展需求的能力。

(9)具有探究学习、终身学习和可持续发展的能力。

撰稿人:赵 健 王 进

李子禹

职　　　业：中车唐山机车车辆有限公司车体事业部加工中心操作工
职　　　称：技师
毕业学校、专业：唐山工业职业技术学院（现为唐山工业职业大学）、机电一体化技术专业
从业时间：5 年

这个世界充满挑战，

青年要努力学习，把自己的工具箱装得满满的，

每一次突破都是一次成长，

勇敢面对，勇于接受，才有出路，才能迎来最终的胜利。

我是高铁装备的"守护者"

我叫李子禹，我的工作是打磨高铁车身的焊缝儿。高铁是我国高端制造业的一张亮丽的名片。高铁的研发、设计和制造需要众多高新技术和复杂工艺，每一项技术、每一道工艺都关系高铁的成败。其中，焊缝打磨就是一道重要的工序，它相当于房屋装修中的"找平"，我就是给高铁车身"找平"的工作者。

我很喜欢我的工作，每当看到我打磨过的高铁列车行驶在祖国大地上，内心都会无比的自豪。多年来，我一直以"朝抵抗力最大的路径走"激励自己，敢于面对困难，不断接受挑战。2021 年 10 月，我参加第七届全国职工职业技能大赛，在工业机器人操作调整工赛项中获奖，被授予"全国技术能手"荣誉称号。2023 年，我被推选为团十九大代表，参加了中国共产主义青年团第十九次全国代表大会，为青年发展贡献了自己的力量。

初中时期

我的初中时期，正值高端装备制造业在唐山现代工业中的位置越来越重要的时期，而蓬勃发展的高铁产业更是高端制造业的前沿。老师带着我们到唐山轨道车辆公司进行研学

游,我第一次见到了正在组装的高铁车厢,被它科幻的外表所震撼,也把"当一名'和谐号'的工程师"写进了我的研修日记里。

从小我就喜欢"拆家",喜欢钻研电器设备,家里的收音机、电视机、计算机都拆过。初二时,我加入了学校的科技社团,疯狂地喜欢上了机械设备。那时,我以为,只要我足够努力,就能成为最优秀的工程师。但具体怎样做,我却没有任何方向。在"五四青年节"期间,学校举办了大国工匠进校园活动,中车唐山机车车辆有限公司(简称中车唐山公司)的"金蓝领"张雪松老师来学校参加活动,为我们讲了中国高铁的故事。会上,我向张老师提了一个问题:怎样才能成为一名高铁工程师?他以自己的成长故事为例,回答了我的问题,使我懂得了要成为一名大国工匠不仅要有热爱,还要有丰富的文化知识和优异的技术技能。

初中毕业前,我面临是去普通高中读书还是去职业院校学习技能的抉择。起初,我也犹豫过。上普通高中,可以学习基础知识,走高考之路;上职业院校,既可以学习基础知识,还可以直接学习技能。对比后发现,职业院校更符合我的期望,张雪松老师也是从职业院校走出来的。在征得父母同意后,我毅然选择了进职业院校学习技能。

> **职业指南·家长选读**
>
> 机电一体化技术专业需要的知识结构
>
> 1. 理工科。扎实的基础知识,特别是物理知识,能够让孩子在学习专业时更有效率。
> 2. 兴趣驱动。对机械类、电气类感兴趣,对事物充满好奇心,喜欢探索,动手能力强。兴趣是最好的老师,孩子的兴趣爱好是其成长的最大动力。

高职时期

在唐山工业职业技术学院学习的5年里,我逐渐找到了学习的方向,也找到了成长之路。

2014年9月,我来到唐山工业职业技术学院机电一体化技术专业学习。之所以选择这个专业,主要是因为我的高铁工匠梦。刚到学校,我就被学校动车实训中心和机器人产业学院的先进设备深深吸引住了,以前只能从视频里看到的东西真实地出现在现场的学习中,让人兴奋不已。我下定决心,要努力学习,掌握最前沿的知识和技能,不负宝贵的青春时光。

机电一体化技术专业的学习内容非常丰富,所面向的岗位也非常多,如果没有明确的方向,就很难抓住重点,很难在知识和技术上实现突破。一次偶然的机会,我参加活动时看到了实训区的一台咖啡冲调机器人,取料、冲调、装杯……机器人顺滑的动作深深吸引了我。经过一年的学习,我认识到工业机器人是制造业升级的关键装备,最有发展前景,学成后将大有用武之地。同时,工业机器人技术也是学校与多家企业深度合作共建的重点项目,有订单培养等多种形式,是大家都想选择的"香饽饽"。可是,选修工业机器人技术方向需要扎实的专业技能、优异的创新素养和出色的大赛成绩。对于刚刚入学的我来说，必须加倍努力，才能有机会。

在学习专业课时，难题出现了。我总感觉自己对所学的知识只是一知半解，看似很简单就能学会，但一用就出问题。在实训时，我向老师请教。老师给了我3个方法——要带着问题学、对照标准学、结合实践学，并组织了一次经验交流会。在之后的学习和实训中，我自觉学习设计标准、主动查找问题，利用学校实训设备加练技术。经过努力，我攻克了CAD制图软件、PLC编程软件、单片机编程软件等多个难关，操作技能快速提升，成功被工业机器人技术方向录选，还加入了学校工业机器人社团，并迅速成了社团的骨干，后来还有了"技能小匠"的绰号。

"朝抵抗力最大的路径走"，这是我上思政课时听到的印象最深的一句话。人生就是要不断地登攀，只有勇于面对挑战，善于应对困难，才能遇到最好的自己。在我的老师中，有"全国技术能手"、有"燕赵工匠"、有行业名家，很多都是从一次次大赛中历练出来的，我很崇拜他们。在他们的指导下，我也开始了我的大赛成长之路。在2016年，我刚刚加入工业机器人社团不久，就报名参加了学校机器人安装与调试大赛，获了三等奖。我很不甘心，自己多次复盘，发现了弱项，苦练一年后，我再次参加比赛，勇夺一等奖。这次比赛，也给我打开了技能比武的大门。2018年，我主动请缨，成功获得了代表学校参加全国技能大赛的机会。在两个月的备赛时间中，我们每天集训时间不少于5小时，每次都到深夜才回到宿舍。其间，我还提出了"为自己出题"的训练方式，设计上百个问题，不断查找弱项，千百次的训练成功掌握出色的PLC编程技术。最终，我在中国技能大赛——全国智能制造应用技术技能大赛中脱颖而出，获全国一等奖。

> **职业指南·家长选读**
>
> **性格探索**
>
> 大学时期是学生人生发展的"拔节孕穗期"，"扣好人生的第一粒扣子"至关重要。拥有积极乐观的人生态度有助于青年学生走好人生路。面对学习压力时，积极探索，主动争取，得到老师和同学的支持，顺利找到专业发展方向。面对困难与挑战时向榜样学习，敢于挑战自己，积极参加技能竞赛，不怕苦、不怕累，肯自我加压，不断砥砺奋进，最终成就出彩的青春。如果孩子能够积极且坚定地在青春的赛道上奋力奔跑，一定会在努力中遇到更好的自己。

我所在的学校是国家骨干高职院校，与多家地方优质企业有深度合作，校企合作"双导师制"特色鲜明。在学习期间，我多次参加实习实训，亲身接触了一线岗位，在企业导师的指导下，对不同工种的工作流程有了清晰的认知，对自己的未来岗位有了自信和期待。因为表现优异，学校推荐我到中车唐山公司进行顶岗实习。在公司中，我接触到了更加先进的技术，了解了高铁的加工与制造，圆满完成了实习任务。2019年5月，我通过了中车唐山机车车辆有限公司的招聘，被顺利录取，成了一名国企大厂的操作工。

工作时期

人生最幸福的事，就是做自己喜欢的事业。以技术立身的我进入了中车唐山公司，就像鱼入大海，在更广阔的空间里畅游。在公司的岁月中，我仍是那个追光的少年，不懈怠、不停步、不满足，坚持干中学、学中干，打磨出一代代新型列车，见证了中国轨道交通装备业的快速发展，更将自己"打磨"成一位成色十足的"金蓝领"，在努力追梦中最终梦想成真。

  目前，我们所看到的高铁基本为铝合金材质，每节车厢都分为底架、侧墙、车顶、外端墙、内端墙等多个部件。车厢的制造需要从底架开始，一个部件一个部件焊接上去。通常来说，一辆车厢的焊缝总长度达 2.5 千米左右，需要打磨的边角多达 1000 个。铝合金材质对焊接和加工的缺陷很敏感，如果有一处焊缝儿没有打磨平整，就会增加应力，影响车辆安全。入职后，我的岗位就是用打磨机器人打磨焊缝儿。我深知每一次操作都是对高铁安全的保障，只有不断学习，掌握先进的操作技术，才能胜任这来之不易的工作岗位。

  我刚进公司时，高铁侧墙焊缝打磨机器人刚刚投入智能打磨车间，正等待着进一步测试和技术升级。谁能最先掌握先进技术，和打磨机器人"交朋友"，谁就能够为公司做更多贡献。对于打磨机器人这个"新朋友"，大家都很陌生，既不了解操作指令，也没学过编程，和我一同入职的很多同事犯了难。面对这些问题，我拿出了大赛备赛的那股倔劲儿，开始了新一轮的学习。白天在车间跟着同事们学习，晚上下了班就"开小灶"督导自己查专业书籍。随着笔记本上被一条条"难啃"的指令记得密密麻麻，我很快就和打磨机器人"混熟了"。

  如果把高铁焊缝打磨机器人比作一个人，那激光模板基准就相当于眼睛。然而激光扫描仪模板 3 个位置的几十组数据都是实时计算、实时存储，还要将这些数据调试到要求的 0.001 毫米精度，一旦超过范围打磨就会跑偏，并且还需要把激光的坐标系数据转换为机器人的坐标系数据。我们面临的挑战前所未有。为了破解这个难题，公司成立了攻坚团队，我和同事们几乎吃住都在厂区，针对 12 类不同模板、几百组不同数据，进行了 2500 多次实验，收集了 1.2 万多个数据。经过反复试验，最终我们将 4 条焊缝的打磨误差控制在行业标准的 0.2 毫米以内，成就了国内首台高精度的高铁侧墙焊缝打磨机器人，团队也成为我国高速动车组侧墙焊缝打磨领域的领军者。我的表现很快就被张雪松老师看中，在公司"导师带徒"大会上收我为徒，全心传授我知识和经验，引导我掌握最前沿的科技。有了导师的悉心指导，我在机器人技能操作方面的能力得到质的提升，先后学成了虚拟仿真和数字孪生技术等，在同龄人中脱颖而出。

  在完成高铁侧墙焊缝打磨优化后，其他类型的车体仍然需要手动打磨，费时费力，严重影响了工作效率。面对这个问题，我决心拓宽机器人应用范围，提出了用机器人打磨地铁侧墙的设想。当时，公司使用的侧墙焊缝自动打磨设备的工装及各项参数，都是厂家根据"复兴号"侧墙焊缝量身定制的，不适用于地铁上，且高铁与地铁的侧墙弧度不同，高铁焊缝是一条半圆弧状的，地铁焊缝是一条扁平状的，需要重新建立激光模板基准。为了解决这两个难题，我和同事们通过修改工装、调整激光模板、调试机器人程序，进行了大量试验，终于成功将侧墙焊缝自动化打磨设备应用到地铁铝合金车体侧墙焊缝打磨工序上，实现了设备应用的新突破。

2022年，动车组生产遇到了技术难题，正在运行的水切割设备突然报警并停止运转。我快速到达现场，很快发现是伺服电机电池亏电的问题。由于设备是从国外进口，正常维修需要购买原装电池，至少需要10天才能解决，严重影响了生产链，我们等不起。既然外国人能维修，我们也一定能做到。我向公司请战，带领同事开展新的技术攻关，查阅大量资料，拆倒元器件，配置设备参数……经过反复试验，终于让水切割设备重新运行，保证了企业的生产。入职近5年来，我已经在生产中攻克了20余项技术难题，申报授权专利3项，发表了《试论大数据时代的人工智能范式》等10篇论文，6项成果获得中车唐山公司创新成果奖，其中《解决搅拌摩擦焊毛刺需人工去除的难题》技术创新提高工序生产效率25%，为公司创造价值300余万元。

全国职工职业技能大赛是国家一类技能比赛中规模最大的比赛，被称为技术工人的"全运会"。在技能大赛舞台上展现风采是每一个技术工人的梦想。在入职不久，公司组建大赛团队，我成为重点培养对象。2020年11月，我在第三届"唐山工匠"职业技能大赛中斩获桂冠，同年12月在河北省职工职业技能大赛维修电工赛项中获团体一等奖，同时我获得"河北省技术能手"和"河北省五一劳动奖章"荣誉称号。2021年10月，经过两次选拔赛和省赛的激烈角逐，我们团队成功代表河北省赴成都参加第七届全国职工职业技能大赛。比赛选用了我们并不擅长的数控机器人平台，我们没有该类数控机器人的操作经验，备赛出现新挑战。我立即苦学数控机器人的相关知识，成功克服了机器人跨平台编程的困难，在工业机器人操作调整工赛项中获奖，我也被授予"全国技术能手"荣誉称号。

在公司开展技能比赛时，我多次受邀做技术指导，指导青年同事备赛，和盘托出自己的绝招，用我的大赛经验和创新经历为青年同事提供帮助。2022年，在张雪松老师的支持下，我在公司开展"青年团员技能分享讲习会"，全程讲解"ABB机器人操作与维护"专业技能课程，授课达47课时，270人受益，带领青年同事共同成长，开创了公司特色培训的先河。

我受益于职业教育，对学校感情深厚。毕业后，我也常利用休假时间回到母校唐山工业职业技术学院，与老师共同研发项目，将自己的工作经验分享给青年学子，以自己"苦练技能 筑梦未来"的成长故事激励青年，让他们尽快明确方向，掌握技能。2023年，我被学院聘为"企业导

职业指南·家长选读

职业上升路径

在职场上，我们一定会面对很多问题和困难。困难是挑战，也是机会，解决了困难也就赢得了机会。五年中，李子禹从新入职的青年快速成长为行业的骨干，由一名技能小将蝶变为大国工匠，是他主动抓机遇，奋力破难题的努力使然。职业的成长需要青年保持工作的热情和旺盛的求知欲，努力尝试，敢于创新，发奋钻研，以精益求精的工匠精神对待每一个工作岗位、每一项工作任务。

职业指南·家长选读

价值观探索

只有进行了激情奋斗的青春，只有进行了顽强拼搏的青春，只有为人民做出了奉献的青春，才会留下充实、温暖、持久、无悔的青春回忆。人生的价值在于奉献。心中有大爱，才有更加丰足的前行力量。青年应该发挥所长，用自己的技能和特长奉献社会。

师"，手牵手指导进公司顶岗实习的学弟学妹，开启了新的传承。

我因为喜爱而选择，因为选择而努力，也因为努力而成长。我自豪于我的事业，我也坚信付出才能无悔。回望我的成长路，我受益于职业教育，受益于一位又一位技能优异的工匠型教师的指导，受益于一次次新技术的挑战。展望未来的职业发展之路，面对新一轮科技革命和产业变革重大机遇，我已锚定数字经济和实体产业深度融合的目标，与青年朋友们一起开始了新的探索，以青春力量助推数字中国、制造强国和交通强国建设。

看看自己有哪些能力潜质，对照核心能力模型，这样你的未来之路就更有针对性。

核心能力模型

项目	要求
学科能力	数学、物理、信息技术等
基础能力	理解能力、推理判断能力、分析与综合能力、创新能力、自我认知能力、心理承受能力、科学探究能力
社会能力	组织协调能力、团队协作能力、适应能力、表达能力、社会责任感

工作后需要的职业类证书

电工特种作业操作、中级维修电工、高级维修电工、轨道交通电气设备装调工、加工中心操作工等。

进修学习路径

专升本，进修学习专业：电气工程及自动化、机电一体化工程、供用电技术、电气技术等。

主要就业方向

进入铁路局、地铁公司、制造型企业等，从事电气装配工、加工中心操作工、工业机器人系统操作员、电气维修工程师、实验测试员、售后服务员、质量工程师、售后服务工程师、设备工程师、电气工艺工程师等工作。

主要专业能力

（1）具有熟练使用常用电工工具和仪器仪表的能力。

（2）具有对常用电子元器件进行识别与检测的能力。

（3）具有电子电路装配和调试的能力。

（4）具有识读和绘制各类电气原理与电气线路图、机械结构图的能力。

（5）具有低压电气电路的设计与分析的能力。

（6）具有低压电气电路的安装、调试与排故的能力。

（7）具有PLC硬件装配和软件编程的能力。

（8）具有PLC控制系统的安装、调试与故障检修的能力。

（9）具有设计和操作交流变频调速的多段速控制、交流变频的无级调速等自动调速系统控制的能力。

（10）具有利用传感器对简单的变频器控制、步进电机控制以及伺服控制、多轴运动等各类运动控制系统进行设计、程序开发以及调试的能力。

（11）具有选择和配置合适的工业网络，能够使用主流的组态软件或触摸屏组态控制系统人机界面的能力。

（12）能进行工厂电力负荷和短路计算，具有选择并使用合适的供电线路导线和电缆的能力。

（13）具有机电一体化技术专业必需的信息技术应用和维护的能力，掌握常用文献检索工具。

（14）具有撰写符合规范要求的技术报告、项目报告等本专业领域技术文档的能力。

（15）具有自动化领域数字技术应用的能力。

撰稿人：崔晨秋　李子禹

刘 鹏

职　　业：中国铁路南昌局集团有限公司南昌车辆段南昌西动车组运用二所动车组机械师
职　　称：助理工程师
毕业学校、专业：湖南铁道职业技术学院、电气化铁道技术（维修）专业（现为铁道机车车辆制造与维护）
从业时间：9 年

凭着满腔拼搏的干劲，

人生如同"开挂"一般，

让我与向往的动车事业成功"牵手"，

这是坚持和热爱带给我的最佳回馈。

一心做动车的"守护神"

我叫刘鹏，毕业于湖南铁道职业技术学院，是一名"90后"动车组机械师。每一列动车的平稳安全运行都关系到千万旅客的生命，300千米的运行时速，容不得动车人的半点马虎和懈怠。我的工作就是精心检修，夜复一夜地守护动车的安全。

作为离动车高新技术最近的人，我们经常被称作竞技"高手"、技术"大拿"、动车"守护神"，工作以来我先后获得了"全国铁路系统火车头奖奖章""全国铁路技术能手""全国铁路青年岗位能手""全国铁路优秀共青团员""全国铁道团委尼红奖章""2018年全路新长征突击手""江西省青年五四奖章""江西省青年岗位能手""江西省技术能手"、2016年全国铁路动车组机械师职业技能竞赛全能冠军、南昌铁路局"十大平凡之星"、南昌铁路局"技术精英"等荣誉。择一业精一事终一生，岗位上"真爱"无处不在，我很庆幸自己很快就找到了"真爱"。在我心中，动车就像是我的"爱人"，我会一直努力做好她的"守护神"。

高中时期

高中时期，我的成绩下滑，后在他人推荐下，凭借数理化基础报考了湖南铁道职业技术学院（后简称湖南铁道）的铁道机车车辆制造与维护专业，为未来从事动车检修职业奠定了基础。

我从小学习成绩还不错，初中时一直保持年级前三名，最喜欢的科目是数理化，初三那年如愿考上了重点高中。高中时的我变得很迷茫，一方面因为到了新环境，适应能力不强，学习感觉有些吃力；另一方面还有青春期躁动的原因，没能静下心来好好学习。当时我的数理化成绩还可以，但是英语严重偏科，成绩开始下滑。就在我感到彷徨，不知道未来何去何从的时候，熟人向我推荐了湖南铁道，说这所学校就业率非常高，就业后的发展非常好，加上我的数理化基础比较好，自己也有学好专业知识的信心。于是，我报名参加了湖南铁道的单招考试，所选专业是当时最热门的电气化铁道技术（检修）专业，这也为我今后从事动车检修方面的工作打下了坚实的基础。

> **职业指南·家长选读**
>
> **铁道机车车辆制造与维护专业需要的知识结构**
>
> 1. 理工科。数理化基础好的话，更容易上手，对数学、物理要求较高。
> 2. 语文能力也很重要，在工作岗位上，除了专业技能，写作能力和理解能力也是必备技能。

高职时期

进入大学后，要对未来职业有所思考和规划，扎实学好专业知识，才更容易被机会眷顾，找到理想的工作，并在工作岗位上有所作为。

进入大学的我，一开始也很放松甚至有些懒散。记得在一次模拟电子课上，老师突然叫起正在打瞌睡的我，"这名清秀的小伙子，是不是昨晚预习我的课程太晚了，没有睡好呀……"老师没有责备，反而是善意的调侃和夸奖，那一刻我感到既惊喜又羞愧。惊喜的是老师竟然没批评而是夸奖，给了我莫大的温暖；羞愧的是同学们的起哄，让我有些无地自容。也是从那堂课起，我觉得自己不能再这样"堕落"下去，大学应该要好好做些什么了。

从那以后，我开始上课认真听讲做笔记、遇到难题主动请教老师、提前预习课程……有付出就有收获。模拟电子课程考试，我获得了满意的成绩，自信心也因此倍增。到了大二，所有实训项目的考试我都名列前茅，2013年上半年，我在轨道系科技创新协会第三届11级技能比武大赛中小试牛刀，荣获了第二名。

那时候我在实训室编程、调试和验证，常常一待就是一两个星期，吃住都在实训室。我一直坚持这样的想法：一件事，要么不做，要做就做到极致。就算是按照电路图简单接个线，也会要求自己不仅要正确，而且要美观。我的这份认真和专注也得到

> **职业指南·家长选读**
>
> **价值观探索**
>
> 教育最根本的目的是让孩子成长。每个人内在都有一套落地生根、开枝散叶、开花结果的程序，成长就是努力成为更好的自己。在大学，孩子要意识到学习的重要，要努力、专注、目标明确，这样就能在收获优异成绩的同时增强自信。孩子对专业要热爱，潜心于专业理论知识的学习和实践技能的训练。同时，在大学期间，孩子要参加社团、协会活动，锻炼人际交往、沟通协调、团队协作等能力，提升自己的综合能力。这样，孩子不仅毕业就能找到理想的工作，而且还能很快"上手"，在工作岗位上有所作为。

了老师们的认可和肯定。我的专业指导老师段树华教授，曾经这样评价我："专业基础扎实，心态好，平稳，不浮躁。"

正是由于骨子里的拼劲和激发出来的斗志，再加上对电路图极度热爱的兴趣驱使，不仅让我在学校打下了扎实的理论基础，同时也为我埋下了自信的种子，并且不断生根发芽。

大学期间，一定要对未来职业规划有所思考。一方面，要去挖掘自己的兴趣和优势，关注想要从事的领域的相关信息，比如专业要求、上班制度、工作强度等，一旦明确了目标和方向，就用心把专业学好，学校的专业课程设置一般都和所从事的工作内容匹配度相当高，专业基础扎实对以后的工作很有帮助。另一方面，多参加学校社团、协会等组织活动，锻炼自己的综合能力，工作检验的不仅是你的专业能力，综合素养也至关重要。

工作时期

工作时，我有一本破旧的笔记本，里面做了各种标记和图形。有同事开玩笑说，不知道的还以为是"武功秘籍"，但这其实是本"病历本"，上面记载了各种动车故障案例，还有我自己平时所学及整理的处理方法。另外我知道，暂时的成功不是终点，我还年轻，不努力的话，永远不知道自己原来还可以做到那么多以前想都不敢想的事情。

（一）初入职场

2014年，我从湖南铁道毕业，顺利进入了中国铁路南昌局集团有限公司南昌车辆段南昌西动车组运用所工作。

因为对动车事业的热爱，刚入职场的我就像打了鸡血一样，不管是在夜校课堂上，还是跟班作业时，遇到不懂的，就一定要打破砂锅问到底，跟老师、工长掰扯透才肯罢休。为了弄懂检修工艺复杂的技术，我做了近300张的动车知识卡片，每天带10张放在口袋里，得空就拿出来看。后来，小卡片上面不是沾满了油污，就是被汗水浸得皱皱巴巴，很快我就能够准确背出卡片上的全部内容。

实习结束后，我被分配到上部组，大到处理受电弓、重联解编故障，小到一个水龙头的更换，每一个环节每一道工序我都认真参与。除了完成这些任务，我也会学着去分析故障，思考怎么样在最短的时间内，用最合适的方法把问题处理好。下部组作业时，我也会请师傅带着我去看，就算只做些递递工具的活，我都非常愿意……有时碰上走行部的重点故障，我会一直看着他们处理，直到全部完成才离开。久而久之，全车的作业流程都被我"偷学"齐了。

因为爱钻研能吃苦，刚从见习生转为动车组机械师时，我便被任命为上部组组长。在担任组长期间，我得到了很大的锻炼，不仅能很好地把控每组动车组的作业进度，在遇到雨刮器故障、重联解编故障等棘手的故障时，也能够及时准确地进行处理；当出现脏活、累活等大部分人有迟疑的故障时，我会主动站出来，也因此得到了同事们的认可，他们还给我取了一个外号叫"疑难杂症克星"。

> **职业指南·家长选读**
>
> **性格探索**
>
> 性格决定命运，细节决定成败，注重对孩子专注力的培养和动手能力的提升，对孩子而言是受益终身的。

（二）冠军之路

2015年，参加工作刚满一年，我被推荐参加段技能比武，并取得了全能第二的好成绩。在被推荐参加当年8月的第十一届"振兴杯"全国青年职业技能大赛南昌铁路局动车组机械师比赛时，因为实践经验不够丰富，我只取得了第四名。在接下来的日子里，我开始了废寝忘食的学习，晚上看书容易打瞌睡，我就喝浓茶提神，早晨睡熟了起不来，我就放一盆水在床边，闹钟一响就用冷水扑面。在我的宿舍里，书桌上、枕头边到处都是业务书籍、"卡片"和"病例"。

在我看来，好的机械师不但要会干，更要会总结。在苏贤达动车教练组担任集训队老师时，我把自己的经验和绝招毫无保留地分享给大家。业余时间，当大家都在闲聊时，我会在班组计算机里浏览近期的各种动车故障案例和处理方法，然后跟大家分享，看故障案例应该像做题一样，每次看完故障案例都不要急着看处理方法，而要先思考，遇上此类故障自己会怎么处理，再进行对比，这样才能更好地掌握。

2016年，在给新同事讲图纸的时候，我所总结的"单车检查七字诀"获得了好评并被推广，同时我也被领导相中进入了车间集训队，开始魔鬼式训练，备战7月份的第十二届"振兴杯"全国青年职业技能大赛南昌铁路局动车组机械师比赛。在精英云集的集训队，我对照图纸分析，请教老师难点问题。即使很努力了，但是在第一轮的选拔中，我还是差点被淘汰，这让我感受到了前所未有的压力。于是我把每次去食堂吃饭的时间节约下来，让同事帮我带饭，自己针对每次训练时容易出错的问题进行总结，一个人留在检修库反复练习。有时一天下来，要摸上百遍的防松铁丝。为了找手感、提速度，我通常都不戴手套，铁丝划破了手指，就缠上创可贴，继续训练。功夫不负有心人，我最终以优异的成绩在那次比赛中获得了冠军。

后来，我直接晋级到了南昌铁路局集训队，准备参加全国铁道行业动车组机械师比赛。南昌8、9月份的天气很热，检修库就像是一个蒸炉，每次从车底钻出来，浑身都是脏兮兮湿透的。也正是经过坚持不懈的苦练，我现在闭上眼睛，在脑海里都可以对动车组成千上万的零部件精准走一遍检查流程。连我的教练都觉得不可思议，"这小子对动车组下部的零部件已经熟悉到如此地步。"当年10月底，18个铁路局共同参与的铁路总公司动车组机械师比赛在昆明举行。我以最优异的成绩，一举摘下CRH380A统型动车组个人全能第一名，并在全国5种动车组车型的总排名中位居全能第一名，创造了南昌铁路局的历史最好成绩。

接下来，在2017年、2018年，我连续两年担任教练，带领队员在"振兴杯"全国青年职业技能大赛南昌铁路局动车组机械师比赛中取得了个人全能第一的好成绩。2020年，第六届全国铁道行业职业技能大赛动车组机械师决赛，由我牵头教练组，负责南昌局集团集训队的训练工作，在上级领导的精心部署和所有教练选手的共同努力下，南昌局拿下了个人总排名全能第一名（全国技术能手）、个人全能第九名（全国铁路技术能手）、团体第二的好成绩。

成绩都是过去的，回到岗位，我还是和原来一样扎根现场。我学习的所有业务技能都是要为动车事业服务，只有把自身所学全部应用到为解决动车难题服务，才能体现自身的价值；同时，作为动车"匠心技能大师工作室"的一级大师，我也把自己的业务知识传递给身边更多的同事，实现传、帮、带的作用。

作为守护动车的"大夫"，我深知肩上的责任，虽然如今提了干，身份有了转变，但作为一名铁道的青年职工，如何在全面推进强国建设民族复兴伟业中奋勇担当，是我们所有青年人需要不断去思考，去实践的……

职业指南·家长选读

职业上升路径

当孩子步入职场，热爱将成为敲门砖，而刻苦努力、潜心钻研，方是面对挑战取得成功的制胜法宝。尤为重要的是，在取得了一定的成绩后，不骄不躁、保持努力，才能走得更远，飞得更高。

看看自己有哪些能力潜质，对照核心能力模型，这样你的未来之路就更有针对性。

核心能力模型

项目	要求
学科能力	数学、物理等
基础能力	语言表达能力、数学逻辑能力、信息资料收集能力、逆向思维能力、观察总结能力
社会能力	较强的自律能力和执行能力、自我认知能力、人际交往能力、团队协作能力

工作后需要的职业类证书

轨道交通电气设备装调、轨道交通装备无损检测、轨道交通车辆机械维护、轨道交通车辆检修、轨道交通电气设备装调等。

进修学习路径

专升本，进修学习专业：轨道交通车辆工程技术、轨道机车智能与运用技术、轨道交通电气与控制、车辆工程、交通设备与控制工程。

主要就业方向

面向轨道交通装备制造行业领域的铁路机车制修工、铁路车辆制修工、铁路机车车辆制动钳工、铁道车辆工程技术人员等职业，铁道机车车辆的装配、调试、维护、检修等岗位（群）。

主要专业能力

（1）具有机械与电气图纸识图、绘制的能力。

（2）掌握钳工、电工电子、电气控制、电力电子、自动检测等技术的基本操作技能。

（3）具有对铁道机车车辆车体与走行部、受电弓、主断路器、牵引电机、主变压器、交流器等部件进行装配、检测与调整的能力。

（4）具有对铁道机车车辆空气管路与制动设备进行装配、检测与调试的能力。

（5）能够按照总成工艺流程、工艺要求对铁道机车车辆进行装配。

（6）能够按照调试流程、调试方法对铁道机车车辆整车进行调试。

（7）具有数字技术的应用能力，以及开展绿色生产、作业安全防护、作业质量管理的能力。

（8）具有探究学习、终身学习和可持续发展的能力。

撰稿人：王小庆　徐　敏　朱华玉　刘　鹏

申灏文

职　　业：清华大学"猛狮"无人驾驶实验室无人机总体设计师
毕业学校、专业：四川西南航空职业学院、无人机应用技术专业
从业时间：3 年

从职业院校到清华大学，

从一名专科学生到科研实验室研究员，

我实现了一次人生的华丽转变。

这也让我相信，

心怀热爱，一切皆有可能！

我在清华大学无人驾驶实验室设计无人机

  我叫申灏文，我在清华大学"猛狮"无人驾驶实验室设计无人机。正如大家所知，我就职于一个高度技术驱动的新兴科技行业。科技高速迭代，创新力不断推动产品发展，广阔的市场发展空间带来机遇的同时，也带来了更极致的要求和更大的挑战，而我们的工作就是设计出最前沿的无人机产品。

  我热爱我的工作，并在工作中不断挑战自己。到目前为止，我参与研发了清华大学"猛狮"第二代、第三代飞行汽车，摆线转子 cyclocopter 多模态平台，100kg 级大型系留无人机方舱等项目。申请发明专利三项：一种陆空两栖飞行汽车的自主驾驶系统、一种具备形态智能的载人飞行汽车、一种自动折叠的陆空两栖多模态运载平台。

  从一名普通的专科学生，到国内顶尖学府清华大学的实验室科研人员，我完成了一次梦幻般的转变。我并非天生成绩优越，但我从未放弃我所热爱的学科和少年时代的梦想。所以我的经历是一段梦想照进现实的过程，也是半份执着的人生答卷。

高中时期

在高中的时候，我最喜欢的科目就是物理和数学，我对自己人生的规划就是能做自己喜欢的事情，并且能够成为这个领域的"状元"。

我就读于河南林州一所高中，它是我们当地的重点高中，我的成绩位于全年级的中上水平。文理分科的时候，我分析自己的兴趣和学习成绩后，最终选择了理科班，因为我一直以来就对数学和物理感兴趣，而且我很喜欢动手操作，总是想自己去做一些东西出来。

我从小喜欢看星星，看飞翔的鸟儿。我一直很好奇：鸟儿眼中的世界是什么样子的？从另一个视角看地球是什么样子的？我记得每次过生日许愿的时候，我都会许愿父亲能够送我一架遥控飞机。在我第三次生日许愿后，我真的得到了一架遥控飞机，拿到这架遥控飞机的时候，我迫不及待地将母亲的手机绑在飞机上，希望它能实现我从更高视角看东西的想法。但非常可惜，由于那架遥控飞机没有那么大的承重，所以它并没有飞起来。当时，在我心中萌生了一个想法，我自己能不能做一架带有摄像机的飞机？当时的我并不知道，无人机早已可以实现我的这个愿望。

在高中的时候，通过查阅资料我了解了无人机，开始梦想着有一天自己能够从事与其相关的工作。在了解到无人机专业需要良好的物理、数学等学科基础，所以我在平时的学习中也花费了大量的时间和精力在这些学科上，这也为我后来学习有关无人机的专业知识打下了坚实的基础。例如，高中物理涵盖了力学、电学、光学等多个方面，在无人机飞行控制系统中，力学原理被用来设计和调整无人机的飞行姿态和稳定性，电学知识可以帮助我们了解无人机的电机、电池以及电子控制系统的工作原理。同样，数学也是无人机设计中的关键学科，数学中的向量分析、概率统计等知识在无人机设计中也有着广泛的应用。

对于高中时期的我们来说，我认为找到自己的兴趣非常重要。我一直都明白，每个人的天赋和兴趣点都不同，成绩并不是衡量一个人价值的唯一标准。因此，我没有对自己的成绩感到焦虑或失望。相反，我更加注重挖掘自己的兴趣和优势，尝试探索自己真正热爱的事情，并努力让梦想照进现实，将热爱进行到底。因此，在高考填志愿的时候，我就重点关注了开设无人机应用技术专业的职业院校，并最终选择了四川西南航空职业学院无人机应用技术专业。

职业指南·家长选读

无人机应用技术专业所需要的知识结构

1. 理工科。对数理基础要求较高。孩子需要具备扎实的数学、物理基础，以及较强的逻辑思维和问题解决能力。
2. 兴趣驱动。孩子要喜欢并擅长拆装物件，对机械结构有浓厚兴趣；要逻辑思维强，对物理、数学有兴趣，善于逻辑分析和问题解决。

高职时期

设计无人机一直是我的梦想,能够学习自己感兴趣的东西对我来说是一件非常快乐的事。于我而言,热爱从来都是一场脚踏实地的修行。

无人机应用技术属于新兴技术,属高新前沿科技产业。我进入四川西南航空职业学院是我坚定的选择,因为对无人机的喜爱,学校里的一切事情对我来说都是很有意义的。我们专业当时是学校的新专业,规模不算很大,而且专业里主要是男生,老师对我们的管理就很"粗放"。我们专业当时一共有93人,毕业时全部对口就业,从事的都是无人机相关的行业。所以我常常在想,是不是无人机有一种魔力,会让接触到它的人都爱上它,不管是最初就很喜欢无人机的同学,还是误打误撞闯入这个专业的同学,大家最后都选择了它。

在学校里,我学习非常刻苦认真,每门课的成绩都是名列前茅。四川西南航空职业学院对无人机的课程设置很专业,学习内容也很丰富,我们会学"无人机飞行原理""无人机结构与系统",也学"无人机装配与维修、应急救援"等实操类课程,每一门课程都是我很感兴趣的。通过系统学习和实践操作,我深入了解了无人机的基本原理、构造、飞行控制、任务规划等方面的专业知识。这些知识不仅帮助我建立了扎实的理论基础,还培养了我解决实际问题的能力。

在学校学习期间,我最喜欢的就是"飞行原理"这门课程。当时,给我们上课的是原空军第二飞行学院的张义光老师,为了让我们能够更好地理解理论知识,以及直观地感受到飞行器姿态的变化,张老师每次上课都会带着飞机模型给我们进行详细分析。记得有一次,张老师首先是给我们演示正常的飞行,大家都以为是正常的模型演示,并没有很大的感受。但下一步,张老师的操作属实给我留下了难忘的印象,只见他把六旋翼无人机的一个螺旋桨拆下,并且推油起飞,无人机瞬间自旋着飞到了天上,那一刻我深刻地理解了桨叶在无人机上的应用原理,也激发了我继续专业领域学习、探索的热情。

因为无人机的实操性很强,我们学院当时实行的也是校企合作的模式,我们在学院专业老师和企业实践教师的指导下进行实操培训,深入企业一线,熟悉相应岗位的实际操作标准和要求,提升职业岗位技能,

---

职业指南·家长选读

性格探索

无人机应用技术专业,是一个深刻体现工匠精神的职业领域。它要求孩子不仅拥有对技术的浓厚兴趣,更要具备钻研精神,追求每一项操作的极致与完美。入门之初,便需从最基础的技能训练入手,通过反复实践,让每一个动作成为肌肉记忆。这一过程虽充满挑战与艰辛,却也是通往卓越的必经之路。孩子需怀揣对技术的热爱与对成功的渴望,勇于面对困难,不怕吃苦,脚踏实地;具有高度的责任心、细心与耐心,用心琢磨每一个细节;还要有遇事沉着冷静及灵活应对突发状况的应变能力。

达到学做合一。因为对自己的职业规划有很清晰的认识，我希望以后能够从事相关的科研研究，所以我就把我的学习重心放在了考证和参加比赛上，我考取了固定翼超视距驾驶员执照、直升机超视距驾驶员执照，也积极参加了国家级、省级、校级的各类比赛。通过比赛，我在无人机操作、航电设计等方面的技能得到了提升。这些经历也让我意识到了创新的重要性，帮助我在未来的工作中不断提出新的想法和方案。

工作时期

我很享受现在的工作，它让我获得了极大的成就感，看到自己的设计能够生产出来，我非常自豪。

能够来到清华大学"猛狮"无人驾驶实验室设计无人机，这很出乎我的意料，我从未想过自己会有这样的机会。当时，我很偶然地看到了清华大学"猛狮"无人驾驶实验室的招聘信息，就抱着试一试的心态投递了简历，没想到就像做梦一般成功进入面试了。面试的过程中，面试官对我自己提出的一些设计作品很感兴趣，例如我大学时提出的"智慧方舱——无人机远程应急系统"这个设想，虽然受限于技术、经验、资源等条件没有"落地"，但确实有很大的开发价值。通过这件事，也让我明白了：学历不应该是我们的标签，能力才是。只要我们拥有真正的实力，就一定会闪闪发光的。

我最开始的工作主要是无人机装配与调试试飞，这也是和我自己专业对口的工作，就上手很快。但在清华大学实验室，我也发现自己需要学习和提升的地方还有很多，让我感受最深的就是周边的同事都非常厉害，那些我需要用一周才能学会的技能，他们基本上很快就能搞定，这一度让我压力倍增。于是，我就开始从基础的无人机系统学起，比别人花费更多的时间和精力让自己能够跟上节奏。那段日子，我经常与凌晨安静的夜空为伴。就这样，我渐渐熟悉了实验室的全部流程，这也为我在后续做无人机总体设计师的工作打下了坚实的基础。

在后面与团队中做无人机开发的同事的接触中，我从小立志要设计飞行器的那颗梦想的种子又被点燃了，于是，我便向他们请教，并积极参与设计讨论。因此，我逐渐掌握了无人机设计的基本原理和关键技

职业指南·家长选读

职业上升路径

从初入职场的新人逐步成长为技术领域的领头人，这一过程不仅是技能与经验的积累，更是思维模式与问题解决能力的飞跃。在职业的发展道路上，可有以下几种路径。

完成基础学习和培训后，成为初级无人机驾驶员，参与无人机的基本飞行和操作任务；通过不断学习和实践，提升飞行技能和专业知识，晋升为高级驾驶员或飞控师，负责更复杂的、高级的飞行任务。

无人机的维护和保养工作，成为检修师或维护工程师，确保无人机的良好运行状态；具备较强技术能力和创新精神的从业者，可以从事无人机的研发和设计工作，参与无人机的改进和新产品开发。

无人机实操教练员或专业教师，为更多人传授无人机技术，推动行业的规范化发展；在技术和管理方面都有出色表现的从业者，可以晋升为技术管理层或项目负责人，负责团队的整体运营和管理。

术，并开始从事相关的工作。在这个过程中，我除了向同事请教学习和大量练习外，我还通过不断的自主学习和研究来提升自己的专业能力。通过阅读无人机领域的专业书籍和学术论文，了解最新的技术进展和趋势，关注行业内的知名企业和专家，了解他们的最新产品和技术创新……这些都让我的专业水平不断提升，日积月累，我逐渐形成了自己在无人机设计领域的专业见解和技能。

在团队中，我也经常参与无人机设计相关的讨论和分享活动。我积极向同事们分享自己在无人机设计方面的经验和技巧，通过与同事的互动和讨论，我不仅帮助了他人，也进一步巩固了自己的专业知识。而且我是一个喜欢钻研的人，每当有同事在无人机设计方面遇到问题时，我会努力通过各种方法去找到解决问题的办法。通过提供技术支持和建议，我也帮助同事们解决了许多技术难题，并得到了他们的认可和感谢。

于我而言，选择职业院校相当于拥有了一把打开技术大门的钥匙。技术之路往往是学无止境的，我们只有不断挑战自我、超越自我，才能在务实求真中成长为大师。对我来说，热爱是第一驱动力。我热爱我的工作，享受在无人机应用领域的每一次挑战和成长，能够将兴趣变成职业，并且能够在这个领域中做出贡献，我感到满足和自豪。我相信只要继续保持热情和不断学习的态度，就可以在无人机应用领域取得更大的成就。

看看自己有哪些能力潜质，对照核心能力模型，这样你的未来之路就更有针对性。

核心能力模型

项目	要求
学科能力	物理、数学、信息技术等基础学科能力；编程、机械与电子工程等专业学科能力
基础能力	沟通能力、创新能力、实践能力
社会能力	组织协调能力、团队协作能力、学习能力

工作后需要的职业类证书

CAAC无人机执照、无人机驾驶员、无人机装调检修工、无人机测绘操控员。

进修学习路径

专升本，进修学习专业：无人机系统应用技术、飞行器维修工程技术、无人驾驶航空器系统工程、飞行器控制与信息工程。

主要就业方向

从事无人机操控与飞行、无人机维修与保养、无人机研发与设计、无人机教育与培训、无人机行业应用、无人机技术服务等工作。

主要专业能力

（1）具有无人机装配调试、飞行操控、系统调试、故障排除等的能力。

（2）具有依据法规进行无人机操控、航迹规划、作业飞行、应急处理等的能力。

（3）具有在模拟飞行软件上完成旋翼飞机和固定翼飞机的起飞降落、航线飞行等操作的能力，能够进行无人机动力、通信、导航、控制等功能模块的仿真。

（4）具有在植保、航拍、航测、巡检、物流等行业应用中进行任务作业和数据处理的能力。

（5）具有相关数字技术和信息技术的应用能力，具有绿色生产、安全防护、质量管理的相关意识。

（6）具有探究学习、终身学习和可持续发展的能力。

撰稿人：申灏文　陈国超　黄婉婷　赵小丽

刘泗磊

职　　业：重庆长安汽车股份有限公司汽车装调工，长安汽车特级技能大师，中国兵器装备集团技能带头人，刘泗磊国家级技能大师工作室领办人

职　　称：特级技师

毕业学校、专业：重庆电子科技职业大学、汽车制造与装配技术专业

从业时间：16 年

在工作中，我能够解决汽车各种疑难故障，

同时也将自己的专业知识和经验传授给更多的人，

身边的亲戚朋友及同事车辆有问题时第一时间就会想到我，

我虽然年龄不大，

但他们都会尊称我为"刘师傅"，

这让我很有成就感。

 我是解决汽车各种疑难故障的人

我叫刘泗磊，我的工作是解决在汽车生产过程中和汽车售卖之后出现的各种疑难故障。可以形象一点讲，在制造车间里我像一个保姆，保障一个个零件或总成（一系列零件或者产品，组成一个实现某个特定功能的整体）顺顺利利组合在一起，汽车从生产线下来后再对它各项健康指标逐一检测，确保交到客户手中的汽车是健健康康的，不存在任何质量问题；在汽车售出后我又像一名医生，当汽车出现故障、生病的时候我能及时准确地给予诊断、排除故障，恢复其健康。

我的工作场所有时在汽车制造车间，有时在全国各 4S 店，有时还在某个道路上。不管是在哪个地方，当一个个疑难故障被我排除时，当我见到生产现场平稳有序，抑或见到客户的微笑，获得客户的赞许时，我都会很有成就感。工作 16 年来，我先后获得汽车装

调工特级技师、长安汽车特级技能大师、"全国技术能手""首都劳动奖章"等荣誉，享受国务院政府特殊津贴、北京市政府技师特殊津贴，当选中国工会第十八次全国代表大会代表以及北京市工会十四大、十五大代表，并且我已成立自己的国家级技能大师工作室，还带出了不少优秀的"徒弟"。

我喜欢汽车，所以全力以赴，是勤奋、勇于探索、肯吃苦的劳动精神一直伴随着我一路成长。假如你也对汽车感兴趣，也许我的故事对你的成长能够有所启发。

高中时期

高中时期，我的成绩在班级里面算中等水平，文科成绩比较好，理科成绩一般，所以文理分科的时候选择了文科。那时候我对以后干什么没有什么打算，就是每天按部就班上课、学习。虽然对未来能做什么有些迷茫，但是我从来没有自己放弃自己，还是坚持努力学习，提高文化课成绩，这为后来的选择创造了条件。

高中时期，我比较喜欢物理课，可能是受到父亲的影响。我的父亲是轧花厂维修班长，他能制作各种各样的东西，车、铣、刨、磨样样精通。耳闻目染中我也会学他做各类小东西。学习电学知识后，我也尝试将电学的一些小知识应用在生活中，如帮助家里接电线、修理电风扇等。邻居家修房子找父亲帮忙接电线，父亲不在家，我主动去帮忙，设计了电路，并根据家用电器功率告诉邻居买什么型号的电线、开关等，邻居夸我很专业。这让我体会到理论知识实实在在运用到生活中的作用，也增强了我学习的兴趣。

我经常去父亲的工作单位玩，利用废弃的零件制作各种小玩意给弟弟玩。有一次，一台机器（空气压缩机）需要拆卸，厂里人手不够，我就帮忙动手给拆了，我也学着父亲的样子把零部件分类摆放得整整齐齐，父亲的徒弟和工友都夸我有悟性，我很开心。但父亲不太高兴，他希望我能多去看看书，考上大学后找一份坐办公室的工作，不要像他们一样，天天和机器打交道，满身油污。

后来我的高考分数不太理想，考虑到上不了文科的好专业，就业难，就选择了重庆电子科技职业大学的汽车制造与装配技术专业。凭借自己的爱好和刻苦学习，文科转理科也没有想象的那么难。

> **职业指南·家长选读**
>
> 汽车制造与装配技术专业需要的知识结构
> 1. 理工科。对物理的要求较高。
> 2. 兴趣驱动。喜欢并擅长拆装物件，动手能力强；对汽车及汽车文化或机械设备感兴趣，会让孩子更易胜任这个职业。

高职时期

在这个时期，我夯实了专业基础。珍惜学校的理论学习和技能实训机会，充实过好每一天，为踏入职场提前做好准备。

（一）自我约束，管理好自己

刚踏入大学校园时，一切都是那么新鲜和自由直到大一的一次实训课，任务是根据图纸加工一把锤子。我觉得这有何难度，不就是简单的平面加工。可当我动手做的时候，钢锯条没拉几下就断了，换了一根后没多久又断了，拉出的面也是弯弯曲曲的。没办法，我只能找实训老师请教经验，实训老师介绍了加工技巧和操作技术要求后，我加以训练，确实效果很明显。我不断总结经验，终于顺利地加工出来了。

这件事情提醒了我，如果没有一技之长，如何找到一份好工作呢？我改掉了往日的浮躁，踏实学习。每天早晨，我坚持6：00起床读书，为了不影响室友休息，我蹑手蹑脚离开宿舍到操场晨读，每天晚上自觉上晚自习到22：00，几乎是最后一个离开教室。室友都觉得我不合群，不升本、不读研，搞这么累，毕业以后都是去工厂上班，学点够用就行。但他们的想法没有动摇我，这让我大学期间的专业成绩一直名列前茅。

（二）实训基地是理论的检验场

在3年的校园生活中，学院的实训基地是我待得最多的地方。因为知道自己不足的地方越多，越要勤加苦练。特别是发动机结构复杂，相关知识内容涉及机械传动、液压传动、信号控制、故障诊断等。在一次实训课上，我们小组拆装完毕后发现物料盒里多了一颗螺栓，眼看要下课了，小组其他成员建议把螺栓放在工具柜里，等别的班上课再装。我自告奋勇留下来，要把这颗螺栓装上去。我仔细地拆解发动机的每个零部件，记住每颗螺栓的型号，一层一层地拆，最终在曲轴箱里发现了一颗漏装的螺栓。我又逐步安装每个零部件，最终一个不落地装完整个发动机。这时，已经过了午饭和午休时间，别的班来上实训课了。这件事情加深了我对发动机零部件的认识，也让我明白学习没有捷径，只有在一次次实践中才能提升自己的动手能力和专业技能。

（三）参加社会实践是检验自己专业技能的好机会

大二的暑假，我制作了几份个人简历到几家合资车的4S店面试，听到我是在校学生后，全都把我拒之门外。后来在学院老师的介绍下，我有机会到神龙汽车—东风雪铁龙4S店作为一名汽车修理工学徒实习。从最简单的基础保养开始做起，凭借着在学校学习的专业知识我入手很快，没事的时候就在维修车间的资料室查看图纸资料及维修手册。我是实习生，只能做换机油、洗车、做现场5S等打杂的活，手头没活的时候，我会在旁边看着师傅带着徒弟修车，对于我提出的问题他们爱答不理，于是我就去资料室查看资料，在那里找答案。有一次车间一名维修师傅带着徒弟加班维修一辆事故车，这台车是新上市的车型，有一个故障一直解决不了。我就陪

职业指南·家长选读

职业探索

引领孩子进入汽车制造与装配技术这一既充满技术魅力又蕴含社会责任的职业，首要的是帮助他们树立正确的价值观，要崇尚劳动精神和工匠精神，要脚踏实地，勤学苦练，不断地探索与对技术的追求，将成为他们职业生涯中不断前进的动力源泉。

着他们加班，维修师傅面对新车型毫无头绪，一顿乱拆。我根据在资料室看到维修手册的指导，一字不落地告诉维修师傅先查哪里再查哪里，然后再做标定等，维修师傅看我维修思路如此清楚，按照我说的思路很快找到故障点并做了标定，问题很快解决。从此以后维修师傅对我刮目相看，以后不再叫我"小刘"，而是叫我"小刘师傅"了。

工作时期

我不怕困难、不怕吃苦，虚心向老员工学习，从最简单的工作入手。同时我主动去承担重任，不断挑战新的任务与岗位，不断总结经验与工作方法。我乐于分享自己的经验收获，通过师带徒，带领出一支高技能人才队伍，我的自身能力也不断提升，成为公司技能带头人和国家级技能大师工作室领办人。

（一）从汽车装配工实习生开始

我通过校园招聘进入长安汽车渝北汽车制造厂，进厂之初，我被分配到生产线安装汽车前雨刮电机和换挡拉索。刚开始，由于动作不够熟练，我经常跟不上生产节拍，导致滑线。为了能够快速跟上生产节拍，我在休息时间虚心请教班组老员工，学习装配技巧，再加上平时的刻苦练习，不到一周的时间，就适应了生产节拍。在实习第二周小组早会上我得到了班长的表扬，这是我参加工作后受到的第一个表扬。这让我坚信只要努力，就会有收获。

班长的表扬让我更加坚定了勤于工作和学习的决心，实习期间，我每天早上第一个到班组熟悉装配工艺，遇到不懂的积极向项目组工艺工程师请教。遇到装配困难或者设计不合理的地方我会第一时间向工艺工程师反馈。经过几轮的新品试装，我很快就熟悉了整车装配工艺，干遍了汽车装配的各个环节，为后来的试装工作打下了坚实的基础。

2009年，长安汽车旗下的悦翔轿车产能扩大，调试人员特别是技能人员严重不足，我从试制车间转入检测线做返修工作。在检测线工作期间，我主要从事检测线故障车辆返修工作。调试中最难的是电器调试工作，当时电器调试工很少，大量的电器调试任务车辆被堆积，导致不能按时交付。为了班组能按时完成交付任务，我主动留下来加班，把当天遇到的电器问题收集汇总，晚上回家查阅资料，不解决不休息，有时甚至学习到凌晨3:00左右，实在搞不懂的问题就去请教渝北工厂一级技能师李虎师傅，最后形成了自己的一套电器调试方法。此外，周末休息时我经常去书店购买相关书籍，提升自己的汽车维修知识。功夫不负有心人，我很快成长为公司维修技能骨干，甚至班组老电器调试工都要向我请教问题，我也多次被公司评为"优秀员工"。

（二）北京长安第一个汽车装调技师

2010年，北京长安汽车公司成立。2012年，我从重庆调到北京工作，面对的是新的工作环境和新的生产工艺，新工厂技术人才缺乏，给我带来了不小的挑战。我每天奔走在下线区 FAI 线、检测线、路试场等，穿梭在图纸与现场之间，只要有需要我的地方，就有我的身影。

在公司生产房山 300 辆新能源出租车期间，时间紧、任务重，加之新工厂、新技术，难度很大。那段时间我每天都工作到深夜 12 点，第二天早上 8 点又准时出现在现场。为了尽快排除问题、准时交付，我天天蹲守在检测线，凭借经验制作了专业维修工具，经过验证，该工具在实践中取得了良好效果，顺利保证了车辆交付。常常有人问我："刘师傅，你这么拼是为了啥？"我总会告诉他："把每次工作难题当作是一次挑战，你就会在工作中获得成功的喜悦与胜利的成就感。"通过在工作中不断地钻研探索，专业技能不断提升，我成为北京长安第一个汽车装调技师。

（三）公司最年轻的技能带头人

汽车的质量关系着客户的安全和体验感受，工作中，我始终不放过任何一个细小的质量问题，来不得半点马虎。在一次新车型改款试装过程中，我听见底盘发出"咯噔"一声轻微的异响。但声音是偶发性的，不易复现，不能确定是不是问题。工艺工程师、质量工程师组成的技术组开会讨论，由于样本量不足，无法给出结论。凭借多年的工作经验，从该车型上市到目前改款，从我手里经过的车不下 100 万辆，可以确定这个声音不太正常。于是我主动牵头攻关，立下军令状。我们加班加点对试验车开展技能攻关，对底盘各个控制臂、前副车架、变速器等进行拆解、测量、更换验证等，苦干一个星期，没有任何进展，团队陷入迷茫，也逐渐缺乏斗志。项目要正常推进，时间紧任务重，我们又经过一个星期的不懈努力，在经过多轮路试测试、四通道测试台验证后终于确定了故障零部件。经过切割、拆解、测量，我们发现是前副车架焊接零部件搭接面尺寸超差 0.5 毫米，在车架受力极限变形时，干涉会发出异响。通过设计变更，优化前副车架焊接工艺，经过三轮试装，问题彻底解决。

2015 年，北京长安汽车公司启动"师带徒"活动，我因为成绩突出、技术过硬成为公司里聘请的第一批师傅，也是其中最年轻的师傅。2017 年，我成立了自己的技能工作室，工作室日日有检查、周周有沙龙、月月搞培训，逐步走向成熟。2020 年我的工作室被人社部授予国家级技能大师工作室。

（四）技能大师

在对汽车故障诊断与维修过程中，我练就了"独门维修绝技"——一听二问三查四训，不仅能快速解决车辆各类疑难杂症，更是在多领域开展了系列改进与攻关。其中，通过技能创新解决玻璃涂胶机涂

职业指南·家长选读

职业上升路径

在职场上，成长最快的一定是那些持续学习，擅长创造性地解决问题的人，工匠型的职业同样如此。从新人到技术领头人，需要具备扎实的专业理论基础、持续的学习习惯、把握职业发展趋势的能力，做出正确的职业规划，具有关注国家政策和技能提升的意识。

胶用量多的问题和变速器油加注机加注后无法检测的问题,年节创经济价值100余万元,通过推动在研产品油管改进与切换,节创经济价值200余万元。

在以我名字命名的工作室成立以后,我定期在公司内组织各种技能赛事,通过模拟真实的赛场环境,以"老带新"的方式言传身教,进行技能人才梯队建设。徒弟王少华、魏安邦和赵木斩获"振兴杯"全国青年职业技能大赛一等奖,徒弟郭宗宪则在北京第四届职业技能大赛中获得汽车装调工决赛第二名。

为更好地发挥技能人才作用,我建立了北京长安"2410"技师服务队,即24小时在线、10分钟内回复,即使遇到无法第一时间到达现场的情况,也会立即响应,依托就近的长安汽车服务站开展技术支持。我走访了二十几个省、市、自治区,不论是穿越大雪漫天的无人区还是深入-37℃的内蒙古腹地,足迹遍布大半个中国。一次最长时间的市场走访用时17天,走访了浙江、湖北、江苏、安徽四省及上海市;一次单程最远距离的走访,连续驱车1000千米与客户面对面交流,受访客户发自内心地感动。

这就是我从一名学生成长为汽车装调工特级技师的成长之路。因为热爱这个职业才走到今天这个位置。高考上大学不是人生的唯一出路,只要选择自己喜爱的职业,也能成就自己。

看看自己有哪些能力潜质,对照核心能力模型,这样你的未来之路就更有针对性。

核心能力模型

项目	要求
学科能力	语文、物理、数学、信息技术、化学等
基础能力	信息获取与加工的能力、数学逻辑思维能力、视觉空间能力、身体运动能力、人际交往能力
社会能力	团队协作能力、适应社会能力、表达能力、心理承受能力、社会责任感

工作后需要的职业类证书

汽车装调工、汽车维修工、机动车检测与维修工程师。

进修学习路径

专升本,进修学习专业:汽车服务工程、车辆工程、汽车工程技术、机械设计制造及其自动化。

主要就业方向

进入汽车整车制造、新能源汽车制造、汽车总成或零部件制造、各类汽车研究院所等企业，从事汽车整车和总成，智能网联和自动驾驶技术样品试制、试验、成品装配、调试、测试、标定、质量检验及相关工艺管理和现场管理，车辆返修，售前售后技术支持等工作。

主要专业能力

（1）具有信息获取、终身学习、分析问题和解决问题的能力。

（2）具有良好的语言、文字表达能力和沟通能力。

（3）具有识读一般零件图、装配图、汽车装配工艺文件以及进行零部件测量和利用计算机绘制简单零件图的能力。

（4）具有对发动机、底盘、电器设备进行拆卸、分解、组装和调整的能力。

（5）具有正确使用汽车装调工、量具的能力。

（6）具有对汽车各总成件进行装配与调试的能力。

（7）具有汽车试验设备使用和问题分析的能力。

（8）具有汽车整车、总成装配质量问题诊断与改进的能力。

（9）具有智能网联新能源汽车关键部件的测试、装调的能力。

（10）具有汽车整车与零部件制造企业的生产现场管理的能力。

撰稿人：丁 伟 刘泗磊 张长磊

蜕变：职校生的华丽转身

交通运输大类

亲爱的同学们，技术是你们的翅膀，匠心是你们的灵魂。在专业技术的道路上，要精益求精，不畏艰难，每一次的实践都是通往卓越的阶梯。在学习的道路上，要保持对知识的渴望，对技能的热爱，每一次的锤炼都会成为你们成长的烙印。作为职教学子，不仅要扎实掌握基础理论，更要注重实践操作，将理论知识转化为解决实际问题的能力。期待你们在职业教育的道路上不断前行，为中国制造、中国创造贡献力量！

毕业于长春汽车职业技术大学
中国一汽首席技能大师
第十四届全国人大代表，"全国五一劳动奖章"获得者
2022年度"央企楷模"，2023年"大国工匠年度人物"提名人选
"2024年大国工匠"培育对象

靳艳清

职　　业：中国铁路北京局集团有限公司石家庄客运段高铁列车长

毕业学校、专业：石家庄铁路运输学校（现为河北轨道运输职业技术学院）、客运服务专业

从业时间：12 年

当火车行驶在轨道上，

列车就是大家共同的家，

如何让这个"家"更舒适、更温馨、更美好，

是每一位像我一样的列车长"大管家"的职责。

我是高铁列车上的"大管家"

我叫靳艳清，是一名高铁列车长，工作内容用行话讲是"跑车"，通俗说就是在某条高铁线路的列车上陪伴旅客从一个城市到另一个城市，这种陪伴需要解决旅客的难题，提供贴心帮助，展示中国高铁的优质服务。大家对列车长这个职业应该不陌生，成为一名专业、优秀的列车长需要具备多种能力，下面就为大家讲讲我一路的成长经历。

高中时期

高中时期，我就读于河北邯郸一个县城的重点高中，成绩在班里名列前茅。高二分科我选择了理科，可能是因为性格原因，觉得自己喜欢理科对错分明的特点。其实高中还是年少懵懂，没想过自己的选择对以后的职业会不会有影响。

父母对我的期盼就是脱离土地劳作，在城市找一份工作，而学习成了我唯一的出路。高中时期除了学习，我还很喜欢文学，阅读了大量小说和名著，提升了自己的写作和语言逻辑能力，冥冥之中为以后客运岗位与万千旅客打交道奠定了语言基础。

我是农村长大的孩子，老房子的身后有大片的农田，更远处有一条蜿蜒的铁轨，小

> **职业指南·家长选读**
>
> **客运服务专业需要的知识结构**
>
> 1. 文理科均可。要具备较强的综合素质，同时需要有突出的语言沟通能力和思维缜密的逻辑能力，良好的沟通是服务旅客的基础，解决列车上的大事小情需要有较强的逻辑能力。
> 2. 兴趣驱动。对铁路感兴趣、身体素质好、形象好、语言表达得体，具备这些素质更能承担客运服务的工作。

时候不懂什么是邯济铁路线，只知道有货车经过时，我和小伙伴总是目不转睛地默数火车有多少节，还经常为一两个的差别进行争辩。在我们眼中，火车神奇又神圣，从哪里来到哪里去，目之所及太有限，世界太广阔。因为铁路，我很向往外面的世界。

高中毕业前，我得知有一个同乡孩子在石家庄铁路运输学校毕业并成为一名火车司机，这让我心中对铁路的憧憬急速发芽，心中隐约有个声音指引着我，家人也觉得铁路工作应该比较稳定。就这样，在家人支持下，我报考了石家庄铁路运输学校，顺利成了09级空港服务班的一员。

高职时期

进入大学以后，我的主要任务还是学习，学校里课程安排得很紧，要求也比较严格，如果出现特殊情况导致课程延误，还会进行课后补习。许多同学很诧异，开玩笑说怎么感觉又回到高中备战高考呢，而我觉得这恰恰体现了这所学校对学生负责的态度。

学校的专业课程设置非常丰富，不仅有针对铁路专业的铁道概论、铁路餐饮服务、客运基础手语等，更有普通话、服务礼仪、形体训练这些受益终生的课程。我最喜欢绘制全国铁路结算站示意图的课程，很多同学对学习绘制密密麻麻的铁路线路叫苦不迭，但是我认为全国铁路线路虽然复杂，但是笔下延伸的每一条线路仿佛都是对自己小时候梦想的回应，每一次画图我似乎都跟随列车的脚步到达了不同的城市，看到了不同的风景，这一过程为工作后参加系统内业务比武打下了良好基础。

在大学3年，我们不仅要学习铁路专业课程，同时还接受了严格的生活管理。我所在的学校效仿铁路半军事化管理，有着非常严格的制度和标准，不仅安排晨起跑操，甚至宿舍日常内务也与军训时期没有区别。记得上学时学校要求宿舍被子是方块被，刚入学的那段时间，我总是为如何让被子棱角分明而绞尽脑汁。有一次普通话课要求背诵经典文章《珍珠鸟》，我一边拿着书在宿舍背诵，一边整理被子，结果我错把垫被子的衣架拿到了教室，而把普通话书本塞进了被子做支撑。每次回忆起校园青葱时光，总是觉得忙碌而美好。从起初的不适应，到逐渐习惯，再到后来的有序高效，这种生活和学习作风对我今后走向铁路客运服务岗位，特别是成为一名服务窗口的高铁乘务人员，起到了非常重要的作用。

当然在学校也有丰富的兴趣社团，我参加了摄影和太极拳社团，这些爱好不仅一直持续到现在，而且逐渐成了我的一项特长。参加工作以后，我成了全国铁路摄影协会会员，拍摄了很多铁路和服务旅客的照片,尤其是高铁节日系列摄影作品,深受好评。许多照片被经济日报、中国妇女报、中国新闻网等媒体采用。而学习太极拳,不但提高了我的身体素质,也为后续适应高强度工作打下了良好基础。

2010年12月,北京铁路局石家庄客运段来学校进行普速列车员选拔面试,我通过了面试,成了石家庄客运段的一名实习生。

> **职业指南·家长选读**
>
> **性格探索**
>
> 　　高铁乘务工作要求专业扎实、热情度高、形象气质佳,孩子性格中要有踏实、细心、坚韧的一面。

工作时期

作为一名铁路工作者,我看到中国铁路发展,全国铁路示意图线路越来越复杂,"四纵四横"高铁网提前建成,"八纵八横"高铁网加密成型,我画的线路连接成网,让我感觉很自豪,因为这意味着大家出行更加便利,铁路强国交通先行的目标越来越近,而我就是见证者、亲历者。

(一)从实习生成长为一名劳务工

2010年12月,还不到19岁的我,来到石家庄客运段实习,当时工作岗位在普速列车上,运行的是石家庄到烟台的线路。我是班组最小的一员,拿着实习生300~800元不等的工资,当看着同班组劳务工姑娘可以拿到3000多元工资,别提有多羡慕了,当时我最大的愿望就是能转为劳务工。

在10个月的实习过程中,我努力学习,认真工作,终于通过了当时淘汰率很高的转招劳务工的笔试和面试,如愿以偿留在了原来班组,6天可以去一次烟台看海,似乎已经满足了一个女孩子对铁路工作的所有梦想。

(二)劳务工到正式工的不断修炼

2013年,在一次平常的工作中,一名需要从德州到连云港换乘列车的老人向我寻求帮助,我用简单的线段箭头,很快为他规划了列车路线,解决了他的燃眉之急。从老人真诚的感谢中,我强烈感受到了铁路服务人员专业素质的重要性,也从那时起默默下定决心要学好画好全国铁路接算站示意图。

学习是件苦差,学习业务最枯燥的是背规章,规章条文严谨拗口且要求一字不差。回忆起2014—2015年这段时间,每天早晨伴随着初升的太阳,我都要背着相机拿着书去公园的小河边背书。我给自己制订了极其严苛的背书计划——早晨5点半起床,背完50道题才能回去吃早饭,并且第二天要复习一遍前期背过的规章。为了完成学习计划,我经常会过了中午12点,才回家吃早饭。背书、学习是一个集中精力全心投入的过程,没有捷径。当你把公园每一个角落坐遍,熟悉哪个地方最安静,哪个地方有风还有风景的时候,你才会在学习中找到快乐，这是我坚持下来的重要因素。

时间在一遍遍的背书声中流逝。2015年，我第一次参加集团公司业务比武就取得了第二名的好成绩，并荣获集团公司"技术能手"荣誉称号。也正是因为这次比赛，我也从一名劳务工顺利转为正式工。学习业务让我认识了更多优秀的同行者，也让我收获了成绩，完成身份的华丽转变。

（三）筑梦高铁成为一名全能高铁列车长

2014年我从普速车队到了动卧车队，2015年成为一名高铁列车长，我始终坚信业务学得精，处理现场问题才能游刃有余。2015年我曾与全班组携手帮助大出血孕妇渡过难关，众志成城与生命赛跑29分钟，终得母子平安。作为一名优秀的高铁列车长，要成为"复兴号"高铁的代言人，还要有更专业的服务技能，让旅客的体验更美好，更温馨，这是"复兴号"服务工作的基本要求。我曾经值乘3年北京至成都高铁列车，途经西成线路，长时间的隧道穿行，经常给旅客带来耳鸣的困扰，我制作了防耳鸣卡片，为旅客提供了隧道防耳鸣的5个小方法，得到旅客广泛好评。

我带领班组认真过每一个传统节日，致力做传统文化的传承者。2019年乘务组的春节活动"猜中国年俗，过传统春节"被经济日报报道，2019年乘务组的端午节活动"唱中国红歌，粽情端午佳节"被中央电视台综合频道报道。2020年中秋、国庆"双节"活动"弘扬抗疫精神，共祝祖国富强"被经济日报报道。2021年"春晚点名G89次幸福列车，邀您登上复兴号闹元宵"正月十五元宵节活动，被超过4家中央级媒体报道，"复兴号"品牌影响力进一步提升。

努力工作也带来了个人的成长和进步。2015年我荣获了"全国铁路优秀共青团员"荣誉称号；2016年我荣获"全国铁路优秀青年志愿者"荣誉称号；2017年我创建了"倾心乘务组"，服务理念是"初见倾心，再见钟情"；2019年我成为一名中共党员；2020年我荣获"全国铁路青年岗位能手"荣誉称号；2021年我荣获"全国铁路系统火车头奖奖章"荣誉称号。

除了拥有光鲜靓丽的职业服装，先进的高铁环境外，高铁乘务工作也非常艰辛。轮乘制倒班工作，不仅需要熬夜，作息时间也和大多数工作不同，简单来说，别人集中放假外出的时候正是我们铁路工作者最繁忙的时刻，我们逢年过节很少和家人团聚。一天十几个小时高强度连续工作、用餐时间不固定、每天两万步的行走等，这些都是对

职业指南·家长选读

职业上升路径

"复兴号"动车组乘务员准入标准：具备大专及以上文化程度，经客运专业培训或中国铁路集团公司组织的岗位培训并考试合格，掌握用于基本服务的英语对话和简单手语，具备良好的沟通能力和服务技巧，能够熟练掌握和使用客服设备、设施。体态匀称、五官端正，协调性好，视力、听力及辨色力正常，无职业禁忌证，身体健康，持有健康证，能胜任铁路客运服务岗位工作。通过一定的专业服务技能提升和工作经验的积累，再次通过专业的培训和岗位的选拔，可晋升为"复兴号"列车长，实现职业的发展。

列车乘务人员最基本的考验。

2021年7月20日郑州遭遇严重水害，我带领班组连续值乘28小时，为旅客应急供餐3350份，运输抢修工人36名，安全运输旅客1214人，旅客从最初的不理解、抱怨、负面情绪极大到最后的配合和感谢，辛苦的背后，既是服务的魅力，也是服务的挑战。

回看自己的职业道路，我觉得最重要的一点就是要脚踏实地，坚持务实，用行动去书写答案。在自己的岗位和领域内深耕，不好高骛远，成为独当一面的人。

看看自己有哪些能力潜质，对照核心能力模型，这样你的未来之路就更有针对性。

> **职业指南·家长选读**
>
> 职业探索
>
> 高铁乘务员需要很强的综合能力，因为列车运行时的突发情况很多，应急处突能力很重要，既要第一时间进行人员救助，也要各部门沟通协调，及时汇报，高效处置。另外工作强度很大，每天要在不断行走中和形形色色的人打交道。

核心能力模型

项目	要求
学科能力	语文、数学、英语、地理、政治等
基础能力	语言沟通能力、空间想象能力、全局统筹能力、观察能力
社会能力	组织协调能力、团队协作能力、表达能力、心理承受能力、社会责任感

工作后需要的职业类证书

铁路列车乘务员初级、中级，铁路列车列车长中级、高级，红十字救护员证。

进修学习路径

专升本，进修学习专业：高速铁路运营、交通运输。

主要就业方向

进入各铁路局集团公司的客运站、客运段、车务段，高铁列车、普速旅客列车和各城市轨道交通公司的地铁站，从事客运服务工作。

主要专业能力

（1）具有解决旅客运输生产实际问题的能力。

（2）具有良好的语言和文字表达及客户服务的能力。

（3）具有安全意识和安全组织防护的能力。

（4）具有服务意识和保持职业形象的意识。

（5）具有进行规范化站务、乘务服务作业及站车协同作业的能力。

（6）具有编制、调整日班客运计划，做好客运营销及收入管理工作的能力。

（7）具有旅客运输生产组织工作的能力。

撰稿人：王　影　原　茜　李　妍　靳艳清

薛朝阳

职　　业：中国铁路太原局集团有限公司调度所列车调度员
毕业学校、专业：河北轨道运输职业技术学院、铁道交通运营管理专业
从业时间：8 年

每当我走进调度大厅，我就会告诉自己，
指挥列车责任如山，容不得半点差错。
我的任务就是为每列火车指明方向，
护送火车和火车上的人安全到家。

我是为火车指路的人

我叫薛朝阳，是一名铁路列车调度员。铁路列车调度员是一个调度区段的日常运输工作的具体组织者、指挥者，负责组织实现按图行车、行车安全正点，以及完成运输工作的数量指标和质量指标。通俗一点来说，就是指挥列车安全、正点运行的人。工作 8 年来，我已经获得了"全国青年岗位能手""全路技术能手""火车头奖章""全国铁路劳动模范""全国技术能手""山西省三晋英才支持计划——拔尖与骨干人才""全路关工委努力学习岗位成才奖""全国铁路优秀共青团干"。

经常会有人问我，这么年轻就能取得如此多的成绩，一定是从小就对铁路很热爱，早早就立志要为国家的铁路事业做贡献吧？说实话，我与铁路结缘确实颇早，但细究起来真正决定以此为职业却并不算早。关于我的职业故事，我更想传达的意义是——但行眼前事，前程自然至。

高中时期

我从小在石德铁路边长大，眼睛看到、耳朵听到的都与火车有关。呼啸而过的列车是我最熟悉的伙伴，无际的铁轨是我梦想中到不了的远方，列车的鸣笛声是我追逐梦想的

号角，这些在我的童年和少年时期留下了深刻的印象。那时候，我最喜欢的一部动画片就是《铁胆火车侠》，常常和小伙伴们在一起模仿里面的人物，觉得他们神气极了，简直是我幼年时期心目中的超级英雄。

高中时期，我就读于河北衡水景县一中，当时在班里的成绩属于中等偏上。文理分科时，因为我个人擅长的科目是物理和英语，于是权衡之下选择了理科。我跟大多数同学一样，当时对未来的职业并没有特别清晰的规划，就是想着尽量让自己的成绩好一些，做好当下、眼前的事情。但是我仍然保留着对火车的浓厚兴趣，课业之余，经常利用休息的时间逛一些铁路论坛，是一个十足的"火车迷"。

在整个高中时期，提起"未来要选择什么职业"，我总感觉很迷茫，不仅周围的同龄人对职业懵懵懂懂，家里的父母长辈也难以提供有价值的信息。直到高考前院校开始招生宣传，河北轨道运输职业技术学院这所学校的宣传单进入了我的视线，年少时那扇对未知世界的懵懂大门，似乎在一瞬间就此敞开。经过多方咨询和了解，我得知这所学校是在石家庄铁路运输学校的基础上新创办的高职院校，石家庄铁路运输学校的名字我早有耳闻，再加上自己一直对铁路很感兴趣，就觉得报考铁路类院校似乎是一个不错的选择。所以在慎重考虑后，高考填报志愿时便选择了铁道交通运营管理这个专业，希望未来成为一名列车调度员，能为火车指路！

> **职业指南·家长选读**
>
> **铁道交通运营管理专业需要的知识结构**
>
> 1. 文理科均可。要求具备较强的综合素质，制订列车运行调整计划需要较强的总结归纳和逻辑思维能力；铁路行车讲究准确严谨，下达指令需要较强的语言表达能力。
> 2. 兴趣驱动。需要孩子对火车感兴趣、身体素质好。

高职时期

进入大学以后，我的主要任务依然是学习，并且成绩不错，在专业里一直名列前茅。

我所学的铁道交通运营管理专业，课程设置非常丰富和实用，如"车站工作组织""接发列车工作""铁路调车工作""运输调度工作"等。这是因为列车不仅零部件构成众多，而且在行车过程中的操作规章复杂。这就要求我们作为调度员，要对每一个工作环节和细节都熟悉了解，这样才能安全、快速、高效地指挥调度列车，而这也是我们这个工种与铁路上其他工种的区别之一。

在众多专业课程中，我最喜欢的课程是"线路站场大作业"。这门课程是通过铺画火车站站场示意图，把车站的基本元素、构成铁路的基本点，通过元素形成点、通过点连成线、通过线形成面，能够全面展示车站各功能模块，并使我们直观快速掌握相关知识。工作之后我有机会再次返回母校，看到现在的实训基地，设备又多又好，与我们当年的相比已不可同日而语，非常贴近实际作业。羡慕之余，我更多的是希望学弟学妹们能利用好基地，重视实操，为未来走上工作岗位打好基础。

大学期间，我参加了首届全国铁道职业院校铁道交通运营管理专业接发列车技能大赛。备赛的过程紧张又辛苦，当别的同学还在清晨的睡梦中时，我已在自习室里背诵知识点；当别的同学周末逛街、看电影放松娱乐时，我还在图书馆查阅资料……特别是暑假集训时，尽管天气特别炎热，但指导老师和参赛学生没有一个人喊苦喊累，大家一遍遍复习、磨合、精益求精，并最终获得了车站值班员个人全能一等奖、团体二等奖的好成绩。而正是有了这次比赛，才把我推到了一个好的就业平台，有了一个好的职业起点。

这次比赛相当于将学校所学的专业知识进行了一次大考，当时参加这个比赛的时候也没有想太多，只想脚踏实地地完成比赛任务。比赛获奖之后除了有喜悦，更多的是感激，感激当时学校给自己提供了一个很好的平台能检验自己、证明自己，同时也更坚定了自己脚踏实地学习的想法是正确的。

在招聘季来临之前，按照学校的就业指导，我提前做好了准备。除了制作个人简历、整理面试材料等这些常规操作外，因为得知铁路局招聘对应聘者身体素质有较高要求，我一直坚持早睡早起，调整作息，健康饮食，并且每天早上去学校操场上跑步，确保体测能够达标。在面试过程中，我重点介绍了自己对职业的态度和看法，过去在校期间取得的成绩，尽量做到逻辑清晰、自信大方。

幸运的是，最后的就业结果非常好。当时我们专业一共279名同学，毕业时只有12名同学未就业，大部分同学进入了铁路公司，一小部分同学进入了地铁公司，目前多数人都在各车站工作。而我之所以选择太原铁路局，主要是对大秦铁路的2万吨重载列车非常感兴趣，觉得它很酷，特别想去看一看。

> **职业指南·家长选读**
>
> **性格探索**
>
> 列车调度员需要发布铁路行车调度命令，会直接影响到调度安全生产，因此孩子性格中最好有严谨、细致、踏实的一面。在行车指挥中经常遇到紧急情况，处理果断及时、方法得当，就会减少损失、保证安全，因此孩子还应有雷厉风行、思维敏捷的品格。

工作时期

干我们这一行，尽管要付出很多时间和精力，但是当看到所有列车有序平稳运行的那一刻，就会觉得一切辛苦都值了！这也是我当时坚定地走上调度工作岗位，成为一名火车指路人的初衷。

（一）多岗位，打基础

2015年毕业后，我走进了太原铁路局太原车务段古交站，担任学习车站值班员。车站值班员的主要工作职责是服从列车调度员的指挥，执行列车调度员的命令，严格按照列车运行图组织车站的行车工作。在古交站近五年的时间里我先后在列尾作业员、信号员、助理值班员、车站值班员、值班站长等多岗位工作。多岗位的锻炼虽然不是成为一名列车调度员必经的过程，但是这些经历让我对现场作业更加了解，对更好地完成列车调度员的

职业指南·家长选读

职业上升路径

我国列车调度指挥体系：中国铁路集团铁路运输调度工作实行分级管理、集中统一指挥，铁路运输调度指挥体系主要由中国铁路集团、铁路局集团公司、运输站段三级组成。

铁路局集团公司列车调度员原则上应从车站值班员、车站调度员、助理值班员、机车（动车组）司机或优秀行车人员中招聘，亦可以从与铁路专业相关的院校毕业生中直接招聘（由铁路局集团公司安排在现场从事相关行车岗位工作）。

工作很有帮助。

列车调度员的工作是指挥列车运行，实时监控列车运行位置，组织实现按列车运行图行车。我们可以这样理解，每一列火车就是一条运行线，在时间和空间的交织下形成一张列车运行网格，依据这张图去指挥各车站工作。在这个过程中，如果具有车站多岗位工作经历，会在制订列车运行图时更加合理、更加科学，这也是列车调度员任职要求必须要有从事现场相关岗位工作经历的原因。

（二）多学习，促成长

在这些年的工作中，我认为不断学习，是迅速成长的良方。这是一句任何行业都适用的话，但我觉得在铁路行业尤为重要。铁路是一个大联动机，工作涉及方方面面，作为列车调度员对各方面都需要有所了解。

对于列车调度员来说，首先需要学习大量的铁路规章，为了及时、准确反应列车运行过程中遇到的各类突发情况，调度员的脑子里要备着各类应急预案及快速处置流程。刚参加工作时，师傅说《车机联控作业标准》必须一字不差地背下来，还要能灵活使用，和司机进行车机联控时，正常时候怎么联控，非正常时候又怎么联控，都有明确规定，容不得一丝疏漏。跟车站值班员师傅学接发车，合理利用到发线安排接发列车与调车，提高车站的运转效率；跟信号员师傅学习车调联控、排列进路，高效完成作业；跟值班站长学习非正常业务，学习调车的理论知识。

在学习的过程中，我用通俗易懂、操作性强的语言，总结出了20套半自动闭塞和25套自动闭塞非正常情况处置的方案，即使是新入职的人员，只要对照方案进行操作，也能程式化地完成作业。

（三）职业全貌

在工作中，有很多难忘的故事和人。印象比较深刻的一次是，2017年参加第五届全国铁道行业职业技能大赛车站值班员竞赛暨铁路总公司助理值班员竞赛（此竞赛为国家级一类竞赛）。这次比赛的地点在南京铁道职业技术学院，上大学时我曾经代表学校在这所学校参加过比赛，所以再次来到这里，亲切感和熟悉感让我有了更多自信。接到大赛通知之后，距离大赛开始还有5个月，我即刻进入正式备赛阶段。准备前期，因为要一边工作一边准备比赛，我只能把晚上当白天用，说是"夜以继日"也不过分；确定了正式参赛以后，我就开始脱产准备比赛，整个过程非常紧张和辛苦。好在功夫不负有心人，最终我们获得了单线半自动闭塞组团体第一名和团体综合二等奖，我个人获得了单线半自动闭塞组车站值班员个人第一名、车站值班员综合个人全能第二名的好成绩。

在工作中比较有意思的事情，应该是去管辖区段"下现场"，每个季度我都会利用大休的时间去一次，有点像"旅游"。"下现场"的过程中，能体会到现场与站场图的差别，如说在图上车站可能只有十几厘米，现场能无数倍放大，更加形象生动。现场的感受更直观，结合"下现场"的情况，也利于自己回到工作岗位上更加合理地制订计划。

当然列车调度员也有艰辛的一面，比如它的工作强度很大。调度员是倒班制，实行的是铁路上的"大四班"，一个白班，一个夜班，休息一天，再一个白班，一个夜班，休息3天，一班12个小时，它对身体素质的要求很高，也要承受心理上的较大压力，这也是女调度员较少的原因。

列车调度员是一个铁路区段或一个铁路枢纽的组织者和指挥者，列车调度员的工作质量直接关系到全局运输生产任务完成的情况。想要从事此类专业性很强的职业，必须经过专业学习与锻炼。我庆幸，当我年少时就遇到了自己热爱的专业，进入了铁路行业的职业院校，这里为我的职业发展提供了专业的培养与训练，为我的职业发展打下了坚实的基础。

> **职业指南·家长选读**
>
> **职业探索**
>
> 列车调度员的职业需要很强的综合能力，如因为列车运行的情况复杂，归纳总结的能力就要很重要；因为要下达指令，协调沟通能力也要很重要。

看看自己有哪些能力潜质，对照核心能力模型，这样你的未来之路就更有针对性。

核心能力模型

项目	要求
学科能力	数学、语文、英语、物理、地理等
基础能力	语言交流能力、数学逻辑思维能力、视觉空间能力、自然观察能力、归纳总结能力、人际沟通能力
社会能力	组织协调能力、团队协作能力、表达能力、适应社会能力、心理承受能力、社会责任感

工作后需要的职业类证书

助理值班员、铁路客运员、铁路货运员、列车员、车站值班员。

进修学习路径

专升本，进修学习专业：高速铁路运营管理、交通运输。

主要就业方向

进入各铁路局集团公司、各大城市的地铁公司等，从事车站值班员、车站调度员、货运调度员、调车长、客运值班员、货运值班员等岗位。

主要专业能力

（1）具有检查各站执行列车运行图和编组计划的情况，及时发布有关行车命令和口头指示的能力。

（2）具有严格按列车运行图指挥行车，遇列车发生晚点时积极采取措施，组织有关人员恢复正点的能力。

（3）具有注意列车在车站到发及区间内的运行情况，正确、及时处理临时发生的问题的能力。

（4）具有组织铁路局集团公司管内各运输生产单位密切配合、协同动作，经济合理地使用机车车辆，充分利用运输能力，挖掘运输潜力，压缩运输成本，提高运输效率和效益，完成运输生产经营任务的能力。

（5）具有编制和下达铁路局集团公司调度日（班）计划，并组织各运输站段落实，提高计划兑现率，对运输站段落实日（班）计划情况，提出评价考核建议的能力。

（6）具有按中国铁路集团批准的计划组织列车在分界站均衡交接，保证机车与列车的紧密衔接，与邻局密切联系、及时交换列车计划、积极协商解决出现的问题，保证分界站畅通的能力。

撰稿人：原　茜　石晓娟　马亚会　薛朝阳

刘 汶

职　　业：沈阳广文教育科技有限公司创始人、总经理
毕业学校、专业：辽宁省交通高等专科学校、汽车运用与维修技术专业（武警定向）
从业时间：8 年

军旅之行已为青春铸成一抹靓丽的底色，
更铸就有理想、敢担当、能吃苦、肯奋斗的军人本色，
前方的道路依然艰辛，既怀抱梦想又脚踏实地，
既敢想敢做又善作善成，永远奋斗拼搏，
用责任心做事，实现心中所愿的目标。

我向"兵"中去，又从"兵"中来

——不忘初心本色，践行军人品质的退役大学生士兵创业者

我叫刘汶，一名退役大学生士兵，一个平凡的退伍创业者。2016 年，我考入辽宁省交通高等专科学校汽车运用与维修技术专业（武警定向），2018—2021 年服役于武警辽宁省总队某部。

从定向培养士官学员到一名合格的武警战士、从专业技术士官到基层战斗班长，从退役大学生士兵到如今再度回归校园并成为一名创业者，我用了 8 年时间完成一次次身份的转变，更是因为选择了定向培养，享受服役和退役的优待政策，使我能够更好地用亲身经历去帮助退役军人；用亲身经历去引导有志青年参军、为退役军人做就业和创业规划指导；用亲身经历去帮助退役大学生士兵复学和升学。

或许很多人潜意识里认为，军人退伍后就应该找份工作，然后成家立业，不应该折腾创业，或是从事自媒体行业消费军人情怀。我想，这就是我想讲述自己职业故事的初衷——现身说法，让退役军人群体在回归地方后继续熠熠生辉。

高中时期

高考失利,与军校失之交臂,因对军队的憧憬和家庭变故,毅然放弃普通本科院校,选择定向培养。

高中时期,我就读于辽宁东港的一所乡镇高中,成绩处于中等水平,不是拔尖的学生,选择了理科,语、数、外成绩优异,理综相对薄弱,身体素质相对优异。我父母是地地道道的农民,高考时老两口年纪均已超过 60 岁。因为对军队的向往和家庭变故,我瞒着家人报考了辽宁省交通高等专科学校(后简称辽宁交专)免学费的定向培养军士。

我认为知识可以改变命运,当兵能磨炼血性意志,可以让老来得子的父母不为我大学学费犯愁,不为我未来职业发展犯愁,我也会有出人头地的机会。所以高中时期的目标就是考一所免学费的军警类院校。每天学习之余做一定量的体能训练,但事与愿违,高考时与一本失之交臂,可我又是幸运的,被辽宁交专汽车运用与维修技术专业(武警定向)录取,穿上了梦寐以求的军装。

高中时期什么是最重要的呢?我认为是对自己有规划有目标。这个目标不用很远大,它会是你前行的动力,驱使你不断努力。

> **职业指南·家长选读**
>
> 定向培养军士(以前俗称的定向士官),是指依托普通高等学校招录高级中等教育学校毕业生,为军队培养储备军士。报考定向培养军士的考生,须为当年参加全国普通高校招生统一考试的普通高中毕业生。定向培养军士学制 3 年,毕业后取得大专学历。

高职时期

学校给予平台、学员队给予关怀、军队给予培养,让我成为同批学员中的领头人、排头兵。

考入辽宁交专是我人生中最大的转折点,我要感谢学校、感谢武警部队、感谢定向培养学员队这个大家庭,让我一个靠农村低保维持家庭生活的孩子,有了一个展现自我的机会,有了被信任、被鼓励、被重视的温暖。专科学习期间,我担任行政班级班长、士官学院队模拟中队长,深受军队领导及学校老师的肯定。我孜孜不倦地学习汽车运用与维修技术,也考取了高级技工证,这为我在部队服役期间进入支队机关,做保障单位车辆安全及日常保养的工作奠定了坚实的理论和实践基础。

上大学之前,我不喜欢与人打交道,站在人群中会自卑、会懦弱,怕被点名发言,更怕自己的言行举止会让别人指指点点。但在辽宁交专、在学员队,我脱胎换骨,走上了讲台、走上了排头,用成绩、用军事素质得到老师、教官和同学们的认可。记得,第一次担任值班员的时候,由于紧张,站在队伍前的我紧张得说不出话来,几度哽住,有过这样的经历,每天空闲时间的洗漱间、空教室、操场上都有我的身影,我在反复练习。我敢于争取机会,也更渴望得到机会。我先后获得"辽宁省 2019 年普通高等学校优秀毕业生""士官班优秀毕业学员""校级优秀团学干部""校级学雷锋先进个人"等荣誉；国家一等助学金两次、其他奖学金10次；其他各类校级奖励及荣誉12次。

  高职3年更磨炼了我的管理能力和社会认知能力。模拟中队的日常管理、人员在位、时间安排以及一日生活制度的安排设定成了我的日常任务。在当时，学员队3个年级超800人的队伍，本专业137人的模拟中队，作为模拟大队值班员和模拟中队中队长，一次次完成各项、各类安保执勤任务。其中在全军首次面向军队文职招收考试中，我更是代表校方和学员队担任考点联络人，组织部队现役监考人员培训及考场布置和试卷封存移交。监考人员来自各个部队，有战士有干部，管理起来有一定的难度，起初大家对一个小学员的工作能力有所怀疑，感觉一个乳臭未干的小伙子能安排好吗？我利用一个晚上的时间记住了全部监考人员的考场序号以及监考人员原单位，在第二天的培训晨会中脱稿点名，每名监考人员的组合配对无一错误，这震惊了他们，这个插曲也为我在部队服役期间的相关记忆性工作奠定了基础。

  上大学期间，我没有和家里要过钱，为了生活费在沈阳的多家大酒店端过盘子、刷过碗；在沈阳的多家物流公司卸过车、装过货；做过微商、跑过销售。这些经历让我耳濡目染，学会了很多东西。这为退伍后的创业埋下了种子。

> **职业指南·家长选读**
>
> 部队与院校联合办学，高校单独组建班次是指，招收部队与高校签订联合培养协议，根据部队军士岗位实际提出培养需求，会同高校商定培养方案、设置专业课程；培养对象在高校学习期间，部队训练指导机构对高校教学进行指导。

工作时期

  没有一帆风顺，做指挥士官中专业技术最全面的，做专业技术士官中军事素质最过硬的。"广开门路、文修武备"，用实际行动服务退役士兵群体，回馈军队培养！

（一）服役时期

  2018年12月，我开始进入部队实习，并同时进行新兵连训练。进入新兵连，我担任新训班长，开始从学员到合格武警战士的蜕变。在新兵连的3个月时间，我接触到了原专业知识之外的内容，比如文书工作、新闻报道员工作以及其他部队常见的工作内容。我在保持本班军事素质评比优异基础上，潜心钻研文书工作和新闻报道。用什么角度拍照，拍好后怎么整理，怎么用Excel和Word这些办公软件，以及如何视频剪辑。

  2019年4月，我被分配到基层执勤单位。起初，由于强大的落差，我一时迷失了自己，找不到方向，每天只能站岗和训练。当时姐姐突然离世，我成了家里独子，家里的变故、年迈的父母和部队的生活让我想要逃避现实，消沉萎靡，浑浑噩噩地度过每一天。后来母亲给我邮寄了一封家书，母亲虽只有小学文化，却反复诉说"百炼成钢"和"是金子总会发光"的话语，强调在基层就一定要站好每一班岗，完成每一次的训练任务，一定一

> **职业指南·家长选读**
>
> 学费减免政策举例：
>
> 1. 学费补偿、国家助学贷款代偿以及学费减免的标准，本专科生每生每年最高不超过 8000 元，研究生每生每年最高不超过 12000 元。超出标准部分不予补偿、代偿或减免。
>
> 2. 入伍资助期限为全日制普通高等学历教育一个学制期。对复学或入学后攻读更高层次学历的不在学费减免范围之内。退役复学后学费减免金额，按学校实际收取学费金额执行。超出标准部分不予补偿、代偿或减免。

定脚踏实地，要有奉献精神，做组织的"一块砖"。

看完家书，我开始转变态度，在连队中崭露头角，不论军事素质还是文秘技能，都得到了本单位战友们的好评，多次获得各级领导的表扬和肯定。

2019 年 7 月，机缘巧合，经过层层选拔，我参加了司号教练员培训，并在年底接到了因机关工作需要的调令，我离开了基层，进入了机关工作。进入机关后，我先后在运输科、装备科、队管科等科室借调学习、参与工作，并成了新单位的一班长、中队值班员，收发了上千封电文。

（二）退伍时期

2021 年 9 月，父母已经年过 70，下士服役期满的我，经过反复心理斗争和心理建设，做出了退役的决定，脱下了我引以为豪的军装，回归地方开始新的生活。

1. 再就业，自我提升、积极历练

退伍后的我在老家的人民武装部担任训练教练员，其间，一家退役军人创办的企业辽宁某拓展训练服务有限公司，向我伸出月薪超过 4000 元的项目策划岗位的橄榄枝。由于自己不满足当时生活的现状，也想通过实践学习，提高自我认知水平，以后想自己创业，所以 2021 年 9 月 20 日，我抱着边干边学边看的态度，选择了从人民武装部离职，入职辽宁某拓展训练服务有限公司，任项目策划总监。在职期间先后设计并完成了"幼儿军警课""国防教育进校园""红色爱国主义团建"等项目，且均被公司采纳，并转化为公司亮点项目，至今仍为该企业持续带来收益。

在此期间，我利用业余时间了解了退役军人创业相关政策，同时开始对自己创业展开前期规划。同年 11 月中旬，我完成了电商培训，开办了农村电子商务服务站，并推出了"老兵鲜果道"微信小程序，第一次尝试创业，初步成果较好。

2021 年 12 月，我入职沈阳星辰艺术培训学校，任高中部班主任。在职期间，班级高考本科过线率 100%，同时我还学习了教育培训、管培教育、课时排定、公司运营管理，为后来成立广文教育打下坚实的基础。

2. 敢挑战，不忘初心干实事

学校和部队的培养，老师和领导们的关怀，使我练就了一身扎实的知识技能、过硬的身体素质、顽强的意志品质以及和许三多一样"不抛弃、不放弃"的精神。由于自己不满足当前生活的现状，也不甘心为别人打工，在经过了半年的过渡期并逐渐适应社会发展后，我决定自主创业。

2021 年 11 月的一天，一名自己带过的退役兵打来电话："班长，我想创业，不知道该从何下手。"没过几天,又一名我带过的退役士兵也打来电话:"班长,我到现在还没就业,我一没学历,二没技能本领,就业太难了。"几通电话更坚定了我的创业思路,我决定把"不以经济收益为第一目标,以帮助更多退役士兵,引导他们解决所面临的实际性困难问题"作为创业的初心。

2022年7月,我开始寻找办公场地,查阅相关文件政策,联系有关职能部门,最终选址沈阳国家级孵化基地名仕科技文化产业园注册成立公司。

我将自己就业初期以及创业中的经验进行总结,同时自己也响应政策、参加统招专升本考试,重回校园的同时帮助更多有需要的退役士兵。如今,我已累计帮助400余名退役大学生士兵复学升学;帮助100余名退役军人规划就业;帮助11名退役士兵创业;帮助136名应届考生完成高考、军警院校类志愿填报;帮助221名适龄青年完成参军入伍规划。我在沈阳先后注册两家公司及一家个体门店、注册伍后拾光商标并取得伍后拾光App全部原始版权,在丹东搭建一条完整的鲜果供应链,组建一支全部由退役士兵构成的自媒体拍摄剪辑团队。

这就是我向"兵"中去,又从"兵"中来的故事。我热爱军营,为自己在18岁穿上军装感到自豪,并将一生铭记。定向培养军士里,男性相对多一些,对于高中阶段向往军营却又感觉与军校咫尺天涯,但仍要走定向培养军士这条路的孩子,我建议你一定要遵从自己的内心。选择定向军(警)士,就意味着你得忍受部队的艰辛,承受外界不理解的阻力与质疑。回想高中时,我想出人头地改变人生、想要穿上军装减轻家庭负担的目标,我觉得自己已经实现,在实现目标这条路上,阻力与质疑从未停止,但我感谢辽宁交专、感谢定向培养和武警部队!

看看自己有哪些能力潜质,对照核心能力模型,这样你的未来之路就更有针对性。

核心能力模型

项目	要求
学科能力	语文、英语、信息技术等
基础能力	扎实的专业知识、基础的身体体能储备、持续学习能力、探究能力、分析问题和解决问题的能力
社会能力	表达能力、团队协作能力、适应能力、心理承受能力、社会责任感

职业指南·家长选读

定向培养军士退出现役后属于退役大学生士兵。

1. 就业指导。各级人民政府举办的公共就业人才服务机构,应当免费为退役士兵提供档案管理、职业介绍和职业指导服务。
2. 税收优惠。对从事个体经营的退役士兵,按照国家规定给予税收优惠,给予小额担保贷款扶持,从事微利项目的给予财政贴息。
3. 公务员招录。在军队服役5年(含)以上的高校毕业生士兵,退役后可以报考面向服务基层项目人员定向考录的职位,同服务基层项目人员共享公务员定向考录计划。

工作后需要的职业类证书

根据部队需求，考取如汽车运用与维修、无人机驾驶等证书。

进修学习路径

部队内部考军校、内部对口升学；退役后相对应专业对口升学：汽车服务工程、汽车维修工程教育等。

主要就业方向

面向军队机关基层相关岗位，如文书、车辆维修工、被装管理员等。

主要专业能力

（1）具有军政理论与军事素养。

（2）具有根据工作岗位提供"练兵为战"的能力。

（3）具有维修汽车常见故障，运行、维护、管理大型装备系统，分析、判断、处理运行故障的能力。

（4）具有查阅、应用汽车维修资料的能力。

撰稿人：刘　汶　于林发　李　爽　常志超

郑浩然

职　　业：济南大友宝汽车销售服务有限公司前台经理
毕业学校、专业：山东交通职业学院、汽车检测与维修技术专业
从业时间：9 年

我喜欢修车，
排除一个又一个的汽车故障让我特别有成就感，
技能改变了我的命运，
我也在不断学习中逐渐成长进步。

我是一名"汽车医生"，为百姓安全出行保驾护航

　　我是郑浩然，毕业于山东交通职业学院汽车检测与维修技术专业，现任济南大友宝汽车销售服务有限公司前台经理。千万不要因为我担任的是管理岗位而小看我的机电维修技术技能，我曾任公司机电维修技师、机电维修高级技师、机电维修班组长、服务顾问等职位，我的技术技能是我的骄傲，也是在公司的立身之本，我正是以此在济南购房安家，下面请听一听我的故事。

高中时期

　　现在回想高中所学，我动手能力强，选择了理科对我现在的工作有着莫大的启发与帮助。

　　2009 年我中考失利，进入济南第三职业中等专业学校高中部学习。因为我成绩偏理科，且我从小喜欢动手修修小玩具之类的东西，所以我高中很自然地选择了理科。在高中阶段，我偏科严重，理科很强文科很弱，课余时间我完成理科的作业后其他时间都用来补习语文和英语，但语文和英语的成绩仍旧离我的预期差得较远，当时我对这两门课充满了无奈，甚至绝望，我付出了那么多，却没有收获。正是因为语文和英语成绩拖后腿，当年高考我不出意外地没有达到本科线。但是我没有气馁，我选择了自己喜爱的汽车检测与维

> **职业指南·家长选读**
>
> 汽车检测与维修技术专业需要的知识结构
>
> 1. 理工科优先。
> 2. 对汽车拆装、排除车辆故障要有兴趣,具备较强的动手能力,会让孩子更容易胜任这个职业。
> 3. 开朗的性格会让孩子与客户打交道时如鱼得水,职位更容易得到提升。

修技术专业,来到了山东交通职业学院。

作为汽车机电维修技师需要熟练掌握汽车结构原理,能够熟练地对汽车各个部件进行拆装与测量,并能够使用诊断仪排除各种车辆故障。我动手能力强,高中擅长理科,物理成绩优异,在做汽车机电维修技师后才能如虎添翼,入职后汽车维修技能迅速提升,多次解决客户的疑难杂症,职位也得到逐步提升。我文科偏弱但是性格开朗,乐于与人交往,虽然我现在转岗到了服务顾问,但我最喜欢的还是做维修技师为客户解决疑难杂症。我排除车辆故障养成的专注、专一的个性以及娴熟的技能,给予了我充足的自信,结合自己的汽车维修经验,作为服务顾问往往能够给客户提出最为合理的维修建议,并说服客户,最终赢得了一大批客户的认可。

高职时期

如果说在高中生涯我选择了未来的职业方向,那么在山东交通职业学院的成长经历就是我未来职业生涯的基石。

2012年,这是记忆犹新的一年。那一年我18岁,第一次独自一人离开了熟悉的城市。踏入了我的大学校园——山东交通职业学院。初到校园,我就认识了很多新的朋友,我们志趣相投,共同参加各种社团活动,共同参加各类汽修大赛,结合课程所学,汽车维修技术技能迅速提高。

我们学习的专业课程有"汽车发动机结构与检修""汽车底盘结构与检修""汽车电气系统结构与检修""车载网络系统检修""汽车空调系统检修""汽车综合故障诊断"等。至今我仍清晰地记得我上第一堂专业课的情景,老师带着我们绕车一周,讲解安全注意事项,之后将车辆举升,讲解车辆组成。这仿佛打开了潘多拉魔盒,又似给我打通了任督二脉,我以极大的兴趣去学习汽车检修的专业知识,课上认真听讲,认真做笔记,课后积极完成作业,在图书馆查资料,在实训室练习汽车拆装、检测与维修,参加学院汽车维修技能竞赛,并获得一等奖。

学校有高水平的师资队伍和高标准的实训室,与宝马、保时捷、大众等国际汽车企业共建了国际标准的校内培训基地,我系统全面地学习了专业理论知识,熟练掌握了汽车维修技术技能,这让我在以后的工作中如虎添翼,迅速成长。

大二时根据学校安排,我们要分班进入宝马、大众、雪铁龙、标志、日产、福田等十大合作企业的订单班学习。我报名参加了宝马考试,在本届近千名同学中脱颖而出,当时的我兴奋得不得了,我顺利地加入了宝马BEST项目。在宝马经销商面试环节,对于当时的我来说，这比对着计算机答题要难得多！面试是要穿正装的，我从来没有穿过西装，没有系过领带，甚至腰带都没有一条像样的。当时的我如同热锅上的蚂蚁，对于一个无任何社会经验的人来讲，这无疑是我碰到的最大的挑战。面试当天，我还是紧张了，我的双腿一直在发抖，面试完后我感到了失落，我觉得会被刷掉，当时失落极了。漫长的等待是对精神的一种磨炼，最终好消息传来，我得到了企业的认可，被分配到宝马订单班。

当我进入宝马订单班后，大家清一色地穿着宝马的工服，整齐地坐在了教室里，环望四周，这不都是学校的精英嘛！这个是某班的班长，那个是全国大赛的获奖选手，看到了周围的同学后，我压力剧增，教室里的每名同学都自带光环，而我是最默默无闻的一名。在基地学习的这段时间里，我的认知被打破，原来学习知识的方法是如此多样，课堂上我可以自由地分享我的知识技能，我们在分享得失中进步，我可以通过一个点关联多个面，我拿出了拼命三郎的精神，课上积极实操，课后别的同学休息我复习理论，我迅速地掌握了宝马汽车机电维修技术技能。

> **职业指南·家长选读**
>
> **性格探索**
>
> 高职学习具备较强的专业性，如果孩子能够具备积极向上的心态、严谨认真的态度、吃苦耐劳的精神，并且渴望实现自己的目标，那他（或她）一定能够走上正确的人生道路，成为一个有价值的人。

工作时期

大学的学习和生活是短暂且快乐的，下一步是进入经销商实习，启程！回家！上班！

（一）初入职场

2014年底，我回到了家乡，入职济南大友宝汽车销售服务有限公司，开始了新征程，我领到了劳保后被分配到了快保岗位。于是，我每天早晨早起到公司打扫工位，每天坚持回收废旧机油，每天下班打扫卫生，经过一段时间的学习和磨炼，我终于可以上手干活了。日复一日，时间在如发条般滴答滴答地消逝，简单的工作重复做，打好基础，我从快保到事故维修，再到机电学徒、主修和班组长。从简单的保养，到维修发动机和四轮定位，从学习接线再到独立进行汽车故障诊断，我也从宝马机电维修技师成长为宝马机电维修高级技师，宝马车上任何故障也不再难得住我。宝马车四轮定位较为复杂，后轮的外倾前束都不是单独的螺栓，大多数技师能够独立完成四轮定位，但知其然不知其所以然。我经过查询资料，研究发现一个螺栓在旋转时外倾前束成正比例变化，另外一个螺栓旋转时两个参数成反比例变化，以此为基础创新地提出了"平行四边形中间点定位法"，帮助年轻技师对宝马车辆车轮精准定位。

我们公司曾经修过一辆气囊报警的车，经过多人诊断维修也没有给客户彻底解决问题，我在对车辆全面体检后，提出了给发动机更换火花塞的建议，车间的同事们都露出惊讶的眼神，但是我坚持自己的观点，当火花塞换完后，果然该车气囊不再报警，原来是火花塞长期不更换、点火电压高导致了故障的出现。一次次解决这样的疑难杂症慢慢树立了我"汽车医生"的形象，我的双手布满了机油与老茧，车间就是我的"手术室"。我身着工作服，手拿诊断仪，专治汽车的各种疑难杂症。

（二）破茧而出

在机修车间沉淀了5年后，根据公司安排我转岗做服务顾问。去前台的第一天，我非常不理解，我在车间利用自己的维修技能能够更好地为公司工作，但是当时我的经理说了一句话我至今记忆犹新："一辆汽车从你面前驶过，你能够判断这辆汽车的状态，这是你的水平；经过简单的车检，你能够确定故障在哪，并且说服客户按照你的方案来维修车辆，这才是你的本事。"慢慢地我认识到了人外有人，天外有天，服务顾问的责任更为艰巨，于是开始了我前台接待的工作。我把在车间学到的东西运用到了前台工作中，客户特别信任我这名从车间转岗来的服务顾问，我在帮助客户解决问题的同时还能增加产出。很快，我通过了店内的考核，具备了独立接车的能力。我觉得我的人生在此刻仿佛开了挂一般，结合之前的汽车机电维修经验，我不断地学习沟通技巧，把技术前置，站在客户的角度去思考，尽量解决客户所有关于车辆的疑问，让更多的客户信任我。

2020年，通过两年的历练，我迎来了第一个单月100万元的成绩。这一年我几乎全年无休，我感觉自己像是永动机一样，我想不断地突破自己，月初做规划，做到服务好每一名客户的同时又兼具产出业绩，在不断摸索、总结、改进中，我实现了单月130万元的成绩。慢慢地，我从新人服务顾问成了一名资深服务顾问，也赢得了公司"优秀员工"称号。

工作虽然稳定，但是我学习的步伐不能停滞，我依旧每天总结改进，为了更好地提升自己，我通过培训获得更多的知识储备，去培训学院学习既能满足我的愿望，又可以让我缓解一下工作的压力。所谓传道授业解惑，老师可以为我解惑，我也可以为我的同事解惑。我慢慢意识到只有大家共同进步，售后服务才会发展得更好。2022年初，我成为店里的非技术内训师。

从初入职场到现在，已过去了整整9年的时间。我坚信兴趣是最好的老师，选择一个感兴趣的专业，掌握一门核心的技术，是将来的立业之本。生活没有捷径，坚持是换来成功的可靠因素，人生没有终点，在今后的道路上，作为一名"汽车医生"，我要继续砥砺前行，为老百姓安全出行保驾护航！

看看自己有哪些能力潜质，对照核心能力模型，这样你的未来之路就更有针对性。

职业指南·家长选读

职业探索

作为一名汽修人，需要具备娴熟的汽修技能，认真学习，吃透各种技术资料，这样才能解决客户车辆的疑难杂症。擅长发现问题，创造性地解决问题，才能够得到客户青睐，从而获得提升，成为行业专家。

核心能力模型

项目	要求
学科能力	语文、物理、数学、化学、信息技术等
基础能力	逻辑思维能力、动手能力、学习能力、团队协作能力、发现问题、解决问题能力
社会能力	客户服务意识、沟通能力、心理承受能力、持续学习意识、职业道德

工作后需要的职业类证书

低压电工、中级汽车维修工、高级汽车维修工、汽车维修技师、汽车维修高级技师等。

进修学习路径

专升本，进修学习专业：汽车服务工程、汽车服务工程技术、汽车维修工程教育、车辆工程等。

主要就业方向

汽车销售服务类企业的机电维修岗位、新能源汽车维修岗位、车身维修岗位，汽车检测线岗位，汽车制造厂终检岗位，保险公司的定损岗位等。

主要专业能力

（1）具有汽车维护的能力。

（2）具有一定的汽车性能检测的能力。

（3）具有汽车故障诊断与排除的能力。

（4）具有汽车维修业务接待和业务管理的能力。

（5）具有良好的解决客户投诉问题的能力。

（6）具有查阅、应用汽车维修资料的能力。

（7）具有适应产业数字化发展需求的专业信息技术能力和汽车维修服务领域数字化技术能力。

（8）具有绿色生产、环境保护、安全防护、质量管理等相关知识应用和法律法规及标准执行的能力。

（9）具有探究学习、终身学习和可持续发展的能力，具有分析问题和解决问题的能力。

撰稿人：付　舒　郑浩然

江海荣

职　　业：物产中大元通汽车有限公司监事　浙江申通时代汽车销售服务有限公司技术总监
职　　称：高级工程师
毕业学校、专业：浙江交通职业技术学院、汽车检测与维修技术专业
从业时间：19 年

每当修好一辆汽车，内心不自觉地就会有一种成就感。
看到汽车重新在车道上飞驰，
我的内心满载希望，仿佛也和它一起去到远方。

用心修好每一辆汽车

我叫江海荣，浙江温岭人，是一名高级工程师，现在担任物产中大元通汽车有限公司（简称元通公司）监事、浙江申通时代汽车销售服务有限公司技术总监。我需要对故障车辆进行检测，让它重新恢复正常。现在，我已在杭州定居，拥有了自己的事业。

这一路走来，我也遇到了很多的坎坷，也想要和大家分享一下自己的心路历程。

高中时期

读中学的时候，我就对拆装一些物品比较感兴趣，等到中学毕业的时候，我想在汽车维修专业继续深耕下去。

我出生在浙江温岭一个不大的村子，高中想要去大一点的城市，于是就来到了杭州市交通职业高级中学。高中的时候，我的成绩并不是很突出，文化科目考试成绩一般，然而，我对专业课比较感兴趣，以至我有时候会看着一辆汽车陷入深思。

我在中学的时候就在想，以后我要在汽车领域好好钻研下去，成为一名优秀的汽车人。我还想，以后需要读一个大学，这样才有更多的机会接触到汽车领域前沿的东西，也

能结识更多的同道中人。所以，我在浙江省汽车维修专业较好的大学中进行挑选，最终选择了专业氛围浓厚的浙江交通职业技术学院（简称浙江交院）。

那时候，路上汽车并不多，中国的汽车还在探索发展中。我走在杭州的大街上，我会留意不同的汽车品牌，对应到这辆车的售价、生产地、发动机参数、续航里程、耗油量等内容，这是我的乐趣之一。

此外，在汽车维修实训楼的学习时间，总是让我收获满满，我经常就汽车维修常见的一些问题与老师进行探讨。如何在较短的时间内修好一辆机动车是对一名专业汽车维修人员的重要考验，它要求准确定位故障、迅速修理故障部位、检测车辆关键指数等。

倘若再回到高中，我想学好英语，因为真正意义上的汽车起源于外国，国外一些汽车公司技术也比较成熟，很多汽车维修专业名词都是来源于外国，如果我的英语读写能力可以的话，我就能学习到更多的专业知识。

> **职业指南·家长选读**
>
> **汽车检测与维修技术专业需要的知识**
>
> 1. 理工科为主。汽修涉及物理、数学等学科知识，需要孩子逻辑清晰、思维清楚。
> 2. 兴趣驱动。对专业的产品和相关知识感兴趣，有空间想象能力、快速计算能力，会让孩子产生内在动力，更易对工作保持热爱。

高职时期

进入大学以后，我还加入了汽车协会，担任了学生干部。遇到问题，我就会积极地解决这个问题。

我一直觉得，来到浙江交院是一个很正确的选择。浙江交院的汽车检测与维修技术专业历史悠久，有着强大的师资力量和硬件设施，这让我如鱼得水，得到了快速的成长。

汽车检测与维修技术专业是学校的老牌专业，我们不仅会上诸如"汽车电子技术""汽车历史""汽车底盘维修"等理论课程，同时还会进行一个学期的实操课程，实操课程能够让我们很快地将课堂上所学的理论知识应用于实践当中，更好地理解一些理论知识。

在专业课的学习上，一开始我学得并不是那么顺利，对发动机和底盘的理论并不是很清楚，学院雷老师和王老师细心地教导我，他们在课余时间带我来到实训室，耐心地对照车辆讲解汽车的构造，这让我直观地感受到了汽车的神奇之处。此外，大学期间，我一直担任学生干部，协助老师处理工作，这些工作都需要细心的分析和耐心的整理，也正是这些经历，让我能够安静地研究一辆车，扎实地学习汽车维修的专业知识。

因为浙江交院的汽车检测与维修技术专业是和宁波工程学院联合办学的，所以我们也有机会到宁波工程学院学习。无论是听专家的报告，还是参观实验实训室，或是茶话交流会，都让我受益匪浅。我还记得，汽车学院的王芳老师以及林老师，都是浙江大学的高

> **职业指南·家长选读**
>
> **性格探索**
>
> 汽车检测与维修技术专业需要仔细、耐心，孩子最好能够坚持做一件事不轻易放弃，而且能够认认真真地排查车辆的关键部位。当然，如果喜欢与人沟通，在汽车理赔和汽车营销相关领域会有很大的优势。

才生，还有来自长安大学的朱福根老师、孙伟老师等，他们扎实的汽车运用理论知识，精湛的汽车维修技术，让我意识到，未来，我还有很长的路要走，我也想像他们一样，在这个专业发光发热，让每一辆车都能够恢复正常。值得一提的是，大学期间，由于我比较积极，跟着杭州湾汽车学院的老师一起参加各类汽车检测与维修技术专业的比赛，陆续拿到了省奖、国奖，这些都是我们共同努力的结果。

工作期间

毕业之后，我如愿以偿进入了汽车行业，也开始在这个行业崭露头角。至今一直从事汽车维修技术工作，曾担任过机电学徒、机电工、机电组长、机电班长，2015年4月开始任职公司技术总监，全面负责技术工作。

毕业后，我通过校招的方式加入了元通公司，开始了我的职业生涯。我也很幸运选择了元通公司，它是一个舞台，而我，在舞台上可以尽情舞蹈。

当然，我也是一步步走过来的，起初在公司里，我是一名普通的汽车维修工，角色并不显眼。但是空余的时间，我就会购买一些汽车维修专业书籍，阅读汽车资讯，了解汽车技术的新发展、新变化。在这期间，我也感到过迷茫，想要尝试一个新的职业，但是，修好车后的满足感和客户满足的微笑都让我久久不能忘记，我觉得，修车这件事，值！

十年如一日，我也不断成长，不断坚持自我完善、自我提升，慢慢取得一个又一个成绩，一步步成长为高级技师、师傅、组长、技术总监，荣获了"浙江省技术能手""浙江省青年岗位能手""浙江省金蓝领"等荣誉称号，并在浙江省机动车维修技能竞赛中获得冠军。

> **职业指南·家长选读**
>
> **职业探索**
>
> 来到职场上，大家其实都站在同一起跑线，只不过后面慢慢产生了一些差距。在平时工作中，孩子需要有踏实、细致的品质，这样才能够经得住很多考验，为自己赢得一席之地。从业者需要有崇高的职业理想，对未来的职业生涯有一个大致的规划，如未来多少年我应该有怎么样的进步？为了实现我的职业理想我需要付出什么？

我特别喜欢钻研汽车维修技术，我带领工作室成立了"精工中心"，对轮毂修复等汽车维修项目进行精加工，使得项目效率提高3倍，成本下降30%左右，实现产值和效益双增收。此外，我还将自己的心得体会整理成论文，用自己的技术创新申请专利，我已经累计在全国维修期刊上发表40余篇论文，授权专利11项，著有1部教材，参编3部教材。

千里之行，始于足下，我会把自己手头的工作做好做细，后面遇到难一些的问题我也不会害怕，因为我已经做好了充分的准备。

我有时候也会思考学汽车检测与维修技术专业的意义，其实多做少想是一个很好的办法，在行动中方向会越来越清晰，我才会知道自己想要的究竟是什么，只是空想是不行的，越想反而越会糊涂，倒不如去操场上跑跑步，去实训室练练手，去图书馆看看书，我们就能行动中收获更多的能量。

看看自己有哪些能力潜质，对照核心能力模型，这样对你的未来之路就更有针对性。

核心能力模型

项目	要求
学科能力	数学、物理、英语、信息技术等
基础能力	专业技术能力、学习能力、空间想象能力、观察能力、数字分析能力等
社会能力	团队协作能力、人际交往能力、创新能力、语言文字表达能力、心理承受能力等

工作后需要的职业类证书

机动车驾驶证、汽车维修工证、英语 AB 级证书。

进修学习路径

专升本，进修学习专业：汽车服务工程、汽车服务工程技术、汽车维修工程教育、机械电子工程、车辆工程、机械工程、工业设计、机械设计制造及其自动化等。

主要就业方向

进入保险公司，从事车辆查勘定损；进入汽车 4S 店，从事汽车营销与服务；进入汽车维修公司，从事汽车检测与维修等。

主要专业能力

（1）具有常用的汽车理论知识，了解汽车的基本构造和常见故障。

（2）具有一定的数字计算能力，能对汽车性能进行评估。

（3）具有汽车空间想象能力，能快速定位汽车故障部位。

（4）具有制表能力、基本的文字撰写能力，能够熟练使用办公软件。

（5）具有良好的安全意识和遵循维修操作流程的能力。

撰稿人：时丽斌　江海荣　张　百　朱文维

屈中华

职　　　业：大连国际海事技术服务有限公司船舶驾驶员
职　　　称：大副
毕业学校、专业：四川交通职业技术学院、航海技术专业
从业时间：13 年

大海中有无穷无尽的宝藏，

等待着勇敢的人去寻找，

我很幸运找到了属于我的那一份。

从四川走向大海

我叫屈中华，是一名远洋运输船舶的驾驶员，它是海员的一个工种。这是一个平凡的职业，和货车司机一样，我们不生产任何物品，我们只是物品的搬运工，我的工作只有一个要求：安全地将货物运送到指定的地方，使命必达。

海洋的面积约占地球面积的 71%，我工作的舞台就在这片蓝色之上。白天与碧海蓝天为伴，夜晚仰望夜空星辰入眠，胸怀如海一般宽广，意志似铁一样坚定。在全球范围内，超过 80% 的国际贸易通过海上运输实现，离开了海员的奉献，世界上一半的人将会挨饿受冻。也许这个职业是那么默默无闻，但却是那么不可或缺。

高中阶段

父母从小就教育我，一定要多读书，以后才能走出农村，生活才会越来越好。我是一个不善言辞、老老实实的一个人，认真读书、将来找个好工作也就是我唯一想的事情。

我出生于四川省达州市通川区蒲家镇屈沟村的一户农村家庭，父母都是务农的，我就是个地地道道的农村娃，在读书的同时也会干很多农活——现在想来，小时候养成的吃苦耐劳的精神帮助我在以后航海的工作能更好地适应，毕竟航海这份职业不仅特殊，也绝对不轻松！

我高中就读于达州市高级中学，和千千万万的高中学子一样，寒窗苦读就能概括我的高中生活。我读的是理科班，学习成绩稳定在班级前十。高考填报志愿时，其实我还是很茫然的，在农村也没有接触太多的职业介绍，周围也没什么典型的事例，对自己职业的规划也不是十分清晰。经过考量，最终我选择计算机方面的专业，毕竟这是在我所了解的信息中好就业的专业，以后的就业城市，我也主要选择成都，相信大城市机会应该会多一些吧。但我也深知，县城里面的我要和大城市的同龄人竞争的话，还是有很大差距的，我希望能考上本科院校，但高考后由于分数达不到本科院校录取的要求，最后我被四川交通职业技术学院计算机专业录取。然而，有些时候事情的发展并不会像自己开始想象的那样，在我刚进入大学报到的时候，我人生的一个重大转折点出现了。

> **职业指南·家长选读**
>
> **航海技术专业需要的知识结构**
>
> 1. 理工科。专业学习中会有一些公式类的知识，需要有一定的分析能力，还会涉及一些地理方面的知识。
> 2. 兴趣驱动。喜欢全世界走走看看，对大海有一定的向往，对驾驶交通工具有一定兴趣和天赋的孩子能更适合这份职业。

高职时期

大学阶段，经历了专业的转换，以及为了通过专业考核而进行的又一轮寒窗苦读，我以坚韧的毅力向自己的人生目标迈进……

2007年来学校报到，我在学校的报到现场了解到学校航运工程系新开设了航海技术专业，由于该专业是和企业合办的，毕业后直接安排工作，和家人商量后，感觉专科的计算机专业在以后就业的时候要和本科计算机专业竞争的话，还是有很大的难度的，因此我选择将专业转为航海技术专业。

要说对这个专业的了解，对于身处内陆山区的我来讲，或许真就是有点儿一无所知，也许就是认为它是学一门技术，总归是好的。然而，专业学习并不像想象中那么轻松，由于从事这个职业需要有相应的职业资格证书，并且是全世界认可的证书，获取门槛自然不低，特别是有英语的要求，这对于英语本来就不是很好的我来说有一定难度。

我经过了不亚于高中阶段的寒窗苦读，因为所有的专业知识都是之前高中没有接触过的，相当于从零开始，而且航海技术专业学的内容比较多。以前有句话"航海人要上知天文，下知地理"，比如专业课程"航海气象"，需要准确分析海上的气象和海况变化；"船舶管理"更是需要对国内外关于船舶的法规非常熟悉；还有"航海英语"，由于将来从事的职业是面对全世界，因此对英语的要求不仅是

> **职业指南·家长选读**
>
> **性格探索**
>
> 航海是一份特殊而艰苦的职业，由于大部分工作时间都在船上，而船上只有20多人，接触的人员非常有限，需要性格能外向一些，多和船上的人沟通和交流，才能克服船上的寂寞。另外，工作也比较辛苦，要能够吃苦耐劳，踏实认真。

读和写，还需要和别人进行交流。这些专业课程最后的考核是需要通过国家海事局组织的国家级别的考试，因而专业知识的学习不能马虎，需要全身心地投入，否则是很难通过考试的。在后期的备考过程中，我基本就是寝室—食堂—图书馆三点一线，特别是专业英语，本来自己的英语基础就不好，那就需要我加倍努力。好在功夫不负有心人，2010年7月我顺利通过了由国家海事局组织的海船船员适任证书考试，取得远洋船舶驾驶员任职资格。

工作时期

从地处内陆腹地到无边的辽阔海洋，这是我以前从未想过的，从计算机前面的键盘侠到驾驭万吨巨轮的舵手，这也是很难想象的，从我选择转入航海技术专业开始，我的整个职业生涯就变得非常清晰。

（一）实习生

我大学毕业就进入大连国际海事技术服务有限公司，同年11月8日在辽宁的锦州港上船实习。这是我第一次到离家那么远的地方，当然这也是我第一次最直观地接触到我需要从事的职业，站在200多米长的巨轮旁边，我被震撼到了，以后我真的能轻松驾驭这艘庞然大物吗？船上的工作具有特殊性，通常需要在船上连续工作8~9个月，大部分时间是在大海上航行，放眼望去，周围全是水，活动空间很有限，虽然船舶到港会停留一段时间，但也不是随心所欲想去哪儿就去哪儿。刚开始工作需要一段时间来适应，毕竟我是从平稳的陆地来到了飘摇的海上，作为实习生，船上的所有工作都需要熟悉一遍，以便以后能更好地独当一面。第一次来到船上，我从熟悉和了解将要工作的船舶开始，200多米的船舶，就像一个超大的迷宫，不去熟悉的话分分钟就迷路。当然熟悉也需要一个过程，实习生会每隔一段时间被分配给不同的老船员，跟着老船员了解他工作的内容，这样就能接触到船舶的每一个角落，从而了解如船舶的通道有哪些，船舶的各种设备都在什么地方。通常实习生不需要单独进行某项工作，因为所有工作一定要在有经验的老船员指导下进行，作为实习生，不懂的问题一定要问清楚，不要盲目单干，有时一个小小的失误就会酿成严重的后果。实习的阶段就是将学校里的书本知识运用到实践当中的过程，只有更快、更好地掌握了相关的船舶驾驶知识，才能任职船舶驾驶员。

（二）水手

2011年年底，我完成了实习，取得了船舶驾驶员的正式适任证书，但由于当时整个航运市场行情不景气，船舶驾驶人员较多，没有多余的岗位，直到2012年6月5日，我才登上职业生涯的第二条船，做了一名水手。虽然水手工作比较辛苦，但相较于实习生来说，有正式的工资，我也就一边做一边等待机会了。当然现在看来，这段水手经历也帮助我在接任更高职位的时候积累了足够的经验。水手,是指负责船舶甲板部工作的普通船员。水手的主要工作是负责船舶日常保养和卫生清洁,协助驾驶员航行值班,锚泊靠泊值班,在大副或值班驾驶员的安排下,从事船上的相关工作。正是这段水手的经历,帮助我在以后做大副的时候能够更好地和水手相处以及管理甲板部(因为大副是船舶甲板部的负责人)。当然,水手的工作是在船舶的甲板上,涉及高空作业等,具有一定的危险性,也比较辛苦,因此在甲板上工作一定要穿戴好劳保用品,做好自身防护,严格按照相应的操作规程进行。

(三)三副

干了接近两年的水手工作,2014年8月我于国内靖江船厂接新船,开始任职三副。三副作为船舶的高级船员,需要在每天的8—12点在船舶驾驶台值班,在值班期间需要对船舶的安全负责,这样压力也来了,毕竟就像以前上学的时候老师说的那样"这时你手里掌握了几个亿的资产"。紧张是紧张,特别是周围船比较多的时候,感觉每一艘船舶都对自己的船有危险,好在刚开始值班时,船长会在驾驶台,虽然他不直接参与船舶的操纵,但有他在边上站着,我心里似乎也有了底气。回顾在学校学习的专业知识和在当实习生时积累的经验,认真分析船舶所处的环境,其实也很容易发现,并不是所有的船都对自己的船有危险,只有某些船需要重点关注,再利用所学的知识,对船舶进行正确地操纵,把看似复杂的局面化繁为简,这样船舶就能安全地继续航行,自己也就慢慢适应了这样的工作了。船长在边上虽然不说话,但看到我完成正确操作后会投来肯定的目光,这对我来说都是无声的鼓励,我的自信也在这个过程中逐渐积累起来。

(四)二副

2016年8月我三副的资历达到相应的要求,于是换取了二副证书,由于表现良好,被提职为二副,向着前进的方向又迈出了一步。相较于之前青涩的三副,我现在也有足够的自信来应对船舶航行遇到的问题了。当然对于每天0—4点的值班要求,还是经过了一段时间的适应,毕竟深夜的0—4点是人最容易犯困的时间,这就需要平时合理安排自己的作息时间。通常吃好晚饭就要准备休息,养成晚上7点以前睡觉的习惯,这样就能保证夜班之前能有5小时左右的睡眠时间,到了值班的时候才能有好的工作状态,避免疲劳值班对船舶航行安全带来不良的影响。总之,在船舶这个特殊的工作环境中,无论是业务能力还是生活作息,都要严格要求自己,正确调整好自己的生物钟,才能更好地胜任这份工作。

职业指南·家长选读

职业上升路径

船舶实习生(实习12个月)→任职三副(任职12个月)→任职二副(任职12个月)→(需参加大副岗位适任培训并通过考试)任职大副(任职18个月)→(需参加船长岗位适任培训并通过考试)任职船长。

（五）大副

2018年9月我利用在家休假的时间报名重庆交通大学，学习远洋大副相关专业知识，因为按照相关职业要求，二副升职到大副不仅需要有足够的在船资历，还需要经过相应的培训，并通过国家海事局组织的相应考试后才能取得任职资格。2019年年初，我通过大副考试，之后通过新加坡管理公司ISM面试，2020年1月7日于西班牙上船任职二副兼实习大副，但由于正值新冠肺炎暴发的时候，我连续在船上工作了8个月，这确实对意志力有很大的考验。2021年8月27日我于上海出境，前往法国接船，在法国待了一个星期后，于9月3日登上山东福泽轮，正式开始任职大副。

航海是一个古老的职业，它不需要华丽的操纵，只需要日复一日、年复一年地将船舶安全地从一个港口驶向另一个港口，但正是这看似简单的工作却需要长期的经验积累和过硬的专业技能。我要感谢我自己，我的坚持带来了现在所拥有的一切。一个曾经老老实实的农村娃，从偏僻的农村走到大城市安居，这些都是这份职业带给我的。当然我还有更高的目标要实现，幸福是奋斗出来的，我将沿着当前的道路继续前进。

看看自己有哪些能力潜质，对照核心能力模型，这样你的未来之路就更有针对性。

核心能力模型

项目	要求
学科能力	英语、数学等
基础能力	满足我国对于海船船员健康检查的要求、语言表达能力、沟通能力、数学逻辑思维能力
社会能力	爱国进取，敬业奉献；团结协作，同舟共济；业务精湛，有一定的心理承受能力

工作后需要的职业类证书

中华人民共和国海船船员适任证书。

进修学习路径

专升本，学习进修专业：航海技术、水路运输与海事管理、海事管理。

主要就业方向

面向甲板部技术人员等职业，从事船舶驾驶、货物载运、通信导航等岗位（群）。

主要专业能力

（1）具有保持船舶安全航行的基本能力。

（2）具有正确使用电子海图的基本能力。
（3）具有正确运用船舶驾驶台资源的基本能力。
（4）具有安全管理和运输货物的基本能力。
（5）具有正确使用、维护保养船舶甲板设备的基本能力。
（6）具有正确使用船舶驾驶台相关助航仪器的能力。

撰稿人：蒙加林　屈中华

丁林娜

职　　业：法国达飞海运集团三管轮
毕业学校、专业：武汉船舶职业技术学院、轮机工程技术专业
从业时间：2 年

我向往大海，

因为那里不仅有着远离尘嚣的静谧，

还充满了未知和神秘；

我向往海燕，

栖息之处广袤无际，战斗之处狂风暴雨。

我是一名乘风破浪的 95 后女海员

　　我叫丁林娜，是武汉船舶职业技术学院 2021 届毕业生，从大学毕业已经两年，目前服务于全球第三大集装箱航运公司 CMA CGM Group（法国达飞海运集团）。大学毕业后，我踏上了自己扬帆起航的梦想征程，成为武汉船舶职业技术学院第一位登上远洋巨轮的女海员。2022 年 4 月，经过不懈的努力，以超过同期大多数男同学的速度，我获得了三管轮适任证书 [指按照有关国内法律、法规和 STCW 公约（海员培训、发证和值班标准国际公约）的要求，由授权的海事管理机构签发的，认可合法持证人在相关种类、航区、吨位、推进功率和推进方式的船舶以所指定的责任等级和功能从事航行服务的证书]，成了同事、同学和老师们口中的"丁三管"。

 高中时期

　　曾经的我，对于未来的生活有过许多种憧憬，幻想过躺在柔软的草地上，也曾幻想过穿梭在灯红酒绿的都市，却不曾想过会登上巨大的货轮，分别亲人，远离家乡，踏上征服星辰大海的征途。

高考后当我选择了武汉船舶职业技术学院（简称武汉船院），选择了轮机工程技术专业并决定上船的那一刻，我才意识到原来我一直向往的生活是洒脱与自由，我喜欢那长河落日圆的宏阔气势，喜欢那海上明月共潮生的盛景。回想当初选择这个专业时，在我身边有太多的反对与质疑的声音，有来自家人的不舍和担忧，有来自亲朋好友的耐心规劝，更多的是来自外界对于女海员的轻视与不屑，在他们的心目中女生注定就与航海无缘。虽然我深知身为一名女性，踏入这个职业的有太多的困难，但这更激起我挑战自己的决心，我想用行动来证明，女生也能从事轮机员职业，也能成为一名优秀的海员，可以在属于自己的岗位上发光发热。

> **职业指南·家长选读**
>
> 轮机工程技术专业需要的知识结构
> 1. 理工科。对物理的要求较高。
> 2. 兴趣驱动。喜欢并擅长拆装物件，动手能力强，这会让孩子更易胜任这个职业。
> 3. 身体素质。身体健康，有一定运动兴趣和特长，这更容易培养规律的作息时间和健康的心理。

高职时期

在入校伊始，我便暗下定决心，誓要成为一名女轮机员，一名不输任何男生的女轮机员。我是这样想的，更是这样做的。

2018年9月，我踏入了武汉船院的校门。在大一时，公司到校宣讲，我发现学校与公司组建的卓越班为我们搭建了一个很好的平台，听过宣讲后高考失利的阴霾一扫而空，我毅然决然地报名了卓越海员班。凭借着入校以来的努力学习，我以优异的表现，顺利通过学校和公司组织的首批卓越海员班的选拔。为了营造一个好的学习风气，带领大家共同进步，同时也为了锻炼自己，为以后成为一名好的管理级船员奠定基础，我毛遂自荐，当上了首批卓越海员班班长。课堂上，我努力学习专业知识；生活中，我积极锻炼，提高身体素质；与朝阳为伴，与夜色共舞，无时无刻不在为了追逐心中的那片蔚蓝努力奋斗着。

学院和公司各方对我们都非常重视，都在努力为我们营造一个良好的学习环境。学院开设了"船舶电气设备""轮机自动化""船舶电工工艺与电气测试""机舱资源管理"等课程。公司日常为我们提供了书包、衣物等各种卓越生定制物资，还定期定时安排了英语口语培训、专业培训、安全知识等培训课程。考试前，公司会聘请英语老师给我们辅导大学英语四六级；面试前，会专门请外教老师给我们进行模拟面试；公司时刻关注着我们的学习和生活情况。在这样的环境下，我更加坚定了对梦想的追寻，也对心中那片蔚蓝充满了希望。其间，我获得了国家励志奖学金、中国航海协会张荣发助学金、北京鑫裕盛船舶管理有限公司一等奖学金；学校综合一等奖学金、"三好学生""暑期社会实践先进个人""五四优秀团员"等荣誉称号。

大二期末考试结束后，在学校的教导、公司的帮助和自己的努力下，我于2020年7

月登上法国达飞海运集团所管理的 APL SCOTLAND 轮，任职见习三管轮，开启了我为期半年的海上见习和生活。在这次见习中，我收获颇丰。刚开始上船的时候我非常不习惯，对船舶设备十分陌生，与外籍海员沟通时也很胆怯，完全不敢开口，对所在岗位需要操作的各项设备也很不熟悉，英文版的操作手册也看不太懂，这些都打击着我的信心。远洋航行长时间与外界没有联系，也没有节假日，漂泊感、孤独感也时常袭来，让我怀疑自己是否真的适合这份工作。

本着一股不服输的冲劲，我白天工作，晚上看书，利用一切休息时间向有经验的同事和领导请教。把工作难点、注意事项和操作细则一项项写下来并反复推演，半年的实习工作下来，笔记都累积了厚厚的两本。经过努力，我对自己岗位上的日常工作都了如指掌，与外籍船员也可以顺利地沟通了。

这次实习不仅锻炼了我个人的控制、协调和实践能力，而且使我的专业能力得到了质变般提高。

第一次实习休假之后，为了实现自己的目标，我没休息几天，便急忙赶回学校备考大证。我每天早起背英语会话，睡前都还在刷题。学校张选军老师让我们早晚跑操，强健的体魄也为后期在船的工作打下了基础。公司关心我们的备考情况，为我们做好了各种后勤保障工作，还专门为我们提供了牛奶、面包等作为考证补给物资。

我拿到大学毕业证之后，在 2021 年 8 月一次性通过了三管轮适任证书的全部考试，在公司的协调安排下，我登上 CMA CGM ZEPHYR 轮，开始了自己的第二次上船见习之旅，也正式地脱离了学生的身份，开启了职业生涯。

职业指南·家长选读

职业探索

海员，尤其轮机员这个职业，女性极为稀少。它不仅要求从业者精通各种仪器仪表和设备操作，同时还要有较强的体力和吃苦耐劳的精神，能在机舱内默默无闻地工作。这个职业对女生不友好，或者说本身就对女生存在着"刻板印象"，女生选择这一职业要慎重，选择它的女生要有对职业的坚定、对道路的执着，有不服输的干劲。

工作时期

职业发展，离不开踏踏实实的"抓铁有痕、踏石有印"。它需要对职业有"景行行止"的向往和"行百里者半九十"的毅力。

在远航的日常工作中，我的职责从每天早上 8 点开始。作为轮机员，我主要职责是对船上的机器进行维护和保养。我需要掌握船上所有的泵，以及熟练操作分油机、空压机、锅炉、生活污水处理装置、焚烧炉等设备。我要穿上特制的工作服、工作鞋、手套，耳朵里揉进耳塞，进入轰鸣又湿热的机舱内部，船上器件的体量普遍都远远大过一个女船员的身形，这确实不是件容易的事。更多的时候，我得一天到晚跟船油打交道。一旦船停靠在港口，一次需要补给平均约 3000 立方米重油，我会检查分油机、空压机、防污染设备运转情况，用量油尺计算油藏，与陆地反馈加油量，保证轮船的正常航行。

每次出海，我在海上漂泊的时间短则 3 个月，长则半年。3 年来，我先后到过澳大利亚、日本、新加坡、沙特、阿联酋、埃及、美国、多米尼加等 13 个国家 23 个港口。在海上漂泊的日子，我的活动范围局限于 360 多米长、50 多米宽的巨型货轮，出海的时间长了，有时我会思念远方的家乡和亲人，但多数时间我感觉很充实。

对于第二次航海之旅，我少了几分忐忑不安，多了几分自信与憧憬，也多了几分期待与责任。我不再像初登货轮时那样焦虑和迷茫，此时的我多了一些认真和敬畏。由于这是一艘刚下水的新船，上面的一些新设备、新技术是我此前从未接触过的，但这不能阻挡我想成为一名优秀轮机员的决心。于是我从头开始学习，对照设备说明书，一个阀门一个阀门地摸索实践，很快熟悉了这些设备的使用方法，工作起来更得心应手。

2022 年 4 月，在完成 12 个月见习后，船东为我签写提职报告。在拿到三管轮的适任证书的那一刻，我知道我已不是当初心怀蔚蓝梦想的大学生，而是一名真正的轮机员！

作为武汉船院历史上首位登上远洋轮船工作的女生，我克服了身体和心理上的多重障碍，体验船上的工作和生活，我更明白了大海航行的不易。看到前辈们扎实的基础知识和熟练的操作能力，我相信将来自己也会像他们一样优秀。未来的你们，如果和我一样怀揣着航向蔚蓝大海的梦想，也一定会同样优秀。

> **职业指南·家长选读**
>
> **职业上升路径**
>
> 天下大事必作于细，在细节上深耕，就是为职业发展前进当中的每一步负责。韬光逐薮，含章未曜。不急于展现自己的才华，而是选择在暗处默默积累和磨砺。真正的成长和进步往往发生在不为人知的时刻。从业者要学会在外界看不见的地方下功夫，通过不断的学习和实践，积累知识和智慧，培养自己的内在品质。

看看自己有哪些能力潜质，对照核心能力模型，这样你的未来之路就更有针对性。

核心能力模型

项目	要求
学科能力	物理、英语等基础学科能力；机械、电子技术、绘图等专业学科能力
基础能力	人际交往能力、视觉空间能力、运动协调能力、学习能力
社会能力	组织协调能力、良好的心理素质、语言沟通能力、心理承受能力

工作后需要的职业类证书

船员资格、三管轮、值班机工、三副、值班水手、电子电气员、电子技工等。

进修学习路径

专升本，进修学习专业：轮机工程技术、航海技术、船舶电子电气技术等。

主要就业方向

进入海事局、航道局、船员公司等，从事船舶轮机管理、机舱设备操作维护、机舱设备检测维修等岗位（群）。

主要专业能力

（1）具有正确操作、管理船舶主、辅机及其各相关系统等轮机安全值班的能力。

（2）具有完成车工、钳工、焊工、电工等船舶机械加工的基本能力。

（3）具有检测、保养、维护和修理船舶机电设备等轮机维护和修理的能力。

（4）具有对机舱人员和技术设备管理的基本能力。

（5）具有正确识别应变信号，熟练使用船舶内部通信系统的能力。

（6）具有制订和执行应急程序，熟练操作应急设备的能力。

（7）具有熟练操作防污染设备的船舶污染防范处置的能力。

（8）具有船舶机舱安全防护和质量管理的能力。

（9）具有分析问题和解决问题的能力。

（10）具有探究学习、终身学习和可持续发展的能力。

撰稿人：刁　帅　姜　层　丁林娜

王绍贺

职　　业：东方航空技术有限公司江苏分公司飞机维修工程师
毕业学校、专业：南京工业职业技术学院（现为南京工业职业技术大学）、航空电子设备维修专业
从业时间：6 年

我们认真学习专业知识和练习技能；

严格检查飞机的每一个部件，保障飞机的安全；

为旅客安全出行，保驾护航。

 我是护航蓝天的"飞机医生"

　　我叫王绍贺，我的工作是飞机维修。每一次平安起降的飞行，都是飞机维修人员专心、专注、精益求精的结晶。我最自豪的时刻就是为飞机诊治一个又一个"疑难杂症"，及时排故，确保飞机适航。

　　飞机维修"零差错"的标准促使我不断进步，与前沿技术"共舞"，假如你也对飞机翱翔天空感兴趣，对航空事业有一颗好奇心，不妨听听我的故事，或许会对你有所启发。

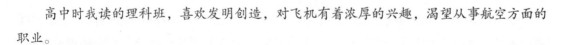

高中时期

　　高中时我读的理科班，喜欢发明创造，对飞机有着浓厚的兴趣，渴望从事航空方面的职业。

　　高中时我就读于江苏徐州市沛县汉城国际学校，成绩在班级中上游水平，在校期间担任学生会主席一职。我的动手能力比较强，平时经常喜欢鼓捣一些"小物件""小发明"，理科成绩相对要好一点。文理分科时，考虑到我一直以来对飞机的好奇与热爱，我选择进入了理科班学习，希望能够多学习原理知识，打好基础，日后在航空领域找到一份适合自己的职业。

　　我最喜欢物理、化学和地理这 3 门课程，现在想来这些学科知识推动了我对科学的深

> **职业指南·家长选读**
>
> **航空电子设备维修专业需要的知识结构**
>
> 1. 理科基础扎实，物理、化学、地理等学科与航空维修工作密切相关。
> 2. 动手能力强，对发明创造感兴趣，喜欢尝试与实践会让孩子有内在兴趣，更易对工作葆有热爱。

入了解，与我现在从事的职业有着千丝万缕的关系。如物理知识能够解释飞机飞行的原理，化学知识可以告诉你在飞机维修中需要注意的防腐、保护措施等，地理知识就更不用说了，它会让你更好地认知地形、地貌，了解天气等自然环境对飞机产生的影响等，从而做出更精准的判断。

高三那年，我也曾经历过一段迷茫期。当时高职院校有单独招生的政策，若选择报考，可以提前半年结束学业。尽管老师和家人认为我的成绩尚有潜力，鼓励我参加高考，冲刺本科，但考虑到家庭经济状况和未来的种种不确定性，我更希望未来能选择一个自己喜欢的专业，并利用这段空余时间通过工作积攒大学的学费和生活费，减轻家庭的经济负担。在查询院校资料时，我了解到南京工业职业技术学院设有航空电子设备维修专业，这一专业既契合我对技术型职业的追求，也能帮助我在航空领域深耕学习，逐步实现职业理想。最终我决定遵从自己的内心，选择单招，也期待着在新的学校开启我的职业成长之路。

高职时期

高职期间，学校的航空基地实训课程极大程度提高了我的动手能力以及思考排故能力，优越的科创条件为我提供了锻炼实操的机会，坚持不懈地练习和对科研的痴迷让我斩获多项技能大赛奖项。

奋斗的青春最美丽。进入南京工业职业技术学院学习是我人生一个重要的转折点，航空电子设备维修是一个艰苦职业，当时我学这个专业的时候毕业生还是比较少的，我们学校也是当时省内唯一一个成立航空学院并开办航空电子设备维修专业的高职院校。航空电子设备维修是一个非常重视安全的职业，我们要保证飞机的绝对安全，飞机安全起飞和降落承载了每一个乘客及家庭的幸福，对我们来说责任非常重大，而这也是我一直以来努力奋斗的动力。

要想确保飞机维修的绝对安全，就要有扎实的理论知识和过硬的实操技能。学校的课程设置是严格以企业需求为导向的，从飞机研发到制造再到维修都会有相应的理论课程，如航空通信、航空仪表、航空导航以及电源、飞控等。利用课余时间，我还自学了单片机知识、CAD制图、液压、传感器应用以及电气电机等书籍。

值得一提的是，学校为我们提供了航空实训基地，那里有一架真实的大飞机，在现场，老师们会生动讲解飞机拆装的原理等，帮助我们更快、更直观地将理论知识与实践进行结合，极大程度提高了我们的动手能力以及思考排故能力。通过这种形式多样的教学模式，我在学专业课时感觉非常有趣，并且能很快地掌握这些知识点，也正是那时，我更加坚定了自己的目标和梦想。

手脑并用，双手万能。我喜欢科技创新，在校担任了电子科技协会会长，带领协会荣获江苏省"百优社团"和"活力团支部"称号。学校浓厚的创新创业氛围和优越的科创条件让我有机会在学习理论知识的同时，通过各类型技能大赛不断强化实操技能，通过比赛、备战，我见识到很多高新尖的作品，也意识到自身的不足，那时我不断自省、修正、磨砺，常常为了调试熬至深夜，为了刨根溯源做数百次检验。在长达两个月的备战全国职业院校技能大赛飞机发动机拆装调试与维修赛项训练期间，我刻苦钻研专业知识，锻炼操作能力，能吃苦、肯吃苦，每天工作学习14个小时，一项两小时的训练项目，重复练了100多次，仅拔缸一项动作，每天至少重复8次，每次都用尽全身力气。经过不懈努力，我与航空学院团队老师一起创造了学院首次参赛就获得全国三等奖的好成绩。

钻研使人不断进步。记得有一次下雨，家中窗户没关，新买没多久的计算机被淋坏了，我当即送到店里维修。当时我就想，如果能安装一扇自动开关的窗户就不会发生这样的事了，想法萌生后我便开始学习相关技术知识、做模型，经过一次次打磨，最终完成发明。对科研的痴迷与疯狂让我收获颇丰，在校期间，我曾获第十一届全国高职高专"发明杯"大学生创新创业大赛二等奖2项，第七届全国大学生物联网创新应用设计大赛总决赛一等奖1项、二等奖1项；以第一作者身份申请专利共51项，其中已授权发明专利2项、实用新型专利15项。

> **职业指南·家长选读**
>
> **性格探索**
>
> 　　飞机维修讲究精细，孩子性格培养中需要注重细致、耐心、吃苦耐劳等优秀品质的塑造，如果热爱创新思考，会加快促进技能的全面提升。

人生就像一场旅行，不必在乎目的地，在乎的是沿途的风景以及看风景的心情。我觉得我的大学亦是这样，要选择好自己感兴趣的专业，树立好明确的发展目标，积极参加一些专业性的比赛或讲座，全方位地提升自己的专业水平。我庆幸能够身在美丽的南京工业职业技术学院度过我的大学生活，感恩学校和父母、老师的教育，让我快乐地成长、成才。

工作时期

我享受自己的工作，在维修改装飞机的日常工作中大量汲取知识、积累经验、开拓创新，对这份职业更加热爱和尊重。

学校"分层分类、做学合一、双创融合"的人才培养模式对我的职业发展产生了极为重要的影响，也是我在就业市场上拥有更多竞争力的底气来源。我毕业时的就业机会还是相当多的，我们班里的同学基本上都获得了自己心仪的工作机会，现在随着行业的发展和经济的恢复，这个专业的就业情况还是相对稳定的。

（一）初入职场——积累大量维修经验

毕业后我就职于广州新科宇航科技有限公司，该企业是一家全球最大的第三方飞机维修公司，是新加坡科技宇航公司参与合资的公司。在我刚入行的时候，我主要做一些简单的勤务工作，像接送飞机、绕机检查、工具整理等基本工作。

入职后，师傅手把手指导我从事一些从简单到复杂、从易到难的维修工作，其间，我参与了737、320、767飞机的定检维修和改装工作。一般在执行重大改装项目之前，需要进行充分评估，准备相应的工具和航材，同时对工卡及里面的线路图、手册等进行一系列审核，随后对整个飞机的每个部件的位置都要做出一个详细的判断，接着才能进行下一步拆除、安装、调试、功能测试等大量的复杂工作，过程中要求每一步都是精准的，不容许出现任何差错。每一个项目都是一次学习和积累宝贵经验的机会，每当遇到新的工作项目，我都会向师傅积极争取，提前做好准备工作，把工作单上的内容吃透。记得有一次任务是电子舱核心计算机架上的改装，要求将全部导线拆除并重新布线，连接到飞机计算机，从而控制飞机的部分系统和功能，工作重大，资料繁多，我把自己关在家里研究了3天，做到熟知每根线的走位和连接点。我在入职第一家公司后不久，就有幸参与了国内首架空客A320客改货等多项飞机重大改装和加装工作，积累了大量的飞机改装与维修工作经验。

（二）成就瞬间——合力完成飞机排故

在整个维修工作当中，我认为特别有成就感或者价值感的时刻，就是对飞机进行排故。记得有一次，一架即将执行飞行任务的飞机突发故障，乘客已经在候机楼准备登机。接到排故任务后，我们团队立刻组织实施检修，从查找技术资料、测量线路、锁定故障源，再到更换故障部件、测试性能，最终用50分钟排除了故障，为旅客安全准时出行提供了最大保障。那一刻我内心的自豪感油然而生，我想这主要是来源于对维修工作的重要性的认知和使命感，以及从内心深处对这份职业的热爱与尊重。

（三）崭露头角——首当项目负责人

砥砺前行，创新的脚步从未停止。通过学习与积累，我熟练掌握定检维护的飞机维修、部件拆装与测试等工作，一步一步成长到可以独立负责机身线路及电子舱计算机架核心部位改装、独立依据图纸具体施工、独立带队完成项目施工。在积累一线维修经验基础之上，我积极参与公司的技术创新和工艺改良工作，首次担任项目负责人，主持并完成一项广东省技改飞机维修工艺流程智能化技术改造项目。项目的主要内容是增添射频识别终端机100台，通过无线射频识别技术智能化管理系统，实现全公司工具、设备的实时监控。技改中有一项子任务就是在每个工具上面，加入一个芯片，既要放在合适的位置不影响信号反馈，又不能妨碍工具的正常使用，同时对芯片的保护也是一个重难点，飞机上有很多液压油、燃油，选取确定保护套的过程经过了上百次的实验和生产安装制造，难题最终被攻克。这个项目的完成大大优化了工艺流程，设备操作变得简单、安全、高效，显著提高了飞机维修生产能力，累计为公司创造千万元的经济效益。

（四）能力提升——努力胜任飞机维修放行工作

2022年，我选择回到家乡，入职东方航空技术有限公司江苏分公司（简称东技江苏），在我热爱的行业领域努力深耕。在东技江苏，我多次参与飞机维修的重大项目施工，数次带队完成飞机系统的重大改装工作。日常工作中，我秉持一丝不苟的工作态度和精益求精的工作精神，辅助维修放行人员做好飞机放行的工作。飞机放行工作没有妥协、没有糊弄，更没有推脱，它代表了飞机维修的专业性和特殊性，是保障飞机安全的关键防线。飞机放行师责任重大，例如飞机叶片如果有损伤，那么在飞机运行时，叶片可能因为载荷不平衡而导致发动机处于不安全的运行状态，这是非常危险的。目前我已获得CAAC（中国民航）基础维修人员执照，并考取了空客A320机型证书，后续还将通过持续学习考取更多机型证书，努力成长为一名合格的飞机维修放行人员，为机组和乘客的安全保驾护航。

（五）奔赴未来——蜕变为优秀的项目经理

从业以来，我参加并完成了公司多个项目课题的研究、专利申请以及设备开发等工作，累计获得专业技术领域发明专利两项，实用新型专利若干。现正在组织实施发动机孔探电动辅助装置的开发设计和生产工作，该产品可以有效解决在发动机孔探工作中遇到的大部分问题，解放人力，提高工作效率，产生一定的经济效益和管理效益，项目的实施在全行业都有极高的推广价值。

在不远的将来，我希望成为一个优秀的项目经理。近年来，中国民航得到快速发展，各大航空公司都实行集团化、多基地、多机型的运营，维修工作日益增加，这就必须要有一套安全生产运行制度，实行项目经理管理制是降低事故率的重要举措。当接到维修任务时，维修团队中有人负责动手操作、有人负责检验、有人负责工卡指导、有人负责照明和清点工具等辅助性工作，最关键的是这个团队还必须要有一个合格的项目经理，他是整个维修项目顺利实施的关键之一。胜任这个岗位不仅需要具备丰富的维修经验、扎实的技术功底，更要求具备强有力的组织协调能力、高效果断的执行能力等综合能力，这也是我对自己的职业素养要求。

> **职业指南·家长选读**
>
> **职业上升路径**
>
> 从新人到项目负责人，需要钻研维修工作中的每一个细节，培养工匠精神，还要善于发现问题、创新思考，这样才能成为一名复合型人才。

不驰于空想，不骛于虚声。职校的历练帮助我养成了良好的学习习惯和职业素质，掌握了大量的工作技能，让我在实际工作中受益匪浅。航空电子设备维修需要一腔热忱、一丝不苟、一往无前。展望我的职业生涯，成为高层次技术技能人才是我的目标，我梦想在未来的某一天能够维护保养国产的大飞机，为中国航空事业贡献自己的一份力量。希望和我选择同样专业的你们按照自己的兴趣去选择自己要从事的职业，在任何时候都不要灰心丧气，在前进奋斗的道路上坚定信心、保持专注、持续努力！

看看自己有哪些能力潜质，对照核心能力模型，这样你的未来之路就更有针对性。

核心能力模型

项目	要求
学科能力	物理、化学等基础学科能力，机械、电子等专业学科能力
基础能力	语言表达能力、身体运动能力、持续学习能力、自我认知能力、人际交往能力
社会能力	组织协调能力、团队协作能力、社会责任感

工作后需要的职业类证书

基础维修人员执照，A320、A330、B737NG 等机型证书。

进修学习路径

专升本，进修学习专业：航空机电设备维修技术、飞行器维修工程技术、飞行器制造工程、飞行器适航技术、飞行器控制与信息工程。

主要就业方向

进入航空公司、机场的机务工程部，从事航线维护工作；进入飞机 MRO 企业或附件维修公司，从事飞机系统或附件的检测与修理工作；进入航空相关企业的技术、生产、质量管理部门，从事生产管理及维修文件、维修资料的收集整理以及维修质量监控工作。

主要专业能力

（1）具有良好的英文阅读能力，能快速准确地查找到所需手册，并作为维修依据。
（2）具有线路图分析能力，具有快速分析并隔离故障的排故能力。
（3）具有一定的动手实操能力，熟练运用工具和设备进行实际维修的能力。
（4）具有一定的维修工作安排统筹和工时管理、团队协调的能力。
（5）掌握航空维修法规的相关要求，具有良好的安全意识和安全防护能力。

撰稿人：刘　译　王绍贺

马嘉鸿

职　　业：中国南方航空股份有限公司海南分公司客舱部乘务员
毕业学校、专业：三亚航空旅游职业学院、空中乘务专业
从业时间：10 年

起早贪黑赶航班的日子是辛苦的，
但也是我成长最快的时光。
关于职业选择，
适合自己的才是对的，
找到符合自己兴趣的职业是一件快乐的事情。

南航全国优秀共青团员的万米高空真情服务

我叫马嘉鸿，是一名普通的客舱部乘务员，入职 10 年来，我只专心做一件事：在万米高空中服务好每一位赶路人，在平凡岗位上书写好自己的奋斗篇章。

高中时期

在高中时代，我认为学习是很重要的。当然，学习并不是意味着一定要取得高分，更重要的是学习本身，在学习中找到你感兴趣的科目，在这个兴趣点上提升你获取知识的能力，也许这一兴趣点就会成为你未来从事职业的方向。

我是一名山东女孩，在高中时是一名理科生，课余学习了表演和播音，但同时我对地理也特别感兴趣。高中时，我并没有太多设想未来会从事何种职业，但总是幻想以后可以多出去走走，领略各地风土人情。

职业指南·家长选读

空中乘务专业需要的知识结构

1. 不限文理科。对表达和沟通能力、外语听说能力要求较高，需要对应急救护、职业形象塑造、人文地理等知识感兴趣，有较强的服务意识。
2. 兴趣驱动。有外语、播音等特长，这会让孩子有内在兴趣，更易对工作葆有热爱。

通过高考，我机缘巧合地来到了三亚航空旅游职业学院，我很幸运，被空中乘务专业录取，而现在看来这个专业恰好是适合我的。我高中时就喜爱地理，看过不少地理书籍，我也擅长表演和播音主持，现在回想，它们对我从事空中乘务这个行业都是有帮助的。例如，刚入职时飞的每一个航班，都是我未曾去过的城市，每一段旅途于我而言都充满期待，我现在觉得人生没有哪一步路是白走的，高中时学的东西都很有用。高中时我对表演和播音都比较擅长，所以即使在初入职场时，我的服务仪表、语音播报技能都显得极为老练，没有职场小白的焦虑，反而多了几分自信与从容。

高职时期

回想大学时光，可能在入学之初我并没有对空乘这份职业有太多的设想与期待，但专业技能的学习和实践过程让我一点点去了解空乘，喜欢空乘，最终成为空乘从业者，这份职业给我带来了不一样的精彩人生体验。

进入三亚航空旅游职业学院学习空中乘务专业是一件幸运的事，学校有很多校企合作单位，各航司的空乘招聘岗位很多，当时学校开展校企订单班培养模式，非常幸运，我在大一时就面试通过了订单班，可以说入学即就业。

学校对空中乘务的课程设置很专业，授课老师实践经验很丰富，我们会学习"客舱服务""应急处置""应急医疗"等各类实操性极强的专业课程。在校课程的学习会让我深刻地感受到，空中乘务不单单是服务工作，实际上它更是一项专业技能型工作。学校每年都会组织空中乘务职业技能大赛，在校期间，我在马春婷、何梅等老师的指导下积极备赛，荣获海南省第一届空中乘务技能大赛一等奖。备赛期间，航司教员的亲身指导让我深刻感受到，作为服务行业，不仅要展现专业的服务技能，更要学会换位思考，站在旅客的角度用个性化方案服务旅客多元化需求才是做好工作的关键。校内专业知识的学习和各类技能赛事的锻炼，让我的就业之路非常顺利，毕业后我在和家人充分商议后，最终选择了中国南方航空股份有限公司（简称南航），就此也开启了我在南航的职业之路。

职业指南·家长选读

性格探索

空中乘务技术性较强，要熟练掌握客舱设备操作、民航危险品、客舱安全、应急处置、救护等知识，要具有较强的安全意识和良好的服务意识，孩子性格中最好有细致、耐心、严谨的一面，如果喜欢与人打交道，有较强的团队协作能力，会是很好的加分项。

工作时期

平凡而琐碎的工作练就了我处处学习勤思考的工作习惯，"全国青年文明号"的大家庭教会了我为公为人为先锋的工作思想，10年职业生涯留给我的是青春最好的奋斗印记。

我如大多数学生一样，毕业之后从学校踏入职场，在校期间扎实的专业技能学习让我在职业岗位上非常顺利。初入航司都要从实习乘务员做起，起早贪黑赶航班的日子是辛苦的，但也是我成长最快的时光。幸运的是，我在入职南航不到两个月的时候，获选进入"全国青年文明号"工作，每个航司、每个团体都有不同的要求，但相同的是，我们每一个新人都应该学会尊重，认真向大家庭的前辈学习，在这个大家庭中，我收获更多是工作的意义。

在万米高空，我会把最美的笑容留给每个航班、每名旅客。旅途中，我喜欢亲切地称老人为"阿姨""大爷"，称小朋友为"宝贝儿"，让广大旅客能在枯燥的旅途中感受到一份温暖，一份爱。在我的职业生涯中，有些难忘的成长经历。例如，一次三亚飞西安的航班，飞机从三亚凤凰国际机场起飞不到20分钟，一名30多岁的中年男子突然起身，满头大汗，脸色苍白手捂肚子摇摇晃晃走向厕所，结果没走几步就倒在走廊上。此时，飞机起飞警报还没解除。情况危急，我见状赶紧解开安全带跑向这名中年男子，和同事一起将他扶到客舱前部自己的座位上。得知这名乘客是胃疼不舒服时，我赶紧为他盖上毛毯，拿来暖水瓶暖胃。我一边细心安慰急病男子，一边轻揉他胃部的位置。一个多小时后，航班在贵阳机场备降，这名男子被送往医院急救，接诊医生初步诊断为胰腺急诊。这样一次应急医疗处置是作为空乘人员的必修技能，但在事件之后我收到旅客们纷纷竖起的大拇指时，我更深刻感觉到这份职业的意义。经过单位推荐，我先后获得"全国优秀共青团员""海南省优秀共青团员"等荣誉称号。

2019年，我有幸作为往届全国"两红两优"代表赴首都北京参加在人民大会堂举办的"纪念五四运动100周年大会"。作为一名普通的空乘员，能够前往北京参加这一盛会，我特别振奋，倍感鼓舞。所以在以后的工作中我也时时告诫自己要坚定理想信念，不忘初心，在万米高空的客舱里，放飞青春，追逐梦想，做奋斗者和追梦人，积极奉献社会，用实际行动弘扬五四精神。

职业指南·家长选读

职业上升路径

随着航空业的不断发展，空乘人员的职业领域也在不断拓展。在传统的航空公司中可逐级晋升乘务员、乘务长等职位。随着工作经验的积累及职业规划选择，也可从事航空公司管理及培训岗位工作。此外，新兴航空企业、公务机公司、航空院校、机场管理公司等也成了空乘人员的潜在就业单位。空乘人员以高职业素养优势可实现多元化职业发展。

这就是我在万米高空的故事，我热爱空乘这个职业，回想高中时我想多出去走走，领略各地风土人情的愿望早已实现，回想建国69周年我和三亚飞北京同组小伙伴看升旗仪式的激动、吃特色美食的幸福犹如昨日，而如今我收获的是这份职业背后带给我人生的意义。关于职业选择，我想说，适合自己的才是对的，在你风华正茂的青春中多去尝试，找到符合自己兴趣的职业是一件快乐的事情。

看看自己有哪些能力潜质，对照核心能力模型，这样你的未来之路就更有针对性。

核心能力模型

项目	要求
学科能力	政治、信息技术、外语、地理等
基础能力	语言、文字表达能力和沟通能力、外语沟通能力、艺术特长、学习能力；掌握基本运动知识；有一定艺术特长或爱好
社会能力	安全意识、服务意识、集体意识、团队合作能力、协调能力、适应能力、抗压能力

工作后需要的职业类证书

中国民用航空客舱乘务员训练合格证、国际航协（IATA）乘务员培训证书、航空安全员初任训练合格证书、中国民航危险品运输训练合格证、中国民用航空航空安全员执照、国际航协（IATA）航空安全意识培训证书等。

进修学习路径

专升本，进修学习专业：航空服务艺术与管理、旅游管理与服务教育、旅游管理、民航运输服务与管理。

主要就业方向

从事空中乘务员、航空安全员、民航地面服务和高端客户服务管理等岗位（群）。

主要专业能力

（1）具有良好的语言、文字表达能力和沟通能力。

（2）具有使用一种外语进行客舱服务的能力。

（3）具有操作舱门、客用设备设施和服务设备设施的能力。

（4）具有客舱服务的能力。

（5）具有引导旅客进行陆地和水上紧急撤离的能力。

（6）具有处置客舱紧急状况的能力。

（7）具有维护客舱安全的应急反应的能力。

（8）具有常见病处理、外伤处理、心肺复苏等紧急救护的能力。

（9）具有特殊旅客服务的能力。

（10）具有客舱营销的能力。

撰稿人：马嘉鸿　赵　盈

熊 凯

职　　业：宁波市轨道交通集团有限公司运营分公司列车检修工
职　　称：工程师、高级技师
毕业学校、专业：湖南铁道职业技术学院、城市轨道交通控制专业
从业时间：10 年

我非常喜欢和地铁车辆打交道，
每当看到一个个故障被我排除，
列车质检合格后开出车库的那一刻，
我内心都无比开心和自豪。

我是有"千里眼"和"顺风耳"的"地铁医生"

我叫熊凯，是一名新时代的地铁产业技术工人。随着地铁车辆运营时间和里程的增加，各系统设备故障率明显升高，我的工作就是负责对地铁车辆各设备故障进行维修、质量检测和技术改造等，俗称"地铁医生"。从大学毕业进入宁波市轨道交通集团有限公司（简称宁波地铁公司），我已和地铁车辆打交道10年了，通过平时对设备检修的经验积累，练就了"千里眼"和"顺风耳"，能准确辨别故障，分析原因，为地铁出行保驾护航。

虽然每天都要和地铁车辆打交道，但我并不觉得枯燥乏味，反而乐在其中。我认为地铁运营列车是否完好，与千万乘客出行的安全和舒适紧密相连，所以检修工作再小的事都是大事。每当看到一个个故障被我排除，列车质检合格后开出车库的那一刻，我内心都无比开心和自豪。

高中时期

由于父亲是电工的缘故，成长中他对我产生了潜移默化的影响，进入高中我就确定选择理科，加上我非常喜欢物理这门学科，所以这就为大学选专业和确定就业方向奠定了基础。

> **职业指南·家长选读**
>
> 城市轨道交通控制专业需要的知识结构
> 1. 理工科。对物理的要求较高。
> 2. 兴趣驱动。喜欢拆装物件，动手能力强，或者对电工电子等感兴趣，这会让孩子更易胜任这个职业。

在读高中时期，我的成绩不太突出，一直徘徊在班级前20名，全校200名左右，我有点偏科，偏爱物理和数学。在学校数学和物理竞赛中我屡屡获奖，因为我觉得一定要有自己的一门特长，也就是一技之长，这样才能应对日后社会发展的需求，才能实现自己的理想和抱负。

由于偏科的原因，我在高考中发挥不好，只过了当时的三本分数线，在人生重要的抉择中，我毅然选择了读高职，学一门真正的技术。

高职时期

大学期间，我始终以提高自身的综合素养为目的，以个人的全面发展为奋斗方向，树立正确的人生观和价值观。在学习上，我有着明确的目标和规划，合理支配时间，努力学好专业技能，严格要求自己，刻苦钻研，靠着对学问的不断追求，取得了优异的成绩。

2010年9月，19岁的我考入湖南铁道职业技术学院，一开始我选择的是动车组专业，因为我想毕业后做一名司乘人员，梦想着有一天驾驶着高铁横跨祖国的大江南北，这肯定非常有趣。后来我转到城市轨道交通控制专业，是由于那些年各大城市大力兴建地铁，各大地铁公司争先恐后地来学校招收订单班，出现了供不应求的现象。我记得宁波地铁公司是第一个来学校招收订单班的单位，那时候刚开学不到一个月，所以报名异常火爆，大家都想去试试。在经过报名、笔试以及面试后，我被告知选上了，毕业后可以去宁波地铁公司从事列车检修的工作。一开始我并没有太兴奋，因为我的梦想是做一名司乘人员。后来经过仔细的思考，我发觉每一份工作都有其意义和价值，既然眼前有一个这么好的就业机会，而且是宁波地铁公司第一批订单班成员，进去后有望作为骨干进行培养，思考再三后我选择加入了这个订单班。

在大学3年里，我非常注重基础知识的学习，尤其是"电力拖动技术"和"数字电子技术"这两门课程。学习期间，我每天就是"三点一线"——寝室、教室和图书馆。我对自己要求很严格，课余时间基本泡在图书馆查阅资料，也常向老师们请教和讨论专业知识。同时我也在学院团体组织中锻炼自身综合能力，从大一起我就积极参加学院护校队工作，包含早训、巡逻以及突击检查等，克服一切困难尽心尽职完成各项任务，如冬天的早起训练、夜晚的巡逻等。就这样通过持续不懈的努力，在2011年护校队换届选举中我被推选为护校队大队长，负责新一届护校队的日常工作。现在回想起来，当初在护校队收获很多，如团队组建能力、管理能力、人际交流沟通能力以及逻辑思维能力等。

在学习成绩方面，大学3年，我的成绩始终位居专业第一名，其中连续两年获得国家励志奖学金和优秀"学生会干部"等荣誉，在2013年宁波地铁公司订单班验收考核中，我也取得了第一名的成绩。这些成绩的取得来之不易，需要持续的坚持，只有不断努力才能让自己的大学不留遗憾。

工作时期

从技术工人到创新能手，我不断提升自己的专业素养和能力，力求比别人做得更快、更好。

（一）敬业专注　尽心尽责

2013年7月我进入宁波地铁公司工作，从一个懵懂的门外汉迅速成长为一名身兼重任的列车检修人员。宁波地铁公司车辆部检修工班成立初期，班组成员大多对生产现场的作业流程不熟悉，专业知识相对欠缺，现场实操经验不足。我利用在大学打下的良好基础，快速上手，经常变身为培训导师带领班组成员上车进行专业知识培训，讲解系统原理。上车顶、钻车底成了家常便饭，为了让新员工能理解某一系统工作原理，我常常在车底或车顶一待就是几个小时，不厌其烦地进行讲解，有时，还会让新员工亲自对部件进行拆装，增强新员工现场实操能力。

2015年，经过层层选拔，我以第一名的成绩被提拔为工班长。我没有骄傲，而是带领班组勤勤恳恳，认真钻研，苦干实干，以实际行动践行平凡岗位也能干出不俗业绩的想法。特别是在1号线二期保开通的时候，在极大的检修和供车压力下，我带领团队通宵抢修，排除隐患，在紧要关头确保了供车，班组员工不仅出色完成了各项生产任务，而且技能有了较大提升，在多次技术比武中取得优异成绩。我带领的班组打造成了一支有战斗力、凝聚力、团结力、向心力的团队，在年度评比中，被评为"五星级班组"，而我本人也收获了"五星级班组长"和"十佳技术标兵"荣誉称号。

（二）善于学习　勤于实干

现在，我们自主研发了列车自动开关门装置，从原来车辆拆解后无法电动测试到现在可以一辆车单独测试，从原来的手动按压测试到现在自动测试，这些创新发明，不仅省时省力，而且有助于及时发现车门架修后的隐蔽故障点，保证列车安全运营。提起发明的这台"爆款"专利产品，我非常激动和自豪。这款产品的研究，我花了整整3年时间，目前已更新换代到3.0版本，每一代产品换代的背后都是多次现场试验的结果，从安装箱体外观设计、部件的选型和程序的编写都是我独自完成，数据的调试都是在晚上12点后地铁停运才进行的。我知道只有不断地创新才能使产品的性能变强大，才能适应宁波地铁公司所有车辆车门测试要求。这款产品使用了PLC+触摸屏一体化控制方式，采用适应性强、体积小且功率大的开关电源，增加任意开关门次数设置、间隔时间任意调节和过流过压保护功能，同时具备辅助模拟量扩展功能（如温度和电流等）。

2016年，车辆维修中心组建电子兴趣小组，吸纳对电子维修感兴趣的员工加入，我报名参加后不久就成为小组的核心成员。兴趣小组前期开展的是故障电子板件芯片级维修。

从前，车辆的电子板件坏了只能换件修，不仅费时费力也增加了成本。我们研究透它的工作原理后，发现换几个芯片或者电阻电容就可以解决问题。并且，我们实现了对疑难故障进行自主分析，哪里容易发生故障，我们就对其进行改造，以此来降低运营成本，提高地铁车辆的安全性和可靠性。

（三）善于创新　追求极致

正如老子所说："天下大事，必作于细。"依靠扎实的检修技艺和刻苦的钻研精神，我在科研创新、技术革新等方面成绩显著。2017年，以我个人名字命名的熊凯高技能人才（劳模）创新工作室正式成立，主要从事电客车电子板件研究与维修、电客车疑难故障分析与处理以及检修生产实用工装的研发制作等。

工作室成立初期，我遇到了比之前更大的挑战，一边是陌生的技术、复杂的难题，如一座座大山横亘眼前；另一边是领导的信任和殷切期望，让我感到前所未有的压力。

但我就有那股劲，一定要把这个事情做好。于是我就住在单位寝室，白天工作思考，晚上学习看资料，把白天不会的内容想明白。我记得，在维修辅逆（西门子）驱动板时，进口电子板件集成度高，技术封锁严，维修难度大。为保证维修质量，我从零开始，废寝忘食，终于把原理悟透整理出来，并把辅逆驱动板维修好，为后续的芯片级维修打下了坚实的基础。自此，我完成了从技术工人到创新能手的华丽转身，2023年工作室由宁波市总工会授牌宁波市熊凯劳模工匠创新工作室。

自工作室创建以来，我带领团队始终坚持发挥创新引领作用，围绕生产中的难点、热点问题，组织实施技术创新、生产突击、服务一线等多项创新实践活动。工作室先后设立3个创新攻关小组，解决关键技术整改及攻关项目15项，申报国家专利10个，维修各类部件、板卡1100多件，完成工装制作15件，维修总产值达1000万元，为公司乃至国内整个轨道交通行业的技术创新和发展提供了有力支撑。

如今我作为宁波地铁列车检修高级技师，获得了全国城市轨道交通行业"维修能手"及宁波市的"杰出工匠""首席工人"、"地铁匠人"和"劳动模范"等来之不易的荣誉，在此想对学生朋友们说，选择职校，未来也一样

职业指南·家长选读

职业上升路径

在职场中，唯一持久的竞争优势就是比竞争对手学习得更快和更好。从技术工人到创新能手，重要的是要不断更新知识、提升能力，这样才能保持自己的职业竞争力，逐步达成自己设定的职业目标。

很精彩。首先，国家对职业教育给予了大力支持，提供了奖学金、助学金等福利政策，为职校学生提供了更多的发展平台和机会。其次，职校注重实践教育，学生可以获得更多的实践经验，这对未来的职业发展非常有帮助。许多职校毕业生通过自己的努力取得了显著成就，证明了职校的价值。

看看自己有哪些能力潜质，对照核心能力模型，这样你的未来之路就更有针对性。

核心能力模型

项目	要求
学科能力	物理、数学、语文等
基础能力	语言交流能力、逻辑推理能力、观察探索精神
社会能力	团队协作能力、表达能力、社会责任感

工作后需要的职业类证书

城市轨道交通线路维护、建筑信息模型（BIM）；电工特种作业操作、高处作业特种作业操作，中级维修电工、中级装配钳工、中级电气设备安装工等。

进修学习路径

专升本，进修学习专业：电气工程及自动化、机电一体化工程、车辆工程、机械设计等。

主要就业方向

进入地铁公司、制造型企业等，从事电气装配工、电气维修工程师、实验测试员、售后服务员、质量工程师、售后服务工程师、设备工程师、电气工艺工程师等岗位（群）。

主要专业能力

（1）具有熟练使用各种仪器仪表的能力，如万用表、示波器、兆欧表和功率计等。

（2）具有对常用电子元器件进行识别与检测的能力，如二极管、晶体管、电容和IGBT等。

（3）具有电子电路装配和调试的能力。

（4）具有识读和绘制各类电气原理与电气线路图、机械结构图的能力。

（5）具有低压电气电路的设计与分析的能力。

（6）具有低压电气电路的安装、调试与排故的能力。

（7）具有PLC硬件装配和软件编程的能力。

（8）具有PLC控制系统的安装、调试与故障检修的能力。

（9）具有城市轨道交通控制专业必需的信息技术应用和维护的能力，掌握常用文献检索工具的使用。

（10）具有撰写符合规范要求的技术报告、项目报告等城市轨道交通控制专业领域技术文档的能力。

（11）具有自动化领域数字技术应用的能力，如工业机器人维护。

撰稿人：王小庆　徐　敏　朱华玉　熊　凯

李方方

职　　业：广州地铁集团有限公司高级电客车司机
毕业学校、专业：郑州铁路职业技术学院、城市轨道交通专业
从业时间：17 年

手柄轻四两，

责任重千斤，

守护乘客的安全，

每一次启动和停车，

凝聚着我对工作的热爱和专注。

轨道上的地下"2 平方米"

我是李方方，2006 年从郑州铁路职业技术学院毕业来到广州地铁集团有限公司（简称广州地铁公司），成为 1 号线的司机，到现在已经有 17 年的地铁驾龄。17 年来，我经历了无数个起早贪黑的日夜，实现了"零事故""零风险"，安全驾驶地铁 40 多万千米。2018 年 9 月荣获"广东省交通技术能手"称号；2018 年荣获全国交通运输行业职业技能大赛城市轨道交通列车司机职业组二等奖，被评为"全国交通技术能手""全国技术能手"；2019 年获得"广州市三八红旗手""广东省先进女职工"称号；2020 年 6 月荣获"全国青年岗位能手"称号；2023 年 3 月获得"广东省三八红旗手"称号。2022 年当选为广州市人大代表、广东省第十三次党代会代表、中共二十大代表。

高中时期

宝贵而短暂的高中时光，如同璀璨的星辰，照亮我前行的道路，这 3 年既充实又充满了机遇和挑战。

高中时，我选的是理科，背书是我的弱项，相比之下理科能让我找到成就感，同时也会有挫败感。尤其是高三那年，会有各种模拟考试，一旦成绩不尽如人意，我会陷入深深的自我否定。当时班主任很年轻，就像大哥哥一般，会耐心开导我们："失败并不可怕，可怕的是失去再试一次的勇气。"这些话对我们有很大的鼓舞作用，抚平了我们成绩不好时的失落。之后，我给自己定了一个短期目标，平时能完成的那种，例如今天读 10 页书、写 15 道题，如果多读、多写了就是超额完成任务，要是没做好的地方就先放下，去操场透透气，多想想自己做得好的事，这也给我高考前的学习带来很大的帮助。

高中时期还需要有一些兴趣爱好，可以通过阅读图书来缓解学习的压力，这既能放松身心，又能拓宽视野。不管是读科幻书还是哲学书都能给繁忙的学习带来思考和启发。而这些忙碌的学习和生活，也让我学会了坚持、勇敢和团结，为我未来的人生道路奠定了坚实的基础。

> **职业指南·家长选读**
>
> **城市轨道交通专业需要的知识结构**
> 1. 理科为主。要对自身优势了如指掌，对车辆专业知识要求较高。
> 2. 心理素质。相关岗位责任比较大，要时刻保持警觉和专注，具备应急处理事物的能力，能接受高强度压力的人更能胜任这个职业。

高职时期

我曾因为迷茫而没有信心，但是却没被困难打退。人生的无限可能往往会输给借口而放弃尝试，面对未知的事物勇敢试一试，才能挖掘潜能，突破自己。

2003 年临近高考，我的模拟考试成绩并不理想，高考之后我报了郑州铁路职业技术学院护理专业，后来被调剂到城市轨道交通专业。我当时对这个专业没有什么概念，以为是学习设计轨道，自此就开启了为期 3 年的求学之旅。在校期间，我不仅要对机械、电器、电工、制图、模电等进行理论学习，还要学习动手实践的课程，例如按照电路图制作收音机，用车床做小锤子。正因为职院需要传授专业技能，所以我在动手方面也略胜一筹。实用的专业知识为自己毕业后与岗位无缝衔接做了准备，专业性强的职院带给我更多的机遇。

毕业时，广州地铁公司正好招聘一批女司机，我就这样来到了广州。经过近半年的实操培训，在熟记 600 多页教材并经考试合格后，我开始独立上岗驾驶列车。

> **职业指南·家长选读**
>
> **价值观探索**
>
> 学会取舍，正面人生。在高中时期，清晰了解自己的能力所及，也能更好地规划未来，这样学习会更有动力，做决策会更坚定。如果孩子能够积极面对挫折，建立起良好的习惯，树立起拼搏的信心，一定会为职业生涯增加一抹色彩。

工作时期

17 年来，我是轨道交通事业巨变的见证者和亲历者，地铁成为人们在生活中绿色出行的重要交通工具，却很少有人真正了解其中的细节。

（一）地铁背后的"小秘密"

想知道地铁是怎样建成的，怎么运营的吗？推荐大家到广州地铁博物馆寻找珍贵的"干货"，感受我们交通便利的来之不易。我们1号线司机每天要往返在西塱和广州东之间，在别人看来，日复一日开车难免会"枯燥无味"。对我来说，司机是地铁行车安全工作中的关键岗位之一，出勤、检车、驾驶、瞭望、联控、应答，事无巨细，这些都关系着行车安全。我在开车期间没有遇到过惊心动魄的大风大浪，却见识了优秀司机经历的惊险一幕。当时，他面对台风天气，开着压道列车，行驶在高架线路面，不巧遇上晨雾缭绕，瞭望受限。敏锐的他发现前方有"拦路虎"，当机立断拉停列车。经现场确认，高架桥上掉落了足足70斤的围网，所幸没有碰触到带电的接触轨。短短不足5分钟，司机与添乘列车的检修人员用绝缘工具迅速处置围网并及时出清线路，切实保障了行车安全和线路准点运营。

这也是我们要向优秀司机学习的地方，时刻牢记和把握安全关键环节，精准研判作业风险，及时排查安全隐患，以"时时放心不下"的责任感把大事做细，把小事做精。

开地铁，最常见的就是处理车门故障，当列车出现车门不能关好的情况时，就要到现场处理，这很考验速度和细节，一步也不能错。定期组织司机开展应急处置模拟演练，通过模拟各种突发情况来锻炼司机的应急反应能力和处置能力，这也是提高司机的心理素质和应变能力的方式之一。同时，公司也会为司机提供心理培训课程和辅导服务，从情绪管理、压力缓解、心理调适等方面帮助司机建立积极和健康的心理状态，便于司机在出现故障时能从容地应对各种挑战。每天用上百次的手指口呼，上千次的呼唤应答，上万次的缝隙确认，来换"在岗一分钟，安全六十秒"，当把乘客安全送到目的地之后，收获的是满满的自豪感和成就感。

地铁驾驶室内2平方米的空间就是地铁司机的"战场"，精准操控，平稳驾驶，安全运营，分秒必争是地铁司机为城市提速的要求。司机工作的大部分时间都是在隧道里度过的，能看到的最多的就是轨道、信号、接触网、接触轨、站台等。地铁司机都是独立操作列车，独自在2平方米的驾驶室中单兵作战，每次启动、加速、减速、停车都以秒计时。开车过程中可能会遇到各种突发情况，如设备故障、信号异常、乘客紧急事件等，出现这些情况，地铁司机需要以最快的速度做出判断并采取紧急措施。在隧道内行驶时，司机的手机要处于关机状态，往往也无法第一时间获得外界的协助，所以必须具备独立应对突发事件的能力以确保每次驾驶都能万无一失。

（二）地铁司机的日常

我们司机岗位日常在地铁线路上的工作需要倒班，每天有早班、中班和夜班3种班次，以满足一天的地铁列车运营。我们1号线全程18.48千米，每个班次需要用时33分钟，一天下来最多的时候需要开、关门并监控乘客上下车400余次，"手指口呼"（信号、道岔），操作各种开关按钮近1000次，每一次确认我都要求自己一丝不苟，力争做到最好。每天像执行"铁律"一样执行标准化作业流程，把每一个驾驶动作指令都精确到秒，把安全规范操作变成肌肉记忆。列车在昏暗的隧道高度行驶时，司机必须时刻保持高度专注，既要练就"火眼金睛"，第一时间发现前方隧道异常，也要通过监控，随时关注身后乘客车厢的各种状况。当出现任何威胁列车安全的突发情况时，司机需要在3秒钟之内迅速反应处理，这就是地铁司机的一天日常。

（三）成长在地铁的"小确幸"

我从一名地铁司机学员成长为一名高级电客车司机，是女司机中的一员。刚入职，我们就接受了近半年的培训，开始时，我对机械和驾驶方面的知识一窍不通。在培训过程中，我每天都要在技能方面苦下功夫，勤学列车的专业技术知识，牢记各种规章制度，把各区段的线路速度铭记于心。经过层层选拔，我最终顺利通过司机资格证考试。女司机在地铁行业算是凤毛麟角，相对于男司机来说，女司机通常会更加细心，驾驶列车时对于速度的把握可能更平缓一些。但不可否认的是，地铁司机工作环境特殊、劳动强度大，女司机在体能方面可能存在一些劣势，因此需要加强身体锻炼。另外，长期倒班生活可能造成精神紧张，在担任母亲角色后要平衡家庭和工作之间的关系，这对女司机也是一种挑战。

选择这个职业，我的心里也有小小的遗憾，那就是不能像普通人一样陪伴家人和孩子。儿子小时候对妈妈不能经常陪伴很不理解，后来多次带他坐地铁后，他经常骄傲地告诉别人，他的妈妈是地铁司机。听到他说这样的话，我特别感动，也正是在家人的支持和理解下，在2018年，我通过层层选拔参加了全国交通运输行业职业技能大赛，面对全国众多的同行业高手，我和队友们一路披荆斩棘，获得了城市轨道交通列车司机职业组二等奖的喜人成绩，成为当年城市轨道交通列车司机职业组全国唯一参赛的女技术能手。这次参赛对我来说不仅是一次比赛，它更升华了我对工匠精神、劳动精神的认识。备赛期间，我遇到很多技能上的障碍。还记得考核驾驶技能这一关的时候，需要的是熟能生巧，要摸清楚列车的性能，有多大的制动能力，控制速度的同时还要提高效率，我就输在两者兼顾不到的坎儿上。团队合作也是重要的环节，训练瓶颈期我也有过放弃的念头，但我得到了团队的帮助，队友们每天都鼓励我坚持下去，一对一陪我训练，让我从心理上克服了骨子里的不自信，最终战胜自己。

"滴水汇聚江海，伟大出自平凡"，在地铁基层一线有2万多名和我一样的产业工人，他们日复一日、年复一年在岗位上学习技能、创新创造，凭借丰富的行车经验，不断提出故障处理和应急处置的优化方案和建议，修订和完善故障处理指南，通过对各类突发情况和实际案例进行细致梳理与分析，使操作流程更接地气、更具实效性。他们还要不断结合不同线路，更新迭代不同的系统，新线筹备开通期间要学习新的列车知识，掌握把控现场调试风险的能力,用"新人"的心态去参与车辆调试、信号系统联调联试等开通保障任务。用4个词来形容司机岗位的工匠精神,那就是"择一事终一生"的执着专注、"干一行专一行"的精益求精、"偏毫厘不敢安"的一丝不苟、"千万锤成一器"的卓越追求。正因为这种工匠精神,"人民至上"的理念,使得平凡人、平凡事,成就出不平凡的交通网。

(四)40万千米带您"回家"

从一位小学员逐渐成长为"老司机",再到参加国家级技能大赛,我认为自己在成长过程中最重要的是责任担当、坚持到底。

我之所以能养成了一种安全工作习惯,也跟师徒带教有很大的关系。以前跟着师傅学习的时候,自己不用操任何心,想着就算出现故障也有师傅兜底。当自己担任师傅角色时,才发现带教要比一个人开车费心很多,不光要现场带教,还要时刻盯着学员不能出错,为的就是安全行车。我师傅堪称"育人先锋",从不吝于传授经验。她常说:"个人成功不算什么,大家都成为业务能手,才能打造出更优秀的团队。"当时不太明白这句话的意义,就觉得每个人的能力参差不齐,怎么能做到都是业务能手。好的师傅就像天平一样,能够平衡自己的左右手,既能管好自己,也能带好别人。只有带出优秀的徒弟,把技能传承下去才可以使团队变得强大。

手握安全之舵,胸藏工匠之心。如今,我已经是17年驾驶的"老司机",也带出不少优秀的徒弟。2018年参加国家级技能大赛的经历也让我更加明确了传承工匠精神的方向,将国赛精神应用到实际培训中,修改考核评分标准,提高培训要求,真正防范了行车过程中的隐患发生。十几年来,我的角色一直在转变,责任却是不变的,我一直有着坚持不懈、敢于挑战的精神。

在地铁工作的十几年,我亲眼见证了地铁从线到网,迈向粤港澳都市圈,实现智慧地铁的突破。业务方面,不仅形成了一套严格的标准化作业流程,而且规章文本越来越完善,司机的安全意识也不断增强,我们一进入驾驶室就要求自己做到"眼到、手到、口到、心到",一步也不能少。列车启动,多问一声、多看一眼、多动一步,把安全落实在"手柄轻四两、责任重千斤"的承诺中。40万千米其实不算多,却承载着千万家庭的安全和幸福,承担着地铁人的责任和担当。

记得第一次遇到车门因故障导致关不上的情况时,我内心很紧张,第一时间通过广播安抚乘客,避免乘客惊慌失措,然后飞奔到现场检查车门状态,最终把车门故障解决了。列车启动之后,我整个心也平静下来,因为这个经

职业指南·家长选读

职业上升路径

职场上,远期思维有助于职业的发展,即从长远和整体的角度出发,考虑未来发展的各种可能性以及产生的影响,从而做出更全面和长远的决策。一线工作就需要居安思危。而职业发展是以品德、能力和业绩作为主要的考核标准,专业技术通道有不同的专业等级,需要专注于把细致的事情做好,善于学习,主动实践,以提升个人能力。若要往管理通道发展,专业技术只是基础,重点还是要懂得带团队,实现团队目标。

历，之后我遇到列车应急处置也变得从容很多。

2018年我们成立了"国匠工作室"，把国手力量与地铁工匠精神有机结合，为安全运营继续努力。"一枝独秀不是春，百花齐放春满园"，希望能通过工匠的力量带动更多地铁员工学业务、提技能，为地铁安全运营服务，为粤港澳大湾区轨道交通发展做出更大的贡献。

在未来的工作和生活中，我要用自己的努力带动身边人积极向上，把自己的经验和技能应用到创新培训中，练好技术、踏实工作；在技能方面解放思想、创新技术；在责任方面多学习案例，增强安全意识，把握住行车关键点。近年来，技术工人在国家级、省级、市级比赛中的荣誉明显提高，这也说明大家对待竞赛的意识明显提高，通过技能比武找不足、找差距，这样成长会更快。未来，我也会继续在自己的岗位上创造价值，培养高技能人才，"传帮带"培育知识型、技能型和创新型现代产业工人。

看看自己有哪些能力潜质，对照核心能力模型，这样你的未来之路就更有针对性。

核心能力模型

项目	要求
学科能力	数学、物理、信息技术等
基础能力	服务意识、学习能力、沟通能力、判断能力
社会能力	团队协作能力、环境适应能力、表达能力、心理承受能力、社会责任感

工作后需要的职业类证书

城市轨道交通列车司机、城市轨道交通运营管理师等。

进修学习路径

专升本，进修学习专业：铁道机车运用与维护、城市轨道车辆应用技术、城市轨道交通运营管理、城市轨道交通机电技术、铁道交通运营管理等。

主要就业方向

进入铁路局、地铁公司、制造型企业等，从事行车调度员、车辆维修师、服务员、工程师等岗位（群）。

主要专业能力

（1）熟悉城市轨道交通相关法律法规、各项安全管理制度。

（2）熟悉各项安全预防及处理措施。

（3）熟悉直流电动机的结构原理与性能。

（4）熟悉电气图的概念及分类，能进行电气电路的分析。

（5）熟悉基本电路元件与电气符号，以及电气识图基本规则。

（6）熟悉直流电动机的起动、调速、制动等控制特点。

（7）熟悉交流异步电动机的结构特点、旋转磁场工作原理、基本电气控制环节。

（8）熟悉直线电动机的基本工作原理及其应用。

（9）熟悉永磁同步电动机的基本工作原理及其应用。

（10）熟悉晶体二极管、稳压二极管、晶体三极管的符号、结构。

（11）熟悉常用低压电器的名称、用途、工作原理、图形符号与文字符号。

（12）熟悉电力电子器件的结构、功能与工作原理。

（13）熟悉典型电力电子变换电路的基本原理。

（14）熟悉典型控制电路的绘制、调试、组成、性能与控制作用。

（15）熟悉低压电器的有关知识。

撰稿人：李方方

电子与信息大类

在职业教育的道路上，我见证了从焊花四溅到技艺超群的蜕变。这片孕育工匠精神的沃土，不仅赋予我们一技之长，更培养了我们坚韧不拔的品格和对梦想的执着追求。我衷心希望每一位即将踏入或正在职业教育道路上奋斗的你，能够珍惜这段宝贵的时光，不仅要在专业技能上精益求精，更要培养起对职业的敬畏之心和对社会的责任感。勇敢地规划自己的职业生涯，立足专业，敢于创新。愿你们在这片广阔的舞台上，磨砺技能，开阔视野，以匠心铸就未来，用技能书写辉煌，共同绘制属于自己的精彩人生篇章。

中国中车集团首席技能专家
第十三、十四届全国人大代表，全国劳动模范
2023年"大国工匠年度人物"提名人选

孙景南

林 超

职　　业：福州机电工程职业技术学校物联网专业教师、
　　　　　职业鉴定中心站长、培训办负责人
毕业学校、专业：福建信息职业技术学院、电子信息工程
　　　　　技术专业
从业时间：12 年

时代潮涌，聚力智能蓝图；

万物互联，解析数字未来。

我热爱我的工作，

我和学生怀着对未知的憧憬，挖掘物联网的奥秘，

共同成长。

我是万物互联的"管家"

我是林超，任职于福州机电工程职业技术学院，担任物联网专业教师并负责教育教学工作，同时兼任职业鉴定中心站长及培训办公室负责人。

我对自己所从事的工作充满热爱，与学生们共度的时光总是让我感到无比愉悦。每当我在讲台上向学生们传授专业知识，或是协助他们解决复杂的专业难题时，我都会被深深的成就感和满足感所包围。在2020年，我带领学生团队代表我国参加世界机器人大赛的人工智能机器人应用技术大赛，并荣获三等奖。同年，我的工作室也荣获了福州市人社局颁发的"林超技能大师工作室"荣誉称号。此后，我还入围了福州市首届"最美福州青年"科技创新青年领路人的选拔，并被评选为"福州市十大杰出青年"，这些荣誉不仅是对我的认可，也是激励我继续在教育事业上不断前行的动力。

初中时期

我从小喜欢打游戏，熟悉计算机操作。那年中考成绩不理想，我想，即使上了高中我

> **职业指南·家长选读**
>
> **电子信息工程技术专业需要的知识结构**
>
> 1. 理工科。对数学、物理、计算机技术的要求较高。
> 2. 兴趣驱动。喜欢计算机软硬件并擅长编程，动手能力强，对电子电路、通信设备等感兴趣，会让孩子更易胜任这个职业。

也很难跟上，于是萌生了去职业学校学习技术的念头。

我的童年与众不同，由于叔叔经营着一家计算机店，我从小就有机会与计算机亲密接触，游戏成了我的一大乐趣。进入初中后，我对网络游戏的迷恋愈发深重，以至于忽略了学业，成绩急剧下滑。特别是语文和英语的不及格，让我对未来的道路感到迷茫和失落。在老师和同学们的鼓励下，我开始思考转向职业院校的可能性。尽管当时人们普遍认为只有接受过普通高中教育才能通往成功的未来，我却有不同的看法。考虑到自己在初中的成绩平平，我怀疑自己是否能适应高中的学习节奏。相比之下，职业学校提供的专业技能培训更吸引我。我发现自己对理论学习不太感兴趣，反而更喜欢通过实际操作来学习。我认为，掌握一门手艺不仅能自立，还能照顾家人。最终，对计算机的热爱让我克服了种种阻碍，我选择了填报五年制（3+2）的职业教育志愿，决心在职业院校中开启我的学习之旅。

中职时期

在中职求学期间，我将自己的弱势转变为强项。在参与技能竞赛的过程中，我不仅重拾了自信，更感受到了前所未有的喜悦和自豪。

带着迷茫与不安，我踏入了福州机电工程职业技术学校的大门。出乎意料的是，这里并非我想象中的那么"差"。由于同学们的理论基础大致相当，我重新找回了学习的自信。这份自信成了我前进的动力，激励着我积极探索自己的特长和学习兴趣。我选择的专业是电子信息工程技术，这让我有机会频繁与计算机打交道。我充分利用了自幼对计算机的熟悉度，将原本的弱势转变为自己的优势。在课堂上，我常常能够比其他同学更快地完成老师布置的任务。

在这段学习期间，我有幸被学校指导老师选中参加了学校组织的全国单片机安装与调试技能竞赛。竞赛采用"车轮战"的赛制，面对比赛中的挑战，我并未急于寻求老师的帮助，而是先行独立探索解决方案。即使在同学们午休时，我也依旧埋头于实验和测试。记得有一次，为了实现流水灯功能的代码，我尝试了多种方法均未果。我几乎找遍了图书馆所有的相关书籍，最终，在一本很老的单片机教材上，我找到了一条关键的 RLC 指令，成功解决了难题。功夫不负有心人，我在这次比赛中荣获全国二等奖。

高职时期

在高职学习阶段，我倍加珍惜每一次参赛的机会，夜以继日地投入练习与调试，最终在竞赛中崭露头角，赢得了多项荣誉。我的毕业设计也得到了学院的高度评价，被评为优秀毕业设计，并荣获"优秀毕业生"称号。

我选择的五年制（3+2）教育模式，使得我在中职阶段就积累了一定的比赛经验。进入高职后，我迅速确立了明确的目标——积极参加比赛和努力学习，以提升自己的专业能力。我主动报名参加了学院组织的 Proteus 软件仿真比赛，并获得了二等奖的好成绩。这次成功引起了学院老师的关注，老师推荐我参加全省电子产品设计技能大赛。尽管我们队伍年轻且缺乏经验，但我们毫不气馁，通过团队合作、积极探讨、请教老师等方式，我们逐渐磨合出默契。在比赛中，我们面临了一次两难的抉择。为了争夺一等奖，我们必须攻克一个极具挑战性的功能。如果未能完成，不仅会影响整体分数，甚至可能导致失败。团队成员出现了意见分歧，部分人因畏难情绪而犹豫不决。然而，我坚信我们具备挑战这一难题的能力。尽管我们缺乏直接设计该功能电路的经验，但我们曾研究过相关的设计文章和理论资料，并且有设计过类似功能的经验。在深思熟虑后，我们决定迎难而上。我们的努力没有白费，最终我们成功实现了这一功能，并以第一名的成绩为学院拿到了一等奖。

学校有一个电子协会的社团，它负责维护校园内的电子设备，并通过组织一系列的分层培训和科技下乡等实践活动，为学生们提供了一个丰富的第二课堂。加入电子协会的学生有机会参与更多的动手操作和实践技能竞赛。当我刚入学时，就渴望成为这个协会的一员，随着我在学校的几场比赛中脱颖而出，我成功加入了电子协会。在协会中，我有机会与一群优秀的学长学姐们切磋交流，并结识了许多志同道合的同学。我们共同学习，共同进步。协会的指导老师程智宾是我们的技术支柱和"定心丸"。每当我遇到难题时，他总是第一个出现在我身边，耐心地给予指导和支持。他不仅提供解决方案，还鼓励我们尝试不同的解决方法。

在大二时，我一边实习一边努力完成毕业设计。设计灵感来自当时手机的普及，我决定设计一个可以利用手机远程控制电子产品的网页。由于国内相关资料匮乏，我将目光转向了国外资源。然而，英文阅读对我来说是一大挑战，我不得不依靠词典，逐字逐句地将单词翻译成中文，以理解文献中阐述的功能和使用方案。在费尽周折地理解了文献内容后，我却发现所需的芯片在国内无法购买。在几乎要放弃时，我突然想起以前比赛中接触过的一款国外仿真软件，决定利用该软件进行硬件模拟，并编写代码实现功能。最终，我的毕业设计被评为学院的优秀毕业设计，我也荣获"优秀毕业生"称号。

职业指南·家长选读

职业探索（一）

不管是技能提升还是职业发展，从业者都需要具备独立思考和解决问题的能力，能够自主解决各种技术难题；需要有责任心和团队合作精神，能够承担自己的工作责任，并积极与同事合作，共同完成任务；需要具备持续学习的能力，能够不断学习新技术和新知识，保持竞争力；需要具备对细节的关注和执行力，能够严格控制工作质量，确保工作结果的准确性和可靠性。

工作时期

在职业生涯阶段，我回到了曾经就读的中职学校，投身于工作室的日常工作中，成了学校里最容易被找到的人。为了更有效地指导学生、助力他们参与竞赛，我创立了物联网创新中心。我带领学生走出校园，在全国各地的舞台上一展身手，进行交流切磋，追逐梦想，并取得了诸多不错的成绩。

我的职业生涯始于一家电子产品公司，在那里担任软件助理工程师，协助工程师研发产品。然而，一个偶然的电话彻底改变了我的职业轨迹。我中职母校的老师告诉我，学校急需一位指导比赛的教师，他认为我非常适合这个职位，并邀请我尝试。我没有过多犹豫，选择回归母校任教。

带领学生参与这项竞赛并非易事。要从市级比赛一路过关斩将，直至站在国赛的舞台上，师生必须齐心协力，共同面对挑战。为了能够更有效地指导竞赛，我决定搬到学校附近居住，以便随时为学生提供帮助，我成了学校里最容易被找到的人。在接下来的3年里，我几乎与学生们同吃同住，每天都与他们一起讨论、编程、调试，努力攻克各种技术难题。有时候，学生们会提出各种各样的问题，我需要将复杂的技能知识化繁为简，以便他们能够理解并掌握。其中一些问题涉及计算机数据软件知识，由于我原先的专业是电子信息工程技术，对这个领域了解不多。然而，我秉持着"要想教给学生一碗水，自己要有一桶水"的信念，白天上课，晚上在图书馆疯狂学习研究，从而避免在面对学生问题时"两眼一抹黑，一问三不知"。

所有汗水都有收获，所有努力都不被辜负。2014年，我和学校的同事们一起带领的队伍在国赛上夺得了金奖，捧着奖杯的那一刻，我深切地感受到所有的辛劳和付出都是值得的。在随后的第五届福建省"互联网+"大学生创新创业大赛中，我们再次取得辉煌成绩，以显著优势荣获金奖（第一名）。

在工作中，我深刻认识到，不能在封闭的思维模式中盲目努力，停滞不前。尤其是在计算机和互联网领域，技术发展日新月异，我们更需要创新思维。因此，我不仅在大课堂上传授物联网知识，让更多学生掌握这一专业技能，还鼓励对物联网感兴趣的学生通过课外培养、参与技能竞赛来加速他们的专业技能提升。在创新创业比赛中，我鼓励学生从日常生活中汲取灵感，开发原创、简单、贴近生活的产品。

职业指南·家长选读

职业探索（二）

技术方向：可以朝着技术专家的方向发展，深入学习和研究电子信息工程技术的各个方面，逐渐成为该领域的专家。

管理方向：可以朝着管理方向发展，学习管理和领导力，成为团队或部门的领导，管理团队并指导他人。

创业方向：如果有创业意愿，可以尝试创业并开拓自己的事业。可以开发新的电子或通信产品，提供相关服务或解决方案，实现个人价值的同时也为社会做出贡献。

为了更好地指导学生竞赛赋能，我还利用课余时间组建了物联网创新中心，旨在为学生提供一个创新创业的平台。一方面，我注重全程指导，从外壳设计、核心电路板设计到程序设计，我都一一耐心教导。另一方面，我重视技能训练、能力提升。上午我们进行单项技能训练、默写代码，下午套题练习，晚上分析题目、总结经验。我早上7点出门，晚上12点甚至凌晨才回宿舍，几乎每天都泡在工作室，反复修改、测试每个小细节，确保每一部分正确运行。

我带领学生们走出去，前往全国各地更大的舞台，参与各种竞赛和交流活动，这不仅开阔了他们的眼界，也帮助他们发现自我、完善自我，实现自我价值。在这个过程中，学生们变得更加清晰、更加努力、更大胆地追逐梦想。

我的学生先后斩获国家级一等奖9个、省级一等奖13个。任教8年来，我坚持从高一起为中职物联网专业的学生寻找一条专业提升之路，培养物联网专业的学生，为社会和高校输送了一批又一批专业技能扎实的人才。

回想起我在职业学校的日子，心中总是充满感激与自豪。那时的我，带着几分迷茫和不确定，走进了这片校园。然而，正是在这里，我逐渐找到了自己热爱的领域，学会了如何用双手和智慧去创造、去突破。职业学校不仅仅教给我书本上的知识，更通过一个个技能竞赛，让我明白了什么是坚持、什么是团队精神、什么是永不言败的信念。

人生的道路有许多种，每一条都通向不同的远方。选择职业学校并不意味着放弃梦想，而是为梦想插上了坚实的翅膀。相信自己，珍惜每一次竞赛、每一次实战的机会，让这些经历成为你未来职业生涯中最亮眼的资本。未来的你，一定会感谢今天勇敢选择了这条路的自己。

看看自己有哪些能力潜质，对照核心能力模型，这样你的未来之路就更有针对性。

核心能力模型

项目	要求
学科能力	信息技术、数学等
基础能力	语言表达能力、数学逻辑思维能力、动手能力、信息获取能力
社会能力	组织协调能力、心理承受能力、团队协作能力、创新能力、社会责任感

工作后需要的职业类证书

计算机信息高新技术、物联网安装调试员、教师资格。

进修学习路径

专升本，进修学习专业：计算机科学与技术、电子信息工程技术、软件工程、物联网工程等。

主要就业方向

面向电子硬件工程师、计算机软件工程师、计算机类或电子类专业教师、计算机及外部设备装配调试员、信息通信网络运行管理员、广电和通信设备机械装校工、广电和通信电子设备装接工等岗位（群）。

主要专业能力

（1）具有教学计划制订、课程设计、教学方法和学生评估的能力。

（2）具有利用现代教育技术，如在线学习平台、虚拟实验室与学生建立积极的互动，鼓励他们主动参与学习过程的能力。

（3）具有拥有计算机或电子技术程序开发的能力。

（4）具有对技术人员进行安全、技术指导并处理疑难故障的能力。

（5）具有处理物联网网络故障的能力。

（6）具有根据项目网络方案制订大型物联网应用网络施工方案的能力。

撰稿人：吴清颖　林　超　林　霞

李万正

职　　业：杭州西铭电子有限公司总经理

毕业学校、专业：金华职业技术学院（现为金华职业技术大学）、应用电子技术专业

从业时间：22年

应用电子技术专业真的很有意思；

每一根电线、每一块芯片、每一个元器件；

组合起来会产生不一样的效果；

就好比人生，遇到每一个人、每一件事都是有意义的。

我是和"电"结缘的人

我叫李万正，曾经在浙江省某电子研究所工作，担任副所长，后来下海经商，创办了杭州西铭电子有限公司，担任总经理。

我们公司主要做仪器仪表，目前主要为国家电网和中国石化服务，专注于综合能源服务中的设备监测、状态诊断、大数据分析。仪器仪表是应用电子技术领域里的一个小门类，但是技术含量很高，我们公司拥有20多项专利和软件著作权，是区高新技术企业、杭州市软件企业、浙江省科技型中小企业。

我选择了高职院校学习，希望能学一些操作技能。在大学期间，我也曾担任分院学生会主席、总院学生会主席，这段经历大大提高了我的执行力、行动力以及应急处事能力，为我未来的就业和创业打下了坚实基础。

中专时期

我读的是职业中专，我可以毕业直接工作，但是我选择了高考。无论是工作还是高考，我的目标都是明确的，不离开电子电气类相关领域。

职业中专时，我就读于安吉技师学院。当时其实达到普通高中录取线了，但是我从长

远发展、就业考虑，选择了职业中专，学电工电气专业，就是为了去供电系统或者电厂系统相关单位工作。在中专，我一直努力学习，3年都是第一名，都是一等奖学金，我特别喜欢电工课，接线在别人看来可能是一件烦琐的事情，但在我看来，它是一门艺术，接得好坏是一个评价标准，美观程度是另一个评价标准，只有不断地练习、琢磨线路规划才能做到最好。

我觉得每天都要努力，不要去问结果，相信结果不会辜负勤奋、上进的人。我也担任学校学生会干部，荣获学校"优秀毕业生"称号。

中专毕业时，我选择了高考。我的高考目标其实很明确，要么继续学习电子电气类相关专业，要么选师范类专业回中专任教。

高考时我发挥失常，没有考上浙江师范大学。于是，我开始研究招生目录上各个学校的电子电气类相关专业，我发现金华理工学院（现为金华职业技术大学）的专业设置、人才配备、就业推广、干部历练，与同类院校相比更加吸引我。所以，我填报了金华理工学院的应用电子技术专业。

> **职业指南·家长选读**
>
> **应用电子技术专业需要的知识结构**
> 1. 理工科。对物理的要求较高，对电子方面有兴趣，会钻研。
> 2. 目标导向。孩子要尽早树立电子电气类相关的高考目标或就业目标。

高职时期

我刻苦钻研专业课程，积极参加学生管理工作，得到了综合锻炼，这为我后来从事专业岗位、拓展市场和创办公司起到了至关重要的作用。

3年大学，我履行了对自己的承诺，学业上虽然没有获得第一名，但是基本排在班级第二或第三名，每学期荣获奖学金，没有一门不及格。我注重专业课程的学习，高职"电工实训""电路原理"等专业课程，给我后面就业和创业奠定了良好基础。我始终认为学生的第一要务就是学习，只有在学习完成的情况下，才能去做其他事情，做好自己学习与学生工作的时间管理。

我在学校里担任了分院学生会主席、总院学生会主席。学生干部经历真的对我之后就业和创业起到了很大的影响，因为这段经历大大提高了我的执行力、行动力以及应急处事能力。而这些也是专业课程所学不到的。

担任学生会主席期间，我意识到不仅要实实在在地做事，还要时刻关心各级学生干部的思想与生活情况，积极组织内部团队建设，用心完成每一件事，勤于思考总结。我自己都没想到这样一点一滴的积累，对日后的应聘起到了很大的作用。

临近毕业实习，我去浙江省某电子研究所应聘，当时招聘分笔试和面试两个部分，笔试主要是技术测试，我的成绩并没有十分突出，但是面试我是第一名，因为主要问我在校期间组织活动、实践经历以及与策划方案相关的内容。这对我来说，都是亲身亲历过的，我答得很实在，也很细致，面试官对我非常满意，细节之处见真章，大概就是这个意思。

没过几天我就收到了实习上班的通知，成为一名销售助理。第一份工作对我的影响很大，到目前为止，我只找了两份工作，第一份就是在研究所上班，另一份就是自己创业成立杭州西铭电子有限公司。现在想起来，对于研究所的领导、同事除了感激就是感激，没有在研究所的经历，就没有现在的我。

> **职业指南·家长选读**
>
> **职业探索**
>
> 应用电子技术行业需要一定的团队协作能力，如果有较强的技术水平的同时，具有团队管理能力，会是很好的加分项；多实践、多锻炼，对未来就业非常有帮助。

工作时期

在工作初期，我把3样东西放在最重要的位置：产品质量过硬、技术服务到位、良好的人格魅力，这就是我的舍得之道，让我快速成长起来。创业是艰苦的，也是极具挑战的，我最骄傲的地方，就是我的客户忠诚度和公司的口碑，公司赚的每一分钱都是实实在在的。

（一）工作初期

刚进研究所的时候，我是一名业务员，留意细节、做事勤快、不怕吃苦，是我工作的秘诀。例如单位规定8点上班，我每天7点左右已经到达办公室，将办公室清扫完毕以后，还打扫好所长办公室；每天一有空闲就会研究所里的产品，向研发人员请教，我觉得想要卖好产品，首先就要全方面了解它。虽然这些都不是什么大事情，但是我就是这样坚持下来的。当时的我月月是销售冠军，单位的销售额最多时呈10倍增长，原本需要一年时间转正，我只用了3个月就完成了。

作为业务员最硬的实力是什么？当然是销售额，每当我接触客户的时候，我一定会了解客户的心理需求。无论当初做销售助理还是后来自身创业的时候，我都把3样东西放在最重要的位置：产品质量过硬、技术服务到位、良好的人格魅力。我卖的产品并不比别人的便宜，但是我一直秉持"做不到的不说，虚假的不说；言必行，行必果"的原则。

通过一次次的用心服务，我的客户越来越多，我也渐渐明白，只有用行动取得了客户信任，这才是最大的收益。与其说在卖产品还不如说是在卖服务和口碑，后面基本上是客户慕名而来向我求购了，这才是我的舍得之道。

从2002年4月—2005年10月，我在研究所奋斗了3年多，从一名销售助理逐步成为副所长，主管销售的工作。3年多的积累与成长，让我逐步在管理、经营理念等方面形成自己的一整套思路与设想，自立门户的念头悄悄萌生了。

> **职业指南·家长选读**
>
> **职业上升路径**
>
> 想要在职场中脱颖而出，就要花费比别人多十倍、百倍的精力，一名业务员，不仅要有高超的销售技巧，还要有过硬的专业知识和客户至上的服务理念，通过实际行动取得客户信任。孩子将来要在电子电气类行业中工作就要沉得下心，要有一定的经验，这样才能成为职场上的专家型的人才。

（二）创业时期

创业之道，真是酸甜苦辣不言而喻。选择创业，就是要一鼓作气，不必考虑太多细节。在研究所 3 年多的经历，我积累了人脉资源、做事经验，熟悉了市场规则，找到两个合伙人后立马开启创业之旅。

当然，创业道路也并非一帆风顺，创业初期最大的挑战就是资金问题。刚开始准备注册资金 50 万元，对于刚进入职场 3 年多的我来说，是很困难的。当时我打算向一个亲戚借钱周转，后来放弃了，因为这个亲戚与父亲交情很好，我也担心如果创业失败，会影响他们之间的感情。于是，我退而求其次，将注册资金从 50 万元降到 20 万元，等公司上了轨道后再增资，到现在，我公司注册资本已经达到 1688 万元。

钱的问题解决了，产品研发成了创业过程中第二大问题，我们要针对国家电网和中国石化这类公司的变电站，专门做一套检测设备仪器。当时国内做这套设备仪器的并不是很多，因为它属于一个冷门设备仪器，我们可学习借鉴的设备仪器不多，全靠我们几个技术员没日没夜地研发测试。好在当时浙江大学实验室开放给了我们，为我们的产品研发提供了很大的帮助，我们最终完成了电能质量分析仪、局放测试仪等一系列设备研发。现在，我们每年都要进行设备仪器更新，如果不更新很快就会被市场所淘汰。

在创业路上行走了 18 年，我品味了创业的艰辛。但也有最骄傲的地方，就是我的客户忠诚度和公司的口碑。现阶段，我仍将公司定位为小微科技型企业，企业业绩稳步上升，员工幸福感逐步提升。令我欣慰的是，公司成立到现在，没有一分贷款，没有一分欠债，赚的每一分钱都是实实在在的。

职业指南·家长选读

价值观探索

从一名销售助理到独立创业的企业家，人生是一场马拉松，不是一蹴而就的，都需要长期坚持，汲取经验，不断沉淀，不看中一时得失，不急功近利，也不投机取巧。

如果未来你和我一样走上了创业道路，请记住创业是对自己意志的磨炼，需要有风险意识、吃苦耐劳精神，创业就是在传承这些精神品质，将其不断延续。另外，一定要尽早树立自己的就业目标，了解当前职业发展现状，谋划自己的学习轨迹。还要有坚强的意志，沉淀与经验非常重要，千万不要动摇，要一直走下去。

看看自己有哪些能力潜质，对照核心能力模型，这样你的未来之路就更有针对性。

核心能力模型

项目	要求
学科能力	语文、数学、外语、物理、化学、信息技术等
基础能力	语言表达能力、身体运动能力、人际交往能力、数学逻辑思维能力
社会能力	组织协调能力、团队协作能力、适应社会能力、心理承受能力、社会责任感

工作后需要的职业类证书

高级电工、中级电工；物联网单片机应用与开发、电子装联、物联网智能终端开发与设计。

进修学习路径

专升本，进修学习专业：电子信息工程、电气工程与智能控制、电气工程及其自动化、自动化、机械电子工程、机械设计制造及其自动化、计算机科学与技术、信息与计算科学、新能源科学与工程。

主要就业方向

从事新能源电力电子产品、物联网终端产品、人工智能电子产品与设备的开发、生产、管理、测试、维护、技术服务、销售推广等工作。

主要专业能力

（1）具有正确选择并熟练使用通用数字电子仪器仪表、工具及辅助设备的能力。

（2）具有常用电子元器件和组件识别、检测、选用的能力。

（3）具有按要求操作专用设备进行智能硬件等电子产品的安装与调试、生产过程工艺管理、生产设备操作与维护管理的能力。

（4）具有分析电路功能，并使用现代化专用仪表检测电路参数、调试电路、检修电路故障的能力。

（5）具有使用智能化、数字化软件绘制电子电路原理图、设计PCB版图的能力，初步具备计算机辅助设计的能力。

（6）具有较好的电子电路应用能力，具有一般智能电子产品软件、硬件设计和应用系统调试的能力。

（7）具有电子产品的销售和服务的能力，具备社会责任感和担当精神。

（8）具有依照国家法律、行业规定开展绿色生产、安全生产、质量管理等的能力。

（9）具有探究学习、终身学习和可持续发展的能力。

撰稿人：郭天鹏　李万正　徐露诗

夏汪涛

职　　业：宁波尚进自动化科技有限公司整机工程师
毕业学校、专业：宁波城市职业技术学院、应用电子技术专业
从业时间：6年

没有成功的先例，我们就从零开始，摸着石头过河。当新工艺的研发使得设备性能得到极大改进时，对于我来说就是最大的收获。

自动化设备"找茬"人

我叫夏汪涛，我的工作是自动化设备的质量判定和检查指标的合理化修改，从整机的角度对机械电气软件提出优化方向和建议，提升机器性能和操作便捷性，以满足客户对设备的需求。工作中的我往往每天都穿着一件"蓝大褂"，给自动化设备"找茬"并提出优化方案就是我的日常工作。当客户来到我们公司进行产品打样或调研设备时，我和我的团队便会通过现场演示来展现我们目前新开发的各类工艺，假如客户觉得非常满意，此时对于我们来说就是最大的肯定。

假如你也想将自己的兴趣爱好发展成为终生从事的职业，也许我的成长经历能给你提供一些可借鉴的经验。

初中时期

我小时候很喜欢玩一些组装类的玩具，如小赛车、小机器人等。当时我的动手能力没有那么强，有时拆开之后并不能很顺利地装回去，尤其是那些会发亮的小灯，常常会被我弄熄灭掉。那个时候我对于电也还没有什么认识，只是觉得那是一种很奇妙的东西，仿佛让整个玩具都有了生命。

初中时，我对物理的热情很高，但对数学、语文、英语等科目则没有太大的兴趣，当

时有同学调侃我，说我既不偏理科也不偏文科，只偏向自己的兴趣。其实我自己也不是没有意识到这个情况，对于数学、英语也进行过尝试，但是发现确实没有那么感兴趣，并且觉得自己以后也不会往这些方向发展。

现在回想，当时的想法还是过于简单，我在进入工作后就马上感受到偏科所带来的麻烦。我现在所在的研发岗位经常需要查看一些文献资料，为了获取国内外相关行业的最新情况，常常面对的是通篇英文的材料，尽管可以借助翻译软件，但不可避免会产生一定的偏差，这时我常常会想，要是以前能好好学英语的话，就能更加精准地理解专业方面的内容。另外，数学能力在工作中也比较关键，有些自动化设备往往需要进行数据计算，如果运算不够熟练，也会降低工作的效率。学好自己感兴趣的专业或者学科固然重要，但其他学科也都要学一些，说不定在以后的工作中就能用上。

> **职业指南·家长选读**
>
> **应用电子技术专业需要的知识结构**
>
> 1. 理工科。对物理、数学的要求较高，需要对电路、数学逻辑等内容感兴趣，同时具备较强的逻辑思维和分析能力。
> 2. 兴趣驱动。对各类电子设备怀有好奇心，喜欢动手拆装并研究其工作原理，享受组装、调试电子设备的过程，这是孩子要学应用电子技术专业应具备的品质。

中专时期

中专时期的这段经历对我来说其实是一种铺垫，学习的专业知识和锻炼的实操能力也是为接下来的大学阶段做准备。

因为对电子电路的爱好，2012年，我进入奉化职业教育中心学校，选择了五年一贯制的应用电子技术专业。尽管当时我们学校也有能够参加高考的学制和专业，但考虑到我文化课的成绩水平，参加高考可能也没有太多的优势，因此我打算专注技术方面进行学习。

在中专的3年里，我的成绩一直不错，对于实操类的课程尤其感兴趣，经常会在课余时间到学校的实验室，练习用电烙铁焊接电路板，时间一长，我在焊接方面的水平有了很大的提升，动手能力也得到了增强。得益于五年一贯制的学习方式，中专时期的这段经历对我来说其实是一种铺垫，学习的专业知识和锻炼的实操能力也为接下来的大学阶段做了准备。

和普通高中不同的是，我们中专的学生在高三下半学期会有为期3个月的实习时间。那时我去的是奉化星宇电子有限公司，这是一家以从事计算机、通信和其他电子设备制造业为主的企业，我在里面主要的实习内容就是电路

> **职业指南·家长选读**
>
> **价值观探索**
>
> 任何在某一领域能够取得卓越成就的人，其背后往往都有一套鲜明的价值观作为支撑。如果孩子能够发现并追随自己的兴趣，保持纯真的好奇心和探索精神，同时学会将这份热爱转化为持续学习和实践的动力，那么他（她）也将更有可能找到一条既充满乐趣又富有成就感的职业道路。

板的焊接，之前在实训室的实操训练也在此刻派上了用场。

高职时期

老师在课堂上的"题外话"引起了我的注意，我在专业学习之余，会主动去问上一届学长的实习感受，也会参加一些学校组织的就业类讲座。

2015年，我进入宁波城市职业技术学院信息与智能工程学院15级应电3+2班学习。我当时比较感兴趣的是一些模电类的课程，给我们上课的是学院副院长潘老师，潘老师为人和蔼，在教授专业知识的同时，也会给我们介绍一些校企合作企业的概况，带领我们提前了解应用电子技术专业的就业方向和就业前景。潘老师在课堂上的"题外话"引起了我的注意，我在专业学习之余，会主动去问上一届学长的实习感受，也会参加一些学校组织的就业类讲座。在大二快结束的时候，学院组织了顶岗实习动员会。会上，很多校企合作企业介绍了公司概况和岗位需求。我在对比多家企业后，选择了宁波尚进自动化科技有限公司，因为这是一家初创的微型企业，我想后续可能会有更多学习发展的机会和空间，而事实证明这是一次正确的选择。

2017年3月，我来到这家公司开始实习，所学的专业知识也在实际工作中逐渐发挥作用。例如我在安装电源时，我得先了解如何去测试整个电路的通断情况，包括一些短路的检测等，其实这些都会用到大学期间所学的专业知识，相比于不是电子类专业出身的人来说，我们之前在课堂上已经接触过这些内容，在实习期也能更快地上手。这种将自身所学应用于实践的过程，使我的个人专业技能和职业劳动技能水平不断提升。

> **职业指南·家长选读**
>
> **职业探索和性格探索**
>
> 自动化设备制造行业是一个需要专业功底与不断创新的行业。初入行业，往往要从最基础的工作做起，如零件的组装和配置、设备的检测与调试等，这些都需要孩子具备耐心和细心，不怕烦琐，愿意在实践中不断学习和积累。同时，性格中的踏实、肯吃苦，以及面对挑战时的坚持与执着，也是能在这一行业中脱颖而出的重要品质。

工作时期

学历和学识上的差距，让我有压力也有动力，我每天下班自觉留在公司加班3个小时研读书籍，也会在公司练习操作设备，不断提升自己的技术水平。在学与练中我不断成长，有幸作为唯一的一名生产技术员加入中试研发组，并顺利担任整机工程师。

（一）从装配员起步

毕业后，我顺利成为宁波尚进自动化科技有限公司的正式员工，最初，我只是一名半自动引线键合机装配员，主要的工作内容就是把各个零件组装成模块，进而再装配成整机，并对各个控制板卡进行电气检测。身边都是一本院校毕业的本科生或者硕士生、博士生、学历和学识上的差距，让我有压力也有动力，我每天下班自觉留在公司加班 3 个小时研读书籍，也会在公司练习操作设备，不断提升自己的技术水平。

一次项目会议中，大家探讨客户提出的产品操作手感不佳时，我根据自己的实践经验联想到了一个细节，设备上螺钉安装有一个力矩，这块力矩的大小直接影响了操纵手柄时的顺滑度，我对此提出了改进意见，被同事们采纳后，公司也针对这一指标进行了修改调整。这次被认可的经历，让我有了自信，也更专注于提升设备性能的改进和研究。

（二）整机工程师

公司在看到我的潜力后，委派从国外回来的工程师担任我的师傅，对我进行悉心栽培，培养我处理复杂问题的能力，传授我相应的处理办法，如控制变量法、鱼骨图分析法等，指导我针对实验方案的可行性和有效性进行评估，并在实验结束后总结复盘、查漏补缺。在学与练中，我不断成长，有幸作为唯一一名生产技术员加入中试研发组，并顺利担任整机工程师。

在一段时间的积累与沉淀后，针对客户需求，我们尝试将全自动设备上的一项技术融入半自动引线键合机，让设备能在球焊键合后，直接切除焊点的尾线。这项技术就是无线尾直球技术，它在生产过程中拥有诸多优势，可以降低对工作人员的技术要求，减少切除线尾的时间以及有效提高切除的平整性和一致性。然而，这一技术在半自动设备上是首创，国内外均没有相关先例，我们只能从零开始，摸着石头过河。我和同事们反复测试，邀请了很多人试用操作设备，然后根据不同反馈进行有针对性地改进和优化。终于，我们的无线尾直球技术被融入公司的半自动引线键合机。如今，这套误差在毫厘之间的设备被中国航天二院等多个机构采购，并被用在航天军工等多个领域，解决了芯片生产中同类技术被国外企业垄断的卡脖子难题，使国之重器蕴含了"宁波智造"的力量。

（三）项目负责人

2020 年，我被提拔为中试研发组组长，并担任半自动引线键合机项目负责人。2020 年 7 月，时任浙江省副省长高兴夫来到宁波微电子创新产业园考察我们公司，了解产品的应用市场和发展前景。我作为代表在现场演示操作了 S450 多功能引线键合机，这款是当时该系列的主力机型，实现了对标甚至部分超越进口设备的能力。对此，高副省长也肯定了公司在技术革新方面做出的努力，鼓励我们再接再厉，研发更多具有自主知识产权的技术和产品，加快数字化转型。

这个嘱托我一直记在心里，同时为了满足客户对产品更新换代的需求，我带领团队成员继续在原设备上查找性能缺陷，对机电软进行升级改进，与软件部门沟通优化控制，并不断测试调整后的结构。2022 年，在基于 S450 系列多功能键合机的基础上，我们推出了迭代升级的新机型 S450Plus，实现了更高的键合强度、稳定性以及可超声功率切换等功能。

职业指南·家长选读

职业上升路径

在自动化设备制造行业，职业发展路径呈现出多元化的特点。如果孩子对机械和电子技术有浓厚兴趣，喜欢动手实践，那么可以从基层员工做起，不断积累经验，逐步成长为工程师，最终成为技术专家。如果孩子具有创新思维，善于发现问题并提出解决方案，那么可以朝着研发的方向发展，为行业带来突破性的技术创新。无论选择哪条路径，关键在于找到自己的兴趣所在，培养不可替代的核心能力。

就这样，我慢慢接过了公司前辈手中的接力棒，在不断突破和创新的同时，也担负起培养新人的责任。在多功能键合设备售后专项培训中，我担任授课讲师，为同事们讲解引线键合基础工艺知识、键合工具的选型以及常见问题的处理方法；在公司首届职业技能大赛中，我担任评委，对参赛选手的技能熟练度、产品品质、技术参数进行检验，为更多肯学、肯干、肯钻研的同事提供立足岗位的成长成才的平台。

回望我一路走来的职业道路，我觉得自己是幸运的，学校的培养、领导的赏识、师傅的传授和同事的协助，让我逐渐摆脱困顿与迷茫，以全新的面貌迎接人生中的机遇与挑战。在我看来，职业教育让我们能够将理论与实践紧密结合，为以后的职业生涯打下坚实基础。在这个快速发展的时代，技能型人才越来越受到重视，现在所学的每一项技能，未来都可能成为我们的职场优势。只要路是对的，就不怕遥远，坚持自己的方向，路上的风景会越来越好。

看看自己有哪些能力潜质，对照核心能力模型，这样你的未来之路就更有针对性。

核心能力模型

项目	要求
学科能力	物理、数学、化学、信息技术等
基础能力	数学逻辑思维能力、视觉空间能力、语言表达能力、身体协调能力、自然观察能力
社会能力	团队协作能力、组织协调能力、适应能力、创新能力

工作后需要的职业类证书

电子 CAD 绘图员证、无线电调试工证、电子装接工证、电子设备操作工证、电气工程师证、PCB 设计工程师证、机械工程师证等。

进修学习路径

专升本，进修学习专业：电子信息工程、电气工程及其自动化、电子科学与技术、物联网工程、光电信息科学与工程等。

主要就业方向

进入电子产品制造、通信设备、集成电路设计、自动化系统集成等企业，从事质检员、电子产品装配员、工程技术员、电子工程师、整机工程师、PCB 设计工程师、嵌入式系统工程师、测试工程师等岗位（群）。

主要专业能力

（1）具有对常用元器件识别、测量、选用的能力。

（2）具有使用常用电子仪器仪表及工具的能力。

（3）具有电子装配、焊接、调试、制作的能力。

（4）具有分析、调试、维修、设计简单电路的能力。

（5）具有常见自动化设备的安装、调试、操作及维护的能力。

（6）具有工艺指导、工艺设计、工艺管理及基本生产、质量管理的能力。

（7）具有 PCB 板设计与制作的能力。

（8）具有用单片机制作简单智能电子产品的能力。

（9）具有电子电路设计、分析和调试的能力。

（10）具有电子检测与控制技术应用的能力，掌握自动检测与转换技术等基本知识与原理，能按照要求进行有关应用系统的编程、操作和调试。

（11）具有单片机系统设计调试综合应用的能力，熟悉大规模集成电路等基础知识理论，掌握一般小型智能电子产品的设计和调试。

撰稿人：吴佳钰　夏汪涛　叶　青　林海燕

王美琼

职　　业：西安北方庆华机电有限公司五分厂焊桥班班长兼质量员

毕业学校、专业：陕西国防工业职业技术学院、电子信息工程技术专业

从业时间：18 年

经手焊桥的每一发产品都是固我国防的"关键一步"，

身为军工"战士"，履行强军首责的

责任感、荣誉感、价值感是他人无法体会的！

至精至微，极限追求
—— 以忠诚奋斗者为本的劳动模范

我叫王美琼，是陕西国防工业职业技术学院（简称陕西国防学院）2005届毕业生，现任西安北方庆华机电有限公司五分厂焊桥班班长兼质量员。

班组承担着多项高新重点装备科研焊接任务。焊桥作为生产的第一道工序，生产准备、质量控制、班组间转交节点都至关重要。品种多、任务急、批量小、换产频繁都是常态，有时候一天要同时开七八个品种，还经常会有紧急产品插入，动态化的柔性生产在焊桥班体现得淋漓尽致。

这样的生产节奏也磨炼出了我异于常人的管理能力，把控节奏、迅速换产、工序协调、资源调配，这些步骤每天都在确保质量和安全的大前提下高速运转，对于个人的管理能力提出了很高的要求，需要极强的个人职业素养。

中学时期

中考不理想算是我人生中经历的一次重大挫折，也是一个十字路口，我很感激父母的开明，他们让我抛弃偏见，从职业规划的角度去审视读高职这件事，让当时的我做出了适

合自己的选择。

初中，我以本校第一的成绩进入镇中学的重点班的，因为从小就学习能力很强。但是镇中学离家 20 多千米，骑车来回很不方便，只能住校。宿舍条件很艰苦，四面窗户漏风，冬天特别难熬，时常都会被冻醒。吃的就是白水煮面，很少看到菜叶。每天吃饭点排队的学生一眼看不到头，排得晚了就没有饭吃，只能饿肚子。我对这样的环境很不适应，心理上非常崩溃，导致学习状态受影响，3 年艰难度过，学习成绩也不尽人意。所以，我中考发挥得很差，刚到职业学校录取分数线。

当时，我们这一届也刚好赶上教育改革，实行了"2+3"的模式。

我当时只觉得上高中，继而考上个好大学是评判人生成败的唯一标准，所以非常受打击。父母很有智慧，他们没表现出一丁点失望的情绪，看我意志那么消沉，他们就用朴实的成才观劝导我，让我相信走职业教育的道路或许是个不错的选择。那时我从老师那里打听到，西安机电学校（2001 年更名为陕西国防学院）是国防系统对口学校，它的电子信息工程技术专业非常强，是精品专业。所以我当时就只报了它，其他志愿都没填。很幸运，那年我被顺利录取了！

> **职业指南·家长选读**
>
> **电子信息工程技术专业需要的知识结构**
> 1. 工科为主。该专业是集电子和信息处理于一体的专业，对于学习能力、逻辑思维能力有较高的要求。
> 2. 动手能力。这个职业技术性很强，动手能力强的人会更易胜任工作。

高职时期

"既然选了就好好去学"，我记住了父母的话。我相信"三百六十行，行行出状元"，只要有一份决心，十分准备，定能万般精彩。

投身国防是梦想的起点。

2000 年，那一年我 16 岁。冲着"国防"二字，果断报考了西安机电学校。离开家乡，离开父母的那一刻，母亲哭了，父亲眼眶红了，我知道那是不舍，更是期许。

西安机电学校作为一所军工积淀深厚的学校，国防教育氛围还是很浓厚的，在求学的日子里，在老师们的精心教导下，作为一名普通农村家庭走出来的学生，我更坚定了自己的人生理想，那就是通过努力，毕业成为"国防人"。所以，我认真规划高职生活，严格要求自己，样样都要争取做到最好，学习上不懂就问，打好理论基础，积极实践，提高专业技能。在校期间我的专业成绩突出，年年得奖学金。

为了更好地锻炼自己，我还担任了学生干部，加入了记者协会和广播站，积极为同学服务。在校期间因各项表现优异，我光荣入党，成为学生党员，获学院"优秀学生干部""陕西省国防科技工业优秀共青团员""陕西省优秀学生干部"等荣誉称号。

回顾我的求学经历，感谢陕西国防学院领导和老师们的培养，让我确定了梦想的起点，打下了坚实的技术技能基础，培养了适应职业发展的综合素质，更锻炼提高了自己对于做事情的专注度，以及把事情做到极致的态度。这些都成为我后续学习、工作、生活中的宝贵财富！

工作时期

从陕西国防学院的一名毕业生到陕西省劳动模范，是投身国防，扎根岗位，至精至微，报效国家的信念成就了我。

（一）初入职场

2005年，我有幸加入了军工央企。那一刻我觉得我成功了，美好的生活已经唾手可得了。可理想很丰满，现实很骨感。我被分到了焊桥岗位，带着好奇，来到了工作地点，我心目中的职业梦瞬间破灭了。在我看来，工作是光鲜亮丽的，应该是穿着职业装穿梭在高高的写字楼里，而不是穿着黄胶鞋，戴着工作帽坐在工房里。我的心理落差很大，说实话，很不甘心。

焊桥是个很小众的工种，也称桥丝焊接。就是在1毫米以下间距的两电极上焊丝，形如搭桥。这是一项技能要求非常高的特殊工种，讲究的是高安全性和高可靠性，容不得百万分之一的差池，80%的产品所用的桥丝直径约为头发丝的1/10，操作完全靠眼力和手上的巧劲，每调整一次电阻值、每提高1%的良品率，都需要手、眼、心无数次的极度磨合。焊接不牢或者位置不正都会严重影响产品性能。

起初，每天面对重复上千次的焊接工作，我很不适应，有过不解，有过徘徊。学焊接的过程很艰难，强光下操作，烙铁高温的炙烤，衣服和着汗水粘在身上，异常辛苦。我也处处碰壁，焊接合格率低，情绪很浮躁。

当时我问师傅："您是怎么坚持这么多年的？"她说："我没啥文化，只会焊桥，焊好它我就觉着自己还有点用。"听着这朴实的语言，看到师傅眼里那份光，感受着那份真诚，我也被师傅们的精神所打动。内心的梦想和豪情再一次又升腾起来。师傅行，我也行。因此，我选择了坚持。

（二）刻苦钻研

"干这项工作一定要沉得住气，一名优秀的焊手必须极具耐心和专注力，有娴熟的技艺。"在师傅的鼓励和指导下，我的心境发生了变化，沉下心来认真钻研焊桥技术。

职业指南·家长选读

性格探索

一名优秀的焊手必须极具耐心和专注力，必须具备一定的技巧和熟练度。如果孩子性格中表现出不服输、能坚持、善钻研、肯吃苦的品质，他将来的成就不会低。

职业指南·家长选读

价值观探索

"精心精致，精到精进"是焊桥岗位的职业底色。从小培养孩子坚持到底、永不放弃、坚韧不拔、精益求精的精神品质，对于将来的职业成长有很大的帮助，这远比多考几分来得更重要。

为了练好手艺，我一遍一遍地笔画，用心去琢磨焊接的角度，点焊的力度和适合的温度。无数次的练习，几千个小时的累加，让我焊接的良品率逐渐提升，陆续攻克了多项急难险重的焊接任务。好的技艺终将在无数次重来中练成。渐渐的，技术拔尖的我，被大家送上外号"王尖尖"。2018年荣获特能集团技能竞赛冠军，2021年荣获陕西省科技节焊桥丝"绝招绝技绝活"以及"带徒名师"称号，成了我们焊桥团队名副其实的行家里手。

2015年，我当上了焊桥班班长，有了一个近30人的焊桥团队。每天起床面对幼小的孩子和身后几十号人，没有压力是不可能的，但是"被需要"3个字的巨大力量让我坚持了下来。也是这种力量伴随着我在今后的日子里笃定前行。18年的焊接生涯，让我不断成长，懂得了责任和担当。让我从一个内向、站在众人面前说话都会脸红、腿直打哆嗦的人成长为可以给大家做分享的名师；让我从一名普通的焊桥女工一步步成长为陕西省劳动模范。

焊桥是连接、是融化、是绽放。我焊接的不仅是产品，更是点燃梦想的星星之火。在焊桥岗位上我找到了航向和价值。

> **职业指南·家长选读**
>
> **职业上升路径**
>
> 坚持和科学方法很重要，勤能补拙，任何职业都符合二八定律。当你足够坚持、善于总结摸索，走过一段路回头看时，大部分人因为各种各样的原因已经掉队，而你会成为出类拔萃的人。不是因为你最聪明、最能干，而是因为你能够坚持到底、日日精进。

（三）保持斗志

回首自己的学习和工作经历，扎根岗位，至精至微的信念是前行的动力。未来我更要以忠诚奋斗者为本，用至精至微的技能之光，照亮前行奋斗之路。将劳动精神、劳模精神、工匠精神接续下去、传承下去。"精于工、匠于心、品于行"，传承好"把一切献给党"的人民兵工精神，带动和影响更多的学弟学妹们，成为李尖尖，张尖尖……

作为新时代新青年，要好好珍惜学习时光，以更高标准，更严要求学好知识，练好本领，在一次次挫折中重新站立，在一次次自我超越中彰显风采。不管你现在属于哪种状态哪种心态。我想说，干一行、爱一行、专一行、成一行，一切皆有可能。

看看自己有哪些能力潜质，对照核心能力模型，这样你的未来之路就更有针对性。

核心能力模型

项目	要求
学科能力	数学、物理、信息技术等基础学科能力；无线电、计算机、电子与信息技术、电气自动化等专业学科能力
基础能力	动手操作能力、实践能力、持续学习能力
社会能力	组织协调能力、沟通能力、创新能力、社会责任感

工作后需要的职业类证书

无线电装接工、计算机模块、市场营销。

进修学习路径

专升本,进修学习专业:电子信息工程技术、互联网工程技术、柔性电子技术、光电信息工程技术、嵌入式技术、电子信息工程、电子科学与技术、通信工程。

主要就业方向

进入设备、电器、特种能源等制造类企业,从事电气自动化、设备运营、产品焊接等领域工作。

主要专业能力

(1)能识读工艺和图纸,并有很强的动手操作能力。

(2)具有良好的焊接技术,并能对出现的问题精准地找到原因,且给出合理的解决措施。

(3)具有新工艺、新设备、新材料等的学习能力。

(4)具有较强的责任意识和创新能力、实施能力。

(5)具有良好的组织能力和表达沟通能力。

(6)具有运用各种现场改善工具以及编写完善文本的能力。

撰稿人:王 东 王广林 王美琼

顾煜城

职　　业：中国科学院信息工程研究所第四研究室 Python 开发工程师
职　　称：助理工程师
毕业学校、专业：贵州轻工职业技术学院、计算机应用技术专业
从业时间：2 年

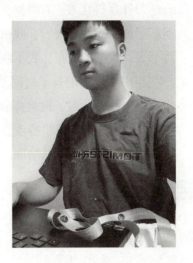

热爱创造，坚持成长。

作为 90 后，我庆幸自己年幼时接触到互联网，兴趣指引我与互联网共同成长，我在算法世界中找到了无限可能与自我实现的途径。

 ## 我是在算法的世界中与科技并肩成长的人

　　我叫顾煜城，"热爱创造，坚持成长"，这是我的座右铭，也是我对自己的承诺和追求。一直以来，我对计算机领域怀有浓厚的热情。计算机对我来说不仅是一门学科，更是我的激情所在。加入计算机协会、参加技能竞赛，这些都是我积极学习和实践各种计算机技能的机会。通过这些经历，我不断拓宽自己的视野，扩展知识的广度。我相信，通过创造，我能够发现自己的才华和潜力，并将计算机的力量应用于社会各个领域，为社会做出贡献。

　　我追求成长和进步。我坚信，成功需要付出汗水和努力。因此，我愿意在学习和工作中付出所有的努力。对我来说，学习永远是一种态度、一种持续努力的状态。无论是担任计算机协会会长、参加技能竞赛，还是进入中国科学院信息工程研究所参与科研工作，我都努力追求卓越，开拓职业道路。

中专时期

　　初中时，我是叛逆少年，初三辍学到外地学习美容美发。当学徒的日子使我知道了生活的不易，也意识到了学习的重要性。于是，我重新回到校园，从小喜欢计算机的我选择

进入中专计算机技术专业就读。

在中专期间，我投入了大量的时间和精力在学习上。因为热爱，几乎每天晚上，我都会学习计算机技术。有时候，我会和同学一起讨论问题，一起进步。在学习的道路上，我遇到了许多困难和挫折，我也曾失败、气馁，痛定思痛。我无数次告诉自己不要放弃，坚持下去，我一定能行！我不断反思自己的不足和短板，有针对性地各个击破。

在中专读书的日子时间总是过得很快，我学习了Python、三维建模等内容，到安顺市广播电视台学习了视频剪辑。在专业知识日益丰富、技术不断精进的同时，我主动报名参加学校组织的计算机专业技能大赛，一路过关斩将获得校赛第一名，得到去安顺市参加比赛的资格。宝剑锋从磨砺出，梅花香自苦寒来。经过不懈努力，第一次参加省级比赛的我取得了安顺市中职组计算机专业技能大赛一等奖的成绩。我感到非常自豪和激动，这个奖项也让我更加坚定了学习计算机技术的决心。

中专期间，在专业上取得一定成绩的同时，我还积极参加文体活动，加入学校的篮球队、乐队，在繁忙的学习之余放松身心。这些经历丰富了我的学生生活，也锻炼了我的才能和意志力。我明白了只有通过不断努力和坚持，才能取得成功；明白了学习不只是为了取得好成绩，更是为了开拓自己的眼界和提高自己的能力。

> **职业指南·家长选读**
>
> 计算机应用技术专业需要的知识结构
> 1. 理工科。对数学的要求较高，需要孩子对逻辑、英语、电子等内容感兴趣，有较强的逻辑分析能力。
> 2. 编程能力。这个行业实践性较强，逻辑编程能力强的人会更易胜任工作。

高职时期

冰心曾经说过，成功的花儿，人们只惊美它现时的明艳！然而当初它的芽儿，浸透了奋斗的泪泉，洒遍了牺牲的血雨。我明白成功需要付出汗水，没有人能轻易取得成功。

2017年9月，我通过中专推优，如愿进入了贵州轻工职业技术学院（简称贵州轻工职院）信息工程系计算机应用技术专业学习。我牢记校训"明德修身，精技立业"，立志在计算机方向上有所作为，并在老师的指导下制订了详细的职业规划。我加入校计算机协会，在这里我得到了老师的专业指导，找到了志同道合的同学和朋友。

态度决定一切。在学习计算机相关课程的过程中，我绝不放过一个知识点，尤其是在上实训课时，我自己加强学习的同时，还热心地给同学们讲授具体操作步骤。我不满足于课堂上专业知识的学习，通过课下请教老师、网上寻找网络资源等深入学习了Linux运维、Java和Android等知识。在日常学习生活中，我利用自己所学，帮助学校老师维修多媒体设备、计算机、网络等。

机会总是留给有准备的人。得益于日常专业能力的训练，我被选中参加贵州省职业技能大赛嵌入式技术应用开发赛项。赛前，我经历了日复一日高强度魔鬼般的训练，一点点抠细节，凌晨两三点依然在实训室训练。经过3个月的专业训练，我的技术突飞猛进，最终不负众望，获得了一等奖，并得到参加全国职业技能大赛（简称国赛）的资格。入围国赛后，我深知自己将代表贵州出战，更加严格地要求自己，除了吃饭、睡觉外都在实训室，最终荣获国赛二等奖。

2018年9月，我当选为学校计算机协会会长。结合信息工程系专业方向，我主动和专业老师沟通，对社团接下来的发展做了具体谋划。我明白，光靠三分热情是没办法做成事情的。因此，为了发展壮大学校计算机协会，我亲自部署社团活动，守正出新，采取多种形式招募新成员，将社团人数由我刚接手时的80人发展到了323人。我深知自己肩上责任重大，于是成立了计算机不同方向的兴趣小组，手把手教新成员C语言程序设计、C++编程、Java（spring系列后端框架）、Python（程序设计开发和数据采集）、Linux运维等知识。对于专业能力较好的同学，我也主动组织他们做计算机方面赛前的预备和训练等工作，并传授自己成功的经验和教训，为同学提供借鉴。我庆幸自己选择了计算机应用技术专业的同时，计算机专业也选择了我。加入计算机协会是我最重要的选择之一，进入计算机协会后，我的专业能力稳步提升，各方面能力得到了锻炼，同时也坚定了我走计算机应用技术专业方向的决心。

2019年9月，我进入信息工程系大数据研究院进行顶岗实习。尽管工作任务繁重，但我总是能够按时高质量地完成老师交办的任务。每当有人问我，为什么在本已确定保送本科的情况下仍如此努力，我都会回答："因为热爱。"尤其是在大数据研究院肖博士的指导下，我的眼界得到了拓宽，知识得到了更新，专业水平也不断提升。我对计算机领域的热爱更加深厚了。我清楚地认识到计算机应用技术专业的知识可以应用到社会的多个领域，能够为国家经济发展做出巨大的贡献，造福人类。这强烈的使命感和热爱之情，加速了我在计算机应用技术专业继续发展的步伐。在顶岗实习期间，我先后获得了全国工业4.0硬件装调赛三等奖和贵州省"建行杯"大学生创新创业大赛金奖，推动了我在专业发展上再攀高峰。

> **职业指南·家长选读**
>
> **性格探索**
>
> 计算机行业技术性较强，首先要和各种计算机、互联网打交道，孩子最好对这些事物有一定兴趣，肯吃苦，肯动手实践，具备良好的逻辑思维与问题解决能力。孩子还需要具备坚韧不拔、持续学习的动力，因为技术日新月异，保持竞争力至关重要。性格上应具备耐心、细致和创新思维。在职业探索中，需勇于挑战、敢于创新。

本科时期

我决定挑战自己，走出舒适区。我开始尝试在网络上进行专业项目的锻炼。这是我为自己设定的一个新的目标，我希望通过实践来提升我的专业能力，并为自己将来的职业发展做好准备。

2020年9月，我被保送到安顺学院攻读本科。在计算机应用技术专业的学习之路上，

> **职业指南·家长选读**
>
> **职业探索**
>
> 学历提升不仅提升了孩子的理论知识深度和专业技能，增强了在就业市场上的竞争力，还为职业晋升、考研和进一步深造提供了机会。专升本能够拓宽视野，培养孩子综合素质与实践能力，从而在快速发展的计算机行业中保持长期的竞争力，实现更高的职业目标与个人价值。

我的成长不仅源于课堂上的知识，更是源于无数次的实践和坚持。还记得第一次参与在线项目时，面对陌生的编程语言和复杂的技术难题，我一度感到迷茫。然而，内心的好奇与渴望促使我迎难而上，熬夜钻研、反复调试，终于成功开发出一个完整的网站。从那时起，我深知，要在这个领域有所突破，唯有持续不断地学习与实践。于是，我主动参与各种技术项目，学习新的编程语言和工具，不断扩展自己的能力边界。

在一次技术研讨会上，一位前辈的话让我铭记至今："计算机行业真正厉害的人，不仅要会写代码，更要能从中发现问题，解决问题。"这句话成了我不断前行的动力。在随后的学术交流中，我更加专注于与他人的思想碰撞，汲取不同视角的知识，这不仅让我在技术上有所精进，也让我找到了真正热爱和探索的方向。

不久后，我找到了一份与数据分析相关的实习机会。实习中的挑战超乎想象，有时一个看似简单的数据清理任务却让我绞尽脑汁。然而，每一次成功克服困难的经历，都让我感到自己的成长与蜕变。我深刻体会到，只有在实践中不断磨炼，才能真正将理论转化为实用技能。

工作时期

我热爱自己的工作，每一次编码和解决问题，都让我体验到了技术的无限可能。面对挑战，我总是充满激情，渴望突破自我，追求卓越。

（一）争取工作机会

临近毕业时，我对找工作的过程还十分陌生，投递简历的次数屈指可数，内心不免焦虑。一次偶然的同学聚餐中，我无意间得知中国科学院信息工程研究所正在招聘，这一信息让我眼前一亮。我毫不犹豫地投递了简历，虽然心中忐忑，但那份对科研工作的渴望驱使我勇敢迈出了这一步。然而，当时的助理研究员赵老师明确表示，暂时没有招聘实习生的计划。我虽感到失望，但我并没有因此退缩，而是坚持向她介绍了自己的专业背景和技能，终于获得了一个宝贵的面试机会。

通过两轮严格的专业面试，我终于如愿以偿，进入了梦寐以求的科研岗位。

（二）从实习生开始

初入职场的我，面对全新的环境和复杂的工作内容，心中既充满了期待，也有一丝不安。课题组给了我两个月的学习时间，让我熟悉工作流程和代码要点。为了不错失这次实习机会，我日夜钻研，短短半个月内便掌握了大部分内容。当我第一次向赵老师提交代码时，她对我出色的表现感到意外和欣喜，这一刻，我感受到自己的努力得到了认可，也更加坚定了前行的信心。

（三）成为正式员工

实习期结束后，我顺利留在了课题组，正式承担服务器运维和项目研发的工作。刚刚转正，单位便经历了组织架构的调整和搬迁，工作变得更加繁忙且充满挑战。在这些变化中，我经历了职业生涯中的第一个巨大考验——独自承担整个小组的工作任务。那段时间，我几乎每天都在加班，反复学习新的知识，向前辈请教经验，并不断总结自己的错误。记得有一次，服务器突发故障，我连续两天几乎没有合眼，终于成功排除了故障，确保了项目的顺利推进。领导的肯定和同事的赞赏让我意识到，真正的成长往往是在逆境中孕育而生。

通过实习期的历练，我不仅掌握了更多的技术技能，还找到了自己的职业方向和定位。随着工作的深入，我对服务器运维和项目研发的兴趣日益浓厚，并逐渐在这个领域中崭露头角。作为一名助理工程师，也是我所在单位少有的专升本毕业生，我感恩单位的领导和同事给予我的支持和指导，他们的帮助和鼓励让我更有信心去追逐我的职业梦想。

回顾这段职业成长的历程，每一步都充满了挑战和收获。计算机应用技术专业为我打开了职业发展的大门，也让我明白，只有通过不断的学习与实践，才能在这个充满竞争的行业中立足。我深知，这只是我职业生涯的起点，未来还有更多的未知和挑战等待我去迎接。但我相信，通过不懈的努力和持续的学习，我一定能成为一名有影响力的计算机应用技术专业人士，为社会的进步贡献自己的力量。

> **职业指南·家长选读**
> **职业上升路径**
> 在职场上，扎实的专业基础和较强的技术应用能力是敲开单位大门的关键。从实习生到正式员工，需要有出色的问题解决能力和逻辑思维能力，需要善于在复杂环境中高效工作。同时要快速学习和适应新技术，才能脱颖而出。

> **职业指南·家长选读**
> **价值观探索**
> 刚接触服务器运维工作时，收入不高，工作时间长，技术更新迭代快，确实可能让人感到有压力。但如果孩子对这个工作充满热爱，并愿意付出努力，便更容易从中获得成就感。在从实习生转为正式员工的过程中，加强学习、勤于思考，并向优秀的领导和同事学习，始终追求卓越，会显著加快个人成长速度。

看看自己有哪些能力潜质，对照核心能力模型，这样你的未来之路就更有针对性。

核心能力模型

项目	要求
学科能力	数学、英语、信息技术等
基础能力	数学逻辑思维能力、编程能力、持续学习能力、数据分析与处理能力
社会能力	组织协调能力、团队协作能力、创新能力、抗压能力、社会责任感

工作后需要的职业类证书

全国计算机等级、华为开发者学堂 HarmonyOS 应用开发者高级、网络系统建设与运维、Web 前端开发、智能计算平台应用开发；电工特种作业操作、中级维修电工、高级维修电工、轨道交通电气设备装调工等。

进修学习路径

专升本，进修学习专业：计算机科学与技术、信息与计算科学、数学与应用数学、电子科学与技术、信息工程、人工智能、软件工程、网络工程、物联网工程等。

主要就业方向

进入研究所、事业单位、信息技术企业等，从事 Python 开发工程师、软件开发工程师、游戏程序员、运维工程师、信息安全分析师、技术支持工程师等岗位（群）。

主要专业能力

（1）具有数据库应用、前端开发等程序设计的能力。

（2）具有使用多种方法进行数据采集、使用工具进行数据分析的能力。

（3）具有自动化领域数字技术应用的能力，能进行自动化系统设计、开发和调试。

（4）具有进行大规模数据处理和分析，以及实现数据清洗、转换和存储的能力。

（5）具有进行机器学习和深度学习模型的开发和部署的能力。

（6）具有计算机视觉框架的应用能力，能进行图像处理、目标检测和图像识别。

（7）具有熟练应用协同过滤、内容推荐算法等的能力，能设计和实现个性化推荐系统，提升用户体验和产品黏性。

（8）具有运用数据挖掘算法进行模式识别、异常检测和预测分析，发掘数据中的潜在规律和价值的能力。

（9）具有机器学习模型的部署和优化的能力。

（10）具有数据安全和隐私保护意识，能够设计安全可靠的数据处理和存储方案，确保数据合规性和保密性。

（11）具有持续学习与创新的能力，保持对新技术的学习和探索，不断创新和优化技术方案，适应快速变化的技术环境。

撰稿人：施丽敏　张庚斐　吴　玫　顾煜城

代振忠

职　　业：山东至信信息科技股份有限公司董事长、总工程师

毕业学校、专业：日照职业技术学院 、计算机多媒体技术专业

从业时间：16 年

从乡村到科技前沿，

从初识计算机的懵懂少年，

到成为国家级专精特新"小巨人"企业的掌舵人，

我的故事，是职业教育改变命运的生动写照。

从农家子弟到 IT 企业掌舵人

我叫代振忠，是一名新一代信息技术行业的持续深耕者，十余年来，我从技术走向管理，从自我管理到团队管理，完成了一次次的自我革新。目前，我经营的山东至信信息科技股份有限公司已经是一家集软件研发、创新系统集成、物联网、大数据、人工智能、虚拟现实及国产化软硬件替代服务为一体的国家级专精特新"小巨人"企业，主营业务收入破亿元，成为当地高科技企业中冉冉升起的一颗新星。

或许你会问："当年你一定是学习名列前茅的尖子生吧？"我想这就是我想讲述自己职业故事的意义所在——一个不拔尖的普通学生，只要找准兴趣和方向，精钻细研，踏实肯干，以一丝不苟的工匠精神努力在平凡岗位上干出不平凡的业绩，最终会成为这个行业的领跑者。

高中时期

高中时期，一次偶然的机会，让我初次接触到计算机，便对它产生了浓厚的兴趣，自己的职业梦想开始萌芽。

> **职业指南·家长选读**
>
> 计算机多媒体技术专业需要的知识结构
>
> 1. 需要考虑孩子的数学、逻辑思维和编程能力，在高中选科时要选物理、化学，建议家长提前了解。
> 2. 充分尊重孩子的个人兴趣、爱好，发现孩子的学科优势，遵循孩子的性格特征。

我出生于山东省菏泽市东明县的一个小山村，从小成长在一个普通的农村家庭，父母都是朴实的农民。高中时期，我就读于东明县实验高中，一次偶然的机会，接触到计算机，当时真的是碰都不敢碰一下，但却产生了浓厚的兴趣。利用课余时间，我就开始留意计算机方面的一些基础信息，填报高考志愿时几乎毫不迟疑地填了计算机多媒体技术专业。

我总结自己的职业生涯萌芽，主要来源于自己的求知欲以及对新事物的探索能力，在高中时期就将自己的兴趣爱好与选科相结合，开好头，起好步。

如果回到高中时期，我会告诉自己再多在学科学习、学科理解上下功夫，可能有的同学会觉得，学科知识的学习仅仅是为了考试，工作生活中也用不到，但事实未必如此。就拿数学举例，数学是一门严谨的基础学科，可以有效提升逻辑思维和分析问题的能力，潜移默化地会为以后的编程和软件开发工作打下扎实的基础。再如语文，无论是工作中制作开发方案，还是写论文、做报告、发表演讲，都需要很好的文字功底。

高职时期

纸上得来终觉浅，绝知此事要躬行。高职 3 年我稳扎稳打，在认真学好专业知识的同时，不断在项目实践中精进自己，还未走出校门，我就拥有了在项目中独当一面的能力。

在学校里的那 3 年，我过得非常充实。每天都像一块海绵一样，如饥似渴地吸收知识、锻炼技能。学校为我们提供了很好的学习条件，开设的课程非常先进和实用，如早在 2006 年我们就开设了 PHP 语言 Web 开发课程，这门语言现在已经发展为最流行的编程语言之一。当时很多老师既年轻又有激情，动手能力很强，手把手教我们编程序、做软件，让我受益匪浅。从大二开始，我被老师选中参与了几个网站系统的开发。虽然只是几个规模不大的网站，但通过实际项目的锻炼，我切身感受到了技术的价值，也从中体会到了软件开发的乐趣。从此以后一发不可收拾，在老师的帮助下，我独立承接了一些网站和程序的开发，逐渐完全具备了独立开发的能力。

大学的第一课，老师告知我们是教学改革试验班，不升本、不考研，没有固定教材，没有传统笔试，课程直通职场，考试看你动手能力。很多老师授课不在教室、不用黑板，直接给我们分项目、分任务，师傅带徒弟，课堂进企业。大学期间我就进入工作室学习，承接市场项目，掌握需求对接、程序开发、企划编写等各项技能。记得 2006 年暑假，日照职业技术学院参加了教育部、财政部的全国百所国家示范性高等职业院校建设的评估。我被紧急通知返回学校，封闭式设计该次评估的专题网站。那时我也就刚要上大二，对一些编程语言还不是很熟悉。代码写不出来，房间里还有一大堆老师、领导看着，我就紧张得不行，就怕把事情搞砸了。当时我在前面做，老师就在后面一行代码、一行代码地指导，手把手教我。在老师的耐心指导下，将头脑中的构想、书本中的知识，通过自己手下的键盘，变成一个供专家及老师使用的真实网站，这次经历带给我的不只是编程技术上的提高，也使我逐渐摆脱胆怯、自卑，开始变得自信起来。

2007年，步入实习阶段的我，再一次被委以重任——被公司派遣到岚山，为岚山区政府制作政务网站。没有团队，没有老师在身边指导，仅靠我一个人，要在一个月内完成一个超高难度的项目编程。接到任务后，我自己憋了两天也没写出个东西来，没办法就给老师打电话，得到老师的点拨后，我真的激动得都跳起来了，我怎么没想到这一点呢？有技术，但思路打不开，是这个阶段我面临的最大问题，也正是这次单兵作战的机会，让我养成独立思考、科学分析的习惯，思路也一点点打开。

> **职业指南·家长选读**
>
> **性格探索**
>
> 在软件开发和系统设计过程中，创新思维很重要，它是能够带来独特的解决方案和用户体验的关键因素。对细节的把控和关注也是一个工程师必备的品质，此外，我还想强调一点，就是计算机领域的知识体系庞大且不断更新，必须拥有持续学习的态度，这样才能在行业中稳固立足。

工作时期

初入职场，我对工作有着敬畏之心，带着热情和谦逊的态度，视工作为雕琢自我、探索未知的旅程。在我看来，每一个项目都是自我成长的阶梯，为以后事业发展打下扎实的基本功。

我将自己的职业生涯分为业务精进、创业、守业3个循序渐进的阶段。

（一）业务精进阶段

毕业之初，我在老师的介绍下，进入日照市一家科技公司做Web开发程序员，主要负责网站的美工设计和程序开发，一干就是3年。3年间，我立足岗位、笃学实干，很快成长为这家企业的技术骨干，在当地收入可观。同时根据领导的安排，我开始接触企业日常运营管理工作，从"码农"蜕变成了熟悉公司大小事务的"业务员"，所有的变化及成长都为之后的创业打下了基础。

当时的日照市作为一座新兴城市，各行各业信息化处于起步阶段，市场需求十分旺盛，而IT企业大都是做产品代理的小企业，具备自主开发能力的凤毛麟角。信息产业作为朝阳产业，政府支持力度大，优惠政策多，我瞅准了这个机遇，在2011年果断辞职创业，凭借着自己工作几年的积蓄和从亲戚朋友那里借来的5万元启动资金，独立开启了自己的创业之路。

> **职业指南·家长选读**
>
> **价值观和性格探索**
>
> 在编程的广阔天地里,初涉此道的程序员往往从基础岗位,如代码维护或初级开发者起步,过程或许很枯燥。然而,若孩子怀揣着对技术的无限热爱,很快就会从一名青涩的程序员逐步成长为项目核心成员乃至技术专家,也会收获比较丰厚的劳动报酬。如果孩子还能够虚心向前辈请教,及时考取相关的技术认证与资格证书,个人的能力和价值都将快速提升。

（二）创业阶段

"创业艰难百战多",创业是一场漫长的马拉松。山东至信信息科技股份有限公司（简称至信公司）创立之初,只有两名员工,租赁了不到50平方米的门面房,是不折不扣的微型企业。公司运营资金紧缺,一人身兼数职,压力倍增。创业需要背景、实力、机遇等很多东西,但对我来说,我只有技术。技术是我的最大资本,也是公司的核心竞争力。如果说技术之外最重要的东西,那就是"利他"宗旨。客户们都说我不太像个生意人,因为我的所有项目,几乎都不是先谈钱,而是站在客户的角度去想怎么样能够做好,能实现最理想的效果。久而久之,不需要我们去谈项目,客户都会自己找上门。为此,我的总结是一个企业要想做大、做强,唯有诚信,唯有实干,不能只看到眼前的那点蝇头小利,只奔着钱去是走不远的。

正是凭借着公司精准的市场定位、扎实的产品、良好的信誉和细致周到的服务,公司迅速得到市场认可。从做小网站起步,逐步发展到承担日照市政府部门的信息化项目,再到承担全省政府机关、事业单位、高校的项目,公司在短短几年内实现了规模和效益的跨越式发展,创造了一名普通高职生从零开始、白手起家的创业奇迹。

（三）守业阶段

中国有句老话,叫"创业难,守业更难"。至信公司的路是靠每一个至信人实干、创新、团结,一路披荆斩棘走过来的。在这个过程中,我们形成了助推至信永续发展的三大法宝,那就是以客户为中心、以奋斗者为本,坚持自主创新,坚持企业内生型人才培养,这三大法宝为公司的发展输送了源源不断的新鲜血液。

在公司的办公区墙上,有一片由员工的照片拼成的中国地图,我把它命名为足迹。我是一个爱好旅游的人,虽然繁重的工作让我没有空暇时间,但是我希望能给予我的员工一个轻松美好的工作氛围和心态。为此,我每年都会组织员工两次旅游,每次都是全体员工一起出游。

我在员工的个人能力培养、职业技能提升和基本生活条件配置上是比较舍得花钱的,有的人会说我傻："有必要花那个钱吗？"我说,值得。我对他们的付出和他们对公司的忠诚度是成正比的,和他们给公司所创造的效益和价值也是成正比的。

我经常跟员工说,如果跟我干事,我不会说大话、说空话,你想要美好的蓝图,我们可以一起创造,但是我不会说好听的给你听。每个人都需要保留自己的尊严。我觉得我们一起去打拼出一片天地就是给员工的最起码的尊重。正是对员工的尊重和关怀,让这个年轻的团队更加具有凝聚力和朝气。

我每年都从母校日照职业技术学院吸纳毕业生加入公司实习，用师傅带徒弟的方式与母校联合培养学生，累计已经吸纳600余人，我想用我的成功经验来带动更多的人，让他们未出校门就能获得职场体验、实境训练、项目历练，从而带动校友们高质量充分就业。

关于成功，我有自己的独特理解。在我看来，成功不仅是与他人的横向比较，更多的应该是与自己的纵向比较。与很多大企业家和他们的企业相比，我的成绩显得微不足道。但是与自己相比，不断发展自己，提高自己，让自己能够为家庭、为社会做出更大的贡献，这就是成功。成功不是静止的结果，而是一个不断突破自我的过程，幸好我们一直处在这样一个过程当中。对于未来，我和员工们有着更多的期待。我们已经改变了自己的命运，我们做的很多工作正在改变这个城市，我们未来还将改变更多东西——我们才刚刚启程。我经常开会说："我们也要做日照'腾讯'、日照'阿里'……为此，我们还有很长的路要走。"在创业创新的道路上，就是既要有脚踏实地的韧性，也要有敢于仰望星空的勇气。

作为一名农民家庭出身的企业家，尤其是经历了白手起家的创业过程，我始终怀有一颗感恩回报的赤子之心，积极履行社会责任，热心参与援疆、援渝、助农、助残、希望工程、爱心小屋和乡村振兴等公益事业，积极为城市建设与教育事业发展提供助力。

回顾自己的成长历程，我想告诉大家：职业教育前途广阔，职校生同样能大有可为！

看看自己有哪些能力潜质，对照核心能力模型，这样你的未来之路就更有针对性。

核心能力模型

项目	要求
学科能力	数学、物理、信息技术等基础学科能力；编程与算法能力、数据结构与系统设计、计算机网络与通信、系统分析与开发等专业学科能力
基础能力	语言表达能力、数学逻辑能力、视觉空间能力、自然观察能力、自我认知能力
社会能力	组织协调能力、团队协作能力、表达沟通能力、心理承受能力、持续学习能力、创新能力

工作后需要的职业类证书

计算机技术与软件专业资格、项目管理师、网络安全、数据库。

进修学习路径

专升本，进修学习专业：计算机科学与技术、软件工程、网络工程、信息安全。

主要就业方向

从事多媒体设计与开发、网站与移动应用开发、音视频编辑与后期处理、计算机软硬件管理、数字媒体运营管理等岗位（群）。

主要专业能力

（1）具有扎实的编程基础与算法设计的能力。

（2）具有软件开发全周期管理的能力。

（3）具有数据库设计与管理的能力。

（4）具有网络技术与安全知识。

（5）具有系统架构设计与优化的能力。

（6）具有数据分析与数据挖掘的能力。

（7）具有持续学习与创新的能力。

（8）具有良好的沟通与团队协作的能力。

撰稿人：代振忠　徐　超

丁 姣

职　　业：山东世博华创动漫传媒有限公司漫画师
毕业学校、专业：山东轻工职业学院、动漫制作技术专业
从业时间：7 年

每个人都应该找到自己热爱的事业并坚持下去。

我手中的画笔不仅是工作的工具，

更是记录生活、传递能量、描绘梦想、让我成为城市建设者的武器，

我想用手中的画笔告诉大家，

什么样的人生才更有意义！

我画了城市吉祥物，还为奥运冠军画漫像

我是丁姣，2022 年，我被济南市民爱称为"核酸贴纸女孩"。在 2021 年东京残奥会、2022 年北京冬残奥会期间，我为中国的奥运冠军们画了漫像，因此也被咱们中国奥运冠军爱称为"藏在他们背后的小姑娘"。凭着"漫画师"这份很时尚也还有点小神秘的工作，我成为很多城市吉祥物背后的那个人。

我并不是一个自小专业学习美术的人，更不是顶级名校美术专业出身。我的故事，就是一个残疾女孩通过"产教融合教育"实现逆袭的故事。

高中时期

为了成为一名漫画师，从高中时代就要打好美术基础，学好文化知识。

两岁时我得了脊柱血管瘤，手术后我高位截瘫在家，开始了长达十几年的康复生活。经过痛彻心扉的磨炼，我创造了能独立行走的医学奇迹。

与普通孩子不同，我 16 岁才踏入校园的大门，19 岁才进入高中。我拼命地学习，以此来弥补康复期间耽误的文化课学习。在高中期间我所吃的苦、所受的累，一点儿不比之前手术、治疗、康复训练时少。

> **职业指南·家长选读**
>
> **动漫制作技术专业需要的知识结构**
>
> 1. 文理不限，是否有美术基础不限。
> 2. 专业包容度大，可选择的职业方向多。
> 3. 兴趣驱动。对动漫、游戏、电影等内容感兴趣会让从业者更宜对工作葆有热情。如果有绘画特长，可在毕业后选择原画师、漫画师等职业方向。没有美术特长，可在毕业后选择二维动画师、三维动画师等职业方向。

幼年在家康复的时候，我无意中接触到了绘画。那时候，我就想成为一名漫画师，因为绘画可以给我简单且略显苍白的生活涂上浓厚的色彩，漫画可以让那些美好的事物更加充满童趣，更加灵动。我可以让手中的画笔变成一根魔杖，将我脑海中那些无限的美好绘制出来。我的画笔可以替我走向世界，弥补我不能奔跑的遗憾。

高三的时候，我一边补习文化课，一边学习美术，22岁那年高考后，我考取了山东轻工职业学院与山东世博华创动漫传媒有限公司校企合作的动漫制作技术专业，向着我梦想中的"漫画师"职业迈进了坚实的一步。

高职时期

机会永远青睐于有准备的人，提升自己、把握机会、珍惜大学光阴才是大学的正确打开方式。

我所考取的山东轻工职业学院动漫制作技术专业，是校企合作的专业。学校和企业共育人才的模式，就像给我的大学生活开了"外挂"一样，让我大踏步向着我的漫画师之梦前进。入学后，动漫制作技术专业企业方的负责人，山东世博华创动漫传媒有限公司的董事长王振华，就为我做了职业规划。我利用一切可以利用的时间提升自己。

大一的时候，我猛然发现，那些曾引以为豪的绘画技能，与一些已会在计算机上作画的同学相比，明显太落伍了。一些同学早在高中甚至是初中时，就会利用互联网查阅资料自学，而我却是到大学后才开始学着用计算机……面对这些年龄比自己小、现代化学习能力和绘画技能却高出自己一大截的学弟学妹，我虽然倍感压力，但我也一直坚信：自己能一步一步"走"进大学校园，也一定能"学有所成"后走出校园、走上工作岗位，成为有能力回报社会、回报父母的有用之人。

为了参加第二届山东省青年动漫创意大赛，我经常在画室里画到很晚，累了就把椅子拼起来躺在上面睡一会儿，后来干脆带着一张气垫床直接住到了画室里，连续奋战五个昼夜，专"宅"做动漫。

在大学期间，国家励志奖学金、"全国大学生自强之星""全国优秀共青团员"以及各种漫画比赛奖等奖项和荣誉都像鲜花盛开一般绽放在我成长的路上。我带着优秀的成绩，成为一名学生党员，并顺利走出学校，用自己手中的画笔敲开了属于自己美好世界的大门。

> **职业指南·家长选读**
>
> **兴趣及性格探索**
>
> 动漫创作的过程辛苦又寂寞，对动漫创作的热爱将会支持孩子想成为漫画师的执着和热情。另外，职业院校的学生在学习专业课的同时还要好好把握住"以赛带练、以赛代练"的模式，积极参加各项比赛活动，在比赛的过程中获得经验，为以后的职业道路打下坚实的基础。

工作时期

把梦想画成漫画，用漫画实现梦想。我愿意用我的画笔画出更多积极向上的形象，更愿意手执画笔成为城市的建设者。

因为在大学期间接受的是校企合作、产教融合的教育，毕业后，我顺利地进入山东世博华创动漫传媒有限公司工作，真正成了一名漫画师。

我在工作中，常常需要运用动漫技术为很多领域制作宣传片，其中政策解读类占到一定比例。将读上去枯燥严肃的政策文件转化成生动明了的宣传动画，我常常感觉自己在做"翻译"的工作。因为我们拿到的最初文案往往是很严肃、正式的，而要想达到好的传播效果，就要将枯燥的文字变成直观、易于理解和风趣幽默的动画作品。每每拿到剧本，我首先会分析剧本中的人物，这也是最初我遇到的难点。比如，剧本中只有简单的一句"一个活泼可爱的小姑娘"，而我需要构思她的长相、性格、发型、外形等方面。常常创作初期画出的人物小像与客户心目中的不符，我又要反反复复进行修改。攻克人物形象这一难关后，我又要给人物设计表情库，并根据分镜设定不同的动作。

每个表情的细节该怎样描绘？肌肉走向是怎样的？高兴与生气时分别该搭配什么动作？一个又一个表情被我画出又擦去，我总觉得不够生动精确。后来我拿起手边的一面小镜子，张牙舞爪、挤眉弄眼做出我每个心情下的各类表情，用头脑牢牢记住并拓展到设计稿中，终于能够顺畅完成表情库的建立。

（一）成为国际残疾人奥林匹克委员会特约画师

2021年东京奥运会期间，我用一个多月的时间，每天工作十余个小时，加班加点为中国残奥会金牌健儿绘制漫像。睡眠不够、信心不足……在这样的压力下，我坚定信念，一共完成了97幅漫像，赢得了金牌运动员的肯定、喜爱和收藏。这些漫像连续在"青春山东""中国残联""央视体育"等新媒体平台刊发，并同时被多家网络媒体转载，网络点击量逾3亿次。

2022年3月2日，国际残疾人奥林匹克委员会向我所在的山东世博华创动漫传媒有限公司发来邀请函，邀请我为北京冬残奥会绘制系列主题漫画。在冬残奥会的主题漫画创作过程中，我将残疾运动员们的精神幻化成漫画中的各种细节。例如，冰球少年申翼风的画像，我将他的滑雪杖画成了一柄宝剑直指天空，剑尖的光芒既是胜利的光芒，更象征着残疾人那种坚韧不拔的精神。

2022年3月4日晚，我的故事在冬残奥会开幕式前半小时中央电视台特别节目中播出。3月13日，我创作的冬残奥会主题系列漫画作品在中央电视台新闻频道《冬残奥会倒计时特别节目》中展示播出。期间，《中国日报》海外版、《环球时报》《中国青年报》及《人民日报》旗下《讽刺与幽默》报等30余家媒体均对我的故事和我的作品进行了专题报道。

（二）成为"核酸贴纸女孩"

2022年，应公司和相关部门要求，我创作推出"扁鹊、辛弃疾、秦琼、李清照、大舜"等动漫形象，这些形象被选定为济南市核酸贴纸使用的形象，引起强烈的社会反响，并陆续登上各大平台热搜。从此，我就成了济南市民口中的"核酸贴纸女孩"。

这组卡通形象赢得了广大济南市民的喜爱。很多市民爷爷奶奶把贴纸贴到了拐棍上，有不知名的哥哥姐姐贴到了头盔上，还有很多小朋友做成了贴纸小书，更有骑行者将贴纸贴到了海拔5347米的新藏线路段上。看着小朋友们手里拿着贴纸高兴的样子，听着大家纷纷夸赞这套贴纸形象Q萌可爱，所有的辛苦都是值得的。

（三）成为吉祥物的创作者

由我设计的2023年济南消费季全新吉祥物多多、花花升级版IP形象曾亮相"泉城购"2023年济南消费季启动式。小老虎多多和小兔子花花，伴随着消费季的开启，又一次走进了济南大大小小的商城和购物广场，也走进了济南市民和消费者的生活。多多和花花在一起寄托了"兔年消费兴隆"的美好愿望，她们在形象上的升级，也是对我自己工作的一种激励。

我还为济南第十五届妇女代表大会设计了吉祥物"泉小荷"。在设计"泉小荷"的形象时，我选择了简洁的设计风格，摒弃了繁杂的装饰，以最简单的妆容、最简单的发饰、最简单的衣物、最简洁的形象来代表最不简单的泉城女性。

用专长赋能济南优秀传统文化传承与创新，手持画笔成为城市的建设者，这个美好的愿望伴随着笔下一个又一个吉祥物形象的诞生变成了现实。

（四）在工作中相信美好，遇见美好

工作这些年，我获得了很多荣誉，济南劳动模范、山东省劳动模范等荣誉带给我的都是满满的激励。2022年6月17日晚，在"青春在济南 共赢新发展"2022届济南大学生毕业典礼活动上，山东省委常委、济南市委书记刘强向全市大学生介绍了我的故事，并为我点赞。

经过层层选拔和考察，我还被中共山东省委讲师团聘任为"中共山东省委讲师团百姓宣讲员"。我愿意通过我的亲历、亲闻、亲为，向社会、向更多的人民群众分享我的故事，让更多的人都能相信美好，在前进的道路上遇见美好。

职业指南·家长选读

职业探索

动画不仅仅是一门艺术，更是一门技术。漫画师这个职业并不算是新兴职业，但一直备受青少年的喜爱和向往。漫画师是个综合性很强的职业，出自漫画师之手的作品是他们对绘画、色彩、构图、文学、历史甚至政策、各种职业等多方面理解的综合表达。

如果你的孩子也热爱动漫、喜欢绘画、喜欢钻研，还能耐得住寂寞，那么漫画师这个职业会适合他。

看看自己有哪些能力潜质，对照核心能力模型，这样你的未来之路就更有针对性。

核心能力模型

项目	要求
学科能力	美术、英语、信息技术等
基础能力	视觉空间设计能力、自我审美体系、动漫造型设计能力、创新能力
社会能力	团队协作能力、适应社会能力、表达能力、时间管理能力、社会责任感

工作后需要的职业类证书

动画制作、游戏美术设计、数字影视特效制作、数字创意建模。

进修学习路径

专升本，进修学习专业（普通高等教育）：数字媒体艺术、数字媒体技术、动画等。

主要就业方向

进入动画制作公司、文化创意公司，各类企业广告部、宣传部等，从事二维动画师、三维动画师、后期合成师、新媒体动画设计师、漫画师、原画师、动画导演等岗位（群）。

主要专业能力

（1）具备扎实的美术绘画功底以及用手绘草图表达设计思维的能力。

（2）具备动画策划、剧本创作的能力。

（3）具备造型设计、动漫角色及场景设计、分镜头设计等二维动画前期设计的能力。

（4）具备二维动画设计稿制作、原画设计、中间画制作等二维动画制作的能力。

（5）具备二维动画上色、配音、剪辑、合成输出等二维动画后期合成的能力。

（6）具备三维动画建模与贴图、灯光渲染、特效与后期合成的能力。

撰稿人：丁　姣　宋擎宇　王沁琳

桑建周

职　　业：中国工程物理研究院化工材料研究所信息安全员

毕业学校、专业：山西职业技术学院、计算机应用技术专业

从业时间：6 年

每当在电视机前观看阅兵仪式时，

心情都无比激动，

虽然由于保密的原因不能和家人朋友详细说明各种高精装备中的技术细节，

但是想到自己也为其贡献了一份绵薄之力，

巨大的自豪感油然而生。

我是国防基石的一片小瓦砾

我叫桑建周，是一个对计算机有着浓厚兴趣的人。也正是凭借这一兴趣，我逐渐书写了现在为国防事业贡献力量的人生轨迹。或许我在学生时代并没有取得让人满意的成绩，但我相信，通过自己的不断学习和努力，一定能够提交一份让自己满意的答卷。

高中时期

高中时期的我对计算机有着浓厚的兴趣，梦想以后能够成为一名计算机工程师。

我就读于山西文水的一个私立高中。虽说是上了高中，但却是父母花钱上的。因为初中时期的我贪玩又颓废，学习成绩很不好，所以未能考上高中。父母拿出血汗钱让我读高中后，我突然明白了父母的良苦用心，于是暗暗下决心，一定要好好学习，不能让父母的心血白费。奈何初中时期实在落下太多基础知识，高中的学习让我倍感压力，怎么努力也收效甚微。一年后文理分班，在纠结应该如何抉择时，我突然想到既然自己对计算机的兴趣十分浓厚，未来想成为一名计算机工程师，于是果断选择理科。父母对我的想法也十分

支持，这更加坚定了我认真学习、为了梦想而奋斗的决心。

一次偶然机会，我认识了当时在"红客联盟"的一位老师，我被计算机网络安全方面的知识深深吸引，甚至达到了痴迷的状态，天天在学校门口的网吧里钻研。虽然四周传来各种打游戏的声音，但丝毫没有影响我，我完全沉浸在计算机知识的海洋中。然而，毕竟高考是对综合素养的考查，如果一味沉浸在兴趣爱好中而忽略文化知识的学习，恐怕难以实现未来的梦想。因此，在高中的后半段，我控制住了对计算机的热情，开始努力学习文化知识。

高考结束后，我的分数线刚刚够三本分数线（现在叫二本C类），当时报志愿时，父母和我的意见发生了分歧。父母希望我复读一年或者报医学类专业，而我的想法一直没有改变过，想报计算机专业。最后，在我自身的不断坚持下，我报了山西职业技术学院信息工程学院。

> **职业指南·家长选读**
>
> 计算机应用技术专业需要的知识结构
> 1. 理工科。对物理的要求较高。
> 2. 兴趣驱动。喜欢并擅长拆装物件，动手能力强，或者对编程、数据等感兴趣，这会让从业者更易胜任相关职业。

高职时期

我积极思考，主动学习，参加了多项计算机方面的比赛，这些比赛为我的技能提升提供了莫大的帮助。

2013年，我进入山西职业技术学院信息工程学院计算机工程系学习，专业为计算机应用技术。初入大学的我被母校"厚德载物，强能立身"的校训深深感染，被母校浓烈的文化氛围及多元化的学习平台深深吸引。在专业老师的谆谆教导下，我深刻地认识到大学期间深入学习基础课程及专业技术的重要性。入学后，除了在课堂上努力学习，熟练掌握基础课程知识外，课后我积极参加各种提升专业技术的课外活动。刚开始我主要参与一些简单的工作，诸如实验机房与图书馆的计算机硬件维修与网络运营等活动，将所学的知识投入到实际应用场景中，这对相关知识的深刻理解和实际应用有较大的帮助。随着专业知识的一层层累积，在大三期间，我开始厉兵秣马，跟着指导老师参加国家技能大赛。俗话说，兴趣是最好的老师，在校期间我经常琢磨计算机相关的问题，脑子时常蹦出很多新奇的想法。为了随时验证自己的那些想法，我甚至将实验室当成了宿舍，每天待在实验室做各种尝试，遇到了疑点、难点，积极向专业老师请教。那段时间夜以继日的努力换来了最美好的成果——全国高职院校技能大赛二等奖。但比奖项更重要的是：我认识到理论与实践的紧密结合能更好地促进基础知识与专业技能的相互转化，这对于今后的工作尤为重要。

同时，除了掌握专业知识之外，我也十分注重个人综合能力的提升。在校期间，我培养了自己的另一项爱好——中华武术，经常跟着"武友"们一起练习，因此还担任了学

> **职业指南·家长选读**
>
> **兴趣探索**
>
> 要想在某个领域独占鳌头，一定要对这一领域有浓厚的兴趣爱好，可以主动验证自己的突发奇想，可以忘却周围的环境、时间，全身心地投入到探索实验中。一旦有了这种精神，那他一定能成为一个在自己熟悉领域中的佼佼者。

院武术协会主席，多次组织参与大型校园文化活动，个人组织能力和交流能力得到了极大提升。在校期间，我获得了多项荣誉，包括山西省大学生武术锦标赛个人自选拳第一名、山西省大学生武术锦标赛团体太极拳第三名、山西职业技术学院第八届计算机技能大赛二等奖、学院2013—2014专项奖学金、学院2015—2016专项奖学金、逆光网2014年山西省大学生篮球CUBA锦标赛优秀志愿者、山西职业技术学院优秀社团干部以及2016年全国高职院校技能大赛"芯片级检测维修与数据恢复赛项"二等奖等。

工作时期

在山西职业技术学院学习的经历，为我以后的工作道路打下了重要的基础。在学校学习期间的积极努力，不断磨炼筋骨，我的综合素质得到了大幅提升，我的兴趣爱好也引导我在职场道路上取得不错的成绩。

（一）复杂的工作之路

2016年，我进入太原瑞世通信息技术有限公司实习，主要负责甲方的基础运维及协调工作。在岗期间，凭借着扎实的专业技能，我多次解决了甲方设备运行不畅的各种问题，为甲方业务工作的正常运转提供了重要保障。同事们对我这个刚来的小伙子赞不绝口，有任何疑点、难点都喜欢跟我讨论。这段实习的经历让我对未来的工作信心满满。

毕业后在工作的选择上，在师兄弟们的指导下，我向中国工程物理研究院提交了简历，希望能够利用自己的专业知识，为祖国的国防建设贡献力量。2016年11月，我收到了中国工程物理研究院的面试邀请，我现在还记得收到面试邀请时那激动而忐忑的心情。幸运的是，受益于在山西职业技术学院学习时获得的各项奖励，我的能力得到了中国工程物理研究院化工材料研究所老师的肯定。2017年2月，我正式就职于中国工程物理研究院化工材料研究所，成为为祖国国防事业贡献心力的一份子。

作为新进员工，我始终保持着一颗谦虚学习的心。在师傅的带领下，我学习新的知识，掌握新的技能。其间，我充分发挥自己之前学过的知识和技能，结合新工作岗位的工作特点和工作需求，将某产品的装配工装进行了升级改造，大幅提高了装配效率，并基于此获得了两项实用型专利。2019年1月，基于单位工作岗位的分配需要，我被调至管理组，负责单位的人力资源、预算，以及固定资产管理员、信息安全员、学术秘书、机电员、计量员、团支部书记、所团委委员等多个工作岗位。管理组是整个科室科研生产工作的保障岗位，也是各项工作顺利运转的润滑剂。因此，事情繁杂，也正因如此，在管理组工作期间，我对整个科室运行的流程有了详细深入地了解。

然而，此时我对自身的工作内容也产生了一丝倦怠，毕竟自身的爱好是计算机工程，儿时的梦想也是成为一名计算机工程师。但现在所做的工作，虽然意义重大，但始终没有能够和自身的爱好相契合，于是工作中我总觉得有一点不对劲。

（二）新的突破口

我努力想把自己的兴趣爱好和扎实的计算机知识融入工作中，于是努力挖掘将计算机知识进行运用的突破口。在前期不同岗位的工作中，我通过观察发现，单位对管理工作要求很高，但管理效能偏低，没有能够运用高效的信息化手段进行管理。于是，基于这一现状，我对提高管理效率、提高科研生产效率和管理能力提出了新的想法，即采用信息化的手段来助力单位科研生产。而这一想法首先运用在了仓储系统的管理上。前期，单位的仓储系统为纸质化管理，这不仅不利于月度盘点清理，也极大地降低了科室同事的工作效率与工作积极性。为此，我提出了通过电子信息化平台来管理仓储系统的想法，并且由于我本身具有较为扎实的计算机网络知识基础，所以仓储系统的信息化管理模式已在脑中有了初步的应用方案。

2020年，正值"十四五"规划期间，全院在紧锣密鼓地规划数字转型工作，这为我的想法落地提供了非常好的机遇。单位领导了解我之前所学，通过沟通后，单位的信息化规划工作落在了我的头上，这也正与我前期萌生的想法不谋而合，于是我欣然接手了这份工作。跟领导讨论过方向后，我决定首先解决仓储管理上存在的瓶颈问题。仓储管理看似直接简单，实则错综繁复，涉及质量、安全（危险品管控）、物资消耗管理、成本归集和廉政风险防控等方方面面，是多项管理的"堵点"和"难点"，又是管理升级的"关键点"。多年来，领导一直在谋划酝酿，如何对此展开行之有效的改进和提升。经过系统策划、群策群力、稳步推进，针对仓储管理信息化的升级工作正式启动。基于单位保密性质的原因，信息化建设处处受阻，其他单位能用的技术，我们不能用；其他单位能做的事情，我们也不能做，这着实给我当头一棒。通过和领导、同事以及第三方单位的无数次加班交流，我们终于确定了采用二维码进行数据传输的途径，最终系统开发工作交出了满意的答卷。但接下来的工作量仍然十分庞大，系统建设完成后，数据录入、系统调试的工作需要紧锣密鼓地开展。有一次，在PDA终端发现了异常数据，我脑袋里的弦突然绷紧，立马上报单位领导及保密处，经过一段时间的排查后，成功解决了系统问题，将单位的保密漏洞补上，为单位规避了泄密风险且挽回了巨大的损失。基于这些工作，在2020年我获得岗位奉献奖，这是对我工作的莫大肯定。

在此基础上，我利用自己的专业所长，不断思考能够提高效率的新模式，在建设信息化系统的基础上，引发了产品条码管理模式的思考。同时，单位也在进行编码规则的制

职业指南·家长选读

职业上升路径

在职场上，新人需要尽快地适应工作环境，掌握基本的工作技能，需不断提升自己的专业技能，在此基本上还得进行技能拓展和转型。职业上升路径是需要经历多个阶段的，在每一个阶段，都需要提升自己的能力与技能水平。

订，于是我积极参与其中，结合本科室的管理模式和产品特点，最终实现了条码与产品编号的整合，进一步规范了产品编码管理，提高了出入库效率，为产品的生命周期履历追溯奠定了基础。对比之前的状态，目前仓储管理的信息化程度高、出入库手续简便、劳动强度低，工作效率得到了极大地提高。尤其在库房药量统计和履历查询方面，变化更加明显。原来每次库房药量统计都需要安排 2~4 个人，他们奔波于各个库房、各个房间，不断做着加减法，短则耗时半个小时，长则需要半天时间，且还容易出现计算错误。而采用调整后的药量统计方式，只需要短短几分钟就能做到准确无误地完成，效率得到了飞跃式提升，为科研生产任务的开展提供了重要保障。

（三）趁热打铁继续攻关

2021 年，作为项目负责人，我承担了仓储系统平台试运行及全所推广工作。我设计了终端保密风险防护装置，并在平台运行过程中，不断进行优化和完善，发现并排除了近百个 BUG，并积极与兄弟单位交流心得，协调相关事项，收获了大家的一致好评，于2021 年获得了所级保密先进个人、QC 课题"优秀"、某平台课题结题"优秀"、技术革新"优秀"、年度个人考核"优秀"，并被推选为所重大课题二级负责人。目前，我负责的信息化仓储系统已成为单位信息化的标杆性项目，其他单位科研人员常来"取经"。仓储管理是生产中的重要环节，仓储系统信息化的推进，为科研生产提供了重要的保障。

除了在业务上取得了显著成果外，我在思想上也积极要求进步，工作不久就递交了入党申请书，积极主动提交思想汇报，并在 2019 年成为一名光荣的共产党员。在工作中，我坚持以党员的标准要求自己，不断改掉缺点，努力提高党性修养。多年来的学习和工作经历，让我形成了积极努力、勤奋好学的品质。这一份品质也将长期伴随在我的工作和生活中，让我不断取得进步，不断获得更好的成绩，为国防事业贡献自己的绵薄之力。

这就是我追求梦想的故事。其中有指责，有困境，也有赞赏和收获。起初虽不算优秀，但我凭借积极努力、不断追求的决心和毅力，在自身兴趣的指引下，最终取得了不错的成绩。虽然没有成为一名专业的计算机工程师，但能够在国防事业上，使我学习的计算机知识学有所用，能够让我成为国防建设基石上的小瓦砾，对我来说，也算提交了一份满意的答卷。

看看自己有哪些能力潜质，对照核心能力模型，这样你的未来之路就更有针对性。

核心能力模型

项目	要求
学科能力	英语、数学、语文、物理、化学、信息技术等
基础能力	良好的沟通理解能力、数学逻辑思维能力、持续学习能力
社会能力	组织协调能力、人际交往能力、创新能力、抗压能力、社会责任感

工作后需要的职业类证书

计算机技术与软件专业技术资格、计算机工程师、计算机操作员、注册信息安全工程师等。

进修学习路径

专升本，进修学习专业：计算机应用工程、网络工程技术、软件工程技术、大数据工程技术、计算机科学与技术、网络工程、软件工程、数据科学与大数据技术。

主要就业方向

进入网络公司、硬件公司、制造型企业等，从事电气装配工、电气维修工程师、实验测试员、售后服务员、质量工程师、售后服务工程师、设备工程师、电气工艺工程师等岗位（群）。

主要专业能力

（1）具有计算机基础运维的能力。
（2）具有对常用电子元器件进行识别与检测的能力。
（3）具有电子电路装配和调试的能力。
（4）具有PLC硬件装配和软件编程的能力。
（5）具有PLC控制系统的安装、调试与故障检修的能力。
（6）具有搭建工业网络并进行调试与测试的能力。
（7）具有数据库的运维及一定的数据治理的能力。
（8）具有自动化领域数字技术应用的能力。

撰稿人：桑建周　张庆超　解　洹

周信静

职　　业：软件技术工程师
　　　　　[目前在麻省理工学院（MIT）攻读计算机博士（CSPhD）]
毕业学校、专业：浙江经贸职业技术学院、软件技术专业
从业时间：6年

在软件编程的世界里，我满怀激情地工作，

这份职业不仅是编写代码，更是创造与探索的旅程。

通过代码语言的深度交互，我不断挑战自我，实现想法，

每解决一个难题，都是对专业能力的肯定，也是对未来无限可能的期许。

从职高走到 MIT：技术极客的奋斗故事

我叫周信静，出生于浙江温州一个贫困的小岛上，是浙江经贸职业技术学院信息技术学院软件技术专业 2015 届毕业生，目前在麻省理工学院（MIT）攻读计算机博士（CSPhD）。从职高到高职，再专升本到本科，考研到浙江大学，最终被麻省理工学院（MIT）录取为博士研究生，我完成了从职高生变身为博士生的逆袭。

这一切都离不开在浙江经贸职业技术学院就读时专业老师对我的影响，他们让我爱上了软件技术专业。后来我努力钻研，多次参加校外各级专业技能大赛，并在研究生期间以第一作者身份发表 DPTree 的工作在数据库顶级会议 VLDB2020 会议上。

毕业后，我顺利就职于腾讯公司（上海）。工作之余，我也从未放弃对自己热爱的数据库领域的研究，参与的工作 SpitFire 发在 SIGMOD2021 上（SIGMOD 和 VLDB 是数据库领域顶级的两个会议），2020 年底成功申请到麻省理工学院（MIT）攻读计算机博士（CSPhD）。

高中时期

从一个贪玩的孩子转变为一个努力向上的学生,我经历"醒悟"的过程。

小时候我不懂事,天天就知道瞎玩。到了初三的时候,一所职高来我们初中宣传。当时的我一冲动,就放弃了中考而选择了去职高。在职高读到第三年,我突然醒悟了,不想就这样度过一生。于是我用职高最后的一年时间奋发图强,努力学习。无奈积重难返,且偏科严重,后来只考上了一所高职院校。但我并没有因此而绝望,而是在进入高职院校之后,继续保持着之前努力的势头,积极学习,不断提升自己的能力。

> **职业指南·家长选读**
>
> **软件技术专业需要的知识结构**
> 1. 理工科。对数理基础知识有一定的要求,还要有一定的信息技术基础,还要有较强的逻辑思维与分析能力。
> 2. 兴趣驱动。喜欢计算机和编程知识,还要有强烈好奇心和持续学习欲望,能够让孩子享受解决未知问题的过程,视学习为成长的阶梯。

高职时期

从高职院校考入本科大学,我实现了人生中的又一次跨越。

进入浙江经贸职业技术学院的第一个学期,我在林新辉老师的软件专业课程"程序设计基础"课堂上,第一次听闻"ACM 竞赛"(大学生程序设计竞赛),逐渐萌生了对计算机编程的兴趣,以及对这项竞赛的好感。于是我立即报名,并在良师益友的指导下渐渐地爱上了 ACM 竞赛。林新辉老师就此成了带领我进入"编程大门"的启蒙老师,一粒热爱 ACM 竞赛的种子就此种下了。

备赛期间,在专业老师的指导和鼓励下,我便开始了自己的算法刷题之路,从简单的暴力枚举,到贪心算法、搜索算法、动态规划等解决各种算法问题,一年下来刷题量已经超过 300 题。我还自学了众多全英文计算机专业书籍。到了大一第二学期,我和金浩侠、蔡斌松两位同学组成一队参加 ACM 浙江省省赛并一举获得金奖;参加第四届蓝桥杯软件大赛全国总决赛并获得一等奖。在高职院校的第一年,是我成长最快的一年。这一年,我所积累的编程能力对今后几年的工作学习都起着至关重要的支撑作用。

在这里学习的第二年,我便以技术总监的身份加入了信息技术系杭软工作室,当起了"小老师",给当时的大一学弟学妹们讲解算法题,帮助他们快速入门 ACM 竞赛。这一年,我还自学了 Java 语言和数据库,并成功开发了"信息技术系学生考勤管理系统",解决了学生课堂考勤管理痛点,大大改善了学生课堂考勤管理工作,受到了系部领导、老师的高度肯定和赞赏。

此外,我从大一开始就认识到了英语的重要性,从不间断学习英语。我除了掌握大量的常用单词,还通过阅读各种外文博客以及美剧来提高英语应用能力。目标明确了,方法

> **职业指南·家长选读**
>
> **性格探索**
>
> 　　从事软件技术方面的工作需要有耐心和细致的性格，还要有团队合作与沟通能力，在现代软件开发中，团队合作至关重要。只有具备良好的沟通能力和团队协作精神，才能与其他开发人员、产品经理、设计师等紧密合作，共同推动项目向前发展。另外，还要有创新思维，不断提出新的想法和解决方案，优化现有产品，甚至引领技术潮流。

对路了，于是，英语学习不再困难。在大二期间，我分别以542分和540分的成绩通过了CET-4和CET-6的考试。长期坚持学习英语终于换来了回报。在浙大研究生面试时，流利地道的口语、适应性极强的听力以及快速阅读的能力成为我重要的加分项。

　　除了英语，在浙江经贸职业技术学院学习期间我对专业的学习更是不敢有丝毫的懈怠，成绩一直名列前茅，并先后获得了学校一等奖学金、"三好学生"等多项荣誉。同年，我和我的团队再战ACM竞赛并获奖。

　　在浙江经贸职业技术学院的第三年，我通过顶岗实习的机会顺利成为一名Java研发实习工程师，并收获了宝贵的企业工作经验。

　　作为一名大三学生，绝大部分学生此时都在为就业、实习或专升本学习而忙碌。而我则和同班的胡程皓、王川平一起，在专业老师的持续鼓励下，又一次投入到新一届ACM省赛备战中。三战ACM，我们除了心怀"不到长城非好汉"的骨气和心愿——不拿特等奖不罢休，更有一种"为学校、为专业争光"的最朴素的集体荣誉感！通过日夜训练，我们团队不负众望，成功摘得浙江省第十二届大学生程序设计竞赛特等奖。同时，我自身也凭着执着的信念和高度的自律，顺利考入了理想的专升本学校——杭州电子科技大学计算机学院。

本科及研究生时期

　　这段时期，我继续努力学习，功夫不负有心人，我一步步向更高的人生阶梯迈进。

> **职业指南·家长选读**
>
> **职业探索**
>
> 　　在软件编程领域，既有专注于某一编程语言或技术的专才，也有涉猎广泛、掌握多项技术的通才。职业探索时，应根据个人兴趣和职业目标，选择适合自己的技术路径，并不断深入学习或拓宽知识边界。
>
> 　　软件编程岗位多样，包括前端开发工程师、后端开发工程师、全栈工程师、数据科学家、人工智能工程师等。

　　在杭州电子科技大学学习期间，我始终保持着清醒的头脑，不骄不躁，坚持良好的学习习惯和生活习惯，力求在专业学习上有更高、更新的突破，并将"考入浙大读研"作为新的学习目标。我本科期间专业成绩在600多人中名列前茅，两次获得学校一等奖学金，并最终获得国家奖学金。

　　功夫不负有心人！在浙大研究生考试时，面对150多位学霸的共同竞争，我以108名的成绩入围"复试"（当年只招生57人）。然而，我最终以机试满分和面试高分的成绩拿下浙江大学计算机科学与技术学院计算机科学与技术专业学术硕士录取资格。

工作时期

我不断开启新的起点，新的征程……

进入浙大读研还不是我的终极目标。毕业后，我入职腾讯。期间，在导师的带领和同学伙伴的切磋下，我不放弃数据库领域的研究。白天上班，利用晚上和周末时间做科研。不仅将手头工作完成得相当出色，而且还做了一项顶级的科研工作：我研究的 SpitFire 发在 SIGMOD2021 上，并于 2020 年年底成功申请到美国麻省理工大学计算机系攻读博士，师从数据库领域还在世的唯一图灵奖获得者 Mike Stonebraker。我相信，这将会是我的一个新起点，新的征程才刚刚开始。

我特别感谢我的高职母校，是她给了我一个努力向上的环境和平台。我也感谢我的老师们，他们一直引导我变得更好，他们对我的培育使我终生受用。这一路走来还有最重要的一点就是我有一颗不安于现状的心，每每想要停下休息，就会看到比我优秀的人还在努力，于是我就感到恐慌和不安，心想我这点成绩算啥啊，然后便继续向前奔跑。我希望我能够保持这种状态，每天都有进步。

> **职业指南·家长选读**
>
> **职业上升路径**
>
> 进入职场后，需要通过以下两个方面来探索自己从事的软件编程这一职业是否能够持续发展。
>
> 1. 行业领域选择：根据个人兴趣和职业规划，选择具有发展前景、和兴趣匹配的行业领域，这将有助于职业生涯的长期发展。
> 2. 持续学习与职业规划：持续学习是保持竞争力的关键。制订明确的职业规划，设定短期和长期目标，并通过不断学习新技能、参与项目实践等方式，不断提升自己的专业素养和综合能力。

看看自己有哪些能力潜质，对照核心能力模型，这样你的未来之路就更有针对性。

核心能力模型

项目	要求
学科能力	数学、英语、信息技术等
基础能力	语言与沟通能力、数学逻辑思维能力、自我认知能力、人际交往能力、问题解决能力
社会能力	组织协调能力、团队协作能力、适应社会能力、表达能力、心理承受能力

工作后需要的职业类证书

计算机技术与软件专业技术资格；Web 前端开发、移动应用开发、大数据分析与应用、3D 引擎技术应用、虚拟现实应用开发、Java Web 应用开发、互联网软件测试；软件设计师、信息系统项目管理师、PMP（项目管理专业人士）等。

进修学习路径

专升本，进修学习专业：软件工程技术、计算机应用工程、人工智能工程技术、大数据工程技术、软件工程、计算机科学与技术、人工智能、智能科学与技术、数据科学与大数据技术。

主要就业方向

面向计算机程序设计员、计算机软件测试员、软件开发工程师、信息系统运行维护工程技术员、数据分析师、前端工程师、后端工程师、全栈工程师、人工智能工程师、系统架构师、嵌入式开发工程师、游戏开发工程师、网络安全工程师等职业。

主要专业能力

（1）具有数据库设计与应用、计算机系统操作等能力。

（2）具有简单算法分析与应用能力。

（3）具有软件界面设计的能力。

（4）具有软件设计、开发、测试等能力。

（5）具备软件安装、实施与运维服务能力。

（6）具有问题解决能力、团队合作能力、项目管理能力，以及探究和持续学习的能力。

撰稿人：许　安　姚华儿　林新辉

陈必勤

职　　业：广东省东莞市雷宇激光设备有限公司董事长
毕业学校、专业：广东机电职业技术学院、移动通信技术专业
从业时间：16 年

我从通信技术预见到了激光应用的前景，
致力于学校激光创客教育设备的研发，
把产品卖进了美国哈佛大学、哥伦比亚大学，
并开辟出东亚、北美、欧洲、澳大利亚等国外市场。

致力服务全球激光创客教育的先行者

我叫陈必勤。我带领团队从事激光切割机制造技术与装备研究已经16年，为国内外大中小学创客教育提供激光切割设备，开辟出以东亚、北美、欧洲、澳大利亚为核心的四大市场，销售网络覆盖50个国家，产品全球经销商有30多家，成为国家级高新技术企业、全球激光 STEAM 教育先行者。

高中时期

高中3年的学习让我学会了如何成长与转变，也使我认识到了自己的兴趣所在。

我来自粤东的一个小城镇，我的高中时期正值21世纪初，当时手机正在逐步普及，这使我对通信技术特别是光纤通信技术、激光通信技术产生了浓厚兴趣。而且我偏理科，希望能在这个蓬勃发展的行业中寻找属于自己的定位。我的父母对我比较宽松，没有给我设定高考目标，只要我尽力就行。我的高中老师则根据我善于思

职业指南·家长选读

移动通信技术专业需要的知识结构

1. 理工科。对数学、物理、英语等方面知识的要求较高，需要对无线通信原理、移动通信网络技术和应用技术、光纤通信技术原理、激光通信技术原理以及计算机基础、电子电路等内容感兴趣，需要有较强的逻辑分析能力。

2. 动手能力。这个行业技术性较强，动手能力强的人会更易胜任工作。

考、乐于动手的特点，引导我要根据国家经济发展形势对人才的需求去学习一门技术或技能，这坚定了我的志向。

高中成绩的起伏不定让我学会了如何应对挫折并适时改进学习方法，每次的小进步都让我有点小喜悦。我还积极参加各种课外活动，培养了乐于助人、勇于探索的品质。2005年9月，我进入广东机电职业技术学院移动通信技术专业（两年制）学习。

高职时期

就读移动通信技术专业这个决定并非一时冲动，而是我对未来的规划和兴趣共同作用的结果，我渴望在这个领域中将自己的热情化为实际的行动。虽然面对未来我深感挑战，但我坚信，只要我保持热爱和求知的心态，不断努力学习，我就能够找到自己的一席之地。

我们的学制是两年，时间虽较短，但是学校与国内多家大型通信企业有紧密合作。很多课程是校、企联合制定的，主要有通信、网络的基础理论和技术等基础课程，以及企业网技术模块、移动通信工程技术模块和通信终端设备检测与维修等专业课程，对准了企业实际需求，紧凑、实用、易学，这些更激发了我的学习和动手兴趣。理论课虽然有点枯燥，但是理解透了对于顺利动手操作、掌握技能非常有帮助。于是，我上课专心听讲，不懂就问老师或同学，直到弄懂为止。我和同学们经常在机房实训室里学习查看通信线路、架接光纤，老师耐心地给我们作示范或指导。我们在老师指导下制定移动通信网络优化方案、通信工程制图与概预算方案、通信工程设计方案等。记得老师们经常说："先入门，能上手，以后就可以继续摸索、感悟和提升。"

在学好学业课程的同时，我热衷于创新创业，从帮同学组装计算机开始，逐渐积累技术和经商经验。一方面是体验创业，另一方面也想赚些生活费、零花钱，减轻父母的经济负担。我还担任学生干部，通过参与班级、学校的活动，锻炼组织协调能力和沟通交流能力。

> **职业指南·家长选读**
>
> **职业探索**
>
> 学好专业知识和技能是从事移动通信技术相关工作的前提和基础。通过参加学生团体活动或公益活动、集体活动等社会活动锻炼沟通、协调、组织和管理能力也非常必要。要关注新质生产力要求下，移动通信技术以及相关联的新技术在农业、医疗、教育、娱乐等领域的应用，甚至可以从专业出发或跨专业开展创新创业。

工作时期

工作时期，我不断积累知识和经验的同时，也捕捉到了商机。

（一）工作初期

毕业后，我顺利进入移动通信行业从事项目管理工作，逐渐熟悉移动通信系统的架构、协议和技术发展趋势,积累了较为丰富的专业知识和实践经验。

为了进一步提升技术技能,适应通信技术市场不断更新的需求,我积极参加新技术的学习。在一次使用激光设备后,我发现了激光应用设备的商机,也深切体会到技术创新对于企业的生存和发展是多么重要。

凭借着对激光应用设备广阔市场的研判,以及多个项目管理经验给我的信心,我于 2013 年与 3 位合伙人组建了东莞市雷宇激光设备有限公司。

(二)创业时期

创业后,我感觉到原有专业知识的不足,于是买来专业书籍和管理类书籍,钻研技术与管理,带领团队开展技术研发、优化生产流程和供应商管理体系,形成严格的质量控制体系,保持在技术领域的领先地位。同时,与优秀的供应商建立长期合作关系,保证原材料供应的稳定性和品质的可靠性。

> **职业指南·家长选读**
>
> **职业上升路径**
>
> 在学校里的学习和实践是职业发展基础,企业实习、一线岗位的工作,一方面提升了技术技能,深入了解了行业、产业动向,另一方面锻炼了职场能力、积累了人脉和资源,同时也将收获职业的上升。职业道路上,新的机会肯定从专业知识和行业经验中捕捉的,不勤恳工作、缺乏深刻思考肯定会与机遇失之交臂。

我运用在学校期间培养的沟通协调能力,经常跑市场、找客户,带领团队开展市场调研,确定以高品质的二氧化碳激光切割机为主打产品,致力于满足客户对质量稳定和高精度的需求,并在国内外通过参加行业展会、支持赛事、举办公开课等方式提高知名度。

我记得在大学课堂上有一位老师说过,中小学的科技教育比较薄弱,这会影响到他们升入大学后的学习兴趣和创新意识。为此,我专门在国内调研了一批中小学,发现确实如此,并且中小学生通过目睹激光切割设备的应用场景,对激光应用、对科技产生了浓厚兴趣,老师们也很支持。这大大增强了我把激光创客设备引入国内中小学的信心,我把中小学创客教育市场列为重要市场,大力支持学校相关课程建设、师资培训、比赛设备人员和工训中心建设,致力于以激光切割设备为载体,让创客教育走向普及化。

针对中小学科创教育学时短的问题,我带领团队与经验丰富的一线教师共同打造了易于上手的教育用激光建模软件。针对激光造物课程短缺的现象,我联合业内激光造物名师们开发了激光造物系列课程。为了让创客教育的落地效果可视化,我联同全国各地合作伙伴一起支持创客马拉松现场赛和大规模激光造物师资培训,使得创客教育的成果更容易被大众认可。为了解决创客教师缺乏实操经验问题,我通过行业协会联合全国的激光造物爱好者们共同打造了激光造物交流社区,大大提升了教师群体的总体授课水平。

为了协助提升工科大学生的工程素养,我带领团队进入大学生工程实践教育细分领域,积极参与并全面助力全国大学生工程训练综合能力竞赛,并与全国顶尖工科院校共建激光加工实验室。为了解决大学大班授课难的问题,在我主导下,不仅推出了大学生激光加工工艺大课堂,更打造了 3D 仿真加工平台,让大学生可以通过自学和仿真加工的方式

职业指南·家长选读

价值观探索

高中阶段较宽松。根据兴趣爱好，结合社会发展趋势去定位自己，做好学业安排。

大学阶段有目标。扎实学习专业知识与技术，并积极参加学生社团锻炼自己、增强自信。

工作阶段常思考。在工作岗位上认真努力地去做、去思考，做好职业规划，并付诸实施。

创业阶段勇拼搏。选择了创业，就意味着必须一往无前，经常要面对各种困难与挑战，坚定信心和方向，坚信技术创新是企业发展的重要途径之一。

提高学习效率。在教育部高等教育司的产学合作协同育人项目中，我所创立的企业与清华大学等20多所高校建立合作关系，全力孵化多种实践型项目，并联合广东省机械研究所推进中高职院校激光加工专业化。

为了开拓更广阔的市场，我力排众议，频繁到国外考察，寻找开拓国际市场的突破口，终于在德国打开市场。目前，我的产品在德国、美国、英国等约30个国家和地区设有品牌代理，并被美国哈佛大学、哥伦比亚大学等高校使用。在这个过程中，我组建了雷宇德国研发团队，他们与国内团队携手改进技术，历时15个月，成功研制了加工效率和精度更高的新一代机型Nova系列激光切割机，并通过了严格的CE、FDA激光等级Ⅰ类认证，设备安全性得到充分保障。在美国市场的同类激光切割机品牌里，我们的品牌流量排名第三。

为了降低用户的使用成本，我带着服务团队不断收集用户反馈，根据用户的需求优化Nova系列激光切割机的每个体验细节，终于打磨出了人机交互体验性更好的设备。

为了给全球用户提供更加优质的服务，我领导总部人员齐心协力，与全球各分公司团队协作打造更加优质的、符合当地特点的服务支持体系，并建立了激光技术交流社区，让用户之间有了便于交流的平台，实现了最有效的国际化。

其实，我就是一个出身平凡的人，只是因为在成长的过程中能树立超越自我的梦想，并凝聚了一个追求卓越的团队，去一步步落实梦想，其中既有艰辛更有收获！最后，我还想说，高职生也一样可以做技术创新，开拓国际市场！回想走过来的路，父母对我的支持使我能安心学习与创业；广东机电职业技术学院老师的悉心教导使我奠定了专业知识与技术基础，并开始了创业实践；此外，我还团结到一群校友携手前行，这些都是支撑我去实现梦想的良好基础。

看看自己有哪些能力潜质，对照核心能力模型，这样你的未来之路就更有针对性。

核心能力模型

项目	要求
学科能力	数学、英语、物理、信息技术等
基础能力	学习能力、逻辑思维能力、计算机操作能力
社会能力	沟通与表达能力、团队协作与领导能力、职业道德与职业素养、跨文化交流能力

工作后需要的职业类证书

通信工程师、网络工程师、信息系统项目管理师、数据中心运维工程师等。

进修学习路径

专升本，进修学习专业：现代通信工程、网络工程技术、物联网工程技术、通信工程、电子信息工程、网络工程、物联网工程。

主要就业方向

面向通信网络工程师、无线通信工程师、电信运营工程师、数据通信工程师、通信设备工程师、通信系统集成师等职业，从事移动通信终端设备的生产研发与调试，移动基站设备的研发与维护，移动通信的工程安装、调试、维护，移动通信设备开发，移动软件测试，企业资源管理系统开发，软件销售，软件售后维护，数据库维护等工作。

主要专业能力

（1）具有良好的职业素养：思想政治素养、科学文化素质、工程技术素质、身体心理素质等。

（2）具有基站系统设备开通与调测、运行与维护的能力，包括设备的操作、故障排查、系统优化等。

（3）能够进行无线网络规划设计、优化，了解网络架构、设备配置、性能优化等方面的知识。

（4）熟悉各种移动通信设备和系统，包括手机、基站、天线、调制解调器等。

（5）熟练掌握各类办公软件，以及与通信技术相关的软件工具，如网络规划软件、测试仪器等。

（6）具有移动通信工程项目管理的能力，包括项目规划、进度控制、成本管理、质量保证、业务流程设计、客户服务、市场推广等。

（7）具有对新知识、新技能的学习能力和创新能力。

（8）具有良好的团队合作与沟通能力。

撰稿人：谢礼炮　陈必勤

蜕 变
职校生的华丽转身

蜕变：职校生的华丽转身

能源动力
与材料大类
土木建筑大类
水利大类

职业教育天广地阔，我在1992年参加电力生产工作的时候就是一名普通的中专毕业生。在职业工作中，我爱岗敬业，追求把每一天的工作干到极致。我从不安于现状，而是不断学习、创新，得到了大家的认可，我相信你们一定能做得比我更好！

毕业于贵州电力职业技术学院

中国南方电网云南电网有限责任公司昆明供电局

高级继电保护员，特级技师

2023年"大国工匠年度人物"，全国劳动模范，"中华技能大奖"获得者

全国技术能手，全国能源化学地质系统"大国工匠"

郭登选

职　　业：中国科学院上海应用物理研究所助理实验师
毕业学校、专业：武威职业学院、光伏发电技术与应用专业（材料方向）
从业时间：4年

踮起脚尖，抓住机会，
在热爱的工作岗位上挥洒汗水，
为实现中国的核电梦贡献力量。

 以职业的态度，为核电站安全运行保驾护航

我叫郭登选，现就职于中国科学院上海应用物理研究所，从事专业技术岗位工作。能在中国科学院这样国家级的科研机构工作，是我这个中考失利的普通学生曾经想都不敢想的事。以下就是我从一个中考失利者成长为一名第四代先进核电站工作人员的经历。

中专时期

由于经历过打工的艰辛，我更加珍惜中专的学习机会，誓要为自己闯出一条光明坦途。

我出生在甘肃省定西市安定区石峡湾乡的一个小山村，那时家境不好，从小目睹了父母的辛劳，于是在学习之余便学着帮父母分担农活，早早地承担起家庭责任。随着一天天长大，我也慢慢地表现出超出同龄人的成熟和独立性。到了初中，我的成绩一直处于班级中等水平，很难上升。后来中考落榜没考上高中，我一度认为自己已然无学可上。生活的困苦让我来不及过多伤心，为了给自己找一条出路，我背起行囊出门打工，到兰州的一个砖瓦厂做装窑工。打工的生活比我想象中要艰难得多，当时我就在想，我要是还能上学该多好啊！如果能再给我一次机会，我一定会拼尽全力认真学习。

命运还是眷顾我的。在我打工一个多月后，有一天接到了爸爸打来的电话。他告诉

> **职业指南·家长选读**
>
> **光伏发电技术与应用专业需要的知识结构**
>
> 1. 理工科。对数学和物理有较高要求，要有一定的信息技术基础。
> 2. 兴趣驱动。喜欢钻研，有耐心，吃苦耐劳，面对枯燥的学习能坚持下去并保持热爱。

我有一位中职学校的老师来家里招生宣传，希望我能到定西市机电工程学校去上学。他对学校的讲述激发了我对中等职业教育的兴趣，同时我也迫切地渴望能再有一次踏入校园学习的机会，即使未来考不上好大学，也有一技傍身，靠它养活自己、养活家人。最后，我报读了机电一体化专业，学习的是机械和电工电子相关知识。在校期间，我发奋学习，学习成绩也在稳步提升。通过一学期的努力付出，我突出的表现被班主任看在眼里，他推荐我进了校学生会，让我从德智体美劳多方面锻炼提升个人综合能力。进入学生会之后，我主动担当作为，曾担任过体育部部长、卫生部部长和校学生会副主席等职务，得到了校领导及广大学生和老师的一致好评。那时候的我，抓住一切能学习的机会，誓要为自己闯出一条光明坦途。

高职时期

高职的3年，带给我的是人生中真正意义上的成长。尽管我刚开始对这个专业感到迷茫，但是我逐渐意识到，每一次学习都是一次与知识的亲密接触，每一次实验都是一次对未知世界的探索。我逐渐沉浸在知识的海洋中，享受着学习的乐趣。

当我怀着忐忑不安的心情来到武威职业学院时，我瞬间被校园优美的环境所吸引，我暗自下定决心，要在这里努力改变自己的命运。我选择了一个当时看起来很冷门的专业——光伏发电技术与应用（材料方向）。我承认，这个专业的确很枯燥，但我却能感受到它的力量。就像一颗小小的种子，深深地扎根在我心中，等待发芽，等待成长。那时，只要有空闲时间，我就往阅览室钻，周末也不例外。我的坚持和自律引起了阅览室管理员老师的注意和认可，他在对我有了充分的认识和了解后，就将阅览室的钥匙交给我保管，并让我负责阅览室的日常管理工作。我非常开心，因为这为我进出阅览室学习提供了很大的便利。

除了学习专业知识以外，我加入了能源工程系学生会，担任过学生会组织部部长，策划各类活动的组织和实施，获得过"优秀学生会干部"称号。同时，我还积极参加各种比赛和活动。在能源工程系第五届书法大赛和辩论赛中，我荣获"优秀奖"。2018年4月，我还参加了全国大学生环保知识竞赛，荣获"优秀奖"。此外我还荣获武威职业学院"三好学生"和"优秀毕业生"荣誉称号。这些荣誉的背后，是我无数个日夜的付出和努力，也是对我个人能力的肯定。我始终坚信，只有

> **职业指南·家长选读**
>
> **性格探索**
>
> 在日常生活中，要善于发现机会，并准确把握机会。不因一时的失利而自暴自弃，要脚踏实地，发奋拼搏，不断积累知识和实力，认真谋划自己的未来。

通过不断努力和学习，才能够提高自己的能力和素质。这些比赛和活动，不仅锻炼了我的心理素质，提升了我各方面的能力，也使我更加深刻地认识到了自己的潜力和不足之处，从而不断改进自己。

回顾在校期间的学习生活经历，我深刻体会到了比赛和活动对个人成长的重要性和作用。通过参加各种比赛和活动，我不仅提高了自己的专业知识和技能，还增强了自己的团队合作能力和解决问题的能力。这些经历不仅让我更加了解自己，同时变得更加成熟和自信，也为我未来的发展奠定了坚实的基础。我将继续保持学习的热情和努力的态度，不断提高自己的能力，为实现自己的人生目标而不懈奋斗。

工作时期

在工作中，我始终严格要求自己，以认真负责的态度对待每一项任务。

（一）实习时期

而真正影响我命运的正是武威职业学院与中国科学院上海应用物理研究所的合作，我作为第一批前往中国科学院实习的学生，既感到无比光荣，同时也压力巨大，但杨存忠校长和米丽娟博士给予了我们无微不至的关怀，让我很快就适应了实习的环境与工作。

在中国科学院的实习期间，我接触到了最前沿的核电技术和科研设备，有机会参与到真正的科研项目中。这是一个全新的挑战，需要我快速学习、适应和进步。我日夜奋战在实验一线，尽管辛苦，但我始终坚持，因为我明白这对我的未来职业发展有着重要影响。

在这个过程中，我深深地感受到了科研的魅力和挑战。我发现科研不仅是知识的累积，更是对未知世界的探索和创新。在这个过程中，我养成了独立思考和解决问题的能力，也培养了对核电领域的深深热爱。

与此同时，我也深刻体验到了科研工作的艰辛和压力。有时候，实验结果并不如预期，甚至需要推倒重来。但是，正是在这样的挫折和困难中，我学会了迎难而上和锲而不舍，明白了科研不仅需要聪明的头脑，更需要勤奋和耐心。

在实习期间，指导老师的悉心指导，使我在专业技能和团队协作方面都有了很大的提升。他们的关怀和支持，使我在面对困难和压力时，都能以积极的态度去面对。他们的教诲，我将铭记在心。

这次实习经历，让我更加明确了自己的职业方向，也让我更加坚定了对核电事业的热爱。我深知，这是我人生中的一个重要阶段，也是我人生中的一个重要转折点。

职业指南·家长选读

职业探索

职业院校学生应当充分利用学校已有资源，在实习期间提高专业技能，培养对行业领域的热爱，明确自己的职业方向。

用人单位除了看重学生的专业能力以外，对学生的语言表达能力、与人沟通能力及团队合作能力也非常重视。职业院校的学生应充分利用实践活动的锻炼机会，丰富自身课余生活，提高自身的综合素质，为进入职场奠定基础。

（二）正式工作时期

自 2019 年开始，我就职于中国科学院上海应用物理研究所，参与该单位所承担的中国科学院先导专项"未来先进核裂变能——钍基熔盐堆核能系统（TMSR）"工作。这个任务需要高度的专业素养，设备的运行调试涉及复杂的电热测试和运维工作，我通过分段跟进实验堆高端熔盐制备台架的设备安装，成功地完成了工作任务，为后期设备的运行调试打下了坚实的基础。在这个过程中，我不仅提高了自己的技术水平，还积累了丰富的实践经验。

春节期间，我所在的团队主动申请放弃春节休假，坚守一线，为 TMSR 的建成而共同努力。作为团队的一员，我也积极参与到这个工作中，以高度的责任心和专业水准，为任务的顺利完成贡献了自己的一份力量。

在工作中，我始终坚持以全心全意为安全生产负责为宗旨，围绕工作中心，认真完成各项分段工作。我的表现得到了上级领导的肯定和同事的好评，并于 2019—2020 年度荣获"中国科学院上海应用物理研究所青年五四（个人）奖章"称号。我将继续保持优良的工作作风和扎实的工作态度，为推进核电事业的发展做出更大的贡献。

展望未来，我将把过去的经历和感悟应用到未来的学习和生活中，坚定自己的信念和目标，为自己的梦想而努力奋斗。我相信，只要不断努力、不断进步，我一定会在未来的道路上取得更大的成就和成功。

> **职业指南·家长选读**
>
> **价值观探索**
>
> 吃苦耐劳是职业院校学生制胜职场的法宝，只有在平凡的岗位沉下心去，通过坚定的信念和毅力、勤奋和努力、高标准的要求、追求卓越的信念以及良好的工作态度和团队合作精神等，才能取得成功并实现自己的职业目标。

回首过去，我庆幸自己没有放弃任何一个可以改变命运的机会。从选择进入中职学校学习开始，每一步都走得坚定而踏实。从希望有一技之长养家糊口到认真学习先进技术，从勤奋学习专业知识到积极投身国家重大项目，从懵懂无知到真正热爱核电事业，我始终以一种不服输的拼劲努力往前冲。我坚信，只要自己不放弃，每个人都有无限潜力去创造巨大的价值。

看看自己有哪些能力潜质，对照核心能力模型，这样你的未来之路就更有针对性。

核心能力模型

项目	要求
学科能力	数学、物理、信息技术等
基础能力	动手操作能力、探究能力、终身学习能力、分析问题和解决问题的能力、表达能力、沟通能力
社会能力	组织协调能力、团队协作能力、创新能力、社会责任感

工作后需要的职业类证书

电工特种作业操作、中级维修电工、光伏电站运维等。

进修学习路径

专升本，进修学习专业：新能源发电工程技术、电气工程及自动化、电力工程及自动化、智能电网工程技术、新能源科学工程、电气工程与智能控制。

主要就业方向

进入光伏产品制造型企业，从事光伏电站运维人员、维修工程师、设备工程师等岗位。

主要专业能力

（1）具有探究学习、终身学习、分析问题和解决问题的能力。
（2）具有良好的语言、文字表达能力和沟通能力。
（3）能够熟练应用常用绘图软件，并能识读电气图。
（4）能够完成光伏电子产品的设计及制作。
（5）能够完成光伏电站的可行性研究报告的编制。
（6）能够参与完成光伏发电系统设计及施工。
（7）具有光伏电站的日常管理、质量检测与评估能力。
（8）具有光伏电站电力系统测试及简单故障排除的能力。

撰稿人：赵　舵　郭登选　张　阳

周　彬

职　　业：古建筑工程公司项目经理、总经理
毕业学校、专业：江苏建筑职业技术学院、古建筑工程技术专业
从业时间：16 年

每修完一处建筑，

都会觉得特别有成就感，

我会站在它前面，

和它合一张影，

也会很自豪地告诉家里人：

"这里曾经是我带人修缮的。"

 我是在故宫修古建筑的人

我叫周彬，我的工作是带人修缮古建筑，我们常年在故宫修缮各个有破损的宫殿。当然，我不是拿着瓦刀在脚手架上给古建筑做"修复手术"的人，而是负责做"术前"统筹和"术中"管理，并对"手术"的结果负责。如今，凭借这份工作，我已经在北京成家立业。传统官式建筑木作的泰斗汤崇平先生收我为唯一的关门弟子，而我在工作中获得的成就感，更是无法用金钱来衡量的。

或许你会说："当年你一定是学习很厉害的优等生吧？"我想，这就是我讲述自己职业故事的意义——一个不拔尖的学生，也可以在适合他的工作中不断学习，成为行当中的佼佼者。

高中时期

那时我虽然读理科，但是对历史很感兴趣。毕业时，我对人生的规划是：希望有一技之长。

我就读于山西忻州一个小镇的高中，当时是分重点班和普通班的。我高一时在普通班，高二时进入重点班。当时我在班里的成绩还算靠前，但并不是最拔尖的学生。文理分科时，学校只有两个文科班，其余都是理科班。我权衡了一下，自己的数学和物理成绩比地理成绩好得多，而文科需要背诵的知识点也比较多，我又不擅长背诵，所以就选择了理科班。其实我当时对职业并没有清晰的想法。

我出生于农村，那时我就想：将来一定要学一门手艺，养活这个家。我从小就对建筑很感兴趣，一块砖、一块砖地垒起来，怎么就变成了房子呢？那时无意中听谁说起，钢结构会很有前景，所以高考填报志愿时我第一志愿报考的是新疆石河子大学的钢结构专业。但我当时的高考成绩差几分没到本科的录取线，调剂后，机缘巧合被江苏建筑职业技术学院（简称江苏建院）录取了。

我很幸运，误打误撞进入了古建筑工程技术专业，而这个专业恰好是我喜欢的！高中时我就爱读历史，看过不少历史书，现在回想起来，它们对我理解建筑的年代是有帮助的。就比如说，历史书里说过，雍正皇帝非常节俭，到乾隆皇帝时，清朝达到鼎盛时期，他就比较喜欢奢侈、繁复的东西，这些都会体现在故宫的建筑里。雍正时期的建筑用精料很少，而乾隆时期用精料就比较多，所以我们可以根据木料推算出故宫某座宫殿是哪一朝修建的。我觉得人生没有一步路是白走的，高中时学的东西都很有用。例如，高中时我的数学还不错，现在做工程预算，我估算材料用量基本都不会超过实际材料使用量的5%，这样材料浪费就很少。

如果我能回到高中时代，我会在语文上多下些功夫，多读一些书，这样在写各种投标材料时会更得心应手。高中时代什么是最重要的呢？我认为还是学习。它会为你打下牢固的基本功。当然，并不是追求一定要拿到什么分数。尽量找到自己感兴趣的科目，拓宽阅读范围，也许有一门科目就为你埋下了未来职业的种子。

> **职业指南·家长选读**
>
> **古建筑工程技术需要的知识结构**
> 1. 理科为主。工程预算涉及数学，管理需要逻辑，头脑清楚会更容易驾驭。
> 2. 兴趣驱动。对历史等人文学科有兴趣、有绘画特长等，会让从业者有内在驱动力，更易对工作保有热爱。

高职时期

我敢于毛遂自荐，很多事情会比别人提前想一步，我是那一届第一批入党的人。

我进入江苏建院是个偶然，也非常幸运。那时古建筑领域的一级企业有18家，我们那一届有33名学生，很容易就全部就业了。现在每年毕业生都在增加，但学校和很多文物古建企业有校企合作，这些企业会邀请学生去实习，学生就业仍然不难。

我那所学校对古建筑的课程设置很专业，学习内容也很丰富，我们会学造价、材料，也学一些动手操作类的课程，比如彩画，会学一些拿尺子比着画的规矩活（旋子彩画）。

> **职业指南·家长选读**
>
> **性格探索**
>
> 古建筑工程讲究精细，孩子性格中最好有细致、耐心、踏实的一面，如果喜欢与人打交道，会是很好的加分项，毕竟所有管理都要与人打交道。

我们现在每年都会给院里一些建议，所以这个专业直到今天还在增加一些课程，让学生毕业后更能胜任工作。

因为江苏建院和北京房地产职工大学联合办学，我们最后一年得以来北京上学。当时为我们授课的老师基本都是古建筑泰斗级别的，比如瓦石课是刘大可先生讲授，油饰彩画课是边精一先生讲授，木作课是汤崇平先生讲授。这些老师非常厉害，现在都在北京大学授课，但那时候我们可能并没有特别珍惜。假如可以回到高职时期，我一定会更珍惜这些课程，多向老师们请教。

我喜欢与人打交道，高职时期就在学生会的学习部做一些事情，这在某种程度上锻炼了我的管理能力。我敢于争取机会，当时原本只有班长和团支书才能第一批申请入党，但我找到辅导员毛遂自荐，结果我在班里拿到28票，成了那届第一批入党的人。很多事情我都会想在前面，比如毕业时没钱，我借钱考了驾照，后来我也是唯一会开车的实习生，因此我有很多机会开车载着我的领导（也是恩师）汤崇平先生出去工作，耳濡目染学会了很多东西。

工作时期

我很享受自己的工作，周末休息时也会不由自主跑去故宫，在工地上转转，四处巡视一番。

（一）从资料员到造价员

2006年12月，我进入北京同兴古建筑工程有限公司做实习生。最开始是有人带着做资料员。那时在修太庙屋顶，修之前要先给瓦片编号，我就在计算机里把号码打印出来，按照要求贴上号码。修缮任何地方都要先记录建筑原状，公司资深的同事会告诉我，用什么角度拍照，拍好后怎么整理，怎么用Excel和Word这些办公软件做记录。

我做资料员的3年里，考取了很多证书，除资料员证书外，还考了造价工程师的证书，这为我争取到了做造价员的机会。造价就是做预算，需要多少料、多少钱，这也需要别人带。开始我会对照准确的造价表来看自己做的，哪里不一样就向人请教。有些时候我会觉得自己入门了，但是遇到新的项目还是会卡壳。这样慢慢地跟过三四个项目后，才能学会做预算。

> **职业指南·家长选读**
>
> **职业探索**
>
> 这个行业，初入行要从资料员做起，收入不高。如果孩子热爱，并且看中长期成长而不在意短期收益，会更易从工作中获得成就感。从资料员到造价员升级的过程中，主动学习，多向前辈请教，凡事追求做到最好，及时考取资格证书，做到这些，个人的成长会更迅速。

（二）技术负责人

古建筑里有瓦作、木作、土作、石作、油漆作、彩画作、裱糊作、搭材作这8个行当，民间也叫"八大作"。入职5年后，我考取了中级工程师证，开始成为管这8个行当工长的技术负责人。

这个阶段我觉得是很难的，很多东西要学习。我基本每天都待在工地，和工人们一样，要爬30多米高的脚手架。最开始我有点恐高，但时间一久，爬多高我都能如履平地了。做这行需要能忍受暴晒，尤其到了夏天，涂任何防晒霜都没用，肤色一定会被晒得很黑。对我来说这些都不算什么难事，我始终只想着要有一技之长。在工地上很有收获，很多活我都会自己做，也就清楚了各个行当的门道。

（三）项目经理

我做了两年技术负责人，恰好项目经理离职了，当时公司试用了几个人，都不合适，我毛遂自荐，就这么当上了项目经理。

技术负责人管技术，而项目经理主要负责管理，我做管理的想法特别简单，就是换位思考，把自己放在甲方的位置考虑问题。比如在故宫里施工，我每次都和大家说，把工地当成自家的院子，砖和瓦件等材料都要摆放得井井有条。我很注重细节，在故宫施工时，看见地面上一个纸片我都会捡起来。

人品和信用，以及工程质量为我们赢得了越来越多的机会。故宫的工程是要先招标，然后很多家公司去投标，就像学生参加班干部竞选一样，决定谁竞选成功的是故宫里的专家们。我们从2010年第一次中标开始承接修缮故宫的工程，积累了很好的口碑。获得了口碑后，再参加投标，专家打分都很高。我们修缮的东华门、毓庆宫、长春宫等工程都获得了北京市文物局评选的优秀工程奖。

职业指南·家长选读

职业上升路径

古建筑工程这个行业，从造价员到技术负责人，背后需要多种能力的累积，要从早到晚扎根在工地上，做有心人，多看、多问、多学，先是积累，然后是模仿，最后才是独立操作，成长为独当一面的管理者。热爱和勤奋很重要，每个行业都有辛苦的一面，热爱才能苦中作乐，在职业上升中获得自信和成就感。此外，在职场上出类拔萃的人，一定是专业、值得信赖并且有影响力的人，只有先做好各种准备，才能抓住上升的机会。

（四）难忘的瞬间

工作中有很多难忘的故事。比如，我们承接故宫的第一个项目是东华门的修缮。那时，整个东华门屋顶都掀开了，里面哪怕一根木头都是文物，为了保护这些珍贵的文物，要搭一个巨大的防雨棚把它们全部遮住，保护起来。因为底下要干活，整个棚必须是中空的，不能有支撑的立杆。当时计算过架子的力学承重后，我们搭起了一个30多米高、跨空的支架。那时是冬天，有次夜里2点多，我们忽然听到"哗啦"一声，出去一看，下大雪了，防雨棚的桁架被积雪压下去20多厘米。由于没有预料到落雪那么厚，在计算承重时没有算上雪的荷载，我们担心桁架支撑不住。桁架上的铁板又非常滑，不敢派人爬上去清理积雪，大家赶紧连夜做了支顶。第二年春天，去掉支顶，桁架又下沉了十几厘米。我们做了一个多月的沉降观测，确认它不再下沉后，才开始干活。这个项目给我留下了很深的记忆。此后，我们经验日益丰富，会为这些极端天气做好预案，那样惊险的事情再没发生过。

其间还有很多难忘的人。最幸运的就是遇到我职业上的贵人，我的恩师汤崇平先生。我跟着他学木作技术，也学做人。在汤老师的赏识下，我不仅成为他的关门弟子，还成为公司的负责人，这些经历都丰富了我的职业生涯，让我成为更自信的人。

（五）工作中的成就感

干我们这行在工作上要付出很多时间，不断学习，让自己成为内行。我很享受自己的工作，周末休息时也会不由自主地跑去故宫，在工地上转转，四处巡视一番。我站在那里，工人们的工作状态就不一样。

每修完一处建筑，都会觉得特别有成就感，我会站在它前面，和它合一张影，也会很自豪地告诉家里人："这里曾经是我带人修缮的。"

我老家在山西的农村，那里有一些古戏台和寺庙。回老家的时候，我会出钱找人做一些修缮。我内心觉得修庙是一件很好的事情，既然做这个行业，我希望那里的庙宇能被好好保存下来。村里的人也因此对我特别敬佩，家里人也都为我感到自豪。

（六）故宫趣事

在故宫工作会遇到很多趣事。比如我们修缮的宫殿多是非参观区，里面很荒凉，好多动物就在里面安家。故宫有很多黄鼠狼，我刚毕业的时候，夜里在工地旁值班，夏天我们会打开门乘凉，黄鼠狼就会进屋，在桌子上跑来跑去，一点都不怕人。听老师傅们说，2008年修缮太和殿的时候，黄鼠狼会在夜里溜进工地的厨房，把鸡蛋偷偷搬空。它们的搬法也很特别，是在鸡蛋上咬个小孔，把蛋液吸走，鸡蛋表面看着都毫发无损，其实里面都是空的。

故宫里还有很多乌鸦，因为它们常站在各个宫殿的避雷针上，所以避雷针都被踩得特别亮。给工人送饭的时候，保温箱是一定要时刻看着的，不然乌鸦们就会把泡沫箱子啄烂。它们真的很聪明，那种盛饭的保温桶，它们能合伙把盖子掀开。在搭设脚手架时，那些一米多长的钢管必须捆结实，不然乌鸦能把它们蹬下去，它们的力气真是意想不到的大。

这就是我修缮故宫的故事。我热爱这里，为自己能在

职业指南·家长选读

价值观探索

古建筑工程这个行业其实也有艰辛的一面，比如在工地上风吹日晒，肤色会比较深；还比如脚手架可能高达30米，有恐高症的人爬上去会非常痛苦。需要综合衡量这些因素，再做出职业选择。哈佛大学积极心理学家泰勒·本-沙哈尔做过一个研究，发现给人幸福感的工作一般都具备3个要素：意义（Meaning）、快乐（Pleasure）和优势（Strength）。就是说，能够从事一份让个人感到有意义、快乐并且能充分发挥自身优势的工作，人生会更有幸福感。

故宫里工作而自豪。回想高中时我想学一技之长养活家人的愿望，我觉得自己梦想成真了。如今我有了自己的孩子，大女儿很喜欢绘画。基于我的人生经历，我觉得这种出于兴趣的学习是非常有益的。她接触过我的工作，去过修缮工地，上过脚手架，每天听我们讲这里面的事情，多多少少都会受到熏陶。修古建筑是有人文情怀的，如果孩子未来有兴趣从事这行，我会很开心。

看看自己有哪些能力潜质，对照核心能力模型，这样你的未来之路就更有针对性。

核心能力模型

项目	要求
学科能力	语文、数学、信息技术等
基础能力	身体素质、语言交流能力、数学逻辑思维能力、观察分辨能力
社会能力	团队协作能力、组织协调能力、语言表达能力、社会责任感

工作后需要的职业类证书

责任工程师、一级建造师、造价工程师、中级工程师、高级工程师。

进修学习路径

专升本，进修学习专业：风景园林、工程造价、土木工程、建筑学（建筑历史与建筑遗产方向）、园林工程、环境设计。

主要就业方向

进入古建筑设计、施工、监理等企业，从事古建筑修缮与保护、仿古建筑设计、造价、施工、管理等工作。

主要专业能力

（1）具有运用现代化测绘工具，完成中小型古建筑测绘的能力。

（2）具有中小型古建筑工程方案设计与施工图深化设计的能力。

（3）具有古建筑工程材料管理、施工安全管理、质量检验和工程资料的收集与整理的能力。

（4）具有一定的古建筑工程造价和工程成本控制分析的能力。

（5）具有古建筑工程项目施工组织方案设计和编制古建筑工程招投标文本的能力。

（6）具有较强的古建筑工程主要工种操作和指导现场分项工程施工的能力。

（7）具有良好的安全防护和依法施工与管理的能力。

撰稿人：李彦江　周　彬　王　炼

张子建

职　　业：北京市燃气集团有限责任公司燃气运维工、燃气内训师
毕业学校、专业：北京劳动保障职业学院、城市管理与监察专业
从业时间：12年

我学会接纳自己，在基层服务中成长，

刻苦训练，不断磨砺技术。

从无名小将到全国冠军，再到技术骨干，

心中充满无限的希望与自豪。

我是给城市"动脉"问诊的人

　　我叫张子建，是一名燃气运维工，我的工作是维护深埋地下的燃气管道。这些错综复杂的管道，如同城市的"动脉"，支撑着城市的日常运作，为居民们输送着生活的能量。我用专业的技能和敏锐的洞察力，对每一条"动脉"进行细致入微的检查与维护，用我的双手和智慧，确保城市"动脉"的畅通无阻与安全运行，让城市的生命之火永不熄灭。

　　我曾经高考失利，深陷迷茫，但最终我学会接纳自己。我从基层起步，以汗水铺路，成长为高级技师，斩获多项荣誉。对工作的热爱与对专业的执着，成就了我的蜕变。若你也正迷茫，愿我的故事能给予你力量，鼓励你继续前行，不负韶华。请你相信，每个人的生命中都有低谷，但正是这些挑战，塑造了更加坚韧的我们。

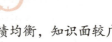

高中时期

　　我高中学的是理科，动手能力很强，且各科成绩均衡，知识面较广。高考失利是我人生中一个重大挫折，但我很感谢家人的鼓励，让我从职业生涯的角度出发，重新审视职校的学业生涯，做出了适合自己的选择。

我所在的学校是一所普通的公立高中，怀揣着对未来的憧憬，我步入了高中的课堂，心中满是对通过不懈奋斗考入理想本科院校的坚定信念。在校期间，我的学业成绩稳定在中上游，各科成绩均衡发展。历经3年的刻苦学习，面对高考志愿填报的关键时刻，我依据一模、二模的成绩及个人对动手实践、拆装研究的浓厚兴趣，毅然选择了北京联合大学的汽车与制造专业作为我的目标。然而，命运似乎与我开了个小小的玩笑，高考的最终成绩并不理想。虽然成绩未达预期，但母亲的话语中满是理解与鼓励，没有丝毫责备。

面对这一转折，家人与朋友们迅速决策，共同寻找新的出路。经过一番深思熟虑与多方咨询，我最终决定踏入北京劳动保障职业学院的大门。基于对该校安工系的全面了解与认可，再结合我本人各科成绩均衡的优势，我最终选择了城市管理与监察专业。

> **职业指南·家长选读**
>
> **城市管理与监察专业需要的知识结构**
>
> 这一专业的知识结构是多元化的，涵盖了自然科学、人文社会科学、工程技术、管理科学等多个领域。比较适合知识面广、学科兴趣较为均衡的同学。

高职时期

18岁的少年最不缺的就是从头再来的勇气。我积极学习专业知识，参加各项活动来拓宽自己的视野。我渴望用自己的双手，为这座城市带来便利与美好。

我从高考的阴霾中走出，带着一丝迷茫与不甘，踏入了北京劳动保障职业学院的大门。那是一个全新的开始，对我来说，既陌生又充满未知。城市管理与监察这个专业，起初对我来说，只是一个陌生的名词。但随着时间的推移，我渐渐发现，它不仅仅是一门学问，更是连接城市脉搏、服务民生的桥梁。每一次课堂上的讨论，每一次实践中的探索，都让我感受到这份工作的意义与价值，它让我看到了自己能够为社会贡献力量的可能。

我学会了接纳自己，不再沉溺于过去的失败，而是将目光投向未来，重新开始。我开始积极投身于专业学习之中，专业知识成了我最坚实的盔甲。同时，我也积极参与学校组织的各类活动，每一次的尝试都让我更加自信，视野也更加开阔。周末回家，我总是迫不及待地想要将所学应用于生活。记得有一次中午做饭时，家中燃气灶突然罢工，正当全家人一筹莫展之际，我看到楼下有一群拿着仪器、穿着工作服的人，对着管道转来转去。没一会儿燃气灶就"复活"了，能正常开火做饭了。后来我了解到，楼下的"修复师"们是燃气公司的工作人员。那一刻，我仿佛看到了知识的力量，也看到了自己未来的方向。

> **职业指南·家长选读**
>
> **性格探索**
>
> 燃气行业对于具有环保意识、对技术感兴趣、追求稳定性以及细心、有创新意识、善于沟通协调等性格特征的人来说是一个具有吸引力的领域。当然，每个人的兴趣和性格特征都是独特的，因此在选择职业时还需要结合自身的实际情况进行综合考虑。

从那以后，我更加坚定了成为城市"修复师"的梦想。我渴望用自己的双手，为这座城市带来便利与美好，让每一个细微之处都闪耀着人性的光辉。我知道，前路或许依旧漫长且充满挑战，但我相信，只要心中有光，脚下就有路。而我，正一步步向着那个更加优秀的自己迈进。

工作时期

在一线燃气工作中，我不断成长，创新技术，提升效率，积极排查安全隐患，耐心劝解业主配合拆违，确保燃气安全。这些经历让我深感责任重大，也收获了诸多荣誉。未来，我将继续为燃气事业贡献自己的力量。

我在2010年正式成为了一名光荣的中国共产党党员。那一刻，我深知肩上的责任与使命更加重大，它不仅仅是个人的荣誉，更是对人民、对社会的一份庄严承诺。身份的转变，让我内心涌动着一股前所未有的动力，我告诉自己，要更加主动地服务群众，用实际行动践行党的宗旨。

次年，我踏入了北京市燃气集团有限责任公司的大门，成为一名一线职工。这里，是我职业生涯的新起点，也是我专业技能提升和成长的摇篮。我从基础的管线运行学起，跟随经验丰富的老师傅，穿梭在通州区的大街小巷，用双脚丈量着这片土地，用心记录着每一个站箱、闸井的位置。为了方便记忆，我边工作边在手机地图上标记，加班加点，手绘图纸，直到那些复杂的管线布局在我心中形成了一张清晰的地图。

在日复一日的工作中，我逐渐意识到，仅仅掌握基本操作是远远不够的。我开始带着思考去学习，尝试着将现代科技融入传统工作中。我向公司提出了利用手机CAD迷你看图软件绘制燃气设备设施图的建议，这一创新不仅实现了图档的随时查看，大大提高了工作效率，也为新入职的同事提供极大的便利。我的这一建议最终荣获了公司合理化建议一等奖，这对我来说，既是鼓励也是鞭策。

随着燃气事业的不断发展，管线建设日益增多，但随之而来的违章占压问题也愈发严重。面对这一挑战，我主动请缨，参与到了安全隐患大排查的工作中。我制订了详细的工作计划，对地下管线、闸井、调压站箱等重要燃气设备设施进行了全覆盖式的检测排查。同时，我还积极联合街道安监执法队、城市管理执法队等部门，深入隐患现场，对重大危险源和小区内燃气管线进行专项巡检。

在拆违工作中，我遇到了不少困难和挑战。违章建筑往往涉及业主的切身利益，他们往往不愿意轻易配合拆除。但我深知，作为一名燃气行业的职工，保障燃气安全、维护人民群众生命财产安全是我的职责所在。我耐心地向业主讲解燃气安全知识，用实际案例说明违章占压的危害性，甚至不惜牺牲个人休息时间，反复沟通、劝解。最终，在我的不懈努力下，大多数业主都被我的诚意和专业所打动，同意配合拆除违章建筑，有效消除了安全隐患。

这段经历让我深刻体会到了职业成就背后的艰辛与不易。它不仅仅是专业技能的提升和荣誉的获得，更是对自我价值的实现和对社会责任的担当。我深知，未来的路还很长，我将继续以一名共产党员的标准严格要求自己，不断学习、不断进步，为燃气事业的发展贡献自己的力量。

在职校的学习与实践中，我深刻感受到了这段经历对我职业生涯的深远影响与不可磨灭的印记。它不仅为我铺设了一条通往专业技能领域的坚实道路，更在心灵深处种下了自我认知、责任感与持续学习的种子。

> **职业指南·家长选读**
>
> **职业上升路径**
>
> 燃气运维工需要密切关注行业动态和技术发展，不断提升自己的专业知识和技能水平。同时，还需要注重培养自己的沟通能力、协作能力和领导力等软技能，以适应不同职位和角色的要求。燃气运维工的职业上升路径是一个从技能提升到职责扩大，再到职业转型的逐步发展的过程。在这个过程中，需要保持积极的学习态度，不断提升自己的综合素质和能力水平。

看看自己有哪些能力潜质，对照核心能力模型，这样你的未来之路就更有针对性。

核心能力模型

项目	要求
学科能力	数学、物理、化学、信息技术等
基础能力	持续学习能力、动手操作能力、安全合规意识
社会能力	沟通能力、团队协作能力、领导力、社会责任感

工作后需要的职业类证书

根据工作需要和个人发展规划，考取相关的职业资格证书，如燃气经营企业从业人员专业培训考核合格证书、燃气储运工证、注册安全工程师执业资格证书等。

进修学习路径

专升本，进修学习专业：建筑环境与能源工程、城市设施智慧管理、建筑环境与能源应用工程、新能源科学与工程。

主要就业方向

进入燃气公司、燃气工程施工企业、燃气器具生产企业等，从事燃气系统的运行、维护和保养，燃气管道的施工、安装和调试，燃气工程的设计与规划，燃气储运和运输，以及燃气用户服务与安全管理等工作。

主要专业能力

（1）具有燃气设备维护与管理的能力，掌握设备故障的诊断与排除技巧，快速响应并解决设备故障。

（2）熟悉燃气泄漏检测、应急处理及事故预防的方法，能够迅速应对突发情况；定期进行安全培训和演练，提高安全意识和应急处理能力。

（3）具有学习新技术、新工艺和新设备应用的能力。

（4）具有数据分析与问题解决的能力，能够收集、整理和分析燃气系统的运行数据，识别潜在的问题和风险；运用专业知识和经验，制订有效的解决方案，优化系统运行效率。

（5）具有良好的沟通与协调的能力，与团队成员、上级领导及外部合作伙伴保持良好的沟通，并能协调解决工作中遇到的问题和冲突。

（6）熟悉并遵守国家及地方关于燃气行业的法律法规、标准和规范，定期对燃气系统进行合规性检查，确保系统合法合规运行。

撰稿人：张子建　冯宝晶

张 鹏

职　　业："爱森创艺"创始人
毕业学校、专业：重庆工业职业技术学院、建筑工程技术专业
从业时间：2 年

退伍不褪色，

军人的称号是我一生的荣耀，

无论在军营、家庭还是创业路上，

坚韧不拔、自强不息的品质都是我一生的财富。

让绿水青山变成夜间的金山银山

我叫张鹏，既是一名大学生创业者，也是一名退役军人。我把最好的岁月献给了国防事业，曾担任新兵班长，带领集体荣立三等功，荣获"优秀士兵"称号，当选部队军代表。退役后脱下戎装再出发，我进入大学学习，创立"爱森创艺"，两年来累计营收 2900 多万元，直接带动 416 人就业，间接带动 1035 人就业，其中解决退伍军人就业 16 人，解决应届毕业生就业 32 人，为广大自谋职业的退伍军人探索了一条自强不息、永葆军人本色的创业之路。

我想，我的故事呈现的意义在于突破年龄、专业的桎梏，做一个不断创新的人。

高中时期

我生于 20 世纪 80 年代的重庆市贫困山区——忠县，家乡的贫穷、家境的窘迫，让我更加向往课本上"山那边的风景"。走出山区、养家糊口的想法，促使我跨出了成长的第一步。

我就读于重庆市忠县汝溪中学，我的学校在忠县、梁平、万州三县的交界处。我从小对建筑工程就很感兴趣，院坝旁边的土堆就是我的施工场地，用生锈的刀片在土堆上划出

一条条盘旋的山路、凿出一个个简陋的山洞、装饰一片片城市的风景……我想，这就是我的初心。但是，俗话说：穷人的孩子早当家。一直缠绕在我心头的问题就是：如何养家？学一门什么手艺才能养活这个家？

那时，"绿军装、大红花""白大褂"是社会最热门的职业。村里有一个医务室，只有一名赤脚医生，什么疑难杂症都靠他。医生，一个崇高的职业，救死扶伤；一个不可或缺的职业，"铁饭碗走到哪都不会饿死"；一个家乡最需要的职业，山区看病难……于是，成为一名军医的种子在我心中慢慢萌芽。高中时期，我坚定不移地选择了理科，认真学习生物学、化学，努力夯实自己的基础知识；同时，不断锻炼自己吃苦耐劳的精神。在高考结束时，我毅然决然地选择报考了第三军医大学成都军医学院。很幸运，我被第三军医大学成都军医学院临床系录取了。

高职时期

军医学院的学习生涯，让我燃起了要到祖国最需要的地方去的信念。

在第三军医大学成都军医学院学习期间，每天6点，当起床号响彻整个学校时，我和战友们便迅速起床，快速穿戴好后就开始集合出操。出操归来便迅速整理寝室内务，在规定的时间内吃完早餐后，又马上投入新的训练。除了体能训练，我还需要大量地学习各种知识。在经历最开始的新鲜感后，部队严谨的作风、严格的管理、严酷的训练、严明的纪律以及每天如一的训练和学习，难免会让人觉得单调和枯燥。每当这时，我都会想起父母在农忙时便会下地插秧种苗，农闲时就到镇上打小工，虽然皮肤被晒得黑黢黢的，深深的皱纹也爬上了面颊，但他们从未觉得苦。同时，自小父亲就告诉我，男子汉要不怕苦、不怕累，只要认真做好每件事情，时间和汗水总会给我们回报。想起这些，我就会完完全全地沉下心来，像一块海绵般努力地吸收我所能接触到的一切知识。

2001年，我选择穿上军装，到新疆伊犁武警某部队服役。

进入军营，在经过第一次的训练后，我才算是真正明白了自己将要面对的部队生活是什么样子的。不懂就学，不行就练，我积极地向战友们学习，并虚心向他们请教。正是这样，我迅速地融入军营生活，完全沉浸在每一天的训练与学习中。汗水与时间不会辜负每一个有心人，两年的军旅生涯，让我收获满满。在部队两年，因为专业技术过硬，我曾获得"2002年度优秀士兵"并当选为所在部队军代表。

2003年，我从新疆武警部队退伍后，主动放弃了国家

职业指南·家长选读

建筑工程技术专业需要的知识结构

1. 理工科。对物理、数学有一定的要求，还要有相应的制图和设计能力。
2. 兴趣驱动。喜欢动手制作，对力学和结构设计感兴趣，并勇于付诸实践的孩子，更易保持对专业的热爱，更能胜任以后的工作。

分配工作的机会，选择自谋职业、自主创业。最初做了工程承包，先后参与了重庆观音桥步行街景观工程、山东莱芜湖大汾河公园项目等 20 多个工程项目，考取了市政工程师资格证；随后又涉足文旅设计和艺术造景领域，经过十余年的辛勤打拼，积累了过硬的专业知识、丰富的创业经验和景区资源。为了学习更多的建筑与施工知识，2019 年我通过高职扩招进入重庆工业职业技术学院建筑工程技术专业学习，并创立了"爱森创艺"，结识了有创业意愿的优秀学子，组建了优秀的团队，我立志带领公司实现远大的目标愿景，在追求自身梦想的同时，更好地为社会建设服务。

工作时期

我的创业梦想就是要用新型的园林发展理念保护生态环境的发展，把自然美与人工美、科技美相结合，创作出超越传统舞台效果的、具备全球领先水平的夜游作品，打造属于自己的独立 IP 和品牌，用光影科技讲述中国故事、宣传中国文化、带动群众增收，为中国旅游事业的发展增光添彩。

（一）紧抓机遇，确立目标

重庆，一座举世闻名的山城，四面环山，江水回绕。在很多人眼里，这里是一个休闲游玩的旅游胜地，但在我这个 80 后创业者的眼中，这里就是自己的根，是追逐创业梦想的地方。通过对全国多个省市旅游景区的走访调查，我发现旅游业存在许多问题，比如旅游开发与环境保护的矛盾，景区旅游项目单调，文化性、休闲性和科技感不足，"一日游""过境游"情况普遍。同时我了解到在全国两万多家旅游景区中，真正的夜游景区不足 10%，我看到了夜间旅游项目的投资前景，把创业目标对准了夜游项目的开发。

重庆工业职业技术学院给予了我大力支持，不仅为我提供了免费的创业场地，还帮助我组建了一支"行业大师＋校园精英"的实力团队，来自环境与艺术设计、电气自动化、市场营销等专业的十余名优秀学生加入了我的创业团队。学校还安排了专业教师、创业导师为公司运营、文创设计等给予指导。

（二）夜游行业大有可为

我创办的"爱森创艺"是一家创新的文旅科技公司，和许多国内外实力派公司建立了长期合作关系。经过前期不断的设计打磨，团队在重庆江津四面山打造了首个"四面奇缘互动光影乐园"项目，从设计到落地投入运营不到半年时间，开创了"情景体验＋实景演

职业指南·家长选读

职业探索

在当今竞争激烈的市场环境中，初创公司要想取得成功，不仅需要优秀的领导，还需要一个高效的团队。一个好的团队成员应该具备与企业目标相符的能力和素质，同时也要有强烈的责任心和团队精神。为此，公司需要从选拔人才、培养人才、激励机制、团队文化和社会责任 5 个方面入手。

职业指南·家长选读

性格探索

在创业路上，抓住机遇与将其执行落地是成就人生的两个关键因素。我们需要时刻保持敏锐度，善于发现市场需求，果断决策，迅速行动；同时，也要敢于尝试，拼搏进取，与团队共同协作。只有这样，我们才能在竞争激烈的市场中脱颖而出，实现自己的创业梦想。

绎"的全新夜游类型，并带动景区增收 2000 万元，获人民网、搜狐网等多家媒体争相报道，游客反响也特别好。首个项目的成功迅速帮助公司在业内打开市场，公司陆续与贵州千户苗寨、贵州黄果树瀑布等 10 多个景区达成合作。

（三）创业大赛助推发展

为了推动公司进一步发展，我和团队伙伴在学校的支持下开始参加各类创新创业大赛。一次次项目的路演展示，一次次企业专家的倾心指导，帮助我和团队不断梳理公司的发展规划，厘清思路，坚定了团队要做顶尖的文旅科技公司的信心。从第十二届"挑战杯"中国大学生创业计划竞赛重庆赛区铜奖、第六届中国国际"互联网+"大赛重庆赛区金奖，到第四届中华职业教育创新创业大赛全国一等奖，一次比赛就是一次成长，而比成绩和荣誉更重要的，是比赛赋予我敢闯敢拼的创业者精神，是在艰苦奋斗中锤炼出的意志品质。

参加创业大赛也帮助公司获得了更多媒体和同行的关注，积累了更多的发展资源。我迅速将公司项目推广到全国各地，为深圳、杭州等多个城市打造了网红打卡点来拉动夜间旅游。公司还将服务延伸到欧洲的一些城市，成功斩获布加勒斯特等多个国际灯光节金奖。

我的建筑工程师梦想虽然没有一步到位，但是我的丰富的职业生涯，让我更有勇气秉持初心，创新我的人生。

看看自己有哪些能力潜质，对照核心能力模型，这样你的未来之路就更有针对性。

核心能力模型

项目	要求
学科能力	数学、生物学、化学等
基础能力	语言表达能力、自我认知能力、人际交往能力
社会能力	团队协作及管理能力、组织协调能力、适应社会能力、抗压能力、社会责任感

工作后需要的职业类证书

建造师、造价工程师，建筑工程识图、建筑信息模型（BIM）、建筑工程施工工艺实施与管理等。

进修学习路径

专升本，进修学习专业：建筑工程、智能建造工程、城市地下工程、建筑智能检测与修复、建设工程管理、土木工程、城市地下空间工程、智能建造、智慧建筑与建造。

主要就业方向

面向土木建筑工程技术人员、项目管理工程技术人员等职业，建筑施工与管理等岗位（群）。

主要专业能力

（1）具有识读建筑工程施工图、绘制土建工程竣工图的能力。

（2）具有建筑材料进场验收、保管、检测及应用的能力。

（3）具有施工测量放线和技术复核的能力。

（4）具有一般建筑工程施工计算，判断和分析施工中的一般结构问题，处理施工中的一般技术问题的能力。

（5）具有一般建筑工程施工进度、质量、安全、技术资料、施工成本管理的能力；熟悉并掌握房屋建筑领域相关法律法规。

（6）具有创新能力，能够适应建筑业数字化转型升级。

撰稿人：郑　晓　杨璐溢　张　鹏

施　岳

职　　业：造价管理高级工程师、浙江省政府采购专家库专家
毕业学校、专业：济南工程职业技术学院、工程造价专业
从业时间：15 年

尽管过程很辛苦，
但当我坐在自行车场馆观看亚运选手比赛时，
内心的欣慰、骄傲、自豪感都是无与伦比的。

植根专业职业，杭州亚运场馆建设尽显高职生风采

我叫施岳，是一名造价管理高级工程师。简单来说，我的工作就是跟工地"打交道"，把建筑工程"数字化"。也就是通过造价咨询、成本核算等手段，把每一项工程所需的人工、材料、机械等所有的项目转变为可以度量的数字、数据，而且要确保每一个数据"精准于毫厘之内"。2023 年，我很荣幸参与了杭州亚运会多个保障项目的造价管理工作，并交上了一份满分答卷。

从安装预算员到安装审计工程师，再到成为造价管理高级工程师、参与并顺利完成举世瞩目的亚运会项目，我一步一步走了 15 年。而这，也是跟你分享我的故事的初衷——无论做什么事，都要脚踏实地，稳扎稳打走好每一步。

高中时期

兴趣是人生的驱动力。因为喜欢数学，误打误撞选择了工程造价这个专业；又因为喜欢工程造价，才成就了现在的我。

尽管已经过去了 20 多年，我依然清楚地记着我的中考成绩是 498 分，与理想高中只有两分之差。最终，我成了山东省济南第十一中学重点班的一员，成绩中等偏上。我不太擅长背诵、记忆，文科成绩不够理想；好在我的逻辑思维和思考能力很强，数学成绩一直

都还不错。所以，文理分科时，我毫不犹豫选择了理科。

不过，直到填报高考志愿时，我对自己的人生依然没有清晰的规划。当然，作为一名土生土长的济南人，我很希望自己能有机会迈入山东大学、济南大学的门槛，但事与愿违。在跟几位同学沟通之后，我们一起报考了济南工程职业技术学院工程造价专业，并成功拿到了学院的录取通知书。

为什么要选择这个专业呢？一方面是因为我高考时间是在2005年，当时工程造价还是一个新兴专业，就业压力小；另一方面则是取决于当时的我对工程造价师的浅显认识：这是一个跟数字"打交道"的专业。

真正接触这个专业以后，我惊喜地发现，当初误打误撞的选择竟然如此正确——工程造价涉及的造价咨询、项目预算、成本核算等，全部都是与数字相关。而我，因为喜欢数学，也一步步喜欢上了这个专业，深深爱上了造价管理这项工作。

当时，我也有很多同学对数学这个科目并不"感冒"，甚至"深恶痛绝"。但是，以我自己的经验来看，数学的学习其实很简单，想学好数学只需要记住三个字——多做题。通过不断地练习，反复将所学知识运用到"实战"当中，自然会熟能生巧，取得意外收获。当然，如果有机会让我像电影里一样"穿越"回高中时代，我一定会说服自己在语文以及政史地等文科科目的学习上加把劲。这样的话，在往后的工作中，我能更加清楚地表达自己的想法，也能更好地理解别人的观点。

> **职业指南·家长选读**
>
> **工程造价专业需要的知识结构**
> 1. 理科为主。工程造价与数学密不可分，良好的数学基础是学好专业知识、做好专业工作的基础。
> 2. 兴趣驱动。兴趣是最好的老师，只有把所学所做当成一种兴趣爱好，才会有源源不断的内生动力督促自己不断成长。

高职时期

技术是立身之本，一个人能否成功，不能"唯学历"至上，最关键的是要有一技之长，要精工铸艺。当然，学历是"敲门砖"，面对当下严峻的就业形势，如果有机会，还是要继续深造。

"善德志和，精工铸艺"是我的母校济南工程职业技术学院的校训。我对这句话的理解是，高尚的德行是立身之本，精湛的技艺是立业之基。

一个人的德行决定了他的人生高度，立德修德是一生的事业。那么，在广泛修养德行的同时，如何提升自己的技艺呢？

一方面是专业课程的学习。工程制图、工程管理是工程造价领域最重要的两门课程，它们可以帮助我们看懂工程图纸，了解施工现场的规范、标准。学好这两门课，工作起来会更加游刃有余。求学期间，考虑到自己在学历方面拼不过别人，我就暗下决心：一定要练就过硬的基本功,掌握一技之长。为此,我付出了很大的努力。比如,为了学好工程制图,我常常在下课后跟在老师身后,一遍一遍地请教问题;周六日休息时,也主动报名跟着老师到施工现场去观摩学习。在现场,我拿着自己绘制的图纸,对照着工地实况,在脑海里构建平面、立体、剖面图的概念,一点点体会毫厘之间的区别。

另一方面是实践。学校给我们提供了实践机会。大三下学期,我们开始实习。只有通过实习,走进施工现场,才能熟悉工程建设的全过程、全环节,才能更好地把工程进展的每一步都"数字化",做好造价咨询、成本核算等工作。从学生一下子转换成工作人员,身份的转变让我有些措手不及。但为了做好本职工作,我常常加班加点,也常常在遇到棘手问题时打电话跟老师"求救"。

幸运的是,我的老师们给了我很大支持。每次遇到"疑难杂症",老师们都会一遍一遍地耐心为我答疑、支招儿。我觉得,正是因为老师们不厌其烦地传道授业解惑,才让我得以从一个工程造价的"小白"一步步成长起来,练就了一身过硬的基本功。

当然,伴随着工程造价专业的发展,就业压力也在与日俱增。为了让自己能够在专业领域占据一席之地,我还自考了山东建筑大学工程造价专业,并成功拿到了本科院校的毕业证书。

> **职业指南·家长选读**
>
> **职业探索**
>
> 工程造价是一个不断发展的专业,需要在实践过程中不断学习、不断丰富自己。如果选择这个专业,一定要有自我管理、自我督促、主动学习的能力和意识。

工作时期

毕业时,我给自己定下目标——要成为工程造价领域的专家,并制订了成长规划,一步一步沿着既定方向迈进。

2008年7月,我从济南工程职业技术学院毕业。我给自己定下了成长目标——成为工程造价领域的专家。为此,我从预算员做起,并一步步成长起来。

毕业伊始,我进入一家施工单位做安装预算员。为了对施工现场有更全面的了解,我一个月基本上有25天都在工地上,一点一点摸索,了解施工进度、工艺、流程、环节,以及施工所用的材料、人员、机械等。工地生活是很艰苦的,风吹日晒雨淋不说,晚上只能住在工地板房里,冬冷夏热。有一年冬天,为了盯牢一个室外管网安装工程,我硬生生把自己冻发烧了,挂了好几天水才缓过劲儿来。

后来,我又开始涉足审计工作。审计工作除了对业务水平的要求之外,也考验着一个人的德行。因为双方立场不同,在审计过程中,经常会遇到施工单位因为对审计结果不满而拍桌子的情况。依法合规办事,却得不到理解,最开始我也会觉得很委屈,也掉过眼泪。但是母校"善德志和"的校训让我豁然开朗。作为一名专业人士,坚守原则底线,公平公正做事本身就是"德"的表现。释怀后,我工作起来更加得心应手。

当然，干工作不能一味埋头苦干，还要不断学习、不断提升自己的能力。参加工作以来，我也给自己制订了详细的学习计划，利用业余时间抓紧自学。2014年，我考取了二级注册建造师；2015年，我考取了一级注册建造师；2017年，我参加山东省工程造价技能大赛，并在数千名参赛选手中脱颖而出，拿到了济南市的第一名，由此获评"济南市五一劳动奖章"；2022年，我取得造价管理高级工程师资格……

持续不断地学习，让我在专业领域快速成长，也助力我获得了更好的发展平台。2018年，得知亚运会要在杭州举办，我义无反顾地来到了杭州千岛湖。当时，公司刚刚成立，我几乎是"一人一部门"。单打独斗的状态持续了将近一年，遇到工作任务比较重时，加班到凌晨成了家常便饭。不过，这对我来说并不是最难的。2022年，我们"遭遇"了"330攻坚战"，要在3月30日之前确保亚运保障物资全部进场。当时，一系列难题摆在眼前，我急得像一只热锅上的蚂蚁，嘴上起泡、脸上起痘。

怎么办？经过一番深思熟虑，项目攻坚大会召开当天，我连夜"打飞的"赶到广东，到各个供应商处协调、调度。历时半个月，我保障了木门和固装家具按时完成生产、如期进场。同样的，在浙江金华、永康等地，我也如法炮制，寸步不离盯现场、积极沟通保运输，确保了4万余件亚运保障物资按时进场。

伴随着杭州亚运会的如期开幕，我的工作也画上了一个完美的句号。凭借精湛的专业技术和创新的工作方法，我成功为企业节约资金投入超2亿元，实现节资率达10%，创造了显著的经济效益，也因此获评第三届"千岛湖工匠"。2023年，我还被认定为杭州市E类高层次人才，并入选浙江省政府采购专家库专家、2024年度造价师培训讲师。

职业指南·家长选读
价值观探索 　　工程造价师的工作并不是坐在办公室里"打打算盘"，而是酸甜苦辣咸并存。比如，要在工地风餐露宿，要承受不被理解的委屈，要有很强的抗压能力和协调能力等。只有吃得苦中苦，才能体会到这份职业带来的甜。工程造价师工作如此，其他任何职业也都如此。在选择某一个专业、某一个职业之前，一定要有所规划，做好长远打算，一旦选择就要坚定地走下去。

这就是我的职业故事，没有轰轰烈烈的大事，但每一次进步、每一次成长都是我用扎扎实实的基本功一点一点积累而来的。不积跬步，无以至千里；不积小流，无以成江海。想要在某一个领域内发光发热，一定要认准方向，坚持不懈地向前走，向前走……

看看自己有哪些能力潜质，对照核心能力模型，这样你的未来之路就更有针对性。

核心能力模型

项目	要求
学科能力	数学、信息技术等
基础能力	数学逻辑能力、视觉空间能力、自我认知能力、人际交往能力
社会能力	良好的沟通和协调能力、表达能力、抗压能力、社会责任感

工作后需要的职业类证书

建造师、造价工程师、监理工程师。

进修学习路径

专升本,进修学习专业:工程造价、工程管理、建设工程管理。

主要就业方向

面向工程造价工程技术人员等职业,从事工程造价确定、工程造价控制等工作。

主要专业能力

(1)具有建筑施工图纸的绘制及识读的能力。

(2)具有算量软件、计价软件的使用能力。

(3)掌握工程量计算规则、计价规范。

(4)具有对人工、材料、机械的市场价格分析与计算的能力。

(5)具有编制工程量清单、招标控制价和投标报价的能力,具有参与编制招标文件、投标文件和拟定施工合同的能力。

(6)具有分析和解决工程造价确定和控制实际问题的能力。

(7)熟悉施工现场并具有实际管理与解决问题的能力。

撰稿人:张红明　吴新华　部宗娜　施　岳

吴凌燕

职　　业：浙江三丰建设集团有限公司、总师办副主任
　　　　　（技术中心主任）
职　　称：正高级工程师
毕业学校、专业：浙江建设职业技术学院、工程施工监理
　　　　　专业
从业时间：19年

从工地"小白"到技术专家，

我不断迎接机遇与挑战，享受胜利的喜悦。

犯错也是一种成长，我就是在错误中不断修正自己，

幸运女神只会眷顾勇敢坚持的人，我想我很幸运！

我是一朵"工地玫瑰"

我叫吴凌燕，目前在浙江三丰建设集团有限公司担任总师办副主任兼技术中心主任一职，负责施工技术推广实施工作。作为施工技术人员肯定离不开施工现场，刚离开校园，我就来到工地上学习、工作，先后从事施工放样、材料检验、安全质检、资料整理、档案归档等基础工作。8年的施工现场一线作业，让我感受到建筑行业的挑战和魅力。从工地"小白"逐渐成长为施工技术的专家，这个过程充满了辛苦和付出，但也给我带来了无尽的满足感。正因为从事建筑行业，我得以将自己的才华和热情发挥到极致，为每一个建筑工程注入自己的智慧和心血。

如今，因为企业技术攻关和新工艺、新技术的科研创新，我依然会每天穿梭在这片由钢筋混凝土雕塑而成的"树林"里，希望我的故事能够对你的未来有所启发。

中专时期

对于无背景、无家底的我来说，读中专或许是一条可以快速通向未来美好生活的捷径。然而，中专毕业面临的择业让我抗拒且慌乱，希望等到自己更加强大一点时再面对世

界。幸运的是，在中专毕业前一年，偶然得知我可以参加高考，于是转专业后我用一年的时间学完3年课程，半路出家的我，比别人付出更多的努力。

我出生在浙江湖州太湖边的一个小乡村，村里的人除了以务农为生外，大部分人都围绕着童装生产做点小营生。在20世纪90年代农村老百姓的眼里，高学历文凭不是重不重要的一张纸，而是难以逾越的一座山峰。对于无背景、无家底的我来说，读中专或许是一条可以快速通向未来美好生活的捷径。

中专时，我选了当时比较热门的环保专业。新的学习环境让我对什么都充满好奇。在老师和同学们的眼里，我的性格热情活泼，容易相处。我能感受到大家对我的喜爱，并很快当选了班里的学习委员和学校中专部学生会的文体部长。学生干部的角色让我产生了微妙的心理变化，我更加注重自己的言行举止，懂得在同学之间有了矛盾时牺牲和忍让，愿意为班里的事情担负责任。正如学校一位农林专业的老教授形容我："17岁的青年走路时带起来的风都是自信的。"

时间过得很快，高二年级即将结束，马上面临实习工作。说实话，对于就要进入社会工作，我的内心即抗拒又慌乱。并不是害怕自己不能胜任工作，只是不甘心就这样终止校园生活。我希望等到自己更加强大一点时再去面对这个世界。

毕业前一年事情迎来转机。班主任告诉我，我有机会参加高考，但是我能定向报考的专业中没有环保专业，必须要转专业。同时，我需要在剩余一年的时间学完其他专业3年的知识。我不假思索地报名了，但选专业又让我犯了难，显然，这个问题也超出了农村父母的知识范畴。幸运的是，那位说我走路带风的老教授结合我的学习情况，帮我分析了未来的就业形势。我最终选择了土木建筑类专业。因为这个专业有结构力学、建筑制图等专业性较强的科目，所以作为半路出家的我，比别人付出了更多的努力。我也一直坚信，上天总是会眷顾辛勤付出的人。

> **职业指南·家长选读**
>
> **工程施工监理专业需要的知识结构**
> 1. 理工科。对物理学科的要求较高。
> 2. 兴趣驱动。空间感知、仪器操作、沟通交流能力要强。掌握建筑基本理论并进行实际应用，有助于从业者快速胜任工作且有良好发展。

高职时期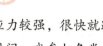

土木大类专业的学生大多都是男生，因为我适应力较强，很快就跟他们打成一片。在学习上，我成绩名列前茅，年年都拿奖学金；课余时间，我参加各类社团和实践活动，勤工俭学贴补生活费；大学3年，担任过系团总支书记，让自己的能力得到了充分的锻炼和提升。

2001年夏天，我顺利考入了在浙江省建筑行业颇有名气的浙江建设职业技术学院，专业是工程施工监理。入学后我才发现，全班44人中只有7名女同学，系里土木大类专业招收的大多都是男生,这让女同学们难以快速适应学习和生活,但我天生"随遇而安",适应能力较强,很快便消除了男女生之间的顾虑。那时候,除了学习理论课程之外,还有许多动手操作的实训课程,这也是学校办学的优势和特色。我会在烈日炎炎下扛着全站仪、水准仪等仪器设备,跟男同学配合进行测绘实训;也能在砌墙抹灰、绑扎钢筋等实训课上与男生"一较高下",当时颇有一番"巾帼不让须眉"的感觉。

大学的学习环境与中专不同,更加开放和自由。在学习上,我基本都能做到最早到教室上课,对于专业课的疑点和难点,总是围着老师请他帮我解答。因此,我每学期的期末考试成绩都在班里名列前茅,每年都能拿到学校的奖学金。学习之余,我积极参加各类社团和实践活动,周末若有空余时间也会去做一些勤工俭学的工作,贴补生活费的同时也可以拓宽自己的眼界和知识面。大学3年时间里,我除了担任过班干部外,还承担了系团总支书记等工作。我经常组织同学们开展学生活动,带领系里同学共同提升和发展。这段难得的经历充分锻炼了我的组织协调能力、领导能力,让我学会了如何与老师和同学们进行有效沟通,培养了自己的团队合作意识和责任感。

> **职业指南·家长选读**
>
> **性格探索和职业探索**
>
> 这是个要求工匠精神的职业,孩子最好性格活泼外向、喜欢钻研,做事情追求完美。这一行要从掌握建筑施工的理论基础和实际操作能力入手,关键在于施工现场工作的日积月累,过程是较为艰辛的,但使命是无上光荣的,需要孩子有内在的兴趣,有渴望为社会做贡献的动力,不怕吃苦,用心琢磨。

工作时期

我认为在人生的道路上犯错也是一种成长,必须让犯错变得有价值,我就是在错误中不断修正自己。作为一名女技术员,在工地上管质量并没有那么简单,我遇到了不少质疑的目光,但有时候蛮横和威信之间就差一个能拿出手的实力。在自己的不断努力下,我评上了高级工程师职称,被授予了"个人杭州市五一劳动奖章(个人)"称号。

(一)工地"小白"面临挑战

2004年暑期,我以优异的成绩从学校毕业。那时的建筑业市场处于一个发展高峰期,应届毕业生供不应求。我的实训课老师将我作为优秀毕业生推荐给一家施工企业,工作地点在项目施工现场,并且吃住都在工地。我在因获得工作而喜悦的同时,又在心里犯嘀咕。可以预见的是,职业发展的开端我就要迎接挑战:第一,我是一名女生,与一大群老爷们儿在工地上生活和工作,总有诸多不便;第二,工地上的工作节奏完全跟随施工工期而定,没有国家的法定节假日,没有周末,有时候甚至一个月只能休息两天;第三,也是最重要的一点,我的带教师傅因重病请假回家休养,刚实习一周的我,就这样代替她成为一名工地技术资料员。

既然遇到了挑战,那便勇敢迎难而上!工地生活跟大学生活类似,我很快便跟男同事们和谐相处，大家也很体谅我这名工地"小花"，在吃饭、休息时都会照顾我。适应工地上工作的节奏后，周末、节假日似乎也没有那么重要了。相反，我可以在别人花钱消费的时候省下一笔开支，在别人工作的时候我可以享受片刻清闲。至于资料员工作，我刚开始可以说毫无头绪，每天像无头苍蝇似地乱撞，前两个月完全焦头烂额，屡屡出错，导致监理单位工程师不断让我们返工重做。非常幸运的是，我的项目经理是个通情达理的人，他并没有在我出错时责怪我，而是在一些重要的工期节点对我进行提醒。我想，这应该就是俗话说的"万事开头难"。

我跌跌撞撞地开启了自己的职业生涯，虽然断断续续犯了不少错，但是我认为在人生的道路上犯错也是一种成长。我努力让犯错变得有价值，在错误中不断修正自己，使自己成长。为了提高自己的业务能力、扩展知识面，我会主动向工地上的施工员请教问题，甚至跑到旁边的工地上，向他们的资料员请教专业问题。我继续坚持每天起早贪黑跟着施工员测量、放样，裤子和鞋子上永远都是洗不掉的弹线墨汁；也曾在冬天体验过基坑中的寒冷刺骨。一有时间，我就见缝插针地做技术资料和安全台账，遇上浇筑混凝土还要自己做试块，完成送样送检工作。我清楚地记得，有一年夏天，我穿过基础底板密密麻麻的钢筋去取样，夏日中午的太阳把钢筋网炙烤得滚烫，我走在上面就像烧烤架上的烤肉，鞋底吱吱冒烟。完成一天的工作后，晚上回到宿舍，我继续熟悉图纸，学习规范，恶补专业知识。我深刻体会到"书到用时方恨少"，学校里所学的知识虽然让我对施工现场的工作有了概念性的认识，但是还需要深入地了解和实践。

就这样，我跟着团队经历了完整的一个工程项目，对工程的基本框架、施工工序都有了了解，技术资料的整理思路也很清晰，应对一些常规的检查也能游刃有余。2006年，我参加了成人高考，并被浙江大学土木工程管理专业录取。两年后，我取得了本科学历。薄薄一纸文凭看似无足轻重，但是在一名项目现场管理人员的职业发展历程中还是很重要的，总有一些有经验的施工员因缺乏本科学历而错失申报高级工程师的资格。

（二）工地"小白"获得认可

没过多久，我已经是一名熟练的技术资料员，看着一座座高楼大厦建成和交付使用，有一种莫名的职业获得感，内心充满骄傲。慢慢地，我开始带教资料员徒弟，还在质检员、现场技术助理等岗位轮换，主要负责现场工程质量跟踪、施工变更跟踪、施工方案编制等技术工作，这些都为我今后走上技术管理岗位打下坚实的基础。

作为一名女技术员，在工地上管质量并没有那么简单。我遇到了不少质疑的目光，有的工人认为女性不适合参与工地施工管理，认为女性不具备足够的体力和技术能力，无法胜任这样的职责，更不用说领导指挥他们了。显然，要想改变他们的看法并获得尊重，我必须通过努力工作来证明自己。这期间，我考取了注册一级建造师证、安全员证、质量员证等施工单位所需要的各类岗位证书，从而在理论层面树立自己的主导地位，而后发生的一个小插曲更加增强了我的自信。

有一次，我和同事去检查现场抹灰的质量。按施工规范要求，在抹灰施工前需先在墙上制作灰饼和冲筋来控制抹灰的厚度。然而，那位工人没有做灰饼就直接进行了粉刷。从技术上来说，粉刷的厚度直接影响后期是否会出现空鼓等问题。当时我制止了他，要求他必须按要求施工。他看我只是个二十几岁的小姑娘，根本不屑搭理我，还耍赖说不会做，还让我示范给他看。我心想这真是正中下怀，这活儿我在学校实训课就学过了。我二话不说就上手示范，虽然不是很娴熟，但是大概的定位和样子都能做出来。工人看完后惊讶不已，不敢相信我这么一个女孩子真能做上去，连连夸我能干，还保证后面都会好好做。这个事后来在项目部传开了，我去现场的时候明显得到了更多的尊重和配合。有时候，蛮横和威信之间就差一个能拿出手的实力。因在专业技术及生产管理上的表现，我先后被公司评为"优秀项目管理人员""优秀部门管理人员""优秀科技工作者"。

（三）工地玫瑰盛开绽放

2011年，我作为公司工程线为数不多拥有多年施工一线经验的年轻人，被总公司召回工程部总师办技术中心，负责公司所属在建项目的技术资料管理和创优创杯工作。创优创杯工作包含了技术创新、民工学校、绿色施工、应用示范工程等多项内容。我比同办公室的人更了解施工现场，而且与大部分项目部的同事都熟悉，工作开展相对顺利，工作表现一直以来都受到领导的赞赏和认可。对于领导交办的任务，我总是能够准确理解其意图，并通过自己的协调和努力，超预期地完成。经过一段时间的努力，我逐渐获得了公司领导的信任和支持。他们开始将更多的责任和挑战交给我，并且给予我更大的自主权。通过自己的努力和付出，我逐渐成为工程部的核心人员。

在专业技术科研成果方面，我不仅指导多个QC小组课题获得全国质量管理小组活动成果一等奖，申报了多项建筑业新技术应用示范工程，还参与了公司《废橡胶粉与磷石膏联合改良膨胀土地基施工工法》《夯扩载体劲芯桩多元复合地基施工工法》等多个省级工法和多项省级科研项目的研究工作。此外，我还参与申报了公司的"一种抗滑锚固桩结构""一种软土地基共同沟侧壁施工结构"等多项发明专利和实用新型专利，我还在《城市建设理论研究》《建筑科技与管理》等行业期刊上发表多篇专业论文。

在创优创杯工作方面，我多年来为公司申报并取得了杭州市"西湖杯"优质工程奖、浙江省建筑安全文明施工标准化工地、浙江省"钱江杯"优质工程奖、华东地区优质工程奖等省市级几十项工程类专业奖项。与此同时，我主持推行了公司管理体系标准化建设工作，在团队的配合努力下，公司质量、职业健康与安全、环境（QEO）三合一管理体系有效运行并持续更新改进。

我和同事们通过创新努力，提高了建筑工地上的施工效率和质量，缩短了工期，减少了资源消耗和浪费，为工程施工创造了更有利的条件，也为企业取得了更好的经济效益，

职业指南·家长选读

职业上升路径

这一行业的职业上升路径分为两个方面。一是通过技术职称进行提升，施工现场成长最快的肯定是擅长运用技术和解决问题的人，通过积累工程经验，掌握新技术、新工艺，对个人的技术能力、职称进行提升，如由监理员提升为监理工程师、企业总监，这些与个人业绩、科研水平等都分不开；二是通过管理能力进行提升，企业里有从事技术工作的人员，也有从事行政管理的人员，管理职级提升也是一种职业发展的方式，也需要一步步从基层管理人员做起，用良好的管理能力为自己赢得晋升机会。

进一步推动建筑行业向智能化和可持续化发展。2018年，我评上了高级工程师职称，同年被授予"杭州市五一劳动奖章（个人）"称号，随之而来的还有杭州市建委及各行业协会向我发出的聘请，还收到了各类专业领域评审专家库专家的邀请，我的母校也聘请我为学校就业创业导师，不定期地回学校给学弟学妹们分享专业知识和我的成长经验。2022年，我牵头成立了公司劳模工匠创新工作室，凝聚公司技术型人才，加强研发团队的力量，并根据市场需求和技术趋势，结合公司的实际情况，制订了一系列新的技术目标和研发计划。平时我也利用休息时间准备课件，进行员工专业知识培训，提升员工的技术水平和创新意识。

以前我觉得我是一个幸运儿，能够获得同事、公司、社会的认可，现在我渐渐明白，幸运只是一时的，真正决定命运的还是自己的努力和勇气。幸运女神只会眷顾勇敢坚持的人，并不会纵容那些一味等待机遇而不付出努力的人。这一路上，我感受到了汗水与泪水的洗礼，也体验到了付出带来的收获。未来的道路充满了挑战，我愿意用自己的双手创造未来，去实现更多的梦想。我坚信，任何一个人在坚持中努力，幸运女神会一直伴随着他，为他带去能量和自信，只要保持勇敢向前的姿态，一定能够开创出自己独特的人生篇章。

看看自己有哪些能力潜质，对照核心能力模型，这样你的未来之路就更有针对性。

核心能力模型

项目	要求
学科能力	物理、数学、化学、地理等
基础能力	自我认知能力、空间思维能力、沟通交流能力、数学逻辑能力
社会能力	团队协作能力、组织协调能力、社会适应能力、社会责任感

工作后需要的职业类证书

监理员、施工员、测量员、安全员等基础岗位证书，监理工程师。

进修学习路径

专升本，进修学习专业：建设工程管理、建筑工程、工程造价、智能建造工程、工程管理、土木工程、智慧建筑与建造。

主要就业方向

面向建设监理企业、施工企业、房地产开发企业、设计单位、事业单位的基建部门等，从事生产一线相关岗位的技术及管理工作。

主要专业能力

（1）具有施工策划能力、参与进度控制的能力。

（2）具有对建筑工程进行施工质量和施工安全检查的能力。

（3）具有合同管理、投资控制的能力。

（4）具有参与编制监理工作文件和管理工程资料的能力。

（5）掌握建筑施工新材料、新工艺、新技术的相关信息。

（6）熟悉制图、力学、测量、材料、构造、结构、施工技术、建设工程监理与相关法律法规等方面的专业基础理论知识。

撰稿人：蒋一凡　吴凌燕

莫建英

职　　　业：桂林水文中心副主任、三级调研员
职　　　称：工程师
毕业学校、专业：广西水利电力职业技术学院（原广西水
　　　　　　　电学校）、水政水文水资源专业
从业时间：21 年

身为水文人，就要耐得住寂寞，守得住清贫。
把脉江河湖海，服务基层水利，保障人民的生命安全。
这是我工作最大的意义。

我是江河把脉人

我叫莫建英，我的工作是给江河湖海"把脉"。当江河湖海健康时，我坚守在水文站，用严谨的态度对待每一个数据的变化；当江河湖海生病时，我依然会守在水文站，实时监测水位的急剧变化，为防洪减灾决策提供一手数据。在千千万万个日夜的坚守后，我获得全国水文勘测技能大赛决赛二等奖、全国水利技能大奖、"全国水利系统先进工作者""广西勤廉先进个人"、全国"人民满意的公务员"等荣誉。我是一个水文人，欢迎走进我的故事。

初中时期

我从小对数字就很敏感，每一个微小的数字变化都让我觉得新奇无比。当时我读的是油麻初中，担任班里的学习委员，在服务同学的同时努力学习。由于从小就对数字十分感兴趣，初中的我更擅长理科，成绩一直保持在年级前10。

从家里到学校的路程有几千米，每天太阳刚刚升起，我就踏上通往学校的路。中午在往返学校的路上，我经常拿着书，一边走一边背书。傍晚，我得先帮家里砍完猪菜，再匆匆忙忙地赶往学校上晚自习。晚自习结束后，我又独自走在回家的路上。那时候，没有便捷的交通工具，在几千米的路上，陪伴我的只有一支手电筒发出的微弱光芒。

我的父母没读过多少书，母亲甚至不识字，他们没办法在学习上给予我指导。我是家里的老大，每天放学回家，当别的孩子在外面嬉戏玩耍时，我便一头扎进琐碎的家务中。但我从不认为自己可怜，反而觉得能吃苦是值得骄傲的。在那些忙碌的日子里，我学会了合理安排时间，既要保证学习不落下、不偏科，又要把家务做好。遇到难题时，我不再轻易哭泣，而是冷静思考，寻找解决办法。在当时，考中专是个好选择，我通过努力考上当时区内的重点中专广西水电学校。

> **职业指南·家长选读**
>
> **水政水文水资源专业需要的知识结构**
>
> 1. 理工科。要有一定的数理知识，为后续的专业课程提供基础。
> 2. 兴趣驱动。喜欢探索自然、山川湖泊，对水资源感兴趣，会让孩子更加热爱专业学习，保持对职业的向往。

中专时期

虽然是农村家庭出身，但我一直为梦想而努力，坚信只有知识才能走出大山。

我于1998年来到了广西水电学校学习。当时家里的情况并不乐观，还有两个弟弟在读书，生活的压力如一座大山压在我的心头。每天在食堂吃饭时，我总是小心翼翼地挑选着实惠的饭菜，不敢有丝毫的浪费。尽管生活如此艰苦，但我从未有过放弃的念头，有的只是更强劲的学习动力。课堂上，我全神贯注地听讲，不放过老师讲的每一个知识点，努力学习水文的相关专业知识，夯实专业基础。课后，我利用碎片化时间，不错过任何一个读书背书的机会。我的努力也换来了回报，在班上的成绩一直保持在前7名左右。除了学习外，我还热爱体育运动。校运会的时候，我积极报名参加各种项目。赛场上，我挥洒汗水，为班级的荣誉而拼搏。平时，我也会和同学们一起打球，在运动中释放压力。坚持认真学习与适当运动相结合，提高了我的学习效率。

我不满足于中专的知识水平，想尽办法提升学历，抓住一切能抓住的机会。2004年，在桂林水文站工作时，我参加了河海大学水文水资源管理专业大专函授的学习。2009年，在水文水资源桂林分局工作时，我参加了河海大学水文与水资源工程专业本科函授的学习，成功取得了本科学历。学历提升对我的职业发展起到了重要作用。

> **职业指南·家长选读**
>
> **兴趣探索**
>
> 学历提升是属于自己的无价之宝，可让人终身受益。因此，无论是读普通高校，还是读职业院校，只要自己有一个清晰的目标，瞄准目标不放松，就能向上发展。首先，做好自我定位，认清自己的兴趣，喜欢文科还是理科。其次，明确目标，并评估目标的可行性，把大目标分解成一个个小目标去实现。最后，为实现目标制订详细的时间计划并严格执行。

工作时期

21年如一日，我坚守在水文一线，把最美好的青春年华奉献给江河，让人生价值在为人民服务工作中升华。

（一）女性也能扛起半边天

对我来说，2002年是人生中的一个转折点。20岁的我，从广西水电学校毕业，来到桂林水文站工作。整天埋头在一堆堆枯燥的数据里，默默承受着与亲人分离的痛苦。作为一名女性水文基层负责人，一路走来，我克服了许多别人想不到的困难。为了保护人民生命财产安全，为了能及时准确地给当地政府和防汛抗旱指挥部提供水文数据，我曾在怀着身孕的情况下两次带领水文站的同事冒雨在洪水中抢测洪峰、记录水位。我也曾带领两名同事，用手摇驱动200米横向、20多米纵向距离缆索带动的150千克的铅鱼左右、上下"走动"500米测流。每一次的挑战，我都咬牙坚持，因为我深知自己肩负的责任重大。

一年四季，我都坚守在河边，守望江河、监测河流。这一条条河流成了我生命中不可或缺的一部分。每天，我迎着朝阳来到河边，开始一天的工作。查看水位、监测水质、记录数据，每一个环节都一丝不苟，为经济社会发展和防灾减灾、水污染防治提供准确的水文信息。这里没有繁华的都市喧嚣，只有河水静静流淌的声音。但我知道，我所做的工作意义重大，这是我的使命。同事们都亲切地称我为"女汉子"，我知道，这是对我的一种认可。我会继续坚守在这片土地上，为了河流的安宁，为了人民的幸福，贡献自己的全部力量。

正是我和同事们的执着与默默坚守，桂林水文站先后获得了"广西水文系统文明测站""广西水文系统五好达标站""广西水文系统防汛抗旱先进集体"等荣誉称号。而我自己也先后获得全国水文勘测技能大赛决赛二等奖、全国水利技能大奖、"全国水利系统先进工作者""广西勤廉先进个人"、全国"人民满意的公务员"等荣誉。这些荣誉的背后，是无数个日夜的辛勤付出。我们不畏风雨，不惧艰难，始终坚守在水文监测的岗位上。每一个数据的准确记录，每一次洪峰的成功测报，都凝聚着我们的心血和汗水。我深知，这些荣誉不仅是对我个人的肯定，更是对我们整个团队的激励。

（二）时间是挤出来的

我的第一学历不算高，为练就更好为人民服务的本领，在平时工作中，我千方百计挤出时间学习水文业务知识，掌握水文新技术、新设备的推广应用。2012年，我代表广西参加全国水文勘测工技能大赛。为了赛出好成绩，我将刚满两岁的孩子给家人照管，自己全身心投入到严格的封闭训练中。因为在暴雨中测流，有时候是晚上进行，我经常在没有灯光的情况下，自己练习测流仪器设备组装。经过无数个日日夜夜勤学苦练，我已经从一名普通的技术员成长为一名业务熟练、工作干练的水文专业骨干，成了桂林市技术能手。我在科级岗位上工作10个年

职业指南·家长选读

性格探索

水利行业涉及国家民生工程，每个数据的准确性都至关重要，任何一个小错误都可能导致严重的后果。而水文监测工作往往是重复性的，需要长时间的坚守和等待。这就要求工作人员有足够的耐心，并沉稳冷静，迅速做出正确的判断和处理。因此，除了有强烈的兴趣外，孩子最好有严谨细致、耐心沉稳、吃苦耐劳、责任心强的性格特质。

头,其中 8 个年度考核获得优秀,两次记三等功。我撰写的《桂林(三)水文站输沙率间测分析》《阳朔水文站侧扫雷达在线流量监测系统比测率定成果分析》《桂江流域上下游水量计算方法探讨》等论文在《人民珠江》《广西水利水电》等重要刊物上发表。

(三)从水文站到水文水资源局

2013 年,由于工作业绩突出,我被调往桂林市水文水资源局(现为桂林水文中心)站网监测科工作。我深知,更高的岗位意味着更多的责任,我的肩上的担子变得更重了。桂林市 12 个县的 21 个国家基本水文站、50 多个中小河流水位站、300 多个雨量站的水文监测工作同时摆在面前。我感受到了巨大的压力,但我也明白,这是对我的挑战和考验。

面对全新的工作环境和工作量突然呈指数级增长,我努力寻求更有效的工作方法。我经常跟同事说,万事都要提前做出系统规划,水文监测工作更是如此。"水文工作就是要提前预判、预测,才能最大限度地减少洪水、旱灾给人民群众带来的损失。"这正是水文测报一体化管理改革的迫切要求。

为此,我走访并摸清了桂林 100 多个水文(位)站设备、人员配置等情况,全面整合桂林水文的人力配置,组建成立以中心站为单位的应急监测队。为提高水文应急监测控导能力,我认真总结摸索,在广西全区水文系统率先制订了"桂林水文测报应急联动机制""中心水文站应急驰援机制",明确了中心各科室和各中心水文站驰援条件、任务,为应急测报顺利开展提供了坚实的组织和程序保障;制订了各水文(位)站流量测次布局图,有效提高了水位流量关系定线的控导能力,得到自治区水文中心领导的肯定,并要求其他水文中心把"桂林模式"作为范例去开展工作。

在我和同事们的努力下,桂林市在水文应急监测、水文测验质量、水文测报一体化管理改革中,探索出了切实可行的工作方法;并取得了较好的成果。桂林市成了广西水文测报一体化管理等一系列改革的"领头雁"。

(四)一枝独秀不是春

虽然获得了很多荣誉,但我深知"一枝独秀不是春,百花齐放春满园"。不论是对于年纪大的同志,还是对于年轻的新同志,我在他们面前从不骄傲,更不会藏私。我希望用丰富的经验,积极做好单位年轻人的"传帮带"工作。2017 年广西水利系统水文勘测技能竞赛选拔赛时,我积极做好单位的选拔工作,潜心挖掘有技能、有潜能的人作为参赛选手,用心培训,经常利用晚上的时间与他们共同学习理论,共同练习操作,花费大量的时间找资料和翻阅以前自己积累下来的测试题、学习教材,一遍又一遍地出试卷给他们做,并帮他们改题讲题。经过努力,最终有两位选手在全区水文勘测技能竞赛中分别荣获了综合成绩第一、第二名,其中一名选手还代表广西参加了全国的比赛,并获得良好成绩。2022 年我作为领队兼裁判带领桂林 3 名选手参加比赛,3 名选手均获奖,其中两名选手荣获"广西水利行业技术能手"荣誉称号。在陪着年轻人备赛、参赛的过程中,我越来越明确,个人的荣誉与团队的荣誉相比,后者更令我骄傲。

饮其流者怀其源,学其成时念吾师。我和我的爱人都是广西水电学校的校友,学校就是我们梦想启航的地方。虽然我们的第一学历都不高,但是学校的学习给我们的工作生涯打下了最坚实牢靠的基础。正因为有了学校的平台,我才能有机会不断提升学历,钻研一生所热爱的事业。走过这么多年的路之后,我始终坚信的一点是,无论就读职业院校还是普通高等教育学校,只要能学到知识与技能,就是自己最大的收获。

看看自己有哪些能力潜质,对照核心能力模型,这样你的未来之路就更有针对性。

核心能力模型

项目	要求
学科能力	数学、地理、化学等
基础能力	观察能力、数据分析能力、空间想象能力
社会能力	沟通协作能力、适应社会能力、社会责任感

工作后需要的职业类证书

资料员、测量员、安全员、水文勘测工、建造师、监理工程师、水文与水资源工程师、水利工程师、地表水(河湖库湾)水质监测。

进修学习路径

专升本,进修学习专业:水文与水资源工程、水利水电工程、水环境工程、给排水科学与工程、水利科学与工程、生态水利工程等。

主要就业方向

进入水文局、水务局、水利科学研究院、水利设计院、水利工程建设公司、水务公司、水资源咨询公司、水电能源企业等,从事水资源管理、水环境监测、水文服务、水土保持等工作。

主要专业能力

(1)熟练操作各类水文监测仪器设备。

(2)掌握水文水资源信息采集整理的规范和方法。

(3)掌握水文数据统计分析的方法。

(4)熟悉水文应急监测的流程和方法,具备应急处置的决策能力。

(5)具有水环境保护和水质检测与评价的初步能力

（6）具有一定的水利工程施工和组织管理的能力。

（7）具有水情、旱情预报的基本能力。

（8）具有中小型水电站水利计算、分析的初步能力。

（9）熟练掌握计算机操作的基本技能，具有能够用计算机解决本专业内一些基本问题的能力。

（10）具有数字技能，能适应数字经济发展新需求。

（11）具有把握创新时代的新机会、迎接就业形势新挑战的能力。

（12）具有创造性思维和创造性设想的能力。

撰稿人：莫建英

"职引未来"系列丛书

蜕变

职校生的华丽转身

【下册】

「职引未来」系列丛书编委会 编

全国职业院校
优秀毕业生成长案例集

机械工业出版社
CHINA MACHINE PRESS

本书为全国职业院校优秀毕业生成长案例集，分为上下两册，收录了19个专业大类共97个毕业生各行各业成长成才的群像故事。每个故事以第一人称展开叙述，主要按照初 / 高中时期、中 / 高职时期、工作时期的成长脉络娓娓道来。本册为下册，共51个故事。他们中有"植物克隆"的农技师、祖国镍都的采矿人、巾帼不让须眉的乡村圆梦人，还有大山深处的"逐梦人"，非遗技艺的传承人等。一个个鲜活的案例，呈现职校生的百样人生和追梦故事。文中还设置了"职业指南·家长选读""核心能力模型""工作后需要的职业类证书""进修学习路径""主要就业方向""主要专业能力"模块，指引读者进一步了解我国目前的职业教育及行业信息。

　　本书旨在通过榜样的引领，帮助中学生及家长、在读职校生熟悉和了解职业教育，以及相关职业的就业前景和发展路径，实现职业和生涯规划指导前移，提高职业教育的社会认可度，为职业教育发展注入新动能。

图书在版编目（CIP）数据

蜕变：职校生的华丽转身：全国职业院校优秀毕业生成长案例集．下册 /"职引未来"系列丛书编委会编． 北京：机械工业出版社，2025．4． -- ISBN 978-7-111-78074-8

Ⅰ．K828．4

中国国家版本馆CIP数据核字第2025VY4454号

机械工业出版社（北京市百万庄大街22号　邮政编码100037）
策划编辑：张晓娟　　　　责任编辑：张晓娟　彭　婕
责任校对：陈　越　张　征　责任印制：常天培
北京联兴盛业印刷股份有限公司印刷
2025年5月第1版第1次印刷
184mm×260mm·18.25印张·380千字
标准书号：ISBN 978-7-111-78074-8
定价：128.00元（共2册）

电话服务　　　　　　　网络服务
客服电话：010-88361066　机 工 官 网：www.cmpbook.com
　　　　　010-88379833　机 工 官 博：weibo.com/cmp1952
　　　　　010-68326294　金 书 网：www.golden-book.com
封底无防伪标均为盗版　机工教育服务网：www.cmpedu.com

目 录

**农林牧渔大类
资源环境与
安全大类**

运用茶科技，种出一叶香的 90 后种茶人	275
坚持梦想，才会有生机勃勃的人生	281
"植物克隆"的农技师	287
我是种"色买提杏"的人	292
我是牛羊繁育小能手	298
建设新征程中书写农业人"答卷"	303
我是繁育和养殖锦鲤的人	309
"中国速度"背后的测绘力量	315
我是祖国镍都的采矿人	319

**生物与化工大类
轻工纺织大类
食品药品与
粮食大类
医药卫生大类**

技术赋能高端化工产业——我是新时代的化工人	329
初心守质，检测行业的逐梦之旅	334
大学里的宝石匠人	339
我是和鞋类打交道的人	344
我是健康饮料开发"魔术师"	349
我是和酒缸打交道的青年酿酒师	354
我是爱追梦的 80 后制药人	359
我是一名"守粮人"	365
8 年世界 500 强药企磨砺后的勇敢跨越	371
安全用药的"守门人"	377

财经商贸大类

专业之旅，职业之路——自我发现和成长的旅程	385
巾帼不让须眉志　誓做乡村圆梦人	391
95后新青年的中欧班列国际货运创业梦	396
营销专业走出来的筑路人	401
我在邕城以琉璃为心，净绘奶茶风华	406
从1到1000，我用奶茶逆袭人生	411
职教女生的创业旅程	416
从"幼苗"到"参天大树"：青年创业成长历程	421
创新引领"它"经济，匠心经营创业梦——我与我的"爱宠"们的创业故事	426
我是一名药品"流通管家"	432

旅游大类　文化艺术大类　新闻传播大类

我是舌尖盛宴的"守门人"	439
金牌讲解员的成长之路——平凡岗位上的不平凡	444
隐藏在酒店背后的力量：我是一名酒店管理人员	448
我是"妈妈辈"同事的职场导师	453
我是烹饪技艺的守护与传承者	458
我在北京做胶东鲁菜	464
我是中华饮食文化的"匠心"守护者	470
我是千年漆器技艺的传承人	475
涂鸦创造价值	480
我是表演川剧变脸的人	485
运用视听语言讲述品牌故事的人	489
我在浙西拍故事	494

教育与体育大类 公安与司法大类 公共管理与服务大类

我是扎根农村一线、擦亮婺城教育金名片的服务者	503
我是大山深处的"筑梦人"	509
从城市到山区，特岗教师"逆袭"记	514
"向下扎根　向阳生长"的教育人	520
我是呵护幼儿健康成长的"男阿舅"	525
给梦想插上翅膀才能自由地翱翔——做幼教的追梦人	531
以前，我可以说是"穿大褂、拿算盘"的	537
做一个不忘初心、方得始终的法律人	542
青年的殡葬际遇	548
扎根养老的青春筑梦人	554

蜕 变
职校生的华丽转身

蜕变：职校生的华丽转身

农林牧渔大类 资源环境与 安全大类

作为支撑中国制造和中国创造的重要力量,技能人才在以中国式现代化全面推进中华民族伟大复兴的新征程中大有可为。使命系身须倾力,重任在肩唯笃行。让我们一起努力共担时代之责,传承弘扬劳模精神、劳动精神、工匠精神,苦练内功,乘风破浪,努力书写技能成才、技能报国的澎湃乐章!

毕业于青岛职业技术学院
中国中车首席技能专家,享受国务院政府特殊津贴
"全国五一劳动奖章"获得者,全国劳动模范
"中华技能大奖"获得者,全国技术能手
山东省首席技师,中国中车高铁工匠

刘星星

职　　业：江苏省镇江市丹徒区上党三泉茶场技术负责人
职　　称：高级评茶员（二级技师）、高级制茶师、中级茶艺师
毕业学校、专业：江苏农林职业技术学院、茶艺专业
从业时间：7 年

人生如茶，茶似人生，
在和茶打交道的过程中，
我慢慢喜欢上这片神奇的东方树叶，
开始主动了解茶的生产现状、品质特征和背后的故事。

 运用茶科技，种出一叶香的 90 后种茶人

　　我叫刘星星，是一名茶场的技术员，我的工作主要是负责茶园的种植管理、茶叶的生产加工、品种引进和品质把控。换句话说，就是种茶、采茶、制茶一条龙服务。目前，由我带领生产的"三泉"牌长山剑毫、三泉红茶、玉雪白茶等屡获全国"陆羽杯""中茶杯"等名特茶评比特等奖，而我也多次在全国农业行业职业技能大赛茶叶加工工（精制）技能竞赛中获奖，先后获得"全国农业技术能手""江苏省技术能手""江苏省五一创新能手""江苏省（红茶）制茶大师"等称号。都说人生如茶，茶似人生，在和茶打交道的过程中，在种茶、采茶、制茶的过程中，我慢慢体会到了一名茶人背后的责任感和使命感。下面，就请你和我一起走进我和茶的故事吧。

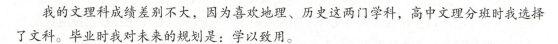 高中时期

　　我的文理科成绩差别不大，因为喜欢地理、历史这两门学科，高中文理分班时我选择了文科。毕业时我对未来的规划是：学以致用。

　　我高中就读于重庆市的一所重点高中——重庆市云阳双江中学校，文理科分班时，我的文理科成绩差别不大，因为喜欢地理、历史这两门学科就选择了文科。高中时期的学习

> **职业指南·家长选读**
>
> **茶艺专业需要的知识结构**
> 1. 文科、理科都适用。
> 2. 兴趣驱动。对地理、历史、生物学等学科有一定的兴趣，有一定的动手能力，会让从业者更容易对工作产生喜爱。

大致可以分成两个阶段：高三以前，我的成绩虽谈不上拔尖，但也是排在班级前十；高三以后，和很多留守孩子一样，在本该冲刺的时间里放松要求，沉迷游戏，慢慢掉了队，成绩也直线下滑。那时，我对未来职业并没有特别明确的规划和设想，就想着能学习一门技术，将来学以致用，养活自己。

我从小生活在农村，因家境窘迫，父母很早进城打工，我和爷爷奶奶一起生活，农田里爷爷辛苦劳作的身影给我留下了深刻的印象，也是从那个时候起，我就特别好奇为什么插一根茎就可以收获一窝红薯；播一粒种子就能长出美味可口的西瓜。高考填报志愿的时候，在和英语老师的交流中我了解到现在农业类院校发展前景很好，于是我第一志愿选择了离家千里之外的江苏农林职业技术学院，一所全国知名的农业类高职院校，并顺利地被茶艺专业录取了。

高中时期我最喜欢的科目是地理，幸运的是茶园管理方面所涉及的地形、气候、土壤、水源、光照、交通等方面的知识都是地理学科知识的运用，与我们茶树种植和茶叶生产息息相关。此外，高中时我还非常喜欢读历史，通过历史学习我了解到，在西汉中期茶已经被当作饮料，两晋南北朝时期饮茶习俗已经传播到国内大部分地区，中唐以后茶成为"举国之饮"，明代是中国茶业发展的鼎盛时期……它们对我理解茶文化、进行茶生产有很大的帮助。现在看来，当时学习的这些课程简直就是为我量身打造的，对我大学专业学习起到非常重要的作用。所以，我们不能小瞧任何一门学科，要尽可能多地学习不同的科目，也许有一门科目就会与你未来从事的职业有密切的关系。

高职时期

在这里我学习丰富的"茶文化、茶产业、茶科技"知识，学习插花、古筝、书法、形体艺术和现代商务礼仪等课程，我慢慢地喜欢上了茶这片神奇的东方树叶。

（一）理论学习

我考取的学校是江苏最早开设茶专业的高职院校，拥有40多年专业历史，对茶的课程设置非常专业，课程学习也很丰富，除了必修的茶叶加工技术、茶叶审评与检验、茶树栽培技术、茶叶市场营销、茶叶包装与储运、茶艺表演与编创、茶馆经营与管理、中国茶室茶席设计与茶会组织、茶叶品质化学、食品安全与质量管理等课程外，还要学习插花、古筝、书法、形体艺术和现代商务礼仪等课程。通过日常的学习和接触，我慢慢地喜欢上了茶这片神奇的东方树叶，开始主动去了解各种茶的生产现状、品质特征和它背后的故事。

（二）实践活动

除了理论学习以外，我们也有非常丰富的实践活动。茶树栽培课，我们会分小组管理自己的苗圃，除草、施肥、浇水、病虫害防治，最后根据茶苗出苗情况和生长情况进行打分。茶叶加工实践课，老师会带我们去田间采茶，将采好的鲜叶带到车间生产制作，根据不同工艺制作出我们的六大茶类，每一个过程我们都要全程参与，根据完成的情况获得成绩。审评实践课，通常和加工在一起，制作完成的茶叶会统一进行开汤点评，完全按照国家标准进行干评和湿评，每一个动作都是考核的点，会获得相应的得分，根据审评结果给自己的茶打分，也是对生产的检验。茶艺表演课，除了让我们学会六大茶类的冲泡方式外，还有很多民俗茶艺、创新茶艺等讲解，每一种都要去了解练习，最后选择一种表演作为考核。这些形式多样的实践课程大大提高了我们的动手能力，也加深了我对茶的了解和喜爱。

（三）顶岗实习

顶岗实习对未来职业的选择至关重要，我希望自己能够学以致用，于是大三下学期选择实习岗位时，在班主任老师的推荐下，我选择了一家专业对口的茶场开始顶岗实习。实习期间，为了更好地将理论与实践相结合，我经常顶着烈日泡在田间地头，观察茶园里各种茶树的长势、病虫害、土壤水肥等情况，遇到问题我会及时向茶场的老师傅请教，寻找解决办法。虽然实习结束时我被晒成了"黑炭"，但茶园各方面的情况我大多了然于胸，这些宝贵的一线实习经历为我以后的工作打下了坚实的基础。

> **职业指南·家长选读**
>
> **性格探索与职业探索**
>
> 这是个要求有一定动手能力和丰富知识面的职业，需要有一定的内在兴趣，热爱专业知识和技能学习，积极参与专业实践非常重要，孩子性格中最好有爱学习、爱钻研、能吃苦的一面，如果喜欢阅读，热爱社交，动手能力强，会让从业者更容易做好工作。

工作时期

茶叶是我国的传统特色农产品之一，随着时代的发展，茶产业将更加贴近我们的生活，饮茶也会变得更加便捷化、大众化、年轻化，全民饮茶将不再是口号，茶行业的未来大有可为。

（一）技术负责人

毕业时，我选择了之前实习的三泉茶场作为我工作的起点。刚到茶场时，我被分配到了茶园做生产，在茶树种植管理中遇到问题时，我会主动请教前辈师傅。刚到茶园的第一个冬天，我就遇到了如何给茶苗保暖的问题，冬天天气寒冷，新种植的茶苗如果没有好的保暖措施，过冬将很困难。茶场的张远勤总经理告诉我在降雪前，用地膜或薄膜将茶行一条一条覆盖，可有效抗寒。如果温度过低，除了地膜以外，还可以铺上稻草，铺草培土也是一个不错的方法。按照张总教我的方法，第一个冬天的茶苗全部安全过冬，这也给我接下来在茶场的工作打下了基础。此外，镇江市农业科学院的马圣洲老师在做试验和生产时总会给我指导，从理论到实践的结合，科技与生产的结合总能给我很多启发。在他们的帮助和包容下，通过不断的学习，我很快从一个只会纸上谈兵的小白成长为茶场的技术负责人。如今，我在三泉茶场工作已有7年，主要负责茶园种植管理、品种的引进、茶叶的生产和品质把控。在茶树种植过程中，我会根据土壤检测、水源和土地坡度等综合选择合适的土地进行茶园建设，施肥和病虫害防控严格按照绿色食品要求进行，以确保茶叶生长更好、产量更高、品质更好。目前三泉茶场的茶叶基本都是由我带领生产的，有长山剑毫、三泉红茶、玉雪白茶等。

（二）全国农业技术能手

将茶叶当作一份事业，并不是简单的事情。为了追求稳定的茶叶品质，我考取了高级评茶员、高级制茶师、中级茶艺师……我还积极参与各类大赛，2020年，在第三届全国农业行业职业技能大赛茶叶加工工（精制）技能竞赛江苏选拔赛中获得第二名，也荣获"江苏省技术能手""江苏省农业技术能手""江苏省五一创新能手""江苏省（红茶）制茶大师"等称号；在第三届全国农业行业职业技能大赛茶叶加工工（精制）技能竞赛中获得第六名，荣获"全国农业技术能手"称号。2022年，在第五届全国农业行业职业技能大赛茶叶加工工（精制）江苏选拔赛第七名，荣获"优秀选手"称号；在江苏省首届评茶员职业技能大赛获第一名，再次荣获"江苏省技术能手"称号；在第三届全国评茶员职业技能竞赛获得江苏预选赛团体第一名。这些荣誉是对我之前学习工作的肯定，也是对我以后工作的鞭策。

（三）茶园里的"小星星"

在茶树种植生产过程中，我经常会接触到周边的茶农，在与他们交流中我发现，茶农种茶技术相对比较传统，加上茶树的品种退化，每年茶叶产量并不高。为了更好地帮助他们，我主动给他们讲授茶树生长的喜好，周围茶农遇到问题时，我也总是耐心讲解，鼓励他们尝试新技术。我研究茶树生长关键技术，与母校江苏农林职业技术学院的茶叶创新团队、镇江市农业科学院开展技术联合，对传统的加工工艺进行了优化，推广肥水一体化等关键技术，改善生产条件，引进茶叶采摘修剪机械，提高科学采茶能力，通过科学种植提高当地茶农产量和种植效益。近两年，我为当地茶农宣讲科学种植、机械化耕种等茶树种植关键技术40余次，受益茶农1000多户，受到当地茶农的信任，他们都亲切地称呼我为茶园里的"小星星"。

（四）工作中的成长

种茶不仅仅是播种、浇水和采摘，更重要的是要由衷地喜爱茶。每天早晨，我都会去

职业指南·家长选读

职业上升路径

一个人如果想在职场上做出成绩，实现自己的价值，那么首先要有过硬的技术，茶场的技术员尤其如此。从茶场小白到技术负责人，需要不断充实自己的专业知识，了解茶树种植、生产的全过程，面对不同品种的茶树要了解其生产习性，因地制宜地设计生产条件，熟悉六大茶类的制作方法，做一个善于思考、善于总结、善于积累的有心人。此外，培养职业兴趣也非常重要，只有培养了职业兴趣，在工作中才会有干劲和冲劲，才能在职场上获得成就感。

茶园照料茶树，触摸茶树的嫩叶，闻着茶叶的清香，没有比这个时刻更能让我感受生命的活力和美妙了。销售人中流传着一句话：努力就是旺季，不努力就是淡季。其实每个行业除了这种努力的旺季，还有行业性质上的旺季或淡季，对于我们种茶人来说，春茶季就是我们的旺季。茶叶不等人，温度、时间都在不断变化，短的芽变大后，口味就会变。为了追求品质，春季时我们要跟时间赛跑，这个过程虽然辛苦，但我却乐在其中，看着在清明前产出高品质的第一批好茶，我的心中充满了成就感。

在茶叶生产过程中，难度最大的就是"看茶做茶"，茶叶生长的地域环境不一样，茶叶的品种不一样，茶叶的采摘天气不一样，生产的工艺就要有所调整，不能一成不变。就拿我们茶场的明星产品花香型红茶来说，在刚开始引进武夷山地区的花香型红茶生产技术时，我对茶叶的了解还不深入，光照、温度、水分等几乎完全采用当地的参数，结果生产出来的产品却远远达不到他们的标准。于是我向当地的一些老师请教，在他们的帮助下，我对生产参数反复进行多次调整，而且在引进外地工艺的基础上嫁接了一些当地的工艺，经过实验，产品品质优良，于是才有了现在的花香型红茶生产技术。

每一次与茶叶的亲密接触，都会让我回想起自古以来喜茶之人的风雅情怀，通过学习种茶、采茶、制茶、饮茶，我愈发懂得了茶叶的价值和意义。茶叶不仅仅是饮品，更体现了人们对生活的热爱和向往，种茶也不仅仅是茶叶的生产，更是一种茶文化的传承。七年种茶路，让我对未来有了更加明确的目标，我希望从专业知识中汲取养分，用现代科技武装头脑，把茶文化、茶产业、茶科技这篇文章做好，让科技之花绽放农家。

> **职业指南·家长选读**
>
> **价值观探索**
>
> 成功的背后，都有着辛苦的付出和不懈的坚持。光鲜的背后，也都有辛酸和汗水，每一份职业都需要有努力、坚持和热爱，茶行业也是如此。假如你的孩子今后想从事茶行业，在选定方向的时候，一定要坚持、坚持再坚持，在工作中找到自己的兴趣，发挥自己的长处，努力提高技术水平，争取成为职场上的专家。

这就是我的职业故事，种茶、制茶、饮茶是一件很有意思的事，除了需要非常专业的知识技能外，还需要培养足够的兴趣和精益求精的精神。如果你选择了这个行业，就请努力坚持下去吧。

看看自己有哪些能力潜质，对照核心能力模型，这样你的未来之路就更有针对性。

核心能力模型

项目	要求
学科能力	化学、地理、历史、生物学基础学科能力茶树栽培、茶叶加工等专业学科能力
基础能力	自然观察能力、语言表达能力、数学逻辑能力、空间规划能力、文化素养
社会能力	动手能力、交流能力、组织能力、管理能力、创新能力

工作后需要的职业类证书

中级茶艺师、高级茶艺师、中级评茶员、高级评茶员、中级制茶师、高级制茶师等。

进修学习路径

专升本，进修学习专业：生物科学、食品科学与工程、食品质量安全、园艺、园林、设施农业科学与工程、农林经济管理、林学、茶学等。

主要就业方向

进入大型茶叶生产企业（茶场、茶厂、种苗基地）、茶叶销售企业（茶叶公司）、茶叶检测机构、茶旅游与休闲产业（农业生态园、农业休闲中心）、茶餐（膳）、茶食、茶饮等相关行业。

主要专业能力

（1）具有茶树栽培管理、茶树病虫害防治、茶树品种引种与繁育等的能力。

（2）具有茶园规划、茶园建设和茶园管理的能力。

（3）掌握茶叶加工技术、茶叶机械设备等知识，具有手工制茶和机械制茶的能力。

（4）具有茶叶评审与检验、茶叶品质控制及质量评价的能力。

（5）具有茶叶新产品开发、茶叶技术研究等的能力。

（6）具有茶艺表演、茶艺培训、茶馆经营管理、茶会策划、茶叶营销等的能力。

（7）了解茶文化、内涵、表现形式等，具有传播和弘扬茶文化的能力。

撰稿人：嵇　怡　刘星星

温从发

职　　业：丽水市润生苔藓科技有限公司总经理
毕业学校、专业：丽水职业技术学院、园艺技术专业
从业时间：11年

创业，就是要走别人没走过、没走通的路，
我们不断地探索更多的苔藓应用场景，
如景观工程、生态修复及做药等。
未来，我希望和农户相互合作、共同发展，
既延伸苔藓的产业链，也积极探索乡村振兴的路径。

 ## 坚持梦想，才会有生机勃勃的人生

我叫温从发，毕业后创立丽水市润生苔藓科技有限公司已11年。大学期间，我就喜欢捣鼓各种创业项目，开过杂志店、卖过水培植物盆景。在一次寻找盆景装饰材料过程中，我接触到了苔藓，并对它产生了兴趣。十余年间，我从秀山丽水的犄角旮旯，带着小小苔藓"走南闯北"，带着它"出圈"在G20杭州峰会的国宴台主桌上、中国北京世界园艺博览会的大型苔藓景观中，获得"丽水市十大杰出青年"提名，获得深圳华大基因科技有限公司投资，与中国科学院仙湖植物园、中国科学院昆明植物研究所和华东师范大学等多家科研院所及研究机构开展深入合作，担任中国苔藓专业学术委员会委员。

中学时期

自幼年起，我就对大自然怀揣着满满的好奇与热爱。我热爱观察植物从种子到绿芽，再到繁茂生长的每一个细微变化，对花卉的种类和它们独特的习性充满了浓厚的兴趣。每当假期来临，我总是迫不及待地想要沉浸在祖父那片充满生机的小花园里，享受着为它们浇水、修剪枝叶的时光，这些简单却充满意义的劳动，让我与大自然之间建立起了深厚的情感纽带。

> **职业指南·家长选读**
>
> **园艺技术专业需要的知识结构**
>
> 1. 具备自然科学和生物学的基础知识和能力。现代农业科学，无论是从事品种选育还是耕作栽培管理，都要求具备扎实的生物学知识与技术基础。
> 2. 需要理论学习和实践环节的充分融合。农学专业是实践性非常强的专业，想要掌握扎实的专业能力，不仅要掌握好基础理论，还要具备较强的动手能力。

初中时期，我对物理、化学和生物学等学科产生了浓厚的兴趣，尤其是生物学，它让我能够更近距离地观察和理解生命的奥秘。我利用课余时间阅读了大量关于动植物的书籍，从达尔文的《物种起源》到现代生物学的最新研究成果，每一本书都为我打开了一扇新世界的大门。同时，我也加入了学校的生物兴趣小组，与同学们一起进行野外考察。

高中时期，我选择了理科，如同选定了一条通往智慧之巅的征途，物理、化学和生物学三大学科成了我手中的宝剑与盾牌。在物理的殿堂里，我不仅是公式的探索者，更是实验的设计者，每一次电路的搭建、光路的追踪，都让我仿佛能听见宇宙的心跳。化学实验室则是我变魔术的舞台，从简单的酸碱反应到复杂的有机合成，我用试管和烧杯调配出自然界的色彩斑斓，每一次实验的成功都像是亲手揭开了一个自然界的秘密。

生物学的探索则让我更加贴近生命的奥秘，显微镜下的细胞世界如同微观宇宙，每一次的观察都让我惊叹不已。我不仅在教室里学习理论知识，更在学校的生物园里亲手种植、观察植物的生长。在那段紧张而充实的日子里，我深入学习了物理、化学和生物学等理科课程，每一门学科都像是一扇窗，让我窥见了自然界的不同面貌。这些学科的学习不仅仅是知识的积累，更是思维方式的转变。我开始学会从不同角度审视问题，用理性的思维去分析、解决遇到的难题。在面对复杂问题时，我不再是盲目接受现有答案，而是学会了提出问题、做出假设、设计实验、收集证据、得出结论这一系列科学探索的步骤。这种独立思考的能力，让我在未来的学习和生活中能够更加自主地选择道路，勇敢地追求自己的梦想。

基于热爱，高考成绩揭晓之际，我毫不犹豫地在志愿表上填下了丽水职业技术学院园艺技术专业。

高职时期

我深信，园艺技术这个专业，是科学与艺术完美交融的典范，它不仅能够让我深入探索自然界的奥秘，更能将我心中的创意与对美的无限追求，化作现实世界中一道道亮丽的风景线。

2009年的秋天，当我以满腔热情踏入丽水职业技术学院园艺技术专业0906班的那一刻起，我本以为自己会在学习与管理的双重轨道上并驾齐驱，作为班长和学生会干部，我期望能在青春的舞台上留下更多闪光的足迹。然而，随着时间的推移，我内心的声音愈发清晰——对园艺事业纯粹的热爱，以及骨子里流淌的温州人特有的创业激情。我意识到，传统的角色虽能锻炼能力，却难以让我全身心地投入到对园艺技术的探索与实践中。于是，一个大胆的决定在我心中悄然生根。我毅然辞去了班长和学生会干部的职务，这一决定在同学中引起了不小的波澜，但我深知，这是我追求梦想的第一步。

大二期间，学校里流行种植绿植，我便开始尝试制作苔藓微景观。一个玻璃器皿、一块苔藓，加上几块小石头、一些沙土……竟成了校园里的"爆款"，不少同学上门求购。放置线上销售，也都是一抢而空。我心想，小小苔藓，竟蕴藏着如此大的商机！在学习专业知识的过程中，我系统学习了植物学、生态学及园艺设计原理等课程，这些专业知识让我对苔藓的生态习性、种类分布及美学价值有了全新的认识。我发现苔藓这种小植物并不罕见，尤其是在"九山半水半分田"的丽水山区。街道石缝，树干墙壁，都能发现苔藓的着生，就因为随处可见，很多人都觉得它其貌不扬，不值钱。在园艺设计中，苔藓也通常只是作为配角存在，一般被用作盆景的铺面材料，或者景观中的点缀，水苔甚至成为栽培基质，很少或者从来就没有成为过主角。且在国内的苔藓科学研究领域，仍多停留在基础科学层面，市场应用得并不多。这就意味着，这是一个少有人去涉足的市场，有着无限的可能性。

> **职业指南·家长选读**
>
> **性格探索和职业探索**
>
> 园艺技术融合了生物学、美学、环境科学等多学科知识。如果孩子对植物充满好奇，喜欢动手实践，享受创造美的过程，且具备观察力强、细心耐心等特质，那么园艺技术专业无疑是一个能够充分发挥其优势、实现个人价值与社会贡献双赢的选择。
>
> 因此，在引导孩子选择未来职业时，不妨多考虑他们的兴趣所在、个人优势以及职业的长远意义。如果园艺技术恰好与孩子的梦想和性格相契合，那么这将是一条通往幸福与成就感的道路，让他们的每一天都充满阳光与希望。

工作时期

"即使像苔藓这种看去到处都是、不被大家重视的一种植物，也可以作为我们创业的一种材料。"这是我的导师陈俏彪教授的原话。正是因为这句话，我有了灵感：为什么不开发苔藓景观呢？相对于水培植物，苔藓景观未来的发展空间应该会更大！课后，我找到陈俏彪教授，多次长谈后，我深深地意识到了在这场绿色革命的浪潮中，苔藓具备巨大的应用价值和开发潜力，我们必须成为引领者而非追随者。

（一）敢为人先挖"苔藓宝藏"，深入多个领域探得先机

毕业前夕，我便与几位朋友一起成立了丽水市润生苔藓科技有限公司——全国首家苔藓专业公司。

"三分养草，七分养人"，公司成立初期，我始终看好苔藓微景观，主要开发苔藓领域的景观价值，将培育的苔藓放在各式各样的容器里，再制作成小小的苔藓盆景、微观盆栽，呈现不一样的景色。苔藓微景观产品在线上销售很走俏，仅一个月时间，销售额就达

到 20 多万元。然而，由于产品门槛低，一经推出就导致同质化竞争激烈。我很快转变思路，认为这远远不能满足公司长远发展的需求，开发高附加值的苔藓产品、探索新的市场方向才是必要之举。于是，我开始研究苔藓特性以及市场应用前景，我发现苔藓产业在国外早就实现景观装饰、生态修复、空气净化、药用开发、生物反应等应用开发，而要想充分实现苔藓的市场价值，就要加强科研。我利用大学期间学习到的生态学基础，深入探索和研究，在一次偶然的实验观察中，苔藓那看似微不足道的绿色身影吸引了我的注意。它们静静地生长在角落，却展现出惊人的空气净化能力，就像是大自然赋予的隐形守护者。这一发现让我兴奋不已，我意识到，这不仅仅是生态学上的一个小知识点，更是蕴藏着巨大潜力的绿色科技宝藏。于是，我决定将研究的目光投向苔藓，特别是它那鲜为人知的空气净化作用。通过进一步的学习与实验，我发现苔藓的 PM2.5 去除率达 70%，甲醛去除率则高达 92%。为此，我投入 40 余万元研发出了苔藓空气净化装置。该装置操作便捷，不仅高效净化空气，还以其独特的绿意盎然之美，为室内空间增添了一抹自然风情。产品一经推出就受到市场欢迎，年产值就达到 200 多万元。

（二）建设"苔藓小镇"，助力乡村振兴

"苔花如米小，也学牡丹开。苔藓不是草，苔藓是个宝。"在丽水景宁毛垟乡流传着这样一句顺口溜。我与毛垟乡的故事开始于 2019 年，在时任乡党委书记雷晓华的引荐下，我第一次来到了这个偏远闭塞、经济发展缓慢的乡镇。毛垟，这片 57 平方千米的土地上，重峦叠嶂，山地占据了总面积的 95%，耕地条件相较于丽水市更显艰难，交通亦非四通八达。毛垟现有 2000 亩珍贵的农用地，既缺乏产业的支撑，也未形成独特的农业风貌。然而苔藓的适当性在于，不会过多占用耕地，即使在山区也能灵活发展，种植和加工业对体力依赖很轻，非常适合缺乏青壮年劳动力的毛垟。

2021 年，我公司与毛垟乡签订了"苔藓种植（科普）示范基地合作开发项目"，发展苔藓经济，提供苔藓种苗、栽培所需药剂、技术指导、收购销售等服务，助力当地引入苔藓种植，建成了"浙江省首个户外苔藓种植基地"，采用工厂化苔藓生产方式，使市场上一些珍贵的苔藓品种摆脱自然环境束缚，实现周年性、全天候、反季节的企业化规模生产。

毛垟乡青壮年劳动力逐渐向城市转移，老人和小孩成了主要留守人群，严重缺乏年轻劳动力，基于此现实情况，为了带领上了年纪的村民致富增收，我发明了一套极简的苔藓水上种植方法，村民不需要深度学习苔藓温度、湿度等专业知识，只需要依据专业工作人员的要求，完成施肥、除草、分苗这样的任务。这样一来，村民们参与这项劳动的门槛就非常低了。

从丽水市区到毛垟乡的车程要两个多小时，尽管是两车道的狭窄山路，但路况和景色都还不错，我渐渐地习惯了两端的往返。苔藓来到毛垟乡之后，这片多山地区终于找到适合自己的产业，短短几年，当地已形成完整的苔藓产业链，村集体收入实现零到百万元的

突破。2021年苔藓产业在毛垟就实现了超千万元收入，毛垟乡也打造出了国内首个"苔藓小镇"，靠着一片翠绿的苔藓助力乡村振兴，走出了一条"绿水青山就是金山银山"的绿色生态发展之路。

如今，我又开始忙着在毛垟乡建立苔藓主题民宿和研究站等新项目。在扩大苔藓种植规模的基础上，用好苔藓附加值，通过打造毛垟苔藓文创产品展示中心等项目，继续开展研学活动，推出苔藓DIY课程、苔藓特色产品，承接绿化工程。

我是追梦人，我相信只有坚守梦想，才会有生机勃勃的精彩人生！"苔藓的微观世界极其丰富，如果人类有兴趣深挖，将发现其实充满了无限的宝藏。"对于未来，我和团队干劲无限，我们将再接再厉，在高品质苔藓的原材料供给和生态人居方面持续发力，并积极拓展乡村振兴和美丽健康领域。希望在原有的基础上将苔藓事业做得更好，为社会尽一点绵薄之力，让梦想之花在广袤乡村绚丽绽放。

择一行，爱一行。选择热爱的专业，勇敢追梦，每一份努力都不会被辜负。职校同样能孕育出改变世界的梦想家，关键在于持之以恒地学习与不懈地探索。面对未来，保持好奇心，勇于尝试，我们都能在各自的领域绽放光彩，书写属于自己的精彩人生篇章。

> **职业指南·家长选读**
>
> **价值观探索**
>
> 从事园艺技术行业，要求从业者不仅要直面烈日酷暑或寒风凛冽，还需具备耐心与细心。对于热爱自然、享受与自然亲密接触的孩子而言，园艺技术正是这样一份职业，它赋予了从业者将荒芜之地变为绿洲的成就感，每一次看到亲手培育的植物开花结果，都是对心灵的一次深刻滋养，这种由内而外的满足感是任何物质奖励都无法替代的。

看看自己有哪些能力潜质，对照核心能力模型，这样你的未来之路就更有针对性。

核心能力模型

项目	要求
学科能力	生物学、化学等基础学科能力；土壤学及植物营养学、园艺植物育种与栽培技术、园艺产品采后处理与营销等专业学科能力
基础能力	语言理解与表达能力、数学逻辑与问题解决能力、视觉空间与观察能力、自然观察与探索能力、身体运动与协调能力
社会能力	组织协调能力、团队协作能力、适应社会能力、表达能力、心理承受能力、社会责任感

工作后需要的职业类证书

景观设计师、花卉园艺师、花艺环境设计师等；设施蔬菜生产、农产品供应链与品牌管理等。

进修学习路径

专升本，进修学习专业：园艺学、植物科学与技术、农学、农业技术与管理、环境科学与工程、食品科学与工程等。

主要就业方向

园艺作物种植与管理、农业管理与服务、园艺教育与科研、园林设计与景观建设、自主创业（开设园艺相关的公司或店铺，如花店、园艺设计工作室、园艺苗圃等）。

主要专业能力

（1）掌握扎实的科学文化基础，包括园艺作物生长发育规律、土壤与肥料、植物遗传育种等知识。

（2）了解植物与植物生理、植物生长环境等基础知识，为后续的园艺作物生产和管理提供理论支持。

（3）具备果树、蔬菜、花卉等园艺作物的生产能力，包括种植、管理、采收等环节。

（4）掌握园艺作物种子种苗的生产和繁育技术，确保园艺作物的优质种苗供应。

（5）具备园艺作物病虫草害的绿色防控能力。

（6）具备诊断和防治园艺植物常见病虫害、保障作物的健康生长的能力。

（7）了解园艺设施的建造与管理相关知识，能够正确使用和维护现代园艺设施。

（8）掌握无土栽培技术和植物组织培养技术，为园艺作物的生产提供新的途径。

（9）具备应用互联网技术开展园艺产品营销的能力，能够制定有效的营销策略和推广方案。

（10）了解园艺企业的经营管理知识，能够胜任园艺企业的日常管理和运营工作。

撰稿人：季昊雯　温从发　刘术新　魏　麟

陈依桃

职　　业：浙江省米果果休闲观光有限公司普教部部长兼技术员
毕业学校、专业：台州科技职业学院、园艺技术专业
从业时间：12 年

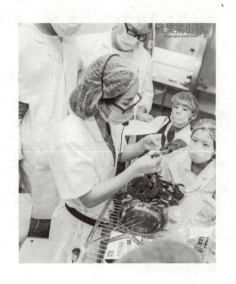

看着一块叶片、一个苞芽、一段茎节长成一棵完整的植株，
是一个非常美妙的过程。
用技术赋能农业，
哪怕能对现代农业的进步起到一点点的推动作用，
我便感到很满足了。

 "植物克隆"的农技师

  我叫陈依桃，是一名园艺工作者，也是浙江省米果果休闲观光有限公司普教部部长兼技术员。曾获"浙江省五一劳动奖章""诸暨市劳动模范"等称号，以及浙江省农业农村厅农民培训微视频三等奖、优秀奖等荣誉，专注从事植物组培工作。

  说到植物组织培养，很多人都会觉得很陌生。植物组织培养（简称植物组培）就是"植物克隆"技术，是指在无菌条件下，将植物体的任何一部分，比如根、茎、叶、花、果实等植物器官、组织、细胞以及原生质体等，培养在人工配制的培养基上，并给予合适的培养条件，使之发育形成完整植物体的过程。"植物克隆"比常规育苗方法要快数万倍至百万倍，已成为当今社会发展蔬菜苗木生产的主要手段，在观赏植物、园艺植物、经济林木、无性繁殖作物等方面也有了比较广泛的应用。

  我的工作就是和植物打交道，将一块叶片、一个苞芽、一段茎节，甚至花蕾中的一粒花粉，经过"植物组培技术"，将它们繁殖成新的植株。每一次看见新的幼苗长成，我都感觉到了新生命生长的神奇。

高中时期

高中时的我有一个"导演梦",所以学习也比较努力。稳重、懂事、能吃苦,是高中班主任对我的评价,现在回想,老师看人还是非常准的,我的性格的确适合做一些科学研究的工作。

我读的高中是民办高中,学校并不有名,高中三年我一直是班长,成绩也一直在班级的前三。2008年,我参加了高考,有幸被台州科技职业学院的园艺技术专业录取。对于出身农村的我来说,对农业并不陌生。最初刚拿到录取通知书的时候,父母并不赞成,觉得学农业,在家就可以学,没有必要再去读书,让我复读一年,明年再选其他的专业。幸运的是,在我这个时代,网络已经开始普及,父母通过网络了解到了其实学农业不是仅仅局限于学习传统的农业模式,更多的是学习现代农业科技,再三思量后,觉得我还是应该出去学习,也许可以开辟出一片崭新的天地。

> **职业指南·家长选读**
>
> 园艺技术专业需要的知识结构
> 1. 理科。对生物学和化学有一定的要求。
> 2. 兴趣驱动。对植物培育感兴趣,热爱现代农业,动手能力强,有学习提升和吃苦的能力,会让从业者更易胜任这个职业。

高职时期

我大学的第一年求学时光,是在原来的台州农业学校(简称台农)上的学。在那里,我开始了我的学农生涯,也是在那里,开启了我对农业的专业启蒙。

第一年的农业专业课,打开了我对农业知识的探索。在老台农,有一个小小的植物园,在那里我了解许多我没见过的植物,了解了植物的特性,学习了植物的生理知识。在没有课的时候,我与室友经常相约去九峰山,通过爬山去认知植物,尽力将课上的知识转化为实际应用。

大学的第二年,对我来说是最有意义的一年,因为在这一年我学习了植物组培,它开启了我的职业生涯。虽然已经有了一年的农业求学生涯,对于农业有一些了解,但是植物组培打开了我认知的新世界。我从来都没有想过,原来一片叶子、一根枝条,可以在瓶子里生长,甚至可以繁育出一棵棵完整的植物。也是在这里,我遇见了郑春明老师,他是我人生中指路灯。在郑春明老师的耐心指导下,我开启了植物组织培养的学习,可以说"十年台科,九年组培"。其实在学完植物组培的第一学期,我感到有些困惑,因为当时的植物组培是一个比较窄的专业,利用植物组培的单位很少。但幸运的是,在大二第二学期,浙江省农业科学院柑橘研究所植物组织培养室需要助手,我跟我的两个室友都积极报名,最终成功入选。在这之后的大学生涯里,我们一有空就骑着自行车,前往实验室帮助做实验,一直坚持到了毕业。

大三那年，我更是有幸参加了学校的笔试，成功入选了浙江省高职高专院校"植物组织培养"技能大赛的名额，和学弟学妹们一起参加了省赛，虽没能获奖，但是在那一段的实验技能锻炼中，我极大地提高了组织培养的专业能力，为我后期的职业生涯打下了基础。

大三下半年，在学校的推荐下，我前往浙江省农业科学院园艺研究所实习学习组培，更荣幸地入职了专做蓝莓组织培养的蓝美公司，开启了我的组培职业生涯。

> **职业指南·家长选读**
>
> **性格探索**
>
> 从事农业需要长时间与植物打交道，需要孩子对植物培育感兴趣，能够沉得下心，愿意钻研。现代农业虽然不像传统农业那样面朝黄土背朝天，但是工作环境可能也会是在广袤的农村，需要孩子性格中有吃苦耐劳的一面。

工作时期

在实验室工作的时候，我有幸成为一名授课讲师。相对于当学生来说，当讲师的时光，更是我拓展组培知识的学习历程。在那一段的教学时光，我通过同事和老师们的指导及与学生的学术交流，不断的开始学习开发组培新技术，和同学们一起成长。

大学毕业后，我去了柑橘研究所工作，后来因为研究所搬迁，我便在郑春明老师的推荐下，去了一家育苗公司工作。所谓的机缘，一切都是有迹可循的。在一次工作中，遇到了组培的技术难题，我回校咨询郑春明老师的路上，遇见了徐森富院长。从他口中得知，植物组培在浙江省开始大力推广，学校也在中央的支持下，打算筹建新的实验室，我便向徐院长自荐，有幸成为实验室的一员，成为一名授课讲师。

在台州科技职业学院组培实验室的期间，我带领学生开发白芨组培苗无菌苗培育技术，改进蝴蝶兰组培配方，成功培育驯化"富乐夕阳""火鸟""龙树枫叶"等多个蝴蝶兰新品种组培苗。还先后与台州市农业科学院合作开发覆盆子腋芽组培苗、樱桃砧木组培苗培育技术，协助柑橘研究所培育柑橘单倍体无病毒组培苗等。后又历时半年，编辑出适合农民培训的《铁皮石斛组培技术》《金线莲组培快繁技术》及《蓝莓组培快繁技术》3种典型案例的视频材料，帮助农民快速了解组培育苗技术。

2018年，浙江省米果果休闲观光有限公司建立起实验室后，我加入公司成为一名农技员，继续自己的"老本行"。除为公司培育新型技能人才、为研学的学生开设科普课讲解"植物克隆"外，我总是泡在实验室里，做无数次的实验，为各种植物的"克隆"找到最合适的"配方"。在理论上，植物的任何部位都可以做组培，比如月季花，组织培养就有很多种方法，枝条上有芽的地方可以，花朵的花药部分也可以，也就是说，只要是这棵植株上活的部分，只要"配方"正确，都能培育出苗来。当然实践中肯定会

> **职业指南·家长选读**
>
> **职业上升路径**
>
> 如果能耐得住初期的寂寞，专注于专业技能，一步一个脚印，就能在行业中站稳脚跟，成长为专业技术人才。但是成长是永无止境的，现代农业还处于发展阶段，有很多难关等待后来者去攻克，从这个角度来讲，这个行业还是朝阳行业，仍有很大的可塑性和成长空间。

使用最佳应用方案，选择能够更快育苗的部位，不同植物甚至同一种植物的不同阶段，需要的"配方"都是不同的，而找到对的"配方"，就需要做无数实验，进行对比、数据记录以及分析。

未来，组培苗肯定会大有前景。现在像铁皮石斛产业，用的就是植物组培技术。自然繁殖，果荚授粉上万颗种子只能成活一两颗，用了植物组培技术，95%以上的种子都可以成活。目前很多农户还是使用传统的培养方式，我希望通过培训，之后慢慢去推广植物组培技术的应用。

有次我在草莓基地做现场调研时，了解到一位草莓种植户正在种植一种新品种——白草莓，但在种植初期遇到了难题。白草莓种苗是从山东冷链运输过来的，运输时间长，加上是冷链运输，导致部分种苗受损，成活率不高。我通过组培育苗技术，成功利用白草莓匍匐茎培育出了无性繁殖苗，增加了白草莓幼苗无性繁殖能力。由于是当地培育，可以进行现场移苗，既降低了运输成本，又保证了种苗质量，种植户的这个难题就解决了。

> **职业指南·家长选读**
>
> **价值观探索**
>
> 步入工作岗位，刚开始是觉得毕业了，不能"啃老"，要自己养活自己，但是随着一个个技术难题被攻克，切实地将自身所学运用到帮助农户解决实践中的难题，这种成就感驱动着我们不断创新，渴望去解决他们提出的问题。这种正向驱动带来的满足感，是金钱无法给予的。

对于未来计划，一是继续认真做好农技推广，推进稻渔综合种养模式，提高土地效益，推进"肥药双减"行动，实现稻优、渔肥高效发展，让科技和产业发展有效对接，建设农业产业发展体系的良种基地，为稻虾轮作提供优质种苗和技术，促进生态农业的推进。二是引进草莓新品种，利用组培脱毒技术，培育病害低、品种品质稳的草莓种苗，帮助解决周边农户草莓种苗难买、品质退化、病害严重、产量不高等问题，提升农户的农产品种植技术，提高他们的经济效益。

回首我的求学生涯，我的诸多职业技能都是在职校里习得的。中学以前是通识教育，大家学的都一样，但是到高中以后，大家就应该有职业启蒙的意识，根据自己兴趣、性格和价值观，选择适合自己的职业方向。立足当下，展望未来，才能等到一个可期的未来。

看看自己有哪些能力潜质，对照核心能力模型，这样你的未来之路就更有针对性。

核心能力模型

项目	要求
学科能力	生物学、化学、美术；科学实验、劳动实践等
基础能力	身体协调能力、热爱生活、科学思维能力、艺术审美能力、动手能力、科学实践能力

（续）

项目	要求
社会能力	团队协作能力、沟通能力、创新能力、持续学习能力、社会责任感

工作后需要的职业类证书

农业技术员、设施蔬菜生产技术员、农产品供应链与品牌管理。

进修学习路径

专升本，进修学习专业：园艺（观赏园艺）、园林、设施园艺、生物工程、生物技术、食品科学与工程等。

主要就业方向

可从事企业及园区农业技术员、园艺作物生产、种子种苗繁育、园艺技术服务、园艺企业经营与管理，以及事业单位农技推广综合岗位等。

主要专业能力

（1）具有园艺植物培育、组培开发、方案制订以及工厂化生产管理等综合能力。
（2）具有常见果蔬、蔬菜和花卉生产能力。
（3）具有园艺作物病虫草害绿色防控能力。
（4）具有规范使用、维护现代园艺装备的能力。
（5）具有应用互联网技术开展园艺产品营销的能力。
（6）具有常见园艺作物育种和园艺产品开发与应用的能力。
（7）具有绿色低碳、节能减排理念，掌握绿色园艺和生态农业生产方式。
（8）具有不断学习应用园艺新知识、新技术技能的能力。

撰稿人：陈依桃　王云冰　钱瑶琳

麦麦提玉苏普·麦麦提

职　　业：新疆喀什地区英吉沙县依格孜也尔乡沙枣农民专业合作社负责人　新疆仁财国际贸易有限公司总经理

毕业学校、专业：新疆农业职业技术学院（现为新疆农业职业技术大学）、园艺技术专业

从业时间：6 年

作为一名返乡创业的大学生，

能通过自己的专业所学让合作社越做越大，

带动乡亲们增收致富，

让我体验到了创业带来的成就感！

我是种"色买提杏"的人

我叫麦麦提玉苏普·麦麦提，毕业于新疆农业职业技术学院园艺技术专业，现在是新疆仁财国际贸易有限公司总经理。不要看我名头响亮，其实我就是一个长期在喀什地区英吉沙县种植"色买提杏"的人。我通过改良品种提高杏子亩产量、收购种植户杏果、开拓疆内外销售市场，带动千余农户增产增收，成为当地的"致富带头人"。2023 年我荣获"全国高校毕业生基层就业'卓越奖'"。创业路上有艰辛也有喜悦，但收获更多的是满满的成就感。

中职时期

我的家乡地处塔克拉玛干沙漠腹地的英吉沙县依格孜也尔乡塔格艾日克村，自然条件恶劣，山地戈壁，荒漠连片。我的小学和初中就是在这样的环境里，在乡镇学校读完的。

生长在沙漠腹地的我，一直有一个眺望大海的梦想，于是初中毕业的那一年，我萌生了要去疆外读书的想法，我要去看海！于是我通过内地新疆中职班招生考试进入了天津民

族中等职业技术学校，看海的梦想通过来天津上学实现了。海的伟岸与宽广更是让我激动不已，我暗暗发誓，要在这里好好学习，绝不辜负自己跨越4000多公里实现的梦想。

我的父母在家乡经营着一家小店，主要销售当地的农产品。小学和初中放学后我经常跑到店里给父母帮忙，这家小店倾注了我们一家人对美好生活的期望。在想帮父母把小店经营好的愿望促使下，我选择了国际商务专业，该专业主要学习国际贸易、国际化经营及经济管理等方面的基本理论知识。我们班有46名学生，在第一次月考中，我仅考了班级第27名。当时我十分沮丧，是班主任穆竹云老师不断地鼓励我，让我重拾信心，紧盯自己的劣势科目，加强学习。在第二次月考中，我就取得了班级第12名的成绩。自此之后，我一直保持着良好的学习习惯，成绩一直稳定在班级前十名。

在学好专业知识的同时，我主动和老师、同学们沟通交流，加强训练，努力提高国家通用语言文字使用水平，通过多次参加学校组织的演讲及写作比赛，使我的语言交流及写作能力均有了很大提高，这为我以后的求学和职业发展打下了良好的基础。

> **职业指南·家长选读**
>
> **园艺技术专业需要的知识结构**
> 1. 理科。对生物学和化学有一定的要求。
> 2. 兴趣驱动。对农作物种植感兴趣，热爱农业，吃苦耐劳。
> 3. 作为一名少数民族地区的孩子，在学习阶段，要充分利用良好的语言环境，学好普通话。无论将来在大城市就业还是选择返回家乡，对于职业发展都至关重要。

高职时期

我深知只有掌握过硬的技术技能才能帮助家乡增收致富。中职毕业后，我怀着学好本领建设家乡的热情，报考了新疆农业职业技术学院。经过中职三年的学习，使我对个人职业选择有了更加深刻的认识。作为一个从农村走出来的孩子，对以己之学投身家乡建设的使命感愈发强烈。

针对英吉沙县集中种植色买提杏的产业优势，我选择了园艺技术专业，重点学习果树栽培、鲜果储藏及深加工技术。大一的第二学期进入了专业核心课的学习，那一年，张金枝教授带着我们全班同学从教室走进了田间，通过现场实操的方式，向我们示范了果树修枝、抹芽、除草、病虫害防治等技术的操作要领。同时，针对我们在生产季管理过程中遇到的各种疑难技术问题，现场解疑释惑。学校采用的理论与实践一体化教学的方式，使我更加扎实地掌握了生产季中的各项实用技术。

在专业课程中，我最感兴趣的是嫁接实训课，当听到老师讲，可以通过嫁接改良果树品种时，我想到了家乡产量低、品相差、价格低的"小

> **职业指南·家长选读**
>
> **兴趣探索**
>
> 很多孩子在中学阶段就已经表现出了突出的职业兴趣，对于这些孩子来说，可以结合自己的爱好专长、学业水平、个性特点，选择相应的专业进行学习。条条大路通罗马，无论在哪里求学，只要保持上进心，职业教育优质的资源和不断拓宽的升学路径，给孩子们的未来创造了更宽广的成长空间。

丑杏"，想着通过嫁接技术改良杏树品种，让"小丑杏"也能成为"大产业"。在得到老师肯定的答复后，我便更加努力学习嫁接理论知识，利用中午休息和周末时间练习嫁接技术，也因此成为大家眼中的"嫁接小能手"。后来，在我创业的历程中，过硬的嫁接技术不仅帮助我改良了杏子品种，还让我赢得了乡亲们的信任。

在学好专业课程的同时，我还主动参加学校的各项管理工作，努力提升自己的组织协调能力，积极向党组织靠拢。2017年，我非常荣幸地被同学们推举为班级团支部书记，并连续三年被评为学院"优秀团干部"。2018年，我参加了学院入党积极分子党课培训，收获满满。

工作时期

实习阶段，我被学校安排到新疆阿拉尔海升果业有限责任公司进行企业实践学习。企业导师针对生产季的工作任务，为我们制订了详细的培养计划，并进行了细致的指导。在企业实践学习的过程中，我基本掌握了果树的修剪方法和基本要领，并对苗床准备、定植、施肥、病虫害防治等技术技能积累了全面系统的实训经验。

（一）企业实践，练就过硬本领

在实习中，我主要对桃树、杏树、石榴树、葡萄进行修剪，整形修剪是果树栽培的重要管理措施，通过整形修剪可以为树体创造良好的通风透光条件，使树体空间结构合理分布，保证生长发育的相对协调均衡，调节衰老与更新复壮的关系，使枝叶分布均匀，提高叶片光合效率，增加生物学产量；使营养生长和生殖生长能协调、合理地相互转化、相互平衡，从而达到早结果、早见效，并且高产、稳产、优质、低耗的目的。

在我的印象中，杏树的修剪比较简单，杏树的喜光性没有桃树强，内膛不用打得很开，而且它是萌芽力弱、成枝力强的树体，对长枝应该要缩回来，对主枝、侧枝、延长枝要轻剪长放，一般留全枝长度的三分之二进行短截。对生长中庸、角度比较开张的发育枝应缓放，促其萌发中短枝，增加结果枝的数量。修剪时可根据枝条长势、树冠各部位的空间情况，适当疏密、截弱，以保持稳定的结果部位和生长势。

> **职业指南·家长选读**
>
> **专业探索**
>
> 园艺技术专业不仅要求学生掌握农业科学的基本理论和方法，还需要学生具备农业技术推广和管理的能力。通过专业学习，学生将能够深入了解农业生产的全过程，掌握现代农业科技知识，为农业的发展提供有力支撑。

（二）学以致用，发展特色果业

毕业之后，我回到了家乡英吉沙县依格孜也尔乡塔格艾日克村，我们村几乎家家户户都种植杏子，但这些年因为技术落后，外加管理不善，杏子产量低，更是卖不出好价钱。

大家都对种植杏子失去了信心，有的乡亲甚至砍掉了杏树。看到过去赖以生存的杏树就这样被砍伐，很多农民都选择离开家乡外出务工，我的心里很不是滋味。

作为一个系统学习过果树栽培技术专业的大学生，我先从管理自家果园开始，通过观察，我发现由于大家一直沿用传统的种植技术，加上管理不到位，是导致果园生产效益降低的根本原因。只有通过科学合理的种植、养护、采收和加工技术，才能确保果品的质量和产量。俗话说："七分管理三分剪。"找到了问题后，我亲身示范，教乡亲们科学施肥、修剪、授粉、病虫防治、疏花疏果等实用技术，为果树管理"把脉开方"，在我的技术指导下，村里杏树产量、种植效益节节攀升。

为了扩大生产规模，帮助更多的乡亲们增收致富，我在家人的支持下，牵头成立了依格孜也尔乡沙枣农民专业合作社，主要开展色买提杏品种改良、杏果深加工技术改进、精深加工产品研发等服务。为了提高合作社的知名度，我积极参加各级各类创新创业大赛，期间荣获国家级奖项6项、自治区级奖项4项。在比赛的过程中得到了行业及企业的认可，经过赛事专家的指导，合作社的经营管理模式不断改进升级，经济效益显著提高，这也为我的大学生涯画上了圆满的句号。

> **职业指南·家长选读**
>
> 职业探索
>
> 只有做到不怕苦、不怕累、多思考、勇探索，才能切实掌握真本领，有望成为一位有真才实学的卓越园艺师。当人们看到，平整的土地、破土的幼苗，这是农业工作者们的杰作，是他们播撒了生命，是生命点缀了农田！园艺人的使命也是如此，不辞辛苦，打造出高产高效的作物种植方式，收获高质量的作物品种，从而真正地提高人们的生活质量，使人们的生活更加美好！

返乡创业，助力乡村振兴

在生产过程中，大家都愿意跟我这个年轻人学习果树栽培技术，合作社建立了色买提杏加工基地，同时也带动了周边三乡七村种植色买提杏。

产量提升后，新的问题又出现了。有一天，在农忙后返家的途中，大家一边走一边讨论今年的收成，老支书的一句"今年的杏子收成这么好，往哪里卖呢？"让原本欣喜的大家伙儿陷入了沉思。回到家后我辗转反侧，彻夜难眠。是啊，大家辛辛苦苦种出来的杏子，怎么才能打开销路卖出好价格呢？第二天一大早，我就来到乡政府，在援疆干部的启发下，合作社积极与援疆单位联系，第一批杏子跨越四千余公里成功销往北京，我们的销路打开了！

2020年，我创办了新疆仁财国际贸易有限公司，相继开拓了温州、西安、厦门等疆外市场，将英吉沙色买提鲜杏、杏干、巴旦木、沙枣等系列农产品销售到了全国各地。为拓宽公司业务领域，我积极争取母校专家团队的技术支持，与新疆特色果树新技术研究中心联合培育优质种苗，改良果干加工技术获得发明专利一项、实用新型专利十余项。为了

职业指南·家长选读

价值观探索

对农村青年来说,生于斯长于斯,了解当地实际,能用所学助力家乡发展、带动农民增收,让不少年轻人感觉自己被需要、有价值。拥有能力经验和知识储备的大学生返乡创业,为新农村建设增加了发展的动力,同时也激发了青年一代干事创业的热情。

让色买提杏走向全国,形成品牌效应,公司先后推出"西域银杏""麦麦提朋友"两大品牌,目前与乌鲁木齐、北京、上海、深圳等多家超市建立了长期合作关系。如今的色买提杏已经跨越了千山万水,走进了千家万户。

当初那个站在讲台上说要带领家乡老百姓过上幸福生活的稚嫩学生,现如今已经成长为一个勇于担当的新时代青年。作为一名共产党员,我牢记为人民服务的宗旨,免费开展技能培训400余人次,为50余户生活困难群众捐款达3万元,资助本乡7名贫困大学生完成了学业。

大学是我们立志、明德、成才的关键时期,是人生中最宝贵的财富,大学的学习,在帮助我提高专业技能的同时,也让我看到了"广阔天地大有可为"。这为我毕业后能够返乡创业,用自己的力量带动家乡人民增收致富,将个人成长融入国家发展打下了良好基础。胸怀在基层创业是我大学时的愿望,为新农村建设贡献力量,我感到十分骄傲与自豪。

看看自己有哪些能力潜质,对照核心能力模型,这样你的未来之路就更有针对性。

核心能力模型

项目	要求
学科能力	生物学、化学、地理、信息技术、科学实验等
基础能力	国家通用语言文字使用能力、动手实操能力、人际沟通能力、团队协作精神
社会能力	社会主义核心价值观、人文素养、职业道德、工匠精神和创新创业能力

工作后需要的职业类证书

园林绿化工、园林工程师、园艺师、园林工程预算员等。

进修学习路径

专升本,进修学习专业:农艺教育、园艺教育、农学、园艺、植物保护、茶学、烟草、植物科学与技术、种子科学与工程、应用生物科学、设施农业科学与工程等。

主要就业方向

面向园艺产品生产、加工与经营企业,在园艺产品生产管理、质量控制和加工、经营管理和销售岗位,从事生产、种苗繁育、田间生产试验、储运加工、园艺及农资产品销售等工作。

主要专业能力

（1）具备对新知识、新技能的学习和创新创业能力。

（2）具备独立进行试验设计、田间调查并对调查结果进行统计分析的能力。

（3）具备制订生产计划和撰写工作总结的能力。

（4）掌握园艺植物常见病虫害的诊断和防治。

（5）掌握常见园艺植物种子和苗木的繁育方法。

（6）掌握各种园艺设施的正确使用方法。

（7）掌握常见园艺植物识别的正确方法。

（8）掌握常见园艺植物栽培管理的方法。

撰稿人：乔晓丽　路　毫　袁　娜　麦麦提玉苏普·麦麦提

黄 潜

职　　业：来宾市兴宾区强牛种养专业合作社理事长　来宾市兴宾区黄潜养殖场场长　忻城县黄潜综合养殖场场长

毕业学校、专业：广西农业职业技术学院（现为广西农业职业技术大学）、畜牧兽医专业

从业时间：5 年

我热爱我的工作，

在和牛羊打交道的过程中，

我发自内心地觉得这份工作很有价值，

每繁育好一头优质的牛或羊，我都感到特别的自豪。

我是牛羊繁育小能手

我叫黄潜，我的工作是做优质牛羊的高效繁殖与培育的，是一名通过养牛养羊致富的新农人。我的工作是把牛羊养得肥肥壮壮，以及通过人工授精改良方式培育出优质的牛羊后代，带领家乡群众一起发展养殖业，并给他们提供兽医技术与管理技术支持以及销路，共同脱贫致富。大家都亲切地称呼我为"牛司令"。

高中时期

从小是放牛娃的我，高中时读理科班，立志要成为一名带领家乡养殖户脱贫致富的"牛司令"。

我从小在农村长大，是个名副其实的放牛娃。每当放假回家时，我都要跟妈妈去田地里去山上放牛，或者捡拾草料回家喂牛。我喜欢养牛，因为牛不仅是我小时候的玩伴之一，更是我们家庭经济的主要来源及我的学费的全部来源。每当看到村里的父老乡亲因为缺乏养殖技术而造成收入受损时，我的心情总是沉重不已，我立志要成为一名带领家乡养

殖户脱贫致富的"牛司令"。

高中的时候，我就读于广西来宾市第四中学。高中的课业繁重而复杂，即使我再努力学习，成绩也始终处于中下游。在高二文理分科的时候，我果断地选择了成绩相对较好的理科。

高三的时候，我的成绩不是很理想，存在明显的偏科问题。幸运的是，我遇到了非常负责任的班主任，他不仅关注我的学业状况，还敏锐地捕捉到了我的兴趣点及潜在的职业倾向。在老师的悉心引导和建议下，我参加了当年的普通高等职业院校单独招生考试，并且成绩十分理想，顺利考上了广西农业职业技术学院，就读畜牧兽医专业。

> **职业指南·家长选读**
>
> **畜牧兽医专业需要的知识结构**
>
> 1. 理科为主。对生物学、化学知识的掌握尤为重要。专业涉及养殖以及疾病防治、动物遗传繁育、动物生理、病理及药理等知识，需要记忆基础理论，结合实际问题思考推论。
> 2. 兴趣驱动。喜爱动物，有潜在的职业倾向。动手能力强。最好是有较强的逻辑思维能力和沟通交流能力，更有利于从业者的工作。

高职时期

在恩师的引领下，我养牛的梦想无比坚定，并在学校系统地学习到了牛羊养殖与繁育知识。

2016年9月，我如愿踏入了理想中的大学校门。我甚至等不及上课，便跑到学校的养殖场，去看我心心念念的牛。就是在学校的养殖场，我遇到了我的恩师——覃建基。

在听了我的理想抱负后，覃老师并没有像其他人一样嘲笑我养牛的梦想，而是郑重地拍着我的肩膀告诉我："小伙子，养牛并不丢人，养牛也能闯出名堂来，只要你热爱并坚守，一定会梦想成真的！"从此，覃老师就带领我进入了"牛的世界"，从养牛课程到繁育配种，再到考证、实习都离不开覃老师的引领。他是我的老师，却更像是对我无私关怀的父亲。

班主任陈花兰老师也给了我很多学业和职业规划的引导。3年的高职生活中，我总是早上7点准时进入图书馆钻研养牛知识，放学后又约上志同道合的朋友去养殖场实践学习，晚上11点才回寝室休息。在校期间，我还加入了学校的动物养殖协会，结识了很多志同道合的朋友，也积累了更多的养牛经验。即使放假，我也丝毫不敢松懈。我总是想尽办法让老师帮我牵线搭桥进入牛羊养殖场实习，这不仅让我学习到更多的养牛知识，也让我赚取到读书时的生活费和养牛基金。

大三第一学期我在学校的安排下，和两个小伙伴前往上海光明牧业有限公司实习，在那里我学到了更加先进的养牛知识和技术，并迅速积累了养牛的启动资金。

> **职业指南·家长选读**
>
> **性格探索和职业探索**
>
> 畜牧畜医是个要求工匠精神的职业，孩子最好喜欢钻研与探索，做事情追求精耕细作和精益求精。这一行既考验技艺又锤炼意志，最初要从最基础的专业知识下功夫，无论是动物疾病的精准诊断，还是饲养管理的科学优化，都需要从业者不断学习、深入探索，这个过程是艰辛的，需要孩子激发内在兴趣与成功动力，为未来的职业生涯奠定坚实的基础。

工作时期

创业路上,我遇到了许多贵人,并荣获"第九届中国国际'互联网+'大学生创新创业大赛'数广集团杯'广西赛区选拔赛职教赛道金奖"和"中国国际大学生创新大赛(2023)职教赛道铜奖"等荣誉。

(一)从饲养员到兽医技术员及后备牛主管

2018年12月—2021年3月,我在上海光明牧业有限公司实习及工作。我从基层的饲养员做起,在学习养牛技术的同时积极向公司前辈请教,努力汲取先进的养殖技术,为日后的发展积累经验。

在追逐梦想的道路上,我一刻也不敢松懈,下班之后,我一头扎进了执业兽医资格证的考试当中。无论多忙,每天我都会抽出两个小时的时间做题。我深知只有不断地努力,才能离梦想更近一步。我的努力和工作能力得到了领导的认可,工作一年后,我被提拔为兽医技术员及后备牛主管。

(二)从主管到自主创业养牛,带领乡亲们脱贫致富

2021年4月,在关注到家乡发布的"万才返乡 振兴家乡"人才计划政策后,我毅然决定返乡创业,实现我的养牛致富的梦想。我带着工作后存下的9万元,又向银行借款30万元,成立了来宾市兴宾区黄潜养殖场,成功通过养牛实现自身脱贫致富。

经过一年的摸索,我下定决心扩大规模,带领乡亲们一起养牛脱贫致富。在村委干部和驻村干部的鼓励和帮助下,我成立了来宾市兴宾区强牛种养专业合作社,通过"党支部+合作社+农户"的模式,动员有条件的村民入股,通过产业的转型升级,累计辐射带动115户村民巩固脱贫成果,实现每批肉牛出售每户增收9万元,有力助推了乡村振兴战略的发展。

项目的转型升级及科学的管理模式给我的养牛事业带来了可观的经济效益,我决定向周边的县市扩大规模。于是,经过深思熟虑后,2022年10月,我成立了忻城县黄潜综合养殖场,持续深耕养牛行业,并将业务由原来的优质肉牛的繁殖与培育、技术服务等2项,增值到优质肉牛的繁殖与培育、技术服务、牛胚胎移植服务、肉牛品种改良研究、山羊饲养服务等5项。

(三)校企合作打造创新创业团队

从实习、工作到创业,我一直保持与母校的覃建基、陈花兰、蓝小梅等老师的联系,一起探讨牛羊养殖的相关知识、疾病诊治方案、市场行情、职业发展规划、企业管理等问题。

创业期间,学校的领导和老师们给了我很多的扶持,他们曾多次亲自到养殖场指导,

从中我也积累了很多的人脉和资源。2023年4月，忻城县黄潜综合养殖场与广西农业职业技术大学动物科技学院建立了校企合作关系，挂牌共建校企合作基地。此后，我也多次受邀到母校参加就业创业经验分享会，为学弟学妹们答疑解惑，介绍养殖行业的发展现状，分享我的学习及工作经历，鼓舞他们一定要坚持梦想，并为之不断努力。

在此期间，我也遇到了许多对养牛行业十分感兴趣的学弟学妹们，在学校老师的带领下，我们成立了养牛项目组，专注于牛的养殖管理及北牛南养繁殖技术的研发。期间，我和学弟学妹们共同研究出了"一种牛养殖用饲料投喂装置""一种牧草种植装置"等两项实用新型专利。2023年，在学校老师的指导下，我带领创新创业团队的学弟学妹们参加了第九届中国国际"互联网+"大学生创新创业大赛，荣获"'数广集团杯'广西赛区选拔赛职教赛道金奖"和"中国国际大学生创新大赛（2023）职教赛道铜奖"。

这就是我的职业故事。回望我前面的职业道路，我觉得自己最大的优势是贵人扶持与自己的不懈精进。未来我将在"土专家"这条路上一直走下去，在自己的岗位上，多为畜牧兽医行业创造价值，多培养一些人才，把对畜牧兽医事业的热爱与奉献精神传递给更多的人，让他们感受到畜牧兽医事业的魅力与价值，从而热爱这个行业，更加坚定地走上这条道路。

> **职业指南·家长选读**
>
> **职业上升路径**
>
> 在畜牧兽医这一兼具匠心与创新的行业中，职业生涯的飞跃往往属于那些勇于探索、擅长创造性解决问题的人。从初入职场的新人，逐步晋升为资深兽医乃至行业领袖，这一路的成长离不开对专业知识的深度掌握与持续精进。真正能够在职场上脱颖而出的，是善于思考、勇于创新的人，他们能够敏锐地发现问题，不拘泥于传统方法，创造性地提出解决方案，为行业带来新的突破与发展，成为行业内的专家型人才。

看看自己有哪些能力潜质，对照核心能力模型，这样你的未来之路就更有针对性。

核心能力模型

项目	要求
学科能力	生物学、化学、物理、数学、英语、信息技术等
基础能力	语言表达能力、数学逻辑能力、视觉空间能力、身体运动能力、自然观察能力、自我认知能力、人际交往能力
社会能力	组织协调能力、团队协作能力、适应社会能力、口头表达能力、书面表达能力、心理承受能力、社会责任感

工作后需要的职业类证书

执业兽医、动物检疫检验员、动物疫病防疫员、饲料检验化验员、宠物医师等。

进修学习路径

自考（专升本），进修学习专业：动物医学、宠物医疗、中兽医学、动物科学、动植物检疫、现代畜牧等。

主要就业方向

从事动物疫病防治员、动物检疫检验员、饲养技术员、繁殖技术员、饲养环境调控员、牧场管理员、兽药及饲料的产品研发员、兽药销售员、饲料销售员、宠物医生、宠物美容师、食品安全管理员、动物源性食品检测员等职业，创办养殖场，经营兽药饲料店等。

主要专业能力

（1）具备畜禽品种选择、饲养管理、饲料配制与加工等能力。

（2）具备畜禽常见疾病的诊断与防控能力。

（3）了解畜牧场废弃物的种类、特点及其对环境的影响，掌握废弃物无害化处理与资源化利用的技术和方法。

（4）熟悉畜牧场各类设备设施的使用方法和维护保养技术。

（5）具备市场分析、成本控制、人员管理、财务管理等畜牧场经营管理能力。

（6）具备对畜牧业新知识、新技术技能的持续学习能力，以及运用现代信息技术手段进行畜牧生产和管理的能力。

（7）具备综合实践能力和解决实际问题的能力。

撰稿人：蓝小梅　刘　勇　梁翠玲　黄　潜

唐利军

职　　业：四川职业技术学院食品与生物技术学院负责人、教授
毕业学校、专业：江苏农林职业技术学院、畜牧兽医专业
从业时间：13 年

将论文写在祖国的大地上，
我们身处一个崭新的时代，站在建设新征程的前沿。
农业人，他们是这个时代的答卷者，
他们用辛勤的劳动和不懈的追求，书写着新时代农业的篇章。

建设新征程中书写农业人"答卷"

我叫唐利军，在四川已经工作了 13 年。13 年来，我一如既往地深入到偏远山区的规模养殖场、养殖户和农牧民家中，运用专业的基础理论和技术知识，解决养殖企业和农牧民在畜禽养殖、动物疾病诊疗防治等方面遇到的技术难题，被群众形象称为"田间 120"。工作期间，我获得了 10 项发明专利，发表了 12 篇国家级论文，研究成果多次荣获省市科技进步奖，荣获"全国农牧渔业丰收奖贡献奖""全国乡村振兴青年先锋"和"全国十大杰出兽医"等称号，入选四川省学术和技术带头人后备人选和川中明珠计划。

高中时期

理想信念高于天。虽然在班级中的名次并不总是靠前，但我一直相信，勤奋和坚持比天赋更加重要。

我的家乡在江苏宿迁，读书的时候家境虽然不富裕，但父母一直非常重视我的教育。中学时，我虽然不是班里成绩最拔尖的学生，但我始终保持着对学习的热情。我的理科成绩相对较好，尤其是生物和化学，这让我对生命科学产生了浓厚的兴趣。我喜欢阅读，尤其是关于科学和动物的书籍，常常在空闲时间去图书馆了解相关的知识。我意识到自己对

职业指南·家长选读

畜牧兽医专业需要的知识结构

1. 理科知识是核心。对生物学、化学和物理等学科的兴趣尤为重要。这些学科不仅为理解动物的生命过程提供了科学基础，也在兽医技术和畜牧管理中起着关键作用。

2. 兴趣驱动。对动植物和自然的热爱和关注也是畜牧兽医工作者所需的重要特质。这种兴趣不仅帮助孩子在学习过程中保持动力，也能让他们在未来的职业生涯中更加投入和专注。

自然界中的生命现象充满了好奇。虽然当时并不完全清楚将来会从事哪一方面的工作，但我知道，只要坚持自己热爱的方向，总会找到属于我的道路。

高中时，我的父母以养殖家禽谋生。然而，一次鸡瘟导致家里饲养的鸡全部死掉，学费一下子没有了着落。一家人面对空荡荡的鸡舍，泪流满面。那一幕深深地烙在我的心里，也就是在那时，我立志要当一名兽医。

高考后，我毅然决然地选择了江苏农林职业技术学院的畜牧兽医专业。当时很多人对兽医这个行业不了解，有时还被周边的同学和亲朋好友嘲笑，说到你去读这个大学有什么用，最后还不是回家来养猪，但是我最终还是坚持了自己的理想。

高职时期

江苏农林职业技术学院给我提供了无微不至的关心与关怀。考虑到我的家境，为我提供了助学金并安排了勤工助学岗位。我一边打工，一边学习。所学的专业知识与我中学时期的兴趣一脉相承，这让我在学习过程中感到非常充实和有动力。

在职院学习的日子里，我接触到了很多与实际工作密切相关的课程，其中动物科学和兽医基础让我印象深刻。这些课程不仅扩展了我的知识面，还让我对未来的职业有了更加清晰的认识。

职业指南·家长选读

性格探索

畜牧兽医工作者需要具备多种性格特质，其中耐心、细心和责任心尤为重要。无论是面对复杂的诊断过程还是烦琐的育种工作，耐心都是必不可少的。细心则体现在对动物健康状况的观察和记录上，一个小小的疏忽可能会导致严重的后果。在进行动物疾病处理、执行手术、育种选择时，高度的责任心能确保每一步骤的正确性。此外，畜牧兽医工作者还需要有良好的团队协作能力。

除了课堂上的学习，我还积极参加学校组织的实习项目，这让我第一次真正走进了养殖场，亲眼见证了所学知识在实际操作中的应用。实习经历不仅增强了我的专业技能，也让我对自己的职业选择更加坚定。三年的职院学习，我以优异的成绩完成学业，并被评为优秀毕业生。毕业前夕，为了更好地就业，我参加了多次校园招聘活动，也通过各种渠道了解行业动态。这些经历让我意识到，尽早做好职业规划是多么重要。我顺利找到了与专业对口的工作，为我以后的职业生涯打下了坚实的基础。2008年5月12日的那场地震牵动着每一名中国人的心，也让我在电视上了解到了四川偏远山区的现状。大学毕业后，我选择来到四川偏远山区开展兽医技术服务，旨在为养殖户解决急难愁盼的问题。同时，为了让自己的专业知识水平不断提升，我又相继读了四川农业大学动物医学本科和塔里木大学兽医专业硕士研究生，为我以后的工作提供了理论知识保障。

工作时期

毕业后，毅然离开家乡，来到了更适合养鸡科研的四川山区。这里的条件艰苦，但我有一种不达目的不罢休的勇气和力量。每天，我都会住在鸡舍里，记录、检测、比对，用心血和汗水提升种鸡的纯度。那段时间里，头顶飘着鸡毛，鞋底、裤边沾满鸡粪，成了我的日常。回到家，儿子也会喊我"臭粑粑"，但我知道，正是这份"臭味"背后，藏着对科研的执着与追求。

（一）守正创新谋发展

刚到四川工作时，我被安排在宜宾市兴文县的一个乌骨鸡种鸡场担任技术总监，进行乌骨鸡新品种的培育与研究。这个职业生涯的开始，充满了激情和信心，但也伴随着种种困难和挑战。乌骨鸡在我国具有悠久的历史和丰富的文化内涵，其独特的肉质和营养价值备受关注。然而，传统乌骨鸡存在生长速度慢、饲养成本高等问题。为了解决这些问题，我展开了艰苦的科研工作，研究新的乌骨鸡品种，希望能够培育出更适应市场需求的优良品种。

刚到原种场时特别着急，当时我发现四川山地乌骨鸡品种纯度只有85%，死亡率特别高，并且成年后的乌骨鸡体型较小，因此经济效益也比较低，影响了山地乌骨鸡的发展规模。为了不让山地乌骨鸡品种资源流失，我决定开展乌骨鸡保种选育计划。

乌骨鸡选育是一个复杂的比选过程，要把品质好的留下，品质不好的就淘汰或进一步甄别，如此不断重复试验、记录、甄选。经过3年多时间，我从18个品种的乌骨鸡中选育出了纯种度比较高的乌骨鸡，现品种纯度提升至99.5%，比原始山地乌骨鸡平均每只增重1.2斤，成活率提升5%，产蛋率提升10%，并且原种于2013年重新入选省级遗传资源保种场。

我的科研之路并不孤单。2017年，我牵头组建了一个10人的科研团队，针对四川山地乌骨鸡的综合养殖技术展开了专项研究。在长达6年的蹲守与钻研中，我们取得了丰硕的成果，成功获得了四川省科技进步奖三等奖，并让我们的研究成果得到了社会各界的广泛认可。2018年，我被吸纳为民进大英总支的一员，这让我有了更多服务社会的机会。无论是走在田间地头，为养殖户解决实际问题，还是推动全县的畜牧产业发展，我始终秉持着一颗赤诚的心，力求为大英县的乡村振兴贡献自己的一份力量。

2021年5月28日和2023年3月5日我有幸两次作为一名基层畜牧科技工作者代表赴京，参加两院院士大会、中国科学技术协会第十次全国代表大会和第十四届全国人民代表大会，近距离聆听了习近平总书记等中央领导人的重要讲话。尤其是习近平总书记走进

> **职业指南·家长选读**
>
> **职业探索**
>
> 解决问题的能力体现在面对动物疾病、生产管理问题时，能够迅速做出诊断和给出处理方案。决策判断能力则是在育种、营养调配以及疾病防控等方面，能够基于科学数据和实际情况做出最优选择。实践操作能力则是畜牧兽医职业的核心技能，包括兽医手术、疫苗注射、动物健康检查、实验数据的采集与分析等。此外，管理和沟通能力也是畜牧兽医职业中不可或缺的部分。

会场向我们挥手示意时，我非常激动，也无比自豪。习近平总书记当时在两院院士大会上的一句话说到了我的心坎上，"创新不问出身，英雄不论出处。"作为一名最基层的畜牧科技工作者，我一直为农业科技创新不断努力着，在四川山地乌骨鸡原种场担任技术总监时，我长期住在鸡舍，每天在鸡群中记录着、观察着、检测着、比对着，为的就是不让遗传资源流失，将品种的纯度得到进一步提升。一份付出，一份收获。为了把种业"卡脖子"的关键技术掌握在我们自己手中，我一直在不懈奋斗！这份执着和努力，也终于让我在新品种乌骨鸡的培育上取得了突破，荣获了全国农牧渔业丰收奖农业技术推广成果奖三等奖和四川省科技进步奖三等奖。

在追求科技创新的道路上，我明白，学习永无止境。正是带着这种信念，我决定继续深造，在塔里木大学攻读兽医硕博连读。我希望通过不断提升自己的知识和技能，为畜牧行业带来更多的创新和变革。

（二）为民情怀深似海

在我的人生旅途中，我始终坚信一件事——科技源于生活，也要服务于生活。这种信念在我来到四川大英县后，愈发坚定。刚到这里时，我投入了大量精力在乌骨鸡品种的研发与改良上。我住在养殖场里，和这些小家伙们朝夕相处，研究它们的生活习性、基因特征，希望能够培育出更适合当地环境、产量更高的优质乌骨鸡。

但我很快意识到，仅仅依靠实验室里的研究是不够的。我开始深入基层，与当地的农户们交流，了解他们在实际养殖中遇到的问题和困难。我发现，很多农户虽然勤劳肯干，但由于缺乏系统的养殖技术和科学指导，收益并不理想。为了让农户真正掌握养殖技术，我将自己多年的经验，用通俗易懂的语言、图文并茂地传授给广大农户。牵头创建乌骨鸡科技小院，共组织开展实用养殖技术培训317场，入户指导2425次，培养致富带头人830人，直接带动和帮扶贫困户5780人，实现人均增收13500元/年，牵头引进年屠宰1000万羽家禽屠宰场1处，探索推广"合作社＋村集体＋农户"的养殖模式，带动15个村集体年均收入13万元以上，实现年出栏优质乌骨鸡500万羽。

除了做好推广乌骨鸡养殖外，我还积极研究、推广其他畜禽品种，深入研究黑山羊养殖技术，大力推广发展本地黑山羊等本土品种。提出"政府引导、企业主体"的联合治污新模式，推行"前端节水、中端密闭、末端循环"新标准零排放的养殖环境治理2.0，打造标准化养殖场153处。该成果入选全国生猪复养增养典型案例，成功创建省级标准化养殖场13处。充分发挥互联网优势，提出创新思路，建立畜牧综合管理平台，结合一场一册，实行行业安全、畜牧生产、疫病防控、动物移动、环境保护、无害化处理、医废物处置等全方位纳入综合监管，保障全市畜牧产业健康优质发展，该项成果已成功申报发明专利。

在这个信息化飞速发展的时代，我始终保持敏锐的创新意识。为了提升畜牧业的管理效率，我主导开发了畜牧综合管理平台。这个平台集成了行业安全、疫病防控、环境保护等多方面的功能，通过信息化手段，实现了对畜牧业生产的全方位管理和监控。这个平台不仅提高了政府对畜牧业的监管效率，还帮助农户更好地管理他们的养殖业务，减少了传统管理方式中的盲点和漏洞。正是因为这种创新精神，这项成果已经获得了发明专利，并在全市推广。

回顾在大英县的这些年，我深感责任重大。习近平总书记曾强调科技创新的重要性，我将这一教诲铭记于心，时刻鞭策自己不断学习和进步。在畜牧业的道路上，我将继续探索新的科技手段，帮助农户增收致富，为国家的农业现代化贡献力量。科技创新无止境，而我也将在这条路上，砥砺前行，不忘初心，努力谱写保障国家重要初级产品供给战略基地的崭新篇章。

> **职业指南·家长选读**
>
> **职业上升路径**
>
> 可以根据个人兴趣和专业特长进入不同的领域。最常见的发展路径包括临床兽医、动物育种专家、动物营养师、兽药研发人员以及畜牧管理者。此外，继续教育和职业培训也是职业晋升的重要途径，通过不断学习新知识和技能，保持在行业中的竞争力。

看看自己有哪些能力潜质，对照核心能力模型，这样你的未来之路就更有针对性。

核心能力模型

项目	要求
学科能力	生物学、物理、化学等
基础能力	自然观察能力、身体运动能力、数学逻辑能力、语言沟通能力、人际交往能力、自我认知能力
社会能力	组织协调能力、团队协作能力、适应社会能力、心理承受能力、社会责任感、持续学习能力

工作后需要的职业类证书

执业兽医、动物检疫员、畜牧兽医高级技师、实验动物从业资格。

进修学习路径

专升本，进修学习专业：现代畜牧、动物医学、宠物医疗、动物科学、中兽医学、动植物检疫。

主要就业方向

从事畜牧兽医技术推广、动物疫病防控、畜禽养殖技术指导，养殖场及农牧企业兽医师、技术总监、养殖场场长等，进入科研院所和高校从事动物疾病研究、疫苗研发、养殖技术创新等科研工作或担任教学岗位，进动物医院及宠物诊所、动物产品检验检疫机构等工作。

主要专业能力

（1）熟练掌握常见畜禽疾病的诊断、预防和治疗方法，能够制订合理的疾病控制方案。

（2）具备根据不同动物种类及生长阶段配制营养均衡饲料的能力。

（3）掌握动物的遗传规律及育种技术，能够通过选择性育种提高动物的生产性能和抗病能力。

（4）能够设计和管理畜禽养殖环境，优化养殖条件，减少疾病发生，提升生产效益。

（5）具备进行动物实验和数据分析的能力，能够为科研提供可靠的实验数据。

（6）掌握兽医药品的作用机理、使用方法及药品管理规范，确保用药安全与有效性。

（7）熟悉动物源性食品的安全标准与检验技术，能够参与食品安全管理与控制，防止公共卫生事件发生。

（8）具备将科研成果转化为实际生产技术的能力，并能够有效培训养殖户和技术人员，提升整体养殖水平。

撰稿人：朱晓宜　彭　瑶　赵　彬　唐利军

周升升

职　　业：潍坊周升升观赏鱼有限公司创始人、总经理
毕业学校、专业：威海海洋职业学院、水产养殖技术专业
从业时间：10 年

我们不断选育和创新，
为市场提供更具观赏价值的锦鲤，
不单为企业创造了经济效益，
也为养殖者提供了情绪价值，
我觉得很有成就感。

 我是繁育和养殖锦鲤的人

我叫周升升，现在经营一家锦鲤养殖场，是潍坊周升升观赏鱼有限公司的创始人和总经理。说到锦鲤繁育与养殖，很多人可能会以为我是养鱼的。其实，锦鲤养殖场的工作可分为两大部分：首先是锦鲤繁育，我们选择外形优秀、血统纯正的亲鱼，通过人工授精的方式，培育出数以万计的锦鲤鱼苗；然后在这些鱼苗逐步长大的过程中，淘汰掉没有观赏价值的，选择出表现优异的锦鲤并推向市场。锦鲤的繁育属于技术活，需要苗种繁育工掌握好水质、水温、亲鱼的状态等关键环节，锦鲤的选择要求更高，需要养殖者对锦鲤鱼苗未来的色彩、体型等指标有准确的预判，任何一个环节的失误都会导致锦鲤繁育工作的失败。

我的工作就是繁育出更多优质的锦鲤。在工作中会认识很多锦鲤发烧友，当我通过自己的经验和技术为养殖者解决了养殖问题，锦鲤恢复了活力，他们会特别高兴，发自内心地认可我，这时我会觉得自己的工作非常有意义和有价值感……

高中时期

高中时，我读的是理科班，自幼对生物具有浓厚的兴趣，周末经常一个人跑到河边钓

鱼，一待就是一整天，对鱼儿有种天然的亲近感。我对自己人生的规划：从事自己感兴趣的事业。

我自幼身患侏儒症，身材特别矮小，不足1.4米，身体的缺陷多少让我有点儿自卑。尽管生活总是会给我出各种难题，但我骨子里始终不愿意认命。我总觉得自己不应该放弃，始终坚信"一个人无法改变天生的不足，但一定可以做点什么，去改变自己的人生。"

高中时，我就读于山东安丘的一所普通高中，学习成绩处于班级中等偏上，当时总是想着通过自己加倍的努力争取考上一所本科院校，可惜我那时严重偏科。生物学成绩一直非常好，数学和英语成绩却起起伏伏。高考成绩公布后，我没考过本科分数线，倍受打击。但我并没有一直消沉下去，积极调整心态，去了解高职院校的专业与就业情况。高中时期，我就经常周末一个人跑到河边钓鱼，一待就是一整天，对鱼儿有种天然的亲近感。在高考填报志愿期间，朋友无意间打趣到"你这么喜欢鱼，找个学校去学养鱼吧。"正是这么无意间的一句话点醒了我。

我当时通过上网查找发现，新成立的威海海洋职业学院开设了水产养殖技术专业，恰好是我的兴趣所在，所以我就只报了这个专业，其他志愿都没填报。这一次幸运女神眷顾了我，我顺利考入了威海海洋职业学院水产养殖技术专业，怀揣对水产养殖的热爱与对未来的憧憬，开启了人生的新篇章。

> **职业指南·家长选读**
>
> **水产养殖技术专业需要的知识结构**
> 1. 理工科。对生物学、化学的要求较高，需要对水质指标等内容感兴趣，有较强的逻辑分析能力。
> 2. 动手能力。这个行业技术性较强，动手能力强的人会更易胜任工作。

高职时期

我高度重视实践所学内容，一有机会就会通过实验、实训去验证学到的理论知识，为我后来从事苗种繁育、生产经营和创办企业奠定了坚实的基础。

等真正进入到学校开始专业学习的时候，我才意识到，水产养殖技术专业并非入学前想象得那么轻松简单，这既是一门技术活，又是一门需要脑力和体力相结合的艰苦专业。而我的身高也给学习带来了很多困难，很多饲料和养殖设备我搬不动；养殖水深的地方，其他同学可以直接下水操作，而我因为身体矮小不能下水。自此我就暗暗下定决心，再难的事儿，也不要轻易服输，要一步步踏实把它做好。

一次偶然的机会，与海洋生物系主任刘振华教授的一次聊天彻底改变了我的人生。那是一个周末的下午，刘振华教授把我叫到办公室，给我介绍了一种风靡世界、有水中活宝石之称的观赏鱼——锦鲤，介绍了锦鲤产业的发展及前景，并告诉我一条锦鲤有几十、几百、几千、几万元不等的价格，甚至拍卖会上能拍出几十万元的价格。刘振华教授认为基于我的身体条件，毕业后可以从事锦鲤相关产业的工作。当时我就被震惊到了，一条鱼竟然可以卖那么多钱！从那一刻起，我下定决心，深入了解锦鲤产业和学习锦鲤繁育养殖相关技术。

正所谓"来而不可失者，时也；蹈而不可失者，机也。"自从和刘教授谈心过后，我和锦鲤结下了不解之缘。平时，我积极参加学校组织的各种实验活动与理论知识学习，空余时间就在网上搜索观赏鱼的种类、锦鲤的养殖模式，学习锦鲤育苗及养成的相关知识。"纸上得来终觉浅，绝知此事要躬行。"校园里学习到的知识，最终要付诸实践，才能真正为产业的发展贡献自己的力量。

时间过得很快，转眼就到了企业实习教学的环节。在刘振华教授和李兆河老师的推荐下，我与济南的一家锦鲤繁育企业达成共识，去那里参加教学实习。我非常珍惜这次实习机会，从刷养鱼池塘等最基础的工作做起，逐步成长。因为身体的原因，实习过程中遇到过各种各样的难题，中间也有过失望和悲观，学院的老师经常到企业来对我进行指导和谈心，企业领导对我也是十分照顾，一起实习的同学对我也是很照顾，最终我度过了艰难的岁月。不管实习的条件多么艰苦，工作多脏多累，我都愿意接受，而且尽自己最大的努力好好学习，不断增强自己的技术技能水平。仅仅半年时间，我就对投喂、消毒、繁殖、打包、发货等工作游刃有余。

> **职业指南·家长选读**
>
> **性格探索**
>
> 这是个对实践能力要求很高的职业，孩子最好具有较强的动手能力，学习过程中注重理论与实践相结合。这一行需要孩子有内在兴趣，又有渴望成功的内在驱动力，不怕吃苦，踏实，肯用心琢磨。

工作时期

这份工作是从刷养鱼池塘开始的，心理有过落差，但我迅速调整心态，认为这些基础工作是必须要掌握的。在这个行业里，我做过苗种繁育，也做过养成管理、网络推广。我喜欢不断尝试新的领域，它使我成为更专业的"养鱼人"。

因为实习期间的努力，我对锦鲤养殖场的工作基本上做到了全面掌握，也得到了企业的高度评价和认可。企业希望我能够留下来，从事锦鲤繁育工作，我欣然接受并正式开始了自己的职业生涯。

当我真正毕业走向工作岗位才发现，工作和实习还是有很大的不同的。实习的时候，多是跟在企业老师傅的后面，按照他们的工作安排做一些具体的事情。走向工作岗位后，需要我负责一块内容，工作怎么去做，需要哪些人配合，跟哪些部门沟通都需要我去思考。我毕业后的第一个岗位是苗种繁育。苗种繁育的工作十分烦琐，从亲鱼的选择开始，每一步工作都很关键，我要选择优秀的雌雄亲鱼，并进行合理的配组，这就为繁育出优秀的锦鲤鱼苗奠定了基础，保证锦鲤有纯正的血统。

刚开始做苗种繁育的时候会有老师傅带着，后面就要带着实习生独立完成了。这个过程很煎熬，因为现实中遇到的问题远比实习时复杂得多，每次繁育过程都有着个性化的差

> **职业指南·家长选读**
>
> **职业探索**
>
> 从学校到职场，孩子的角色发生了深刻的变化，实习是这一转变过程的过渡阶段，学校、家长、企业三方应当合作指导学生通过实习顺利完成角色的转变。角色成功转变后，学生在工作中解决问题的能力可以得到全面提升，为后续的职业生涯发展奠定坚实的基础。

异，只能硬着头皮解决，打电话请教老师，翻阅专业的书籍等，利用一切可以利用的资源去解决遇到的问题。这个过程中，我的沟通表达和协作能力都得到很大的提升。

当然，工作中也有非常开心的部分。每当解决一个生产中的难题，我就会进行系统全面的总结，分析问题出现的原因，并记录下来。通过这种方式逐步提高自己的技术技能水平，实现了自身价值，每当这个时候也会十分的开心。

在完整地经历一个苗种繁育周期后，我开始接触锦鲤网上拍卖等销售工作。观赏鱼作为一种特殊的商品，有着多种流通渠道，随着电子商务的发展，网上销售已经成为锦鲤销售的最重要的渠道之一，抖音、快手、微拍堂等平台都可以用来销售观赏鱼。我学习了摄影技术，将锦鲤的照片和视频，上传到相关平台，根据锦鲤的外形表现分级定价后出售。成交后的充氧、打包到装箱邮寄这些基础工作我都亲自动手去做。网上销售锦鲤的售后服务也是很重要的工作，我们要线上指导买家正确地将观赏鱼放养，提高成活率，一旦出现死亡还要跟客户沟通补发、适当赔偿等问题。锦鲤繁育主要还是和鱼打交道，做网上销售对我来说是大的挑战，去和人打交道，提高了沟通协调能力。

后来创业时，我能够比较好地管理公司，都得益于做网络销售——了解不同人的心理，把他们放到合适的岗位上，为企业发展发挥最优价值，这是创业成功的关键。

创业时期

我选择创业做观赏鱼，是因为对锦鲤的热爱。当看到我繁育出的锦鲤走向千家万户，在池塘里自由自在地游泳，内心充满了自豪感。

在锦鲤养殖行业里，大部分人是在公司工作过程中掌握繁育技术和销售渠道后，尝试进行创业。其实这个过程很不容易。在原先的平台工作时，你只是一个螺丝钉，眼里看到的只有自己负责的工作，到创业时，才会发现难度要比想象得大得多。

工作的前两年里，创业的念头一直在脑海中迸发，经过反复思考，我决定尝试创业，开启自己全新的人生。2019年，我凑钱在潍坊坊子开了第一家锦鲤专卖店。第一次的开店，由于社会经验少，又同时面临较大的资金压力、较高的养殖风险、单调的销售手段等问题，使我经历了无数次心灰意冷，但强大的信念支撑我重新启动，最终总结出了电商和线下相结合的销售模式，通过快递运输方式发往全国各地。思路打开后，店里销售越来越好，客户越来越多。

我鱼店销售的鱼一开始皆为外地采购，作为一名水产养殖技术专业的毕业生，心有不甘的我有了一个大胆的想法——自己做养殖，繁育锦鲤鱼苗，自产自销。这个念头一"露头"就遭到了家人的强烈反对。家人认为，我这样的身体状况，做养殖风险太大，万一失败了，多年攒下的一切可能全部付诸东流。而我却坚持自己的想法，决定放手一搏。我深知做好渔场养殖并不是那么简单，因此我经常请教、咨询学校的刘振华教授，学习了很多"实战经验"。

2021年我注册了锦鲤养殖渔场，开始繁育第一批鱼，现有1000平方米的繁育车间1个、培育池塘8个，净水面24亩。观赏鱼是很"娇贵"的，繁育养殖是个需要细心、耐心和毅力的技术活。养鱼关键在水，刚开始由于一时疏忽，水质变化产生连锁反应，鱼突然大批死亡。一次次失败，一次次站起来，跌跌撞撞了几年，从培育各类鱼苗，到根据鱼子的成熟程度选药，按照比例配药，给鱼注射，再到人工授精、催产、孵化等，我成了行家里手。

我一路就这么坚持了下来，从最初小打小闹，赚一点儿钱、搞一点儿建设，滚动式一步步发展到如今，锦鲤渔场占地20多亩，每年繁育十几个锦鲤品种、上百万尾锦鲤，发往全国各地，最远的从山东"坐飞机"到了新疆、云南等地。

作为一名养鱼人，我喜欢这个行业，不仅因为它能带来可观的经济收入，改善家人的生活，更重要的是我对锦鲤的热爱。我给锦鲤发烧友提供了优质的锦鲤，他们会特别高兴，这时候我也实现了自我的人生价值。我们不断地学习和突破，为客户提供更加优秀的锦鲤，满足了锦鲤爱好者对美好生活的向往，我觉得很有意义。

看看自己有哪些能力潜质，对照核心能力模型，这样你的未来之路就更有针对性。

> **职业指南·家长选读**
>
> **价值观探索**
>
> 创业就像登山，要翻越一座又一座的山峰，孩子要树立长期主义的价值观，不急功近利，也不投机取巧，一步一个脚印地走下去，最终会看到山顶的美景。从锦鲤繁育工到独立创业的养鱼人，都需要坚定信念的支撑，当你解决了一个又一个的繁育难题，繁育出优异的锦鲤，为客户提供了情绪价值，一定能赢得客户的信任。

核心能力模型

项目	要求
学科能力	生物学、化学等
基础能力	沟通能力、审美感知能力、学习能力、动手能力
社会能力	抗压受挫能力、团队协作能力、人际交往能力、社会责任感

工作后需要的职业类证书

水产苗种繁育工、水生物病害防治员、执业兽医师（水生生物类）。

进修学习路径

专升本，进修学习专业：现代水产养殖技术、水产养殖学。

主要就业方向

进入观赏鱼苗种繁育、休闲渔业、水产动物保护、水产养殖等企业，从事繁育、养殖、经营管理等工作。

主要专业能力

（1）具有观赏鱼苗种繁育的能力。

（2）具有观赏鱼养殖水质指标检测与调控的能力。

（3）具有观赏鱼疾病的防控、诊断、治疗的能力。

（4）具有观赏鱼养殖用设备的操作与维护的能力。

（5）具有对水产养殖新知识、新技术、新材料、新方法等的学习应用能力。

撰稿人：李兆河　王旌宇　周升升

张 鑫

职　　业：武汉锐进铁路发展有限公司董事长
职　　称：中级工程师
毕业学校、专业：黄河水利职业技术学院（现为黄河水利职业技术大学）、工程测量技术专业
从业时间：18 年

高铁已经成为我们出行的常态化的交通工具，每次坐在平顺的高铁上，想着都有我们测绘在背后的技术支持，尤为感到自豪以及有成就感。

 ## "中国速度"背后的测绘力量

我叫张鑫，我的工作是带人测量高铁轨道，我们一年里的大部分时间都在深山野林的工作一线。现如今，我们虽说不用再背着沉重的水准仪跋山涉水了，但枯燥的工作环境依旧需要极大的耐心和毅力。值得自豪的是整个高铁建设过程中，我们测量队发挥着至关重要的作用，保障各道工序正常运行以及工程质量。简单来讲，中国时速350千米/小时高铁的安全性、平顺性离不开高铁精密测量在背后的支持。

也许你会问："这么高精尖的技术背后一定有顶级的科研团队吧？"下面，我就给大家讲述我的职业经历，一个出生在河南内乡的农村孩子如何在职业院校完成逆袭的故事。

高中时期

高中毕业后，学生有多种技术和职业路径可以选择，这些选择不仅包括传统的手艺技能，还涵盖了现代科技领域的发展机会。

在高中时期，学习上的努力并未让我取得一个满意的成绩。在一所普通高中的普通班，我在大家面前平平无奇，但值得庆幸的是我一直保持对机械的热爱和追求。我利用课余时间阅读了许多关于机械原理、机械设计的书籍，并通过互联网了解机械技术和发展

> **职业指南·家长选读**
>
> **工程测量技术专业需要的知识结构**
> 1. 理工科。具有扎实的科学文化基础和工程测量、地形图数据采集能力。
> 2. 具有编辑处理与制图及相关法律法规等知识,具备工程施工控制网和变形监测控制网的布网、施测、数据处理等能力的人更容易胜任工作。

的前沿,每当看到兴头上,都会痴迷到难以入眠,家里的小电器我也是拆拆装装了十几次。这样的结果就是我的学习成绩严重偏科,我的理综成绩在班上名列前茅,但语文、英语却怎么学都学不进去,按照这个状态考个普通大学也得看临场发挥了。在和父母进行再三沟通后,我决定去追寻我的爱好,去一所职业院校,学一门职业技能。

后来听一个表哥说测绘专业可以在野外勘测,拿着测绘机器全国转,还可以看到很多稀奇的动植物。高考结束后,我顺利地被黄河水利职业技术学院工程测量技术专业录取,学校的这个专业在全国也是榜上有名的,我的激动之情溢于言表,几天后才慢慢平息下来,去规划自己的大学生涯。

高职时期

我踏入大学时,就对自己说,"一定要努力成为一个优秀的人。"于是开始了自己忙碌的大学生涯。

正是有了这样的执着信念,我在大学里不断学习,不断进取,最多的时候身兼三职,班级宣传委员、辅导员助理、学生会干部,在完成所有工作的同时,我将剩余的大部分时间都投入到了自己的兴趣中,大一、大二期间参加多项技能大赛并多次获奖。除学习测绘专业知识及软件知识外,还自学了平面设计软件和管理知识。机会总是留给有准备的人,2004年,正读大二的我从老师那里获悉,学校在鼓励推动学生创新创业方面推出一系列"大招":学校出资为一些有创业想法的学生提供资金基础,打造学校的众创空间,发布了有关创新创业的一系列激励性文件。得知这一好消息后,我毅然向学校报名,成立了自己的创业工作室,我的创业梦就此开启。

> **职业指南·家长选读**
>
> **性格探索**
> 工程测量技术专业讲究耐心,孩子性格中最好有细致、冷静、踏实的一面,如果喜欢独立思考,会是很好的加分项,毕竟很多工作都需要创新。

想到对专业的喜爱和当时的就业压力,有时我还是充满焦虑,经过一年时间的磨炼和实践,总觉得自己做得还不够好,专业基础还不够扎实。于是又报名参加学习建筑信息模型系统(BIM)培训。虽然忙碌,但也甘之如饴的享受着。用奋斗的青春让自己的道路之路变得更美好,也为创业之路埋下了坚实基础。

工作时期

工作中我大部分的形象都是扛着沉重的测量设备和脚架,到达测量点,放平稳,全神贯注地观测,读取数字,认真记录,然后再快步前往下一个测量点。

（一）初来乍到

毕业后到单位的第一个项目就在新疆的无人区，后续项目也大多数是在深山野林里。工作后的第一年，背着水准仪，走了200多千米。除了白天的辛苦工作，晚上还得在专业上充电，学习规范，记录了厚厚的一本笔记。拿到进口电子水准仪时，还要研究英语说明书苦练一番。甚至还有因为出差期间过度劳累，严重肾积水致使昏迷被抢救的危险经历。

在这么艰苦的工作下，当时的工资也只有每月1000多元。支撑我的并不是工资，能学习到本领，能不断实践并提升自己、充实自己才是最重要的。

（二）自主创业

在武广高铁的无砟轨道将要启动时，CPIII（基桩控制网）测量技术正制约着项目开工，该项技术国内基本没有有经验的单位，只有个别铁路设计院有点儿理论知识。

面对市场空白以及需求，我感觉到这是一个机会，便开始大量阅读CPIII测量技术的设计书。经过3天的连续奋战和3遍的反复测量，提交测量报告，并通过验收，成为第一段由中国人自己人测量整网平差并应用于高铁的CPIII的案例。

此时正值国家铁路大发展时期，全国高铁建设全面开花。我想这也许是一个绝佳的创业机会，如果失去了，就再也不会有了。经过深思熟虑，我辞去了年薪20多万元的工作，开始创业。公司取名为武汉锐进铁路发展有限公司，锐进取之于锐意进取。

> **职业指南·家长选读**
>
> **职业上升路径**
>
> 在职场上进步最快的总是那些擅长创造性地解决问题的人，工程测量行业同样如此。多学习新鲜事物，多提问，多思考，提高行动力和执行力；多与行业前辈交流，学习先进的管理手段；多试着分解和分析成功的业务流程和体系，学习更多的行业知识和前沿技术。这样的你在职场上一定能收获成功。

（三）机遇挑战

从自己干变成带团队干，从技术转变为创业者，不仅仅是自己会干、能干，还要发展团队，培养人才，同时还需要拓展市场。因为工程测量的环境非常艰苦，能坚持下来的人很少，所以当时在发展团队中，一直秉承"英雄不问出处，不拘一格用人才，发展人才"的理念。目前在公司分管项目的副总经理，就是在此期间培养起来的，一位是之前在码头做过搬运工，一位是厨师，通过十多年时间，逐步成为高铁精密测绘行业的专家。但是在当时，没有任何测绘理论基础，需要耐心传帮带，当然更重要的是他们个人的学习钻研精神和领悟能力。

创业以来，无论外部环境的如何变化，公司一直足额、准时发放工资，让员工没有后顾之忧。回想起来，也正是这种患难与共的经历，让公司形成非常强大的凝聚力和战斗力，为公司发展提供永动力。

这就是我做工程测量的故事。用科技的力量让世界变得更美好，常寄语有志于创业的同学们，人生没有随随便便的成功，只有通过自己的努力付出，吃苦耐劳，才能创造出属于自己的辉煌！多年来创业的经历告诉我，行业的选择往往是最重要的，没有最好的，只有最适合的。找到自己真正感兴趣的东西，明确目标，并拥有在那条路上走下去的信念，将来的你就会更从容、不被动。

看看自己有哪些能力潜质，对照核心能力模型，这样你的未来之路就更有针对性。

核心能力模型

项目	要求
学科能力	数学、物理、信息技术、劳动实践等
基础能力	运算能力、观察能力、动手实验能力、表达能力、数学逻辑能力、学习能力
社会能力	团队协作能力、社会适应能力、沟通能力、心理承受能力、创新能力、社会责任感

工作后需要的职业类证书

注册测绘师、一级建造师、二级建造师、造价工程师、中级工程师、ASFC（中国航空运动协会）、AOPA-China（中国航空器拥有者及驾驶员协会）等。

进修学习路径

专升本，进修学习专业：测绘工程技术、地理信息技术、导航工程技术、遥感科学与技术、地理信息科学、测绘工程。

主要就业方向

面向工程测量工程技术人员等职业，工程测量、无人机摄影测量等技术领域。

主要专业能力

（1）具有扎实的科学文化基础和工程测量、地形图数据采集能力。

（2）具有编辑处理与制图及相关法律法规等知识。

（3）具备工程施工控制网和变形监测控制网的布网、施测、数据处理等能力。

（4）具有工匠精神和信息素养，能够从事勘察设计、工程施工、竣工验收、运营管理阶段的工程测量与变形监测等工作的能力。

（5）具有测绘项目技术设计、总结与管理的能力。

（6）掌握测绘地理信息法律法规等相关知识，具有依法依规工作的能力。

撰稿人：万 博 高 川 张 鑫

李 琦

职　　业：金川集团股份有限公司龙首矿井下凿岩台车高级技师

毕业学校、专业：兰州资源环境职业技术学院（现为兰州资源环境职业技术大学）、金属矿开采技术专业

从业时间：12 年

日复一日，年复一年，

在千米井下作业面凿岩钻孔，

我的青春都奉献给了镍矿开采事业。

在平凡的工作岗位上，我的人生也绽放了别样精彩。

我是祖国镍都的采矿人

我叫李琦，我是祖国镍都金昌市龙首矿采矿二工区的一名凿岩台车司机，每天在千米井下掌子面进行凿岩、爆破、出矿，和凿岩台车、选矿机、矿运电机等大型凿岩机械设备打交道就是我的日常。自 2011 年从兰州资源环境职业技术学院金属矿开采技术专业毕业，来到金川集团股份有限公司就下了矿井，这一干就是 10 多年。

如今，我是一名高级技师，负责攻关生产线上关键设备、开采技术上的棘手的疑难杂症。在条件艰苦的井下探索、创新、坚守是非常单调、枯燥和乏味的，当然，也是这份平凡的工作给我带来了许多人生的高光时刻，在 2018 年全国有色金属行业技能大赛"金诚信杯"技能竞赛中获得了第七名的成绩，也先后获得"甘肃省五一劳动奖章""甘肃省技术能手"、集团公司"劳动模范""杰出青年岗位能手"等荣誉称号。从一个农村大学生到公司最年轻的高级技师，再到拥有以自己名字命名的工匠创新工作室，再到成为传授技艺的矿上职工教育培训兼职教师，在身份不断地更新中我也逐渐找到了自己的人生价值。

高中时期

我很幸运自己在高考失利的情况下顺利录取到自己喜欢的专业,也很感激父母开明,抛弃了对读高职的偏见,从尊重我个人兴趣和考虑未来职业规划的角度去审视读高职这件事,让当时的我做出了适合自己的选择。

我在定西的农村长大,和大多数农村孩子一样,没有玩具,父母也没有闲钱给我买玩具。买不起,那就自己做,从那以后,自己动手做玩具就成了我童年的一大趣事,火柴盒、瓶盖、硬纸板,在我的一番拼凑下玩具车就成型了,我的童年就是在琢磨各种各样的新玩意中度过的。打小我还喜欢钻研机械设备,一上手就着迷,时常把家里的小电器拆了又原封不动地装回去,丝毫不影响电器正常使用,我觉得很有成就感,就拆了装,装了拆……

中学时我最喜欢的学科就是物理,尤其喜欢跟机械和电路有关的部分。因为喜欢物理,物理成绩在班里就名列前茅。高二时文理分科,因为物理成绩相对稳定,其他学科成绩却起起伏伏,偏科很严重,文科需要背诵的东西比较多,我又不擅长背诵,因此就坚定地选择了理科。

> **职业指南·家长选读**
>
> **金属矿开采技术专业需要的知识结构**
>
> 1. 理工科。对物理的要求较高,需要对电、机械等内容感兴趣。
> 2. 兴趣驱动。喜欢并擅长拆装物件、动手能力强的人会更易胜任工作。

高中3年,我跟普通高中生一样按部就班地上学、参加高考,但是因为严重偏科,我没有考出理想的分数,甚至没有考过本科分数线。高考填报志愿时,我通过老师和亲戚朋友了解到兰州资源环境职业技术学院的金属矿开采技术专业非常强,是全省数一数二的特色专业,就业也不错,恰好和我长久以来的兴趣对口,而且甘肃省有很多与矿产开采相关的公司企业,以后就业前景肯定不错,所以我当时就报了兰州资源环境职业技术学院金属矿开采技术专业并顺利被录取。

高职时期

专业课、专业选修课、课程设计、上机操作,各种各样的新东西围绕着我,太多对未知事物的向往驱使着我想要汲取更多的知识,每天泡在图书馆、教学楼、实训室成了我的日常。偶尔去别的专业蹭课也让我收获颇多。

满怀对未来的憧憬,我开启了我的高职生涯。进入学校,经过一段时间的学习和了解后,我欣喜地发现学校的课程设置十分丰富。我这个专业不仅要学习采掘机械、地质学开采原理与开采设计等课程,还要学习测量学、工程力学等与工程相关的课程。在开设的所有专业课中，我对工程力学情有独钟。这门课需要一定的物理基础和动手能力，恰好我具备这两项能力，学起来也就如鱼得水。在学习过程中遇到不懂的地方，我就去图书馆翻看工程力学方面的书籍；教材里有搞不明白的实验，我会去实训楼进行验证；课堂上消化不了的知识，就及时向老师请教。反复学，反复实验，每次工程力学课程的考试，我都拿到了满分的成绩。

除了基础理论，实训课也是我喜欢的课程之一。初次来到实训楼，我就被实训楼里各式各样的实训设备深深吸引。置身在为采矿专业专门建造的仿真矿井，那感受真实极了！当时我就暗下决心，一定要把专业技能提高起来。然而在后来的实训课中我也确实做到了，认真听老师讲解各种设备，注重将理论知识在仿真矿井应用实践，把专业技能实实在在地学到了手。

令我印象深刻的是大二时，学校开设了金属矿地下开采技术课程，也是我们专业最核心的一门课程。初次来到见习基地的采矿作业现场，真真切切地见到了平时很难接触到的大型井下机械设备，它们是怎么安装到深井里的？彼此是怎么连接的？怎么开始作业的？这一切都让我既欣喜又着迷。从那以后，只要打听到学校里有人要去作业现场，我总会想方设法地跟去学习钻研，把心中的疑云一一解开。纸上得来终觉浅，亲自上阵操作一番我才觉得真真正正地把知识学到手了。大三最后一学期，学校组织前往白银矿山参观，我第一次亲密接触到了采矿作业的露天老坑，使我震撼许久。偌大的采矿作业现场，轰隆运作的大型运矿电机车，来来往往的大型选矿机械，所有的一切都让我眼前一亮。从那以后，我也就愈加坚定了自己的职业选择，下决心一定要去矿山发挥所学、建功立业。

毕业那年，学校里来了很多招聘的企业，我的专业也是就业市场上的"香饽饽"，在众多的企业中，我选择了甘肃知名大型国有企业金川集团股份有限公司，经过投简历、层层选拔，最终顺利入职。

> **职业指南·家长选读**
>
> **性格探索和职业探索**
>
> 这一行最初要从最基本的实操技能开始训练，不断动手，形成肌肉记忆。这个过程是艰辛的，需要孩子有内在兴趣，又有渴望成功的内在驱动力。同时最好耐得住性子，能够重复单调乏味的工作，有吃苦耐劳的一面。
>
> 这是个要求工匠精神的职业，孩子最好喜欢钻研，善于发现新事物、接受新事物，有强大的内核驱动力，敢想敢干，敢为人先。

工作时期

凭借着一股钻研劲，我成长得很快，从学徒到技术骨干，再到公司最年轻的高级技师，又到创新达人，完成了从学生到产业工人的华丽转变。

（一）从学徒到技术骨干

2011年7月，满怀憧憬来到金川这片沃土，我正式入职了。我的岗位是凿岩台车操作员，从学徒开始，整日跟着师傅学习操作凿岩台车和采矿技巧。还记得第一次从井上矿口到千米井下掌子面，需要和工友排队坐半小时的闷罐车才能到，从眼前的明亮到中段的一片漆黑，对于第一次坐闷罐车的我来说是长时间处于狭小黑暗中是一次不小的挑战，但是到达井底见到凿岩台车那一刻，就像在科幻片中看到的变形金刚一样，拖着两个长长的机械臂，简直酷极了。

熟悉完大概流程后就要开始独立操作了。这个过程很煎熬，因为独立操作时遇到的问题远比有人带着操作时复杂得多，书上学到的知识也并不能完完全全和实际相结合，要成为眼前这个"变形金刚"的驾驭者，就只有硬着头皮想办法解决问题。比如翻开课本研究，打电话请教师傅等。每次下到现场，记录下每一个环节出现的问题，再寻找解决方案，再实践成了我这个初学者的必备流程了。不断地请教、交流、钻研，在这个过程中，我的沟通表达和协作能力也都得到很大提升。

短短3个月后，我完全掌握了凿岩台车的操作技能和要领，可以娴熟地独立操作机械了，在作业现场偶尔还能为工友们指点一二。凭着这股钻劲，我成长得很快，那时已经成为班组里的骨干力量，同时也是同一批入职职工中最先实现独立操作的学徒，完成了从学生到产业工人的华丽转变。

（二）公司最年轻的高级技师

工作中，我的专业能力得到了同行和同事们的肯定。2015年，我报名参加了每两年举办一次的全省技术比武。那时，我早早开始做准备。上班时间，抓住一切练习实操的机会提升操作水平。空班时间，收集比赛相关的各类资料进行理论学习，广泛涉猎相关知识。我时常待在公司的实训基地反复练习，提升自己的耐力和抗压能力。功夫不负有心人，在那次比武中，我获得了第一名的成绩，实现了公司年轻职工中这个奖项"零"的突破，我也因此荣获"甘肃省技术标兵"称号，赢得了各方高度肯定，也完成了从中级工到高级技师的转变，成为全公司当时最年轻的高级技师。

（三）创新达人

在日常工作中，我总是会想，有没有什么创新可以让工友们更安全轻松地作业，或者有没有办法能更加高效地完成生产指令，我提出了很多这样的问题。后来一些工友跟我说，想要创新就要获得专利，就得做出新东西来。但是在我看来，作为一名矿工，创新就是一种精神，一种敢想敢干的精神，拥有善于观察、发现问题、解决问题的能力也是创新。

在一次开采作业现场，撑起凿岩台车支撑的缸钛管又出了故障，现场开采作业就不得

职业指南·家长选读

价值观探索

一个有目标、对自己有要求的人，一定有内在的价值观为驱动力，比如强烈地渴望实现自我价值、渴望成功等。在李琦的身上就可以看到他没有因为高考失利而堕落，而是始终追逐自己的兴趣爱好，敢想敢做，敢为人先，坚定理想信念，脚踏实地学习本领，提升自己。

不全部中止。钛管在开采中若遇到硬度超强的岩石或者操作不当就特别容易损坏漏油，而且每次维修难度巨大，既耗时又费力。每每这时，我就想有没有可能换一种结实又耐用的管道也能正常进行开采作业，有了这一想法后我就大量查阅凿岩台车的构造原理，广泛地去咨询修理人员其他公司有没有更换钛管的先例。经过反复考量，我将把钛管换成普通油管的想法告诉了维修人员。事实证明，我的判断是正确的，钛管换成普通油管后，机器故障率降低了，开采效率也没有受到影响。从那以后，公司井下所有车辆都全部完成了改造。

就这样，我在工作中帮公司解决了不少生产设备上的难题，提出了不少改善方案。在工区研发井下洒水车时，由于井下路面颠簸，洒水机难以固定，致使洒水机油底壳被固定螺栓磨穿，洒水机直接报废。因为油底壳被磨破就报废一辆洒水车，成本太高了。为了解决这一难题，我想到了一般机械设备都会加上缓冲或减震装置，不妨也试试给固定螺栓加一个缓冲装置。公司领导听取了我的建议，给洒水机固定螺栓上加装橡皮缓冲垫，固定难的问题迎刃而解。此外，作业现场的众多设备都在我的建议下纷纷做出调整。开采工在开采作业的深井里经常一待就是几个小时，一天下来所有人都腰酸背痛，深井里的工作环境也相当恶劣，有时候会觉得呼吸困难。为此我牵头成立了"井下六立方铲运机空滤清理空气净化装置"项目，我先考量井下的通风环境，分析井下作业的铲运机的工作步骤，然后利用专业的软件绘制装置的三维构架图，开模做出实物，进行组装调试。经过反反复复的修改、实验，这个装置终于研制成功，并投入井下使用，大幅改善了井下作业的条件，让井下作业更安全高效。

如今，我在工作岗位上越来越得心应手，不单单是因为我脑子里总会有一些奇思妙想，还因为我是一个比较爱钻研和善于总结的人。在问题得到解决后我总要将各个环节复盘一番。在凿岩过程中经常遇到断钎、钎尾连接套和钎尾损坏的故障，每遇到其中的一项故障，就意味着将废掉一个130多元的钎头或者一根1500多元的钎杆。所以在经历过几次故障后，我总在想我应该怎么避免这样的情况再次发生。在其他工友凿岩作业过程中，我蹲在凿岩机旁观察细节的变化，最终练就了一双"千里眼"和"顺风耳"，通过凿岩机机头喷出的水流和凿岩机发出的声音，就能准确判断故障出在哪里。

工作十年后，公司成立了以我的名字命名的"李琦工匠创新工作室"。工作室的成员都是单位业务拔尖的核心骨干，我带领他们进行技术攻关，千米井下闷热的掌子面成了我和工友们施展才华的舞台，每作业一个循环，大家就聚在一起研究琢磨岩石的变化，讨论该如何去凿岩才更高

职业指南·家长选读

职业上升路径

在职场上，成长最快的一定是那些擅长创造性地解决问题的人，工匠型的行业同样如此。从新人到技术领头人，既需要吃透理论知识，还要钻研工作中的每个细节，善于思考，只有擅长发现问题、创造性地解决问题的人，才能脱颖而出，成为职场上的专家型人才。另外还要塑造爱岗敬业、艰苦创业的品质和良好的工程职业道德，拥有这些品质在工作中也能快速获得认可和晋升。

效、更省力。历时半年，我们这个年轻团队就总结出了"提高台车作业效率和单炮进尺的先进操作法"，将原本保持了七八年的两米三进尺突破到两米六左右，大大降低了采矿成本，也减轻了工友们的劳动强度。

"一枝独秀不是春，百花齐放春满园。"我从一名操作手成长为凿岩台车能手，也成了矿上职工教育培训兼职教师。这些年来，在我培养的技术工人中，已经有多人获得了晋升成为公司的"技术能手"，也在各类比赛中取得优异成绩。面对井底艰苦的工作环境和日复一日单调乏味的工作；有的年轻工友逐渐失去了信心，但我想说的是，不妨把井下作业当作一次次"寻宝"，相信每一次作业你都会有新的发现。

回望我的职业道路，我觉得自己最大的优势就是"钻"，什么事都要往里面钻一钻，往深了去探一探。未来我还是想在工匠这条路上踏踏实实地走下去，在自己的岗位上，多为企业创造一些价值，多培养一些人才，把工匠精神传递给更多的新人。

看看自己有哪些能力潜质，对照核心能力模型，这样你的未来之路就更有针对性。

核心能力模型

项目	要求
学科能力	数学、物理和化学等学科能力；制图、运算、实验、工程设计等专业学科能力。
基础能力	空间想象能力、实践操作能力、创新能力、解决问题的能力、组织与管理能力、持续学习能力
社会能力	团队协作能力、组织协调能力、沟通交流能力、社会适应能力、应对危机与突发事件的能力、心理承受能力、社会责任感

工作后需要的职业类证书

技师、高级技师、矿井开掘工、井下采矿工、矿井通风工、矿山安全监测工、矿山检查验收工等。

进修学习路径

专升本，进修学习专业：智能采矿技术、智能采矿工程、采矿工程、安全工程等。

主要就业方向

进入矿业公司、设计研究院、政府部门及相关企业，从事矿产资源开发、矿山设计、矿山灾害预防、工程技术、生产管理监察等工作。

主要专业能力

（1）具备对新知识、新技能的学习能力和创新能力。

（2）具有爱岗敬业、艰苦创业的品质和良好的工程职业道德。

（3）具备矿山采掘工程施工组织管理、采矿生产组织管理的基本能力。

（4）掌握爆破、掘进、采矿、矿石运输、矿井通风等基本理论和工艺方法。

（5）掌握采区开发、矿体开采、巷道开拓单体工程设计方法。

（6）掌握矿井通风防尘、矿山安全以及矿井灾害预防等技术。

（7）掌握扎实的矿山开采方法与技术、矿山压力及岩体工程监测、矿山灾害预防及应急救援等技术，了解固体矿产资源开采技术的前沿及发展趋势。

（8）具有质量意识、环保意识、安全意识和法律意识。

撰稿人：李　娜　冯小东　牛慧慧　李　琦

蜕 变
职校生的华丽转身

蜕变：职校生的华丽转身

生物与化工大类
轻工纺织大类
食品药品与
粮食大类
医药卫生大类

每一个故事,都承载着沉甸甸的青春岁月,刻录着不平凡的成长历程。我在这些主人翁身上,或多或少看到了自己的影子,细细品来,感受良多。工作30载,赶上了好时代。作为技能人才,我在企业搭建的平台上施展抱负,在石化发展中实现了自身的价值。在此,祝愿每一位职校生谋划好自己的职业生涯,立足专业,只争朝夕,出彩人生。

毕业于兰州石化职业技术大学
茂名石化首席技师
中国共产党十八大、十九大代表,第十三届全国政协委员
"全国优秀共产党员"获得者,"全国五一劳动奖章"获得者
"中华技能大奖"获得者,"全国技术能手"获得者
全国能源化学地质系统"大国工匠"

毛文平

职　　业：青岛海湾化学股份有限公司苯乙烯厂工段长
毕业学校、专业：青岛职业技术学院、应用化工技术专业
从业时间：14 年

化学拥有神奇的魔法，不同的物质相互碰撞，
就产生了新的物质。
外卖餐盒、杀灭病毒的消毒液……
这些日常生活中随处可见的物品都是我们施展魔法的结果。

技术赋能高端化工产业——我是新时代的化工人

我叫毛文平，是一名 80 后现代化工企业生产线管理者，我的工作是将化工原材料转化为聚氯乙烯、苯乙烯等基础化工产品，这些产品将被制成日常生活中用的消毒液、塑料和泡沫制品等。我负责苯乙烯生产线的管理，制订计划、组织生产、将产品交付客户，我是化工操作"技术能手"，也是集团技能标兵。这份工作给我优厚的收入，也满足了我对职业成就感的追求。现在，我在美丽的青岛安家，凭海临风，我对当下的生活由衷地感到满足。从业 14 年，我有幸见证了化工行业的华丽蜕变，从高能耗、高污染到低碳环保、绿色清洁，我也从一名大学生成长为企业一线的管理者。

现在，我带你们走进我的成长故事。

高中时期

或许和大多数男孩子一样，我对于数理化的兴趣较其他学科要浓厚得多，也正是这种兴趣促使自己选择了现在的工作。

我是一个"慢热"型的学生，高一文理分科时对自己未来的发展毫无概念，考虑到一直以来的数理化优势，我毅然选择了理科班。高二时我幸运地结识了最好的学习搭

> **职业指南·家长选读**
>
> **应用化工技术专业需要的知识结构**
>
> 1. 理科为主。选科最好为化学、物理，需要有较好的化学、物理基础。核心科目是四大化学：无机化学、有机化学、物理化学、分析化学。
> 2. 兴趣驱动。对物理、化学感兴趣，有较强的动手操作能力更有利于将来职业的发展。

档，我们同一寝室，早自习我们比赛谁最早到达教室，晚自习我们又相约最晚离开教室，我们互相激励、互相竞争，第一学期，我的成绩由班级第35名提升到了第11名，物理、化学两科更是多次获得月度考试状元。

高考填报志愿时，考虑自己对数理化的兴趣及动手能力较强的特点，我和父母一致选择了青岛职业技术学院应用化工技术专业。这个专业是国家级重点建设专业，学校师资力量雄厚，毕业生很抢手，收入也很可观。就这样，我选择了喜欢的专业。

我的高中过得很顺利，也有一些遗憾。如果能重来一遍，我想把化学、物理知识学得再扎实一些。对自己兴趣的探索可以更深一些，比如操作物理、化学相关实验。实验时的那种"兴奋"，正是匈牙利著名心理学家米哈里·契克森米哈赖提出的"Flow（心流）"状态，沉浸的、痴迷的、乐此不疲的从事一项工作，那正是我的早期兴趣所在。

高职时期

我是首批"校企合作班"的优秀学员，能吃苦、善思考、爱请教，不服输的我提前锁定管理岗位。

2006年我考入青岛职业技术学院，进入"校企合作订单班"，当时应用化工技术专业只有37人，毕业生供不应求，根本不需要担心就业的问题。

我的课程以"四大化学"为基础，也学习仪器仪表、化工操作、制图等内容。我们经常跟着老师在化工实训设备上实操训练，监控化工设备的模拟运行。很多老师有着在企业丰富的工作经验，其中不乏从企业聘请的"技术能手"、"首席技师"。我是山东省化工行业首席技师逄淑美的第一批高职徒弟，跟随老师，我学到了扎实的专业技能，培养了良好的职业素养。

大三实习，我被分到了环境"较差"的石灰车间，扬尘、噪声、工作强度大是它给我的初印象。这和我所想象的工作环境简直是天壤之别，我暗自下定决心要勇敢地去挑战并战胜这些困难，完成身份的转变。本着"干一行、爱一行"的想法，在这里，我认识了石灰窑、刮板机、鼓风机、螺旋运输机、化灰机、干粉磨机、卷扬机等"老牌设备"。我知道要想适应或者胜任这项工作，要从培养对它的兴趣开始，没有操作方法的参考，那就自己找。为了实

> **职业指南·家长选读**
>
> **性格探索**
>
> 化工讲究规范、细致、认真，如果孩子性格中有细心、稳重、规范意识强的一面会更加适合，性格内向在化工岗位甚至有一定的优势，如果有不服输的韧劲和毅力更是锦上添花。

现工艺流程的串联往往一层楼、一台设备要往返多次，从那时候开始我就养成了走到哪记录到哪的习惯，从设备规格名称到性能参数，做到知其然，更要知其所以然。正是凭着这股不服输的劲头，我只用了一年的时间，实现了石灰车间3个岗位的独立操作。凭借优异的表现，实习期末，我被选定为生产部调度员，晋升为管理岗位。

工作时期

我很喜欢自己的工作，工作越有挑战我越觉得兴奋。站在化工总控中心巨型显示屏前，看着数千条闪烁的数据缜密运行，犹如我指挥的千军万马，内心常常难以平静。

（一）从实习生到主调度员

经过半年的实习，我由一名实习生成长为生产部副调度员。从车间操作工到组织十几个部门协同"作战"的调度员，新岗位对我来说是一个挑战。

调度员技术过硬是基本要求。我穿梭于各个车间跑流程、理设备，我的宿舍距离公司不足2公里，只要热电锅炉的烟囱一冒"黑烟"，我就会起身赶往公司。很快我就因为工作认真负责、业务能力强，在年底评优时获得领导的高度认可，成为年度优秀员工。

调度员还需要良好的人际交往和人员管理能力。从业之前我的性格有些羞怯、内向、不自信，就连大二时期普通话考级的朗诵过程我都会汗流浃背。在那个时期，调度岗位辛师傅对我的帮助是最大的，从接听各车间岗位及骨干人员电话了解生产状况，到主动传达生产指令，最后到带领团队获得生产竞赛的第一名，在辛师傅的"硬逼"下，我变成了一个开朗、热情、称职的调度员，也得到了公司领导的一致认可。26岁那一年，我晋升为公司最年轻的主调度员。

（二）青岛海湾化学股份有限公司苯乙烯厂工段长

2015年，为实现产业转型升级，公司合并重组，一个新的绿色化工时代到来了。我毅然接受挑战，前往青岛董家口港区，由无机化工转战有机化工。我在天津大沽化工股份有限公司进行了7个月的学习，白天克服严寒，仔细梳理现场的每一条管线，晚上趁热打铁画PID流程图。学习结束回到青岛，公司将装置最复杂的工序交给了我，按照公司统筹安排，装置进料投产时间处于冬季最寒冷的时间，环境温度最低至-15℃，这无疑加大了开车难度，因为原料苯的冰点是5.5℃。我们一边落实1000多条管线的防冻措施避免原料

职业指南·家长选读

职业探索

应用化工这个行业对化学要求较高，适合热爱化学工程、喜欢动手操作的孩子就读。培养能在化工、炼油、冶金、能源、轻工、医药、环保和军工等部门从事技术开发、生产技术和管理等方面工作技术技能型人才。孩子毕业后可以从事化学原料、化学工程、化学制品等方面的工作，也可以从事石油化工原料、石油化工工程、石油化工制品等方面的工作。

职业指南·家长选读

职业上升路径

应用化工是个相对枯燥的行业，需要耐住寂寞扎根厂区，需要往返穿梭于各种设备之间，只有不断实践打磨技术，抓住可以提升自己的机会，不断向前，才能成长为行业中的佼佼者，毕竟机会只会留给有准备的人。

冻堵，一边组织点炉、大机组启机、反应器/精馏投料等开车工作，最终我带领团队克服重重困难，让装置一次性开车成功，这在整个行业里也算是一个小小的奇迹，这也是我工作中难忘的"第一次"。我每天穿梭于装置现场，由于技术过硬、操作熟练，我也成为苯乙烯工段的工段长。在大家的共同努力下，我们的产品上榜了首批"好品山东"品牌名录，企业的品牌影响力也得到了提升。

（三）工作的成就感

化工工作在充满挑战的同时也别有一番趣味，看似远离生活的化工行业，实则时时刻刻为我们提供着日常所需，我们的衣食住行，每一件产品都包含着化工的影子。如果说十年前我们的产品还停留在中低端，那么十年后我们已经很好地进入了中高端市场，部分高端产品已实现替代进口。这十年，公司实现了转型升级，我也从一名化工"小白"，成长为公司的"多面手"，并成立了"毛文平创新工作室"。我和公司共同进步，互相成就！

职业指南·家长选读

价值观探索

这个行业往往从烦琐的基础操作岗做起，成长需要一个缓慢的过程，如果能从内心接受化工行业，并在不断的学习、实践中发现乐趣，在成长中寻找到价值，更有利于职业的发展。

这就是我，一个新时代的化工人的故事。我很荣幸见证和参与了这10年来化工产业的转型升级。如果说开始选择这个职业是遵从了自己的兴趣，那现在热爱这份职业是因为它实现了我的几乎所有的职业梦想。如果有一天我的孩子选择从事化工这个行业，我会很开心能成为他（她）的同事、长辈和导师。

看看自己有哪些能力潜质，对照核心能力模型，这样你的未来之路就更有针对性。

核心能力模型

项目	要求
学科能力	化学、物理、生物学、数学等
基础能力	数学逻辑能力、视觉空间能力、身体运动能力、自然观察能力、自我认知能力
社会能力	问题解决能力、团队协作能力、创新能力、心理承受能力、社会责任感

工作后需要的职业类证书

化工精馏安全控制、化工危险与可操作性（HAZOP）分析、化工总控工、化学检验员。

进修学习路径

专升本,进修学习专业:应用化学、材料科学与工程、材料化学、高分子材料与工程、化学工程与工艺等。

主要就业方向

进入石油、化工、轻工、医药、环保、能源等企事业单位,从事技术管理、工艺操作、产品分析、产品营销等工作。

主要专业能力

(1)掌握化学基础知识、化工生产技术、化学自动化技术、化工机械、化工制图、分析检测等与专业相关基本知识。

(2)掌握化工装备集成与维护、化工控制系统应用与优化、生产过程操作与控制等智能生产运维与管理技能。

(3)熟悉产品生产工艺,掌握生产工艺参数控制技术。

(4)熟悉仪表基本原理,掌握校正与维修技术。

(5)具有实时监控生产过程、及时处理问题、确保产品质量和工作安全的能力。

(6)具有完善智能化系统、总结合理化建议的能力。

(7)具有确保生产符合国家法律法规和公司规定的能力。

(8)具有资料整理与归档、总结工作并汇报,以及与其他部门协作的能力。

撰稿人:毛文平 苏 娟 王晓玲

朱 珠

职　　业：中则检验认证（江苏）有限公司董事长兼总经理
职　　称：化学工程高级工程师、化学检验高级技师
毕业学校、专业：常州工程职业技术学院、应用化学专业
从业时间：14年

有人说：热爱可抵岁月漫长，坚持可迎人生风雨……
我坚信"忠于热爱，不断学习，超越自我，追求卓越"的精神，在平凡中创造非凡，让人生在拼搏中闪闪发光。

初心守质，检测行业的逐梦之旅

我叫朱珠，常州工程职业技术学院应用化学专业毕业生，化学工程高级工程师、化学检验高级技师，现任中则检验认证（江苏）有限公司董事长兼总经理。自2009年入职淮安出入境检验检疫局综合技术服务中心实验室（国家饲料重点实验室）担任检验员一职，凭借出色的检验技术先后获得岛津全国第二届分析达人大赛环境类一等奖，淮安市总工会、团市委联合颁发的"企业青年匠星"荣誉称号。

高中时期

那时我读的是物化班，从小就对化学比较感兴趣，希望将来能从事与化学相关的工作。

我出生在江苏淮安，从小喜欢跟着母亲在田间地头窜来窜去，也喜欢围着母亲叽叽喳喳。到了开始识字的年纪，更是喜欢围着母亲问个不停，看到肥料袋上奇怪的符号也是充满了好奇。母亲灵机一动，找来化学元素周期表，并指导我开始背诵。幼年的自己惊叹于母亲能轻松背诵整张元素周期表，凭着不服输的劲头，田埂上多了一个安静的身影，直到有一天也能背诵118种元素，并慢慢学会书写。多年后回忆起这个场景，依然很感谢母亲睿智的决定，在我幼小的心底埋下了化学的种子。上学后，由于心性不定，

学业成绩平平，但化学成绩一直名列前茅。高考结束后，化学分数最高，本着想学一门与化学相关技术的想法，选择了应用化学专业。高考填报志愿时，在亲戚的带领下提前来到常州工程职业技术学院了解了学校的办学历史，得知前身是由常州化工学校与江苏建筑材料工业学校合并组建而成，当下义无反顾选择了常州工程职业技术学院。

高职时期

踏实求学，夯实检测行业专业基础。

2004年9月，在父母的陪伴下如约来到常州工程职业技术学院。新生入学的专业教育给我留下了深刻的印象，让我知道应用化学专业的就业前景广泛，如可以在精细化工相关企事业单位参与新产品的研发和工艺优化，提升产品的质量和性能；可以在商贸公司运用化学知识对商品进行质量检测和控制，确保产品的安全性和合规性；甚至可以在质量检测部门，运用专业的检测技术和方法，对各类产品进行精确的质量检测和分析，确保产品符合国家和行业的标准。带着对专业的一知半解，听着老师结合行业背景的专业教育，让我对未来的职业方向有了一点儿头绪。大学3年里，随着专业学习的深入，老师们传授的知识和技能让我对分析化学和检测技术有了更深刻的了解，也为我未来的职业发展打下了坚实基础。在校期间为期半年的企业顶岗实习也给我留下了深刻印象，充分锻炼了实际动手操作能力。

在校期间我担任班委、学生会干部、助理班主任，经常带领同学们开展校外实践活动，如前往常州三杰纪念馆开展红色教育，前往儿童福利院、社区等场所开展志愿服务。活动的组织和策划，提升了我的文字写作能力，更重要的是锻炼了我的人际交往和组织管理能力，让我学会遇事冷静应对，学会主动迎接挑战。得益于在校期间的综合能力的培养，对我后来的工作和创业都起到不可低估的作用。每每回忆起在校时光，总是想起学校北门的校训石，上面篆刻着"励志践行"4个大字，也许从踏入学校的那刻起，这4个字一直在激励我勉励心志、磨炼意志、勇于实践。

3年的专业学习，让我更加意识到专业理论知识的薄弱，对专业前沿和先进技术的热爱也激励着我不断前行。在老师的鼓励下，毕业后我选择到扬州大学化学化工学院化学工程与工艺专业继续学习。

职业指南·家长选读

应用化学专业需要的知识结构

1. 理工专业。应用化学需要较强的逻辑思维能力，四大基础化学（无机化学、有机化学、分析化学、物理化学）是基石。
2. 兴趣驱动。理论知识的学习比较枯燥，除了理论学习，还要强化化学实验动手操作技能，激发孩子的学习兴趣。

职业指南·家长选读

性格探索

迁移技能可理解为在多个岗位、多个公司都可以使用的技能，为专业技能之外的通用技能。职业生涯中的可迁移技能包括表达能力、人际关系能力、组织管理能力、思维能力、创造力。可以引导孩子在大学期间要充分锻炼和培养自己的表达沟通能力、组织管理能力、问题解决能力、帮助和求助的能力、自我管理能力等。

工作时期

工作还是继续求学,一度是摆在我面前的难题,后来边工作边学习似乎成了我生活中的常态。

2008年本科即将毕业之际,面临就业还是继续升学时,我选择了就业。一方面可以将所学到的知识在实践中去应用,另一面也有助于我再次审视内心,检验所学专业是否是我的兴趣所在。2009年6月,我顺利通过应聘来到淮安出入境检验检疫局综合技术服务中心实验室(国家饲料重点实验室)工作。得益于之前的学习,特别是在常州工程职业技术学院的实践学习,对许多检测仪器比较熟悉,工作起来非常容易上手。实践出真知,现有的工作坚定了我在这个行业走下去的决心。工作上,我坚持"干一行、爱一行、专一行"。我积极参加行业内大赛,2015年4月,我获得岛津全国第二届分析达人大赛环境类一等奖。2018年12月,我获得常州工程职业技术学院第一届"常工工匠"荣誉称号,内心由衷感谢母校给予的这份殊荣。2019年10月,我参加了淮安市总工会、共青团淮安市委、淮安市广播电视台组织的企业青年匠星评选活动,获得"企业青年匠星"荣誉称号。此次活动是对我一直以来工作的肯定,更重要的是在此平台上认识了不同行业的优秀人才,在与他们的交流中,我进一步认识到检验检测行业本身就是生活百家、各行各业发展的基础,同时更加坚定了我做好检验检测行业的信心。

秉持"路漫漫其修远兮,吾将上下而求索"的信心,我考入扬州大学研究生院化学工程专业继续深造,2015年以优秀毕业生的身份获得了硕士学位。在导师的引导下,我深入分析化学领域的知识,并将其与现有工作相结合,初步架构起自己的分析化学理论体系和学术思维,为以后在检测行业的多元发展打下了坚实基础。工作之余,为了进一步提升自己,我报考了南京大学自考法律专业本科,后转入南京大学网络教育学院学习,并且在2015年底顺利取得毕业证书和法学学士学位。

> **职业指南·家长选读**
>
> **兴趣探索和职业探索**
>
> 职业兴趣是一个人对某一职业领域的偏好和热情,它影响着我们在选择职业时的倾向性。了解自己的职业兴趣可以帮助我们找到更符合自己性格和喜好的工作,从而提高工作满意度和职业成就感。
>
> 职业选择则是根据自己的兴趣、能力、价值观、市场需求等因素,决定从事哪一种职业的过程。职业选择是一个动态的过程,随着个人经验的积累和市场环境的变化,职业兴趣和选择可能会发生变化。职业选择没有绝对的对错,重要的是找到最适合自己、最能激发自己热情和潜能的职业领域,并为之努力奋斗。

创业时期

保持热爱,执着做检测行业的追梦人。

早在2017年初,我创建了"化学先生"微信公众号,立志做一个第三方化学检测工作者的技术交流平台，通过"互联网+"，将分析化学工作与新媒体相结合，为更多业内从业人员搭建交流学习的平台，对我个人而言也能将自己的想法通过自媒体平台更好地去实施。这不仅是我个人价值的体现，也希望为行业的发展尽自己的绵薄之力。

2020年，我开始了个人职业生涯的转型，于我而言也是一个极大的挑战。一方面，我通过化工高级工程师的认证，是对我个人职业技术水平的认可；另一方面，我成立了中则检验认证（江苏）有限公司，为相关检验检测机构提供技术、人才、设备等一体化服务，并且取得了市场的认可。2021年，我申请加入淮安仲裁委员会，旨在验证法律与检验检测行业的结合，以及两个专业的知识如何复合应用的实践和试验。这两个行业都需要严谨的工作作风，能够为委托人做出公平、合理、合规的裁定。2023年2月，我受聘于江西新能源科技职业学院客座教授，为职业教育事业的发展献出自己的力量。今后，我还将继续努力学习和实践，为行业发展做出更多的贡献。

作为一名检测人，我热爱这个行业。我享受在实验室中仔细分析样本、运用专业知识寻找蛛丝马迹的过程。每一个细微的发现都可能揭示出重要的信息，这让我深感责任重大，同时也充满了成就感。我深知自己的工作对于保障产品质量、维护公共安全具有重要意义，这种使命感让我更加专注于每一个细节，不断提升自己的专业技能。同时，我也热爱与团队成员共同协作、共同解决复杂问题的过程。在团队中，我们相互学习、相互支持，共同面对挑战，这种团队精神让我深感到温暖和力量。我相信，只有团结一心，我们才能更好地完成检测任务，为社会做出更大的贡献。

职业指南·家长选读

价值观探索

检测行业是一个专业性强、技术密集型的领域，其价值观不仅影响着企业的运营和发展方向，还直接关系到检测结果的准确性和公正性。在检测行业中，诚信、公正、严谨、科学是核心价值观的重要组成部分。诚信意味着在检测过程中保证诚实和透明，不隐瞒和篡改检测结果；公正则要求对待所有客户一视同仁，不受任何利益关系的干扰；严谨和科学则强调在检测过程中必须遵循科学的方法和程序，确保检测结果的准确性和可靠性。

看看自己有哪些能力潜质，对照核心能力模型，这样你的未来之路就更有针对性。

核心能力模型

项目	要求
学科能力	化学、物理、生物学等基础学科能力，统计学、工程学等专业学科能力
基础能力	熟悉相关法规和标准、实验操作技能、数据分析能力、问题解决能力、持续学习能力
社会能力	质量控制意识、沟通协调能力、新思维能力、创新能力

工作后需要的职业类证书

化学分析师、注册安全工程师、危险品操作证、质量控制/质量保证（QC/QA）、实验室安全管理员。

进修学习路径

专升本，进修学习专业：应用化学、化学工程与工艺、高分子材料与工程、轻化工程、环境工程、制药工程、安全工程、生物工程等。

主要就业方向

进入化工行业、制药行业、环境监测与保护、食品安全与检测、化妆品行业、能源行业、第三方质量检验与认证机构等领域工作。

主要专业能力

（1）具有进行化学实验操作的能力，包括实验设计、样品制备、分析测试和数据处理等。

（2）掌握理论知识，深入理解化学基本原理，包括无机化学、有机化学、物理化学、分析化学等领域的核心理论。

（3）具有操作和维护各种化学分析仪器的能力，如气相色谱、液相色谱、质谱、紫外—可见光谱仪等。

（4）具有运用化学知识解决实际问题的能力，包括工业生产、环境保护、新材料研发等方面。

（5）具有化学信息学和计算机辅助化学设计的能力，能够使用专业软件进行化学模拟和数据分析。

（6）具有创新研究的能力，能够独立或在指导下开展化学领域的研究工作。

（7）具有在团队中有效沟通、协作完成复杂的化学项目的能力。

（8）具有安全意识，了解化学实验的安全规范，能够正确处理化学危险品，确保实验安全。

（9）具备良好的科学素养和职业道德，能够适应不断变化的化学领域需求。

撰稿人：黄　玲　蒋文嵘　杨晶晶　朱　珠

黄宇亨

职　　业：广州番禺职业技术学院实训指导教师
职　　称：高级技师
毕业学校、专业：广州番禺职业技术学院、珠宝技术与管理专业
从业时间：17 年

学生犹如未经琢磨的宝石，老师犹如精雕细琢的匠人。
宝石之所以灵动璀璨，是匠人全身心的热诚注入，
是匠人对美的不懈追求，是匠人精益求精的意志体现。

大学里的宝石匠人

我叫黄宇亨，目前从事教育工作。我在广州番禺职业技术学院担任实训指导教师，工作内容与珠宝首饰企业生产车间里的技术员有些相似。一个实训室就类似于一个车间，里面的学生们都在锻炼自己的技能。作为实训室的管理者，我需要熟悉实训室内设备的操作和维护。经过多年的努力，我形成了自己的专业特长——宝石琢磨。目前，我还是宝石琢磨技能大师工作室的主理人，负责讲授宝石琢磨技术。我的初中同学知道我从事教育工作时，都觉得很难以想象。

高中时期

小时候我对各种手艺技术有着深厚的兴趣。每次看到街边的师傅们修理自行车时，我总是热衷于当小帮手，并耐心地学习。等到后来，我的自行车坏了常常自己动手维修。此外，我还对街头的珠宝金匠非常敬佩，看他们手工制作黄金项链，熟练地一圈扣一圈地组装着项链，很多次我都是看师傅做完才肯离开；经过棉被加工工坊，老师傅精心弹开棉花，制作出棉被，这一切都让我觉得有趣和神奇。我也不确定当时自己内心有没有想过将来学一门手艺谋生。

初中阶段我偏科较为严重。中考后，由于语文得分并不理想，我未能达到理想高中的录取门槛。当时，我的班主任建议我留在母校继续读高中，这样我或许能以较高的入学成绩开始新的学期，也能帮助我建立学习信心。高一时，我的成绩在年级里名列前茅，然而偏科的问题仍未解决。到了高二，由于我语文成绩仍旧提不上去，我只好进入普通班学习。

> **职业指南·家长选读**
>
> **宝玉石鉴定与加工需要的知识结构**
> 1. 文理皆可。宝玉石鉴定需要了解世界不同产地宝玉石矿物特征，对人文地理方面感兴趣会有助于鉴定特征的记忆。
> 2. 加工能力。需要有较强的动手能力，并对手工艺感兴趣，有一定的审美能力、想象力，这样会对工作更加保持热爱。

我发现自己对数学、物理、化学等理科课程的兴趣远超过语文、历史等文科，尤其是语文。每当我面对写作题时，总觉得无所适从。那时，我意识到自己上本科的机会并不大，于是开始考虑职业道路。

在珠宝行业里有这么一句话"世界珠宝，番禺制造。"番禺的珠宝加工业一直以来都很繁荣，我心想，将来如果能成为一名凭手艺"吃饭"的珠宝匠人也是非常好的。高考后，在与家人商量和进行一番咨询后，我毫不犹豫地报考了广州番禺职业技术学院珠宝技术与管理专业，并被顺利录取。

高职时期

入学接触专业课程学习后，我发现珠宝技术与管理非常符合我的知识结构和性格。因为我语文书写能力并不强，但是从事加工制作并不需要具备过强的书写表达能力。只要技术精湛、精益求精，我也可以制作出满意的作品。

珠宝技术与管理专业的课程内容丰富，当时我学了宝石鉴定、金银加工、首饰绘图、生产管理等课程。这些课程都非常注重实践经验，只要肯动手，成绩自然就会高。除了丰富的理论知识学习外，我们还可以在专业的实训室上课，亲自动手进行实践操作。这样既提高了对专业知识的理解，更锻炼了实践技能与解决问题的能力，让我们毕业后更能胜任实际的工作要求。

大二暑假，我到广州市亿钻珠宝有限公司实习，这是一家规模较大的港资珠宝公司。当时全年级80多人中挑选出20人到该公司实习。那时我担任男生队的队长，被分配到生产调度岗位，负责协调各生产部门按时按质完成产品并顺利出货。这使我有机会到每个车间学习，看到各种漂亮的钻石、珍珠、宝石、金银首饰等。实习期间，我需要到起版部、蜡模部、铸模部、执模部、镶嵌部、抛光部、电镀部、包装部等部门学习，认识了很多能工巧匠，跟着师傅们学习分级钻石、镶嵌宝石、制作银版、制作蜡模等技术。当时我发现接触的技术越多，越觉得自己懂的知识越少。

实习结束回到学校后，辅导员老师给我留了当新生班主任助理的机会，但我考虑再三后还是放弃了,想着在毕业前多学一些技术本领。俗话说得好:"师傅领进门,修行在个人。"那时,我对自己的学习方向更加明确了,就是好好锻炼手上功夫,练就真本领。

2006年,我毕业时正逢我国珠宝产业发展迅猛,番禺沙湾珠宝产业园、大罗塘珠宝小镇都有很多珠宝公司到学校现场招聘。同时,珠宝职业教育也迎来了发展的上升期。当时学校刚成立珠宝学院,有实训员、辅导员等岗位空缺。面临去企业上班还是留校,最终我选择了留校。当时想法很简单,留校有更多时间和机会学习更多的专业知识。就这样,我选择了实训员岗位。

> **职业指南·家长选读**
>
> **性格探索**
>
> 宝石加工技术要求精细,如果孩子的性格中有细心、平和、务实的特质,那就非常适合学习这项技术。同时,如果孩子拥有一颗充满好奇的心,则对各种知识和技能将会自发地产生浓厚的学习兴趣。

工作时期

我对我所从事的宝石加工工作极其热爱。在授课时,我一直致力于将知识全心全意地传授给学生。工作之余,我会留出一些时间来提升我的技术并创作新作品。这份工作对我来说,不仅仅是一份职业,更是我对宝石加工的热爱和激情的展示。

(一)遇见宝石加工

在留校工作两年后,我开始学习宝石加工。当时有一位同事离职,他负责的实训设备无人使用,因此学院负责人建议我去学习这门技术,以便在未来也能做些实训指导的工作。当时学校请来企业兼职教师授课,我便跟着学习。慢慢地我发现磨宝石这项技术会让人十分有成就感,从此便点燃了我对宝石加工技术的热情。

那时候,宝石加工并不是一项被公众所了解的技术。我通过朋友介绍到工厂进一步学习,那时能学到的只有一些基础技能,没有教宝石设计原理,我只能看到一款学习一款。背款式是一件很枯燥的事,市面上有几百种宝石款式,如果按照这样的速度学习,很难做到全面掌握。

(二)担任兼课教师

随着学院知名度的提高,越来越多的学生报考珠宝学院。我被学院提升为兼职教师,开始了宝玉石加工课程的教学工作。接到任务后,我开始学习制作PPT课件、编写授课计划并不断充实自己的知识,学习的脚步从未停歇。

为了将最新、最优质的技术传授给学生,我查阅大量外国文献,浏览国外有关宝石琢磨的技术论坛,并自学了两套英文的宝石设计软件。从此,我突破了知识瓶颈,在国内率先掌握了宝石设计相关知识。

(三)技能成才

近年来,国家大力重视技能型人才,宣扬技能成才,大力发展职业教育,开办职业技能竞赛。2018年，我参加了中国技能大赛——首届全国宝石琢磨百花工匠职业技能竞赛。我带着3名学生参加了华南赛选拔，最终我们以职工组第一、学生组第一和第三的成绩晋级决赛，能取得如此好的名次是我们始料未及的。在全国赛中，我们结识了许多来自全国各地的优秀选手。尽管在决赛中我们没能进入前三名，但学生们获得了两项二等奖。那一年的参赛经历对我个人的技术水平提升非常有帮助。

在比赛结束后，我更加明确了自己的目标，那就是争取全国前三名。2019年，我再次参加了此项赛事，依然未能达到目标。2020年，我终于跻身前三，并获得了"全国技术能手"提名。2021年，我获得了"全国技术能手"称号，这对于我的职业生涯带来了许多晋升机会。我申请并建设了校级宝石琢磨技能大师工作室，并被教育厅认定为省级技能大师工作室。我也有机会担任中国轻工业联合会组织的工业设计大赛的赛项专家。

实际上，在第三年的竞赛训练中，我曾有一段时间情绪比较低落，全靠家人的支持以及同事朋友的鼓励，让我坚持了下去。我知道如果自己轻易放弃，那以往的努力都将白费。于是我继续坚持训练，在工作之余，加练到深夜。相信勤能补拙、熟能生巧，只要我愿意继续努力前行，一定不会留下遗憾。事实证明，我的选择是正确的。坚持努力和积累经验帮助我不断成长和进步。

（四）工作中的成就感

如今，我的工作室吸引了越来越多的学生，他们都非常热爱宝石琢磨这项技艺。通过每年的职业技能竞赛，学生们的技术得到了锻炼和提升。部分学生毕业后选择了宝石琢磨作为自己的职业，他们利用自己的技艺，将来自世界各地的名贵宝石打磨之后呈现给消费者。我期待他们有一天能为寻找宝石而踏上世界之旅。

有时候，工厂里的工人在镶嵌宝石时可能会出现意外，导致宝石破损。他们就会把宝石送来请我协助处理。每一次的处理过程都充满了挑战，如何最大限度地保留宝石的重量、如何最小幅度地减少损失，以及客户是否能接受这样的修改，这些都是需要认真对待的问题。然而，当宝石重新回到他们的手中时，他们的喜悦和对我工作的认可都让我感受到无比的快乐和满满的成就感。

回顾我的职业发展历程，我发现自己留校工作有一定的偶然因素。如果当年我选择了进入企业，我也会保持对未知知识的好奇心和求知欲。毕竟我学到的所有技能都来源于工作在企业一线的师傅们。当我意识到自己拥有较好的动手能力后，我就决定要实实在在地去获得知识。我将自身的技术能力应用在工作中，既能保障自己的生活，也

职业指南·家长选读

价值观探索

宝石加工是宝玉石鉴定与加工专业中的一个职业方向，积累专业宝玉石鉴定知识并掌握高超宝石琢磨技艺的人员，可以在企业技术岗位上成长为高级技师甚至到首席技师。在自主创业方面，可以建立个人工作室，提供个性化的加工服务，经营宝石及首饰的销售业务。一旦你对宝石加工产生了热爱，它就变成了一种制造美丽艺术品的过程。它可以让你在不断的学习、探索和创新中找到乐趣，进而收获一份既有意义又有趣的工作。

能为他人提供技术服务，帮助他们解决问题，这正是我在职业发展道路上坚持下去的原因。

看看自己有哪些能力潜质，对照核心能力模型，这样你的未来之路就更有针对性。

核心能力模型

项目	要求
学科能力	数学、物理、化学、英语等基础学科能力；结晶学、矿物学、宝石学等专业学科能力
基础能力	语言表达能力、审美能力、动手能力、创新能力
社会能力	沟通协调能力、团队协作能力、服务意识、社会责任感

工作后需要的职业类证书

贵金属首饰制作工、贵金属首饰与宝玉石检测员中国地质大学（武汉）珠宝鉴定师（GIC）、英国宝石协会珠宝鉴定师（FGA）、国家注册珠宝玉石质检师（CGC）等。

进修学习路径

专升本，进修学习专业：宝石及材料工艺学、工业工程技术等。

主要就业方向

进入营销商贸、质量监督检验、珠宝玉石首饰制作加工等企业，从事珠宝鉴定、宝石加工、钻石分级、珠宝首饰评估、珠宝首饰营销、珠宝首饰企业管理等工作；也可以在典当、拍卖、咨询、培训等企业中从事与珠宝首饰相关的工作。

主要专业能力

（1）具有珠宝首饰鉴定能力，能够运用珠宝常规鉴定仪器完成宝玉石、常用贵金属首饰的鉴别。

（2）具有钻石品质分级能力，能够运用钻石"4C"分级标准对钻石进行观察，完成级别判断和品质分级。

（3）具有宝石切磨加工能力，能够使用加工设备和工具完成对水晶、托帕石、石榴石、橄榄石、红宝石、蓝宝石等常见宝石的加工。

（4）具有珠宝首饰营销能力，能够运用珠宝首饰营销知识制订市场推广方案，服务珠宝首饰线上、线下营销活动。

（5）具有一定的珠宝首饰营销企业的人员管理、货品管理、销售管理的能力。

撰稿人：黄宇亨

王 辉

职　　业：意尔康股份有限公司设计师
毕业学校、专业：邢台职业技术学院（现为河北科技工程职业技术大学）、鞋类设计与工艺专业
从业时间：10 年

我热爱我的工作，10 年时间里不断学习和突破，为客户提供更好的设计产品。不仅为公司创造了经济效益，也为客户创造了经济收益。我觉得很有价值感。

 ## 我是和鞋类打交道的人

我叫王辉，是一名鞋类设计师。我毕业于邢台职业技术学院，在校时是班长，也是学校兰亭书社副社长。

我的工作就是专心认真研发各种鞋类新款式产品，让代理商认可、使大众消费者认可。我曾获得"全国轻工技术能手"称号。

高中时期

我读的是美术中学，从小我就喜欢绘画，自小学起绘画水平就名列前茅。

高中时期，我的美术专业成绩还算优秀，经常在班级里排前三名，但是文化课成绩不算理想，高考分数下来后，虽然专业课成绩考过了 3 所本科院校的录取分数线，但是文化课成绩没过本科录取分数线，在老师的推荐下了解到邢台职业技术学院这个学校，并通过各方面的了解得

职业指南·家长选读

鞋类设计与工艺专业需要的知识结构

1. 对绘画基础要求较高，需要对色彩、形体结构、思维创意等内容感兴趣，有较强的创新能力和手绘能力。
2. 这个行业技术性较强，动手能力强的人会更易胜任工作。

知鞋类设计与工艺专业是学校的特色专业，还是当时河北省高校中唯一开设此专业的院校，且就业率较高，毕业生在之后的职业发展中都有一个不错的前景。于是我就毫不犹豫地第一志愿填写了此专业，并被顺利录取。

高职时期

我从小就对绘画感兴趣，经常自己在房间里写写画画，对绘画形体、色彩多有钻研，正是这一爱好让我走上了艺术生的专业赛道，并选择了设计方向。

在校期间，老师们十分注重学生的职业生涯的规划和学业规划的指导，对我们的制鞋工艺、色彩搭配、电脑效果图、鞋类款式变化、样板制作等课程的学习有极高的要求，我们的学习氛围也十分高涨，经常在晚自习和课余时间练习样鞋工艺制作和款式效果图的绘画。在国家级精品课的加持下，我们珍惜每一次学习和练习的机会，并保持着极高的学习兴趣。在大学一年级时，我合理安排学习时间并制订学习计划，这离不开老师们的言传身教，以身作则。老师们为了能更好地指导我们经常加班，在课余时间经常解决我们学习上的各类问题，以便于我们更好地理解课堂上的重点难点。在学习专业知识之余，我还积极参加学校的各项活动。大学期间我有幸担任班长一职，锻炼了自己的沟通表达和组织管理能力。这一系列经历在一定程度上锻炼了并提高了自身综合素质，在我以后的工作中起到了很大的帮助作用。

> **职业指南·家长选读**
>
> **性格探索和职业探索**
>
> 这是个需要对时尚感兴趣的职业，孩子最好喜欢艺术和创新。这一行需要孩子能够准确把握时尚流行趋势，具备良好的艺术感知能力，理解不同文化背景对鞋类设计的影响。必须对色彩、比例、质地等艺术元素有深入的理解，从而创作出兼具美感和实用性的设计作品。尤其要对色彩搭配有专业的理解，需要孩子既有创新的兴趣，又不怕吃苦，勤于做市场调研，从而准确把握产品风格和市场定位。

工作时期

好的产品不仅要有一个时尚的外观、舒适的脚感，还要有利于大货生产、节约成本、严格的质量等，这才是好的产品设计。我的职场适应和成长是从进入车间实习开始的。

（一）初入职场，精益求精锤炼技能

2013 年我进入意尔康股份有限公司开始实习。在这里，我遇到了我职业上的贵人——我的恩师冯才先生。进入车间实习的近一年的时间里，冯老师在皮料认知、划料、裁断、批皮、做包、针车、夹包、后处理、整型、验收等一系列流程中都耐心地指导我。他教导我不放过任何一针一线的学习机会，不放过每一个难点，每一道工序都要学会、学精。他还手把手指导我，让我仔细检查每一针一线、每一个环节，力求精益求精，为产品

生产验收严格把关。

我很庆幸有这样一个下车间实践的机会,并遇到恩师。在车间学习的每一个知识点、每项技能都为我的后续设计和开发工作打下了坚实的基础。

(二)立足岗位,刻苦钻研,提升自我

正式工作后,我更加积极学习岗位技能,苦练岗位基本功。结合客户的产品订单,我认真研发新款式产品。2015年年底,为了研发2016年春季产品,我和团队成员放弃了休假,白加黑加班加点奋战一个多月,终于开发出让代理商认可的产品。产品一上市就赢得了广大消费者的认可,销路大开。

2018年底,在公司的安排下,我被外派到上海专卖店学习半个月。在这期间,我以设计师的身份到店做销售工作。工作中我主动了解消费者心理,细致观察消费者画像,精准确认消费人群,在这半个月中使自己更进一步地提升了对市场的认知和消费者定位,为后续更精准地设计、开发产品打下了坚实基础。基于公司培养和我自身努力学习研发设计,2019年个人年度总订单达到了一个井喷的29万双的骄人成绩。

2019年,我参加了"2019年温州市鞋革行业高级技能人才培训班",到福建泉州的黎明职业大学进行了为期6天的学习,其中包含了"鞋企经营管理解析""鞋材面料发展及评价新方向""运动鞋产品创新——科学与工程的角色"等一系列课程。6天的学习让我感触很深,更深刻地理解了研发创新、材料运用、经营管理和鞋业市场趋势,并在后期结合公司模式运用到工作中去,做到了学以致用。

(三)认真备赛,勇立潮头,完成华丽转身

我通过参加专业技能竞赛来提高个人专业综合能力。经过艰苦且扎实的备赛,在2017年浙江省"红蜻蜓杯"鞋类设计大赛中取得了第21名的成绩,成功入围全国赛。同年,在"睢县杯"全国鞋类设计大赛中取得全国第50名的成绩,虽然此次成绩不是很理想,但是每一次的努力,都是对自身技能的不断提升。

经过数年来的学习积累,我在2020年第二届全国鞋类设计大赛,浙江省选拔赛中一举夺得全省第一名的好成绩。同时荣获"浙江金蓝领"称号,并成功入围全国鞋类设计大赛决赛。同年,在"睢县杯"全国鞋类设计大赛中获得全国第8名的成绩,并获得了"全国轻工技术能手"称号。

2021年,通过浙江省皮革行业协会的推荐,我参加了全国工业设计大赛,因为此次大赛包含的鞋类项目是全国首届一类大赛,我很珍惜这次机会,赛前不断调整状态,争取以最好的状态去迎接比赛。通过拜访鞋底厂师傅学习

职业指南·家长选读

职业上升路径

每个行业都有擅长管理的领导型人才和擅长技术的专家型人才,如果孩子对技术非常精通,又热爱钻研、创新,就可以精进技术,成为专家型人才;如果孩子喜欢和人打交道,擅长处理复杂的客户关系,那么可以朝成为领导型人才努力。这仍然和内在的兴趣有关。找准自己感兴趣的事情是孩子在职场上非常关键的修炼。

鞋底制作和名师专业指导，更增强了比赛信心。通过 3 天的激烈比赛后我一举夺得了金奖，并获得了"全国技术能手"称号。

我对职业的理解是：要出于自己的热爱而选择一个行业，不仅仅是为了挣钱、养家糊口做出选择，而是要遵从自己的内心，热爱就意味着你能忍受艰辛，承受阻力。千万不要动摇，选择了就要一直走下去。

母校给了我专业技能和综合素质的培养，更让我懂得了学习的重要性。每当总结过去、规划未来的时候，我都会想起毕业典礼上院系领导的话："同学们，在校园里可能只有学习，走向工作岗位以后既要工作又要学习。"成绩只是过去，在未来的工作和生活中我还要不断学习！

看看自己有哪些能力潜质，对照核心能力模型，这样你的未来之路就更有针对性。

核心能力模型

项目	要求
学科能力	语文、数学、英语、美术、信息技术等基础学科能力；产品设计研发、技术制作、管理营销等专业学科能力
基础能力	审美能力、数学逻辑能力、视觉空间能力、观察能力、自我认知能力、学习能力等
社会能力	组织协调能力、团队协作能力、创新能力、社会适应能力、心理承受能力、社会责任感等

工作后需要的职业类证书

鞋类设计师、鞋类制版师、鞋类营销与管理师、制鞋工等。

进修学习路径

专升本，进修学习专业：服装与服饰设计、时尚品设计、产品设计、服装设计与工程。

主要就业方向

从事鞋类产品设计、样板结构设计、工艺技术、产品展示、QC 质检、生产管理、贸易等工作。

主要专业能力

（1）具有鞋类款式风格设计能力，能够手绘表现及利用计算机软件表现鞋类产品款式图和效果图。

（2）具有鞋类样板结构设计能力，能够利用计算机软件表现鞋类产品结构图和 3D 模型图。

（3）掌握鞋类常见的加工工艺要求，能够根据设计需求选择合适的加工工艺。

（4）掌握鞋类生产的基本制作流程，对鞋类产品具有生产制作、质量检测的能力。

（5）具有敏锐的流行趋势捕捉能力，对前期流行资讯整合，并能提取出适用于本公司的开发定位。

（6）能够独立完成前期开发企划，按照公司定位整体把控产品品类比例开发，并能向版师讲解企划。

（7）具有绘画、色彩搭配、款式设计等的创新能力，并具有探究学习和可持续发展的能力。

（8）掌握鞋类设计与工艺专业领域的相关标准、法律法规、绿色生产、环保要求、安全防护等。

撰稿人：王　辉　郑印乐　王振贵　辛东升

林小晖

职　　业：健力宝（漳州）饮料有限公司全质办主任
　　　　　福建康之味食品工业有限公司品管部经理、技术总监、董事长助理
职　　称：高级工程师
毕业学校、专业：漳州职业技术学院、食品工程专业
从业时间：31 年

我的职业最高目标是能够活到老学到老，
并把我所掌握的知识教授给更多从事并热爱饮料行业的人。
当每种职业做到极致，都是值得尊重和感动的。

我是健康饮料开发"魔术师"

我叫林小晖，我的工作是开发出受人青睐的健康饮料。正如魔术师在舞台上挥洒着神秘惊喜的魔法，每一款我亲手调制的饮料背后，都隐藏着无数次的精心尝试与调配。我如同探寻宝藏的冒险家，不断在味觉的海洋中航行，只为让那杯中之物呈现出最为完美的状态，最终征服每一个挑剔的味蕾。

于我而言，事业的成功不过是在这漫长的人生旅途中，找到了那件真正让我心动的事情，并持之以恒地倾注热情与汗水。我如匠人般雕琢自己的技艺，慢慢积累能量，渐渐开始聚焦长板，秉承着这份对饮料开发的热爱与执着，我创造出了属于自己的独特价值，如同魔术师般，在生活的舞台上绽放出最绚烂的光彩。

高中时期

高中时我读理科班，对所有涉及实验的学科我都非常感兴趣，梦想着能成为工程师，却误打误撞成为饮料开发领域的高级工程师，也算是实现了梦想。

我初中时期的成绩还不错，但上了高中后就有点儿吃力，特别是数学和物理的成绩

不理想。当时的我忧心忡忡,也很迷茫,不知将来能否考上大学,就读什么专业。而在当时科技不发达、信息不顺畅的时代,对于专业的了解只能依靠父母长辈口口相传。出于对成为一名工程师的执着信念,我果断选择了理科。

高中时期,每逢化学和生物学的实验课,我都非常认真,希望能有更多的机会探索和创新。但由于当时条件的限制,多数实验课只能局限于基础理论,实操很少。但也正是因为高中时期打下了牢固的基本功,大学课程学起来才更加得心应手。

直到高中毕业面临选择学校,我才真正确定了未来想要从事的行业。在当时,职业教育开始逐渐受到社会各界的重视,而漳州职业技术学院(后简称漳职院)在当地已经享有良好的声誉。另外,我也考虑到了就业前景的问题,学院与当地的企业有着紧密的合作关系,能够提供丰富的实习和就业机会。那一届漳职院只有食品工程、电子和水利水电专业,在这3个专业中,考虑到自己物理成绩不好,学习电子专业可能会比较吃力;水利水电专业在我当时的认知里可能要去水库,作为女孩子比较不方便,而最终我选择了食品工程专业。就这样,我怀揣着研发出健康食品的初心,开启了我的求学之旅。

> **职业指南·家长选读**
>
> **食品工程专业需要的知识结构**
>
> 1. 理科为主。专业涉及化学、生物学基础知识,有一定学科基础会更容易驾驭。
> 2. 兴趣驱动。对研发实验感兴趣,会让孩子将爱好作为内在驱动,更容易对研发工作保持初心和热爱。

高职时期

大学时光是美好的,我现在回想起来,最美好的大学时光是专注学习的那些日子。

食品工程专业不是大家认为的美食课,它是一门集生命科学、工程技术、安全检测、营养健康等多学科于一身的综合性应用学科,所学的知识也更多体现在实践操作层面和指导层面。在校期间,我深知理论知识是实践的基础。因此,我特别注重专业课程的学习,如"食品工艺学""饮料生产""微生物检验""食品理化检验分析"等,这些课程为我后来的工作打下了坚实的科学基础。为了拓宽视野,我还积极参加学校组织的学术讲座和研讨会,记得有一次关于"天然食品添加剂在饮料中的应用"的讲座,让我对饮料开发的创新方向有了初步的认识,激发了我对这一领域的浓厚兴趣。

大学期间,我的实习岗位是在漳职院的实训室完成的,这是我专业成长的第二个家,在老师的指导下完成了马蹄果脯等的研究。在当时实验室条件还不是很完善的情况下,学校还是尽可能地让我们进行相应的实训,比如微生物检验和理化检测等,通过反复的实训,毕业后我们基本可以无缝衔接上岗。通过参与各类食品加工实验,如果汁饮料的配方设计、乳酸菌饮料的发酵工艺优化等,我不仅掌握了实验技能,更重要的是学会了如何将理论知识转化为实际操作。记得在一次饮料配方设计比赛中，我和团队成员反复试验，通过调整糖酸比、添加天然色素和风味剂，最终开发出了一款既美观又健康的果味饮料。这段经历极大地锻炼了我的创新思维和团队协作能力。

在实习期间，我深入了解饮料生产线的运作流程、质量控制标准以及市场趋势分析，这些实战经验让我对饮料开发有了更全面的认识。在一项关于乳制品发酵的实验中，从原料的准备到发酵条件的控制，每一滴试剂的加入、每一次温度的调控、每一秒时间的把握，都会影响最终产品的品质与口感。因此，饮料研发必须保持专注，这不仅是对专业技能的考验，更是对个人品质的磨砺。从市场调研到产品设计，再到试产反馈，整个过程让我深刻体会到理论与实践相结合的重要性，同时我也从实训中感悟初心，从实训中锻炼能力，从实训中找寻价值，从而更加坚定自己当初的选择。

> **职业指南·家长选读**
>
> **性格探索**
>
> 　　食品工程专业讲究精细、精准，在做实验的过程中更要保持专心、耐心和细心。孩子不仅要对专业感兴趣，还要能坐得住板凳。

工作时期

我很享受自己的研发工作，我深知想在饮料研发中取得成就需要不断创新、摸索，不断实验，在实验中总结、优化。

工作后，我也并未停止学习的脚步。随着消费者对健康饮食的关注度日益提高，我不断学习新的食品科技知识，如低糖、无糖饮料的开发技术，以及植物基饮品的创新趋势。我通过订阅行业期刊、参加在线课程，及时掌握行业动态，将这些新知识应用到实际工作中，不断提升自己的专业能力。

（一）从管理员到研发员

毕业后我进入健力宝（漳州）饮料有限公司工作，从事全面质量管理工作。一次偶然的机会，我在一家做膨化食品的台企公司配料室工作了两个月，由于善于动脑筋，为该台企找出了膨化食品在储藏销售过程中产生哈喇味儿的原因，并提出了解决方案。随后公司派我前往广东健力宝总部学习全面质量管理和相关检验检测技术，在那里我接触到了当时的研究所，是一个负责开发整个集团新产品的部门，我非常羡慕他们在那里不停地做实验，然后品鉴，再优化中试，直至新品面市，每个人脸上都洋溢着自豪感和幸福感。我当时心想：要是我也能够像他们那么厉害就好了。正是这一个念头，为我今后从事饮料项目研究埋下了种子。

我真正接触到研发要从山东保龄宝生物有限公司在国内首次生产出果葡糖浆开始讲起，当时他们到处找企业希望把果葡萄糖浆应用在饮料中，而我通过反复试验，将它与白砂糖进行科学配比，并应用到健力宝饮料中，同时撰写了一份"果葡糖浆在健力宝饮料中的应用"的报告报送集团总部，配比后其口感和风味在集团中均受到认可。由于果葡糖浆的成本比白砂糖低，因此它的推广使用为集团节省了不少成本。

（二）工作中难忘的瞬间

当时，我在康之味公司研发一个新品（含果肉芭乐果汁饮料），结果发现产品在储存一个月后出现析水和果肉沉淀等不稳定性问题，极大影响了产品的外观和消费者的购买欲望，为了解决含芭乐果肉果汁饮料的稳定性问题，我在全国找了很多家食品研究所和胶体供应商，请他们能协作解决这个问题，但几个月过去了，杳无音信。我决定自己解决，和团队花费近半年的时间，做了无数次的实验，在大家毫无信心即将放弃的情况下，我一直在咬牙坚持，不解决这个问题决不罢休。终于发现某一组样品在风吹日晒的情况下，不再出现析水和果肉沉淀问题。那一刻，我感觉我们付出没有白费，终于找到了多胶体复配解决含果肉饮料稳定性的一个平衡体系，解决了一个高难度技术问题。从此以后，不管是任何品种的含果肉的果汁饮料，只要使用我们研发的多胶体复配平衡体系，都不会出现不稳定性问题。

（三）工作中的成就感

在饮料开发领域，创新是永恒的主题。研发是一项充满挑战的工作，也是一份艰辛的工作，既有成功的乐趣，也有失败的落寞。要想把饮品项目研发做好，除了需要有丰富的食品专业知识外，还需要有市场敏锐度、创新能力、攻克难关的能力，以及执着专注的精神。通过攻克难题，创造价值，我们可以获得物质和精神回报，进而获得价值感和成就感，从而产生更强的兴趣投入到工作中，形成一个闭环。我鼓励自己不断探索新的原料、新的工艺，甚至是跨界合作的可能性。例如，我曾尝试将传统中草药元素融入现代饮料中，开发出一系列具有保健功能的饮品，虽然过程中遇到了不少挑战，但最终产品大获好评，也证明了创新的价值。

2015年，我研发的"人参氨基酸"产品获得漳州市科学技术进步奖三等奖，同年该产品获得中国食品工业协会科学技术奖二等奖；2019年，我研发的新品——益生菌发酵复合果蔬汁获中国海峡两岸（漳州）第四届工业设计大赛三等奖，2020年该产品又获得中国食品工业协会科学技术奖二等奖；2023年，我研发的蓝莓叶复合果汁饮料获中国海峡两岸（漳州）第五届龙江杯工业设计大赛金奖。每当我主持或研发出市面上没有的产品，并且在比赛中受到评审专家的认可、获奖时，我都特别有价值感和成就感。这不仅是对我工作的肯定，也是对我个人价值的认可。

> **职业指南·家长选读**
>
> **职业探索**
>
> 从事食品研发，需要具备扎实的专业知识和精益求精的工匠精神，要懂工艺、精操作、重安全、会管理、善协作、能创新。

在这条充满创意与挑战的道路上，我从未停歇，不断学习，不断成长，就像一颗不断汲取养分、努力向上的幼苗。每一次的尝试，每一次的失败，都成为我前行道路上的宝贵财富，让我更加坚定地走在追求卓越的饮品之路上。

看看自己有哪些能力潜质，对照核心能力模型，这样你的未来之路就更有针对性。

核心能力模型

项目	要求
学科能力	生物学、化学、科学实验等
基础能力	观察能力、独立思考能力、持续学习能力、表达能力
社会能力	组织协调、团队协作能力、创新能力、心理承受能力、社会责任感

工作后需要的职业类证书

农产品食品检验员、西式面点师。

进修学习路径

专升本，进修学习专业：食品工程技术、食品质量管理与安全、食品营养与健康、食品科学与工程、食品质量与安全、粮食工程、乳品工程、酿酒工程、生物工程。

主要就业方向

面向食品制造技术人员、农副食品加工技术人员、饮料制造技术人员等职业，从事食品加工、食品质量管理、食品检验检测、食品产品研发等工作。

主要专业能力

（1）具有质量意识、环保意识、安全意识、信息素养、工匠精神、创新思维的能力。

（2）具有自我管理能力和职业生涯规划意识，有较强的集体意识和团队合作精神。

（3）具有探究学习、终身学习、分析问题和解决问题的能力。

（4）具有良好的语言、文字表达能力和沟通能力。

（5）具有根据生产工艺要求与操作规范进行生产操作、正确使用和维护主要食品生产的机械与设备的能力。

（6）具有发现、判断并处理生产过程中常见异常现象和事故的能力。

（7）具有参与新产品、新技术的研发工作的能力。

撰稿人：林小晖　谢建华　郑俊峰　黄恩鸿

赵寅亮

职　　业：浙江古越龙山绍兴酒股份有限公司酿酒一厂黄酒车间主任
毕业学校、专业：浙江工业职业技术学院、黄酒酿造专业
从业时间：10 年

每一刻的升温都让我牵肠挂肚，

我总会时不时地和它亲密接触，

就像呵护自己的孩子一样。

每年 220 道工艺，似厨师，又似老师。

冬酿春榨酒始成，周而复始，生生不息。

我是和酒缸打交道的青年酿酒师

　　我叫赵寅亮，是一名年轻的酿酒技师，参加工作已经 10 年了，现在是浙江古越龙山绍兴酒股份有限公司（后简称古越龙山）黄酒车间主任。

　　说到黄酒，可能北方人熟悉的少。黄酒是酿造酒，与葡萄酒、啤酒并称为世界三大古酒，从《周礼》到《齐民要术》再到《北山酒经》，从煮酒论英雄到武松打虎，在历史的记载中少不了黄酒的身影。黄酒是历史沉淀的产物，更是绍兴的一张金名片。从一粒米到一滴酒，需要对每一道酿造工序的严格把关，才能确保品质始终如一。在古越龙山，一代又一代的酿酒人秉持守正创新的工匠精神，让这一门古老而极富文化底蕴的酿造技艺传续千年。

 高中时期

　　从小我就喜欢历史，上学时最喜欢以及最擅长的学科便是历史了，总幻想着未来到某一个充满历史味道的城市生活定居。

高中时期，喜欢历史学科的我阴差阳错地成了理科生，与微生物、化学分子牵绊了3年。高考结束后，我报考了浙江工业职业技术学院，就这样一个超级历史爱好者的理科生最终真的来到了梦想中的城市——绍兴，一边感受这座城市悠久的历史和人文情怀，一边和千万乃至上亿的微生物相伴与成长。还记得小时候一到冬至，亲戚们都会酿一些米酒，当时我就对酿酒充满了好奇，总想凑个热闹，试试手。我的外公特别爱喝黄酒，没想到有一天我会亲自为他酿造正宗的绍兴黄酒，这也似乎像是完成了一种内心的愿望。

> **职业指南·家长选读**
>
> **黄酒酿造专业需要的知识结构**
> 1. 理工科。对生物学、化学的要求较高，需要对微生物、化学等内容感兴趣，有较强的逻辑和数据分析能力。
> 2. 动手能力。这个专业技术性较强，动手能力强、对自己的味觉嗅觉有自信，会让孩子更易胜任这个工作。

高职时期

我满怀期待地来到了梦想中的城市——绍兴，我和两三好友结伴同行，兴致勃勃参观了绍兴的各个风景区、博物馆、名人馆等，发现每一处似乎都和黄酒颇有渊源。原来黄酒与绍兴这个城市和它的历史有着千丝万缕的关联。

高职时期，我坚定了自己学习的决心，系统学习相关专业知识，认真对待每一次实操训练，为将来打下坚实的基础，让自己能顺利成为学校黄酒酿造专业第一届毕业生。大学期间，让我印象深刻的课程是让我又爱又恨的黄酒酿造技术。当时胡院长说道："不是哪里都可以酿造绍兴黄酒的，出了绍兴，酿造的黄酒就不能称为绍兴黄酒。"我对此充满了疑问，难道这酿酒还有地域限制。真相并不是我想的那样。绍兴黄酒最关键的是要用鉴湖水作为黄酒的原材料，只有用鉴湖水酿造的黄酒才能称为绍兴黄酒。曾有一个真实的故事，日本人特别喜欢喝绍兴黄酒，每年进口的数量不胜其数，对绍兴黄酒的喜爱也越来越浓厚，有次日本参观团来生产车间参观时，用他们的领带吸取黄酒的原液去分析它的菌群和成分，并想办法带走了酒药、麦曲，甚至是酿酒技术，回国研究了很久，最终还是以失败告终。原来绍兴处于最适合酿酒的维度，还拥有日本没有的空气菌群，以及最关键的母亲湖——鉴湖。这么一项非物质文化遗产，我们更应该好好传承和发扬光大。

> **职业指南·家长选读**
>
> **性格探索**
>
> 黄酒酿造工作讲究精细，孩子性格中最好有细致、耐心、踏实的一面。如果喜欢传统文化和愿意从事技艺传承，会让孩子更热爱这个职业，并能在以后枯燥的工作中保持热情。

工作时期

从2012年实习开始就在古越龙山，毕业后就又顺利地进入了古越龙山，大家可能觉得我的就业路是一帆风顺的，其实也不尽然。我的黄酒路有三关，语言关、体力关、技术关。

（一）语言关

语言关这个很容易理解。我是嵊州人，嵊州属于绍兴，距离也只有八九十公里，但方言还是差别挺大的。而我一进入沈永和酒厂就被分配到传统小组里，里面只要涉及核心的技术岗位大多都是 50 岁以上的本地人。新员工被分配到小组的时候，厂里都会为其指定一位师傅，我当时被分配到四组，拜的师傅是四组的技工陈文湧。那个时候我每天寸步不离地跟在师傅后面，生怕落下关键的信息，但他和别人交流的内容我却始终没法完全理解，一句话下来只能听懂几个词，经常是他们讲一句我要问半天，但师傅的解释还是绍兴话夹杂绍兴普通话，所以我理解起来总是词不达意。有一次实在问烦了，旁边的师傅笑笑说："绍兴话匪话，老酒做勿好咯。"从此以后我就下狠心练，不管去哪都讲我这蹩脚的绍兴话，去菜市场专挑本地人那里买，到现在绍兴话可以说得炉火纯青了。

（二）体力关

2013 年，我进入总公司工作。当时我被分配到传统工艺黄酒生产小组工作，当时的总公司领导语重心长地对我说："这个岗位很辛苦，但最有技术含量，别人几十年都接触不了的东西，你一进厂就有师傅教你，好好学，好好珍惜。"就这样，我一脚踏入了黄酒之门。每年的 9 月份是制曲生产的季节，当时全部是人工脚踩，生产环境高温高湿，劳动强度非常大。陈文湧师傅头几天安排我踩曲，有了一定的基础后，才叫我摆放曲块。摆曲看似简单，其实背后大有门道。陈师傅说："把这些手工裁制的大小、厚度均不一样的曲块摆放成整齐的'丁'字形，才能真正衡量出一个技工的技术水平。"于是我专心学习，苦练基本功，一天下来把 14000 余块、近 30000 千克的曲块摆放完，大腿酸痛得要命，甚至直不起腰，但我仍咬牙坚持。如今，每年到了制曲季，我都会严格把关，不时指点其他员工，使摆放的曲块犹如一道靓丽的风景线，确保了曲块发酵培养，保证了曲块质量。

（三）技术关

大家可能都会有个疑问：这个专业的毕业生，技术关应该是比较容易克服的。然而事实并非如此。正因为我们是科班毕业的，大家从一开始就对我们的期待值高了一个等级，对我们的要求自然也是更高。而且我发现一个特点，越传统的技术越难表达，再加上酿酒技师的学历普遍不是很高，这就导致传承的速度和成效始终很慢。还有一个最关键的点——环境。传统黄酒的酿造讲究天时、地利、材美、工巧，天时地利指的是自然的规则，所以每一年不同自然气候其实对技工来说都是一次新的挑战。传统的冬酿是每年立冬到来年立春，满打满算也不过 90 天。在冬酿季节里，开耙是我最早接触的传统酿造工序，也是黄酒酿造过程中最关键的生产工序。一开始，我拿着竹耙在缸中搅拌，诀窍不懂，姿势不对，体能也跟不上。在陈师傅的谆谆教诲下，我慢慢地领悟到了开耙的窍门，也能跟上了开耙的节奏，甚至偶尔还会偷偷伸出手指尝一下缸中味道。在开耙过程中，让我印象最深的就是跟着师傅如何品尝带糟酒，这也是我第一次听到"带糟酒"这个新名词。只见陈师傅首先观察缸面发酵醪液的颜色，然后用手去捏一下带糟，再俯下身听发酵声音的强弱，最后用嘴品尝。陈师傅把这一串操作流程归纳为著名的八字真言，即：眼看、手摸、鼻闻、嘴尝。但师傅嘴里时常提及的一个"鲜"字着实让我丈二和尚摸不着头脑，而我每次开口问时，他却总是笑而不语。后来，我才渐渐明白，黄酒发酵产生的鲜味和炒菜添加味精的鲜味是不一样的，从开始的由涩到甜，由甜变鲜，由鲜转淡，由淡变苦，神奇的发酵深深地吸引了我。

春场阶段，学习包坛口和放酒也是一项酿酒人必修的技术。包坛口用的是锋利的竹篾丝，我作为新员工，僵硬的手势时常把手割破，但我不喊苦不喊累，平均每天1300坛酒，6个人一组轮换着工作，连续工作6~8小时，日复一日直到熟练为止。2016年浙江省酿造工职业技能大赛中，在感官品尝和包坛口、灰坛比赛环节中，面对会稽山、塔牌及外地酒厂的一众高手，我临危不惧，一举夺得第二名的成绩。

传统技术需要传承和创新才能熠熠生辉，展现时代的风采。说到创新，我就想到了一个工作中的小插曲。那是我刚调到酿酒一厂的第二个春场，效率低下的清洗灌装和灌装酒坛的高破损率让车间主任和厂部领导都头疼不已。在一次设备故障时，技工师傅又围在维修部位着急犯难，出现的还是老问题：顶坛与翻转错位，总是卡顿。我在一旁无意地提到："顶坛这个工序怎么这么多余，可以把它重新设计取消这个环节吗？"说者无心，听者有意。在一旁的设备科老科长记在心里，立即咨询了厂方专业人员是否可以拆除顶高整体抬升设备，结果是厂方回复方案可行，当即联合车间报告厂部，批准改造。通过针对性的专业改造，不仅灌装坛子破损率下降了一半，还大大提高了灌酒效率。这个小插曲让我认识到在实践中坚持创新的重要性。

参加工作10年以来，我先后获得"浙江省技术能手"，"浙江省金蓝领"和"浙江省青年工匠"称号，并在"提高后性加饭酒固形物"和"降低大坛酒罐装破损率"两个QC项目中分别获得绍兴市二等奖和三等奖。在获得这些殊荣和成绩的过程中，我更加体会到要用劳动强劲我们的筋骨，以汗水涤荡我们的灵魂。

时间磨掉了我的年少轻狂，也渐渐沉淀了平淡生活，我深深明白了"不积跬步，无以至千里；不积小流，无以成江海"的真正含义。前进的道路不会一帆风顺，要靠点点滴滴的积累。从实习开始，我曾经无数次问自己，这样

职业指南·家长选读

价值观探索

人生是一场修行，无论职业上的积累，还是做人做事，都需要孩子树立长期主义的价值观，不看中一时得失，不急功近利，也不投机取巧。黄酒酿造是一个要求工匠精神的职业，孩子最好喜欢钻研，喜欢思考和提问。这一职业最初要从最基本的功夫开始训练，眼看、手摸、鼻闻、嘴尝，形成肌肉记忆，这个过程是艰辛的，需要孩子有内在兴趣，又有渴望成功的内在驱动力，不怕吃苦，踏实，肯用心琢磨。

做值得吗？但师傅们对黄酒酿造一丝不苟的坚守深深打动了我，他们在酿制技艺的知无不言更加坚定了我的信念，师傅们用实际行动告诉我，要脚踏实地，不要眼高手低，用时间和经历去沉淀自己，你会得到不一样的收获。

看看自己有哪些能力潜质，对照核心能力模型，这样你的未来之路就更有针对性。

核心能力模型

项目	要求
学科能力	语文、数学、化学、生物学、信息技术等
基础能力	语言表达能力、数学逻辑能力、身体运动能力、自然观察能力、自我认知能力、学习能力
社会能力	组织协调能力、团队协作能力、沟通表达能力、心理承受能力、创新能力、社会责任感

工作后需要的职业类证书

黄酒酿造工（五级、四级、三级）、酿酒师（二级、一级）、黄酒品评师（五级、四级、三级、二级、一级）、黄酒技师、高级技师、工程师、中级工程师、高级工程师等。

进修学习路径

专升本，进修学习专业：食品工程技术、食品质量与安全、食品营养与健康、食品科学与工程、酿酒工程、葡萄与葡萄酒工程、白酒酿造工程、食品安全与检测。

主要就业方向

进入黄酒等食品行业的相关企业，从事黄酒酿造、黄酒检测与分析、黄酒营销、酒体设计、黄酒文创、媒体宣传及管理等工作。

主要专业能力

（1）具有运用黄酒酿造技术完成传统或者机械化黄酒酿造的能力。

（2）具有运用化验检测工具完成黄酒理化指标检测与分析的能力。

（3）具有酿造管理、质量检验和酿造记录的收集与整理的能力。

（4）具有较强的黄酒酿造主要工种操作和指导现场酿造的能力。

（5）具有良好的安全防护和黄酒品评的能力。

撰稿人：赵寅亮　金永淼　张翔宇　张佳丽

李从撑

职　　业：浙江海正药业股份有限公司微生物一部108
车间主任
职　　称：技师、高级工程师
毕业学校、专业：台州职业技术学院、生化制药技术专业
从业时间：18年

我相信，

坚持比完美更重要。

坚持不一定成功，

但是成功一定离不开坚持！

我是爱追梦的80后制药人

我叫李从撑，来自浙江台州三门县浦坝港镇海山村，中共党员。现任浙江海正药业股份有限公司（简称海正药业）微生物一部108车间主任。

2005年，我从台州职业技术学院毕业进入海正药业，扎根生产一线18年，从一名普通的操作工成长为一名优秀的技术技能型人才。2016年，获2015年度"全国优秀农民工"荣誉称号；2019年，获"浙江省劳动模范"荣誉称号；2021年，获台州市五星"台州技工"称号；2022年，入选"浙江工匠"培养计划；2023年，入选台州市"工匠之师"。

高中时期

我高中的时候，文科成绩也都挺好的，但是最终选的是理科班，主要当时流行一句话：学好数理化，走遍天下都不怕。

高中时，我就读于一所很普通的高中。学校分实验班和平行班，而我由于中考成绩不理想进入了平行班。在这个班，认识了我人生中第一位年轻的班主任。他刚大学毕

业，教我们的数学，他独特的教学思路和生动的教学方法，让我这个数学有点小白的学生发现原来数学如此有趣，慢慢地我越来越喜欢数理化。他充满活力的教学方式，使班级整体学习氛围融洽的同时，也让我们每一个人在这3年的高中生活中找到了目标和方向。

高考后，我的成绩并不理想。填报志愿时，我看着一所所高职院校，一时不知道该选哪所学校。这时，脑子里忽然有了个问题，我的梦想到底应该是什么？比我高两届的发小建议我报考台州职业技术学院新开的生化制药技术专业。医生治病救人，制药同样能治病救人。我忽然明白，每次父母买的药总是那么贵，但是又必须吃，所以，我的第一梦想，我要学制药技术，我要做便宜药，做老百姓都吃得起的药。

> **职业指南·家长选读**
>
> **生化制药技术专业需要的知识结构**
>
> 1. 理工科。对化学和生物学的要求较高，要有较强的逻辑分析能力。
> 2. 兴趣驱动。需要对化学反应、生物培养、药学药理等内容感兴趣。这个专业技术性较强，要有一定的钻研精神和韧劲。

高职时期

到了大学，我明白了很多，也在不断思考自己的未来，所以我开始刻苦钻研专业课程，积极参加实训。这种刻苦钻研的精神，为我后来从事生化制药行业打下了坚实的基础。

人生总是充满很多的巧合和惊喜。进入大学，我的大学班主任闫启东老师也是大学刚毕业，我们的年龄相差两三岁，同龄人的相处让我又一次充满了期待。他就像一位大哥，从一开始就引导我们制订3年的学习计划和毕业后的职业规划和目标。3年的学习中，当我出现了思想波动和学习困惑时，他总是能在第一时间帮助我和引导我，让我一步一步地朝自己设定的目标前行。

大一大部分都是基础专业课程，老师在讲授专业知识的同时，十分注重我们的职业生涯和学业规划的指导，对以后向药品安全生产、药品质量控制、药品服务等多岗位能力素养的培养做了系统规划和架构，以"校企融合"人才培养模式为主线，理论与实践相结合，充分激发我们对专业学习的热情。学习之余我还竞选上了班长，协助班主任管理班级，以锻炼自己的组织管理能力和沟通能力。

大二在进入专业学习后，我敏锐地洞察到大学期间学习专业课程知识和技能的重要性。在学习每一门课程过程中，我不局限于课本中的知识，更善于发挥想象和思考。

> **职业指南·家长选读**
>
> **性格探索和职业探索**
>
> 这是个体现劳动精神和工匠精神的专业，孩子最好喜欢钻研，需要全面认识自我，了解自己的兴趣、能力特点、优势和劣势。对药物研发和生产要有浓厚的兴趣，有精益求精的恒心；还要有渴望成功的内在驱动力，不怕吃苦，不畏失败，始终相信坚持的理想信念。

遇到不懂的知识或者有疑问时，我总是积极地咨询和请教老师。自习室、图书馆、食堂餐桌边都可以看到我看书学习的身影。在学习过程中，我给自己定了第二个梦想，成为老师的科研助手。

到了实训和实习课程时，老师将企业岗位内容的实训项目安排进课堂。上课时我总是第一个到，最后一个走。这样我不仅动手实践机会最多，而且我的笔记本上也密密麻麻记满了知识要点。后来我终于得到了科研助手的机会，在实训室给老师做科研助手。慢慢地，我的理论知识越来越丰富，动手操作能力也越来越强。在实训室里，我不仅承担助教的工作，还帮学弟学妹们解决相关问题，指导学弟学妹们实践操作。

工作时期

进入海正药业生产一线，一做就是18年。从一名普通的操作工成长为一名优秀的技术技能型人才，实现了一个又一个梦想。我喜欢迎接挑战，因为它能使我成为更有梦想的人。

（一）不惧艰难，一丝不苟苦练技能

3年的专业学习让我更加坚定了专业方向。2005年毕业后进入海正药业，我深刻认识到自己学识和经验的不足。所以我的新梦想是快速成为一名合格的员工。为了能尽快实现这个梦想，我主动要求调到24小时三班倒的发酵车间看罐岗位，学习一线知识和基础技能。车间嘈杂的机器轰鸣声丝毫没有影响到我。我随身带着笔记本，穿梭在车间的角角落落，遇到不懂的地方就马上记录下来，虚心向老师傅们请教，这使我的技能水平得到了快速提升。功夫不负有心人，4个月后，我升任到了消毒岗位，这无疑给我打了强心针，促使我加倍投入到岗位学习中；两年后，我凭借好学的精神和熟练的技能被破格从生产一线调入技术中心生物技术部。

（二）开拓创新，精益求精研制新药

2007年初到技术中心生物技术部，我被安排到酶工程研究小组，因人员紧缺，我刚加入就承担项目研发和酶工程发酵实验室组建工作，并直接负责亚胺培南/西司他丁钠化学-酶法合成关键技术及产业化研发项目。如果热爱是一种动力，那么担当就成为一种境界。我初次从事技术研发，由于技术水平薄弱，工作上一次次地碰壁。此时，我的师傅杨仲毅博士分析我的专业薄弱问题，给我找来了很多的相关资料，一点一点地辅导我，让我的理论知识得到加强和提高。在一次项目研发中，因为技术的关键时间段都在下半夜，我白天协调好同事们的准备工作，坚持每天下午3点上班，直到第二天早上8点下班，通过整整2个月的连续通宵，一步步的工艺调整，最终让我完成了技术的优化和突破，也让我更相信坚持的力量。也正是因为这种工匠精神，最终让我实现了一次次

的突破。

在技术提升方面，我不断给自己定目标，一次次的失败和成功让我经验越来越丰富。通过两年的努力，亚胺培南/西司他丁钠化学—酶法合成关键技术及产业化研发项目取得了突破性进展，技术更是达到了国内领先水平，团队申报的专利成功获批，项目成功进入了产业化生产。该项目于2009年获得中国石油和化学工业协会科技进步一等奖，2010年获得国家技术发明二等奖。

亚胺培南/西司他丁钠化学–酶法合成关键技术及产业化研发项目的成功也让我得到了公司的高度肯定，更是组建了酶工程研究所发酵中试车间。2011年，我担任XF酶法产业化放大试验项目负责人。随着一个个项目的开展，我先后担任ATF化学–酶法、JQ等工艺技术改进及产业化开发项目负责人，带领团队荣获公司先进班组、工艺技术创新奖、技术进步一等奖等十余个荣誉称号和奖项。

在技术水平不断加强和提高的同时，专科的学历并不能满足我现有工作岗位的要求。我意识到学历提升的重要性，2013年我顺利完成了中国石油大学的本科继续教育。2022年，我又一次参加了成人高考，考入嘉兴大学，攻读第二专业：药学。

（三）回归生产，降本增效争创收益

2013年，XF酶法生产频繁出现生物发酵菌丝溶菌死亡情况，作为XF酶法产业化放大试验项目的原研发负责人，我重新回归生产一线，调入105车间任副主任，全面主持车间微生物发酵日常生产工作，重点解决XF酶法生产工艺的稳定性问题。重回生产一线，我马上投入酶法溶菌问题中，不分昼夜地逐批观察、分析和总结数据，仅花费一个月的时间就初步解决了问题，恢复了生产。又通过几个月的时间优化、改进工艺，彻底稳定了XF酶法生产工艺。

（四）重返母校，传授技术技能经验

在公司里，我带了一批又一批的徒弟，将我的所学所得倾囊相授给每一位徒弟。与此同时，我重返母校，担任学生导师和兼职教师。在我第一次独立带一个班级的生物技术课程时，课程的内容甚是枯燥，学生听得似懂非懂。于是我将企业生产实际情况融入课堂教学中。学生们纷纷反馈我的课很接地气，不但让他们学习了知识，还了解了企业的实际工作情况。有的学生在2022年毕业后，直接应聘到了海正药业，和我同在一个大部门，更让我欣慰的是，他们中有的通过面试，进入了技术部门。这也让我更加坚信，我要把我所学的东西教给更多的人。

职业指南·家长选读

职业上升

在职场上，成长最快的往往是那些先提出问题，再解决问题的人。而在这个过程中，首先要明确职业目标，比如某个领域的专家、担任特定的职位；其次要提升专业能力，保持好持续学习，以适应行业变化和提高竞争力；再次要积累经验，为职业上升提供坚实的基础；最后要建立良好的人际关系和网络，以获得更多的机会和支持。

为了进一步传递教学经验，我也积极参与母校教师团队的教学能力比赛。2021年作为企业成员参加浙江省高职院校教学能力比赛并荣获三等奖；2023年入选台州市"工匠之师"，参与《标准研制　行动教学　持续改进：高职成果导向课程建设的创新与实践》课题，获教育部2022年职业教育国家级教学成果一等奖；领衔组建了台州市实用生物技术技能传承工作室。

作为一名80后的制药人，我喜欢这个职业，它让我从一个农村小伙成长为一名工匠人才。我的成长成才之路可能是千万职教学子心怀家国、勇敢逐梦，用一技之长改变命运、用感恩之心回报社会的生动缩影；更展现了职业教育深耕人才培养、厚植匠心精神、助力产业发展的光荣使命。未来我将在工匠这条路上一直走下去，多培养一些技能型人才，把劳动精神、工匠精神、劳模精神传递给更多的人。

看看自己有哪些能力潜质，对照核心能力模型，这样你的未来之路就更有针对性。

核心能力模型

项目	要求
学科能力	化学、生物学、物理等
基础能力	观察能力、表达能力、分析问题和解决问题能力、学习能力、人际交往能力
社会能力	团队协作能力、组织协调能力、创新能力、心理承受能力、社会责任感

工作后需要的职业类证书

化工总控工、化学检验员、有机合成工、药物制剂员等。

进修学习路径

专升本，进修学习专业：化学工程与工艺、药品生产技术、制药工程、药学。

主要就业方向

从事药品零售、药品监督管理、医药销售代表等工作，进入药品生产企业从事相关工作（生产一线操作人员、工艺研发工程师、工艺技术工程师、药品质量管理工程师、药品检测工程师、药品分析工程师等）。

主要专业能力

（1）熟悉并掌握化学反应原理、有机化学、生物化学以及分子生物学等基础知识，以便理解药物的化学结构和生物活性。

（2）掌握涉及不同药物的制剂类型（如片剂、胶囊、注射剂等）的物理性质、制备工艺和质量控制等药物制剂学知识。

（3）掌握常用的药物分析方法，如高效液相色谱法、气相色谱法、质谱分析等药物分析技术，以确保药物的质量和安全性。

（4）熟悉生物工程技术在药物开发和生产中的应用，如基因工程、细胞培养、蛋白质表达与纯化等。

（5）熟悉药物的设计原理和药效学知识，以便设计和优化药物分子结构，提高药效和降低毒副作用。

（6）熟悉不同制药工艺的原理和操作技术，如混合、干燥、粉碎、包衣和灌装等，以及相应的设备和工艺参数控制。

（7）熟悉质量管理体系、药品注册规定和药品生产质量管理规范，确保药品符合药典标准和相关法律法规。

（8）具备批判性思维和问题解决能力，能够分析和解决制药工程中的问题，并提出相应的改进和优化方案。

（9）具备持续学习和自我提升的意识，能够不断更新制药工程领域的知识和技术。

撰稿人：李从撑　赵群芳　闫启东

王毓川

职　　业：青岛国信现代农业集团有限公司储备粮管理中心副主任、营海库区负责人
毕业学校、专业：山东商务职业学院、粮油储藏与检测技术专业
从业时间：10 年

民以食为天，国以粮为安。
能够坚守在基层做一名守粮人，
我用知识和技能找到了自身的价值，
也为从事这个职业感到自豪和骄傲。

我是一名"守粮人"

我叫王毓川，是一名"守粮人"，偌大的粮库是我的工作场所，对粮食、油料及植物油脂的入库、检查、质量控制、出库以及相关账卡的处理就是我日常的工作。大部分人可能对粮库的工作很陌生，甚至认为粮油仓储管理员是一份清闲的工作，殊不知，进入粮库就注定与粮食有了解不开的联系。

粮库的工作最离不开的就是耐心、细致，或许正是我踏实肯学的性格让我在这条道路上走得更远，并在日复一日的精进中成为粮食行业的"大满贯选手"。我曾获得"齐鲁最美基层高校毕业生""全国技术能手""山东省粮食行业岗位技术能手""山东省粮食行业最年轻的高级技师""全国粮食行业技能拔尖人才""齐鲁首席技师"等称号，也曾获得过第三届全国粮食行业职业技能竞赛（粮油保管工种）学生组金牌、第五届全国粮食行业职业技能竞赛（粮油仓储管理员）职业职工组一等奖。我的道路从职业教育开始，我的梦想是成为"大国工匠"。

高中时期

像每一个爱动的男孩子一样,我很喜欢运动,因此加入了学校篮球队,当时的我觉得在球场上投篮和运动的时刻才是最快乐的时候。由于个子长得比较高,整个人黑黑壮壮的,加上我对篮球的热爱,父母也遵从我的意愿,这样我就成了一名体育生。

高中时期我就读于山东省莒县第二中学,化学和生物学两门学科的成绩不错,但数学成绩给我拉了后腿,导致理科总体成绩还是偏弱。我对文科不感兴趣,看不懂那些段段落落,老师讲课文和历史时我总想打瞌睡。除了学习文化课的知识,作为体育生的我每天还要在操场上训练,这样的日子维持了一年。

到了高三的时候,看着同学们都在埋头学习,这种紧张的氛围让我慌了神。未来的我该何去何从?我得有一技之长来养活自己,懵懂的我第一次有了努力上进的想法,也开始思考人生的方向。

高考发挥失常,没能考上想去的大学,本来打算再复读一年,但听亲戚介绍说山东商务职业学院的粮食储藏与检测技术专业很强,是当时全省唯一有这个专业的高校,就业前景很好。父母认为选择山东商务职业学院的拳头专业不会差。我也觉得只要认真努力学,无论哪行哪业都能有出彩的机会。于是我放弃了复读的想法,毅然决然地来到了山东商务职业学院。就这样,粮食储藏与检测技术专业成为我探索人生新方向的起点。

> **职业指南·家长选读**
>
> **粮油储藏与检测技术专业需要的知识结构**
>
> 1. 理工科。需要具备化学、生物学、专业英语等基础知识,需要有较强的动手能力,对粮油储备和检测感兴趣,具备一定的创新和管理能力。
> 2. 吃苦耐劳的精神。这个职业技术性较强,能吃苦、有韧性、有责任感的人会更胜任工作。

高职时期

初次迈进山东商务职业学院的大门,我感到很陌生,而让我更加陌生的是粮油储藏与检测技术这个专业。对我而言,职业教育好像是不知何来何去的风,而我自己却像是看不见线的风筝,但我想不到的是,职业教育是无比高远的天空,未来的一天,我已经成为一只令人仰慕的雄鹰。

(一)专业学习与学生会工作

刚入学,我对校园的一切都是陌生和好奇的。专业学习过程中,我也遇到了不少挑战。记得有一次,在学习粮油储藏的复杂化学反应时,那些晦涩难懂的理论知识让我倍感困惑,面对厚厚的专业书籍和复杂的化学方程式,我一度感到力不从心。但为了将晦涩的知识真正学懂弄通,我选择了最笨也最有用的方法。一下课,我就泡在图书馆,翻阅相关专业书籍和文献,遇到不懂的地方就去向老师请教,老师也不厌其烦地为我答疑解惑。同时我也和同学一起讨论课堂上的知识，有时候为了一道题探讨到深夜。通过不断的积累和努力，我逐渐掌握了这些难点，成绩也有了显著提升。

除了理论学习，实践操作同样重要。在粮油储藏实训中心，我经历了无数次的失败与尝试。记得在练习用触感衡量谷物湿度时，我反复掐玉米、咬麦子，手指和咬合肌都疼得几乎麻木。但我没有抱怨，因为我知道，只有通过这样严苛的训练，我才能更准确地掌握技能。最终，我的努力得到了回报，我在比赛中的表现很出色。

课余时间，我还加入了学生会，作为学生会的一员，我需要组织各种活动、协调各方资源，这对于一个稚嫩的学生来说并不容易。但我始终保持积极乐观的态度，耐心地与同学们沟通交流，了解他们的需求和意见，认真对待每一项任务，努力为大家提供更好的服务。在这个过程中，我不仅锻炼了自己的组织协调能力，还学会了如何更好地与人相处。"他是那种做什么事情都能做好的学生，而且很主动，也很热情。"毕业很多年后，学工处的老师仍然对我记忆犹新。

到了大二，我这个平时不怎么冒尖的学生一跃成了综合成绩尖子生，已经被专业老师"盯"上了。

（二）难忘的集训与大赛

在老师的引导下，我进入了全国粮食职业技能竞赛训练组，经过层层选拔，高职的最后一年，我成为参加第三届全国粮食行业职业技能竞赛（粮油保管工种）学生组的两位种子选手之一。

集训是从比赛前的半年就开始了，我永远忘不了在粮油储藏实训中心的每一个细节，因为5个月的时间里，我在那里待了将近2000个小时。"粮油仓储管理员"赛项中的一项是靠触感衡量谷物的湿度，玉米要用手指甲掐开，麦子要用牙齿咬，上万次的训练，手指钻心的疼，咬合肌几度抽筋，只为了让触感的判断离机器的测量误差不超过0.3。上午掐粮食，手疼嘴也疼，下午练机械测量，眼疼背也疼，这些都比不上晚上背理论的头疼。但是那个时候，我几乎没有什么情绪的变化。在无数次的训练中，我已经越来越像一名工匠。

成功如约而至，我收获了大赛金牌，一毕业，便成为山东省粮食行业最年轻的技师，更光荣地成为一名预备党员。

工作时期

"仓里的每一粒粮食都有它自己的质量和分量，保护每一粒的质量和分量，就是保咱

职业指南·家长选读

性格探索

粮油储藏与检测技术工作首先要具备基础的专业知识和检验技术，但最重要的就是要有吃苦耐劳的品质和沉稳冷静的性格，面对各种问题和日常较为枯燥的工作时能展现出自己的能力。另外，创新和钻研的精神对于职业发展具有很大的影响，孩子如果有探索欲和好奇心将会对未来的学习和工作有很大帮助。

国家的粮食安全。"这是我做仓储保管员记住的第一句话。

（一）守护粮仓

毕业后我到了青岛市第二粮库工作。偌大的粮仓，我对粮情了如指掌，温度、湿度、虫害防治，每一个操作都细微到极致。夏天，外面的酷暑对于粮仓里面的温度来说不值一提，一分钟就能让人汗流浃背，我安静地观察周围的环境，汗水从额头流到脚跟，抓一把粮食，仔细感触；盯住测量仪，观察变化；换个位置，再来一遍。但逢雨天，不管工作日还是休息日，我都第一时间到库检查，多次化解局部漏雨情况，保证了安全的储粮环境。

（二）技能竞赛

在工作之余，我还勤练技能，积极参加各项技能大赛。最痛苦的是练习杀虫赛项，因为练习时需要穿戴全呼吸防护，炎炎夏日整个人被裹得严严实实，汗水哗哗地流下来，衣服都是湿了干，干了又湿。气压瓶背在身上，压得肩膀又红又痛，没两天就肿了起来，训练结束，双肩已结出了厚厚的一层茧子。一天又一天，慢慢熟悉赛项的各个操作，从最初的陌生到熟练掌握，我感觉到自己在逐渐成长。我不能放弃，男子汉大丈夫，自己选择的路就要坚定地走下去，我的内心深处总有一股力量支撑着我，它告诉我，这一切的付出与牺牲，都是为了一个更加清晰、更加坚定的目标——我一定要得奖，要去做最好的粮食技术人员。

我安安静静地让自己做得更好。2014年青岛粮食行业竞赛夺冠，我被评为"青岛市技术能手"；2016年获得山东省粮食行业竞赛一等奖，我被评为"山东省粮食行业岗位技术能手"；2017年因工作成绩突出，我被评为"青岛市工人先锋"；2019年，我再次发力，一举获得第五届全国粮食行业职业技能竞赛（粮油仓储管理员）职业职工组一等奖，被评为"全国技术能手"。

（三）科研创新

在粮库工作的这些年里，我深刻体会到技术创新对于粮食储藏的重要性，除了扎实的业务能力和高超的技术水准，我坚持参与项目研究，勇于创新，科学保粮。其中，"蛇床子杀虫剂防治储粮害虫应用技术研究开发与实验"和"乙基多杀菌素乳剂储粮防治害虫研究"两个项目，尤为让我难忘。

记得在进行"蛇床子杀虫剂"的实验初期，我们面临着诸多挑战。蛇床子作为一种传统中药材，其杀虫效果虽好，但如何将其有效应用于现代储粮体系中，却是一个全新的课题。为了找到最佳的配比和使用方法，我和团队成员无数次地深入粮仓，亲手试验，观察效果。有一次，为了验证某种配比下的杀虫剂对特定害虫的杀灭效果，我们在一个模拟的小粮仓内连续观察了三天三夜，几乎不眠不休。当看到害虫数量显著减少，粮食质量得到有效保护时，那种成就感和喜悦难以言表。

而"乙基多杀菌素乳剂"的研究则更加考验我们的耐心和细心。这种新型杀虫剂在实验室条件下表现出色,但如何在实际储粮环境中保持稳定性和有效性,是我们需要攻克的难题。我们不断调整配方,优化使用工艺,甚至亲自下到粮仓深处,亲手喷洒药剂,观察其扩散和杀虫效果。在整个过程中,我深刻体会到科研工作的艰辛与不易,也更加坚定了自己为粮食储藏事业贡献力量的决心。

此外,我还参与了"充分利用自然低温、辅以人工制冷的低温储粮技术"的研究,并亲自开展了"利用储粮自身的冷源进行管道环流自动控温技术试验"。这项技术不仅有效提高了粮食的储藏安全性,还大大延缓了粮食品质的变化速度。每当看到我们努力保护的粮食在长时间的储藏后依然保持着良好的色泽、香气和口感时,我都感到无比的自豪和满足。

因为业务精干,成绩突出,在山东粮食产业改革升级的浪潮中,青岛三个粮库合并为青岛国信现代农业集团有限公司,我也晋升负责库区管理工作,并获得"青岛工匠"称号。一路走来,我觉得我很幸运,因为我选择了一条适合自己的道路,但最重要的是,我热爱这里,真心地想保护国家的每一粒粮食,所以我时刻都在努力。

> **职业指南·家长选读**
>
> **职业上升路径**
>
> 在学习期间可以考取(粮油)仓储管理员、粮油质检员等资格证书来提高专业技能,也可以进修学习相关专业,努力成为生产、管理和经营一线急需的应用型、技能型人才。作为专业技术人员,工作后的晋升途径主要为取得必要的资格证书、具备相应的学历和工作能力,同时提升创新科研能力也有助于职业的晋升。

作为一名守粮人,获奖的片刻风光背后更多的是日复一日的坚守,提升自己的专业能力是更好地保护国家每一粒粮食的必经之路,也正是这份责任感支撑着我走到今天。虽然不像都市白领一样光鲜亮丽,但是我在自己选择的道路上不断努力,这个职业带给我的价值已然让我深深地爱上了它。无论是学业还是未来的职业方向,选择自己喜欢的并一直坚持走下去,就一定能收获美好的明天。

看看自己有哪些能力潜质,对照核心能力模型,这样你的未来之路就更有针对性。

核心能力模型

项目	要求
学科能力	化学及化学实验技能、生物学、英语等
基础能力	文献检索和资料搜集的能力、学习能力、动手和操作能力、沟通能力
社会能力	吃苦耐劳的品质和坚韧的性格、团队协作能力、组织协调能力、社会责任感

工作后需要的职业类证书

(粮油)仓储管理员、粮库中控工、粮油质量检验员、农产品食品检验员。

进修学习路径

专升本，进修学习专业：粮食工程、食品科学与工程、食品质量与安全、生物技术等。

主要就业方向

进入粮油及农副产品检测监测机构、国家或地方粮食储备库、粮油加工企业、饲料加工企业、农副产品加工企业、食品分析及加工企业、粮食贸易（检疫）部门，从事粮油运输与出入库作业、粮情检查、粮情控制与处理、粮食质量检验、油脂质量检验以及粮油安全检测等工作。

主要专业能力

（1）具备独立完成和组织实施粮油运输与出入库作业、粮情检查、粮情控制与处理等工作的能力，以及编制并组织实施粮油储藏综合技术方案的能力。

（2）具备独立完成和组织实施粮油质量检验、粮油安全检测，以及对产品质量进行分析评价的能力。

（3）具备对仪器设备进行检查和保养维护，以及常见故障判断和处置的能力。

（4）具备对所做的粮油储藏与质量检测工作进行初步经济成本评测和成效分析，以及从节能环保等方面检视所从事的工作的能力。

（5）掌握粮油仓储、加工等企业安全生产管理知识，具备安全防控处理的基本能力。

（6）掌握粮油储藏与质量检测的基本理论。

撰稿人：张宏岩　杨　震　孙超群　王毓川

习梓杰

职　　业：生物科技公司销售部经理
毕业学校、专业：广东食品药品职业学院、药学专业
从业时间：8 年

大三实习期收到世界 500 强药企 offer 的那一刻，
我无比激动，但又万分忐忑。
对于一个专科毕业生来说，
要想在高手如云的外企立足显得异常艰难。
我意识到只有学历和能力两方面同步提升，
才是我未来职业生涯发展的底气。

 8 年世界 500 强药企磨砺后的勇敢跨越

人生充满挑战和机会，我是习梓杰。2016 年，我毕业于广东食品药品职业学院药学专业，和许多大学毕业生一样，我也曾迷茫，对职业选择和未来前途充满疑虑。

我的第一份工作，是在学校大型校园招聘会投简历，经过严格的笔试和面试，与本科院校相同专业毕业生竞争，我成功获得世界 500 强药企的实习机会，那是我职业生涯的起点，从此我与医药行业结下不解之缘。在公司，我担任医学信息沟通专员，我不断学习医药行业的专业知识和积累宝贵工作经验。经历了 8 年的外企生涯后，为了追求更大的人生目标和梦想，我与朋友一起创办了一家创新型生物科技公司。目前新创公司处于起步阶段，我担任销售部经理，新的职业角色为我职业生涯注入了新的活力和挑战。

高中时期

高中时期，我并没有明确的职业目标。但由于家人从事医疗卫生相关工作，从小耳濡目染，我对药学产生了浓厚的兴趣。

职业指南·家长选读

药学专业需要的知识结构

1. 理工科。对化学、生物学要求较高，需要有数据分析、动手操作等实践能力。
2. 兴趣驱动。家庭或外部环境影响，对药学相关工作有兴趣；喜欢钻研，有内在驱动力。

我出生在一个普通的工薪阶层家庭。高中时，我选择了理科，尤其对化学和生物学充满兴趣。化学实验课是我最期待的课程，那些神奇的化学反应让我对药物的世界充满了好奇和向往。

高中时期，我的成绩虽然不算拔尖，其他科目成绩也很一般，但我始终保持着对化学和生物学的学习热情，这两科是我的优势科目。我乐于向从事药品工作的亲戚朋友咨询药学相关的知识，始终保持着对药学的探索与求知欲望。这种兴趣成为我选择药学专业的动力，高考后我毅然报考了广东食品药品职业学院药学专业。

高职时期

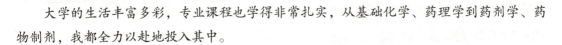

大学的生活丰富多彩，专业课程也学得非常扎实，从基础化学、药理学到药剂学、药物制剂，我都全力以赴地投入其中。

进入广东食品药品职业学院后，我正式开始了药学专业的学习。我还记得第一次接触药理学时，那些看似复杂的化学反应式和药物代谢路径一度让我感到困惑。但在老师耐心的指导下，我逐渐掌握了药物在人体内发挥作用的原理。这些知识不仅让我在学业上取得了优异的成绩，也为我日后在药企的工作打下了坚实的基础。

课余时间我积极参与各种课外活动和技能竞赛。记得有一次，我参加了学校组织的药品调剂竞赛，尽管前期准备充分，但在比赛中由于紧张导致了一些失误，结果不尽如人意。但这次经历让我意识到，专业技能的掌握不仅仅依赖于知识的积累，更需要实战经验的不断磨炼，正是失败教会了我需要更加努力提升专业技能。每次失败都是学习的机会，是进步的动力。

职业指南·家长选读

兴趣及性格探索

兴趣是个体内心动力和快乐的最终来源，也是对一件事情持久热爱的动力。兴趣通常源于人们认为自己能够胜任且能预估到行动可以产生有价值的结果，也会直接影响一个人的职业目标。家庭环境对孩子的影响是潜移默化的，孩子的职业选择需要家长给予合理的建议，但更要结合孩子自身的兴趣。

在校期间我还积极参与学校社团活动，曾担任学校"大学生创新创业职业发展中心"主席，我带领着一支由200多名学生、5个工作部门组成的团队，配合学校招生就业处老师开展大学生实习就业指导工作，协助老师筹备大型校园招聘会等。这段经历不仅提升了我的领导力和组织能力，也让我开始思考自己未来的职业发展方向。记得有一次我们团队要为即将到来的校园招聘会布置场地，由于时间紧迫，许多同学开始抱怨任务繁重。作为社团负责人，我不仅需要解决实际问题，还要鼓舞士气。招聘会的前一天下起倾盆大雨，这可能会导致我们团队布置会场的任务无法按时完成，我和团队小伙伴一起加班到晚上12点，大家齐心合力共同完成任务，这一举动大大增强了团队的凝聚力。社团活动不仅丰富了我的大学生活，同时也培养了我的组织和沟通能力。这些软技能在我日后的职业生涯中起到了至关重要的作用。

在职本科时期

专科毕业后，为了拓宽专业知识和提升学历水平，我决定报考中国医科大学药学本科专业。在工作之余，我努力学习药理学、制药工艺、生物化学等课程。同时，我积极参与公司举办的各种学术活动和实验课程，积累实践经验。

2020年本科毕业后，我对自己的职业规划有了更高的追求，决定报考暨南大学的工商管理硕士（MBA）项目。备考的过程更加艰辛，尤其是在工作日程紧张、工作任务繁重的情况下。我将时间精确到分钟来管理，利用一切碎片时间复习课程内容。每个周末的辅导班是我不愿错过的学习机会，即使疲惫至极，我也坚持着。这段备考经历不仅考验了我的知识储备，更挑战了我的毅力和时间管理能力。记得有一次，我刚完成了一场重要的客户会议，回到家已是深夜，但第二天一早我就要参加MBA的模拟考试。那一夜我几乎没有合眼，强撑着复习考试内容。尽管第二天考试时疲惫不堪，但我还是咬牙坚持了下来。

在职学习的过程中，我逐渐摸索出了一套适合自己的学习方法。我将理论知识与工作实践紧密结合，在工作中应用学到的管理理论，这样不仅加深了对课程的理解，也提高了实际工作中的决策能力。通过这样的方法，我在工作与学习之间找到了微妙的平衡，也让备考过程变得更加充实和有意义。最终，我顺利通过了全国硕士研究生招生考试，成功被暨南大学录取。这段艰辛的求学经历不仅让我在学业上取得了新的成就，也让我深刻认识到，成功的背后往往需要坚持不懈的努力和科学有效的方法。工作和学习的双重挑战让我学会了如何在压力下保持冷静，如何在繁忙的日程中高效学习，这些经验将伴随我未来的职业生涯。

> **职业指南·家长选读**
>
> **学历提升**
>
> 在职业成长的道路上，学习和深造是提升职业竞争力的途径。学历不仅仅是纸上的荣誉，更是对一个人专业能力和综合素质的认可。各个层次的学习都提供了更广阔的职业发展平台和更多的机会，也让我们在面对未来的挑战时更加自信和从容。

工作时期

作为一名专科毕业生，能够进入一家知名外企工作，是机遇，也是巨大的挑战。工作期间，我多次参与公司内部的培训项目，并有幸被选为新员工的导师。我将自己的经验和技巧传授给新员工，帮助他们快速适应公司的文化和工作环境。这些经历不仅增强了我的领导能力，也让我在团队中赢得了更多的信任和支持。

（一）职业生涯的开端

高职毕业时，我通过校园招聘顺利进入世界 500 强药企工作。在公司，我担任的是医学信息沟通专员，主要负责与医疗工作者和医疗机构沟通，确保他们能够正确理解和使用公司的产品。刚开始工作时，面对经验丰富的医疗工作者和同行，我感到非常紧张，我深知自己的知识和经验还远远不足以应对他们提出的问题。因此，我下定决心要不断学习，提升自己的专业水平。我每天都投入大量的时间学习产品知识和医学文献，通过与同事的讨论和交流，不断提升自己的沟通技巧和专业素养。我还主动参加公司组织的各种培训项目，并通过模拟演练来提升自己的销售技能。

我特别珍惜每一次与客户和医疗工作者交流的机会，因为这些对话不仅能帮助我更好地了解客户的需求，还能让我学习到许多关于临床实践的知识。记得有一次，我负责的一款新药物遇到了市场推广困难，医疗工作者们对其疗效和安全性持观望态度。为了打破僵局，我和团队花了几周的时间深入研究产品的临床数据，并组织了一场高规格的专家研讨会，邀请几位行业内的权威专家分享他们的研究成果和临床经验。这场研讨会不仅成功提升了医疗工作者们对产品的认可度，也为公司的销售业绩带来了显著的增长。

（二）职业上升路径

在外企工作的 8 年里，我从一名普通的医学信息沟通专员逐步成长为高级专员，并获得了公司的多个奖项和荣誉。2016~2017 年连续两次参加全国 TOP10 销售精英训练营，2017 年获得大区 PIM 大爆炸比拼第一名，2018 年突破里程碑产品单月 1000 针，2020 年被评为优秀 RD，2020 年创新引爆获得 ADBS 优秀案例第二名。这些荣誉的背后，既有我的努力与坚持，也有对方法的不断探索与改进。

其中一次让我记忆深刻的是 2017 年公司大区 PIM 大爆炸比拼。在这次比拼中，我的任务是推动一款新药的市场推广。这款药物在进入市场前并不被看好，医疗工作者们对其疗效和安全性持观望态度，市场接受度也不高。为了打破这种僵局，我首先做了大量的市场调研，深入了解医疗工作者和患者对这类药物的需求和顾虑。同时，我还查阅了大量的临床数据和研究报告，深入研究了药物的作用机理和临床效果。接着，我决定采取一种更加个性化的推广方式。我先从与几个关键医疗工作者的深度沟通开始，向他们详细解释药物的科学依据，并结合实际病例分析其应用效果。为了增强说服力，我还邀请了几位在领域内有影响力的医疗工作者来分享他们的使用经验，并组织了几场小型的学术讨论会。在整个推广过程中，我与团队紧密合作，每个人都贡献了自己的力量。我们通过频繁的沟通和反馈，不断调整推广策略，最终成功实现了药物在市场中的快速占有率。这次的成功不仅让我在大区比拼中拔得头筹，也让我在公司内赢得了更大的认可。

2020 年，我获得了优秀 RD 和 ADBS 优秀案例第二名。这一年，我带领团队在产品推广和市场开拓上取得了显著成果。为了完成公司的销售目标，我不断创新销售策略，通过线上、线下相结合的销售方式拓展了更多的客户渠道。同时，我还注重团队培训，提升每一位成员的专业技能和销售技巧。在团队的共同努力下，我们成功完成了多个大型项目，并在公司内部评选中脱颖而出。

每一个奖项的获得，背后都是无数次的努力和坚持。我深知，只有不断学习和提升自己，才能在激烈的职场竞争中保持领先。通过这些经历，我不仅积累了丰富的销售经验，也为未来的职业发展奠定了坚实的基础。

（三）职业道路的转折

尽管在外企的职业生涯让我取得了不小的成就，但我内心始终渴望着更大的挑战。2023年，我做出了一个大胆的决定：离开世界500强药企，与合作伙伴创办自己的生物科技公司。

创业并非易事，尤其是在医药行业这样一个竞争激烈的领域。作为公司的创始人之一兼销售部经理，我不仅要负责公司的日常运营，还要制订市场战略、开拓新业务，并与客户建立和维护良好的合作关系。

创业初期，我们团队面临的最大挑战是如何在有限的资源下实现最大化的市场影响力。记得在一次重要的客户谈判中，对方提出了一些苛刻的要求，而我们的产品和服务尚未完全达到客户的期望。面对这一困境，我带领团队进行了多次讨论和调整，最终设计出了一套创新的解决方案，不仅成功赢得了客户的信任，也为公司赢得了第一笔大订单。

在创业的过程中，我学会了如何应对各种不确定性和挑战，也深刻体会到了创业的艰辛。每当看到公司一步步发展壮大，我都感到无比的自豪和满足。未来我将致力建立一个卓越的销售团队，制订高效的销售策略，建立牢固的客户关系，保持对职业的敬畏之心并不断创新。我将助力公司蓬勃发展，为患者提供更多创新的医疗解决方案，力争在竞争激烈的医疗销售行业闯出自己的一片天地。

> **职业指南·家长选读**
>
> **价值观探索**
>
> 在职业生涯中要积累不同领域的经验。尝试不同的工作岗位，了解自己的兴趣和潜力。同时，做好职业规划，坚持并勇敢追求自己的职业梦想，无论遇到什么挑战都能勇往直前。

未来的道路充满了挑战与机遇，职业教育赋予我们的不仅是技能，更是一种不断学习、勇于面对挑战的精神。职业生涯是一场长跑，起点并不决定终点，关键在于你努力的程度和如何利用每一次机会。高职的学习生活或许充满挑战，但这正是你成长和蜕变的机遇。每一次的努力和挫折都是通向更好未来的阶梯。相信自己，坚定信念，勇往直前，你一定能够创造出属于自己的精彩人生。

看看自己有哪些能力潜质，对照核心能力模型，这样你的未来之路就更有针对性。

核心能力模型

项目	要求
学科能力	生物学、化学、动手实践等基础学科能力；医药学等专业学科能力
基础能力	沟通与表达能力、市场洞察力、问题解决能力、学习能力、创新能力
社会能力	客户关系管理能力、决策能力、团队协作能力、领导力、心理承受能力

工作后需要的职业类证书

执业药师、初级药师/药师/主管药师、医药代表、市场营销师。

进修学习路径

专升本，进修学习专业药学、制药工程技术、药物制剂、制药工程、生物制药、中医制药、生物工程等。

主要就业方向

从事医药销售、药品生产与质量控制、药品市场与推广、中医制药、药物制剂及生物制药等工作。

主要专业能力

（1）具备准确理解和运用药物知识，为客户和医疗专业人员提供专业的药品咨询的能力。

（2）具备销售与市场推广的能力，掌握销售技巧和市场推广策略，能够制订有效的销售计划并成功实施。

（3）具备客户关系管理的能力，能够建立和维护客户关系，通过有效沟通提升客户满意度。

（4）具备团队管理的能力，能够领导销售团队、分配工作任务、制订团队目标并激励成员实现目标。

（5）具备快速识别问题、分析问题并制订解决方案的能力。

撰稿人：于 佳 习梓杰

姜建伟

职　　业：浙江省肿瘤医院副主任中药师
毕业学校、专业：金华职业技术学院（现为金华职业技术大学）、中药学专业
从业时间：19 年

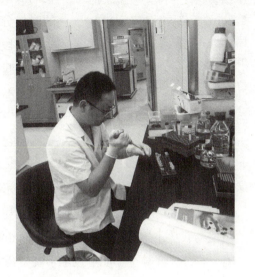

近 20 年努力，
从一名大专生到博士研究生，
从中药调剂员到科研人员，
从一名中药人员到硕士生导师，
我能做到这些，靠的就是不断的坚持。

安全用药的"守门人"

我叫姜建伟，我的工作是给中药临床用药"守门"，即把好用药安全的最后一扇门，保障病人的安全用药。

我出生在浙江省江山市的一个村庄，听父母说，我的名字是太爷爷那辈就给取好的，希望我长大后能建功立业，为家族争光。小时候的回忆是最美好、最珍贵的，那时的天空格外蓝，5 分钱的棒冰格外甜。那时放学后，我会把板凳搬到大门口，坐在门槛上写作业。我边写作业，边听着鸟儿唱歌、鸡鸣狗叫，闻着橘树花特有的芳香，门口李子树上不时有花瓣飘落在作业本上。或许是小时候对农村生活的美好记忆与对各种花草树木的情有独钟，使得我在今后的专业中选择了中药学。

高中时期

初中时期的我开始变得努力学习了，也逐渐觉得父母面朝黄土背朝天地劳作来供我读书不容易，加上父母常说他们那一辈人因为没文化受的苦，要我好好读书，为家里争口气。

> 职业指南·家长选读
>
> 中药学专业需要的知识结构
> 1. 理工科为主。中药学专业需要的是一个全面且均衡的知识结构，理科思维为基础，人文素养为辅助。
> 2. 兴趣驱动。对中医药文化的热爱和好奇心是学习这个专业的最大动力。中药学是一个需要终身学习的领域，只有真正热爱这个职业，才能在漫长的学习和工作过程中保持热情和动力。

那时候市里有一所重点高中、三所普通高中，还有两所职高。我中考发挥一般，就上了市里的一所普通高中。我的成绩算中等，文理科成绩都差不多，高二文理科分班的时候分在了理科班。高二开始，我们就进入了高强度的学习阶段，每天都有做不完的试卷和记不完的知识点。那个时候我一门心思要通过高考成功上岸，逃离"农门"，所以也并不觉得有多苦。

高考一结束，我心里就隐隐感觉到不安，尤其是数学，觉得自己考得一塌糊涂。后来分数出来，果真如此。填报志愿时，我的第一志愿报了师范学院，第二志愿报了金华职业技术学院中药学专业。第一志愿是遵从了父母的意愿，第二志愿是我内心想学的专业。为什么报考中药学专业？可能与我从小生活在农村，喜欢花草植物，同时这些花草植物又能治病救人，觉得非常神奇。最终，我被金华职业技术学院中药学专业录取了。

高职时期

我是幸运的，中药学专业是学校的重点专业，是浙江省中药人才的"黄埔军校"！老师们的专业能力更是非常有水平且扎实，这为我在今后的工作和进一步深造打下了非常深厚的基础。

刚进入校园，我有些不知所措，对自己的未来感到茫然。但幸运的是我遇到了人生的好导师，并得到了他们无私的帮助、支持与鼓励。大学3年里，我不断地完善自己，抓住每个机会。这个习惯在我走上工作岗位后，仍是受益匪浅。想起刚到学校的时候，对中药抱着一腔热血，同时也是弥补高考的失利，我每天不到六点就起床去教室学习，风雨无阻。无论是解剖学、生理学等医学基础课，还是中药学、中药鉴定学、中药炮制学、中药药理学等专业课，我都是坐在第一排听课，认真做笔记。每次期末考试复习都是最后一个离开自习室，总是对学习充满着热情。

在校期间担任学习委员、杏林协会副会长，多次获得一等奖学金，毕业时还被评为校优秀毕业生。大一的暑假，我加入了罗国海老师和吴远文老师组建的课题小组，参加了项目研究，对科研也开始有了懵懂的概念，那也是我科研的起点。从开始坐在图书馆里查文献、制订实验方案到徒手制作切片，以及与老师讨论，都让我学到了很多专业知识，也为我今后的读硕读博打下了基础。最让我难忘的是大二学习中药鉴定学这门专业课，为了能识别和掌握各种药材，我开始"泡"在标本里，像着了迷一样。每天一早起床就拿起标本，从基源、产地、功效到颜色、形状、气味，我认真地回忆课本知识并记下每一种药材的鉴别特征。课余一有空就对着标本反复辨认，并经常向老师请教，在实践中不断积累经验。记得有一次，为了鉴别长得极其相似的松贝与平贝，我在图书馆几乎翻阅了所有古籍文献和专业期刊，最终找到了区分它们的"秘诀"。

3年的大学时光总是短暂的，两年理论一年实习，让我们的时间显得格外宝贵。然而就是这短暂的3年时间，学校合理的课程设计和自身的不断努力，让我打下了扎实的专业基础和很强的动手能力，也让我在毕业后更胜任实际工作。

> **职业指南·家长选读**
>
> **性格探索**
>
> 中医学是一门严谨的学科，细致、耐心和踏实的性格在中药鉴定、炮制、中药调剂以及临床合理应用指导工作中至关重要。同时，好奇心和学习热情有助于持续深入学习专业知识。此外，良好的沟通能力、同理心、责任心，以及创新精神将帮助我们在这个传统与现代结合的领域中脱颖而出。

工作时期

从一名大专生到博士研究生，从中药调剂岗位到科研岗位，从一名中药人员到硕士生导师，我从未放弃过自己，从未放弃过努力学习，并且一直坚持着。我的坚持得到了学校、单位诸多老师、领导的认可。在工作中一路前行的我收获满满！

2004年7月从金华职业技术学院毕业，在老师的推荐下，我进入浙江省肿瘤医院药剂科中药房工作。

（一）不忘初心，争做中药尖兵

刚进入中药房，我从最基本的调剂工作干起，从拿到处方时的审方、调剂、核对，再到最后的包药等，我都虚心地向前辈请教。尤其是包药环节，我开始时什么都不会，需要认真学习老药工的手法。每天我都是第一个到科室，查看药斗、及时加药等，做好调剂前的各项准备。下班也是最后一个离开。随着工作年限的增加，我对日常一些工作也提出了自己的思考，例如传统调剂工作量大，怎么能降低劳动强度或者提高工作效率。实践中我也提出了很多改善的建议。

（二）以赛促学，勇当科研能手

我在工作中的努力得到了领导的肯定，在十多年的时间里逐步成长起来。经过充分的准备，2018年，我参加了中药材真伪鉴别全国大赛，并获得了实物鉴定第一名。为了参加比赛，我每天复习中药鉴别要点，对中药标本进行手捏、口尝、鼻闻、看断面等练习。除了参加比赛，对工作中遇到的各类疑难问题，我会针对性地提出了解决方案，并申请了2项国家实用新型专利、4项国家发明专利，并且获得"浙江省青年岗位能手"荣誉称号。

> **职业指南·家长选读**
>
> **职业上升路径**
>
> 中药学是一个融合传统文化和现代科技的专业领域，每个阶段都有不同的上升路径。初级阶段需要扎实的理论基础和基本操作技能，勤学习，多实践，培养对中药的敏锐观察力和理解力；中级阶段除了专业技能的提升，还要注重工作经验的积累，善于总结，勤于思考；高级阶段不仅要有精湛的专业技能，还要有独到的学术见解和丰富的实践经验。

（三）"医"路向前，助力乡村振兴

2022年1月我受省委组织部委派，作为省第一批乡村振兴常驻人员"接力"开启老区振兴新篇，担任庆元县卫生健康局党委委员、副局长，协助书记、局长工作，牵头公立医院改革与高质量发展项目，分管公共卫生科、医政科、老龄与家庭发展科、县疾控中心；指导庆元县中医院开展县域肿瘤疾病谱筛查及流行病因研究，指导医院开展清凉膏的剂型改革，指导申报科研项目。作为百山祖镇党委书记、斋郎村第一书记，开展乡村振兴与结对帮扶工作，发展特色农业产业，如高山蔬菜、中药材种植、红色旅游等，盘活500多亩农田、17000多亩林地，助力群众每年平均增收10.2%，开展"1856特色农产品"产销合作。2022年以来牵线浙江省肿瘤医院收购农产品300余万元，为斋郎村集体经济创收12万元，农户直接增收24.5万元，带领村民增收致富。

（四）"学徒"变身全国技术传承人

中药"学徒"出身的我，通过不断学习和实践，逐步成长为全国中药特色技术传承人才。每次比赛都是一次挑战自我、提升技能的机会。我记得第一次参加浙江省中药炮制调剂鉴定技能竞赛时，为了准备比赛，我反复练习各种中药鉴定与炮制方法，深入研究每一味药材的鉴别特点。这些都大大提高了我的实操能力，更加深了我对中药学的理解。备赛期间，我不仅精进技艺，还广泛阅读各类参考资料，了解最新的研究进展。

通过一次次的专业竞赛，我的专业能力得到了全面提升。在全国中药特色技术传承人才培训项目的选拔中，我有幸入选，这不仅是对我们努力的肯定，更成为我职业生涯的一个重要转折点。通过自身的努力学习，我主持了浙江省自然科学基金项目1项、浙江省医药卫生科技计划项目2项、浙江省中医药科技计划项目1项；以第一或通讯作者发表SCI论文5篇、医学类中华系列等核心论文多篇；申请发明专利2项，授权实用新型专利4项，软件著作权3项；出版著作3部。

> **职业指南·家长选读**
>
> **价值观探索**
>
> 中药学是一个传统而又充满创新的领域，不仅需要扎实的专业知识和技能，更需要一种特殊的职业精神和价值观念。这种价值观包括对中医药文化的热爱和尊重，对生命健康的珍视，以及服务社会的使命感。在面对困难和挑战时，要能保持积极乐观的态度，不抱怨、不自卑，而是自尊自强，不断进取。

如今，我已经是两个孩子的父亲，偶尔会和他们讲我的成长故事。或许，他们现在还不能理解，但是我想告诉他们一个道理：就业并不难，要找到自己喜欢并能为之一生奋斗的事业却并不简单；做人并不难，要做对社会、对祖国有贡献的人则需要不断的坚持和打拼！

职业教育是一条充满机遇和挑战的道路。它不仅能让你掌握实用的技能，还能培养你专业的职业素养、创新精神和工匠精神。只要肯下功夫，保持热情，职业教育同样能成为你实现梦想的跳板。无论你现在处于哪个阶段，都请记住：选择职业教育并不意味着给自己设限，未来掌握在自己手中。勇敢地追随你的兴趣，珍惜每一次学习和实践的机会，相信自己有能力不断成长和突破。未来的你会有一个崭新的人生舞台。

看看自己有哪些能力潜质，对照核心能力模型，这样你的未来之路就更有针对性。

核心能力模型

项目	要求
学科能力	生物学、化学、语文、数学、英语等
基础能力	自然观察力、视觉空间能力、语言表达能力、数学逻辑能力、身体协调能力
社会能力	团队协作、表达能力、社会责任感、学习能力、创新能力

工作后需要的职业类证书

执业中药师、中药调剂员等。

进修学习路径

专升本，进修学习专业：制药工程技术、药学、中药制药、药物制剂、制药工程、中药学、生物工程等。

主要就业方向

进入医疗机构、制药企业、科研机构、药品监管部门、中药材贸易公司等从事与中药相关的工作岗位。

主要专业能力

（1）熟练掌握中药材鉴别、炮制、调剂，以及中药制剂等技能。
（2）掌握中药质量检测方法与中药新药研发流程，熟悉中药生产工艺与质量管理。
（3）具备中药临床合理应用的初步指导的能力，了解现代中药制剂技术。
（4）掌握中药材种植与加工技术，具备中药科研项目设计与管理的能力。
（5）熟悉中药相关法律法规和中药交易市场规则，具备中药知识产权保护意识。
（6）具备中药文献检索与分析的能力。

撰稿人：姜建伟　徐晓莹　张慧芳　汪妍

蜕 变
职校生的华丽转身

蜕变：职校生的华丽转身

财经商贸大类

身处职教浪潮，心怀交通梦想。在汽车职教天地里，色彩是我们的魔法，工艺是我们的匠心。望莘莘学子以实训为基、理论作翼，耐住琐碎，雕琢细节。让每辆车焕新出彩，驰骋于时代车道。职教助梦腾飞！

山东交通职业学院车辆工程系教师
汽车维修高级工、机动车检测高级工
山东交通大工匠

高连江

邱美圆

职　　业：江苏苏税迅通会计师事务所有限公司
　　　　　审计三部负责人、质控部经理
毕业学校、专业：江苏农林职业技术学院、财务管理专业
从业时间：10 年

无论身处何岗，
我都将坚守客观、公正、透明的原则，
为会计行业的蓬勃发展注入活力，
为营造更加诚信与透明的商业环境贡献自己的力量。

专业之旅，职业之路
—— 自我发现和成长的旅程

我叫邱美圆，从事会计、审计工作已有 10 年。在这 10 年中，我从一个对会计行业一无所知的新手逐渐成长为行业专家，先后考取注册会计师、注册税务师、注册资产评估师等证书，发表了两篇国家级论文，并入选中国注册税务师协会高端人才计划、扬州市第一期高端会计人才和扬州市第六期英才培养计划。

高中时期

我出生在江苏省北部的一个偏僻小县城，那里远离繁华都市的喧嚣，是一个宁静而又平凡的地方。小时候，家里的条件并不好，父亲是一名农民工，常年在外打工；母亲则是一位勤劳的农民，负责打理家里的农田。由于父母忙于生计，我比同龄人更早地学会了独立和面对生活的艰辛。

初中时期，我迷恋上了网络游戏，成了所谓的"网瘾少年"。那时候，我几乎把所有的课余时间都花在了虚拟世界里，学习成绩也因此一落千丈。中考时，我没有考上县城里

> **职业指南·家长选读**
>
> **财务管理专业需要的知识结构**
>
> 1. 理科为主。财务管理涉及大量的数学计算,对数学的要求较高。随着数字化转型的推进,财务管理专业人士需要掌握一定的编程技能。
> 2. 兴趣驱动。喜欢探究数据背后的含义,善于使用逻辑推理解决问题,有助于孩子从多个角度审视问题。

最好的高中,只能选择一所民办高中继续学业。那段日子,我常常感到迷茫和失落,不知道未来的路在哪里。

转折点发生在高中的时候。父亲在一次建筑工地的意外事故中受伤,脊椎受到了严重的伤害,从此无法再从事重体力劳动。看到父亲躺在床上的样子,我突然意识到了生活的不易,也明白了自己肩上的责任。从那一刻起,我决定改变自己,不再虚度光阴。

高中阶段,虽然我在其他科目上的表现一般,但在数学方面却展现出了非凡的才能。我参加了学校的数学竞赛,并最终获得了一等奖,这是我高中时期最自豪的一件事。与此同时,我对计算机也产生了浓厚的兴趣,经常利用课余时间自学编程知识。英语成绩始终是我的短板,但我没有放弃,而是通过看英文电影、听英文歌曲等方式来提高英语水平。

尽管我在班里的总排名不算特别突出,但我从未失去过前进的动力。我知道,每个人都有自己的长处和短处,重要的是要找到自己的兴趣所在,并为之不懈努力。正是这种信念支撑着我度过了高中岁月。

高职时期

2011 年的那个夏天,我满怀憧憬地踏入了江苏农林职业技术学院的大门,开始了财务管理专业的学习之旅。这是我人生中的一个重要转折点,也是我追寻梦想的新起点。

刚入学的时候,我既兴奋又紧张,但更多的是对未来充满了期待和信心。大学期间,我学习了一系列财务管理相关的,包括基础会计学、会计实务、成本会计、财务管理及审计学等。这些课程奠定了我整个财务管理学习的基础。我第一次接触到了会计的原理和记账方法,了解了如何记录企业的财务交易。会计实务的学习进一步深化了我对会计准则的理解,学习了更复杂的会计处理方法。财务管理是我认为最重要的课程之一,它涵盖了资金筹集、投资决策、股利分配等方面的知识,让我对财务管理有了全面的认识。审计学为将来从事审计工作打下了坚实的基础。

在这些课程中,我对财务管理和成本会计两门课程印象最为深刻。财务管理教会了我如何科学地进行财务决策,而成本会计则让我学会了如何有效地控制成本,这两门课程与我的兴趣和职业目标非常契合。我对数字有着天然的好感,喜欢解决复杂的问题,这两门课程正好满足了我的兴趣。

在大学的 3 年里,我不仅学习了会计学专业的核心课程,还积极投身于各种实践活动,这些经历让我受益匪浅。大二时,我参加了江苏省职业院校技能大赛会计实务赛。为了准备这次比赛，我投入了大量的时间和精力，不仅要复习会计学的基础理论，还要练习实际操作技能。每天晚上，图书馆成了我的第二课堂，我埋头于书海之中，一遍遍地计算和核对账目，力求每一个细节都能做到准确无误。

比赛那天，我和来自不同职业院校的选手们同台竞技。虽然内心紧张，但我还是尽力发挥出自己的最佳状态。最终，我凭借扎实的理论基础和出色的操作技能获得了三等奖。当我站在领奖台上时，心中充满了激动和喜悦。这次比赛不仅检验了我的会计专业知识，更重要的是它让我深刻地认识到，会计学不仅仅是简单的数字运算，更是一种逻辑分析和判断的能力。这次经历增强了我对会计学的热爱，也让我对未来的职业生涯充满了信心。

除了参加比赛之外，我还积极参与了一些志愿者活动和企业实习。通过这些活动，我有机会接触到真实的企业环境，了解到财务管理在实际工作中的重要性。我还记得在一家本地的小型企业实习时，我协助完成了一份年度财务报告。虽然只是一份小小的贡献，但当我看到自己的名字出现在报告的致谢名单中时，那份成就感难以言表。这些经历让我更加关注社会和企业的发展，也更加坚定了我对财务管理专业的选择和热爱。

> **职业指南·家长选读**
>
> **性格探索和职业探索**
>
> 财务管理需具备喜欢钻研的性格特点，追求极致和完美。细致认真、追求精确对财务管理来说是非常重要的品质。当遇到复杂的财务问题、烦琐的数据处理时，则需要保持耐心和细心，不断克服困难。
>
> 随着成长和经验积累，在工作中将承担更重要的职责，如参与企业财务决策、提供专业的财务咨询服务等。在这个过程中，除了具备扎实的专业技能外，还需要具备良好的沟通能力和团队协作能力。

工作时期

毕业后，我的第一份工作在南通的一个项目部，那里条件艰苦，但我并没有退缩。我坚守在那里，这一坚持就是两年。我相信，只要有足够的热情和努力，每个人都能在自己选择的道路上发光发热。

（一）梦想驱动，砥砺前行

2014年初夏，我怀揣着梦想与激情，加入了江苏威达建设集团有限公司。作为财务管理专业的应届毕业生，我被派往南通的一个项目部门，虽然工作条件艰苦，但我却没有感到疲惫和挫败。相反，那种新鲜感和未知的挑战让我兴奋不已。我全身心地投入到工作中，从最基础的琐事到更复杂的工作任务，我始终保持积极的态度和热情。我相信，只有通过实践，才能真正理解和学习到有用的知识和技能。

在工作之余，我积极利用零散的时间来学习和准备考试。我记得那些夜晚，当其他人都在休息时，我却在灯下默默学习，心中充满了对未来的期待和对知识的渴望。这些努力让我在短时间内取得了显著的进步，不仅在专业技能上有所提升，而且也积累了不少宝贵的工作经验。

> **职业指南·家长选读**
>
> **职业上升路径**
>
> 财务管理行业适合热爱数字、逻辑清晰且愿意长期投入的人。通常从基层岗位做起，如财务助理，初期收入不高，但要保持对财务管理的热情，并着眼于长期发展而非短期收益。晋升过程中，主动学习至关重要，包括向前辈学习、参加内外部培训及自我提升，取得CPA（注册会计师）、CTA（注册税务师）等证书将助于职业发展。

2016年，由于公司组织架构的调整，集团财务中心的岗位也发生了变化。我被调任到财务处，担任副处长兼税务主管。这是一个新的挑战，我需要负责建筑总公司及其多家分公司的税务管理工作，同时还需要对接日常的税务稽查及风险应对。在这个新的工作岗位上，我更加深刻地认识到了专业知识的重要性，也更加深刻地理解了持续学习和自我提升的重要性。

在江苏农林职业技术学院王晓老师的引导下，我开始进一步自我提升和学习。2018年，我考取了注册会计师证书。这是对我多年来坚持学习和实践的肯定，也是我在职业生涯中取得的重要成就之一。

（二）追梦之旅，勇往直前

2019年，我从财务会计领域转型至审计领域，跳槽至中兴华会计师事务所，开启了审计生涯。在那里，我为多家城投平台公司提供了发债审计服务，深入了解了企业的运营模式、财务状况以及风险管理策略。我还为上市公众实体提供咨询服务，帮助他们改善财务管理、优化运营流程并加强风险控制。

2020年，我成功入选中国注册税务师协会高端人才计划，并在国家税务总局干部学院接受了为期两年的专业培训。这段经历不仅提升了我在财会领域的专业素养，也增强了我对财会政策及法规的理解和掌握能力。

为了弥补在IPO（公开募股）板块的专业知识不足，2021年我前往上海，加入了天健会计师事务所，担任IPO项目经理。任职期间，我全身心投入到工作中，参与了多个IPO项目，如上海伟测半导体IPO证监会问询、复洁环保上市年报审计等。

2022年，我又回到扬州，担任江苏苏税迅通会计师事务所有限公司审计三部负责人、质控部经理。这里是我职业生涯的起点，也是我继续实现梦想的地方。我将继续利用专业知识和技能，为公司的审计工作贡献力量，并在这个平台上展现出卓越的领导才能。

在这几年的职业生涯中，我经历了许多挑战和困难，但我始终坚信只有通过不断的学习和实践，才能不断提升自己的能力和专业素养。我也深刻认识到与他人建立良好的合作关系是非常重要的。良好的人际关系不仅能够帮助我们解决工作中的问题，还能在我们遇到困难时得到诸多的支持和帮助。

> **职业指南·家长选读**
>
> **价值观探索**
>
> 如果孩子对财务知识和技术非常精通，又热爱钻研、创新，在职场上擅长处理复杂的财务和技术难题，那么他可以朝着创新型人才、专家型人才的方向发展。相反，如果孩子喜欢和人打交道，擅长处理复杂的客户关系和团队协作，那么他们可以努力成为领导型人才。

从事审计工作,既是我曾经梦想的职业,也是我现在生活的舞台。在这个充满挑战与机遇的时代,我以"不懈前行,专业为基"为自己的信条,追求着专业能力的提升和人生价值的实现。只有不懈前行、保持专业精神,才能赢得成功和尊重。

愿每个人都能发现自己的兴趣所在,勇敢追梦,让生活因热爱而精彩。

看看自己有哪些能力潜质,对照核心能力模型,这样你的未来之路就更有针对性。

核心能力模型

项目	要求
学科能力	数学、语文、英语等基础学科能力;会计原则和实务、成本分析和控制、财务规划等专业学科能力
基础能力	逻辑分析能力、数据分析能力、财务管理软件和信息系统的操作能力、问题解决能力、持续学习能力
社会能力	团队协作能力、领导力、风险评估能力、沟通能力、人际交往能力、职业道德、创新能力

工作后需要的职业类证书

初级会计师、中级会计师、高级会计师、税务师、注册会计师、资产评估师等。

进修学习路径

专升本,进修学习专业:会计学、审计学、财务管理、税法等。

主要就业方向

进入企事业财务部门、政府机关、会计师事务所、咨询公司等从事相关的岗位。

主要专业能力

(1)具备财务会计核算的能力,能够正确填写会计凭证、账簿登记、编制各类财务报表等。

(2)具备财务管理的能力,能够制定和管理财务预算,有效地进行成本分析和控制。

(3)具备经营管理的基本能力,熟悉统计分析的基本理论,了解市场营销的基本原理,掌握成本管理的基本方法。

(4)具备资金管理的能力,合理安排和调度企业资金,能够进行投资项目的风险评估和收益分析,了解不同的融资渠道和策略。

（5）能够基于财务角度对企业战略进行分析和决策，识别和评估各种财务风险。

（6）掌握会计信息生成过程和会计电算化软件操作，熟悉经济运行的宏观和微观环境。

（7）具备较强的学习能力和问题解决能力，能够快速接受新知识并创造性地解决财务问题。

（8）具备合规意识，了解税法、公司法等相关法律法规，确保企事业单位的财务活动符合法律法规的要求。

撰稿人：张　媛　邱美圆

陈 帅

职　　业：磐安县尖山镇人大干事
毕业学校、专业：浙江金融职业学院、国际经济与贸易专业
从业时间：16 年

我的想法很简单，就是趁自己还年轻，
为家乡做点实事儿，
为国家乡村振兴战略贡献一点自己的力量！

 巾帼不让须眉志　誓做乡村圆梦人

我叫陈帅，是一名扎根乡村的基层工作者。大学毕业时，我本来可以选择留杭工作，但是我非常坚定地选择了回到家乡。经常有人问我，是什么促使我放弃大城市的好工作和优渥生活，来到乡村基层，一干就是近 20 年？其实，我的想法很简单，就是趁自己还年轻，为家乡做点实事儿，为国家乡村振兴战略贡献一点自己的力量！

高中时期

读高中时，我对文理的区别，乃至于对未来职业的规划是没什么概念的。但是却也显露出了一些迹象，这些迹象决定了我走上现在的道路。

我就读于浙江省磐安县第二中学，当时学校规模不大且年轻。从初中开始，数理化似乎跟我成不了朋友，父母都是面朝黄土背朝天的农民，哥哥初中毕业后就上了中专，在学业上无法给我很好的指引，于是在高二文理分班时，我随性自然地进入了年级唯一的一个文科班。

中国加入 WTO 后，外贸行业兴起。村里同一生产队的一位叔叔，大学毕业后从事外贸工作，后来自己单干，在宁波创办了外贸公司，又在义乌创办了分公司，最后还在村里

> **职业指南·家长选读**
>
> **国际经济与贸易专业需要的知识结构**
>
> 1. 文理皆可。经济学涉及数学，国际贸易涉及各科综合知识，孩子学好语文、数学、英语、政治等学科会更容易驾驭本专业。
> 2. 兴趣驱动。对外贸行业有浓厚的兴趣，有一定的经济和商业头脑，会让孩子更易对工作保持热爱。

创办了企业，形成了自产自销的产业链，为家乡发展做出了巨大贡献。看着改革开放给家乡带来的巨变，我兴奋不已，暗下决心：要通过自己的努力，也为家乡做一点贡献。于是在高考填写志愿时，我填报了杭州的3所高职院校，所学专业都是国际贸易相关。我很幸运，顺利地被浙江金融职业学院国际经济与贸易专业录取。在高中时期，我很关注村里的外贸企业，对外贸行业的大体情况和运营流程有一定的了解。这种经验上的体验和积累，帮助我比较轻松地进入到专业的学习中去。

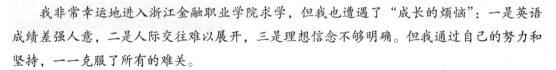

高职时期

我非常幸运地进入浙江金融职业学院求学，但我也遭遇了"成长的烦恼"：一是英语成绩差强人意，二是人际交往难以展开，三是理想信念不够明确。但我通过自己的努力和坚持，一一克服了所有的难关。

进入大学，我首先意识到的是自己英语能力的欠缺，所以我制订了英语提升计划，无论是课堂上还是课余时间，我都是学习英语最积极的一个。背单词、练口语成了我的生活日常。当然，成效也很显著，我不仅通过了考试，还取得了相应的英语等级证书，攻克了长期困扰我的"语言关"。另外，让自己尽快融入丰富的校园生活。我生于农村、长于农村，乍一到大城市有很多不适应的地方，刚入学时比较孤独和苦闷。开学一个月后，我们从老校区搬迁到了下沙新校区。优美的校园环境，特别是完善的体育设施，让我很兴奋。

> **职业指南·家长选读**
>
> **性格探索和职业探索**
>
> 通过不断参加学校的各类丰富的活动，锻炼与人有效交流沟通的能力；通过积极响应党组织的号召和培育，向身边优秀党员榜样学习，在不断为同学服务的过程中，感受共产党人的初心使命、坚定信仰和远大理想，以及乐于助人、热心公益等优良品质。如果孩子能慢慢树立为人民服务这一理想信念，形成积极向上的价值观，那他一定能在人生的道路上成为一个有价值的人。

仗着从小就不赖的身体素质，我鼓起勇气报名参加了学校田径运动会，没想到不仅取得了好成绩，还打破了当时学校的短跑纪录。这令我信心大增，那个性格开朗活泼的我，渐渐地回来了。在老师的鼓励下，我进入到学生会并担任体育部副部长。大学三年我干的最多的事情就是组织各类体育赛事、参加比赛。赛事的组织不仅提高了我的沟通能力，也拓宽了我的人脉，也为我毕业后的发展奠定了基础。在不断为同学服务的过程中，我感受到了自己的社会价值。乐于助人、热心公益等品质，慢慢在我身上升华为为人民服务这一理想信念，决定着我对未来的选择。在大三的就业指导会上，我毅然决然地选择了回到家乡，切切实实地为家乡做点实事。最终，通过努力我如愿成为一名村干部，从此踏上"全力以赴谋振兴，誓做乡村圆梦人"的精彩旅程。

工作时期

"陈书记是个闲不住的人，总是牵挂着我们哩！"这是我任磐安县维新乡卢村第一书记时，乡亲们对我的评价，我时常铭记于心，把乡亲的鼓励化作我不断前行的动力。"在她的身上，有一股不认输的劲儿！"这是我在推进乡村重点工程时，同事提到我时说的最多的一句话。

（一）做老人村的贴心"女儿"

维新乡卢村是一个典型的留守老人村，常住户绝大多数是60岁以上的老人，村民的生活和健康时刻牵挂着我的心。驻村的四年间，我带头建起居家养老服务中心。我当起厨师长，让老人们吃上了热心菜；当起健康员，给中心配备基本的健康监测仪器并教老人们使用；担任驾驶员，把自己的车当成便民车，风雨无阻地接送有出行需求的老人；做好安全员，排除危房隐患，为老人们办理危房拆建……日复一日的付出，年复一年的坚守，当我调离卢村时，很多老人依依不舍地拉着我的手，含着泪水说道："真是比亲女儿还亲啊！"听到这句话，我的眼泪夺眶而出，所有的付出在那一刻都值了。

（二）做重点工程的推进者

2017年11月，关乎重大民生的"厕所革命"与万亩土地连片整治工程正式启动。我心里牵挂着工作，匆匆结束了产假，立即回归岗位，深入一线。为了全面改造胡宅村的旱厕，我挨家挨户地给村民做思想工作，聆听、反馈、协调老百姓的诉求，协助完成签约、补偿、维护等工作，圆满完成胡宅村的"厕所革命"。

胡宅乡万亩土地连片整治工程启动后，我提前给襁褓中的孩子断了奶，一头扑进工作中。除了必需的出差开会外，我每天都随团上山测量。时值山间寒冬，测量工作更显艰巨，可是一想到关乎民生大计，我放弃节假日，在短短的一个月内完成近千亩土地的测量工作。测量结束后，我又投入到地块、面积核对的工作中，在此基础上，积极推进土地签约工作，顺利完成塘田村的签约任务。同时，作为原丁界村联村干部，我"揭榜挂帅"，主动请战，取得一天内签约86户，签约率高达98%的优秀成绩，使丁界村成为最早完成土地流转合同签订和坟墓搬迁的村庄之一。

2018年，为确保原胡宅乡政府驻地（横路、胡宅、岙里）能顺利通过小城镇环境综合整治验收，我积极配合乡班子工作，把责任扛在肩上，迎难而上、知难而进。在工

职业指南·家长选读

价值观探索

基层工作是"上面千条线，下面一根针"，与老百姓打交道着实也是件不容易的事，往往需要付出更多的时间，不顾疲劳，不畏寒暑，不惧风雨，长途跋涉，走组串户，上下衔接。作为基层工作者，定要鼓足劲儿，克服"来回奔波之苦"，不惧路途偏远、山路崎岖；克服"水土不服之苦"，越过人生地不熟的心理障碍；克服"沉下心来之苦"，摒弃浮躁心态，沉下身子，踩实乡村帮扶路。

作结束后，我静下来想想，正是这股勇于担当的劲儿，帮助我站好了岗、干好了事、出了成效，推动第六区块破解了一个个难题、攻克了一道道难关，解决了一个个历史遗留问题，使这次整治验收工作实现了"启动最晚、完成最早"的"奇迹"！为此，我也连续四年获得"全域土地综合整治先进个人"荣誉称号。

我是一位平凡的职业院校学子，一位平凡的乡村工作者。我的经验表明，专业与职业往往并不是一对一的关系，但是专业一定是做好职业的基础，任何时候都不要忘记提升专业知识和本领。3年的国际经济与贸易专业的学习，不仅让我掌握了专业的知识，也锻炼了我的人际交往能力，更重要的是坚定了我把专业知识用于服务基层、推进乡村振兴的想法。浙江是外贸大省和强省，其乡村振兴需要更多的国际贸易人才。希望有志于此的年轻人要打破专业误区，把专业和基层工作更加灵活地结合起来，切切实实地为乡村振兴和基层治理贡献青春力量。

看看自己有哪些能力潜质，对照核心能力模型，这样你的未来之路就更有针对性。

核心能力模型

项目	要求
学科能力	数学、语文、英语、政治等
基础能力	适应能力、人际沟通能力、学习能力、表达能力
社会能力	社会责任感、组织能力、团队协作能力、问题解决能力、创新能力

工作后需要的职业类证书

国际商务单证员、国际货运代理员、报关员、报检员、国际商务师、外贸业务员等。

进修学习路径

专升本，进修学习专业：国际经济与贸易、国际商务、跨境电子商务、数字经济、市场营销等。

主要就业方向

进入国际组织和政府机构、外贸企业和国际贸易、跨国公司和跨境电商、咨询公司和金融机构等，从事经济政策研究、市场分析和开拓、进出口业务管理、采购和贸易谈判、投资咨询、风险评估等工作。

主要专业能力

（1）具有进出口贸易业务系统运作和管理的能力。

（2）具有贸易、商务等部门具体操作和动手的能力。

（3）具有贸易公司基层部门管理的能力。

（4）具有基本的电子商务和网络营销的能力。

（5）具有国际商务谈判的能力。

（6）具有运用英语从事进出口业务工作的能力，包括一般商务信函、磋商、外贸跟单及各种单证制作等。

撰稿人：洪　伟　洪希彦　陈　民

胡 号

职　　业：重庆欧号通供应链管理有限公司总经理
毕业学校、专业：重庆交通职业学院、关务与外贸服务专业
从业时间：5年

渝新欧打开了我的视野，

中欧班列让我走向更广阔的空间。

国际货运代理，

总是让我有一种自信和自豪的感觉。

95后新青年的中欧班列国际货运创业梦

我叫胡号，2018年毕业后从事国际货运代理工作，2020年11月创办重庆欧号通供应链管理有限公司，主要为各外贸工厂、贸易公司、跨境电商公司等提供优质运输资源、设计运输组织方案，并通过组织国际海运、空运和中欧班列铁路运输将货物安全送达指定地点。

超市里看到的泰国金枕榴梿、俄罗斯奶糖等都有我们组织运输的痕迹。通过高效快捷的运输服务，我们将国外各种商品运进国内市场，为进出口企业降低供应链成本做出了贡献，也为消费者购买琳琅满目的优质商品提供了便利。

高中时期

从爷爷的描述中，我想象着远方的样子。世界那么大，我想去看看。

我从小在云阳农村长大，是爷爷奶奶一手把我带大的。因为爷爷年轻时在新疆做过小买卖，小时候经常听爷爷讲他做生意的各种故事，遥远的新疆、驼铃悠扬……从此埋下了追寻远方的种子。

高中时，我就读于重庆中山外国语学校。高一期间，我的成绩还不错，稳居年级前 50 名内。当时我最喜欢的学科是语文和历史，也狂热地喜欢古典文学、老庄哲学、书法等。但后来因为思想抛锚，学习成绩一落千丈，高考成绩不理想的我最后选择了读高职这条路，考入了重庆交通职业学院关务与外贸服务（当时叫报关与国际货运）专业。

> **职业指南·家长选读**
>
> **关务与外贸服务专业需要的知识结构**
>
> 1. 文科。对理解能力的要求较高。
> 2. 兴趣驱动。喜欢历史和地理，并对英语、互联网技术等感兴趣，会让孩子更易胜任这个职业。

高职时期

在这里，我学会了国际货运方面的技能，树立了从事国际货运的理想，我找到了人生的方向。世界那么大，我可以去看看。

进入大学校园，一切都是新的开始。我着手规划自己的未来，认真学习每一门专业课程，不断充实自己。记得有一节课上，老师谈到了"一带一路"国家战略下重庆打造内陆开放高地的宏伟蓝图、重庆"渝新欧"首开中欧班列之先河的伟大壮举，让我对做国际货运产生了浓厚的兴趣。各专业课老师常常给我们讲与外国人谈生意的各种趣事、与海关等部门工作人员沟通交流的案例等，每次我都听得格外认真，有种身临其境的感觉。当时国际货运代理行业杰出经理人、"光环奖学金"颁发企业的张总经理做讲座时介绍了他的职业发展路径，年轻有为的张总声情并茂地描述了他从一个外行到内行再到创业的过程，认为"实干+创新"成功的概率会更高。那时我就在想，我也要像张总那样，在国际货运代理这个行业中有所作为。自此，我更加积极地学习各门专业课程和练习实操，慢慢地，我能熟练准确地制作信用证要求的交单文件，如商业发票、装箱单、原产地证等；能模拟办理国际货物运输订舱、集装箱选择、船期表认知、提运单制作等工作。在高职 3 年的学习中，我的计算机操作水平、国际货运代理实操技能、报检报关技能都达到了优秀的程度。

> **职业指南·家长选读**
>
> **性格探索和职业探索**
>
> 这是个抓住国家发展大局趋势的职业，在孩子喜欢的基础上精益求精。孩子最好喜欢钻研，做事情追求极致和完美。这一职业最初要从理解国际贸易全局开始，通过外贸各种单证的训练，不断提升理解能力、掌握细节，提高操作技能。这个过程是艰辛的，需要孩子感兴趣，又有渴望成功的内驱力。同时还要不怕吃苦，踏实肯干，善于总结转化。

工作时期

100 次的跌倒，我还会第 101 次地站起来。各种挫折中，我焦灼、沉思、请教、开拓、积累。失败到成功的转变，往往在于坚持。有时，成功并不是利益得失的权衡，而是在做出一个正确的选择后，朝着这条路义无反顾地走下去。

（一）从量变到质变

大三毕业后,我进入了一家国际货运代理公司工作,开始了我的圆梦之旅。作为货运代理公司的业务员,我的工作是揽货,也就是去各个工厂介绍公司和服务,根据客户的需求给他们提供各种运输方案,以达到承接进出口货物运输的目的。业务员的工作压力特别大,因为一个公司的生死存亡与业务量息息相关。我记得在第一家公司做业务员时,公司要求我们每天要拿到10家公司客户的名片,每个月要完成一定量的业绩。因为刚入这个行业,没有经验,我多次上门拜访客户都吃了闭门羹,曾经4个月没有订单。"做业务员真的很难,放弃吧!"这个念头出现不止100次,但是不服输的劲头又让我有第101次的坚持。我不断地自查为什么自己做得不好,是专业技能不够,服务态度不好,还是资源渠道积累不够。我还回母校拜访了专业老师,与他们交流工作中的困境,得到了老师们的关心与指导;我又积极联系学姐学长拓展资源、了解各环节的成本结构等,一步步查漏补缺,不断完善自己。后来,在第二家货运代理公司做业务员时,我分管珠三角地区,对接的客户是富士康,当时他们的货物要走中欧班列,而重庆的中欧班列开行列数最多,舱位充足,能够满足多样化需求。因此,结合实际运输市场情况,我给客户设计了陆铁、铁水、铁铁等几种多式联运方案,列出各种利弊,经过反复沟通、修改、确认,终于获得了富士康的认可,成为他们公司走中欧班列的长期合作伙伴之一。经历了1000多个日夜的磨砺,我为客户制作多式联运方案450多次,实现了从4个月没有订单到业务量占公司50%的跨越,开发了包括富士康、稳健医疗、康明斯、中外运在内的60余家客户,同时也建立了稳固的舱位供应网络资源。

> **职业指南·家长选读**
>
> **职业上升路径**
>
> 在职场上,成长最快的往往是那些遇到困难能够迎难而上、创造性地解决问题的人,货运代理行业同样如此。从行外人到行内人再到专家型人才,需要积累各种知识、技能、经验、资源,并能把握住任何一个前行的机会。只有在困难中能够坚持下来,并不断学习、提升自己,才能脱颖而出,成为职场上的佼佼者。

（二）在危机中创业与创新

2020年,受疫情影响,海运、空运相继停摆,中欧班列成为中欧国际货运的生命纽带。很多货运代理公司都担心疫情不可控,在生意上踌躇不前,导致了大量货物无法出运。我当时认为在特殊时期,货运公司应该发挥国际运输中坚力量的作用。于是,2020年11月,我创办了重庆欧号通供应链管理有限公司,致力于中欧班列国际货运,帮助企业货通中欧。

创业的过程中困难远比想象的多,切入市场后发现铁路运输存在综合成本高、时效慢、海外配套服务差等问题。出于对市场的敏锐洞察力以及大客户的强大运输需求,我借力打力,主动联系大客户确定几个月的铁运计划,再向各铁运平台如汉欧、渝欧、郑欧等多次申请,利用原来的友好合作加货源规模,以及多次诚恳沟通,达成了舱位供应的部分保障。当别的同行拿不到舱位时,我们还可以拿到每月约300个舱位;当别人还在犹豫不决时，我们已经在全国各省组织货源，在各省中欧班列起点组织运输，降低了综合成本，保障了大客户的稳定。

创业几年来，公司建立了国内16个省的服务网络，制订了集拼、仓储、联运、关检、保险等SOP（标准作业程序）作业标准，省时准确，得到合作伙伴的好评。在欧洲，50多家合作伙伴提供的末端服务覆盖20多个国家、120多个城市。通过国内外综合物流双循环体系双向流动，区域辐射拓展能力增强，极大地满足了客户个性化需求。

回首走过的路，我之所以克服重重困难，不断发展，根源于两个动力：一是责任心，二是勇于担当。一个公司想要发展壮大，精技强能是基础，对客户负责、对社会负责、对国家负责是保障。强烈的责任意识、不变的赤子之心，让我不断努力向前，不断做到更好！

> **职业指南·家长选读**
>
> **价值观探索**
>
> 在职业发展中，把握住时势和机遇，需要有对政策的敏锐洞察力、勇挑重担的精神，以及职业技能、行业资源等方面的综合提升。抬头看天、低头苦干，过程中不忘领略沿途风景，不忘同甘共苦的伙伴，才能顺势而为，实现职业中的成功转型。

看看自己有哪些能力潜质，对照核心能力模型，这样你的未来之路就更有针对性。

核心能力模型

项目	要求
学科能力	英语、数学、地理、信息技术等
基础能力	沟通能力、问题解决能力、数据处理能力、组织管理能力、学习能力
社会能力	团队合作能力、客户服务意识、跨文化理解能力、适应能力

工作后需要的职业类证书

国际货运代理、预归类师、报关水平测试等。

进修学习路径

专升本，进修学习专业：国际经济与贸易、国际商务、跨境电子商务、企业管理、物流管理、市场营销、供应链管理等。

主要就业方向

进入外资企业、外贸公司、国际运输公司、国际货运代理公司等，从事外贸业务、外贸项目跟单、外贸采购、关务、归类师、国际货运代理、跨境电商、保税仓储、保税物流等工作。

主要专业能力

（1）掌握国际贸易各个环节的知识技能，包括但不限于货物运输、仓储、报关、保险等。

（2）掌握国际贸易相关的法律法规，如国际运输法规、关税政策、国际贸易条款等。

（3）具备流利的英语听说读写的能力，并能使用其他常用贸易语言进行沟通。

（4）熟练使用物流管理软件、办公软件和电子交易平台等信息技术工具。

（5）具备组织协调的能力，能够有效组织和协调货物的揽货、订舱、仓储、中转等各项事务。

（6）具备沟通谈判技巧，能够与客户、供应商和其他合作伙伴进行有效的沟通和谈判。

（7）具备市场分析的能力，能够分析和预测市场价格趋势，选择最佳运输方式和路线。

（8）具备风险管理的能力，能够识别并评估潜在的风险点并采取措施降低风险。

（9）具备应急处理的能力，面对突发状况能够迅速做出决策并解决问题。

（10）具备客户服务意识，能够为客户提供优质的服务并建立长期合作关系。

撰稿人：袁　林　胡　号

王敬松

职　　业：中铁四局集团交通园林工程有限公司区域经理、团委书记　安徽铁兴工程科技有限公司党支部书记、总经理
毕业学校、专业：安徽财贸职业学院、营销与策划专业
从业时间：12 年

从佳木斯到新疆、西藏，
从齐齐哈尔到湛江，
跟随铁路建设，丈量祖国的大好河山！

 营销专业走出来的筑路人

我叫王敬松，是一名长期和铁路、城市轨道交通打交道的筑路人。我毕业于安徽财贸职业学院，从业12年来，足迹踏遍祖国的大江南北，累计参建38个城市159条地铁项目、90个铁路项目。

 高中时期

我的高中就读于六安市很普通的高中，作为一个农村出来的学生，初中就已经自己做饭、洗衣服，也很快适应了离家住校的生活。

从小对历史感兴趣的我在高中第一次月考时历史考了全校第一，自此历史老师对我就格外关注，同时地理和政治也是我的强项，物理和化学在高一也是班级前几名，最差的学科是英语，综合考虑后，文理分科时我选择了文科。高中时期担任历史课代表，给了我很大的锻炼，从最开始的收发作业，到批改作业再到组织班级文综考试，使我的组织和协调能力得到很大的提高。

职业指南·家长选读

营销与策划专业需要的知识结构
1. 文理科均可，孩子还需要具备优秀的沟通能力和敏锐的观察能力。
2. 营销是全方位的，需要全面的知识结构：专业知识（营销知识）+行业知识（所从事行业相关知识）+社会知识（文化、法律、政治、经济等）。

高考的结果不是很理想，主要原因是偏科严重，英语成绩严重拖后腿。当时总以为其他学科能够弥补英语的不足，现在回过头再看是自己不切实际的想法。高考填志愿是人生的一个重要选择，综合我的性格及平时的表现，和高中班主任沟通后，我选择了安徽财贸职业学院的营销与策划专业。最终我幸运地被安徽财贸职业学院录取，开启了人生的另一篇章。

高职时期

高职的时光就是学习加实践。学习是对专业知识的掌握，实践是对专业知识的应用。

有人觉得营销专业不好，说学不到什么东西。我理解的营销就是"杂"，要学习的技能很多，市场营销、会计知识、商务沟通、推销技巧、品牌管理、公共关系与礼仪等都需要学习，还需要熟练使用各类办公软件。

对我来说大学的生活是丰富多彩的，也给了我很多的锻炼机会。在校期间我的学习和生活可分为3个部分。

一是积极参加学校组织的各项活动。2010年，学校的雪岩贸易学院举办了职业规划生涯大赛，我所在的小组获得创业组冠军；同年10月，我报名参加2010年安徽省高职高专院校营销策划联赛，在参与这次比赛的整个过程中，非常感谢我们专业的江友农老师和王伟浩老师，他们作为我的指导老师，3个月的备赛过程中所学到的知识让我终身受用。从方案的构思到前期市场调查，从文案的编写再到PPT的演示，每一个环节老师们都耐心指导。特别是最后一个月，我白天修改方案，晚上做PPT演示，很累也很充实，学到了技能的同时也磨炼了毅力，最后在比赛中获得了安徽省第一名的成绩。大赛刚结束，紧接着又参加了"江淮和悦杯"第五届安徽省大学生职业规划设计大赛暨大学生创业大赛，获得创业组铜奖。

二是在校期间积极参与社会实践活动，加入学生会、就业创业协会。大一时参加为期一年的义务支教（肥西县肥光小学），大二时担任中专班的班主任助理。2011年6月，我在沃尔玛黄山路店实习，获评"优秀实习生"。在校期间，我还大胆尝试创业，担任校园申通快递网点业务主管。大学期间的一系列锻炼为我后期的就业和创业打下了坚实的基础。

三是专业课基础知识的学习。我认为作为一名营销专业的学生，在以后的工作中以下几门课程是需要着重学习的。首先是商务礼仪和人员推销，我国历来是礼仪之邦，在营销过程中礼仪的细节很重要，不能让客户觉得自己没礼貌，所谓见面三分情，良好的见面印象是促成业务的加

职业指南·家长选读

性格探索

社会上很多人对市场营销专业有误解，认为能说会道就可以做好市场营销，甚至把市场营销简单地理解为推销。其实，市场营销需要对企业的整体资源做统筹安排，需要从业人员有较高的战略谋划能力、战术执行能力和团队合作能力。

分项。记得在人员推销课上陈海龙老师说过，作为一销售人员要有"不要脸、不要皮、天下无敌的精神"，话糙理不糙，实际工作中要有锲而不舍的精神。其次是市场调查与预测和销售渠道管理，通过前期的客户拜访准确分析出产品的市场前景和存在危机，同时准确定位销售渠道，为公司领导制订销售政策提供必要的数据支持。最后是客户关系管理，从售前到售后，良好的服务是第一位的，公司的售后是一方面，自身专业知识更重要，既要做好销售，也要处理好客户提出的技术问题。

工作时期

在合肥沃尔玛实习的3个月时间里，我想起一句名言："生如蝼蚁，当有鸿鹄之志。命如纸薄，应有不屈之心。大丈夫居天地间，岂能郁郁久居人下。当以梦为马，不负韶华，乾坤未定，你我皆是黑马。"作为一名营销专业的毕业生，不应安于平淡，应该出去闯荡一番，于是选择了离职。

（一）入职中铁四局

在安徽财贸职业学院上学的时候，老师给我们就业的建议是两条：一是选择一个有发展潜力的公司，二是选择一个平台大的公司。综合考虑之后，我通过社会招聘，进入中铁四局百瑞德公司（后改名为中铁四局交通园林公司），从事反光膜的销售。入职培训一周后被分配到湖北市场，紧接着就是人生的第一次出差。刚到武汉，人生地不熟，那时的高铁武汉站位置相对比较偏，中转两次才到市里，第二天开启了第一次的陌生拜访。过程很艰难，首先是语言上的沟通障碍，湖北的方言对我来说很难听懂，很多客户说的都是方言；其次是反光膜产品的竞争力不强。几个月时间里，销售部入职了33名销售员，最终在销售岗位坚持下来的只有我一人。我始终坚信，大公司是有平台给自己展示的。

做销售的前两年时间里，住过东北20元一人的大通铺，睡过北京的地下室，很多时候为了省钱在候车大厅过夜。2014年我开始进入铁路市场经营，第一个项目是东北的吉图珲高铁，当时铺轨的是中铁二十二局，为了和项目经理见面谈合作，我从延边追到吉林又到长春再到沈阳，回合肥经过南京，到南京时眼睛都模糊了。三天三夜在路上，虽然很苦，但努力终有收获，最终我拿下了这个项目。从此渐渐一切都有了改变，我的业务量在公司始终稳居首位。当然我没有因为一时的成就而有所懈怠，我一方面做好营销，另一方面参与到整个铁路标志的生产过程中，同时还经常到铁路施工现场了解整体的使用情况。

> **职业指南·家长选读**
>
> **职业上升路径**
>
> 中铁集团内部上升路径有两条：一是业务系统，二是政工。政工相对提升较快，前提是要在大学时期入党，这样更有竞争力；业务系统是按部就班地从普通员工→主管→部长→项目副职→项目经理→公司领导。业务系统的提升需要员工有专业考证支撑，特别是建造师证书。

2015年我开始兼任公司团委书记，这一岗位上对我的眼界和思想都有了很大的提高。

（二）创业之路

由于中铁四局内部重组，我所在的交通园林公司被合并，综合考量后我最终选择了创业。创业的想法在大学期间就有，一直没有合适的机会，通过几年的工作积累，创业各方面的条件已经成熟。

2019年，我和几个从中铁四局出来的同事正式开始创业之路，安徽铁兴工程科技有限公司正式运营。创业过程中我们始终坚持诚信经营，公司规模也不断扩大。2020年公司承接中铁四局合安铁路全线标志、车挡、保护区桩制作及安装，迈出从生产到施工的第一步；2021年六安预制构件厂成立，公司开始从单一的线路标志生产扩展到预制构件领域；2022年因生产规模扩大，原租用场地已无法满足生产需要，公司在肥西购置一栋新厂房；2023年六安预制构件二分厂成立，开始制作苏州及宁波地铁检修库轨枕，实现从附属设施到主体材料生产的转变。公司同时还紧跟国家"八纵八横"和"一带一路"建设目标，雅万高速铁路是一条连接印度尼西亚雅加达和万隆的高速铁路，全长142.3千米，最高设计时速350千米/小时。这是印度尼西亚和东南亚第一条高速铁路，也是中国高铁全系统、全要素、全生产链走出国门的"第一单"，公司负责雅万高速铁路全线里程标志的制作。公路建设方面，公司为安哥拉北宽扎公路和威热公路、几内亚科纳克里市政道路供应道路标志。

作为一名共产党员，我时刻坚持党员的模范带头作用，在经济条件允许后，积极投身到公益事业中，2021年和2022年连续两年为老家的33户困难群众送去米面油牛奶等生活必需品，每年的7月1日也会联系社区开展慰问老党员的活动。

> **职业指南·家长选读**
>
> **职业探索**
>
> 学校和政府都鼓励大学生创新创业，但对于在校学生和刚毕业的大学生来说，更鼓励的是创新思维，在学习或工作岗位上找到适合自己的工作方法和思维方式，以及解决问题的正确思路。在自己感兴趣的领域有过从业经验并完成资源的积累之后，再考虑创业，成功的概率会更高。

现在回过头再看前面走过的路，很庆幸自己选择了营销与策划专业，我始终认为销售是最能锻炼人的，也能很好地磨炼人的意志。做好销售就必须对产品的售前和售后都要了解，是需要不断学习和提升的职业。销售也锻炼了我各方面的综合能力，让我在职业生涯中有所成就，实现个人价值，也回馈了社会。

看看自己有哪些能力潜质，对照核心能力模型，这样你的未来之路就更有针对性。

核心能力模型

项目	要求
学科能力	数学、语文、信息技术等
基础能力	组织与沟通能力、数据分析与报告撰写能力、技术理解和响应能力、财务管理能力、创新能力
社会能力	团队协作能力、领导能力、跨文化交流能力、危机处理能力、心理承受能力、社会责任感

工作后需要的职业类证书

数字营销技术应用、新媒体营销、跨境电商 B2B 数据运营、市场营销、项目管理等。

进修学习路径

专升本，进修学习专业：市场营销、工商管理、零售业管理、财务管理、人力资源管理等。

主要就业方向

进入各企事业单位，从事销售、产品推广、市场策划、品牌推广和策划、客户服务管理等工作。

主要专业能力

（1）具备市场趋势识别的能力，能够洞察市场动态、预测行业趋势、识别消费者需求的变化。

（2）具备计划制订与执行的能力，能够制订全面的营销计划，包括产品定位、价格策略、促销活动和分销渠道，并拟定可行的实施方案。

（3）具备品牌管理的能力，能够维护和发展品牌形象，确保所有营销活动与品牌价值观一致。

（4）具有产品销售的能力，能够运用市场营销理论、推销实务、消费者行为分析、市场营销策划、新媒体营销技术的基本方法和技能，开展产品销售活动。

（5）具备沟通与谈判的能力，能够实现与客户的高效沟通，达成互利共赢的结果。

（6）具备团队协作与领导的能力。

撰稿人：江友农　王敬松　马兰燕

陈新辉

职　　业：广西连锁茶饮品牌琉璃净的创始人兼董事长
毕业学校、专业：广西职业技术学院、营销与策划专业
从业时间：10年

从一个销售业务员，到成为一个创业者，
是一个充满挑战、机遇和无限可能的旅程。
作为一个创业者不容易，需要时刻激励自己，
保持创业的热情和动力，积极面对挑战和困难。

我在邕城以琉璃为心，净绘奶茶风华

我叫陈新辉，是广西连锁茶饮品牌琉璃净的创始人兼董事长，我的品牌规模目前在全球已破千家门店，2023年开始步入海外市场。尽管创业之路看似坦途，但要使品牌在市场中屹立不倒、独树一帜，并实现持续繁荣，绝非易事。我日常的使命便是运筹帷幄，确保琉璃净不仅在竞争中领先，更要成为行业标杆。同时，我肩负着引领逾百位成员的团队共创辉煌的责任，致力将他们培养成社会的栋梁之材。我的目标是激发每位成员的潜能，帮助他们实现个人成长，享受更优质的生活——这是我矢志不渝的追求。

高中时期

文理分科时，我毅然选择了文科，这一决定在当时颇为特立独行。彼时，多数同窗笃信理科将为未来的学术探索与职业道路开辟更广阔的天地。然而，基于自我认知与兴趣的导向，我却坚信文科才是我的归宿。

我的高中时期是在广西北海市第七中学度过的，那时我的成绩并不出类拔萃，但我深谙自我分析。作为一个情感细腻、性格外向的人，我曾担任班长，负责管理班级的60多名同学。维护班级秩序、组织集体活动、与同学们建立和谐关系，这是一项艰巨的任务。面对性格各异与想法天马行空的同学们，我努力协调，和全班同学共同进步。这段经历激

发了我对管理学的浓厚兴趣。

文科的魅力在于它不仅能培养我洞察人性、解析文化的能力，更能锻炼我的思辨力、鉴赏力与判断力。我发现自己在解读经典文献、剖析文学作品与历史事件时得心应手，这使我更加确信，文科是我真正的归属。文科生独有的思维方式，为我的创业生涯注入了别样的活力。在我创立奶茶品牌的过程中，这份独特的视角帮助我深刻理解消费者心理，精准把握市场脉搏，塑造品牌个性。

> **职业指南·家长选读**
>
> **营销与策划专业需要的知识结构**
> 1. 文科为主。涉及营销、企划、广告、管理等部门，大胆外向会更容易驾驭；
> 2. 兴趣驱动。对语文、数学有浓厚的兴趣，有演讲特长等，会让孩子更容易对工作保持热爱。

高职时期

高中毕业后，我踏入了广西职业技术学院的大门，专攻营销与策划专业。这段学习旅程，从市场营销原理的深度探索开始，为我构筑了坚实的理论基石，使我洞悉产品、价格、渠道与推广策略间的精妙互动，为日后创立茶饮品牌奠定根基。消费者行为学，如同心灵之钥，开启我以顾客视角审视市场需求的窗口；品牌管理和策略则是一本秘籍，教导我如何讲述品牌故事，赋予每一杯奶茶独特的个性与记忆点；数字营销与社交媒体则构成我的糖衣炮弹，每一次出击，皆能赢得消费者青睐；营销策划与执行则是将理论化为实践的魔法，从构想到实施，每一环节都浸透着我的热忱……

就这样，我开启了丰富多彩的大学生活，除了学习专业课，我总是怀揣着热情，投身于各式各样的活动中。无论是学习民族舞和国际舞、担任旗手、参与营销竞赛、加入社团，还是担任主持人、导演策划，我都不遗余力地勇于尝试。另外，我还在肥仔饭店、北海嘉莱酒店兼职，磨炼自己。而这其中，舞蹈对我而言不仅是艺术的表达，更是情感的宣泄。通过舞蹈我不仅缓解了压力，更结识了众多挚友，扩展了社交圈。这份热爱与投入，让我在实习时担任舞蹈教练，收获了人生的第一桶金。舞蹈不仅提升了我的自信心，也助我快速融入职场，结识了诸多合作伙伴与客户。

或许，正是这份勇于尝试与外向的性格，使我在大学期间结识了众多餐饮行业的朋友，受他们的影响，激发了我投身餐饮行业的愿景。临近毕业，我虽迷茫，却未停下探索的脚步。白天，我投身销售领域；夜晚，则兼职国标舞教练。一年后，我利用积累的资金首次尝试创业，尽管最终未能成功，但我并未气馁，而是把它当作初入社会的试炼。我开始反思失败的根源，意识到深入企业学习与提升的重要性，于是暂时搁置创业梦，继续学习和提升技能。

> **职业指南·家长选读**
>
> **性格探索**
>
> 营销与策划需要演讲与口才，孩子性格外向、敢于尝试和挑战，喜欢和人打交道会更适合。

工作时期

与无数初入社会的年轻人一样，我亦曾疑惑自己的定位，不知何去何从。然而，我深知，唯有勇敢迈出步伐，方能找到属于自己的方向。

2013年夏天，我是一个刚刚步入社会的热血男儿，怀揣着对未来的无限憧憬，告别了熟悉的校园，毅然决然地踏入了社会的滚滚洪流。我的第一站是"统一"，一个在快消品行业响当当的名字。作为一名销售业务员，我开始了与形形色色的人打交道，用脚步丈量市场的日子。每天我都在城市中穿行，从喧嚣的商业街区到宁静的社区角落，我与各式各样的店铺老板打交道，试图将产品推向市场，同时也探索着自己在职场中的定位。

有一个场景至今仍清晰地镌刻在我的记忆深处。那是一家不起眼的小店铺，店主是一位老伯，他的店昏暗又有些许老旧。我按部就班地给他介绍产品，阐述产品的优势，但老伯的表情透露出的却是茫然。我意识到单纯的推销无法触动他，必须找到真正解决他痛点的方法。经过一番深入交谈，我了解到老伯的店铺地理位置不佳，客流量有限，这让他对进货持谨慎态度。因此我提议我们联手举办一次社区活动，通过促销策略吸引周边居民，激活店铺的人气。起初，老伯显得有些犹豫，但在我的坚持与热情感染下，他终于点头同意尝试。活动当天，我早早到达现场，协助老伯布置场地，准备了简单的互动游戏和小礼品，甚至亲手参与制作了一些免费品尝的零食。随着活动的进行，店铺前渐渐聚集起人群，老伯的店铺迎来了前所未有的热闹。那一天，他的店铺销售额显著提升，更重要的是，他的笑容传达出了对一名推销员的信任。

这次经历对我而言是一次深刻的职业启蒙。让我意识到成功的营销不仅仅是对产品的展示，更是对人性的洞察、对客户需求的切实回应。我将这份感悟带入了之后的工作，我始终坚持以客户为中心，用心聆听，用行动支持，这份理念不仅帮助我在统一快速积累了口碑，更让我在快消行业的圈子里逐渐崭露头角。

2015年初，我迎来了职业生涯的第一次重要转折。凭借在统一打下的扎实基础和突出的业绩表现，我进去了华润怡宝。我既兴奋又忐忑——新的平台意味着更高的目标，但也蕴藏着更大的成长空间。入职初期，我将过往积累的实战经验与公司的资源优势深度融合。从社区地推活动的精细化执行，到区域经销网络的系统性搭建，我带领团队突破了一个个看似不可能得任务。短短一年内，我所负责的片区业绩增长率跃居广西前三，我也因此成为华润怡宝当时最年轻的销售经理。

这一段工作经历让我积累了人脉，也有了一定的经验与资金的积累，"冒险的血脉"又涌动起来，于是我有了第二次创业的念头。离职后，我承包了扶绥龙谷湾恐龙公园

职业指南·家长选读

职业上升路径

这个行业要从销售业务员做起，任务比较多，工作非常繁忙，如果孩子热爱并且看中个人在工作中的成长，会很有成就感。从销售业务员到销售主管，再到销售经理的晋升过程中，主动学习、交流、分享，不断复盘和总结经验，个人的成长会更迅速。

商业部分。但是我低估了市场风险，也高估了自己的能力，几乎一夜回到解放前。但我并没有气馁和放弃，又跟统一的老同事合伙开了益禾堂、正新鸡排。2016 年，我在做了市场需求分析后发现，随着经济的发展和消费水平的提高，消费者对于奶茶的品质、口感、服务和体验等方面的要求也在不断提高，凭着丰富的销售经验，和同伴合伙开店的选择让我再次累积了一笔资金。

2017 年我开始了第三次创业，由于当时资金有限，选择了众筹开店，成立了地产中介公司，抢占制高点，布局核心价值，在南宁地产市场上崭露头角。可谁又能想到，我又一次遇到了难关。2018 年我再次创业失败，转让 60 多家门店，清算后我负债累累，每日只能去青秀山爬山、散心，同时思考如何才能摆脱困境，无意中寺庙里的精美的壁画给了我灵感，我想创立一个属于年轻人的、富有哲学寓意的品牌。于是我选择加入奶茶的赛道，用琉璃瓶的形象传递鼓舞人心的理念，创立了自己的品牌——琉璃净！2018 年 6 月琉璃净在大学内开了第一家门店，随后 15 家店同时开进多个学校，在学生中成为热议的奶茶品牌。几个月后，我沿着交通要道布局商业区域，同时严选合作商，指定理想店铺，环状包围南宁市，建立品牌强势销售模式。

从 2018 年 6 月创立琉璃净，同年 9 月第一批门店开业，到 2019 年 4 月突破了 100 家门店；2019 年底琉璃净市场估值达到 10 亿，门店超百家，我们用速度定义行业标杆，也正是这一年我确定我自己是真的能成功；2022 年我们成立星辉琉璃投资集团，赋能连锁餐饮全产业链；2023 年携广西非遗与壮锦文化走向全球，16 个国家 1500 家门店落地生根。这一路，我也回馈母校，为师弟师妹提供就业岗位，专注公益事业，开设茶饮培训基地，助残就业。不忘初心、匠心与担当是我经营企业的底色。创业前，很多困难都不会把它认为是困难，当它突然成为你的困难时，很多人会承受不了压力，就放弃了，这样的人一定不会成功。很幸运，我承受住了这份压力。直到现在，我们的团队规模达到了 100 多人，我希望团队的伙伴们都能越来越优秀，希望能尽自己的能力，给他们创造更好的机会，过上更好的生活。未来，愿琉璃净以一杯茶饮的温度，让世界看见东方文化的厚重，也让每个坚持的梦想皆有枝可依。

职业指南·家长选读

价值观探索

从营销与策划专业的学生，到成为销售经理，再到自己独立创业成为一个创业者；从只有一个想法，到有一家公司；从只有几个人、几个客户的公司，到有几百个人、成百上千万个客户的公司，企业成长壮大了，员工实现了个人价值，这就是创业者的幸福与成功。

这就是我的创业故事，是一个充满挑战、机遇和无限可能的旅程。我想说的是，不管在什么情况下，都要保持良好的心态、健康的体魄，要学会通过分析自我、分析局势而做决定。每走过一个阶段，就要及时复盘，总结经验。我的创业历程也让我学会了如何面对挫折并从中汲取经验，学会总结经验，多尝试、多碰壁都是好的事情。我也更加深入地理解了奶茶这个行业，如何去满足消费者的需求、如何去创新以及如何与市场变化保持同步。所以，不论选择什么职业，都勇敢坚持下去吧！

看看自己有哪些能力潜质，对照核心能力模型，这样你的未来之路就更有针对性。

核心能力模型

项目	要求
学科能力	语文、数学、信息技术等
基础能力	语言运用能力、商业逻辑思维、数学逻辑能力、人际关系处理能力
社会能力	沟通与表达能力、团队协作能力、应变与决策能力、抗压受挫能力

工作后需要的职业类证书

数字营销技术应用、新媒体营销、跨境电商 B2B 数据运营、市场营销、项目管理等。

进修学习路径

专升本，进修学习专业：市场营销、电子商务、国际经济与贸易、工商管理、企业管理等。

主要就业方向

各企事业单位的销售、企划、广告、管理等相关的岗位，进入电商领域各类互联网和电子商务企业，从事运营、推广等相关工作。

主要专业能力

（1）具有市场调研与分析的能力，能够收集、整理和分析市场数据，了解消费者需求、竞争对手情况以及市场趋势。

（2）具有营销策划的能力，能够制订有效的营销策略和方案，包括产品定位、价格策略、渠道选择、促销活动等。

（3）具有品牌管理的能力，能够塑造和维护品牌形象，提升品牌价值和知名度。

（4）产品销售的能力，能够掌握有效的销售方法和技巧，促成交易，完成销售目标。

（5）具有创新思维的能力，能够提出新颖独特的营销创意和想法，以吸引消费者的关注与购买。

（6）具有客户关系管理的能力，能够建立和维护良好的客户关系，提高客户满意度和忠诚度。

（7）具有数据分析与决策的能力，能够运用数据分析工具和方法，对营销效果进行评估和分析，为决策提供依据。

撰稿人：于　明　陈新辉　陆兰甜　韩　露

朱 骏

职　　业：浙江省中小餐饮行业协会副会长　中国鲜果茶新时沏创始人

毕业学校、专业：义乌工商职业技术学院、工商企业管理专业

从业时间：11年

从10平方米的街边小店到连锁千店，

我一直在保持初心和渴望。

这十多年，我只为做好每一杯中国新式奶茶。

从1到1000，我用奶茶逆袭人生

我是新时沏创始人朱骏，毕业于义乌工商职业技术学院工商企业管理专业。稳扎稳打10多年，从街边10平方米的街边不起眼小店，发展到全球直营店、加盟店超过1000家，遍布全国及日本、美国、意大利、智利、越南等多个国家，打造以爆品霸王桶为茶饮代表、以差异化奶茶炸鸡为市场品牌定位、专注乡镇青年及下沉市场、极具竞争力的营运品牌。

我在经商世家长大，家人都从商，从小对商业耳濡目染。我的血液里自带创业DNA，小时候我便对创业和经商颇感兴趣。我能对当下市场需要的、时兴的事物保持敏感并发现商机，更重要的是能及时把握机会。从小我就做过大大小小很多次生意，在人生路上一直在闯关，或许正是这些经验为我建立"新时沏"品牌打下了坚实的基础。

假如你对我的成长轨迹感兴趣，对创业感兴趣，那么我的故事或许会对你有所启发。

高中时期

受家庭环境影响，从小我就有一个创业梦，成长的不同时期尝试着不同的小生意、小买卖，并乐此不疲。在学习之余，享受着自己的小成功，收获了一份别样的成长经历。

> **职业指南·家长选读**
>
> **工商企业管理专业需要的知识结构**
>
> 1. 文理均可。是一门具有综合性和跨学科特点的管理学科。它要求孩子具备广泛的知识面和跨学科的能力，未来能够在复杂多变的商业环境中进行有效管理和决策。
> 2. 兴趣驱动。该专业注重培养孩子的战略规划、团队协作、决策分析及问题解决能力，以适应复杂多变的商业环境，成为全面发展的企业管理人才。孩子有内在兴趣更易对工作保持热爱。

喜欢体育的我，高中时是学校篮球队队长。我发现打球会经常性磨损鞋子，我便开始留意各种运动鞋的特点，了解同学们的穿鞋喜好，乐此不疲地给他们推荐最适合的球鞋，我成了同学们的"球鞋专家"。于是我便做起了运动鞋的生意，赚些零花钱。

在校期间，我观察到很多同学因为住得离学校较远，骑自行车上下学是当时最为方便的交通方式。凭着对周遭敏锐的观察，我又嗅到了新的商机，开始留意各种自行车，了解品牌、性能、价格，久而久之我拥有了新的称号"自行车顾问"，给同学们推荐适合的车型，并联系好自行车商给予一站式服务，这不仅能帮助他们解决了上下学的交通问题，也锻炼了自己的销售技巧，这些经验对我后来的创业都有所裨益。

由于我对创业的热爱，我的目标也很明确。在家人的支持下，高考结束后我毫不犹豫地填报了义乌工商职业技术学院，很幸运，那年我被顺利录取了！

高职时期

义乌的创业氛围十分浓厚，学校也特别看重创业这事儿，鼓励学生大胆尝试。创业教育课程也围绕着怎么创业来开设，而且考试不光看书本知识，也看学生的实践能力。此外，还有丰富创业经验的老师授课，不光教你理论，还手把手带我们实践。

我入校的第一件事情就是去声名远扬的义乌小商品市场淘"宝"，看着琳琅满目的货品，我内心澎湃，精心筛选下，最终以极低的价格批发了一批库存衣服。拿着成本5元、10元一件的衣服，我通过摆摊的方式按斤售卖，一天的流水竟然也有几百块。

大学占地面积很大，从宿舍和教学楼还有一定的距离，学生对自行车有一定的需求量，根据之前的经验，我积极寻找低价进货的途径，通过一些朋友的推荐和自己的摸索，成功找到了合适的供应商，购进一批质量不错、价格合理的自行车，找准契机准备在新生开学时推销。自行车的特点、品质和优惠价格我都了如指掌，在我的熟练推销下，越来越多的新生前来询问和购买，自此我在学校一举成名，也一下子赚了几万元。

> **职业指南·家长选读**
>
> **性格探索**
>
> 需要具备高度的责任感，这体现在对工作的认真态度、对团队的忠诚以及高效地完成任务。孩子性格中最好有细致、耐心、灵活的一面，如果喜欢与人打交道，会是很好的加分项，毕竟所有管理都要与人打交道。

在义乌深厚的经商创业氛围中，我感受到传统鸡毛换糖文化的深刻影响，在义乌工商职业技术学院优渥的创业环境中，让我察觉到年轻人对奶茶的热爱及需求的增加，笃定认为奶茶行业是非常具有潜力又能做大的黄金行业。我锚定目标，选择了去奶茶店打工和学习，在那里我很快学会了奶茶的制作工序，还对奶茶店的经营管理有了一定的了解，这也对我后来开奶茶店奠定了坚实的基础。2013年我去台湾考察项目，发现每隔一两百米就有一家茶饮店，这密集程度远高于大陆地区。通过考察，让我更加笃定茶饮市场的机会，励志要成为中国的奶茶大王。

创业时期

创业是一项充满激情与挑战的事业。诚然创业成功与否不仅取决于我们是否努力，有时候还需要一些运气和风口。

初生牛犊不怕虎，秉着去台湾的学习总结，我终于迈出了创业第一步，投入30多万元，开启人生第一家奶茶店。新时沏的第一家门店开在上海财经大学浙江学院门口。当周边奶茶还在用粉冲泡的时候，我靠着追求品质感奶茶，差异化发展，率先用起了最好的茶、最好的奶、最高的性价比，吸引了大批顾客的购买，从此一炮而红。经过我一年的用心经营，这家店不仅收回全部成本，还赚了几十万元。如今，新时沏成功跨入千店规模品牌。全球直营店、加盟店超过1000家，分布全国及日本、美国、意大利、智利、越南等多个国家。

（一）热情是第一步

作为一个热情、积极的人，我想把快乐分享给更多的人。我独创了叫卖法，把好玩融入奶茶中。我们的叫卖员不是简单高喊"欢迎光临"，也不是单纯地在门口发传单、招呼路过的人进店消费。我们有一套属于自己的快乐营销体系。人少的时候该怎么叫卖？人多的时候该怎么叫卖？针对情侣怎么叫卖？针对孩子怎么叫卖？如何把热点事件、流行语融入叫卖中？这些都是我和团队在多年探索实践中一步步总结出来的。通过热情洋溢的叫卖，我们的新时沏成功打开了三四线城市的茶饮市场。

（二）坚持最好的眼光

用最好的物料才能做出最好的奶茶。一个品牌想要走得既远又稳，眼光和格局尤为重要。我的每一个决策都是要求精准地踩在奶茶进阶风口之上，在产品研发上必须领先别人。当其他品牌还在使用茶粉冲泡奶茶时，我们已经开始采用原叶煮茶，因为茶叶味道更纯正；当大多数品牌使用浓缩果浆丰富奶茶口味时，我们使用新鲜水果搭配增加奶茶的口感与风味，同时力求产品的多元化，有爆火的霸王柚、杨枝甘露等，也提供霸气芝芝杨梅、大吉大荔等季节性限定款，还有各种价位的冰激凌；当其他品牌大规模使用纸吸管时，我们率先响应国家号召，使用可降解吸管；当别的品牌还是使用普通锅煮珍

职业指南·家长选读

价值观探索

读书、分数不是评判一个人的唯一的标准，成功成才有无数条道路。成长的道路上一定要树立目标，有了目标就会有自驱力，然后朝着目标放手大胆地去做。还要学会独立思考，从如何真正去完成一件件小事做起，这些都可以为以后的能力提升奠定基础。

珠时，我去台湾拜访了当时最好吃的珍珠制作商，用真诚打动对方，采用高额的珍珠锅制作并加以改良研发出的珍珠。

（三）活人奶茶测试机

我们的奶茶品牌长红不是一个"幸运"能概括的。我的奶茶实验室也是我的办公室，我每天都要泡在这里，里面有各种酸度的柠檬、西柚……贴好标签如数家珍，每一款的味道我都了如指掌，大家都说我是"不疯魔，不成活"。至今为止，我保持的最高纪录是一天喝200杯奶茶，可以说是"活人测试机"。我喝奶茶还有个习惯，喝一口，吐出一颗咬了一半的珍珠弹到手掌上，再看一眼煮透了没有，用了什么材料……看完又放进嘴里呷摸一下，我的舌尖像装了弹跳机一样，整套动作很迅速。现在每调制出一款饮品，我还是自己首先试喝。一杯饮品的最终出品需要反复调配几十次甚至上百次，直到我自己打一百分为止！

回顾我走来的路，我承认我是幸运的，我感谢时代的风口给予了我成功的机遇，但我更感谢那个敢想敢做、勇于实践、勤勤恳恳的自己。机会是给有准备且为之付出努力的人。所以，请大家在仰望星空的同时脚踏实地，只有务实得做好每一件事，才能离目标越来越近。

看看自己有哪些能力潜质，对照核心能力模型，这样你的未来之路就更有针对性。

核心能力模型

项目	要求
学科能力	数学、语文、信息技术等
基础能力	定量分析能力、逻辑思维能力、学习能力、沟通协调能力、解决问题的能力
社会能力	团队合作能力、领导潜力和素质、适应能力、应变能力、社会责任感

工作后需要的职业类证书

经济师、人力资源管理师、中国职业经理人、会计师、营销师等。

进修学习路径

专升本，进修学习专业：行政管理、工商管理、市场营销、人力资源管理、经济学等。

主要就业方向

面向企业部门负责人（部门经理、人事主管、财务主管）、市场专员、门店店长、人事行政和业务管理专员等岗位。

主要专业能力

（1）具有战略目标确定、战略分析、战略选择与评价、战略实施、战略控制等企业战略管理的基本能力。

（2）具有运营规划、质量管理、营销管理、供应链管理、客户服务管理、安全危机管理、财务管理等企业运营管理的能力。

（3）具有企业组织设计、人员招聘与培训、绩效管理、薪酬管理、团队管理、文化建设等人员管理的能力。

（4）具有协助企业数字化管理规划、数字化沟通、数字化协同、数字信息分析、数字化决策等企业数字化管理的基本能力。

（5）具有行业企业市场调研分析、管理方案制订、管理改善执行、改善效果评估等管理咨询的能力。

（6）具有企业公文处理、客户接待、会议组织、辅助决策和资产设备管理等行政事务管理的能力。

（7）具有探究学习、终身学习和可持续发展的能力。

撰稿人：朱　骏　郑依蕾　骆晓颖　王秀妹

罗 静

职　　业：高级电子商务讲师　民办职业技能培训学校校长
毕业学校、专业：昆明冶金高等专科学校、电子商务专业
从业时间：3 年

女性创业者的破茧成蝶生活充满了不确定性，

而我们自己是唯一的确定性，

向前一步，

大胆采撷沿路的风景吧！

 职教女生的创业旅程

我叫罗静，过去我是一名普通的职教女孩，而现在，我是一名创业者。从专科生到民办职业技能培训学校校长，我想对和我一样的女孩儿们说："勇敢向前一步，机会就在前方等着你！"

职业指南·家长选读

电子商务专业需要的知识结构

1. 电商相关知识。包括计算机网络基本知识、电子商务基础知识、电子商务各种模式的特点和应用场景、电子商务法律法规知识、视觉营销设计知识、商务数据分析和市场营销知识、资金流和物流等知识。
2. 兴趣驱动。对经济、管理和计算机科学感兴趣会让孩子保持对专业的热爱，在工作中克服困难，充满干劲儿。

中专时期

初中时，因为性格过于内向和自我封闭，我常常会在课上走神，下课后也没有勇气找老师请教，成绩常年处于中下水平，对于自己的未来只有迷茫。

中考后，我的成绩毫无悬念地只能去就读最差的高中。我当时的班主任是刚毕业的硕士研究生——陶茜老师，学生们都非常喜欢她。在填报中考志愿时，母亲找到陶老师寻求建议。她建议我读一所好的中专，学一项技能傍身。反复权衡之后，我们决定放弃读高中，选择了职教这条路。母亲很用心地为我挑选专业、比较学校，最终我被云南省

财经学院（现已升级为大专）三年制中专录取。

在母亲的鼓励下，我认真复习，成功地考入了实验班。进入中专后，我在李超强老师（时任校团委书记）的鼓励和同学们的支持下，成功竞选为团支书，这件事成了我性格的转折点。或许是我不想再从母亲的眼神里看到无可奈何和失落，或许是我想要成为同学们的榜样，我开始奋发图强。16岁那年，我顺利拿到会计从业资格证和初级会计证书；课余时间我去做兼职，从超市售货员到舞蹈商演，再到主持人、电影群演……在不断的实践锻炼和认识世界的过程中，我开始有了自己的收入，加上当时的奖学金，我已经可以靠自己解决生活费，这件事大大增加了我的自信心，我的心情慢慢放松下来，性格也越来越开朗，我能感受到阳光开始照进我的生活里。

高职时期

高考的失利，让我又一次感受到周遭的一切都不如意，那段时间我倍受打击。但我没有就此消沉下去，我暗暗发誓：哭过后就不许再丧气，抱怨无用，我要用行动来给未来的自己写一份满意的答卷。

2017年的三校生高考来临，我满心期望着能够考入云南财经大学，成为一名本科生，但遗憾的是我以两分之差落榜。经过调剂后，我被录取到了昆明冶金高等专科学校商学院电子商务专业。

大学入学后，我调整心态，并不断鼓励自己。我每天六点起床背单词，哪怕再冷的天，我起床也绝不会有一秒钟的犹豫。同时，我开始在线上接单做服装模特，兼职的收入和商家们送的产品，已经可以满足我的日常开销和支付学费了。而理论和实践的结合，物质生活的保障，让我慢慢又找回了对生活的掌控，我的性格也逐渐又开朗起来，浑身充满了能量。但我在学业上依旧不敢松懈，勤奋刻苦是我对学习的态度，念念不忘必有回响——通过层层考试筛选，我很幸运地被选拔参加电子商务职业技能大赛。

备赛期间，在王晓亮老师和孟禹彤老师的督促和指导下，我分秒必争到恨不得不吃饭不睡觉地在机房训练。这次比赛我负责美工板块，每晚入睡前想的都是第二天如何把图做得更精美更有效率。当比赛开始进入倒计时，我心里清楚，为自己争口气的机会不多，为校争光的机会更不多，除了感谢自己的努力，更要感谢的是昆明冶金高等专科学校商学院和给予我机会的恩师们！队员们心往一处想，劲往一处使，最终我们获得了云南省一等奖。

2020年，凭借省级技能大赛一等奖的殊荣，我获得了免试升本的机会，进入云南农业大学经济学专业就读本科。

> **职业指南·家长选读**
>
> **性格探索**
>
> 电子商务工作涉及的面很广泛，经常需要和供应商、物流公司、客户打交道，良好的沟通能力和社交能力能有效促进交易。当然，性格内向的孩子也可以选择美工、UI设计等岗位，扬长避短，充分发挥自己的特长。不论哪种性格在电子商务的岗位群中都能找到合适的位置。

"经济学是一门有趣的学科，用经济学的眼光看世界。"我开启了另一阶段的学习，也开始学习用不同的眼光去认识世界。本科期间，没想到我高职学的电子商务专业里的剪辑技能让我变得小有名气，班级和学院里常常有小视频需要加工，这时我的技能优势就显现了出来，我总能快速地剪出视频。

工作时期

在临近毕业时，我的人生再次翻开了新的篇章——作为一名电商讲师光荣上岗。我的授课氛围生动有趣，常常能收获学员们热烈的掌声。

（一）电商讲师

随着授课的任务增多，我出差渐渐频繁，开始去到云南的各个州市县讲课。但与各地区的人打交道并非容易的事，例如当时去到热情好客的云南临沧市授课，下课后学员热情地邀约我吃晚餐，没想到菜还没上来，就开始举杯畅饮，大口喝酒的场面令我十分震惊，少数民族地区的酒文化给我带来强烈的冲击，可是我并不擅长饮酒甚至平时滴酒不沾，这令我十分尴尬，似乎怎么辩解都像是借口，女学员一杯接一杯地一饮而尽，她们期待的眼神齐刷刷地看向我，刹那间文化的冲击比我想象中的更为猛烈，好在我拿出老师的姿态，躲过一轮轮敬酒，长吁一口气。工作的社交局面一打开，结交的朋友有个体老板、各行各业企业家，商业的种子开始在心里发芽，创业的心开始伺机而动。我开始有意整合资源组建讲师团队，构建自己的业务模型。团队中的每一位都是非常有能力的讲师，他们自己本身就有一些业务和资源。管理高级人才是一件痛苦又幸福的事情，幸福之处在于优秀的人有较强的自我约束力，而痛苦之处在于如何让他们的进取心不断地得到满足。我太需要懂得如何管理与激励团队成员，让大家的目标一致，做出成果。我常常感叹创业是勇敢者的冒险游戏，不可控的变量、脱离掌控的局面越来越多，无数个通宵达旦我依然雄心壮志，但身体还是提出了抗议，医生一直建议我要尽快休息一段时间，后来过了很久我才想明白：创业是一场马拉松，身体是革命的本钱，走得快并不值得骄傲，过程中不跌倒才是本事。无数次带着团队在复盘整改，才深刻地感受到我面临的挑战更大了，早已不是儿时的一场考试、一次比赛。肩上扛着沉甸甸的重任——创业是集体赛，要协调好每个人的利益，面对不确定性和挑战，我要守护初创团队的梦想、回应合作伙伴们的期待。这条路走得越远，我就有无数的感悟，道阻且长，行则将至。

职业指南·家长选读

价值观探索

刚入职场的新人要树立以客户为中心的理念，理解电子商务行业的根基在于客户，遵守商业道德和法律法规，为客户提供优质的服务和产品。工作的过程中要培养自己的团队合作能力，尊重他人。电子商务行业是一个快速变化的行业，从业人员需要具备创新思维和应变能力，勇于尝试新的商业模式和营销策略，在实践中不断学习，提高自己的技能和能力。

（二）民办学校校长

从职业教育中来，到职业教育中去。合作伙伴的职业学校转型在即，我临危受命担任校长，充分发挥自己的专业优势，力挽狂澜。电商的发展是瞬息万变的，从最初的线上交易到现在的O2O、直播带货等模式，我凭着敏锐的嗅觉，把业务阵地逐渐转移到线下，将线上流量的"组合拳"式样的玩法迁移到线下的培训机构。利用好电子商务工具，搭建了互联网营销体系，打造集电子商务、美容行业、摄影于一体的民办职业技能培训学校。扶持更多的女性创业者，她们中的很多人都来自于农村，在我打造的这支团队的帮助下，她们也正在积极拥抱着时代的变化。

从昆明冶金高等专科学校电子商务专业的一名学生到电商讲师，再到民办职业技能培训学校校长。一路走来，是职业教育塑造了我，如今的鲜花与掌声，都应献给我的每一位恩师和培养我成长的学校。职业教育中最宝贵的是实践机会，老师们会引导学生在实践中检验真理。职业教育中最好的状态是师生同创：上班即上课，老师就是经理，业绩就是成绩。我的经历是职业教育成功的一个缩影，对我来说，接受职业教育的这六年有着逆天改命般的意义。

> **职业指南·家长选读**
>
> **职业探索**
>
> 电子商务的就业方向多种多样，孩子可以根据个人的兴趣和能力选择适合自己的发展方向。平时可以通过培训、志愿服务等方式来了解电子商务不同岗位的特点作为判断的依据，通过实习、兼职等方式来积累相关的实践经验。职业发展是一个长期的过程，需要保持积极的心态和耐心，不断保持学习和实践，实现自己的职业目标。

看看自己有哪些能力潜质，对照核心能力模型，这样你的未来之路就更有针对性。

核心能力模型

项目	要求
学科能力	数学、语文、英语、信息技术等
基础能力	计算机应用能力、艺术鉴赏能力、审美能力、色彩认知能力、表达能力、创新能力
社会能力	适应社会的能力、问题解决能力、团队协作能力、社会责任感

工作后需要的职业类证书

电子商务师、互联网营销师、网店运营推广、电子商务数据分析、直播电商、农产品电商运营等。

进修学习路径

专升本，进修学习专业：电子商务、全媒体电商运营、电子商务及法律、跨境电子商务。

主要就业方向

进入互联网和相关服务、批发业、零售业等领域，从事电子商务师、互联网营销师、营销员、市场营销专业人员、商务策划专业人员、品牌专业人员、客户服务管理、采购员等岗位。

主要专业能力

（1）具有搭建数据运营指标体系，开展行业运营、网店运营、社群运营的运营规划、渠道引流、活动策划、供应链整合的能力。

（2）具有整合营销和销售方案制订与实施、营销活动的数据分析与评估，细化销售目标、构建销售漏斗模型的能力。

（3）具有客户日常管理、客户投诉受理、客户风控管理及服务质量监控的能力。

（4）具有结合企业的市场定位和产品营销推广目标，完成企业线上线下视觉设计与展示的能力。

（5）具有互联网产品战略规划和开发方案制订的能力，具备根据市场和客户数据分析结果进行电商产品设计与开发的能力。

（6）具有诚实守信的职业道德和互联网安全意识，遵守与电子商务相关的法律法规。

（7）具有适应产业数字化发展需求的基本数字技能和专业信息技术的能力。

（8）具有良好的学习能力、表达沟通能力和团队合作精神，具有批判性思维及创新和创业的能力。

（9）具有探究学习、终身学习和可持续发展的能力。

撰稿人：罗　静

强海波

职　　业：杭州昊诺电子商务有限公司创始人、总经理
　　　　　芜湖东昊网络科技有限公司创始人、总经理
毕业学校、专业：芜湖职业技术学院、电子商务专业
从业时间：13 年

我们可以不断地学习，超越自己。

一个人可以走得很快，但一群人可以走得更远。

希望更多的人参与其中，与我并肩作战。

让我们携手前行，共同成长，共同进步！

从"幼苗"到"参天大树"：青年创业成长历程

我叫强海波，毕业于芜湖职业技术学院经济管理学院电子商务专业，现在是杭州昊诺电子商务有限公司、芜湖东昊网络科技有限公司创始人和总经理。

高中时期

我出生于普通工薪阶层家庭，各科学习成绩比较综合，对互联网技术有着浓厚的兴趣。自幼我的父母外出打工，我和妹妹跟着当小学老师的奶奶长大，她教我写字和做人道理，让我养成诚实守信、坚毅执着的性格。

我初中就读于安徽省固镇县石湖中学初中部。当时我的学习成绩优异，在班里一直担任班长，并且以年级前3名的成绩考入石湖中学实验班。

高中时，我开始频繁地到网吧上网。上网这件事上花费了过多的时间和精力，我的学习成绩也开始下滑。到了高三，为了摆脱原有环境，我提出转学至固镇二中，这期间母亲一直陪着我。整个高中阶段，我的各科学习成绩比

职业指南·家长选读

电子商务专业需要的知识结构

1. 理工科。对数学、信息技术相关知识有一定的要求。
2. 兴趣驱动。对计算机、互联网感兴趣，会对未来的专业学习有帮助。找准适合自己发展的道路，敢闯敢干。

较平均，英语算是我的优势科目。在高考的时候，由于给自己的压力过大，导致理科综合没有发挥好，最终我的总成绩超过了三本线20多分，但这个成绩并没有让我有理想的学校可以填报。

当时，芜湖职业技术学院在当地的口碑很好，在"宁做鸡头不做凤尾"的思想影响下，我就下定了决心。在填报志愿时，毫不犹豫地选择了芜湖职业技术学院经济管理学院的电子商务专业。

高职时期

上大学时，父母给我买了一台笔记本电脑。在课堂上，班主任看到我操作的内容已经远高于课程内容，便对我说："只要店铺能出单，你这门课就可以满分了。"这一激励让我更加努力地钻研，于是我开始专心经营网店。

2008年9月，我考入芜湖职业技术学院，通过电子商务专业课程的学习，以及聆听了学校邀请的一批批创业学长的讲座之后，坚定了我扎根电子商务领域决心，也点燃了我早期的创业梦想。

（一）创业启动实习期

2008年11月，在专业课老师的指导下，我尝试着在淘宝网上注册创建店铺，专营女鞋。经过不断的摸索经营，我边学习边实践，半年后，我的店铺信用级别达到一钻。获得初步成功的我萌生出带领班级其他同学一起淘宝创业的想法。2009年初，在系总支书记、班主任、专业老师的指导下，我与同班其他3位同学创办了学校电子商务协会，并担任会长。通过协会一系列活动的开展，我让更多的同学、校友深入了解电子商务、网店运营等信息，我开始带领有相同爱好的校友一起创业。

（二）以赛促创蓄能期

为了加强学生们创业的实战经验，学校鼓励并支持有志创业的学生参加一系列创业大赛。例如2009年3月至7月，阿里巴巴在全国千余所高校开展的第二届中国大学生"明日网商"挑战赛，我在系部的支持下参赛，通过大赛的模拟操作，初步掌握了阿里巴巴电子商务平台的知识与操作，为后来在其他电子商务平台上的创业奠定了坚实的基础。又例如2009年10月至2010年10月，学校的经济管理学院开展了"新光杯"大学生网络营销大赛、"我心中的雷锋"主题网页设计大赛等，围绕固定产品实行网络营销，锻炼学生的自主创业能力。我在系部老师及专业教师的支

职业指南·家长选读

性格探索和职业探索

这是个要求企业家精神的职业，孩子最好喜欢挑战、钻研，做事情追求极致和完美。这一职业最初要从最基本的手上功夫开始训练，不断磨炼，失败—矫正—再失败—再矫正—成功，通过反反复复的练习形成肌肉记忆。这个过程是艰辛的，需要孩子有内在兴趣，又有渴望成功的内在驱动力，不怕吃苦，踏实，肯用心琢磨。

持下参赛，并取得非常优异的成绩。通过一系列的比赛，增强我创业自信的同时，也提高了我的创业技能。

工作时期

创业路上的我，一直思考如何回馈学校的培养和支持，我积极履行帮扶承诺，多次举办讲座传授创业知识、分享创业经验，发挥示范和辐射作用，带领同学们创业就业。

2010年7月，我成立芜湖佳雨商贸有限公司，并注册蕾佳娜品牌，开始经营自己的品牌和公司。8月正式入驻淘宝商城蕾佳娜服饰旗舰店，进军B2C拓宽市场。在我的带领下，许多同学争相投身创业，注册自己的创业公司及品牌。同年，我新开至高天猫店，并陆续在京东、速卖通等各大平台开设了自己的商城。

（一）利用政策深耕期

2012年，我校获批安徽省AA级大学生创业园资质。我和其他22名创业校友创设项目进驻孵化。在学校创业指导学院专业团队的指导和学校在场地、智力等政策扶持下，一批创业学生成绩斐然。2014年，我成立芜湖汇品电子商务有限公司，并先后引入"名将""远波""回力""人本"等国内知名品牌，为后续以合作品牌发展突破策略奠定了坚实基础。从2020年开始，我先后成立杭州昊诺电子商务有限公司、芜湖东昊网络科技有限公司，全面布局新媒体电商板块并开始集团化发展。2022年，公司再次引入"Kappa""鸿星尔克"等知名品牌，公司迎来再一次的迅速发展。

目前，芜湖东昊网络科技有限公司已成为一家集互联网营销、品牌孵化、品牌推广、流量运营等在内的专业整合式电子商务运营商，与国内多个知名品牌达成战略合作，已有多起品牌孵化成功，业务触角覆盖了主流线上平台。截至2021年12月，公司旗下客户资源数超过5000万，积累了1000万万以上的线上粉丝资源，以"厚植有利于创新创业的土壤，让梦想发芽"为企业愿景，持续深耕于电商行业，致力成为具有全球影响力的合伙人平台。

（二）创业带动就业爆发期

2021年3月我开始布局抖音平台，以内容价值为核心进行团队孵化和运营策略，团队人员规模达150人+。2021年单平台销售额超5亿元，2022年上半年销售额超3亿元。2022年3月17日开播，2022年5月份做到抖音平台鞋靴箱包店铺排行榜第一、服饰鞋帽品牌榜第二，并持续霸占榜单。

2021年6月我正式布局快手平台，1个月时间，GMV（商品交易总额）突破千万元，ACU（平均同时在线用户）突破500人，ROI（投资回报率）超过10。2021年单平台销售额达8000万元，2022年上半年销售额超3000万元。品牌旗舰店开播一个月粉丝量突破38万，单场GMV最高达700万元。

2021年12月我开始布局小红书平台，培养孵化达人上百位，自运营账号300+，平均爆文率在15.3%，优质账号的成长速度在两个月左右。品牌曝光量超1亿次，日常单品文章曝光量可达30万~50万人次。合作达人已逾5000人，粉丝量最高达2800万，自运营账号超百个。

（三）校企合作共赢期

我创业的成功离不开学校和老师的帮助。在公司的发展过程中，我一直与母校保持密切联系。芜湖东昊网络科技有限公司与学校电子商务专业签订了校企合作协议，在分类招生选拔、专业建设、实习实训及就业等环节都给予母校较大支持。无论时间多么紧张，我都会定期来校为学弟学妹们开展创业讲座，将我的切身体会与学弟学妹们分享，让他们少走弯路，增加创业成功的可能性。

作为芜湖职业技术学院优秀创业毕业生，我一直在思考能给予他人和社会带来什么。引用我自己的话："我们最擅长的就是做鞋，那我们能不能在芜湖造就一个全国知名的鞋品基地，成就更多的大学生，带动更多人就业、创业，创立一些我们国人喜欢的、爱穿的民族品牌，把我们的国货发扬光大。这也许就是我的愿景。"

敢抓机遇、果断创新、与时俱进，这是我创业成功的密码。我们要不断地更新自己，不断地学习新知识，并将其沉淀下来作为自己的知识储备。在学校的时候，我们学习更多的是专业知识以及各种实用技能和创业技能等。当毕业后进入社会这所大学的时候，就需要我们去学习接人待物的能力，包括表达和沟通的技巧。"世界上只有一种距离，就是说到与做到的距离。"我们不能仅仅把创业停留在口头上，更多的要进行实践，抓住发展的机遇，提升自我，给自己交一份美好的人生答卷。

> **职业指南·家长选读**
>
> **职业上升路径**
>
> 在职场上，成长最快的一定是那些擅长创造性地解决问题的人，创业者要有狼的精神、鹰的高度。狼的精神主要是指要有敏锐的嗅觉和观察力，永不言败，注重团队合作，主动出击。鹰的高度主要是指要制定企业的目标，不断地修正，更好地实现新的目标。持续创新才能脱颖而出，成为职场上的专家型人才。

看看自己有哪些能力潜质，对照核心能力模型，这样你的未来之路就更有针对性。

核心能力模型

项目	要求
学科能力	语文、数学、信息技术等
基础能力	语言表达能力、逻辑思维能力、学习能力
社会能力	团队协作能力、表达能力、心理承受能力、社会责任感

工作后需要的职业类证书

电子商务员助理、电子商务师、短视频运营师、全媒体运营师等。

进修学习路径

专升本，进修学习专业：电子商务、全媒体电商运营、电子商务及法律、跨境电子商务。

主要就业方向

从事网店运营、网络推广、互联网营销师、电商平台运营、商务策划专业人员、品牌专业人员、客户服务管理员、全渠道营销主管、互联网产品开发主管等工作。

主要专业能力

（1）掌握电商视觉设计的要点、辅助工具的使用方法，并能根据不同行业的发展规模和特征，针对不同市场环境、不同产品来设计图片、详情页、营销图等。

（2）掌握各种常用的市场调查方式，在市场调查过程中能进行各种统计指标的计算。

（3）掌握市场预测的基本理论和预测方法，并能应用 SPSS 进行数据分析。

（4）具有网店运营、社群运营的运营规划、渠道引流、活动策划、供应链整合的能力。

（5）具有整合营销和销售方案制订与实施、营销活动的数据分析与评估的能力。

（6）具有根据市场和客户数据分析结果，进行电商产品设计与开发的能力。

（7）具有互联网安全意识，遵守与电子商务相关的法律法规。

（8）具有良好的学习能力、表达沟通能力和团队合作精神，具有批判性思维及创新和创业的能力。

撰稿人：周基燕　丁祖祥

王子祺

职　　业：杭州有宠网络科技有限公司创始人　一亿心动（杭州）生物科技有限公司创始人　新锐宠物品牌派兜PRADOOU联合创始人

毕业学校、专业：浙江经济职业技术学院、"2+1"创业教育试点班

从业时间：9年

我热爱宠物行业，

在与"毛孩子"相处的过程中，我用心做好产品。

唯有葆有初心的人，才能在行业内卷中脱颖而出。

朋友们都说我是"宠物行业里最懂营销的产品经理、最懂产品的营销总监"。

 ## 创新引领"它"经济，匠心经营创业梦
——我与我的"爱宠"们的创业故事

我叫王子祺，浙江经济职业技术学院2018届毕业生，宠爱家品牌创始人、杭州有宠网络科技有限公司创始人、一亿心动（杭州）生物科技有限公司创始人、新锐宠物品牌派兜PRADOOU联合创始人，品牌成立首年销售额破1000万元，获得专利授权5项、发表学术论文2篇。作为"95后"创业者，入选2021年全国大学生创业英雄百强，荣获第六届中国国际"互联网+"大学生创新创业大赛铜奖、浙江省"互联网+"大学生创新创业大赛金奖、第四届浙商青云奖等23项殊荣。

我19岁开始创业，22岁拿到天使投资，24岁破产负债百万，26岁0-1操盘千万级品牌，27岁第四次创业。假如你也向往创业，或许你也喜欢宠物，也拥有不服输、越挫越勇的精神，不妨走进我的成长经历，也许我的故事会对你有所启发。

高中时期

高中时我选择了文科方向，沉浸在历史、地理、政治等丰富多彩的人文世界中，这些学科不仅拓宽了我的视野，也让我学会了从不同角度思考问题，培养了敏锐的社会观察力和深刻的情感理解能力。

高中文理科分班时我选择了文科班，在学习历史、地理、政治等学科时，由于我对宠物的喜爱，我还喜欢关注生物学、化学等理科的前沿热点。我不仅在课余时间阅读大量关于宠物行业的书籍，还选择在宠物店里打工，为小动物洗澡、美容、打扫猫舍、遛狗等。

在高中时，我一心向往商科学校，所以在填报高考志愿时，我选择了杭州的几所知名院校作为我的目标。然而，由于种种原因，我的高考成绩并未达到本科录取线，这让我感到既失落又迷茫。但幸运的是，我被浙江经济职业技术学院电子商务专业录取。我深知，虽然起点不同，但只要我有足够的热情和努力，在职业院校中也一定能学到实用的商业知识、积累宝贵的实践经验，为自己未来的创业之路做好充分准备。

> **职业指南·家长选读**
>
> 电子商务专业需要的知识结构
> 1. 文科。对商业文化、消费心理等有深入的理解和洞察，对市场营销、品牌塑造等有洞察力和感知力。
> 2. 兴趣驱动。要有对商业世界的热情、对技术创新的追求、对消费者需求的关注以及对挑战与机遇的渴望。

高职时期

进入浙江经济职业技术学院，我不仅学到了电子商务的精髓，大三时还进入了"2+1"创业教育试点班，专业教育与创业教育相结合，不仅让我结识了一群志同道合的朋友，同时，创业导师团队对宠爱家项目进行诊断指导、创客空间项目孵化，更坚定了我的创业梦想。

来到浙江经济职业技术学院后，我更加珍惜每一次学习的机会。我积极参与课堂讨论，认真完成课后作业，还主动参加各种创业比赛和实践活动。

2016年初春，正值大二，怀揣着对电子商务的粗浅认识与对宠物行业的无限热爱，我勇敢地迈出了创业的第一步——成功注册了杭州有宠网络科技有限公司。这不仅仅是一个公司的诞生，更是我将"互联网+宠物"理念付诸实践的起点。我们深入市场调研，发现宠物主们对于价格透明、品质保证的服务有着迫切需求。于是，我们精心策划，与50余家商户建立合作，通过平台的力量为杭州近万名养宠用户带来了前所未有的便捷与实惠。这段经历教会了我，真正的创新源自对用户需求的深刻理解与精准把握。

随着项目的推进，我意识到自己在商业管理和战略规划上的不足。大三那年，我有幸进入了学校梦想创业学院的"2+1"创业教育试点班。在原专业学习两年的基础上，再进行一年的创业知识专项学习与创业实践。专业教育与创业教育相结合，采用理论、实训、创业活动相结合的方式，在独具特色的创业课程基础上，通过模拟创业项目、案例分析、商业策划书撰写等实践活动，我们学会了如何将理论知识转化为实际操作能力、如何在市场中寻找机遇并应对挑战。这些经历让我深刻体会到，创业教育不仅仅是学习书本上的知识，更是培养我们的创业思维、团队协作和解决问题的能力。在这里，我遇到了志同道合的伙伴，我们共同讨论创业想法，互相激励，共同成长。导师们不仅是知识的传授者，更是我们创业路上的引路人，每一次与导师的深入交流，都让我对创业有了更深的理解和认识。

梦想创业学院不仅为我提供了丰富的创业资源和学习机会，更激发了我对创业的无限热情和追求。在这里，我学会了如何制订创业计划、如何评估市场风险、如何进行有效的市场营销等关键技能。宠爱家作为浙江经济职业技术学院"2+1"创业教育试点班重点孵化项目，其智能宠物酒店解决方案不仅提高了宠物行业寄养员的工作效率，同时也增加了宠物美容师的收入水平。

时至今日，宠爱家已不仅仅是一个品牌，它是我个人成长的见证者，也是我与团队共同奋斗的结晶。在第六届中国国际"互联网+"大学生创新创业大赛和第六届浙江省"互联网+"大学生创新创业大赛中，"优宠智家—智能体验式宠物酒店引领者"项目分别荣获铜奖与金奖。这些荣誉的背后是我们团队无数次失败后的重新站起，是无数个日夜的辛勤付出，更是对宠物行业深刻洞察与不懈追求的结果。

在梦想创业学院的日子，我收获颇丰。这段经历不仅让我对创业有了更加清晰的认识和规划，更让我学会了如何在挫折中坚持、在困难中前行。我相信，正是这段宝贵的创业教育经历，让我更加自信地面对未来的挑战和机遇。

职业指南·家长选读

性格探索和职业探索

从业者对想要从事的宠物创业领域有深入兴趣，并愿意探索新技术、新设备。性格上，无论是内向还是外向，均可通过职业经历重塑自我，关键在于培养坚韧不拔的品质和不服输的精神，以更好地理解客户需求，应对行业挑战。初入职场，从业者需从基层做起，积累经验，了解行业，尽管起步可能艰苦，但踏实肯干的精神将助其稳步前行。

工作时期

随着宠物逐渐成为家庭的重要成员，宠物行业的消费需求不断延伸与细化，从宠物商品到服务，一个覆盖宠物全生命周期的完整产业链已悄然形成，涵盖了从衣食住行到健康医疗的全方位需求。

（一）奋斗不止，最年轻的大区经理

为了进一步锤炼自己，大三下半年我选择了加入宠物行业的领军企业——波奇网实习。从城市经理到大区经理的迅速晋升，背后是无数个加班的夜晚、无数次的客户拜访和

策略调整。这段实习经历不仅让我积累了宝贵的行业经验，更重要的是，我学会了如何在高压环境下保持冷静、如何有效沟通以达成目标，以及如何带领团队共同前进。

2018年底，带着满满的收获与信心，我创办了宠爱家新零售连锁宠物店。这一次，我不仅要在线上为用户提供便捷的服务，更要在线下打造温馨、专业的宠物体验空间。通过线上线下融合的模式，我们逐步构建了宠爱家的初步生态模型，在杭州城北、城东、城西开设了3家线下体验店，并辅以线上商城，为宠物主们提供全方位、一站式的服务体验。

（二）不懈努力，创业项目获得肯定

自2019年起，我与我的团队踏上了智能宠物服务领域的征途，那一年，我们自主研发的系列智能设备横空出世，不仅斩获了5项专利授权，还发表了2篇学术论文，更在各类赛事中荣膺23项殊荣，这是我们创新实力的有力证明。

我们深知，技术的力量在于应用与造福。因此，我们将这些智能设备融入宠物寄养服务中，制订出一套标准化的服务流程，让每一位宠物主都能享受到安心、高效的寄养体验。在杭州，我们开设了3家直营的体验式宠物酒店，通过"线上导流，线下聚客"的新零售生态模型，成功连接了虚拟与现实的桥梁，让爱与陪伴无界限。

创业路上，我们得到了资本的青睐与市场的认可。2019年，宠爱家收获了首笔100万元的天使投资，为我们后续的快速发展注入了强劲动力。到了2020年，由于门店急剧扩大，使得自己负债累累，然而创业团队伙伴们的不放弃，使得我重整旗鼓，细分宠物赛道，专注宠物食品领域研发，成立一亿心动（杭州）生物科技有限公司。

由于自己在线上宠物店铺运营和线下宠物实体店开展方面的丰富经验，2021年我有幸成为新锐宠物品牌派兜PRADOOU的联合创始人。这个品牌如同初升的太阳，以其独特的魅力和卓越的品质，在成立首年就实现了销售额破千万元的壮举，让宠爱家在宠物食品行业崭露头角，成为业界新贵。

（三）反哺母校，提升创业团队实力

创业的同时，我们始终不忘回馈社会，特别是给予我们知识与力量的母校。5年来，宠爱家为母校提供了超过40个实训岗位，为那些对未来充满憧憬却又迷茫的学弟学

职业指南·家长选读

职业上升路径

从业者需与宠物及宠物相关产品紧密接触，对宠物养护、健康管理有浓厚兴趣，并愿意深入钻研。初期，从业者可能需从基层做起，如宠物店运营、宠物护理等，这些经历虽艰苦却能培养踏实、吃苦耐劳的品质。重要的是，保持对宠物的爱心与责任感，这将是宠物行业从业者最宝贵的财富。

职业指南·家长选读

价值观探索

从事宠物行业，从业者以爱心与责任为核心，视宠物如家人，用心呵护。诚信与尊重是与客户建立信任的基石，真诚服务，尊重每一份需求。同时，拥抱创新与持续学习，紧跟时代步伐，不断探索宠物养护的新模式。这些不仅是从业者的精神支柱，也是推动宠物在行业向前发展的不竭动力。在爱与责任中，从业者与宠物共同成长，共创美好未来。

妹们搭建了实践的舞台，让他们在实践中学习，在学习中成长。我们的团队中有40%的成员都来自母校，这份深厚的情感纽带让我们更加紧密地联系在一起。

2023年，浙江经济职业技术学院决定成立梦想创业学院校友分会，并赋予我分会会长的重任。这既是一份荣誉，也是一份沉甸甸的责任。我将与所有校友一道，继续发扬创新精神，传承创业文化，为更多校友搭建实现梦想的平台，共同书写属于我们的创业传奇。

回望来时路，我深知选择宠物行业，不仅仅是对一份职业的承诺，更是对生命热爱与尊重的体现。在这份充满爱与责任的行业里，我学会了如何将个人的激情转化为推动行业前行的力量。正如我始终坚信的，职业的真谛在于它能否触动你的心灵、点燃你的热情，而非仅仅作为谋生的手段。

看看自己有哪些能力潜质，对照核心能力模型，这样你的未来之路就更有针对性。

核心能力模型

项目	要求
学科能力	生物学、化学等基础学科能力；市场营销、电子商务、财务管理等专业学科能力
基础能力	语言表达能力、数学逻辑能力、自然观察能力、人际交往能力、自我认知能力
社会能力	组织协调能力、团队协作能力、适应社会能力、心理承受能力、社会责任感

工作后需要的职业类证书

互联网营销师、电子商务师、宠物美容师、宠物训导师、宠物健康护理员等。

进修学习路径

专升本，进修学习专业：全媒体电商运营、跨境电子商务、电子商务、电子商务及法律。

主要就业方向

从事电子商务平台运营与管理、网络营销与推广、电子商务数据分析、电子商务产品经理、电子商务客户服务、跨境电商运营、电子商务技术支持、新媒体营销等工作或电子商务创业。

主要专业能力

（1）熟悉主流电商平台的后台操作和管理流程。

（2）具备制定网络营销策略、执行营销活动并评估效果的能力。

（3）能够运用数据分析工具对电商数据进行处理、分析和挖掘，提取有价值的信息。

（4）了解用户心理和行为，能够优化电商平台界面设计、提升用户体验。

（5）熟悉跨境电商平台的运营规则、国际物流、支付及关税政策等。

（6）能够管理电商项目的进度、成本、质量和风险，确保项目按时按质完成。

（7）具有与客户、供应商、团队成员等进行有效沟通和协调、解决问题并推动项目进展的能力。

（8）具备创新思维，能不断学习新知识、新技术，适应电商行业的快速发展。

（9）了解电子商务相关的法律法规，如消费者权益保护法、广告法等，确保业务合法合规。

撰稿人：席佳颖　王子祺

白玉平

职　　业：国企医药物流公司副总经理
毕业学校、专业：山西工程职业学院、物流管理专业
从业时间：13 年

每一次合格的入库，每一次准确高效的分拣，
每一次及时的配送，都会让我觉得特别有成就感；
每一次管理人员的认可，每一分成本的节约，
每一份经验的传承，都给大家带来高质量的健康保障。
我也会很自豪地告诉家人："这里的每一盒合格药品都是我带大家分拣的。"

我是一名药品"流通管家"

我叫白玉平，在物流行业当中，我是一名保管员。我的工作是从收货入库到运输配送全链条，中间需确保每一盒药品质量合格、流程可追溯、存储环境符合药典要求、接触药品从业人员身体健康，因此我又被亲切地称为"流通管家"。

高中时期

我来自吕梁山区的农村，父母都是务农的。那时候村里条件不好，大多数孩子初中毕业后就出去打工，我是为数不多的家里愿意供读上学的大专生。山区的孩子天生好动，体力特别好，遇上困境和难事有那种征服的韧劲和不服输的性子。

中考第一年，我的成绩不理想，后选择复读。数理化

职业指南·家长选读

物流管理专业需要的知识结构

1. 文科。物流的选址、规划与人文地理、政治经济等密切相关。管理实践中需打造团队氛围与文化、沟通与谈判，文科类的知识储备能更好地发挥所长。
2. 物流作为服务性行业，客户的要求与投诉、效率与成本、标准与质量等问题无处不在，孩子需要有韧劲与耐心去面对问题和解决问题。
3. 管理作为一门综合艺术或技能，考验人的持续学习能力、知识的宽度与深度，孩子有不服输的性格、积极组织引领的习惯能走得更长远。

成绩突出的我，考三大主科并不占优势，中考成绩只能让我就读普通高中。也许是成长环境的原因，我对地理、历史、政治学科兴趣浓厚。历史课就像讲故事一样，每每上课就听得特别着迷，记忆也很深刻。地理课上那些山河、气候、太空、深海、晨昏线、等高线、经纬度在我脑子里就像看见真山真水真环境一样，听完就领悟吸收了。学习之余我还喜欢组织同学们打篮球，喜欢看史学和名人传记类书籍。高考时我的文综成绩考得不错，但因英语和数学的偏科，高考成绩达本科线无望后，我报考了山西工程职业学院的物流管理专业。

高职时期

3年的大学生活，专业课程的学习让我对物流行业的发展历史、现状、未来有了全面的认知，对工作环境与内容有了清晰了解，对物流的社会价值与经济意义有了新的定义，让我对未来充满了期待和畅想。

在校期间我第一次跟着学长进入学校物流实训室时，里面的操作软件、物流设施设备、输送线、立体货架对我很有吸引力，于是我就主动申请承担打扫卫生的工作，以争取到更多进入实训室的机会。一有机会就请教学长，把软件系统的操作流程一步步记在笔记本上，直到自己能独立熟练地完成操作。后来我才知道那就是仓储管理系统 WMS（Warehouse Management System）。通过这段经历我对整个物流中心全流程化的运转、系统与设备的对接、流程设计与布局的关系有了完整的理解。

寒暑假学校会安排我们去企业实践，也可以自主参加社会实践。3年的时间里，我相继经历了传统社会零担物流、专线物流、快消品分拣物流、苏宁电器仓、海尔生产线物流、青岛港港口物流等多业态、多城市的历练。吃苦流汗中我对物流行业的理解更加深入，所见与所学让我对物流行业有了更深刻的理解与感悟，对供应物流、生产物流、流通物流等与社会经济和个人生活之间的相互关系有了自己的理解，同时对于团队管理、公司文化、仓储规划、路由设计等专业的知识也有了不断拓宽和深入。对个人视野格局、职业规划成长也有了全新的认知。

> **职业指南·家长选读**
>
> **性格探索**
>
> 物流管理行业讲究的是精细与耐心、真正解决问题的能力。孩子性格中最好有要强和不服输的特征。同时，需要引导孩子认识到简单且重复的工作也能成就不简单的职业道路。

工作时期

刚毕业实习时我进入天津中国外运保洁分销仓（RDC），半年时间我成为仓储部作业量最大的仓管，业务处理上零差错。因为这个公司领导特别找我谈话说："正常员工参加工作都会经历不错—多错—少错的过程。"而我很自信地回答说："我有自己独特的方法能保证既快又准。"

职业指南·家长选读

职业上升路径

物流管理行业，初入行要从收货入库开始做起，收入不高，如果孩子热爱，并且看重长期成长而不在意短期收益，会更容易在工作中获得成长并坚持下去。工作中，反思和总结、热爱和勤奋很重要，能够在行业中苦中作乐，在职业上升中勇于创新、充分准备，才能抓住职业上升的机会。

毕业后的工作一切顺顺利利，在取得了一些小的成绩后，自己有些心高气傲起来。因为工作业绩优异，公司提出给我提前转正并提高薪资，但盲目自大的我拒绝了公司的善意，认为自己可以通过努力取得更大的成绩，索性辞职回家准备创业。然而太原、西安两次创业失败的经历让我的自信跌入谷底。两年时间跌跌撞撞、一事无成，胸中的抱负也无从实现，在巨大的经济压力下，我改行去做了销售，3年的时间里也没有取得成绩。当时的我陷入内心的挣扎与无限的迷茫中。

最终经过无数次的思考与分析后，还是觉得物流才是自己最熟悉、知识储备最多、经历丰富、最容易上手的工作。就这样我进入了山西省一家药品快批企业，成为一名零售拣货员。在工作中我发现大家普遍存在效率问题，给库存管理、客户服务、质量安全、企业品牌带来很多不利影响。但这些问题公司习以为常，长期存在却没有人去解决。我就钻到这些问题中去分析仓位、人员习惯、操作流程、货物的特点以及公司的考核指标。在工作过程中，我优化拣货方式和手法，重新规划货品分区，制订仓位管理标准和货品摆放的要求，改良理货的标准，尝试新的操作流程方法，激励自己严格执行，做到作业无差错和低差错。

在同岗位拣货员眼中，我的仓位和货品管理标准又高又统一；在复核员、发货员的口中，我的分拣速度最快并能做到无差错。入职两个月后，公司开始实行竞聘上岗，我认真准备参加竞聘分拣中心部门经理岗位。我落选了，但我并没有失落和气馁，依然认真投入到工作当中。两个月后我被任命为零拣组、专库组主管。六个月后我成为部门经理助理，不参与现场作业。一年后我被任命为部门经理，我在管理上大胆地实行绩效改革，让全员平均工资实现上涨。第二年，公司提拔我担任物流中心副总监，管理药品从采购入库到运输配送全链条业务，范围覆盖全省。

随着药品行业监管加强、行业升级、公司业务迅猛发展，医药三方物流方兴未艾，我配合公司系统升级、管理升级、仓库迁址；开展山西省首家不停作业现场GSP（Good Supply Practice，药品经营质量管理规范）认证，获得药监部门高度评价；参与制订省内行业标准，我带领下的物流中心成为山西省首家开展三方托管业务的企业，成

职业指南·家长选读

价值观探索

人们一般会对物流行业有所误解，认为物流就是开车送货、看库房、装卸搬运等。传统物流与现代物流有了根本性的改变，计算机系统管理代替了人脑记忆和经验；输送线、机器人、机械臂代替了人工；无人机和无人车正在推广。系统的使用、设施设备的使用、自动化智能化的应用都需要高学历的专业人员来操作和维护。物流行业细分也越来越多，为从业者提供了广阔的职业通道。

为山西省内配送网络覆盖最广、时效最快的医药配送企业。

两年后，我担任国企医药物流公司副总经理，负责运作三方物流库内业务，承接了山西省内最大三方并高效运转。该项目获得了"中国医药商业协会最佳物流实践案例奖"。

"护佑生命，关爱健康，使命必达。"药品安全责任重大，任重道远，药品配送关系千万患者生命健康。人人都有改善的能力，事事都有改进的余地。成人达己，成己为人！我愿为医药物流、人民用药安全做好一名"流通管家"而奋斗。

看看自己有哪些能力潜质，对照核心能力模型，这样你的未来之路就更有针对性。

核心能力模型

项目	要求
学科能力	数学、语文、地理、信息技术等基础学科能力；运输管理、仓储管理、供应链管理、物流规划、管理学基础、经济学等专业学科能力
基础能力	学习能力、自我控制能力、情绪管理能力、逆商能力、自我认知能力
社会能力	组织协调能力、团队协作能力、独立思考能力、沟通表达能力、引领和影响别人的能力

工作后需要的职业类证书

物流管理师、物流规划师、供应链运营、职业经理人等。

进修学习路径

专升本，进修学习专业：物流工程技术、现代物流管理、物流管理、采购管理、供应链管理、物流工程、工商管理等。

主要就业方向

进入快递快运物流公司、网络货运公司、生产制造公司、物流软件公司、物流设备制造公司、物流咨询公司、物流集成公司、物流园区、港口、航空港、铁路枢纽等领域，从事与物流管理岗位相关的工作。

主要专业能力

（1）具有现代物流仓储、配送、运输与供应链业务运营与管理的能力。

（2）具有利用仓储物流管理系统与物流运输管理系统完成仓储方案执行、运输调度计划制订的能力。

（3）具有利用大数据、人工智能等现代信息技术进行物流绩效评价与改进的能力。

（4）具有熟练使用 Word、Excel、PPT、CAD 绘图等办公软件，以及 WMS、TMS 等物流软件的能力。

（5）具有项目开发、执行、跟踪和物流市场开发、客户维护的能力。

（6）具有运输线路规划、仓储平面规划等的能力。

撰稿人：王爱民　白玉平　焦　琪　宋丽珺

蜕变：职校生的华丽转身

旅游大类
文化艺术大类
新闻传播大类

在传统木作领域深耕数十载，我切身领悟到技艺磨砺与精神锤炼对青年成长意义非凡。《蜕变：职校生的华丽转身》汇聚诸多职教案例，愿青年学子从中汲取力量，秉持精益求精、专注敬业之精神，以匠心筑梦，勇敢逐光前行。

北京金隅天坛家具股份有限公司龙顺成公司 工艺总监

"全国五一劳动奖章"获得者，2021年"大国工匠年度人物"

北京市劳动模范，北京大工匠

刘更生

陈育龙

职　　业：五星级酒店餐饮总监
毕业学校、专业：海南经贸职业技术学院、酒店管理专业
　　　　　　　（现为酒店管理与数字化运营专业）
从业时间：13 年

面朝大海，春暖花开。

我在工作中度假，在度假中工作。

每一场宴会成功举办后我都会来踩踩沙滩、吹吹海风。

我是舌尖盛宴的"守门人"

我叫陈育龙，是一家五星级酒店的餐饮总监，负责餐饮部的经营管理。因为我需要把好餐厅的每一道关，他们说我是"守门人"，自古"民以食为天"，那么我守的便是"天门"。如果把每一次餐厅宴会的举办都比作一场球赛，那我主要负责"赛"前准备热身，"赛"中统筹协调，"赛"后复盘总结，通过呈现出一场精彩纷呈的比赛，吸引观众再来买票看球。如今，凭借这一份工作，我从海南文昌的一个小村镇来到海口成家立业。这份工作让我的生活富足、放松、愉悦、有成就感。

现在，我来讲述自己的职业故事——一个常被戏谑"四肢发达"的体育生，如何阴差阳错填报了适合自己的学校和专业，从此走上了证明自己并不"头脑简单"的职场晋升之路。

高中时期

我是理科班的体育生，文化成绩一般，唯一感兴趣的学科是数学。读书时，我立志要当一名军人。

我就读于海南文昌的一个小镇中学，在那里初高中一起读了 6 年。我是体育生，综合我的短跑成绩和文化分考上二本院校应该没问题，但文理分科时，由于我个人的疏忽导致

> **职业指南·家长选读**
>
> **酒店管理与数字化运营专业需要的知识结构**
>
> 1. 理科为主,主要学习酒店各领域的数字化运营与管理的技术,要求有系统化思维并对数据具有敏感性,逻辑思维能力强的人更适合这个专业。
> 2. 具有语言天赋,善于表达与沟通会使这项工作的推进更顺畅。

科目填报错误,我从理科转到了文科。当时,我就想过放弃直接去当兵,但是父母坚持让我读完高中,而我也计划考上大学后再考虑从军。

现在的职业在高中时并没设想过,是阴差阳错也是命中注定。生在村镇的我,家庭条件比较差,我一心想给父母减轻负担。高考一结束,我便邀约同学一行三人去海口做暑期工,不料我们每个人身上带的几十块还没焐热就被偷了,"出师不利"的三人只能在人民公园打地铺,有一个同学当下便决定放弃,联系家长后回家了。剩下我们两个四处找工作。我的第一份工作是负责酒店的包房,没想到第一天就卖出去两瓶干红,提成 50 元。由于高中时期我每天进行体育锻炼,身体素质特别好,在工作上很能吃苦耐劳,暑假打工 40 多天的时候主管找我谈话,准备升我做领班,我的酒店工作第一次得到了认可。

高考成绩出来后,我的分数可以读大专,当时我在领班和读书之间纠结,权衡之后,我决定继续读书,学习更多的文化知识。填志愿选专业的时候,我考虑到家里的经济情况,选择了学费较便宜的学校和专业。没想到海南经贸职业技术学院(简称海经贸)的酒店管理专业成为我日后事业路的"铺路砖",这一次,我选对了。

高职时期

在学校,我总能得到老师们的帮助,我还有幸成为学校第一批去博鳌论坛做礼仪服务的志愿者。

从进入海经贸起,我便为自己未来的工作在时刻准备着。当时一进入大学,应征入伍的门槛把我拦在了门外,我便开始了勤工俭学的日子。我算是有销售天赋的,大一那会儿我卖了 800 张电话卡,人称"卡王",这让我对学校教的营销课程更感兴趣了。学校的专业课程很细致,光是营销这一类课程我们就要学习前厅、客房和餐厅几个分类。我至今都非常感谢我的老师们,我记得黄觉民老师说过,"有人的地方就要吃饭,我们是不会失业的。"这句话让我坚信我要端住这"一碗饭"。其实,我并不善言谈,教心理学的林洁老师为了锻炼我,总让我上台发言。还有现已是国家高级礼仪培训师的王晓明老师,她当年教我们形体课,我也有幸经她栽培和选拔成为学校第一批去博鳌论坛做礼仪服务的志愿者。如今我走上工作岗位,每每要当众讲话时我都会回想起大学的经历。

学校酒管专业的实践性很强,像"金钥匙"这门课就对我后来进入国际品牌酒店影响很大。海南旅游业和酒店业比较发达,学校与多家星级品牌酒店之间有校企合作项目,我读的是"2+1"项目班,两年在校学习,一年在外实习,我们实习的平台起点比较高。

2010年，我来到了海口喜来登酒店实习，学校学到的知识让我工作起来比较顺手，但实战和课本理论还是有区别的，更要求应变能力。实习时我就开始多次参与大型酒宴的举办。学校一直以来也在不断调整教学课程，让我们毕业后更能胜任社会工作。现在，海经贸的实训课更为丰富，毕业的学生能力都很强。我刚招来的吧台实习生就是我的学弟，他在学校已经掌握了调酒技术，只要给他一个配方，他马上就能做出来口感极佳的饮品。我觉得这些新酒店人的未来会更出色。

> **职业指南·家长选读**
>
> **性格探索**
>
> 酒店管理行业强调客户的体验，乐于助人和善于沟通是非常需要的品质。如果孩子的性格开朗活泼，待人和善会更适合这项工作。

工作时期

记得第一次统筹一场上百人的宴会时，我觉得自己像一个将军指挥着千军万马冲锋陷阵，那是一场胜仗。

（一）从宴会厅到餐饮部

2014年，我被师兄招聘进入三亚康莱德酒店，其间有几位师傅带过我。最开始在酒吧区，Tom老师教我调酒技能，那个时候常常为了调到最佳比例反复训练，直到形成肌肉记忆。后来进入宴会部门，Fox老师传授我承办宴会的经验，大多宴会需要根据客人的需求私人订制，这个阶段我和顾客打交道很多，不断学着如何摸索客户心理。后来我也接触了许多业内前辈，他们都是我的老师，老一辈的酒店人教会了我要"稳"。例如，万达集团派驻来的酒店经理丁总，就签字这件事情给我上了重要的一课。有一次我负责的中餐厅少了6000条小方巾，但是资产核算单上却有我的确认签字，这件事我是要负全责的。当时，丁总反问我签字的时候看数字了吗？我为之前的盲签倒吸一口凉气。还好后来有惊无险，经查明是最初的采购数量统计错误。从那以后，每一次签字我都会核查数据。后来，在他的引荐下，我成为某位知名企业家在海口的餐饮管家，我的人脉拓宽了。在康莱德，我用了一年的时间突破了小小的宴会厅，做到了餐饮部的销售经理。

> **职业指南·家长选读**
>
> **职业探索**
>
> 初入酒店管理行业要从基础的服务做起，我们的服务员叫非凡待客师，或者换一个角度想，人人都在服务，人人都是非凡的。其实一个酒店的运作背后有庞大的体系，总能找到适合自己的岗位，只要勤学多问，就能快速成长。

（二）从三亚到厦门

酒店行业想要晋升需要去本行业发展成熟的其他地域学习"镀金"。2019年，我在三亚康莱德已经工作了8年，当时遇到了职业的瓶颈，我一直在做旅游度假型酒店的餐饮服务，如果不突破区域限制和开阔眼界，我可能永远都是一个部门经理。所以，那一年我抓住机会去了厦门康莱德做中餐厅运营经理。在厦门有件事令我记忆深刻，就是用一个套餐为中餐厅增收百万元。刚接手中餐厅时，部门距达标业绩差90万元，我立马去找了厦门本地的一家电商平台合作，推出了一个"298元两大一小中式套餐"。因为我们餐厅面对鼓浪屿，也可以看到厦门大学，我想以这个"免费观景"为卖点盘活餐厅，一夜之间套餐爆火，并且不断追加份额。为了增加翻台率，我又拆分了比较难订出的大包用作散客接待。在套餐的带动下，中餐厅增收100万元，我们的业绩也达标了。

（三）重返海口心态变化

2020年底我重返海口，凭借外出积累的经验，我突破了职业瓶颈，用时两年在海口万豪酒店从餐饮部经理晋升为总监。

我在万豪所做的工作其实是比较系统的，也可以说是守好餐饮部的每一道关，全面负责整个餐饮部的经营管理工作。除了制订年度和月度计划，我还要每天关注数据，查看餐厅的各项任务和经营指标得分，浏览平台口碑，巡视各餐厅、会议厅的营业情况，关注食品安全、员工食堂和设备等。

于我而言，这份工作最大的挑战可能就是要学会调整好自己的心态，因为餐饮部不像客房部，他们只需服务客人，我们是既要服务客人又要做营销。例如，我们要分析竞争酒店的数据，做差异化竞争，提高顾客满意度等。初入行的时候我也是棱角分明，还会与同事因为一场宴会的任务分配问题发生冲突，慢慢地时间让我沉淀下来，用心去服务好每一位顾客，做好自己的每一项工作。个人而言，我觉得自己最高的职业目标就是比现在更好，希望以后能建立个人的品牌。

这就是我一个体育生成长为盛宴"守门人"的故事。人这一生有几次重要的转折，职业规划便是其中之一，十分庆幸与职校相遇，指引了我未来的就业方向。我热爱我的职业，也庆幸自己当初所做的选择，这份职业给我的成就感是无与伦比的。回望来时路，从加速冲刺到放慢脚步陪家人欣赏美景，身后的每一个脚印都是朝着正确的方向。

看看自己有哪些能力潜质，对照核心能力模型，这样你的未来之路就更有针对性。

核心能力模型

项目	要求
学科能力	数学、语文、英语、信息技术等
基础能力	语言表达能力、数学逻辑能力、人际交往能力、学习能力、数据分析能力
社会能力	组织协调能力、团队合作能力、环境适应能力、心理承受能力、创新能力、社会责任感

工作后需要的职业类证书

酒店收益管理师、酒店运营管理师、企业人力资源管理师、邮轮运营服务职业技能、会计从业资格。

进修学习路径

专升本，进修学习专业：酒店管理、旅游管理、工商管理、企业管理、行政管理等。

主要就业方向

面向现代旅游、酒店、餐饮、邮轮、旅游度假区、精品民宿及相关新兴行业，从事宾客服务与管理、产品策划与设计、高端会议与会展服务策划、数字化运营、智慧化管理、供应链管理等工作。

主要专业能力

（1）能够运用酒店管理专业基础知识和基本技能独立完成酒店餐饮、客房、前厅岗位服务等一般常规性工作。

（2）熟悉基本餐饮服务礼仪、客房服务礼仪、前厅服务礼仪等，能够进行餐桌摆台、客房管理、宾客咨询、迎送客人等工作，能够妥善处理顾客投诉以及进行DND（Do Not Disturb）和应急事件处理。

（3）具备客房销售的能力，能熟练操作客史档案建立，为客人提供个性化服务。

（4）熟悉掌握宴会服务礼仪，能够进行会议摆台、会场布置、服务调度等工作。

（5）具有酒店产品营销与推广、新媒体运营与管理的能力。

（6）具有团队建设、员工培训、服务质量控制等督导管理的能力。

撰稿人：于 佳 周 俊 袁鸣阳 陈育龙

李银银

职　　业：杭州西溪国家湿地公园高级讲解员
毕业学校、专业：杭州科技职业技术学院、酒店管理（涉外导游方向）专业
从业时间：10 年

每一次，我都用第一次的心态去做好讲解工作。

十年的工作经验告诉我，

做好讲解员并不是一时一次的表现，而是始终如一的坚守。

金牌讲解员的成长之路
——平凡岗位上的不平凡

我叫李银银，杭州科技职业技术学院旅游学院酒店管理（涉外导游方向）专业2014届毕业生，杭州市金牌讲解员、杭州市 E 类人才、中级导游员、高级礼仪培训师，现就职于杭州西溪国家湿地公园。十年时光，见证成长；十年时光，不负韶华；十年时光，不忘初心。

高中时期

高中时文理分科，那时的我并没有设想过以后要从事什么样的工作？以后要成为什么样的人？只是听从父母的建议选了理科，原因是理科以后就业面广。

高中时期我的理科成绩并不好，尤其高二以后，感觉好像不管怎么学，知识点就是不往脑子里钻。我的内心很焦虑，甚至经常会自卑，为什么别人都会我就不会？为什么我就是不明白这个题目要这样解答？这大概就是人们常

职业指南·家长选读

旅游讲解工作需要的知识结构

1. 文科为主。讲解涉及历史、文化、生物学、地理等，需要有一定的知识储备和语言表达能力。
2. 兴趣驱动。对人文历史、山川风物感兴趣，会让孩子更容易对工作保持热情。

说的死脑筋，转不过弯来。但是值得庆幸的是，我的语文和英语成绩在班级始终名列前茅，这大概是对一个理科生的唯一的一点小安慰了。还记得高二时在老师的推荐下，我参加了一个英语比赛，当时老师出了一个题目：请用英语向大家介绍一位你最好的朋友。可能由于太过紧张，最后讲得磕磕巴巴，比赛也以失败而告终。比赛虽然失败了，但却燃起了我内心对舞台的渴望，想要去用自己的方式和别人交流。高考填报志愿的时候，我勇敢地和"理科"告别，选择了酒店管理（涉外导游方向）专业。

高职时期

爱我所选，从责任到热爱的"全优毕业生"。

回想起大学专业选择，实在是误打误撞，高考志愿填报时以为酒店管理专业毕业后是进入酒店工作，但实际上是以导游为专业方向。在校学习时，我也曾有过转换专业的念头，但后来通过一个学期的学习，却渐渐喜欢上了这个专业。我的室友们都很爱学习，现在仍然能够时常想起大家结伴去图书馆刷题看书的时光。在校期间，我积极参加各类活动和文艺演出，担任班级学习委员，学习成绩也一直名列前茅，成功通过了大学英语六级，数次获得校奖学金，被评选为"学校三好学生""校优秀共青团员"。"干一行爱一行"，我认为自己是一个很"轴"的人，既然选择了这个专业，就要不懈努力做到最好。所有的课程当你深入学习之后，就会发现它的有趣之处。经过3年的学习，我全面了解了讲解员的职业情况：讲解员行业已经历经百余年发展，讲解的本质是辅助说明、诠释、深化，在短时间内用通俗的语言、深入的解析、独到的思考引导观众把直观不连贯的感性认知上升为深刻的认识和记忆。好的讲解员能成为景区、城市乃至国家的代言人，成为一名优秀的讲解员既有挑战性又有成就感。2014年，我以优异成绩从杭州科技职业技术学院毕业，成功进入杭州西溪国家湿地公园从事讲解员工作。

职业指南·家长选读

性格探索

讲解服务工作并不是技术性岗位，就一般性质而言，只要胆子大、记性好就行。如果想要做好，对孩子的自身要求也比较高：个人形象、服务礼仪、讲解技巧、知识积累、突发事件处理、急救知识等都需要孩子下一番功夫。性格外向的人可能更加适合，因为讲解员是直接面向游客的一线服务人员，所以也就要求孩子要能够吃苦耐劳、胆大心细、不骄不躁，还要有心理承受能力，对各类情况都要以平常心对待。

工作时期

讲解员是信息加工者，也是文化传播者，更是距离游客最近的一线人员。要保证自己的讲解内容能够准确无误地传达出去，还要做到生动、有吸引力。为了做到这一点，就需要讲解员自身具备丰富的知识、独到的见解、风趣的语言和随机应变的临场能力。看似简单的'嘴皮子'功夫，其实背后需要付出极大的努力。

（一）工匠传承，争做行业先锋的"金牌讲解员"

通过考核上岗后的第一次讲解经历，我至今仍然记忆犹新。那一次，我站在游客面前，小心翼翼地打开麦克风，两只手紧紧地握着，仿佛手中的麦克风有千斤重。甚至紧张到呼吸沉重，脑子一片空白，完全在用练过成百上千遍形成的"肌肉记忆"讲解，30分钟的讲解时间漫长得仿佛过了一个世纪。但在讲解结束时，游客们发出了雷鸣般的掌声，这掌声对当时的我而言，是支撑我开启职业生涯最大的激励。善于交流和表达是一种天赋，而我没有伶俐的口舌，也没有异于常人的天赋，有的只是不甘人后的那点儿好强。功夫不负有心人，2014年1月，还在实习期的我因为表现突出，被单位破格转正成为一名正式员工。2014年9月，我参加了杭州市第一届景点景区讲解员服务技能大赛，获得"杭州市金牌讲解员"荣誉称号。这是我从业以来取得的第一份荣誉，我发现原来自己也可以勇敢地站在舞台上，对着陌生人侃侃而谈。比赛既是对自己能力的锻炼，也是一个新的起点，让我明白只要努力，一切皆有可能。接下来的几年，我通过持之以恒的努力，开启了自己的高光时刻：自考浙江大学专升本，取得学士学位；因荣誉加身的缘故，一下子让我成了单位里的名人，讲解工作也更繁重了，许多重要的考察接待任务都指定我去做，我也时刻保持警醒，更严格地要求自己，力求每一次讲解服务都能让游客满意。我的认真努力也得到了领导的认可，在团委换届选举中，我被选为团委副书记。讲解工作提升了我的个人技能，而群团工作锻炼了我的统筹能力，在一次次的活动组织策划中不断提升自己。是金子总是会发光的。每一年，无论是知识、技能还是证书，我都有收获，我坚持在热爱的讲解员道路上不断成长。

（二）十年青春，做坚守岗位的"平凡人"

有句老话说：三年入行，五年懂行，十年成王。说来惭愧，入行十年我也没有成为这个行业的佼佼者。日复一日的工作并没有降低我对讲解员职业的期待，也没有减少我对待这个职业的热情，因为我深切明白：做好讲解员并不是一时一次的表现，而是始终如一的坚守。敬业、乐业，认真对待每一次的讲解接待任务，才能有条不紊地应对突发状况。我们都只是万千平凡人中的一员，在人生的路途上，可能终其一生也无法登顶，但天道酬勤，我们都明白这个世界没有不劳而获。著名主持人康辉老师曾经说过："世上的天才能有几个？我们大多数是女娲抟土造人疲惫时随手甩出的泥点子吧？但落地为人，只要更多地投入自己的生命里，那些被精心创造出来的和那些被随手甩出的，都一样，都同样拥有给自己做主的权利。"如果想要不甘人后，也只有努力地去尝试人生的每一个选项，抓住每一次的机会，只有这样平凡但却又努

职业指南·家长选读

职业上升路径

讲解员这个职业最初并不被人看好，觉得日复一日的讲解过于枯燥沉闷。但是当从业者在岗位上保持精进、精细、精心，就会有更多的选择。从业者可以在本职岗位上树立典型，成为岗位的最高标准；可以晋升为负责人进行日常运营管理，协调统筹工作安排；也可以转型成为专业的培训师或教师；还可以化身文化大使，参与旅游产品的策划与开发，进行文化传播和推广。

力不平凡的人生，或许才是大多数人可以参考的人生范本。

我是如此平凡，却又如此幸运，在有限的能力范围内可以选择，可以努力，可以好好书写自己的人生。所以不管学习成绩如何，只要永不服输，你就会拥有给自己做主的权利。如果你也对旅游讲解这个职业有兴趣，那就朝着这个方向前行，相信你的未来一定比我更精彩。

看看自己有哪些能力潜质，对照核心能力模型，这样你的未来之路就更有针对性。

核心能力模型

项目	要求
学科能力	语文、历史、地理、生物学、物理、化学等
基础能力	语言表达能力、记忆力、逻辑思维能力、认知能力、人际交往能力
社会能力	沟通能力、组织协调能力、团队协作能力、心理承受能力、社会责任感

工作后需要的职业类证书

讲解员、导游、旅行策划、普通话和其他语言类等级、救护员。

进修学习路径

专升本，进修学习专业：旅游管理、酒店管理、导游、旅游英语、汉语言文学等。

主要就业方向

进入旅行社、旅游景点景区、博物馆、纪念馆、美术馆、旅游饭店、旅游集散中心和文旅产业等领域，从事讲解员及相关的工作。

主要专业能力

（1）具备良好的语言表达能力和写作、创作能力。

（2）具备丰富的专业知识，能够准确讲解展品或景点。

（3）具备良好的服务意识和态度，能够热情耐心服务好每一位游客。

（4）具备良好的急救卫生知识和应变能力，能够有条不紊地应对各种意外和突发状况。

（5）具备持续学习的能力，能够不断更新自己的知识储备。

（6）具备掌控全场、团结协作的能力，确保游客的参观活动顺利结束。

（7）具备一定的文明礼仪，在工作中遵守礼仪规范，尊重对方。

撰稿人：潘颖婕　陈晓光　李银银

汤乐乐

职　　业：五星级酒店餐饮部经理
毕业学校、专业：铜陵职业技术学院、酒店管理专业
从业时间：8 年

在繁华的城市里，

有一个无声的守护者。

我是清晨的第一缕阳光，

照亮了酒店的每一个角落，

让每位旅客都能感受到家的温暖。

隐藏在酒店背后的力量：我是一名酒店管理人员

我叫汤乐乐，我的工作是酒店管理。目前负责一家五星级酒店的运营和服务，每天接待来自世界各地的客人，为他们提供舒适和优质的住宿体验。如今，凭借这份工作，我已经在杭州安定下来，成为酒店行业的佼佼者，获得杭州市 E 类人才证书。

高中时期

兴趣，如晨光中的一抹微醺，滋润着我的心灵。

我高中就读于枞阳县其林中学，梦想是通过高考进入本科学校。因此，我将所有的心思都花在了学习上，但学习成绩却不理想，这也导致我更加内向、自卑和自闭，甚至一度怀疑自己。

我生于农村，那时我就想：将来一定要找一份能挣钱的工作，让自己和家人过得幸福。那找什么样的工作呢？高考结束后的一天，无意中看了电视剧《酒店风云》和《五星大饭店》，里面展示了酒店的各种幕后故事和精彩情节，让我大开眼界，十分向往今后从事酒店方面的工作。高考填报志愿时，我报考了铜陵职业技术学院的酒店管理专业。

高中时我爱看旅游节目和美食节目，现在回想，它们对我理解酒店的文化和服务是有帮助的。例如，旅游节目里说过，不同国家和地区的人有不同的习惯和需求，需要用不同的方式去接待和沟通；美食节目里说过，不同的菜系其风味有不同的特色和讲究，需要用不同的器皿和摆盘来展示。人生没有一步路会白走，兴趣和知识终会为我们所用。现在接待外国客人，我能够用流利的英语和他们交流，也得益于我高中时期扎实的英语底子。

如果能回到高中时代，我会告诉自己再在英语上多下些功夫，多读一些英语书籍，今天做酒店运营时会更得心应手。也会找到自己的兴趣所在，并持续热爱，因为它会为我指明努力的方向，拓宽我的视野，也许某一个兴趣就会为未来所从事的职业埋下种子。

> **职业指南·家长选读**
>
> 酒店管理专业需要的知识结构
> 1. 文理科皆可。表达能力强会更容易驾驭。
> 2. 兴趣驱动。对管理等感兴趣、有英语特长等，会让孩子更易对工作保持热爱。

高职时期

大学，让我从一个羞涩的学生成长为一个自信、有责任感的人，也让我更加明白自己的价值和责任。这些经历是我人生中最宝贵的财富。

在铜陵职业技术学院，我开始认真学习酒店管理的专业知识和技能，从前台接待、客房服务到餐饮管理等，我都努力掌握；另外，我还积极参加课外活动和加入社团组织，从文艺表演、志愿者服务到创业竞赛等，我都尝试挑战。在不断的学习和锻炼中，我从曾经的内向和自卑逐渐转变得开朗和自信。

我不仅在专业上有了长足的进步，在思想上也有了明显的提高。我敢于毛遂自荐，很多事情会比别人提前想一步。我还积极参与学校的各项工作，担任了班干部，加入了学生会和社团，也做出了一些成绩，这些经历都很好地锻炼了我的管理能力和领导能力。

> **职业指南·家长选读**
>
> **性格探索**
>
> 酒店管理专业需要与陌生人沟通交流，孩子的性格最好外向、开朗、自信。内向的孩子只要愿意改变，通过系统的学习和锻炼也可以完成自身性格的转变。

工作时期

在这里，我不仅管理着一座建筑，更管理着一种文化、一种精神、一种生活的方式。在这里，我见证了生活的多彩多姿，见证了人性的光辉。我知道，我所做的一切都会成为这个世界的记忆的一部分。而我也愿意成为这个世界的一部分，愿意为这个世界留下更多的美好。

（一）西餐厅服务员

高职毕业后，我进入了杭州开元名都大酒店，被分配到西餐厅做服务员。虽然是基层岗位，但我认真学习西餐厅的服务规范和流程，熟练掌握菜品的名称、特点和推荐方法，还学习一些基本的调酒技巧。

在工作中，我不仅专注自己的本职工作，还积极学习其他岗位的知识。我利用空闲时间去客房部、前厅部、市场部等部门学习和交流，了解他们的工作内容和要求，拓宽自己的视野和知识，还主动报名参加了酒店组织的各种培训和考试，提升自己的专业水平和职业资格。通过不断的学习和实践，我逐渐掌握了酒店管理各个方面的知识和技能。

2015年，我参加了杭州市旅游饭店服务技能竞赛调酒服务项目。在比赛的准备过程中，我学习调酒的基本知识和技能，熟悉各种酒类、器具、配料等，并参考优秀调酒师的作品，尝试着创造自己的风格和特色。在赛场上，我虽然有些紧张，但还是尽力展现了自己的水平和风采。最终，我获得了第四名的成绩，虽然没有进入前三名，但我并没有气馁，反而更加激发了我的斗志和兴趣。

在之后的两年里，我坚持不懈地练习调酒技能，并且拓展自己的专业范围。2017年，我再次参加了该项目，获得了一等奖。同年，我代表杭州市参加了浙江省旅游饭店服务技能大赛暨全国选拔赛调酒项目，夺得一等奖，顺利晋级全国决赛。这是我职业生涯中最重要的一个里程碑，也是对我自己最大的一个肯定。

（二）西餐厅领班

2017年，经过层层选拔和考核，我被提升为西餐厅的领班。作为领班，我不仅要做好自己的工作，还要负责带领和管理团队。我积极学习领导力和团队建设方面的知识和技巧，努力提高自己的沟通能力、协调能力、创新能力等，我关心每一位团队成员的工作和生活，定期开展团队会议和活动，增强团队凝聚力和战斗力。我还制订明确的工作目标和计划，并督促团队成员按时按质完成。在我的带领下，西餐厅的服务质量和客人满意度都有了显著的提高。

（三）餐饮部经理

2019年，我被提拔为餐饮部经理。作为经理，我不仅要管理好西餐厅，还要协调好餐饮部的各个区域，包括中餐厅、咖啡厅、宴会厅等。我积极学习餐饮部的经营管理知识和技能，熟悉餐饮部的各项业务和数据，制订合理的预算和目标，分析市场和竞争情况，制订有效的营销策略和促销活动，提升餐饮部的收入和利润。同时，我还加强与其他部门的沟通和协作，如人力资源部、财务部、工程部等，确保餐饮部正常运行和发展。

2018年至2021年，我参加了各种技能竞赛，并且不断拓展自己的专业领域，除了调酒服务外，我还参加了餐饮服务、客房服务等项目，都取得

职业指南·家长选读

价值观探索

酒店管理初入行要从服务员做起，收入不高，如果热爱且看中长期成长而不在意短期收益，会更易从工作中获得成就感。从服务员到管理人员升级的过程中，需要主动学习，向前辈请教，凡事追求做到最好，及时考取资格证书，做到这些，个人的成长会更迅速。

了不错的成绩。在这几年里，我获得了很多荣誉称号，如"浙江青年工匠""杭州市职工经济技术创新能手""金齿轮奖·杰出职工""萧山区第七届职业技术带头人"等，这些荣誉都是对我专业水平和综合素质的肯定和鼓励。

（四）难忘的瞬间

工作中有很多难忘的故事。例如，有一次我在前厅接待一位外国的客人，他说自己是第一次来中国，对中国几乎没有什么了解，在和他的沟通中，我发现这位外国人对中国存有严重的偏见，为了改变他对中国的印象，我用流利的英语向他详细地介绍了中国的风土人情、历史名胜、美食特色以及环境保护等话题。我利用下班的时间免费当他的导游，在我的各种努力下，他彻底放弃了对中国的偏见。在离开酒店的那天，他很高兴地说中国是一个伟大的国家，而我也是他遇到过的最友好的前台服务员。这一切都让我感到非常温暖和自豪，也让我意识到了酒店服务的意义和价值。

回首我的职业生涯，感谢学校为我提供了实际操作机会，培养了我的服务意识和跨学科学习能力以及面对挑战的准备。然而，学习酒店管理专业也面临着不小的挑战，包括学习难度和学业压力。在此，我想给酒店管理专业的学弟学妹们或热爱酒店管理行业的你三点建议：首先，要认识到酒店管理专业的实用性和前景；其次，应该充分利用学校提供的实习机会和培训课程，通过实践提升自己的专业技能和服务意识；第三，应该做好充分的准备，迎接挑战。未来的你，无论起点如何，人生照样出彩。

看看自己有哪些能力潜质，对照核心能力模型，这样你的未来之路就更有针对性。

核心能力模型

项目	要求
学科能力	语文、英语、数学、历史、政治等
基础能力	自我认知能力、行动能力、观察能力、学习能力、交流能力
社会能力	沟通协调能力、适应能力、团队协作能力、组织领导能力、心理承受能力、社会责任感

工作后需要的职业类证书

酒店运营管理、现代酒店质量服务管理、餐饮管理运行、人力资源管理、计算机等级、会计/注册会计、礼仪师、茶艺师、调酒师、救生员等。

进修学习路径

专升本，进修学习专业：酒店管理、旅游管理、会展经济与管理等。

主要就业方向

可从事酒店各部门的服务和管理工作，也可以在其他相关行业发展，如旅游、会展、奢侈品店等。

主要专业能力

（1）掌握工商管理类课程的基本理论和基本知识，如管理学、经济学、市场营销、财务会计、人力资源管理等。

（2）掌握现代酒店各经营与管理岗位的基本技能，如前厅接待、客房服务、餐饮服务、会议策划、收益管理等。

（3）具备国际化酒店服务与管理标准化职业素养，如外语水平、沟通能力、服务意识、礼仪规范、团队协作等。

（4）熟悉国家旅游、酒店管理方面的方针、政策和法规，如旅游法、消费者权益保护法、食品安全法等。

（5）了解酒店管理及其他现代服务业管理理念的发展趋势，如可持续发展、社会责任、创新创业等。

（6）具有初步的科学研究和实际工作能力，如数据分析、问题解决、项目管理等。

撰稿人：汤乐乐　孙般雷　吴　超　张　燕

陈　欣

职　　业：酒店省区运营经理、培训管理讲师
毕业学校、专业：武汉职业技术学院、酒店管理与数字化运营专业
从业时间：6 年

在酒店行业工作的这 6 年时间，
我不仅成为一名专业的酒店管理者，
更是实现了小时候想要当老师的梦想。

 ## 我是"妈妈辈"同事的职场导师

　　我叫陈欣，是一名酒店省区运营经理，其中有一项很重要的工作是培训集团员工，并为他们制订合理的职业发展规划。员工们年龄跨度很大，从 20 岁到 50 岁不等，很多和我妈妈的年龄差不多，有的是前台服务员、客房服务员，也有餐厅服务员和保洁员。培训对象来自不同的工作岗位，且每个人的学习习惯和接受能力也不同，我根据不同的情况和需求，灵活调整培训方式和内容。由于我性格开朗、爱笑、爱学习，又肯花时间和精力精心准备培训内容，如今，集团里的"妈妈辈"同事都亲切地称呼我"欣欣老师"，也算是实现了我小时候想当老师的梦想。

　　长期以来人们对酒店管理专业的认知就是"服务员""端盘子""三班倒""没双休"，该专业被人们称为"天坑"专业之一。或许你会觉得，6 年时间，从一名酒店普通员工成长为"妈妈辈"同事的职场导师，一定是各方面都很优秀的学生吧？其实不然，我只是认准了方向，不断学习，努力工作，成为集团里发展最快的、最年轻的省区经理和培训讲师。

高中时期

　　高中时我读文科班，成绩一般，并没有特别喜欢的专业。一次偶然的招生宣传，让我

> **职业指南·家长选读**
>
> **酒店管理与数字化运营专业需要的知识结构**
>
> 1. 文理皆可。要有扎实的文化基础和消费者行为心理、营销、管理等知识储备,以及人文和信息素养。
> 2. 兴趣驱动。喜欢与人打交道,对酒店的好奇与兴趣,会激发孩子的内生动力,对易对工作保持热爱。

锁定了酒店管理专业。

高中时,我就读于湖北省黄冈市蕲春县实验高中,一座小县城里的普通高中,当时我的性格还是相对内向的,属于班级里默默无闻的小透明。学习成绩一般,学的是文科,也并没有想好自己喜欢的专业,对于大学的选择也是迷茫的。一次偶然的机会,我在班主任那里看到武汉职业技术学院招生宣传手册上的酒店管理与数字化运营专业,联想到自己之前出去旅游住酒店的经历,看到酒店工作人员穿着统一的工装,用微笑、耐心、爱心、专业和敬业为来自五湖四海的旅客提供家一般的住宿环境,可以接触到各种各样的人和事,那一刻,我的内心充满了向往和期待。

高中毕业时,我毅然选择了酒店管理与数字化运营专业,希望自己能够在酒店行业中发展,也有了职场的第一个方向。

高职时期

我爱学习,不仅认真学习课本上的专业知识,平时还特别注意多读"无字之书"。通过实习中的真实案例,提升各方面能力。

高考后我如愿进入武汉职业技术学院酒店管理与数字化运营专业,学校因录取分数线长年位居湖北省内高职院校第一,多数专业超本科录取线,加上师资、软硬件条件都很好,被称为"高职中的小清华"。其中酒店管理与数字化运营专业作为教育部现代学徒制试点专业、湖北省重点品牌专业,设置有洲际、华住、万豪等多个订单班。订单班给学生提供了发展更快、层次更高、品质更好的就业平台。

通过自愿报名、企业选拔,我进入华住酒店集团订单班学习。在这个班里,我不仅系统学习了酒店运营管理、前台服务、客房管理、成本管控等方面的知识,还通过集团的课程植入和实践操作,逐渐掌握了酒店管理的基本原理和操作技巧。对于未来即将迈入的工作岗位也有了一些初步的了解。同时,我还参加了一些实习项目,暑期时在家附近的连锁酒店做前台接待员,虽然是一家房量只有40多间的小酒店,我也能够独立当班处理突发事情。有一次碰到客人在房间淋浴间滑倒受伤,当时我临危不乱,合理安排店内上班人员协调,送客人去了医院。两个月的实习时间,锻炼了自己的实际操作能力和团队合作能力。

> **职业指南·家长选读**
>
> **性格探索**
>
> 活到老,学到老,在任何行业都一样。在这个日新月异的时代,我们永远要保持学习的劲头。孩子性格中主动学习的精神是未来工作当中十分重要的加分项。

工作时期

从服务员到"妈妈辈"同事的职场导师，每一次的努力，每一次的提升，都成就了不同时期的自己。每一个不同时期的成长故事，都让我深刻体会到职业发展的重要性和意义。

（一）从服务员到店长

毕业后，我非常幸运地进入了华住酒店集团全季品牌实习，担任酒店前台的工作。我爱笑，华住集团曾以"99年的华住生，拥有最治愈的笑容和最强劲的实力"为主题专门报道过我。在这个岗位上，我认真观察，努力学习，很快学会了如何与客人进行有效的沟通和协调，如何处理各种突发事件和问题，逐渐提升了服务水平和工作效率。每个月的销售业绩奖励和好评奖励我都是店内第一名，许多客户因为我的服务都在集团官网留下了好评。空闲时间我也会去客房学习，夯实基础知识，在值班经理和店长助理的考核上都取得了前三名的好成绩。由于在店长助理班取得综合成绩第一名，后续还参加了全季品牌的全国技能大赛，并获得了二等奖。

我在入职两年零八个月时升为店长。在店长岗位上，我下沉至仙桃筹备开一家全季门店，全面负责酒店的日常运营和管理工作。在此期间，我废寝忘食、夜以继日地工作和学习，学会了新店筹备的知识，学会了看设计图纸，学会了组建团队，学会了如何与团队成员进行有效的沟通和协调，如何制订合理的工作计划和目标。通过不断的培训和指导，我带领团队取得了良好的业绩和口碑。这家店的业绩也是一直蒸蒸日上，再次赢得了领导和加盟商对我的认可。

> **职业指南·家长选读**
>
> **职业探索**
>
> 酒店管理行业都是从一线服务员做起。爱笑，是任何行业任何岗位十分有优势的特点，能给人以亲近感，更具亲和力。此外，孩子细心、耐心，也有不怕困难不退缩的决心，都是使人快速成长的优秀品质。

（二）省区经理

工作中，我并不满足于现状，希望能够进一步提升自己的管理能力，寻找更多的学习机会。适逢集团组织架构调整，有非常多的岗位给店长们去竞聘，看到这一消息后我立刻就报名了。随后我积极准备面试，同时广泛寻求同事的指导和帮助，最终成功面试鄂东省区运营经理一职，负责省区106家酒店的运营协调工作，在更大的平台上继续深造学习。任职初期，我用两个月的时间走遍了所负责的所有门店，了解现状，发现问题，并制订后期工作方案。在我任职的一年多的时间里，鄂东省区的客户体验分数从4.5提升至4.74，有了质的飞跃，同时也新增了24家门店。

（三）培训专家

机缘巧合之下，由于省区培训岗位暂时没有合适的人选，领导就让我转岗省区培训

> **职业指南·家长选读**
>
> **职业上升路径**
>
> 从服务员到"妈妈辈"同事的职场导师，凭借的是有一颗"不安分"的心，努力学习、积极思考，还有来自于一线的工作经验和广泛的调研，发现问题然后制订对策解决问题才能抓住机会，成长为独当一面的管理者。

工作。通过进一步的学习与进修，我顺利通过考核成为一名省区培训管理讲师，主要培训酒店二级架构、管理人员，包括值班经理、店长助理和客房经理等。因为我是从基层岗位一步一步晋升，我会更清楚员工们真正需要什么，培训内容也非常符合员工需求。第一次开班时我做了非常充分的准备，制订培训计划、开班破冰游戏、实践交流等，帮助员工轻松提升业务技能和管理能力。

在培训工作中，我觉得最有挑战的是客房经理的认证班，由于年龄差较大，我更需要从他们的角度来解决问题，帮助他们掌握技能，通过认证。在此期间，我与客房服务员和客房经理展开深入的交流，共同探讨和解决工作中的问题和挑战。

在转岗培训经理的时期，我需要不断学习和研究最新的培训方法和技巧，需要与不同年龄段、不同背景的员工进行有效的沟通和交流。然而，正是这些挑战和困难让我不断成长和进步。通过培训工作，我不仅提高了自己的培训能力和沟通技巧，也加深了对于酒店管理的理解和认识。

（四）工作中的成就感

记得在一次培训课程中，我遇到了一名学习能力较弱的同事。这名同事在课程中总是听不懂我的讲解，也不愿意主动提出问题。为了帮助他，我不断调整课程内容和教学方法，对他进行一对一的辅导和交流。通过不断的努力，这名同事最终掌握了酒店客房服务的技能和流程，并在工作中表现出色。这次困难的培训经历让我更加深刻地认识到了培训工作的重要性和挑战性，也让我感受到了帮助他人成长的成就感。每一次成功的培训，都让我感到无比的骄傲和自豪。在未来的工作中，我会继续努力，为同事的成长和发展做出更大的贡献。

> **职业指南·家长选读**
>
> **价值观探索**
>
> 每一个行业都需要从基层做起，都有艰辛的一面，只要自己能正确认识酒店管理行业，正确理解该行业的社会价值，然后脚踏实地一步一个脚印地走下去，最终都有办法实现自己最初的梦想和目标。职业发展是一个长期的过程，需要不断学习和努力。无论自己处于什么样的职位和岗位，都应该保持学习的态度和持续进步的动力。只有不断提升自己的专业水平和技能，我们才能在竞争激烈的职场中立于不败之地。

作为一名运营经理和培训管理讲师，作为"妈妈辈"同事的职场导师，我深知自己肩负着重要的责任和使命。我希望通过我的经验和方法，能够激励和帮助更多的人，在职场中实现自己的梦想和目标。这就是我当"妈妈辈"同事职场导师的经历。我热爱这份工作，为自己能实现幼时的梦想感到骄傲和自豪。

看看自己有哪些能力潜质，对照核心能力模型，这样你的未来之路就更有针对性。

核心能力模型

项目	要求
学科能力	语文、数学、英语、信息技术等
基础能力	语言表达能力、普通话等级、数学逻辑能力、自我认知能力、学习能力
社会能力	组织协调能力、团队协作能力、心理承受能力、环境适应能力、社会责任感

工作后需要的职业类证书

酒店运营管理、现代酒店服务质量管理、餐饮管理运行等。

进修学习路径

专升本，进修学习专业：酒店管理、旅游管理、企业管理等。

主要就业方向

进入酒店、高端企业及相关行业，从事酒店管理、餐饮服务、客户服务、营销策划、教育培训等工作。

主要专业能力

（1）掌握前厅接待、预订、入住、退房等流程，以及处理客人投诉和突发事件的能力。

（2）具有前厅运营管理的能力，包括人员调配、班次安排、服务质量监控等。

（3）具有客房服务与管理的能力。

（4）具有餐饮服务与管理的能力，包括中西餐服务技能、部门运营、成本控制等。

（5）掌握现代服务理念，具有提供高质量的客户服务的能力。

（6）具有酒店管理系统和办公软件的应用与文案写作的能力，提高工作效率。

撰稿人：陈玲玲　陈　欣

陈 鹏

职　　业：青岛酒店管理职业技术学院教师
毕业学校、专业：青岛酒店管理职业技术学院、西式烹饪工艺专业
从业时间：8 年

世界是色彩斑斓的、是与美食交融的。

烹饪不是简单的做菜，而是要感受生活，

从生活中汲取各种元素，用浓厚的热情、专业的技能进行的火上艺术。

我是烹饪技艺的守护与传承者

我叫陈鹏，曾就职于世界顶级感官餐厅 Ultraviolet by Paul Pairet，现于青岛酒店管理职业技术学院任教，是一名西式烹饪工艺专业的教师。

说起厨师这个职业，大部分人会觉得只要在厨房炒好菜就可以了，十分轻松，每天还可以品尝到不同风味的美食。但实际上，厨师的工作是很辛苦的，这种辛苦不仅体现在高强度的劳动与高温度的环境上，从食材的鉴别采购，到初步加工，再到烹调过程、装盘呈现、厨房卫生等工作，都属于厨师的工作范畴。

我现在的工作就是将丰富的烹饪经验、理论知识和专业技能，毫无保留地传授给学生们，使他们能够将西餐制作、饮食文化、营养搭配、食品科学、美术工艺等多个专业领域融会贯通。每当我看到学生历经大学时光磨砺而发生"蜕变"时，我都满心欢喜，这三尺讲台让我实现了人生价值，我独爱这份具有塑造性与传承性的职业。

中学时期

从小我就对烹饪非常着迷，喜欢品尝各类美食。初中时我最擅长的学科是数学、物理和化学，严重的偏科导致了中考失利，在父母的支持与鼓励下，我决然地变更赛道，选择了职业教育。

从小时候开始，烹饪就是我最大的爱好，当别的小朋友还看动画片时，我已经被美食节目深深吸引，看着大厨们游刃有余地烹制出各种馋涎欲滴的佳肴，小小的我已然心生向往。7岁时，我已经可以独立完成蛋炒饭了。

小学三年级那年，有次母亲生病发烧，父亲又出差在外，照顾母亲和买菜做饭的任务落在了我身上，考虑到病人最重要的是补充营养、恢复体力，我决定给母亲炖一锅鸡汤，于是拿着自己零用钱来到市场，回想之前看过的美食节目，买下了所需食材，在厨房如法炮制一锅大枣炖鸡汤。母亲喝过后，投来了赞赏又欣慰的目光，成就感油然而生，那一刻我发觉美食不仅可以享用，还能成为守护家人、表达情感的一种方式。

到了初中，我擅长的学科就是数学、物理和化学，严重的偏科使我在其他学科上不求甚解，也导致了自己中考失利，虽然中考分数足够就读普通高中，但此刻的我已然意兴阑珊，在父母的理解与鼓励下，最终选择前往职业中专学习最感兴趣的烹饪专业。

> **职业指南·家长选读**
>
> **烹饪工艺专业需要的知识结构**
> 1. 烹饪工艺专业在传统高考模式下，文理科兼收，只要孩子对本专业感兴趣并具备相应的能力和知识储备，都可以报考这一专业。
> 2. 兴趣驱动。喜欢并擅长做菜，孩子动手能力强，或者对烹饪的知识感兴趣，会更易胜任这个工作。

中专时期

兴趣是最好的导师，学好专业是为了走得更远。2009年我踏入了青岛烹饪职业学校，开始系统地学习中西式烹调专业的课程与技能。每一场竞赛对职业学校的学生来讲，都是一次获得快速成长与学习的机会。

（一）从兴趣变成专业

入学后，我慢慢发现烹饪并不像想象得那么简单，不只是练习炒菜而已，还需要完成原料学、营养学、成本核算、餐饮管理等一系列课程的学习。偶然间我得知学校有一个技能大赛集训组，但学校对组员的选拔极其严苛，除了具备扎实的基本功外，更要有较高的领悟力和理解力。当时我十分渴望成为其中的一员，可转念一想，才入学的我连拿雕刻刀的手都是微微颤抖的，想进入集训组简直就是天方夜谭。从那时起，无论是实操课还是课间，我都会泡在实训室里练习最基本的刀工，放学后再到市场采购萝卜、南瓜等蔬菜，回家后继续练习，第二天再带着练习的作品到学校请老师点评。

> **职业指南·家长选读**
>
> **兴趣探索**
>
> 适合做厨师的孩子通常对烹饪有着浓厚的兴趣和热情，他们喜欢品尝不同流派的美食，动手能力较强，享受创造美食的过程，这种内在的驱动力是成为优秀厨师的重要基础。

大约持续了一年后，我的刀工从最初的长短不一、粗细不均，变成了整齐划一的"火柴杆"，雕刻也从最基础的月季花，练习至整组麒麟的雕刻。当学校开始选拔大赛集训小组新组员时，我成为自己梦寐以求的新成员。

（二）坚持到底，挺进全国职业技能大赛

进入集训小组后，指导老师的要求更加严格了，我不敢有丝毫倦怠，训练强度也提高至原来的两倍，每天在实训室练习10小时以上。虽然组员之间是竞争关系，但训练过程中，我们也收获了深厚的友谊，经常共同探索专业问题，比如滑炒肉丝如何更白嫩、牛排怎样确定成熟度等，遇到技术难点时也会相互交流，一同攻克。

因为有一定食品雕刻的基础，两个月后，我很幸运地获得了国赛两个项目的参赛资格：中餐热菜与食品雕刻。中餐热菜项目需要选手在规定时间内完成清炒土豆丝、鸡肉指定菜与鱼肉自选菜的制作，食品雕刻项目是使用现场提供的根茎类蔬菜完成大型作品的雕刻。在距离国赛只有不到一个月时，每天训练的时间加至16小时，就在这关键时刻，我在打扫实训室卫生时，不慎被铁片割伤大拇指，伤口很深，指导老师麻忠群老师迅速带我赶到医院进行缝合手术，在手术过程中我无比懊悔，我很有可能因为此次负伤而失去参加国赛的宝贵机会。麻老师看出了端倪，耐心细致地开导我，直至手术成功，共缝合了6针。返回学校后我顾不上休息，将包扎好的大拇指再缠上一层保鲜膜，4根手指握住厨刀继续练习。好在伤口恢复很快，没有影响到训练进度与国赛发挥。功夫不负有心人，经过激烈角逐，最终我们从全国近50个代表队中脱颖而出，18岁的我第一次站在了全国冠军的领奖台上。

通过参加比赛，我积累了宝贵的经验和技能，拓宽了职业发展的道路。最重要的是，比赛是一个不断成长和自我挑战的机会，要保持挑战的勇气和积极的心态，过程虽然艰辛，但每一次参赛都会对我们的职业生涯产生着积极的影响。

高职时期

大学导师们的倾囊相授为我心底种下了一颗教书育人的种子。2012年我被青岛酒店管理职业技术学院免试录取，来到了素有"鲁菜黄埔"之称、大师云集的烹饪学院继续深造学习。

初到学院时，我发现我们很多的任课老师都是在电视中看到过的烹饪大师与行业专家，我为能够来到这所全国首屈一指的烹饪高等学府学习感到无比自豪，怀揣着新希望，我开启了充实的大学时光。

大一课余的时间，我喜欢沉浸在图书馆里翻阅各种烹饪书籍，不仅学习如何制作各种饮食流派菜品，更深入地了解食物背后的文化和艺术，探索不同地域的饮食习俗，学习各种食材的搭配和烹饪技巧。大二时，我遇到了国际

职业指南·家长选读

价值观探索

兴趣永远是最好的导师，陈鹏的努力是出于对自己兴趣和热爱的驱动。面对技能大赛集训组严苛的选拔标准，他并没有被吓倒，而是逐渐认识到烹饪的复杂性和需要掌握的技能，从基础的刀工到复杂的雕刻，用最刻苦的练习不断挑战突破自我，在困难中成长和进步，最终如愿成为大赛集训组的一员。你会看到这种坚持不懈的精神才是成功的关键，也使他在自己的专业领域中不断迈向新高度。

西餐大师刘立新教授，从理念、技能和思想上他都给予我深刻的影响，最终坚定了我要在职业教育行业前进下去的决心。在听过刘立新教授的第一节西餐实训课后，我深刻感受到西餐的魅力，刘教授从最开始的 8 秒削苹果，到后面惊奇的分子料理，再到厨师职业素养的养成、西餐英语的练习等多维度对学生们悉心教导，并时常引导我们运用不同食材和先进工艺进行菜品研发创新。在刘教授的倾囊相授下，我的西餐专业技能得到了巨大的提升。

正是因为烹饪学院教师们的薪火相传，换来了我们日益精进的专业知识与实践技能，也在心底种下了一颗种子，我也想成为他们那样时刻散发着光与热的老师，来帮助更多学习烹饪工艺专业的学生。

工作时期

进入世界顶尖的米其林三星餐厅工作，全方位淬炼了我的个人意志与职业素养。

（一）米其林餐厅的寻梦之旅

大三时，我们就要进入企业实习了，青岛酒店管理职业技术学院烹饪学院的毕业生向来"供不应求"，我们那届毕业生有 400 多人，到学校招聘的豪华星级酒店与知名餐饮集团就有 90 余家，空缺岗位更是多达 1000 余个，很多企业开出高薪吸引我们前去就业，我选择将简历投给了工作压力巨大的米其林三星餐厅 Ultraviolet by Paul Pairet，继续淬炼自己。

通过刘教授的推荐和自己全国烹饪冠军的履历，我成功入职 Ultraviolet by Paul Pairet，这无疑是一个充满挑战与荣耀的机遇。初到第一天，整洁宽敞的厨房、泛着"寒光"不带一丝油污的烹饪设备、肤色各异但着装整齐的主厨们，这一切都深深震撼到了我。当我回过神来，惊讶地发现厨师们相互沟通的语言竟然是英语和法语。

我认领到的第一个工作任务是分割鹅肝，自诩经历过全国大赛的洗礼，完成这点任务轻而易举，于是迅速完成了 3 片鹅肝的切割，却遭到了法国主厨的严厉批评，原因是我切割的厚度超出规定范围的 1.5 毫米，旁边的中国主厨翻译说："每片鹅肝在切片前都应用尺子精准测量。"此刻，我第一次感受到了来自米其林餐饮体系令人窒息的超高标准与严格要求，一微米一毫米的误差都不能存在。在语言沟通方面，好在有大学时期学习的专业英文基础，加上下班与休息时间的刻苦学习，我逐渐融入到了厨房团队当中。

每当开餐时，整个厨房就像一台高速运转的发动机，

职业指南·家长选读

性格探索和职业探索

自主学习和勇于探究是专业提升的捷径，在大学或职场中，成长最快的一定是擅长自主学习和探究的人，从学生成长为专业人才，孩子需要明确自己想要学习的领域和技能，制订具体的学习目标，运用多种渠道主动学习，探索新知识和技能，通过实践加深理解，这样才能脱颖而出，成为职场上的复合型技术技能人才。

我们像其中的小齿轮一样一环扣一环，哪个环节都不能出问题，在这种高压、高负荷、高难度的工作环境中，我的意志得到了进一步磨炼。在米其林餐厅的宝贵经历大大开阔了我的眼界，不仅让我的烹饪技艺得到了提升，更重要的是让我对这份工作、对这个行业、对顶级餐饮的标准和文化有了深刻的感受和领悟。

（二）返回母校，完成从西餐厨师到专业教师的转变

2021年我返回母校青岛酒店管理职业技术学院任教，面对熟悉整洁的校园、设施齐全的实训室和充满阳光的学弟学妹们，我热血沸腾，暗下决心不能辜负烹饪学院老师们的期望。

经历过米其林厨房的磨炼，我所积累的实战经验在教学过程中发挥了重要作用。我的课堂风格偏轻松自由，学生在轻松愉悦的环境下学习，才能更好地调动专注度和开放性思维。在技能教授上，我渴望每一位学生在课堂上都能学到真正的技能，这将是他们的立身之本，我会尽可能展现菜品制作细节，比如自制美式培根，从原料选择、加工方式再到低温烹煮、烟熏慢烤，将完整流程还原在学生们面前，加深他们对西餐加工工艺的理解。

在烹饪学院领导与骨干教师的帮助下，我在教育理念、课程建设、科研课题、专业发展等方面均有显著提升，获得了全国饭店餐饮行业西餐总决赛第一名、山东省教学能力大赛一等奖的好成绩，并在2024年顺利发表两篇省级论文，也通过了"全国技术能手"称号的申报初审。

我指导和鼓励学生参加各类西餐技能大赛，而指导大赛的工作艰苦而又曲折，需要精准解读大赛文件、制订学生训练计划、研发参赛作品等，还要统筹安排每个环节、正确找到处置突发情况的方法等。努力就会有收获，我先后获得"全国西餐联赛优秀指导教师""世界技能大赛山东省优秀指导教师"等荣誉，当我的学生开始在各级技能比赛中大显身手、摘金夺银时，更坚定了我教书育人、薪火相传的决心与信心。

未来的道路充满了无限可能，相信自己的选择，把握当下，西式烹饪不仅是专业能力与技能学习的过程，更是一个自我发现和发展的机会。无论选择职业教育的哪个专业与方向，只要充满热情和决心，保持积极心态，勇敢迎接未来的挑战，勇敢追求自己的梦想，就一定能在未来的工作领域中找到属于自己的光芒与美好未来。

职业指南·家长选读

职业上升路径

厨师是一个需要付出辛勤劳动的职业，吃苦耐劳的精神最为关键，烹饪工作往往需要长时间站立和重复动作，以及厨房高温高压的工作环境，孩子要具有较强的韧性，能吃苦耐劳，在面对困难和挑战时，能够持之以恒。这个过程是艰辛的，不怕吃苦的精神是承受这些压力和疲劳的必要条件，这一精神对于整个职业发展上升过程来说是不可或缺的。

看看自己有哪些能力潜质，对照核心能力模型，这样你的未来之路就更有针对性。

核心能力模型

项目	要求
学科能力	数学、语文、英语等。
基础能力	色彩搭配与视觉空间能力、逻辑思维能力、外语口语能力、人际交往能力
社会能力	团队协作与沟通能力、分析与解决问题的能力、自主探究的学习能力、创新能力、良好的职业素养与社会责任感

工作后需要的职业类证书

西式烹调师（一级、二级、三级）、西式面点师（一级、二级、三级）。

进修学习路径

专升本，进修学习专业：烹饪与餐饮管理、烹饪与营养教育、食品营养与健康、食品科学与工程。

主要就业方向

进入星级酒店、餐饮集团等企业，从事餐饮厨房管理、菜品研发、冷菜制作、热菜制作、西点制作、面包制作、营养管理、厨房运行等工作；亦可进入职业技术学校担任专业教师。

主要专业能力

（1）具有烹饪原料鉴别采购与初步加工的能力。

（2）具有一定的餐饮成本核算和餐饮成本控制分析的能力。

（3）具有运用常见西餐工具与设备完成常见西餐菜品制作的能力。

（4）具有西式宴会、冷餐会、鸡尾酒会菜单设计和制作的能力。

（5）具有运用西餐工艺美学应用知识设计与研发装盘的能力。

（6）具有运用烹饪营养学对不同人群需求进行分析与设计菜单的能力。

（7）具有西餐菜品制作、创新、开发、研发的技术能力。

（8）具有一定西餐厨房工作人员组织、管理、培训的能力。

撰稿人：陈　鹏

李天真

职　　业：北京百纳观澜餐饮管理有限公司总经理
毕业学校、专业：烟台市劳动局服务技术学校（现为烟台文化旅游职业学院）、酒店烹饪专业
从业时间：26 年

从学生、实习生、厨师，

到厨师长、餐饮总监、企业总经理；

从一名普通厨师到中国十大名厨之一，

我不驰于空想、不骛于虚声。

在职业生涯中，始终坚持传承鲁菜技艺、弘扬鲁菜文化，

让以胶东海鲜为代表的百纳观澜餐饮在首都餐饮市场占据一席之地。

我在北京做胶东鲁菜

我叫李天真，在北京做餐饮。北京作为我国的政治文化中心，五方杂处、百菜云集，以海鲜为代表的胶东鲁菜就是其中代表性菜系之一。2010 年，我来到北京，承接管理北京烟台山商务会馆有限公司，成立了北京百纳观澜餐饮管理有限公司。经过 13 年的发展，如今在寸土寸金的京城拥有了 6 家店面，年营业收入 2 亿元，我也获评"中国鲁菜烹饪名师""中国鲁菜烹饪大师""世界御厨杨贯一金带""中国烹饪大师""中国十大名厨"等，被中国饭店协会名厨委员会聘任为副秘书长。

中学时期

我没有显赫的家世，没有丰厚的资源，凭着热爱、好学、勤奋、担当，才走到了今天。

我初中时的学习成绩在班里并不算优秀的，成绩优秀的学生都考取了重点高中、中

专。上高中的同学，可以继续考大学；那时上中专的同学，虽然不如大学，但可以从农村户口变成城市户口，那个时候我们叫吃"皇粮"，就能脱离面朝黄土背朝天的农村生活。但以我当时的学习成绩，既考不上高中也上不了中专。

怎么样才能吃上"皇粮"？当时留给我的唯一选择就是上技校。技校虽然起点低，但是专业设置跟中专、大学也有很多重合。我对烹饪有一点基础，从小喜欢做饭，七八岁的时候，父母从地里干活回来，就可以吃到我炒的两三道家常菜。所以，我选择了烹饪技校。当时的想法也很简单，俗话说："三年大旱饿不死厨子。"即使将来就业不理想，但吃饱饭还是没问题的。带着这种想法，我走进了烟台市劳动局服务技术学校的大门。

> **职业指南·家长选读**
>
> **酒店烹饪专业需要的知识结构**
> 1. 文理皆可。需要孩子有较好的语言表达和人际沟通能力，做事细致有耐心。
> 2. 兴趣驱动。喜欢与人打交道，对美食和烹饪感兴趣，会激发孩子的内生动力，对工作保持热爱。

技校时期

逆境中奋发求学，筑牢成长根基。当时的烟台市劳动局服务技术学校在栖霞臧家庄一个兵营里。那个年代，学习条件都很艰苦，宿舍比较简陋，窗户玻璃破了得不到及时更换，冬天外面下大雪，宿舍里边飘雪花，伙食也比较差。不过我是从农村出来的，这都不叫事儿，吃苦耐劳是农村娃的天然品质。

既然选择了这条路，就要努力走好。首先是学好专业知识。我的烹饪技术、营养卫生、成本核算等各课程成绩是最高的，这也是后来留校工作的主要原因。当时的劳动大厦（后更名为烟台中心大酒店）与学校属于同一单位，作为事业单位，只有优秀学生才能留任。除了烹饪之外，其他课程对我后期的发展也起了很大作用。例如，作为厨师长肯定要知道原料进价、卖价、毛利等，作为餐厅经理要知道各个档口的毛利、综合毛利等。成本核算等课程为我从厨师到厨师长，到酒店经理再到酒店总经理打下牢固的基础。

> **职业指南·家长选读**
>
> **性格探索**
> 餐饮烹饪这个行业，在成就与满足的背后也交织着汗水与苦涩，比如厨房中的烟熏和炙烤、顾客的挑剔和抱怨，以及特殊的工作时间和相对较长时间的加班等。如果孩子对烹饪非常感兴趣，愿意学习相关专业技能和知识，不断提升自己的烹饪技能，那么这份职业应该非常适合。

工作初期

刻苦实践中成长，学习助力职业生涯。厨师是一项考验意志的艰苦工作，不少同学和同事选择了放弃，而我坚持了下来。

技校学习很快进入实习课阶段，当时我被安排到一家宾馆实习。记得当时宾馆的厨房环境比较差，夏天厨房温度达40℃以上，排烟也不好，我们的工作是每天给职工做大锅饭。大锅饭不太需要技术，砧板或炉灶的学习机会少之又少，我只能见缝插针地学技术、练技艺。我把猪肉的通脊偷偷藏起来，等师傅们下班后拿出来片肉片、切肉丝练刀功。下午师傅们上班的时候，肉片、肉丝就已经切好了。大中午天气特别热，有些师傅不愿炒菜了，我就会主动请师傅指导我来做。

优秀的厨师是在不断学习、不断思考、不断总结中成长起来的。同样是土豆丝，有的人炒得好吃，有的人怎么炒都不好吃，这就考验厨师对菜的理解，如什么时候炝锅、什么时候加土豆丝、什么时候加醋等。我当时坚持在台前看着师傅做，在台后自己摸索着做，通过做对比、找原因、抓关键，在积累中精进自己的技艺。只要用心去学习、去思考，就会有进步，获得更多的资源和优势。

除了学习成绩之外，工作态度是否认真对厨师成长至关重要。也就是说，你是否热爱厨师这项工作，是否把厨师作为一份事业，做事是不是认真，工作是不是扎实，愿不愿意吃苦？只有内心对职业认可，前进才有方向，干事才有动力。

实习的时候，宾馆海鲜池里没有过滤设备，每隔一两天我和师傅就要到月亮湾去拉海水，没有水泵就用舀子往大桶里舀。冬天的时候台阶特别滑，被海水泡成落汤鸡是经常的事。在山坡上挖菜窖储存大白菜，每隔几天就要去取白菜，当时的景象现在仍历历在目。艰苦磨炼也是一种财富，面对困境，只有带着对这份职业的热爱和尊重，时刻做到不气馁不服输，才能守得云开见月明。

1997年7月1日香港回归那天，我记忆犹新。凭借着优异的实习成绩和日常表现，我被推荐到了劳动大厦，开始了新的工作历程，也是我踏入职业生涯关键的第一步。

有了扎实的理论知识和基本功，更高的平台让我的专业和技术得到了更好的提升。酒店有鲁菜、湘菜和粤菜3个餐厅。我先学湘菜，而后学粤菜，如烤乳猪、叉烧肉、白切鸡等，后又跟鲁菜师傅学习胶东海鲜烹饪。

时代在变革，餐饮也在进步。我被酒店外派到南京、深圳等地进行服务理念、港式粤菜的系统学习，我自身的眼界和技能得到极大的提升。

除了跟自己酒店里的师傅学习，我还经常跟其他酒店的师傅们学习。记得当时在国贸大厦里有个酒店，大家都说那里的菜做得好，我就偷偷地去学习。为什么说偷偷地呢？一是兜里钱不多，只能点一两个菜尝尝口味；二是去偷看人家怎么做。但是很快就被发现了，我问他们是怎么知道我是同行的，人家说："你的胳膊上、手上有烫疤，这是厨师才有的特征。"

职业指南·家长选读

职业上升路径

烹饪行业从初级厨师起步，逐步积累技能与经验，向中级、高级厨师乃至烹饪大师迈进。每一级都要求厨师不断提升烹饪技艺、管理能力及创新能力，同时关注行业趋势，如健康饮食、科技应用和文化融合。未来，可持续发展、个性化服务和在线教育将成为行业新趋势，因此需持续学习，注重菜品的营养与健康，勇于创新，拓宽国际视野，并掌握智能化技术和数据分析，以适应行业变化。同时，良好的人际关系也是烹饪职业发展中不可或缺的一部分。

职业成长期

创新融进菜品，厨而优则有舞台。学习—思考—创新是厨师成长的三个重要阶段。

为了培养年轻力量，烟台中心大酒店组织了一次比赛，指定做一个豆腐菜。我当时做了个碎碎豆腐，就是把豆腐、鲜扇贝、鲜虾仁剁在一起，加上茼蒿一块炒制，出锅后鲜香俱佳。这道谐音"岁岁都福"的菜获得酒店创新赛第一名，也让我在一众年轻厨师中崭露头角，并得到领导的认可。赛后我被提拔为副厨师长。

作为酒店的技术骨干，我还参加了中央电视台"满汉全席"擂台赛并获得亚军，与冠军仅仅相差 0.01 分。虽然与冠军失之交臂非常可惜，但是这次大赛让我得到了充分的锻炼。

2004 年，我研制的"夹心墨鱼线"技术和自创的烹饪工具在中国国际美食节上获得铜牌，受到与会烹饪专家的一致好评。虽然只是一个铜牌，但对我的创新精神是一种很大的鼓舞，同时也开拓了我研发新菜的思路。

创新就要打破常规。例如，胶东海鲜中常见的海参大多都是做成高压参、葱烧海参等。而我利用海参Q弹的特性，研发出的菊花活海参非常受欢迎。

> **职业指南·家长选读**
>
> **价值观探索**
>
> 烹饪行业所体现的人生价值观丰富多元，包括勤奋、耐心、创新和团队合作，这些都是烹饪师们成功的基石。通过烹饪，孩子不仅学会技艺，更塑造品格，实现个人价值。它启示孩子：保持热爱，坚守精神，铭记团队合作，用双手创造属于自己的美味人生。

创业时期

铁肩担当作为，闯出鲁菜一片天。

工作两年后，我开始担任副厨师长，要管理厨房的各项细节工作，让二三十名厨师服从自己安排，唯有高超精湛的技术。我的技术一直处于团队前三的位置，同时我的思维也比较活跃，创新菜没有问题。我也愿意为大家办事，有责任，有担当，脏活累活带头干，加班加点冲在前，所以大伙都信任我、尊重我。

工作 7 年后，2004 年我开始担任餐饮总监，分管整个餐饮板块。当时我心里还是有一些抵触的，如此一来，我下那么大功夫学到的技术不都丢了吗？后来一想，餐饮总监可以更加了解客人的需求，从而指导厨房设计产品，把菜做到客人的味蕾上，也就释怀了。

在这个过程中，除了餐饮之外，我开始接触其他的业务，例如人力资源、财务等，也正是那段时间的历练，为我后来到北京打拼奠定了基础。

2009 年，根据上级要求企业改革，我面临着人生选择的十字路口。留在事业单位端着金饭碗，还是走出去面对风雨。当时年轻有朝气，又有王洪海董事长在前方引路，我毅然放弃公职下海创业。刚开始经营压力大，我们百纳观澜稳打稳扎，积蓄力量，2009 年、

2010年连续开了两家观澜店，影响力慢慢提升，生意开始红火起来。

2010年，我又面临另一个重大选择——承接管理北京烟台山商务会馆。面对公司的发展需要、人生乃至家庭的重大转折点，我义不容辞选择北上。当时家人、朋友都不建议我去踏足一个陌生的市场，但我认为应该趁自己还年轻，去大城市看一看、闯一闯，现在看来我的选择是正确的。

我提前半个月来到北京，以酒店为中心把方圆5公里步行走了个遍，把周边市场大大小小的饭店，包括其产品结构、价位都摸得清清楚楚。在此基础上找准自身定位，形成发展规划，并向董事长汇报。我记得董事长只给了我8个字：落地生根、枝繁叶茂。

在北京我有两项使命：一是协助驻京办把会馆管理好，二是在北京开百纳的分店。完成这两项使命我用了5年。对我来说，这5年是压力最大的5年，也是练内功、求突破的5年。刚来的时候会馆基本没有客源，我们就一个客户一个客户地请、一桌客人一桌客人地邀。我们调整了经营思路，在北京，吃饭一般不怕价高，就怕品质不够好，没有特色，于是我们下定决心改善菜品质量、服务质量，做出胶东海鲜"鲜美香甜"的特色。最开始每天只有一两桌客人，后来随着好评的积累，上客数快速增长，3个月后实现扭亏为盈。

作为企业的股东和管理人员，我的新使命是把"百纳"和"观澜"这两个品牌在北京做得更加响亮，让员工们生活得更加幸福；作为一名餐饮人，尤其是一名胶东鲁菜餐饮人，我的使命是弘扬胶东鲁菜，让胶东鲁菜在国内一流餐饮业占据一席之地。

一路走来，我深感职业生涯的每一步都充满挑战与机遇。在职场上，我学会了勤奋与耐心；面对困难时，我坚持创新与合作，不断突破自我。对于刚踏入或想踏入这一领域的同学们，我想说，职业规划至关重要，要早日明确目标，多参加实践活动，积累经验。同时，不要害怕失败，每一次挫折都是成长的垫脚石。持续学习，紧跟行业趋势，无论遇到何种挑战，都要勇敢面对，抓住每一个机遇，努力成为更好的自己。

看看自己有哪些能力潜质，对照核心能力模型，这样你的未来之路就更有针对性。

核心能力模型

项目	要求
学科能力	语文、数学、英语、劳动实践等
基础能力	语言表达能力、审美能力、学习能力、解决问题能力
社会能力	沟通能力、团队合作能力、人际交往能力、心理承受能力、社会责任感

工作后需要的职业类证书

中式烹调师、中式面点师、西式烹调师、西式面点师、公共营养师、餐饮管理运行等。

进修学习路径

专升本,进修学习专业:食品科学与工程、食品营养与健康、酒店管理、烹饪与营养教育、烹饪与餐饮管理等。

主要就业方向

面向餐厅服务、餐饮生产管理、中式烹调、餐饮运营管理、营养膳食设计与制作、预制菜研发及制作等岗位。

主要专业能力

(1)具有进行营养分析与配餐以及烹饪安全控制的能力。

(2)具有进行中餐烹调、中式面点、地方风味菜点制作的能力。

(3)具有组织和管理厨房生产的能力。

(4)具有餐饮企业基层管理的能力。

(5)具有设计开发餐饮产品的能力。

(6)具有策划宴会与餐饮营销的能力。

(7)具备良好的服务礼仪、服务心理学等方面的基础知识。

(8)熟悉饮食文化,掌握饮食营养与卫生等方面的知识。

撰稿人:李天真　孙长波

施乾方

职　　业：杭州西湖国宾馆行政总厨
毕业学校、专业：浙江旅游职业学院、烹饪与管理专业
　　　　　　　（现为烹饪工艺与营养专业）
从业时间：23 年

品尝美食急不得，而烹制美食更像是一场修行。
在烹饪的世界里，所有精心准备的美食，
其最珍贵、最值得慢慢回味的，
可以说是"匠心"二字。

 我是中华饮食文化的"匠心"守护者

　　我叫施乾方，是杭州西湖国宾馆的行政总厨。我的工作是与美食打交道、与团队打配合，负责研发菜品、管理厨房，确保每一位选择我们的顾客都能享受到美食的温暖与力量。

　　我热爱烹饪职业，深耕厨艺行业。2000 年，我从浙江旅游职业学院烹饪与管理专业（现为烹饪工艺与营养专业）毕业，入职杭州西湖国宾馆。通过不断地刻苦钻研和付出，工作的第二年，我获得了"首席厨师"称号。此后，我将热爱当作职业，收获了"浙江省接待经营金质奖""浙江省饭店协会厨艺之星""全国青年名厨之星""中式烹调高级技师""全国餐饮评委""第八届全国烹饪大赛金奖"等奖项与荣誉。作为国宴厨师，在杭州 G20 峰会期间，我根据宴会规格、来宾国籍、饮食习俗、人数等因素，进行了宴会菜单的设计、制作、品控，获得了"杭州市 G20 峰会先进个人"称号。杭州第 19 届亚运会期间，我也完美完成了杭州亚运会系列贵宾接待和保障任务。

高中时期

　　那时候，我对职业并没有清晰的想法，对人生的规划是：希望有一技之长，学一门

手艺。

高中时期，我性格比较活泼，是班级里的活跃分子，积极参加学校的各项工作和活动。毕业时，哥哥对我说："厨师这个职业不错，你可以去试试。"这句话，在我的心中种下一颗种子，与烹饪结下奇妙的缘分。高考成绩出来以后，在家人的支持下，我选择了浙江旅游职业学院的烹饪与管理专业。

多学习、多尝试，一定能为未来所从事的职业添砖加瓦。如果我能回到高中时代，我会告诉自己再在语文课程上多下些功夫，多读一些书。语文也是了解中国传统文化的重要途径，还可以提高我们的文化素养和语言表达能力。目前，我在菜品研发过程中，在继承与创新的过程中，我也深切感到中华优秀传统文化的魅力与力量。

职业指南·家长选读

烹饪工艺与营养专业需要的知识结构

1. 文理均可。烹饪可以有一定的理科基础，烹饪也是一门充满人文情怀的艺术。
2. 兴趣驱动。热爱烹饪、享受烹饪，对烹饪历史、食材来源、地方特色菜肴等人文历史方面的兴趣，能够激发孩子的探索欲和创造力，会让孩子有内在兴趣，更易对工作保持热爱。
3. 动手能力。这个行业技术性较强，动手能力强的孩子会更易胜任工作。

高职时期

从基础的刀工、火候掌握到复杂的菜品制作、食材搭配，我在这里打下了坚实的专业技能基础。这些技能不仅让我在就业市场上更具竞争力，也让我在职业生涯中能够不断提升自己，应对各种挑战。

进入浙江旅游职业学院后，我很幸运地发现，在接触专业的过程中，在不断学习实践烹饪技能的路上，我感受到自己与烹饪有着灵魂上的契合，不断清晰地认识到"我喜欢烧菜""我想要琢磨烧菜""我想要把菜烧好"，对于职业的理解和未来的发展方向也更加深刻了。

学校注重理论与实践结合教学，为我们提供了系统的烹饪理论学习和实践操作机会，让我们有机会在厨房实训室和实习单位中亲自动手操作。这种实战演练让我提前适应了厨房工作的快节奏和高强度，积累了宝贵的实践经验。这些经验对于我后来顺利融入职场、快速成长为一名合格的厨师起到了至关重要的作用。除了专业技能外，学校还注重对我们职业素养的培养。通过参加各种技能竞赛、团队协作项目以及职业规划课程，我学会了如何与人沟通、如何团队协作、如何面对压力等职场必备技能。这些素养的提升让我在职场中更加自信、从容。

求学时期是我珍贵的回忆，其间我遇到了许许多多的良师和志同道合的朋友。特别感谢金晓阳老师，他对我的

职业指南·家长选读

性格探索

烹饪本身是一个既需要技术又充满创意和表达的过程，孩子性格中最好有细心、耐心、踏实的一面，以及拥有乐观与积极的心态。如果喜欢与人打交道，会是很好的加分项。

关心关爱，让我更加坚定自己的职业理想和职业选择。我记忆特别深的一道菜是金老师教的麻婆豆腐。课上，我们完成作品后，老师进行打分，打分后让我们品尝自己做的麻婆豆腐。记忆里那碗豆腐麻辣鲜香，我一边吃一边冒汗，也认识到特色菜的口味是值得学习和挖掘的。目前，菜品研发也是我工作的重点，麻婆豆腐这道菜是一道经典的菜肴，要把它做到融合当下的口味，这对我们每一位厨艺人来说算是一个挑战。这道菜的传承与创新也带给我很多的启发。

实践出真知，把握当下的机遇。实习期也是让我非常珍惜的一段时光。我喜欢在灶台旁学习，有时候自己练习烧菜，有时候站在师傅旁观察大师如何制作美食，不断地去"悟"，进而转化为自己的技能。只有不断地实践和摸索，才能不断地充实自己的认知，更加深刻地掌握食材的语言。

工作时期

我喜欢做菜时的感觉，喜欢探索四季更替下食材的微妙变化。一个人若能尽早明确自己的热情所在，无疑是幸福的。诚然，热爱着，也便会投入其中。

（一）热爱是修行的起"点"

学习厨艺好似一场修行。很多看似简单的工序，实则凝聚着百余年的技艺传承。热爱是前进的动力源泉，机会会随时随地出现，关键在于自己能不能抓住机会。从学徒到厨师长，因心中的那份热爱，我渴望与美食同行，想要扎根在不断的实践中。在传承创新"斩鱼圆"这道菜时，为了让鱼肉的滑嫩度和弹性达到最佳，我不断挑选食材，逐一试制，最终分别从原料的选取、制作方法和菜肴成形等多个方面进行了传承改良和优化升级，精工细作，终而让这道传统名菜重新焕发了生命力。

（二）自省是传承的底"线"

如果说五味能令人生悦，那么五味的调和之美便能真正让食客与为厨者实现心灵的碰撞。将喜爱变成一技之长并非易事，特别是烹饪这门手艺，尤需用心揣摩，分寸拿捏。师傅告诉我们："优秀的厨师，整个烹饪过程必是心到、眼到、手到、意到，一气呵成的。"这看似简单的动作，是我努力奋斗的目标。

经典菜品的还原和开发往往最能体现厨师的烹调技艺，这不仅需要厨师具备扎实的基本功，还考验着厨师是否拥有不俗的悟性。美由心生，相由心生，如若内心的想法能真正为菜品注入灵魂，便也就融会贯通，自成一家了。"做菜如做人，用心做的菜品会'说话'。"这是步入厨师之门时师傅的教诲，也是我素来遵循的烹饪哲学。

（三）创新是为呈现更好的一"面"

"荣誉"往往是把双刃剑，它在带来鲜花和掌声的同时，也会带来近乎同等的考验，最后的最后，一个平衡的积淀或许才是治愈一切的良药。

一路走来，我也深刻感受到做厨师尤其是做中餐厨师，着实不是件易事。不论时令、潮流更替，需要费尽心思地创新菜品以满足食客的喜好，迎合大众味蕾的满足。在我看来，厨艺的精进过程，要先"熟"方能生"巧"，之后再谈创新，为厨者要始终怀揣对食物的敬畏之心。

身为杭帮菜的建设者，我也明白自身的努力和悟性固然重要，同时遇到"伯乐"和师父也很重要。师父沈军毫无保留地传道授业，正是我迅速成长的关键所在。师父说，"传承好比一棵树的根和枝干，是核心；创新就如同树枝和树叶；传承离开创新，即会故步自封；而创新离开传承，就好似失去了树根和树干的枝叶，如此，又何谈生存？所以中餐的发展，唯有站在传承的根基之上，才能体现其价值和意义。"我时常将师父沈军的教诲细细咀嚼，创新的前提是要真正读懂食材，我们要做的是了解食材的质地，以物循性，妙用食材，做到不守旧的传承，不忘本的创新。

> **职业指南·家长选读**
>
> **价值观探索**
>
> 烹饪是烟火背后的汗水与坚持。从业者面对高温的厨房环境，长时间站立操作，忍受油烟的熏烤，还要在繁忙的时段中保持高度的专注和效率，确保每一道菜肴都能准时、美味地呈现给顾客。此外，烹饪还涉及食材的精心挑选、复杂的刀工处理、精准的调味配比以及创新的菜品研发，这些都需要从业者付出大量的心血和精力。在烹饪行业中，享受创造的快乐，在为人们带来美味和健康的同时，也实现个人价值和人生意义。

我很幸运，能够在自己喜欢的职业中做自己想做的事。回首23年的厨艺之路，我也将继续心怀敬畏，谨记师父教诲，身体力行地默默坚守在杭帮菜传承与发展的阵地，做中华饮食文化的"匠心"守护者。

看看自己有哪些能力潜质，对照核心能力模型，这样你的未来之路就更有针对性。

核心能力模型

项目	要求
学科能力	数学、语文、英语等基础学科能力；烹饪技术、营养学、食品科学与卫生学等专业学科能力
基础能力	语言能力、视觉空间能力、身体运动能力、自然观察能力、自我认知能力、人际交往能力、管理与沟通能力、学习能力
社会能力	组织协调能力、团队协作能力、创新能力、表达能力、心理承受能力、适应社会能力、社会责任感

工作后需要的职业类证书

各类烹饪技能等级证书。

进修学习路径

专升本，进修学习专业：烹饪与餐饮管理、烹饪与营养教育、食品营养与健康、酒店管理、工商管理、旅游管理等。

主要就业方向

进入餐饮酒店、食品生产与加工、营养咨询与健康管理等企业，从事菜品烹饪、营养配餐、宴会设计、厨房管理等工作。

主要专业能力

（1）具有探究学习、终身学习、分析问题和解决问题的能力。

（2）具有良好的语言、文字表达能力和沟通能力。

（3）具有文字、表格、图像的计算机处理等信息技术应用的能力。

（4）具有营养分析与配餐、烹饪安全控制的能力。

（5）具有中餐烹调、中式面点、地方风味菜品制作的能力。

（6）具有厨房生产组织和管理的能力。

（7）具有餐饮企业基层管理的能力。

（8）具有餐饮产品设计开发的能力。

（9）具有宴会策划与餐饮营销的能力。

撰稿人：施乾方　陈杭琪

马广波

职　　业：长江艺术工程职业学院教师
毕业学校、专业：长江艺术工程职业学院、工艺美术品设计专业
从业时间：2 年

在浓厚的荆楚文化熏陶下，

我与楚式漆器髹饰技艺结下了不解之缘。

被非遗传统工艺的质朴匠心感动和吸引，

每创作出一件代表性产品，我都会感到由衷的欣慰和自豪。

 我是千年漆器技艺的传承人

　　我叫马广波，是一名非遗传承漆器专业教师。怀揣着对艺术的热爱和对完美的追求，每天我都在努力磨炼自己的工艺，精进自己的技艺。每当完成一件令人满意的作品时，我总会感到特别的欣慰，那份从心底涌出的成就感无法用言语来表达。

　　在制作漆器的过程中，我倾注了大量的时间和精力，不断追求完美的线条和细节。每件作品的诞生都见证了我对传统技艺的坚持和执着。我会仔细地把这些作品拍照留作纪念，看着这些亲手制作的作品，我觉得很有价值感。

　　虽然我的工艺还未达到像行业的前辈们那样精湛，但我始终坚信，只要持之以恒、专心致志，就一定能够不断提高。我在工作中通过深入了解和用心感受，积累了一些宝贵经验。这些经验对我来说无法用金钱来衡量，不仅让我在工作中更加得心应手，也让我对漆器制作有了更深刻的理解。

　　或许有人会说："当年你一定是一个成绩拔尖的优等生吧？"我想这就是我讲述自己职业故事的意义——一个不拔尖的学生也可以在适合他的工作中不断学习，慢慢成为那个行业的佼佼者。

中专时期

初中时，我的学业成绩不是很出色，中考后我未能如愿考入我所期望的学校。家人建议我学习一门技术，以便在未来的职场上有个立足之地。

中考后，我接受了家人的建议，选择了读中专，而后被一所职业中专录取，选择了汽车应用与维修专业。

但是，中专时期我对自己所学的专业并不感兴趣，由于学习不认真，专业知识也没有完全掌握，于是我决定另寻他路，重新选择自己感兴趣的专业。我的班主任知道我对手工制品工艺感兴趣后，便帮我留意相关学校和专业。在我读中职的第三年班主任带着我来到长江艺术工程职业学院。在进行了初步的了解后，我对这所高职学院拥有的葫芦烙画、淡水贝雕、磨鹰风筝和楚绣等非物质文化遗产项目产生了浓厚兴趣。中专毕业后，我便考入了长江艺术工程职业学院，理想的种子在校园里开始生根发芽。

> **职业指南·家长选读**
>
> **工艺美术品设计专业所需的知识结构**
>
> 1. 文科为主。主要以艺术类知识为核心，同时兼容理科背景。具备美术基础的孩子，对工艺文化的基础知识、传统器型设计、色彩理论以及纹样设计等更容易吸收和掌握。
> 2. 兴趣驱动。对艺术史等艺术类课程抱有浓厚兴趣，或在绘画方面具有特长的孩子，更能从内心激发出对漆艺工作的热爱，从而保持对工作的热情。

高职时期

入学之初，我对工艺美术品设计专业的具体内容并不完全了解，经过一段时期的深入学习，我发现漆艺这个非遗项目更接近我的生活，这使我更加期待并全身心地投入到漆艺的学习之中。

开课之前，老师带我们参观了漆艺工作室。我对这里的一切都很好奇，看着工作室内外优雅的环境和各种新鲜事物，想到这里就是我今后3年要学习和生活的地方，我心里无比期待与兴奋，想着在这样的环境下学习一定不会枯燥。

大一开始学习美术基础（色彩、素描）、装饰绘画、产品效果图制作等基础课程，大二上学期开始进入工作室学习漆艺材料与工艺。刚进入工作室时，先认识各种漆工具（刮刀、打磨块等），而且自己的工具是根据个人习惯自己制作的，像打磨块就是自己磨制而成。熟悉各种工具材料与工艺后，开始学习漆器产品制作，学习运用各种工艺技法来制作产品（如变涂、彰髹、镶嵌等）。大二下学期开始，我慢慢对漆工基础比较感兴趣，老师就安排我学习如何制胎，从刚开始的木胎石膏脱胎到自己削苯板脱胎，一步步循序渐进。制完胎后就开始裱布刮灰，如何裱布服帖、刮灰刮得平整，每天坚持不断练习、感悟、琢磨，周末也到工作室进行练习。在老师的指导下，逐渐熟练流程，记住要领，规范动作，慢慢地掌握了一些技巧。2020年暑假，学校承办了一个全国非物质文化遗产暑期研修班，我觉得这是一次极好的学习机会，便放弃回家和打工计划，报名参加了培训班学习。学习期间，我边学习边做志愿服务工作，结识了很多漆器制胎学者和传承人，在与他们的聊天中我进一步了解了这个专业，也在心里种下了一颗职业的种子。

2020年下半年，学校承办了全国行业职业技能竞赛——全国工艺品制作职业技能竞赛，我报名参加了漆器项目竞赛中的漆器制胎工小项。这次竞赛是我国漆艺行业的第一次国赛，荆州市和学校都非常重视，赛前两个月就开始组织训练。比赛分为理论和实际操作两部分，理论是从500道题抽100道考试，实际操作制胎分刮灰、髹漆、推光、调色4步。在第一个月，我们开始理论训练。我们将全套500道题的试卷做完之后，将所有的错题逐一整合，再进行打乱，组合成一套套新的试卷，进行针对性强化训练，直到每一次考试都能够达到满分，理论训练才算过关。在比赛前一个月，我们开始进行实际操作训练。我们明确了比赛所需的胎体赛件，并针对刮灰、髹漆、推光、调色等环节进行训练。我们制定了详细的方案，明确每个步骤的先后顺序和所需时间之后，进行针对性的训练，并记录每次训练的起始和结束时间以及荫房环境，以便更好地控制漆的干燥时间。

每天早上8点，我便进入工作室开始准备，将所需工具和材料放置在工作台上。在训练过程中，针对自己刮灰技巧上的弱项，通过不断练习和总结经验，我逐渐掌握了正确的方法，并找到了适合自己的刮灰方式和速度。在赛前一周，我开始进行实际操作模拟，在规定时间内完成。每次模拟结束后，我都会总结并改进方案，以优化实际操作效果。在3天的预赛时间里，我不急不躁，努力发挥自己的水平，最终成功获得了漆器制胎工院校组预赛第一名的成绩，并晋级到决赛。

在决赛前，我复盘预赛过程，找出存在的不足，再次制定训练方案，进行了针对性的纠错和训练。在决赛过程中，我沉着冷静，细致操作，最终获得了全国行业职业技能竞赛——全国工艺品制作漆器制胎工院校组决赛第一名的成绩。这一成绩对我来说是一个巨大的转变，它让我对漆器制作产生了浓厚的兴趣，并激励我进一步深入了解这一领域。

职业指南·家长选读

性格探索

团队合作能力、适应社会的能力、表达技巧、心理韧性和社会责任感，这些素质对于职业发展至关重要。

工作时期

通过几年的系统学习，我的漆工基础与髹饰工艺得到了逐步提升，这些技能和知识的积累也为今后的发展起到了一定推动作用。

在结束大三的毕业设计展览之后，开始进入实习阶段，但我并无意愿去寻找其他外部工作机会，而是向学校提出申请并留在了荆州传统工艺工作站工作。

2022年，我与范建军老师参加了第二届全国工业设计大赛，我们的参赛项目是漆器设计。比赛分为理论、实操和制图3个部分。我们重新编排了800道题目进行考试并纠正

职业指南·家长选读

价值观探索

对于初入行的人来说，通常需要从学徒开始做起。在这个阶段收入往往不会很高，甚至可能会低于其他一些行业。然而，如果对这个行业充满热爱，并且能够看到并重视长期的成长和发展，即便在面对初期的低收入和各种挑战时，依然保持积极的态度和坚定的决心。通过不断的学习和积累经验，逐渐提升自己的技能和能力，最终在行业中找到属于自己的位置，并实现自己的职业目标。

错误。在湖北赛区选拔赛中，我们以第一名的成绩晋级决赛。春节假期，我们继续加强理论知识的学习和协同训练，每天从早到晚，直至比赛前夕。在去参加比赛的动车上，我们也不忘复习题目。比赛持续4天，我们每晚回到酒店后继续复习，确保比赛时能发挥出色，最终我们获得了一等奖。这是对我们努力的肯定，也是对支持者的最好回报。

通过这次比赛，我不仅展示了自己的技能和才华，更从中收获了宝贵的经验和教训。经过这些历练之后，我更加热爱漆器髹饰技艺，并深知它所承载的历史和文化价值，更加坚定了今后的发展方向，更加明确了自己的追求目标。我立志要将这门技艺继续传承下去，让更多的人了解和掌握它的精髓，让非遗文化在新时代焕发新活力绽放新光彩。

2020年参加荆楚传统漆艺研培并获得结业证书；2021年获得英国生态设计奖学生组铜奖、第三届香港当代设计奖——秋季赛学生组铜奖；2023年获得全国行业职业技能竞赛——全国工业设计职业技能大赛职工组一等奖，并获得"全国技术能手"荣誉称号。

我是一名致力传承千年漆器技艺的工匠，肩负着将这一古老艺术形式发扬光大的使命。漆艺不仅仅是一种技艺，更是一种文化的传承，它承载着无数先辈的智慧和心血。学习楚式漆器髹饰技艺是一件具有挑战的事情，在制作的过程中每一步都十分重要，需要投入百分百的专注力，丝毫的不谨慎都会出现问题。学习非遗技艺是一个需要耐心和细心

职业指南·家长选读

职业上升路径

漆艺师可与其他领域专业人士合作，如软件工程师、材料学专家、产品设计方向专家等，以全面提升漆艺作品设计水平。

在设计与开发方向，漆器漆艺设计将更加贴近现代人的生活，如开发大漆制作的汽车配饰、打火机、手机壳等更符合当代人生活方式的产品形式。

新材料与新技术促使漆艺师对传统工艺的研究与创新朝着更有创造性的方向去发展，对漆艺的发展开辟更多可能性。

的过程，我珍惜每一次的实践机会，力求在不断地尝试中，积累经验，提升能力。"择一业，终一生"，不仅是老师对我的殷切希望和寄语，也是对我耐心和匠艺的考验。我深知自己肩负的责任，努力在每一个细节中追求完美，希望能够将这门古老的艺术继续传承下去，让更多的人了解和欣赏漆艺的独特魅力。

以漆为媒，守护文化遗产，彰显时代新义，对于新时代传承人的我来说，制作漆器是一种内外兼修的过程。在这个过程中需要投入大量的时间成本和精力，这种投入是奢侈的但也是一种幸运。因为这样的精力最终都会被融入漆器作品当中，让这些作品呈现出独特的美感和神韵。在匠人和楚式漆器碰撞交融的瞬间，这些特点被赋予新的内涵，成为一种新的历史记忆，也造就了我在职业生涯里浓墨重彩的一笔。

看看自己有哪些能力潜质，对照核心能力模型，这样你的未来之路就更有针对性。

核心能力模型

项目	要求
学科能力	数学、语文、英语、美术、信息技术等基础学科能力；美术基础、美术设计、色彩基础等专业学科能力
基础能力	计算观察能力、分析判断能力、语言表达能力、空间想象力、审美和设计能力、人际交往能力、身体运动能力
社会能力	组织协调能力、团队协作能力、适应社会能力、表达能力、创新能力、心理承受能力、社会责任感

工作后需要的职业类证书

漆艺师、工艺美术品设计师、漆器制胎工、漆器髹漆工等。

进修学习路径

专升本，进修学习专业：工艺美术、公共艺术设计、艺术设计学、公共艺术、非物质文化遗产保护、工艺美术品设计、民间传统工艺、民族传统技艺等。

主要就业方向

从事工艺美术品设计师、工业设计工艺师、漆器制作工、斫琴师、民间工艺品艺人、民间工艺品制作工等工作。

主要专业能力

（1）具有制备漆艺物料、胎体物料、髹饰物料等的能力。

（2）具有制备漆器胎体、加工低胎、制作胎体等的能力。

（3）具有髹饰漆器、髹饰漆面、研磨推光等的能力。

（4）具有展演评鉴、展演漆艺、评鉴漆艺等的能力。

（5）具有色彩搭配、平面构成、三维构成等设计的能力。

（6）具有估工算料的计算及成本控制的能力。

（7）具有对新知识、新技能的学习能力和创新能力。

撰稿人：马广波

钟翠玲

职　　业：重庆艺璟空间环境艺术设计有限责任公司涂鸦墙绘师、总经理

毕业学校、专业：重庆艺术工程职业学院、室内艺术设计专业

从业时间：2 年

每次完成一组涂鸦墙绘，

心中的快乐就会战胜身体的疲惫，

那是一种发自心底的满足感，

一种创造出价值的成就感。

我和伙伴们会在刚刚完成的作品前合影留念，

然后像送出礼物一样，郑重又有些不舍地把作品移交给客户。

涂鸦创造价值

我叫钟翠玲，是一名高职院校的大三学生，也是一名在校期间创业的大学生。我创业的项目是涂鸦墙绘，就是用手中的画笔给城乡社区、单位的公共空间和居民的生活环境带去绘画艺术的独特视觉效果和视觉体验。

我是学艺术设计的大学生，更具体地说，我是学室内艺术设计的高职生。相对于我所学的专业，我走上涂鸦墙绘这条创业之路也是一种"意外"。

高中时期

绘画是我从小就热爱的，每一次完成习作后所得到的喜悦也是在漫漫绘画道路上推着我不断向前的动力，父亲也支持我把绘画爱好转向艺术设计。

高中时我就读于重庆一个区县的镇中学，在那里我了解到了艺考，因为我从小就喜

欢画画，从事室内装饰业务的父亲也很支持我的绘画爱好，所以高考时我便选择了艺考。但作为一个乡镇高中生的我，对将来的路也是很迷茫的，只是想通过自己所热爱的绘画来为自己的将来博一条出路，并将这份热爱转换成自己的职业。

在准备艺考的过程中，我有了一定的职业规划意识。我父亲时常会将我的一些美术作品进行装裱，用于室内装饰，也会将我的作品出售。这算是我接触到的第一个商业项目，也为高考后我选择室内艺术设计做了一定的铺垫。然而高考中我却遗憾地滑档了，没能考进自己心仪的本科院校。幸运的是，我在重庆艺术工程职业学院这所高职院校找到了自己所喜爱的室内艺术设计专业。

> **职业指南·家长选读**
>
> **室内艺术设计专业需要的知识结构**
> 1. 艺术生为主，兼收文理生。室内艺术设计涉及建筑、美术、人体工程学、设计软件等领域，需要艺术思维和工程逻辑，能够把二者融合在一个项目中的孩子更适合驾驭这门技艺。
> 2. 兴趣驱动。要求孩子对建筑、人居环境、艺术氛围有浓厚的兴趣，有绘画特长并掌握平面、立体、色彩三大构成及相关设计软件，始终对空间构造保持强烈的兴趣。

高职时期

从美术生到设计生，再到创业人，在高职，我实现了自己最初的职业梦想。

进校后，因为面向职业发展的原因，学习绘画的课程相应减少了，但我学到了更多的空间艺术设计、环境艺术设计的知识。在校3年，虽然我没有画出一幅可以被装裱的绘画，但是我完成了好几个空间环境设计。在我看来，设计需要的审美、造型、创作能力更加全面。这样，在完成一个个空间设计作品的过程中，我也找到了从前在绘画中获得的满足感、成就感。我发现，绘画和设计是相辅相成的，一张好的绘画作品需要进行一定的画面设计，而好的设计作品也需要有一定的绘画基础。

我是一个阳光开朗、热情四溢、兴趣多多的年轻人，画笔和书本并不能占据我全部的时间和精力。我热心公益，愿意组织各种校园文化活动，为学校做出贡献，为同学们的成长创造机会和平台。

大二那年，我被选举担任了校学生会主席，工作和活动更多更忙了，但我的收获也更多更大了。在担任校学生会主席期间，我学会了时间的有效分配，努力权衡学习和工作的时间分配，做到常人说的学习工作两手抓，在推动一项项学生会工作的同时，学习成绩保持了班级前列。我还学会了与人的沟通，不管做什么工作，交流能力都是不可缺少的基础能力。无论和学校领导、指导老师还是和团队成员沟通交流，我都十分用心，沟通内容、沟通礼节都争取做到恰到好处。在参加学生工作的同时，我还结识一群可爱又富有想法的同学，也结识对我们倍加爱护和鼓励的老师们。我们因为热爱走到一起，共同推动墙绘艺术。

在学习的过程中我勤于思考，将绘画艺术带进室内设计、环境设计，创造更加富有艺

职业指南·家长选读

涂鸦墙绘师需要的知识结构

涂鸦墙绘并不是高校的一种专业，但需要孩子有一系列相关专业的基础知识和能力，又需要孩子有较强的创意思维和动手能力。这些专业知识和专业能力包括绘画、雕塑、动漫设计、视觉传达、建筑设计、环境设计等。除此之外，从事涂鸦墙绘还需要两大素质：对涂鸦墙绘作品具有强烈的兴趣，愿意承担创作过程中的辛劳和付出；还需要有相应的经济学、管理学知识，以及逻辑性强、思维清晰的大脑。

职业指南·家长选读

性格探索

孩子要有梦想，要敢于想象。梦想是创意的发端，也是创业的动力。涂鸦墙绘师往往需要帮助顾客实现其对空间的想象，所以，寻找和实现商机的过程其实也是传递梦想的过程。

孩子要有艺术灵感，要有巧妙的构思和创作灵感。同时，涂鸦并不是个人创作，而是应客户要求的商业项目，涉及现场测量、方案设计、材料和人工预算、现场实施等多个环节，需要付出更多的时间和精力，因此孩子需要有一定的韧性和耐力。

术气质和审美品质的空间设计。所以，当我的专业老师黄红艳教授提醒我，可以把这个思想的火花培育壮大，甚至尝试大学生创新创业时，我一下子被点醒了，大脑立刻兴奋地转动起来：我要创办一家公司，让丰富的色彩、奇妙的线条和感性的图案出现在室内外环境设计之中，首先就可以在室内外墙面、地面进行涂鸦创作，让绘画艺术带给人们不一样的视觉体验！

创业时期

一个人走向创业，离不开对梦想的追求，但是仅仅有梦想、敢追求，依然是不够的，最好是有一个平台的支撑。我很幸运，在学校求学期间，就遇到机会对我的垂青。

我是以在校大学生的身份开始创业的，我创办的第一家公司就是注册在学校的大学生小微企业。当时，学校的张洁老师想要给她的车位画上自己喜爱的图案，黄红艳老师介绍我去绘制。完成作品后，张老师十分喜欢，又热情地介绍周边的客户。在张老师的介绍下，我和小伙伴们共完成了3个车位的涂鸦绘制，这不光是我们的第一批业务，也为我们成立公司埋下了种子。

黄老师、张老师鼓励我们大胆创业，还参与我们一起讨论公司的业务发展，启发我们思考：除了涂鸦绘制，公司还能做什么？直到帮我们明确"艺璟空间"这个品牌和"空间环境艺术设计"这个涵盖涂鸦的业务范围。

在成立公司的过程中，我们还得到了学校创业孵化园的支持。作为一名在校大学生首次创业，很多方面都不懂，但是在创业园老师的帮助下，我们就像有了领航员，带着我们一步一步完成了公司的注册和成立。

学校给了我们成立公司后的第一个墙绘项目：学校多功能学生活动大厅周边墙绘的重绘改造。学校视觉传媒学院文涛教授既是甲方代表，又是我们乙方的指导专家。他经常来到我们的工作现场，向我们传授一些墙绘知识和创作手法，使我们的墙绘画面更加饱满，更具吸引力。

到了暑假，公司面临着没业务的困境。就在这时，学校在物色师生进行涂鸦墙绘改造，我们在老师的推荐下抱着试一试的心态报了名，没想到学校对学生创业这么支持，直接同意让我们先画一面墙的墙绘。我得到这个消息时十分激动,立刻召集员工、出设计稿、买材料、以最快的速度进场。我们连续加班加点,3 天就完成了作品。学校领导对我们的作品非常认可,随后增加了新的墙绘项目。就这样,在母校的支持下,我们度过了创业初期的艰难。很快,我们又获得了铜梁区公园墙绘等项目,使公司比较快地走上了正轨。

创业两年后,我从重庆艺术工程职业学院毕业并被保送到一所本科院校继续学习。回想在高职院校学习的 3 年,创办公司、在涂鸦墙绘领域初尝创业的酸甜苦辣,是我最难忘的经历和最重要的收获。我决心继续经营好"艺璟空间",在涂鸦营造的美好天地中继续努力,为热爱生活的人们创造更多的价值。

> **职业指南·家长选读**
>
> **价值观探索**
>
> 涂鸦墙绘作为一种城市的公共艺术形式,需要公共价值观来指导。好的涂鸦作品不仅能够保护环境和公共空间,丰富城市的多样性,还能塑造积极正面的社区氛围,传达积极向上文化理念。
>
> 涂鸦墙绘也是一个新兴的商业领域,涂鸦墙绘项目的利润率并不太高。因此,涂鸦人要坚守正确的利益观,才能平静而又快乐地继续涂鸦下去。

看看自己有哪些能力潜质,对照核心能力模型,这样你的未来之路就更有针对性。

核心能力模型

项目	要求
学科能力	数学、英语、美术、信息技术等基础学科能力;绘画(含插画、漫画、壁画等)、艺术设计(含平面艺术设计、环境艺术设计、公共艺术设计、动漫设计等)等专业学科能力
基础能力	身体协调能力、语言表达能力、学习能力、空间规划能力、创新能力
社会能力	人际交往能力、沟通能力、组织协调能力、心理承受能力、社会责任感

工作后需要的职业类证书

平面设计师、插画师、建造师、室内设计师、景观设计师等。

进修学习路径

专升本,进修学习专业:环境艺术设计、展示艺术设计、公共艺术设计、环境设计、艺术设计学、公共艺术。

主要就业方向

从事涂鸦墙绘师、室内设计师、环境设计师、景观设计师、插画师、建造师、建筑装饰公司经理、环境艺术设计工程公司经理等工作。

主要专业能力

（1）具有较强的美术创作、创意设计、图形绘制的能力。

（2）具有一定的测绘和计算机图形处理的能力。

（3）具有施工安全管理、质量控制和检测、成本控制和核算、项目工程资料收集整理等能力。

（4）具有市场调研、资料收集处理、设计分析的能力。

（5）具有较强的沟通、表达和团队管理的能力。

（6）具有探究学习、终身学习和可持续发展的能力。

撰稿人：徐永恒　钟翠玲

张传磊

职　　业：川剧变脸演员、培训师
毕业学校、专业：威海职业学院、音乐表演专业
从业时间：10 年

每一次变脸，都是一次对传统的致敬。

每一次登台，都是与历史的低语。

它不仅是中国文化的瑰宝，更是世界文化的财富。

我是表演川剧变脸的人

我叫张传磊，是一名川剧变脸演员，也是一名川剧变脸培训师，我通过参加一次次演出、培育一个个学生，将川剧的变脸技艺传播给大众，让更多的人感受变脸的魅力。我和变脸的渊源要追溯到小学的时候，那时电视剧《笑傲江湖》比较风靡，变脸大师彭登怀在剧中饰演青城派掌门人余沧海，他在打斗中变脸的精彩画面深深吸引了我，这是我第一次见识到变脸，也因此在我的心中埋下了兴趣的种子。

高中时期

我读高中时恰逢山东省推行素质教育改革，学校开设了与传统文化相关的课程，其中有一节课程就是川剧变脸。这些课程让我更深入地了解了中国传统文化，也激发了我对川剧变脸的兴趣，心中的那颗种子也渐渐发了芽。

我就读于山东德州一所普通高中，从小就学习吉他和钢琴，所以我是以艺术生的身份进入的高中。当时我的文化课成绩并不好，好在当时对艺术生文化课的成绩要求并不高。

当时我的叔叔家有一台计算机，我经常在叔叔家上网看视频，模仿大师们变脸的动作，稍有空我就自学川剧文化、身段，并上网搜集与变脸有关的视频，一边研究学习，一边试着模仿大师们的表演动作。当时我还只是把变脸当作一个兴趣，从没想过它将来会成为我终身从事的职业。

> **职业指南·家长选读**
>
> 川剧变脸需要的知识结构
> 1. 文理不限。要有扎实的文化基础及人文素养，了解传统文化知识。
> 2. 兴趣驱动。对川剧等非遗文化感兴趣，有舞台表演特长等，更易对工作保持热爱。

2010年高考结束后，我被威海职业学院音乐表演专业录取。在漫长的暑假中，变脸的那个小芽越长越大，终于我决定利用假期拜师学艺，要系统地学习变脸。几经周折，终于与心仪已久的变脸大师取得了联系，然而大师在电话中婉拒了我的拜师请求。虽然心中失落，但我从未想要退缩。我亲自上门拜访，只为见老师一面，诉说自己对变脸艺术的满腔热爱。面对老师，我使出浑身解数展示几年来自学的那些动作，虽然我的动作还很稚嫩，但是功夫不负有心人，老师最终决定收我为徒，这也是我变脸艺术道路上的转折点，也是我变脸事业的开端。

高职时期

在高职的3年，我学到了专业的表演知识与技能，个人能力也得到了很大的提升。而最让我庆幸的是，3年里我没有放下我对川剧变脸的热爱，学校的支持让我将这项兴趣更加坚定地走下去。

2010年9月，我来到了威海职业学院，进入大学后看到各式各样的社团，当时我就想能不能自己做一个音乐社团，汇集更多喜欢音乐的朋友。后来，我和同专业的同学一起成立了枫雅音乐艺术社团，每年新加入的同学有300人左右，是当时学校里最大的音乐社团，成员们一起学习音乐，相互交流，让我们的大学生活格外充实。我因为川剧变脸这门绝活，在学校也算是小有名气，很多社团一有活动都会邀请我去演出，我也因此有了不少锻炼和提升技艺的机会。

> **职业指南·家长选读**
>
> 价值观探索
>
> 大学不仅仅是孩子学习知识的地方，更是他们认识自我、塑造人格、为未来的人生道路奠定坚实基础的场所。让人成长的不是岁月而是经历，无论何时孩子都要多去尝试，多去感受生活的点点滴滴，有梦想就要付诸行动和努力，只要方向是对的，成功肯定不会很远。

威海职业学院是一所非常包容的学校，为学生提供了学习各种特长的机会。我当时除了乐队排练，基本都在舞蹈房练习变脸，学校的舞蹈技能课也让我的肢体更加柔软、协调，让我的变脸动作也更加顺畅自然。

工作时期

对于变脸，我一开始只觉得是一件很保密的事情，不能随便告诉别人。但是我发现，现在的孩子们学习唱歌、跳舞的很多，但是学京剧、变脸艺术的却很少，这项传统文化会慢慢地凋零，我不想看到这样，我希望孩子们能去传承和创新这一传统文化。

大学毕业后，我留在了威海，在艺术学校教孩子们吉他和架子鼓，并对外招收学习川剧变脸的学生。

孩子想学变脸，但害怕脸谱，为了不影响他们学习的积极性，我就在脸谱上画一些机器猫、孙悟空、蜘蛛侠等孩子们喜闻乐见的卡通图案，孩子们便欣然接受。只有孩子们了解变脸，长大以后才有可能真正喜欢上这门艺术。我总是想象着有一天人们穿着西装走在街上变换出不同的明星脸，肯定是一件很有意思的事情。

2016年7月，我以非物质文化遗产传承人的身份参加了中非艺术节，向国际友人展示了川剧变脸艺术。那是我首次代表国家参与演出，尽管当地天气酷热，我身着厚重的变脸服饰，全身从内到外都已湿透，甚至还感到轻微的缺氧，但我依然坚持完成了变脸的表演。最终，在27个国家的角逐中，我们的变脸节目荣获艺术类金奖，全场观众起立为中国文化鼓掌喝彩。那一刻，我深感所有的艰辛与劳累都是值得的。为了弘扬民族文化，传承非遗变脸艺术，增强文化自信，我一直在前行。同年12月，我有幸在埃及文化代表团访问北京阳光鹿童康复中心时，再次为大家表演了这项传统绝技。2018年7月，我带领团队参加了摩洛哥第49届马拉喀什国际民间艺术节和第15届拉巴特国际故事节，进行文化交流演出。2019年，蜀韵川剧变脸培训机构荣获中国语言艺术教育大会颁发的"年度先锋机构"荣誉称号。2021年9月，我受邀参加中埃建交65周年文化交流活动，进一步推动了中埃两国的文化交流与合作。

近年来，我积极引导学员走进中小学，让非遗文化在校园中生根发芽，为年轻一代播下传统文化的种子。我指导的川剧变脸作品《蜕变》，在"美育圆梦"2023中小学美育成果展演威海站中荣获表演类金奖。

变脸，作为川剧中的绝技之一，要想掌握它，必须精通戏曲中的身段、手眼身法步。只有这样，才能在舞台上展现出充满活力和神韵的表演。同样，学习这些基本功对于孩子们的形体塑造和精神风貌的提升具有显著效果。特别是在当下，孩子们因长时间写作业和使用电子产品，容易导致颈部前倾、弯腰驼背，练习戏曲的基本功能够有效改善这些不良姿势。此外，我们国家的强盛也离不开艺术文化的繁荣。传承和弘扬民族文化，增强文化自信，需要孩子们一代代地继承和发扬下去。如今，非物质文化遗产中的变脸艺术不仅是一门技艺，更是一个职业。

现在我还是每天坚持练功，这已经成为我的生活习惯。我还想去拜访一下巴蜀变脸王龙怡策老师，希望在身段神韵方面受到老师的点拨。我现在的变脸技法虽然没有问题，但表演传递出来的神韵不是一蹴而就的，需要更深入地理解川剧文化。我愿意努力地去学去练，让更多人感受到这

职业指南·家长选读

性格探索

学习川剧变脸，不仅仅是对技艺的掌握，更是对性格与心态的锤炼。变脸技艺的掌握需要长时间的练习和反复打磨，没有坚韧不拔的毅力，很难在这个领域有所成就。面对困难和挑战，能够坚持不懈，勇于克服，是成功的关键。同时也需要敏锐的观察力与模仿能力，变脸艺术中，细腻的表情变化和精准的动作模仿至关重要。拥有敏锐的观察力和出色的模仿能力，能够让孩子更快地掌握变脸的技巧，提高表演水平。

门国粹的魅力。

有梦想就要付诸行动和努力，只要方向是对的成功离你肯定不会很远。这辈子最开心的就是做自己喜欢的事，我们一定学会自律，学会沟通交流，有梦想努力拼搏奋斗，天道酬勤，总有一天梦想成真。

看看自己有哪些能力潜质，对照核心能力模型，这样你的未来之路就更有针对性。

核心能力模型

项目	要求
学科能力	语文、英语、音乐、历史等基础学科能力；文化艺术鉴赏、音乐表演、化妆与脸谱绘制等专业学科能力
基础能力	身体协调能力、空间感知能力、自我认知能力、情绪管理能力、音乐感知能力、学习能力
社会能力	团队协作能力、表达与沟通能力、组织协调能力、即兴应变能力、创新能力、社会责任感

工作后需要的职业类证书

戏曲演奏员等级、社会艺术水平等级、化妆师资格等。

进修学习路径

专升本，进修学习专业：戏曲表演、音乐表演、戏剧教育、音乐教育、非物质文化遗产保护等。

主要就业方向

进入戏曲院团、文化机构、旅游景区等，从事演出、教学、文化交流等工作。

主要专业能力

（1）熟练掌握各种变脸技巧。

（2）具有良好的心理素质和舞台表现力。

（3）具有熟练的化妆技巧。

（4）具有较好的演唱或演奏技能，以及良好的音乐听辨与分析能力。

（5）具有良好的沟通和组织能力，完成活动组织与策划。

（6）具有探究学习、终身学习和可持续发展的能力。

撰稿人：王若男　张传磊　盛　婧

王成龙

职　　业：《大国品牌》项目视觉经理
毕业学校、专业：海南软件职业技术学院、多媒体设计与
　　　　　　　制作专业
从业时间：13 年

运用视听语言传达信息和情感。

讲好品牌故事，扩大品牌影响力。

让品牌赢得更多经济效应，为老百姓创造更多价值。

运用视听语言讲述品牌故事的人

　　我叫王成龙，是一名品牌故事的讲述者。虽然我的工作看起来很简单，只需要坐在计算机前，但是背后的故事却是如此精彩和有趣。作为一名品牌故事的讲述者，我的工作任务是通过视听语言来传达品牌的核心价值和故事。这意味着我需要将无数珍贵的瞬间组合在一起，剪切、修饰和重新排列，以创造出一个个令人难以忘怀的故事。

　　不仅仅是品牌有故事，每个人也都有自己的故事。每个人都能讲述自己的故事。我想这也许是我讲述职业故事的意义——哪怕再平凡，只要不断前进，同样能找到属于自己的人生。

高中时期

　　那时我读理科班，对于视频影像充满好奇，对于毕业规划比较简单：能上一所好大学。

　　我就读于唐山的一所高中，当时在班里成绩中等，不算是拔尖的学生。高二文理分科时，对于学文还是学理，以及未来职业的规划并没有太清晰的认知。文科需要背诵的东西比较多，语言组织能力要求也比较高，我又不擅长背诵和写作，所以就选择了理科班。

　　"未来想要干什么呢？"这个问题也困扰了我很长时间。有一次学校组织看《功夫》

职业指南·家长选读

多媒体设计与制作专业需要的知识结构

1. 理科为主。对摄影技术、摄像技术和后期制作技术等有一定的要求，还要有文案撰写、动画和特效制作的能力。
2. 兴趣驱动。孩子要对影视制作、多媒体技术、计算机应用感兴趣，有艺术层面的追求，热爱传播与推广。

电影，我深深地被电影里无厘头搞笑的故事情节和绚丽多彩的画面所折服，不禁开始对这个行业产生了浓厚的兴趣。再后来得知电影是剪辑师巧妙地将各个镜头拼接在一起，让故事情节流畅而有趣。他们运用音效、特效和转场等技巧，让观众们在电影中享受一种独特的观影体验。我被这些技术的神奇之处深深吸引，对剪辑师这个职业产生了兴趣。所以在高考填报志愿时我的第一志愿就选择了多媒体设计与制作专业，很幸运地被海南软件职业技术学院录取了。

学习固然重要，它能为我们以后的工作和生活打下坚实的基础。但是也要培养自己的兴趣爱好，也许你的兴趣能让你做出一个重要的决定，也因此影响了一生，也有可能埋下了未来所从事职业的种子。

高职时期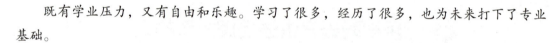

既有学业压力，又有自由和乐趣。学习了很多，经历了很多，也为未来打下了专业基础。

职业指南·家长选读

性格探索和职业探索

从事视频影像相关工作需要孩子持续对视觉艺术、摄影技术、故事讲述和创意表达的研究，对摄影设备、摄像器材、后期制作软件等技术工具充满好奇和探索欲望，关注社会热点、人文历史、自然科学等各个领域的题材，从中挖掘有价值的故事素材，以创作出引人入胜的视频作品；对不同的艺术风格、文化元素、流行趋势有广泛的兴趣和了解，能够将其融合到自己的视频创作中，展现独特的创意风格。同时还要孩子具备耐心与细心、创新与冒险精神、团队合作精神、心理承受能力和自我驱动力，不断挑战自己，追求更高的艺术成就。

在大学里，学习课程非常多，包括计算机基础理论和相关媒体的软件设计课程，这也是成为优秀剪辑师所需要掌握的。虽然在学习过程中遇到了各种各样的困难，但是在解决问题的过程中也获得了成就感。记得有一次在户外摄影采风，当时我怎么拍效果都不理想，张瑞娥老师就耐心地教我们如何调节光圈和快门、如何构图、如何捕捉瞬间的美好。而我在张老师的指导下终于拍摄出了很多精彩的照片，让我收获颇多。

除了学习，还经常利用课余时间去看各种电影，仔细研究电影中的主题、导演的手法、演员的表演。而这些都让我对电影有了更深入的了解。现在，每次看电影我都会仔细品味其中的细节，思考其中的深意。我开始意识到，电影不仅仅是一种娱乐方式，它还有着无限的可能性，可以让我们忘记烦恼，体验不同的人生经历。

高职时期的户外摄影和观影活动，不仅让我学到了很多技能，还让我感受到了生活的美好。而这些回忆也会伴随着我，成为我人生中难忘的一部分。

职业教育对一个人的健康成长、技能培养都有着重要影响。在校学习期间，学校提供了系统的专业知识和技能训练，使我们能够掌握特定职业领域所需的实用技能，增强了我们在职场上的竞争力，为进入特定行业或职业岗位奠定了坚实基础；同时还注重职业素养的养成，包括职业道德、职业态度、团队合作精神、沟通能力等，良好的职业素养能够帮助我们在职场上更好地与他人合作，提高工作效率，树立良好的职业形象。同时，也能够帮助我们获得晋升机会和职业发展空间。

工作时期

走上工作岗位后，我深入系统地学习了视频影像有关知识，主动向身边的同事请教。工作中我勤勤恳恳、任劳任怨，从不计较个人得失，刻苦钻研业务知识，提升专业素养，工作得到领导和同事的认可，这也增强了我战胜困难的勇气和决心。

从品牌的角度来看，人生可以被视为一个独特而有意义的品牌建设过程。每个人都有自己的特质、价值观和目标，在人生的旅程中，我们不断地建立和塑造自己的品牌形象。

（一）剪辑数字电影

毕业后我选择了剪辑师这个职业，主要从事影视剧、短片、企宣片等的剪辑工作。

当时整个剧组前往青岛拍摄，我的工作内容就是整理、归档好当天拍摄的素材并进行粗剪，按照剧本的故事情节把画面拼接起来，以便导演预览，了解拍摄进度。这是我第一次剪辑院线电影，有很多情节在剪辑出来时缺少故事感。遇到不懂的问题我就积极和导演沟通，导演给了我很大鼓励的同时也教会我很多东西，如告诉我在某些场景下如果把演员哈哈大笑的反应剪到前面可能效果会更好之类。这忽然让我意识到，原来视频剪辑不只是线性叙事，是可以用一些小办法把整个故事讲得更加有意思。我对电影的认识不只停留在观，而是更加近距离地去编辑、去感受。剪辑数字电影是一项技术活，首先我要对所剪辑的故事了解，要把握故事的结构与节奏，因为这是剪辑的基础。只有深入理解剧本、确定好结构和节奏，才能为后续的剪辑工作指明方向。接着是素材筛选与整理，包括筛选优质素材、分类以及建立素材库，以便高效地进行剪辑。然后阐述剪辑技巧与手法运用，从镜头组接、节奏控制、情感表达和创意剪辑等方面提供具体方法。声音处理与配乐选择也很重要，所以要单独作为一部分，包括声音处理、配乐选择和声音与画面同步。审查与修改部分则是为了确保电影质量，通过自我审查、他人审查和反复修改不断完善电影。最后是输出与交付，根据播放平台和用途选择合适的输出格式和参数，并确保文件正确交付。

（二）与企业家近距离交谈

经历了很多剪辑项目后，不仅让我的专业能力得到了极大提升，也让我的人生有了不同的经历。2019年我加入了《大国品牌》栏目，站在品牌的角度讲述企业的故事。不仅让我能近距离感受企业家的创业历程，还能体会到对企业、对品牌更高层次的见解，并结合自己的感受，将品牌内容传递给观众。虽然这份工作听起来很简单，但实际上做起来并不容易。我必须能够将品牌的价值和故事转化为引人入胜的视听体验，而且，我还需要了解不同的受众群体，以便根据他们的兴趣和需求来讲述故事。

我经常会在计算机前度过数小时，寻找合适的素材和音乐来增强故事的效果。有时候，我会发现一些非常有趣的片段，它们能够让观众感受到企业家的风趣和幽默。这些片段常常是一些意外发生的瞬间，或者是一些令人印象深刻的对话。我会将这些片段巧妙地融入故事中，以增加观众的参与感和节目的娱乐性。

当然，我也要面对一些挑战。有时候，我会遇到一些平淡的素材，这让我的工作变得困难。但是，我总是会尽力寻找一些有趣的元素，使故事更加吸引人。有时候会与不同的人合作，如我需要与品牌经理、创意总监和摄影师等合作，以确保故事的一致性和质量。他们认可我的思路，我也能从不同人的意见中获得新的灵感。这需要我具备良好的沟通和协调能力，以便与他们合作无间。

在工作过程中，我认真梳理剪辑数字电影的工作流程，大致可以分为前期准备、剪辑过程和后期完善3个阶段。在前期准备中，强调了熟悉素材、明确主题和目标以及制订剪辑计划的重要性，并通过举例进行说明。在剪辑过程中，分别从选择合适的镜头、保持连贯性、控制节奏、突出重点和创造氛围五个方面阐述了具体的要求和方法，同样结合不同类型电影的案例帮助理解。在后期完善阶段，提到了精细剪辑、加入特效和字幕、审查和修改以及输出和交付等步骤，说明了每个步骤的目的和注意事项。整体思路是为了全面系统地介绍剪辑数字电影的要求，帮助日后更好地完成工作任务。

尽管我的工作有时候会让我感到压力，但是当我看到观众们对我剪辑的故事反应热烈时，我就会觉得一切都是值得的。我喜欢看到观众们在观看完故事后深受触动和启发的样子，那时我会有很大的成就感。

作为一个品牌故事讲述者，我非常幸运能够创作令人难以忘怀的故事。我相信，通过我的努力和创造力，我可以继续讲述更多充满激情并且富有意义的品牌故事。无论是通过笑声还是泪水，我希望我创作的故事能够触动观众的内心，并留下深刻的印象。所以，当你看到一个让你忍俊不禁的品牌故事时，也许我就是这个品牌故事讲述者！

职业指南·家长选读

职业上升路径

多媒体设计与制作职业可以向不同的方向发展，可分为技术型、后期制作型、创意策划型、项目管理型和综合管理型等。对于技术型，从初级助理开始，逐步提升技术能力和经验，最终成为技术专家或顾问；后期制作型同样从初级助理起步，不断提高剪辑和特效制作技术，进而晋升为管理岗位；创意策划型从协助工作到独立策划，再到领导创意团队；项目管理型从协调员到项目经理再到总监，负责项目的不同层面；综合管理型则是在部门和公司层面逐步晋升，管理不同范围的工作和人员。

看看自己有哪些能力潜质，对照核心能力模型，这样你的未来之路就更有针对性。

核心能力模型

项目	要求
学科能力	数学、语文、英语、信息技术等基础学科能力；影视技术、艺术审美、传播与推广等专业学科能力
基础能力	视觉空间能力、沟通能力、身体运动能力、自然观察能力、自我认知能力、人际交往能力、学习能力
社会能力	组织协调能力、心理承受能力、创新思维、团队协作能力、社会责任感

工作后需要的职业类证书

数字影视特效制作、数字影像处理、摄影师、剪辑师、影视后期制作师、新闻记者职业资格等。

进修学习路径

专升本，进修学习专业：数字媒体艺术、视觉传达设计等。

主要就业方向

进入影视制作公司、广告公司、视频网站与新媒体平台、电视台及广播机构、游戏公司与互动娱乐行业、企业宣传与培训部门等，从事与多媒体设计与制作相关的工作。

主要专业能力

（1）具有一定的影视前期制作创意与策划的能力。

（2）具有影视拍摄、画面造型的能力。

（3）熟悉视频制作的流程与技巧。

（4）具有影视后期制作的能力。

（5）具有团队协作与项目管理的能力。

（6）熟悉传媒行业相关法律法规。

（7）具有探究学习、终身学习和可持续发展的能力。

撰稿人：王成龙

郑英锋

职　　业："艺眸"文化传播工作室创始人、总经理　衢州职业技术学院外聘教师
毕业学校、专业：衢州职业技术学院、摄影摄像技术专业
从业时间：10 年

我用我的摄影眼帮助大家看见更大的世界，挖掘更好的故事。

我在浙西拍故事

　　我叫郑英锋，我的工作是通过我的摄影摄像技术去再现光影，重现故事。我是温州人，在衢州职业技术学院求学 3 年后，我在浙江最西部的地级市——衢州安了家。在衢州市广电集团工作两年后，我辞职创业，创立了属于自己的摄影摄像工作室——"艺眸"文化传播工作室，同时兼任母校的外聘教师，帮助更多人用摄影眼看见更大的世界，挖掘更好的衢州故事，让世界认识古城衢州。

　　高职毕业生创业不是易事，但是对我来说也是兴趣所至，是充分规划自己的职业生涯后的最好安排。这一路走来，我始终和我的专业在一起，最终专业也给了我最丰盛的回报。

高中时期

　　生活是一座迷宫，我们必须从中找到自己的出路，当一扇门关闭的时候，我们不能坐以待毙，我们时常会陷入迷茫，在死胡同中搜寻，但是只要我们始终深信不疑，保持积极良好的心态，并善于立即开启行动，而不是怨天尤人，那么，总有一扇门会向我们打开，也许不是我们期望的那扇门，但是也是一扇有益之门，会带给我们意外之喜。

　　初中开始，我的科学和数学成绩在班上是拔尖的，经常考满分，这两科老师很看好我，鼓励我参加竞赛，于是我一头扎进了竞赛题的海洋里，暗下决心要成为一名科学老师

或是数学老师,几乎所有时间都花在了科学和数学题的研究上。那时候我觉得英语不重要,不重视英语,英语课上也在解心爱的竞赛题。到后面导致自己严重偏科,结果可想而知,中考时,在科学、数学发挥出色的情况下,英语狠狠拖了我的后腿,最终可以选择的高中很少。鉴于从小我对美术的热爱,综合考量下我选择了某中职学校的普高班,选的文科艺术方向。

> **职业指南·家长选读**
>
> **摄影摄像技术专业需要的知识结构**
> 1. 文科为主。涉及对美学的理解,要求孩子具备一定的鉴赏能力。
> 2. 兴趣驱动。孩子要对艺术、美术、绘画、设计等感兴趣。

高中时期,我担任班长,各方面表现出色,曾获得"浙江省三好学生"等荣誉。但是英语依旧是我啃不下来的硬骨头,基础不好,后续补课效果不明显。好在我非常热爱美术,也圈定了自己新的职业梦想,即成为一名美术老师。高考时,英语依旧影响了我追求梦想的步伐,本省的师范类院校分数都够不上,我的高校定位又不在外省。衢州职业技术学院艺术设计专业大类在省内高职院校优势明显,考虑到以后可以做环艺设计师,为了确保录取,我填了志愿服从调剂,最终却被衢州职业技术学院摄影摄像专业录取了。

高职时期

不管将来从事什么职业、有什么样的志向,一定要注意加强基础知识学习,打牢基本功和培育创新能力是并行不悖的,树高千尺,营养还在根部。把基础打牢了,将来就可以触类旁通,行行都可以写出精彩。

入校后,一开始我非常迷茫,这不是我想读的专业,对这个专业的理解是未来不会就是给人拍拍婚纱照什么的吧?好在学校职业生涯规划课上,老师的耐心解释让我意识到摄影摄像技术专业和美术专业是一脉相承的,也需要一双发现美的眼睛,也需要研究构图、色彩语言等。就业的领域也是很广阔的,可以在电视台、报社、宣传部门、影视公司等就业。很快我就爱上了摄影摄像专业。我相信,这扇门背后,一定能给我带来意外之喜。

周末的时候,我经常骑着单车穿梭于衢州的各个角落摄影采风每当路过广电大楼时,我总会抬头仰望,想着要是自己以后能到这里实习和工作该有多好,哪怕为记者老师扛扛三脚架也好。从那时起我内心就萌发了当记者的理想。

有了理想便有了前进的方向,有了用不完的力气,我每天都在向专业化迈出一步又一步踏实的步伐。因为是浙江省重点专业、省特色专业、省优势专业、央财支持建设项目、教育部骨干专业,母校为我们提供了一切实现梦想的可能。不管是教学设施、教学资源、师资力量还是实习基地,只要我们想学,所有老师都秉承开放的姿态,每一间工作室的大门都是对我们敞开的。所有的课程我用 100% 的精力去完成,我深知,只有专业扎实,才能平地起高楼,高楼不可摧。大学第一年我就稳稳拿下专业一等奖学金、优秀团干部等荣誉。

除此之外，我在图书馆阅读大量专业相关书籍，拓宽自己的专业视野，磨炼专业技能。我还加入了学校的青年创业者协会，哪怕是很小的事情，我都尽心尽责地做好，社长很认可我。也正因为如此，我有机会代替社长参加学校宣传部组织的读书沙龙活动，沙龙主题是"读大学到底读什么"，从而幸运地遇上了我命运的指引人！在活动现场，时任校宣传部部长的徐浪静老师问大家的专业以及毕业后打算从事的工作，当轮到我回答时，我坚定地说毕业后我想做记者，我相信我当时的真诚打动了老师，老师认真听完了我的理想，当即就推荐我加入学校记者团。

从那之后，我的大学生活更为忙碌了，我奔跑在各个活动的会场，奔跑在摄影摄像技术专业工作室和学校宣传部办公室。不理解我的人笑我傻，没有工资还跑这么勤快。但是我深知，大到一场校级活动的多角度采拍，小到一张照片的构图，都是在锻炼我的技能，实践更是检验我学习成果的最好方式。校记者团经历为我后来从事正式的记者工作打下了基础，更为我提供了宝贵的实习机会。大一暑假，校宣传部推荐我到衢州广电公共频道实习，我分外激动和珍惜。这不就是我梦寐以求的工作单位吗？在一个半月的时间里，我跟着老师走街串巷，上高山，下村镇，扛着几十斤的设备一忙就是一天，披星戴月回家，带着满心的收获入睡。很快我便具备了独立完成新闻的拍摄与剪辑的能力，也获得了大二暑假在衢州广电新闻综合频道实习的机会。

大二时，学校在新闻中心的基础上成立了校园电视台，我成为首届校电视台负责人，和一群志同道合的小伙伴们一起承担起了学校电视新闻的采编、剪辑等工作，我把暑期的实习经验分享给电视台的小伙伴们，很快大家完成一期节目也游刃有余。我清晰地记得衢州市广电的总监看了我们的节目后的评价："你们的水平和特别优秀的镜头语言可能还有差距，但是和普通记者拍摄的画面已经相差无几了。"这句话给了我们激励，也给我树立了新的未来目标——那就是向着专业的镜头语言出发！

大二暑假我就更加努力参与到电视台的实习中，老师们就将我当成真正的摄像记者来操练了。作为职场愣头青，我也有做错事情的时候，记得有次出任务很匆忙，我忘记带话筒，当时带我的刘老师非常严格，当即批评了我，"出任务就是上战场，设备就是我们的枪，你连枪都丢了，上什么战场！"吃一堑长一智，我告诉自己一定要重视细节，每次出去都要反复检查设备。从那之后，我没再犯过类似的错误。大三时课业少了些，我在电视台实习的时间也多了起来，陆续参与了难度更高的新闻栏目的拍摄制作，如《小齐说事》《浙西先锋》《法治衢州》《佳佳农话》等。

从大一到大三毕业，我有三分之一的时间在衢州广电实习，历经电视公共频道、新闻综合频道、广告部等部门

职业指南·家长选读

性格探索

摄影摄像技术专业需要孩子耐心、细心，对生活充满热爱和激情。平时一定注重实践，多拍摄作品并制作，多参与实践活动和技能比赛。还要性格开朗，主动社交，学习和不同的人打交道。

的磨炼。每次开学看到黑瘦黑瘦的我，同学们都说我傻，哪有这么辛苦白做还贴钱的。我却笑着说："你们不懂，在实习过程中我的收获可不是用金钱能够衡量的。"毕业时，我凭借优秀的成绩获得了国家励志奖学金，我的毕业设计作品也获得了教育部职业院校优秀毕业设计奖银奖。

工作时期

路是自己走出来的，再苦的路只要是走在心之所向，路边的花花草草是美的，风里的味道是甜，遇上的每一个人都会是良师益友。

（一）工作初期

毕业前夕，我凭借着丰富的实习经验通过招聘考试，顺利入职衢州广电集团，成为一名正式员工，实现了3年前对自己的承诺，成为一名记者。

曾在暑假实习期间指导过我的徐老师，作为广告部的负责人主动为我举荐岗位，我清晰地记得徐老师那天说的话。

"小郑，现在有一个机会，很重要的岗位，你要把吃奶的力气都使出来，你扛下来的话，就是这个部门的骨干之一！"

"徐老师，我可以的！我肯定使出吃奶的力气！"

就这样我加入了电视公共频道专题广告部，开始承担各类专题片的拍摄、制作以及大型活动、栏目的包装工作，这正是我一直以来的兴趣所在。凭借着在大学学习的影视后期特技制作等影视包装技术，我上手很快，但是实际工作中的影视后期并不是我想象得那么简单，因为AE（Adobe After Effects）技术是不断更新迭代的，为了某一个特技我经常熬夜研究到凌晨。

2015年，衢州市举办乒乓球球王大赛，赞助商赞助了60多万元经费，要求制作一个高质量比赛介绍视频，时间紧、任务重、要求高，从赞助商宣传片、比赛的包装、片头的制作，到所有球员介绍的影视特技都是我一个人完成的。当年，我获得了"广电集团优秀工作者""总裁嘉奖令"等荣誉；我独立完成的吸烟类公益广告《消耗的是生命》，获得年度政府奖广告作品一等奖。

由于工作积极主动、踏实肯干、敢于探索，正式工作不久我得到了广电集团当时唯一一位拥有正高职称的国家一级导演汪向阳老师的关注，通过与汪老师的接触，我迷宫的大门再一次打开。汪老师极度热爱记者这个职业，深耕纪录片创作20余年。我们亦师亦友，在他的影响下，我

职业指南·家长选读

职业探索

摄影摄像技术专业孩子在学校除了理论课程的学习外，扎实的专业基本功极为重要。如果能做到技艺结合，打好专业技术的基础上再结合艺术创新那就很容易出类拔萃了，如熟练使用各种基础的软硬件设备、掌握基本的拍摄和制作技能。在专业课程学习上要与时俱进，紧密贴切市场需求，结合市场需求有针对性地学习和探索新技术、新理念会更有利于孩子未来的就业。

意识到摄影摄像技术专业不仅仅带给我一份稳定的工作，还让我成为一名新闻人，知道如何更好地挖掘故事、讲好故事，让更多人在我们的镜头里看见更美好的世界，这是我人生中更有意义的事情。

在衢州广电奋斗的两年，我跑遍了衢州的各个角落，熟悉了衢州的风土人情，接触了形形色色的有趣故事，看遍了衢州的青山绿水，也认识了各行各业的人，这些都变成了全身积攒的力量，我萌生了创业的想法！

（二）创业时期

2016年我在衢州创办了"艺眸"文化传播工作室，以古老又精彩的衢州为素材，深度挖掘这个浙西小城的文化魅力。

创业初期，工作室只有我和另一个同事，所有事情我都是亲力亲为，我们珍惜每一份来之不易的委托，精益求精，加班熬夜成了常态。记得有一次为了给客户赶进度，修改一个细节直到深夜2点多。那是我在衢州经历过最冷的冬天，室外温度-7℃，放在门口的自行车上结了一层厚厚的霜，骑车回家的路上，冻得全身发麻，在被窝躺了很久才暖和过来。再难也不能放弃，我终将找到属于人生的奶酪，它就在下一个转角。

工作室成立以来共计创作各类纪录片、宣传片、微电影、专题片、广告等300余部作品，每部作品在我心里不仅仅是产品，更是我们团队的作品；我们在做的不仅仅是一份工作，更是一份热爱的事业。事实证明，热爱能抵岁月漫长，也能带着我们翻山越岭，走街串巷，发掘周围的美。这其中，有我们徒步四五个小时深入钱江源国家公园腹地，被山蚂蟥叮了个遍而创作的宣传片《钱江源国家公园》；有挖掘衢州本地历史文化创作的《弘一法师在衢州》《改革先锋谢高华》《新四军集结号在开化吹响》《寻找杜立特》等。这些贴地气、正能量的作品获得了当地政府、老百姓的肯定，20余部视频作品登上《浙江卫视》《学习强国》《之江先锋》《浙江组工》等省级以上媒体平台。我们潜心创作，以旧书店老板为视角，聚焦传统文化，自行创作的《青简社的日子》登上了学习强国，入选了优秀纪录片库，获得浙江省纪录片丹桂奖。

如今，我的团队慢慢汇聚了一群真正热爱摄影摄像的"匠人"，工作室的收入也日渐稳定，我也在衢州安家立业，娶妻生子，已经是一名新衢州人。岁月反馈于我惊喜，凭借着扎实的专业能力和丰富的社会阅历，我被母校衢州职业技术学院聘请为摄影摄像技术专业的外聘老师，我实现了高中时的梦想——为人师。除了协助培养学弟学妹们踏上梦想之路，我还和母校开展深度校企合作，为学弟学妹

职业指南·家长选读

职业上升路径

这个职业的专业技术能力要求比较高，孩子要深入学习各类影视制作、拍摄处理等软件。因此在校期间一定要上好专业课，业余时间多钻研并寻找实践机会。影视片的制作是比较辛苦的，一个镜头的背后可能是无数个小时的等待。另外还需要孩子有一定的文字功底，要多积累一些文学素材和拓展知识，因为好的片子背后要有一个好剧本，图像配合文字，才能发挥更好的宣传作用。

们提供跟岗实习岗位，积极吸纳母校优秀毕业生留衢就业，为浙西发展贡献一份微小的力量。

高职3年我收获颇丰，母校衢州职业技术学院为我建造好了专业的迷宫，恩师们在各个拐角给我指引方向，我没有浪费时间，每天都在奋力奔跑。从来都没有能一步揭晓谜底的迷宫，我们职业的谜底都是在一步步摸索中找到的。所以不要害怕尝试各种新东西，没有一次试错是会浪费的，那都是在试探自己未来的一种可能。即便失败了又怎么样，未来的你肯定是会感谢现在勇敢尝试的自己。

看看自己有哪些能力潜质，对照核心能力模型，这样你的未来之路就更有针对性。

核心能力模型

项目	要求
学科能力	语文、数学、英语、美术、信息技术等
基础能力	语言及文字表达能力、沟通能力、分析能力、问题解决能力、学习能力
社会能力	团队协作能力、人际交往能力、组织协调能力、创新能力、心理承受能力、社会责任感

工作后需要的职业类证书

新闻记者职业资格、无人机驾驶职业技能等级（中级）、商业摄影师资格、数字影视特效制作、数字影像处理、新媒体编辑、数字媒体交互设计等。

进修学习路径

专升本，进修学习专业：广播电视编导、广播电视学、数字媒体技术、网络与新媒体、影视摄影与制作、视觉传达设计等。

主要就业方向

从事商业摄影师、无人机航拍摄影、电影电视摄影师、摄影记者、电视摄像员等相关岗位的工作。

主要专业能力

（1）具有最新数码相机及附件的操作的能力。

（2）具有摄影构图光影的艺术表现的能力。

（3）具有最新数码摄像机及辅助设备、航拍无人机、灯光设计及布光的操作技能及视频表现的能力。

（4）具有摄影的后期制作、视频素材的剪辑及特效制作的能力。

（5）具有商业广告、艺术人像、新闻纪实摄影的拍摄和表现的能力。

（6）具有短视频项目脚本策划、文案撰写及摄制的能力。

（7）具有新媒体艺术设计、制作与传播及交互设计的能力。

（8）具有互联网信息技术应用的能力，掌握摄影与摄像后期制作、传播领域数字化技能。

（9）具有探究学习、终身学习和可持续发展的能力。

撰稿人：蓝俊以　徐国庆　郑英锋　何　敬

蜕变：职校生的华丽转身

教育与体育大类
公安与司法大类
公共管理与
　服务大类

职业教育是一片广阔的天地。在我们的职业院校里,有着先进的实训设备,让同学们能将理论知识迅速转化为实际操作能力;有着来自各行各业经验丰富的教师,他们不仅传授专业知识,更会分享职场中的宝贵经验。

拥有一技之长,就如同拥有了开启成功之门的一把专属钥匙。在这片的广阔天地里,青春同样可以绽放绚丽光彩。希望你们在规划未来时,能多一份对职业教育的了解与思考,勇敢地选择一条适合自己的成长之路,在职业教育的舞台上绽放属于自己的璀璨光芒。

愿你们汲取力量、开阔视野、坚定信念、大胆追梦,绘制出属于自己的精彩未来。

江苏省政协委员,江苏省轻工协会理事长
南京工业职业技术大学原书记

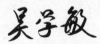

郭 骥

职　　业：金华市新世纪学校党支部书记、校长、小学数学教师
职　　称：高级教师
毕业学校、专业：金华职业技术学院师范学院（现为金华职业技术大学）、小学数学教育专业
从业时间：13 年

有人说："你是千里冰川上的一团火种。"
而我说："我只是一名平凡的小学教师。"
也有人说："你是茫茫暗夜里指航的灯塔。"
而我说："我只是一名平凡的小学教师。"
还有人说："你是祖国花朵心灵的守护。"
而我依然说："我只是一名平凡的小学教师。"

 我是扎根农村一线、擦亮婺城教育金名片的服务者

　　我叫郭骥，是一名小学数学教师。我以上课为乐，与学生为友，在躬身实践中努力实现从"当一名好老师"向"让更多孩子获得优质教育"的思想转变，努力践行从"一个人出彩"到"带领一群人出彩"的行动转变。从教 13 年来，我先后荣获"浙江'万人计划'教学英才""浙江省中小学教坛新秀""'浙派名师名校长培养工程'小学数学名师""浙江省驻甘孜工作队先进专技""浙江省优秀少先队辅导员""浙江省教科研先进个人""浙江省青年岗位能手"，以及华东六省一市第二十一届小学数学课堂教学能力评比一等奖、浙江省小学数学课堂教学能力评比一等奖第一名、浙江省少先队辅导员技能比武金奖、浙江省少先队说课比赛一等奖、金丽衢三地小学数学课堂教学能力评比一等奖等荣誉。一支粉笔，两袖清风，三尺讲台，四季耕耘，我是如何走上这铸魂育人的岗位的，这就要从我的学生时代说起了。

高中时期

高中3年，我只知道要认真读书，从未考虑过自己今后要去从事什么职业。

高中时，当我在这个人生重要的十字路口徘徊时，我的数学老师徐攀对我影响很大，他不厌其烦地一次次倾听我的烦恼，一次次指导我的学习，循循善诱、春风化雨，像一盏明灯指引着我前行。在徐攀老师的鼓励下，我明白了只有认真地对待每一天，力学笃行，才能换来更美好的人生。正是徐攀老师乐教爱生、立德树人的职业情怀熏陶了我，也正是在那时我就立志长大后要成为一名光荣的人民教师。高考后，我毅然地选择了金华职业技术学院师范学院。我想像一座灯塔一样，无论是在黑夜的疾风骤雨里，还是在白昼的风和日丽中，都始终屹立、始终陪伴，引领着孩子们快乐地成长。

> **职业指南·家长选读**
>
> 小学数学教育专业需要的知识结构
>
> 1. 理科为主。对数学的能力要求较强，喜欢孩子对教师的职业有责任感。
> 2. 热爱学习，求知欲强，具有基本的口语表达能力、书面语表达能力、体态语表达能力。

高职时期

走进"百年师范"金华职业技术学院（简称金职院）师范学院的那一刻，我是激动的、向往的，入学后很快适应了大学的生活。

（一）苔米虽小，亦学牡丹

在3年的学习生涯中，印象最深刻的是高流老师开设的高等数学，对我们而言这是一门十分晦涩难懂的课程。但是高老师却用早饭的两个馒头举例，化繁为简，瞬间帮助我们攻克了学习的难点。这次课让我感受到了数学教学的魅力，更深切地体会到培养数学思维的重要性。此后我奋发图强，努力学习教育学、心理学相关知识，淬炼专业技能，讲好普通话，练好"三笔字"。在金华职业技术学院学习的3年中，我的成绩始终名列班级前茅，多次获得一等奖学金，毕业时被评为"浙江省优秀毕业生""金华职业技术学院十佳优秀毕业生"。

（二）心之所向，素履以往

金职的3年，不仅让我掌握了扎实的专业知识，更培养了我自信从容的魄力。还记得大一的时候，我竞选进入系学生会成为生活部的一名干事，在工作中我养成了脚踏实地、求真务实的工作态度。积累了一定的工作经验后，我又决定竞选学生会副主席。还记得我发表竞选演讲时，心脏怦怦直跳，还没有开始演讲就已经手心脚心直冒冷汗了。这时候，我们专业的党支部书记斯德斌老师、辅导员李琳老师对我投来了鼓励和信任的目光，仿佛在说："老师相信你，你一定会成功的。"我的心顿时踏实了，顺利地完成了竞选演讲，最终成功竞选上了系学生会副主席。后来，在斯老师、李老师的指导下，我知责于心、担责于身、履责于行，大二下学期成功当选系学生会主席。

（三）行而不辍，未来可期

担任系学生会主席期间，我团结各个部门发挥先锋模范作用，通力协作，推进学生会工作积极稳健地向前发展。我们严把招新关卡，修订各部门工作制度，努力为系、为同学办好实事。还记得在我任职期间，我们有一个一年一度的保留节目：元旦文艺晚会，往年的元旦文艺晚会都是在金湖艺术中心小礼堂举行，那里的舞台较小。因此，我们这一届学生会便制定了一个方案，将系里的元旦文艺晚会放到音响效果更好的实验剧场大舞台举办。那段时间，我和伙伴们一起选节目、拉赞助，也如愿实现了心愿，也让我们初尝了奋斗的喜悦。金职 3 年的学习不仅让我积累了宝贵的经验和深刻的启示，同时也为我的从教生涯奠定了坚实的基础。毕业时我满怀豪情壮志，坚信自己一定能走向梦想中的三尺讲台，书写属于自己的精彩篇章。

> **职业指南·家长选读**
>
> **性格探索**
>
> 作为未来的小学数学教师，孩子要养成良好的职业性格，如对人热情、活泼开朗、富于激情、情绪稳定、富有童心、热爱孩子等。职业性格的养成途径：主动参加班集体活动、外出参观、实习实践等；敢于施展才艺、推销自我、锻炼胆量、提高自信心。

工作时期

大学毕业后，我顺利成为一名小学数学老师。作为一名从"百年师范"大门走出的毕业生，我深感骄傲与自豪。学院深厚的底蕴，让我渐悟"学高为师，身正为范"的深刻内涵；恩师孜孜不倦的教导，让我懂得"勤奋、朴实、献身、创造"的真谛。

（一）立足学生立场，打造"三有"课堂

在我的教案本里，一直保存着一幅画。那是在一次课后访谈即将结束的时候，一位同学突然兴奋地站起来说："郭老师，您今天上课的时候我都忘记开小差啦。"几天之后，这位同学将一幅"作品"送给了我，并满脸笑意地说："老师，您看！这就是上次您来我们班上课的画面。什么时候再来给我们上一节课吧。"教案本里的画慢慢泛黄，但却成为我工作的坐标和灯塔：上孩子喜欢的课，做孩子喜欢的老师。为了帮助学生简要经历知识的形成过程，实现深度学习，我努力构建有趣、有用、有挑战的"三有"课堂。在"三有"课堂里，我不仅是知识的传授者，更是学生们学习的伙伴和指导者。孩子们在"三有"课堂中不仅收获

> **职业指南·家长选读**
>
> **职业探索**
>
> 在小学数学教育这片充满希望的田野上，教师不仅是知识的传递者，更是学生心灵的引路人。做好一名小学教师，不仅要具备扎实的专业知识、卓越的教学能力，还要有高度的责任心和无私的奉献精神，热心地带领学生去探索世界。师范生在平时要勤练普通话、三笔字等教师基本功，开展试讲，积极参与见习、实习，体会职业特点、职业要求。

了知识，更学会了如何学习、如何思考、如何解决问题，提升了"用"的能力。这种独特的学习体验让他们更加自信、勇敢地面对未来的挑战。同时，"三有"课堂也赋予了孩子们一种全新的视角去认识世界，从而更好地适应未来的社会发展。

（二）不忘从教初心，探索育人新径

从教13年来，无论是在城区学校还是在农村学校，我始终被孩子、家长亲切地称为"八哥"。我坚信教育学首先是关系学，没有关系就没有教育。从教之初，基于城区孩子周末自主活动时间、空间较少的情况，我牵头开展"星期八圆梦村"活动，引导学生自主建立社团，在玩中学会承担责任、合作相处、探索创新。赴农村支教时，基于外来务工子女家庭阅读资源较少的情况，我牵头创建了"白沙溪畔·被窝悦读"线上平台，连续、无间断地推出绘本录音、视频296期，累积阅读量达200万多人次，相关活动受到《中央新闻联播》《浙江省教育报》《学习强国》《金华日报》等全国、省、市主流媒体的报道。我也多次获年度师德考核优秀，获评"浙江省优秀少先队辅导员""婺城区十大优秀青年""婺城区青年拔尖人才"等荣誉。

（三）奔赴川西高原，践行教育使命

四川省甘孜藏族自治州是金华市东西部帮扶对口城市，道孚县是婺城区的对口帮扶县。作为一名一线教育工作者，我第一时间向组织提交了援派的申请，努力将自己的成长经历、教学感悟与道孚县藏区的老师们进行交流与分享。援派以来，"与海拔比高度，与雪山比纯洁，与风沙比坚韧，与草原比宽广"成为我的精神坐标。我用足迹丈量四川省甘孜藏族自治州道孚县大地，积极帮助当地学校解决急需，累计为道孚县师生募集冬季防寒、教育研究、直饮水设备等价值人民币40万余元物资。我积极发挥专业优势，牵头成立道孚县藏区首支兼职教研员队伍，组织创建"道孚县金种子工作室，"实现县域教研人员、县域常态化教研活动、县域教师在全国中文核心期刊发论文3个"零突破"，指导道孚县藏区教师20余人次在省、州级教学比赛中获奖。在对口支援教育帮扶工作中，我被评为"浙江省驻甘孜工作队先进专技人才""浙江省驻甘孜工作队最美专技人才""道孚县2023年度优秀支教教师"。

> **职业指南·家长选读**
>
> **价值观探索**
>
> 教育事业就是要在不断的实践中摸爬滚打。积极投身于基层教育事业，不断提升基础教育育人水平，才能让每个孩子都能享有公平而有质量的教育，确保每个人都有人生出彩的机会。

（四）注重学术科研，坚持以研促教

我立足"课堂+"，践行"做中学"。主持的课题《被窝阅读："双减"政策背景下的亲子阅读实践研究》获浙江省教育科学规划2022年度一般规划课题、《指向深度学习的问题主线教学实践研究》获2022年度浙江省教研课题，以上两个课题均获金华市教研成果

评比一等奖。在全国新世纪小学数学杰出人才培养工程高研班两年学习期间，我研究的课题《基于"情景问题串"的学生学习过程研究》在毕业答辩中被评为优秀论文。此外，有10篇文章在小学数学核心期刊发表、1本专著（副主编）在全国公开出版。近年来，我开设国家、省市级专题讲座和示范课20余节，引领青年教师打造品质课堂。

（五）彰显名师担当，引领团队成长

作为浙派小学数学名师、全国新世纪小学数学杰出人才培养工程高研班学员、金华市小学数学骨干教师、婺城区名师、婺城区小学数学兼职教研员，我始终相信：一个人可以走得很快，但一群人可以走得更远。我牵头创设了婺城区农村教师"公益成长夏令营"和"公益成长冬令营"，邀请专家、名师讲课，常态开展"线上线下"交流学习，共有50余名农村教师参与其中，并已有20余名教师获市、区教坛新秀，10余名教师荣获全国、省、市、区优质课评比一等奖，10余名入职3年内的新教师获婺城区新教师技能比武一等奖。

这就是我的职业故事，扎根一线平凡岗位的小学教师。我热爱我的职业，喜欢和孩子们一起成长，并从中获得快乐。择一行爱一行，希望前行中的你也能找到自己喜欢并愿意为之奋斗的目标，实现自己的职业理想。

看看自己有哪些能力潜质，对照核心能力模型，这样你的未来之路就更有针对性。

核心能力模型

项目	要求
学科能力	语文、数学、物理、化学、英语、历史、地理等
基础能力	语言表达能力、数学逻辑思维能力、视觉空间能力、身体运动能力、人际交往能力、学习能力
社会能力	良好的职业道德、组织协调能力、适应能力、创新能力、心理承受能力、社会责任感

工作后需要的职业类证书

普通话水平测试等级（二级乙等以上）、小学教师资格、小学教师职称。

进修学习路径

专升本，进修学习专业：小学教育、数学与应用数学。

主要就业方向

从事小学教师、青少年宫教师、教育培训机构教师等工作。

主要专业能力

（1）具有较强的小学各任教学科课程标准解读、教学设计与实施、教学评价与反思的能力，具备从事基础教育教学工作的基本能力与素质。

（2）具有胜任小学班主任、少先队辅导员、生活指导等小学教学管理工作和培训机构教学工作的能力。

（3）具有"2+1"小学教育视野和能力："2"指能胜任小学语文、小学数学学科教学；"1"指能兼任小学科学、音乐、体育、美术中的一个学科教学。

（4）具有一定的外语水平、普通话水平和计算机应用的能力。

（5）具有较强的独立学习能力、教育科研能力、实践和创新能力。

（6）具有较强的综合素质，能适应未来教育教学改革发展的需要，有较强的实施素质教育的能力。

撰稿人：郭　骥　斯德斌

庄永春

职　　业：四川省凉山彝族自治州盐源县梅雨镇小学教师
职　　称：小学二级教师
毕业学校、专业：四川职业技术学院、数学教育专业
从业时间：8年

我热爱我的工作，
在陪伴与见证学生成长的过程中，
我感受到了人生价值的所在。

 我是大山深处的"筑梦人"

我叫庄永春，是四川省凉山彝族自治州盐源县的一名乡镇小学老师。少数民族地区乡村学校教学条件不好，学生多为留守儿童，家长不够重视孩子教育，学生基础差、底子薄，学习习惯差、没有明确的学习目标……面对这些棘手的问题，我没有灰心、没有退缩，因为我时刻牢记自己回乡从教的初心——用所学知识为家乡孩子们点一盏灯，照亮他们前行的路。

我热爱我的工作，在学校里，我常用自己的亲身经历跟孩子们讲"知识改变命运"的道理，引导他们为做一个对社会有用的人而努力读书，通过耐心细致的工作，孩子们对知识的渴求、对真善美的向往一点点被点燃，孩子们的学习积极性、主动性，以及学习的热情一点点被调动起来，在见证了孩子们一次次进步、一点点成长的过程中，我自己也得到了历练，收获了成长，感受到了自我人生价值的所在。从教8年来，先后获"凉山彝族自治州优秀教师""学前学普先进个人""2022年全国高校毕业生基层就业卓越奖"等荣誉称号。

高中时期

我生于农村、长于农村，父母是地地道道的农民，他们对我最大的期待就是长大了能当一名教师。而我从小到大最崇拜的也是老师，因为那时在我看来老师是最厉害的人，没有什么是老师所不知道的，所以长大了当一名教师就成了我儿时的梦想。

怀揣当一名教师的梦想，我努力学习，从小学到初中，成绩一直名列前茅，是老师眼中品学兼优的好学生，是同学父母口中的"别人家的孩子"。然而中考时发挥失常，我没能考上县里的重点高中。

高中时，我就读于四川省盐源县民族中学，这是一所普通高中，学校也分了重点班和普通班，刚入学时，我虽然在普通班，但在班里成绩排名还算靠前，老师也是我所喜欢的类型，所以我并没有受到中考失利的多大的影响，一直努力学习，成绩也稳中有升。很快到了高中分科的日子，因我一直都比较喜欢数学，初中时物理、化学、生物学成绩也相对政治、历史、地理好得多，所以我选择了理科班。换了新的班级后，很长一段时间我不能适应新老师的教学方式，一度对老师产生了抵触情绪，成绩也直线下滑，自己变得越来越迷茫。幸运的是，我的班主任马老师找到了我，跟我进行促膝长谈，一起分析我成绩下滑的原因，教会我解决的方法。这次谈话让我认识到学会自我调整的重要性，无论是学习还是生活，我们总要去学会适应不同的人、不同的环境。我开始调整自己的心态，慢慢去适应老师的教学方式，也渐渐找回了学习的状态。

高考时，我的成绩没能上本科线，家里人本来打算让我复读，但我不想复读，一是复读压力太大，二是因为我发现很多专科学校也都开设了师范专业，一样可以实现我当教师的梦想。于是填志愿时我所有的志愿都填了师范专业，最后我被四川职业技术学院的数学教育专业录取了。

> **职业指南·家长选读**
>
> **数学教育专业需要的知识结构**
> 1. 理科为主。对数学、逻辑思维能力要求较高。
> 2. 兴趣驱动。喜欢与孩子打交道、富有爱心、责任心强，会让孩子有获得感，更易对工作保持热爱。

高职时期

我是一个积极上进的人，大学期间，在学好专业知识的同时积极参与班级、系部学生会事务，积极参加社团活动，并光荣地加入了中国共产党。

学校数学教育专业的课程设置很专业，学习内容也很丰富，我们要学高等数学、应用数学、教育学、心理学等专业课，也要学一些教师基本功的课程，如三笔字、简笔画、普通话、计算机应用等，让我记忆最深刻的是李凤清老师给我们上的教育技术课，这门课老师会在大教室讲理论，然后几个学生一组到微格教室讲课。微格教室是自动录音录像的，每个学生讲完后复制出来看自己哪些地方讲得不够好，方便下次改进。这门课程让我们的课堂组织教学能力得到了很大的提升，也让我在毕业后参加教师公招考试的面试环节中加分不少，帮助我顺利通过了教师公招考试，实现了我儿时的教师梦。

因为学习的是师范类专业，从入校起，我就给自己树立了以后当老师的目标。求学路上，大二是最艰难的一年，因参加社团、班级和学生会活动耽误了学习，而大二的专业课又是3年大学生活中课程最多的一年，结果大二上学期期中学科测验成绩不理想。我进行反思与总结，把学习时间与课余提升时间按照 6∶4 比例分配，制订了学习目标和作息时间表，每天早上 6∶30 起床，晚上 11 点睡觉，日复一日，严格按照计划落实。功夫不负有心人，我在大二、大三时两次获得国家励志奖学金，并顺利获得普通话水平测试二级乙等证书、计算机等级考试二级合格证书、三笔一画证书，还被评为"四川省优秀大学毕业生"。

我毕业时，教育培训机构很是红火，而数学又是重要学科，在教培机构就业的学长每月收入是相当可观的，于是邀请我加盟创业，老师也留我在本地就业，很多办学机构多次以丰厚的条件向我抛来橄榄枝，但我毅然决定要回到大山，立志教书育人。当时我的父母极力反对，亲朋好友也语重心长地做我的思想工作，但我还是想回到大山教书，我想让山里的孩子能受到好的教育，也想为家乡的教育出一份力。怀着初心纯朴，我参加了省教育厅组织的"特岗教师"招聘，同年 8 月选岗到离家 50 公里的一所偏远村属小学，开启了初心之旅，梦想之路。

职业指南·家长选读

性格探索

教师行业有其特殊性，主要工作是对人的教育和培养，孩子的性格中最好要有乐观开朗、耐心、细致的一面，要有较强的人际交往能力和管理能力。

工作时期

钟山小学的经历让我明白了，教师是一份爱的职业，只要真心爱学生，付出一定会有收获。

（一）初上讲台，倾心付出，用爱点燃希望

初到盐源县甘塘乡钟山小学，我担任三年级班主任工作。班上学生大多数是彝族孩子，大多数孩子学习基础都很差，有的学生甚至连普通话都听不懂，更是不会说，而且学习习惯也不好。面对这种情况，一开始我也有过退缩，但最终初心战胜了灰心，我坚持教书育人宗旨，关心爱护学生，热情帮助学生。虽然任教的学校离家不远，我还是决定在学校住下来，与学生同吃同住，与学生打成一片，经常跟学生谈心，用自己的亲身经历跟孩子们讲"知识改变命运"的道理，点燃了孩子们对知识的渴求，对真善美的向往，他们的学习积极性、主动性被调动起来了，学习热情高涨，班风变好了，学风变浓了，我所带的班级也由学区最差班转变为示范班。

（二）学前学普，面对挑战不退缩

2018 年 8 月，因学前学普工作的需要，我被借调到盐源县学前学会普通话领导小组办公室（简称学前学普办）

职业指南·家长选读

价值观探索

教师这个行业，整体收入水平不会太高，乡村教师工作环境会有很大局限，教师又是一份神圣的事业、一份受人尊敬的职业。如果孩子热爱教育事业，甘于奉献，更多追求自身社会价值，工作中会更有获得感。从一名新教师成长为一名好教师，需要主动地学习、不断地反思积累，做到这些个人成长会更迅速。

工作。初到学前学普办，我带着无限的向往和憧憬，但这些憧憬很快被"忙、杂、累"击碎了。学前学普办的主要工作内容是起草文件，收集、统计、学习全国学前教育信息管理系统、"学前学会普通话"行动等信息管理平台操作，并绘制简单易懂的操作手册，在容易出错的地方贴"爱心提醒"，清除工作中遇到的"拦路虎"……而我面对这些陌生的工作，也记不清曾委屈地偷偷哭过多少次。我开始怀疑当初的选择是否正确，该不该继续坚持下去？可我知道这项工作的重大意义，也知道路是自己选择的，必须咬牙坚持，重新打起精神，厘清思路，不会就学，边做边学，继续完成手里的工作。为了如期完成"学前学会普通话"行动信息管理平台的建设工作，我和30个乡镇、252个村（社区）的干部一起，研究怎样才能完成"一个也不少"的目标，最终我出色地完成了学前学普的工作任务，也因此被评为"凉山彝族自治州'学前学会普通话'行动优秀个人"。

（三）志愿扶贫，历经艰辛结硕果

2021年10月，我参加了中国扶贫志愿服务促进会（现为中国乡村发展志愿服务促进会）在四川省凉山彝族自治州西昌市召开的"学前学会普通话"行动试点总结评估座谈会，第一次直面国家领导人，我明白了扶贫工作任重道远，更坚定了"路漫漫其修远兮，吾将上下而求索"的决心。会议结束后，我担任了盐源县学前学普办负责人，感到肩上的工作担子更重了，责任更大了，角色也有了较大的变化，从"听指挥"变为"指挥别人"。尽管很多具体的事情我都曾经独立完成过，不过，要做好学前学普办的工作，我心里还是有些没底。但是我很快明白了既然接受了这份工作，只能向前，绝不能退缩。于是我很快厘清思路，从手边的事做起，顶着怀孕的身体不适，和办公室另外两名同事一起，高质量完成了领导交办的各项任务，还完成了盐源县村级幼教点辅导员招聘/考核考试系统的建立，帮助盐源县城南幼儿园成功申创"凉山彝族自治州示范幼儿园""四川省示范幼儿园"。同年我获评"凉山彝族自治州优秀教师"。

工作以来，我一直在平凡的工作岗位上做着平凡的事，然而我又不甘于平凡，无论是教学一线，还是机关事务工作，我都精益求精，力求把工作做到极致，在平凡的工作岗位上取得了不平凡的成绩。2023年5月26日，2023届高校毕业生就业"百日冲刺"行动暨就业促进周活动启动会在北京科技大学举行，会上集中表彰了"2022年全国高校毕业生基层就业卓越奖"，我有幸获此殊荣，并作为一线优秀代表，现场参加了颁奖仪式。

2023年2月，我被调整到了盐源县梅雨镇小学，回到了熟悉的讲台。在未来的日子里，我将继续立足基层，在平凡的岗位上不断完善自我，以春蚕的精神、蜡烛的品格，为祖国的未来尽自己的一份力量与责任，做学生"为人""为事""为学"的示范者，当好一名大山深处的"筑梦人"。

职业指南·家长选读

职业上升路径

孩子要保持初心与梦想热爱本职岗位，热爱学生，哪怕再苦再累，只要坚持，付出会有收获。在工作岗位上要科学合理地制订职业生涯规划，把计划和想法付诸实践，工作上一定会取得成就。

我热爱这片土地，为自己能在家乡从事教育工作而自豪。回想来时的路，庆幸自己高考失利后没有灰心和放弃，庆幸毕业后选择在家乡考取特岗教师，多年的坚持与付出也取得了一些成就，实现了为大山的孩子当"指明灯"的梦想。如今，我有了自己的孩子，当了母亲的我更加深刻地体会到孩子的需求和想法，在接下来的职业生涯中，更多的要求自己对孩子因材施教，既教书又育人，让大山里的一批批孩子走出去，见见外面精彩的世界，拥有一份属于他们自己的别样的人生。

看看自己有哪些能力潜质，对照核心能力模型，这样你的未来之路就更有针对性。

核心能力模型

项目	要求
学科能力	语文、数学、信息技术等
基础能力	分析和处理教材的能力、课堂教学组织能力、信息技术教学能力、教学科研能力、班级管理能力、持续学习能力
社会能力	组织协调能力、沟通能力、情绪管理能力、心理承受能力、社会责任感

工作后需要的职业类证书

教师资格、三笔一画、普通话等级、计算机等级等。

进修学习路径

专升本，进修学习专业：小学教育、数学与应用数学。

主要就业方向

从事小学数学教师、第二课堂教师、课程顾问、新兴教育行业（如网络教学、信息化教学等）从业人员等工作。

主要专业能力

（1）具有运用钢笔字、毛笔字、粉笔字、普通话、板书等进行教学的能力。

（2）具有较强的课堂教学组织、实践活动指导、班队活动组织的能力。

（3）具备熟练使用现代信息技术教学、教学资源开发与利用的能力。

（4）具有一定的教学计划制订、教学组织与实施、教学科研的能力。

（5）具有爱心、耐心、责任心，以与家长有效沟通的能力。

（6）具有探究学习、终身学习和可持续发展的能力。

撰稿人：夏先进　江　涛　庄永春

刘萍萍

职　　业：商城县观庙镇第二完全小学教师
职　　称：中小学二级教师
毕业学校、专业：信阳市职业技术学院、英语教育专业
从业时间：7 年

我热爱我的工作，

教育是传承、创新、启智、塑魂的伟大事业。

我用心投入，用爱与知识照亮学生的未来。

从城市到山区，特岗教师"逆袭"记

我叫刘萍萍，我的工作是每天和孩子们打交道。我热爱我的工作，每天和孩子们打交道，我发自内心觉得欢喜，看着孩子们的点滴成长，内心特别满足和自豪。2016 年 9 月，我踏上了三尺讲台，我对教师这个职业充满责任感、幸福感。一直以来，我热爱学校，热爱学生，恪尽职守，严谨治学；坚持用发展的眼光看待学生，以人为本。在教学过程中，我告诉孩子们，只有学好知识才能提高全民的素质，才能提升国力。一路上苦尽甘来，工作中我也收获了一定的成就，如"优秀班主任""文明教师""骨干教师"等荣誉。在学习与职业成长的道路上，我一直铭记一句话："不忘初心，砥砺前行，只争朝夕，不负韶华。"

假如你也从小就有一颗天真烂漫的心，心中有小小教师职业的萌芽，也许我的故事会给你一些启迪。

高中时期

我读的是文科班，原因是我喜欢英语，从小对英语教师这份职业很感兴趣和喜欢。

高中时，我就读于河南省信阳市一所重点高中——平桥区第二高级中学。这所高中分重点班和普通班，虽然我在普通班，但曾在全校 2600 多名学生中考到前 100 名，假如能

够保持这个名次，考上重点大学是没问题的，但我那时是个严重偏科的学生。初中当了三年的英语课代表，为我的高中英语奠定了良好的基础，我高中英语成绩排名班级前几名，高中物理是一点儿都不通。文理分科时，我选择了文科班。从高二开始，我的偏科越来越严重，高考前一个月心态很崩溃、焦虑，甚至想放弃上学，最终结果导致高考发挥得很差，成绩没过本科分数线。

> **职业指南·家长选读**
>
> **英语教育专业需要的知识结构**
> 1. 文科为主。对孩子的英语能力有一定的要求。
> 2. 兴趣驱动。孩子要对教育和英语感兴趣，也要有一定的心理韧性和抗挫能力，面对困难时能够调整心态，积极面对。

当时我认为考上好大学是评判人生成败的唯一标准，所以备受打击，觉得自己没有学校可上。我的父母没表现出难过和失望，看我意志那么消沉，他们建议我从英语优势为出发点，去实现小时候的梦想，这一下戳中了我的内心深处，让我相信走职业教育的道路或许是个不错的选择，依然可以实现梦想。

那时考虑到上学不想离家里太远，想就近入学，就填报了信阳职业技术学院的英语教育专业，并被顺利录取。高考失利算是我人生中经历的一次重大挫折，仿佛朝着一块又大又重石头栽了过去，碰得头破血流。但转念一想，这也是我人生道路上的一笔巨大财富。我很感激父母，他们是我人生路上的指明灯。

高职时期

高职3年，我刻苦钻研专业课程，积极参加校内各种活动和比赛，学到的专业知识和技能为我后来从事教师职业奠定了坚实的基础。

2013年9月，我走进信阳职业技术学院，开始了大学生活。在学习专业基础知识的同时，我加入了学生会，协助辅导员做一些力所能及的事。学生会的工作不仅能为我的校园生活增添色彩，还对我的个人成长、能力提升以及社交网络拓展等都带来了积极影响。我在学生会文体部当过部长，后来担任学生会办公室主任。

进入大二，我开始关注教育行业的动态和趋势，了解最新的教育理念、教学方法和技术手段等。同时，我开始积累一些教学资源，如教学课件、教案等，为将来的教学工作做好充分的准备。此外，我还参加一些教育类的竞赛或活动，以及职业生涯规划大赛等，以检验自己的学习成果。我还考取了各种证书如专业英语四级证、普通话水平测试等级证、教师资格证、计算机等级考试二级证等。

因为自己的自尊心很强，不愿意花父母的钱，同时也为了缓解父母的经济压力，我萌生了创业的念头。那时候学校提倡大学生创业，为学生提供了一块创业基地。我利用平时三餐吃馒头省下来的钱和借来的钱投资衣服，周末跑武汉市场进了一批货，刚开始还不错，但最后款式更新慢，手里没太多资金，就把衣服亏本促销。一次坐车碰到一位姑

职业指南·家长选读

职业探索

高职时期学生不仅要专注学业，还应明确职业愿景，设定具体目标，如考取教师资格证；制订行动计划，包括短期和长期目标；参与学生会等社团提升能力，利用假期实习积累经验；尝试小规模创业，了解市场需求；合理安排时间，保证学业与兴趣兼顾；调研就业市场，精心准备简历和面试；考虑专升本等深造机会，树立终身学习观念，从而为职业生涯打下坚实基础。

娘，通过交流，了解到关于化妆品的销售市场情况，我顿时来了兴趣。我开始观察身边的同学都用什么护肤品。随之我开始跑化妆品市场，跑专柜，了解一些化妆品的历史，同时了解到大学生的需求，最后确定了自己的方向，主要经营韩国、欧美化妆品。我之后去海外采购，认识到省会海外贸易专门实体店的店主，谈了自己的规划并得到了认可。从那以后，我有了实体店铺源头的支持，自己也开始在网上做些小生意，制作宣传单，周末去各个大学宣传。从最开始一个月收入几块钱，慢慢发展到平均月收入4000多元。我也发展了自己的团队，拥有了自己的事业。

但很多事情都有双面性。除了挣钱，我还要兼顾学业。我意识到我需要用更多的时间投入到学业中，我不能为一时的利益忘记自己的梦想。于是我调整计划，重新规划时间。每天固定时间处理生意上的订单，大部分时间用于学习专业知识。寒暑假我还去培训机构实习锻炼自己。

到了大三，我开始为就业做准备，参加各种招聘会、投递简历、面试等。在准备过程中，充分了解就业市场的需求和趋势，以及自己的优势和不足。我又再一次调整自己的计划，放弃生意，一心一意为就业和专升本做准备。所以，大三的大部分时间我都在图书馆学习。我很幸运，专升本考试过线，但我又很不幸，我考上的不是最想去的学校。经过和父母的商议还是决定继续上学。有时命运总是会跟你开一个玩笑：我第一次填的志愿掉档了，志愿补录那天我又在驾校考试现场考科目二，填报时又遇到了填报网站系统故障，就这样错过了重新填报学校志愿的时间。我继续上学的梦破碎了，那一瞬间我很迷茫、难过。还好有父母的开导，我很快调整自己的心情，为就业做准备。

工作时期

在教师岗位上默默耕耘的7年时光，是一段充满挑战与成长的历程。7年里，我见证了无数学生从青涩走向成熟，我以满腔的热情和不懈的努力，引导他们探索知识的海洋。我不仅传授他们知识，更注重启迪智慧，激发他们的内在潜能。

2016年，我从信阳市职业技术学院英语教育专业毕业，开始投身于教育事业，在信阳市平桥区肖王镇中心小学代课。那时一边上班一边备考，每天都是两点一线，我下定决心要在2017年暑假实现自己的梦想，成为一名教师。2017年8月，响应党和国家扎根基层的号召，也为怀着对乡村教育的憧憬与热爱，经过层层选拔，我来到商城县观庙镇板庙小学，当一名普通的特岗教师。

（一）有理想、被感动，为山区孩子留下来

观庙镇板庙小学位于大山深处，距离信阳市城区 120 多公里，距离商城县城 80 多公里。我依然记得第一次到学校的情景，从信阳市区——商城县汪桥镇——商城县观庙镇——板庙村，换了 3 种交通工具，摇晃 4 个多小时后终于抵达。在这条坑坑洼洼、白天一身灰、雨天一身泥的乡村小路，我开启了自己的追梦历程。

当时村小只有两名教师住校，饭自己做，水从井里提。最难忘的是 2017 年年底大雪封山，没有蔬菜，水井结冰，我靠吃方便面坚持了一周。自小生活在乡镇上，哪见过这困境？每当没有信心走下去的时候，耳边回荡着父母对我说的话，"路是自己选的，就要坚持，更要有担当。你是一个热爱工作的孩子，爸妈相信你可以做到的。"同时脑海里浮现出孩子们看到新老师到来时灿烂的笑容，我的心又产生了动摇，因为我从孩子们的眼里读懂了对知识的渴望。这里的孩子多是留守儿童，缺少父母的陪伴，有的甚至是孤儿，孩子们唯一能依赖的只有老师。我下定决心要留下，用自己的爱心陪伴他们成长。

（二）当教师、任全科，特岗教师不平凡

2017 年的板庙小学只有 60 多名学生、3 个年级、6 名教师。为了开足开齐课程，每名老师都身兼数职。得益于大学时练就的师范生"多面手"本领，我蛮有信心地主动承担了一个班级的所有课程，同时还负责学校信息管理工作。

2018 年 3 月，因为工作需要，我来到观庙镇第二完全小学，接任三年级语文老师兼班主任以及音乐、美术等学科老师。2019 年 3 月，我接任六年级语文老师兼班主任，以及品德、科学、音乐等学科老师，同时也负责校园之声广播及学校信息管理工作。在这 2 所学校，我还负责全校的文体活动，让艺术走进山区孩子，为他们的世界增添色彩。

每天清晨，我会带着孩子们跳我自编的韵律操。我们边做操边诵读国学经典。课余时间，我喜欢和孩子们一起动手创作。画画、折纸、做手工，这些简单的活动却能让孩子们发挥无限想象。每当看到他们完成作品后那满足和自豪的笑容，我都觉得一切努力都是值得的。节日是我最忙碌也是最开心的时刻，我会精心策划元旦晚会、冬季运动会等活动，从编排舞蹈到设计舞台，从撰写主持词到为孩子们化妆，我全程参与，只为了给孩子们提供一个展示自我的平台。看着他们自信地站在舞台上表演，我知道这些活动不仅丰富了他们的校园生活，更激发了他们的自信和潜能。

（三）爱孩子、细呵护，做孩子成长的引路人

和孩子们在一起的时候，我会把自己的零食分享给他们，给喜欢画画的孩子买一些画笔。冬天，山区寒风刺骨，很多父母不在身边的孩子衣着单薄，小手小脚也冻得通红，我会买一些衣物、袜子等生活用品送给他们。和孩子们一起卫生大扫除、看着他们中午在教室午休、利用课下辅导学生作业……我慢慢地变成了孩子们的生活老师。如今我再也不怕大雪封山、购物不方便了，因为孩子们有的从自家菜园里带菜，有的帮我在井里提水，有的还会采

些路边的鲜花，送给他们爱美的刘老师。在这里，孩子们需要我，我也需要孩子们。

我以真诚的爱去教育孩子，用关心去感化孩子。曾经班里有一名家庭比较特殊的女孩，因妈妈智力残疾，家里没人照看她，对于她来说，学校就是她的家。我有时帮她剪头发，有时还会给她买几件新衣服。经过一段时间的关爱，这个孩子在成绩上有所提升，生活中也懂得去关心和帮助他人。我所教过的班级里还有一个男孩来自单亲家庭，孩子从心灵上无法感受到家庭的温馨与幸福，学习成绩也受到很大的影响，性格也变得孤僻。知道详细情况后，我在学习和生活上对他多加关注，经常鼓励他与同学多接触，每天下课辅导他学习。他从不自信到敢和班里同学交流，从不爱学习到慢慢去努力学习。看着孩子们一步步地成长、进步，心里有无比的欣慰和成就感。

（四）勤学习、苦专研，努力终有回报

我常对孩子说："活到老，学到老，还有三分学不了。"不但要求孩子这样做，我自己也坚持知行统一原则。多年来，我一直保持一丝不苟的学习态度和刻苦钻研的求学精神，向老教师求教教育教学经验，一周至少一次深入班级听课。业余时间，我利用网络学习信息技术融合课程，利用多媒体上好每堂课。在教学工作中，我将自己的成果拿出来与大家分享，既增加了工作的乐趣，又增进了同事之间的和睦关系。工作之余，我努力提升自己学历，参加了本科自学考试，取得了本科毕业证书。

入职 7 年，我始终兢兢业业、恪尽职守。我始终坚信，付出总有回报，努力会有收获。工作期间我荣获多项荣誉，如"信阳市 2019 年优秀特岗教师""商城县观庙镇优秀教师""2022 年平桥区骨干教师""2022 年师德师风优秀案例二等奖""2023 年羊山新区文明教师""2023 年羊山新区优秀教师"等。

> **职业指南·家长选读**
>
> **价值观探索**
>
> 面对艰苦的工作条件，坚守岗位是基本原则。无论环境多么艰难，从业者都要保持坚定的信念，不断提升自我。通过持续学习和实践经验的积累，增强专业技能和个人素养。相信凭借自己不懈的努力，能够克服任何障碍，实现个人价值。同时，需要始终保持积极进取的心态，勇于面对挑战，这样才能够在职业生涯中不断进步，赢得尊重与认可。

有人说，大学是放飞梦想的地方，也有人说是曾经的梦想破灭的地方，可是聪明的人会把它当作新的梦想徜徉的地方。所以，要学会构建新的梦想，因为新的梦想更加真实，不再遥不可及，而是你毕生奋斗能接近和实现的，更值得为之而奋斗。

看看自己有哪些能力潜质，对照核心能力模型，这样你的未来之路就更有针对性。

核心能力模型

项目	要求
学科能力	英语、数学、语文、信息技术等

（续）

项目	要求
基础能力	英语语言技能、教育教学研究能力、教育心理学知识、现代教育技术应用能力、科研与创新能力、跨文化交际能力
社会能力	人际沟通能力、团队协作能力、领导和组织能力、持续学习与自我反思能力、适应能力、问题解决能力、同理心与社会责任感

工作后需要的职业类证书

教师资格、普通话水平测试等级、大学英语四级/六级、英语专业四级/八级、计算机等级等。

进修学习路径

专升本，进修学习专业：英语、小学教育、商务英语、翻译和英语语言文学等。

主要就业方向

从事英语教师、英语教育工作者等职业。

主要专业能力

（1）具有扎实的英语基础知识，为后续的英语学习与教学奠定坚实基础。

（2）具有熟练的英语听说读写译的能力。

（3）具有教学设计与实施的能力，能够根据教学目标和学生特点设计合理的教学方案，并有效实施教学活动。

（4）具有课堂管理与组织的能力，能够有效管理课堂秩序，激发学生的学习兴趣。

（5）具有教学评价与反馈的能力，能够客观评价学生的学习效果，提供有针对性的反馈，帮助学生改进学习。

（6）具有现代教育技术应用的能力，能够熟练运用多媒体教学工具和技术手段，提高教学效果。

（7）了解学生的心理发展特点，能够运用教育心理学原理指导教学实践。

（8）具有良好的综合素养、职业道德和社会责任感等。

（9）具有不断探索新的教学方法和手段、创新教学模式、提高教学效果的能力。

撰稿人：柯　涛　张泽欣　刘萍萍

卢迎新

职　　业：济南市历下区大明湖幼儿园副园长
职　　称：高级教师
毕业学校、专业：济南幼儿师范高等专科学校、音乐专业
从业时间：22 年

每一个孩子都是独一无二的，

每一个学段的教育都是纯粹且走心的，

无论在什么岗位，无论在哪个园所，

我都用对教育不变的挚爱奏响成长的变奏曲……

 "向下扎根　向阳生长"的教育人

我叫卢迎新，是一名幼教工作者，每天和老师们一起带着 3~6 岁的孩子们快乐生活。虽然我不是幼师专业毕业，但经过多年的努力，成为"全国优秀教师"中的一员。

幼儿教育为孩子的一生发展奠基，是根的教育事业。你一定好奇："不是幼师毕业的人，是如何成为'全国优秀教师'的？"其实专业不仅需要在学校的学习，还需要在岗位上的历练，更需要用心去发现和规划自己的生长点，向下扎根、向阳生长才能让专业不断发展。

中专时期

即使"零起点"，通过不懈的努力，也会和其他人一样能到达"终点"。

16 岁那年，我收到了济南幼儿师范高等专科学校（原济南师范学校）音乐专业的录取通知书。在学校的学习生涯中，我不仅专注于理论知识的学习，更在艺术与技能的海洋中不断探索与成长。从最初对钢琴、声乐、舞蹈这些领域的一无所知，到后来的熟练掌握与热爱，这段经历无疑是我人生中最为宝贵的财富之一。

在钢琴学习上，我利用一切可利用的课余时间，从基础指法到复杂曲目，一步步扎实

前行。每当指尖跳跃在黑白键之间，流淌出悠扬的旋律时，那份成就感与喜悦便油然而生。通过不懈努力，我不仅学会了弹奏多首四级、五级难度的钢琴曲，还掌握了不同风格的演奏技巧，为未来的幼儿教育工作奠定了坚实的音乐基础。

　　声乐方面，我同样没有放松。在声乐老师的指导下，我学会了科学的发声方法，逐渐提升了音准、节奏感和表现力。通过加入学校的鼓号队和手风琴队，我有机会与同学们一起排练、演出，这种团队合作的经历不仅锻炼了我的团队协作能力，也让我深刻体会到了音乐的魅力。

　　至于舞蹈，虽然起初对我来说是一个全新的挑战，但我凭借着一股不服输的劲头坚持每天练习。利用窗台压腿，在舞蹈室反复模仿老师的动作，每一个转身、每一个跳跃都凝聚着我的汗水与努力。虽然最终没有达到专业舞者的水平，但这段经历让我学会了坚持与毅力，也让我更加自信地站在了舞台上。

　　在幼儿师范高等专科学校的学习经历中，我不仅收获了专业知识与技能，更在艺术的熏陶下塑造了更加全面、自信的自己。这段宝贵的经历也成为我后来职业生涯中最坚实的后盾，指引我在幼儿教育的道路上不断前行。

> **职业指南·家长选读**
>
> **音乐专业需要的知识结构**
>
> 1. 文科为主。艺术之路需全面的知识支撑。要有扎实的音乐技能，还需要广泛的知识助力创作与教学。深耕音乐技艺，掌握乐器演奏，为艺术实践奠基。同时，教育学与心理学素养不可或缺。
> 2. 兴趣驱动。艺术之路漫长，唯热爱与追求能驱人前行。热爱是动力源泉。若孩子能构建全面知识结构，保持艺术热情，定能在艺术道路上越走越远，成为技艺深厚、视野宽广的艺术家或教育工作者。

工作时期

　　中专毕业的我没有直接参加工作，而是考入了大专班继续学习。2001年，手捧着中专（音乐）和大专（汉语言文学教育）毕业证的我却成了一名小学英语教师。这一年的秋季，全国小学首次开设英语课程，我看着手中崭新的英语课本，深觉自信心不足：英语课该怎么备？怎样教好英语？面对5个班级300多名孩子渴求的眼神，容不得我有丝毫懈怠。

　　为了做一名合格的英语教师，我认真研究和分析英语教材，积极参加英语培训班，考取山东师范大学的在职英语本科班。我采用"情境教学法""角色扮演法""游戏练习法"让学生在看、演、玩中快乐地学；引导学生自主制订每天的学习计划，和学生一起唱英文歌……这也让我坚信：打铁还需自身硬，想让学生学好，就要教师先行。

　　2002年，我参加了全国首届"和谐杯"新课程理念英语优质课评比并获得二等奖；撰写的论文获得济南市一等奖；先后指导多名学生获得全国青少年英语口语大赛省级一等奖。这些点滴成绩让我增加了争做优秀英语教师的自信心。

　　当我满怀信心要在英语教学上再创佳绩时，我被调到了学校的附属幼儿园工作。这突如其来的变化让我感到"不适",小学与幼儿园的教学内容与要求是不一样的,幼儿园是全学科教学,一带班就是一天,如何带好3~6岁的孩子们,如何做好保教工作,成为我面临的最大问题。

(一)写与研,夯实教的功底

为了了解孩子们,让孩子喜欢,让家长放心,我开始写教育随笔,每天晚上记录孩子们成长的点点滴滴。

对汽车着了迷的尧尧,他总是一走路就开车:嘀嘀,嘀嘀,鞋掉了就说汽车轮子掉了,口渴了会调皮地对我说:"我的汽车没油了,我要去加油!"羞答答的林林在我亲手给他擦洗身上的大便之后,他哭着对我解释:"是臭臭不听话,自己跑出来的。"当我有病呕吐时,对人关心备至的荣荣会焦急地说:"老师,你怎么了?喝水就能好!老师,你鼻子里还有,你衣服上也有。"坐在角落里不说话的月月虽然调皮,却发誓要保护我的东东……孩子们成长的点滴写在我的本子上,更写进了家长的心中。

2011年,我参加省教学能手评比时,将小、中、大班6本教材中的近300节课例按照五大领域进行分类列表,对每节课的目标及活动过程进行研磨,从孩子快乐学的角度去精心设计每节课。白天在班里对着孩子们讲,休息时间制作教具;晚上备课、做课件,对着自己的孩子试讲。这场比赛不仅让我获得了"山东省教学能手"称号,更让我掌握了"教"的法宝并传递给更多教师。我先后指导16位教师获得山东省优课一等奖及"济南市优秀班主任""历下区教学能手"等奖项和荣誉;40余位教师获得省市区论文、课件、微课的一等奖、二等奖;9位教师获全国家庭教育优秀案例一等奖、二等奖。

> **职业指南·家长选读**
>
> **价值观探索**
>
> 幼教行业在外人眼里是看孩子的简单工作,其实幼教是教育基石中的基石,若是能俯身钻研,同样可以不断成长,收获成就感和职业价值。

(二)转与学,筑牢教育根基

2013年,我离开已晋升为省级示范园的解一小幼儿园,来到锦屏园工作,马上投入到迎接省级示范园达标验收的筹备工作中。我和教师们借助宽大的走廊,巧妙创设大观园、芙蓉街等活动区角,用可看、可玩的微型景观再现老济南民俗风尚,让幼儿在这里做甜沫、打油旋,激发幼儿对家乡的热爱,传承民族文化。

2016年4月,怀孕7个月的我入选了"齐鲁名师工程人选";2016年6月,怀孕9个月的我完成了8.3万字的硕士研究生毕业论文——《幼儿园自主游戏中教师有效介入研究》,顺利取得学前教育专业硕士学位。

2019年,我来到历下区第二实验幼儿园(盛景园),带教师们成立了"盛景新新故事团",多次开展绘本培训活动,指导教师、家长、幼儿在喜马拉雅平台录播600多个故事。我坚持利用休息时间录制故事并发布在微信公众号"儿童精神"。在省市区领导的支持下,

"卢迎新讲故事"栏目在全省推广,惠及全省的幼儿和家长。

(三)思与行,构建教育艺术

2020年8月,我调入育德园,成为一名新兵——副园长,这让我重新梳理、审视并规划自己的专业发展。虽然我已连续10年作为山东省远程研修主持人,带领近百位教师参加了研修活动并获得成长,多次参加全国名师交流、齐鲁名师指导、市送课下乡、市区优质课展评指导等活动,但作为副园长如何协助园长培养教师队伍、助力园所发展是亟待解决的问题。

我采用帮、传、带的方式,让新教师快速掌握一日带班要领;采用一课多上、一课多研的"磨课活动",提高青年教师组织与开展活动的专业能力;通过"压担子",锻炼骨干教师的协调、组织能力,使其帮带年轻教师开展有效教学;让教师用好"读、写、研"的专业发展"拐杖",借助各级培训、教研及读书活动,帮助教师掌握幼教改革新理念、新观点。

我们开展生活化教育,深挖生活活动教育价值,引领30所幼儿园开展市"十三五"规划重点课题《幼儿园生活活动组织与实施的优化策略研究》,使一日生活的组织与实施更自然、自主,进而培养幼儿良好的习惯及规则意识,课题成果在全区进行推广。

我们还开展组织游戏化教学,扎实做好省市区"悦成长"自主游戏实验项目,与幼儿共商共创丰富多样、有趣好玩的游戏区。鼓励幼儿自制计划、自由结伴、自选材料、自主玩耍,借助多样的自主游戏,支持幼儿全面、主动又富有个性的发展。

我指导两位教师反复修改教案22次,录制2节心理健康教育课例,在省派"第一书记"帮扶村幼儿园园长与骨干教师培训活动中播出。同时,我也为1000多位幼儿园园长和骨干教师提供4次讲座及2节课例评析,分享了园所管理、家园共育等经验做法。我积极协助园长工作,及时总结、梳理园所管理及教师培养经验,多份材料在省远程研修教科研、区课程研讨等现场会中分享,部分汇报稿在省市级报刊发表;助力园所成功申报省第二批残疾儿童少年随班就读示范校、市幼儿教师培训实践基地、市优秀中华传统文化试点园、市百佳家委会。

2023年9月,我离开了已成长为集团园的育德园,来到大明湖幼儿园。回望在5个园所的不同却又相似的经历:每当园所成功晋升就是我又回到"小白"的时刻,这也使我懂得了一切过往皆为序章,真正的专业成长才刚刚启航。让我们扎根教育,向阳生长,在教育的路上走得更远!

> **职业指南·家长选读**
>
> **职业上升路径**
>
> 幼儿教师的专业发展的重要路径有三条,一条是真心的热爱,第二条是用心的学习,第三条是努力的付出。从新手教师到名师,需要日复一日不断地学习,才能不断地获得专业成长,成为深受孩子喜爱、家长满意、同行钦佩的教育行业中的佼佼者。

在人生的广阔海域中，选择一条适合自己的航道至关重要。教师，这一被誉为"太阳底下最光辉的职业"，不仅承载着传授知识、启迪智慧的重任，更在无数年轻的心灵中播撒着希望的种子。与我而言，职业教育不仅是我们通往未来职业道路的重要桥梁，更是塑造我们知识结构、兴趣爱好、价值观及人生观的关键阶段。起点并不能决定终点，只要保持热爱，勇于面对困难和挑战，就一定能收获属于自己的精彩人生。

看看自己有哪些能力潜质，对照核心能力模型，这样你的未来之路就更有针对性。

核心能力模型

项目	要求
学科能力	语言、社会、健康（体育＋身心健康）、科学（数学＋科学）、艺术（音乐＋美术）等
基础能力	观察分析能力、课程设计组织能力、语言表达能力、沟通能力、学习能力
社会能力	人际交往能力、团队协作能力、组织协调能力、创新能力、心理承受能力、社会责任感

工作后需要的职业类证书

教师资格、心理咨询师、育婴师、营养师等。

进修学习路径

专升本，进修学习专业：音乐表演、学前教育、音乐教育、教育学。

主要就业方向

从事幼儿园教师、社区服务工作者、幼儿教育培训者、幼儿主持及策划、家教人员、教育研究人员等工作。

主要专业能力

（1）具有观察能力，能够了解幼儿的需求和发展状况。

（2）具有作品分析能力，能够评估幼儿的发展水平并制订教育策略。

（3）具有沟通能力，能够与幼儿进行有效沟通，了解他们的内心世界。

（4）具有课程设计能力，能够根据幼儿特点和教育目标设计课程。

（5）具有活动组织能力，能够组织和引导幼儿参与各种有益的活动。

（6）具有评价能力，能够对幼儿的发展状况和学习效果进行科学评价。

（7）具有师幼互动能力，能够与幼儿建立良好的关系，促进幼儿主动学习。

撰稿人：卢迎新

陈 潘

职　　业：武汉市汉阳区晨光第二幼儿园教师、总务主任
职　　称：幼教二级教师
毕业学校、专业：武汉城市职业学院、学前教育专业
从业时间：5 年

作为一名男幼师，我从不后悔自己选择了这一份职业。

正是因为有男幼师的加入，打破了幼儿园清一色女教职工的局面。

我立志做幼儿健康成长的启蒙者和引路人，我愿意为自己所热爱的幼教事业奉献青春和热血！

我是呵护幼儿健康成长的"男阿舅"

我叫陈潘，是一名幼儿园教师。我不顾世俗偏见，坚持初心，成为武汉市汉阳区晨光第二幼儿园的第一个"男阿舅"。工作 5 年以来，我在专业期刊发表幼教科研论文 30 余篇，多次荣获国家及省市区幼儿教师职业技能大赛一等奖，先后获评"教育部大学生就业创业人物""《教育家》杂志'2020 年度儿童教育人物'""湖北省第八届'长江学子'""青春汉阳'最美教师'""优秀青年教师""优秀共产党员""优秀共青团干部""教育先锋个人"等荣誉称号。在充满纯真与童趣的幼教天地，我用专业和勤业呵护祖国花朵，用敬业和乐业展现青春模样。

高中时期

高中时，我的成绩在班级排名位列中等，是选择复读，还是换一个"赛道"继续奔跑？这是横亘在我面前最大的难题。

高中时期我的成绩并不拔尖，有些学科很薄弱，这使得我在班级的排名位列中等。但我的班主任从未因分数将学生划分为"三六九等"，在她的眼中，每一名学生身上都有着无与伦比的闪光点，都应当被珍视。她经常教导我们，学生生涯是人生旅途中一段最美好的时光，尤其是高中时期，它不应被视为求学过程中的至暗时刻，相反我们应该在各种压

力中学会排解情绪，在各种坎坷中学会成长。

还记得有一次月考，我的成绩在班级排名跌至了末尾，而那时距离高考已不足100天。沮丧的我一度想要放弃学习，提前"打包"回家，草草结束这熬人心志的高三岁月。但就在当天的晚自习，班主任找到了我，语重心长地与我做了一次长谈。她说："人生的路每一步都不会多余，每一步都有它存在的意义，即便最后可能无法在高考中收获理想的成绩，但历经过高三这段岁月的磨砺，也一定能够成就更成熟与坚韧的自己。所以，无论如何也不能放弃最后的冲刺，一定要坚持为自己的高中生涯画上一个句号！"在她看来，虽然我的文化成绩并不拔尖，但我身上却有男孩子少有的细心与耐心，也许我的人生可以从这方面找找突破口。

正是因为听取了她的建议，高考成绩不理想的我并没有自暴自弃，反而积极地为自己接下来的学习而寻求方向。父母希望我能鼓起勇气去复读，而我自己再了解不过自身的实力，即便再来一次，我想也未必能够获得他们期待的成绩。于是，在多方辗转下，我在一家幼儿培训机构找到了一份兼职的工作。也正是因为这一次兼职体验，让我第一次接触到幼师这个职业。虽然工作繁杂，但我却被这里的氛围深深吸引——也许是孩童脸上纯真的笑容，也许是在迎来送往时耳边回响的那一声声"陈潘哥哥"的悦耳童音。现在想来，那一定是我心中萌发对幼儿教育事业向往的第一颗种子。

在那个暑假的末尾，我做了人生中第一个重大且意义深远的决定——放弃复读，选择到武汉城市职业学院就读学前教育专业。

> **职业指南·家长选读**
>
> **学前教育专业需要的知识结构**
> 1. 文理科不限。孩子要有一定的科学、文化知识储备，德智体美劳全面发展。
> 2. 兴趣驱动。孩子要热爱教育，喜欢与幼儿打交道，有奉献精神，如有某项艺术特长会有一定的优势。

高职时期

幼师生的学习是紧张且忙碌的，不仅仅要掌握"弹、唱、画、跳、说"等各种专业技能，还有各种各样的活动和比赛需要参加。大三时，我便在湖北省教育厅主办的首届湖北省职业院校（高职组）学前教育技能大赛中荣获一等奖。

当明确了人生目标赛道后，我的身体仿佛被注入了新的活力，而这份活力让我在接下来的高职求学生涯中势如破竹——当很多同学因选择了这条路而郁郁不得志，或因为内心排斥而迟迟不能静下心来学习时，我却更加坚定了以后要做一名幼儿园"男阿舅"的愿望。为了实现这一个愿望，我将那些看似枯燥无味的理论知识看作是为将来的职业发展打下的坚实基础；我将那些烦冗复杂的实践活动看作是为将来的求职面试做出的最好演练。

幼师生的学习是紧张且忙碌的，一开始，我不喜欢美术基础和幼儿园环境创设课程。

后来，我的辅导员告诉我："你要抓住自己的强项去深挖和专攻，但是别的课程也要抓好学好，我也知道你们各种比赛和功课的压力挺大，但是这3年眨眼就过去了。"于是，我慢慢地调整对这两门课程的学习状态。除了补齐在这两门课程中的学习不足之外，我还积极挖掘自身的特长。作为一名男生，在未来的就业中可以发挥自身优势，例如，幼儿园里男老师寥寥无几，孩子们更需要男老师去引导他们坚强、勇敢的性格发展。因此，在这3年的学习中，我将自己定位于一名未来的体智能男老师，结合一些体育项目摸索着开发一些幼儿体智能活动。事实证明，这些前期的准备工作为我后期的职业发展奠定了坚实的基础。

与此同时，我还积极参与各种活动和各项技能竞赛。"以赛促学，以赛促提升"，在我看来，每一次比赛都是在检验我的学习成果，都能帮助我再次系统地梳理所学的专业知识，并且找到自己的欠缺之处。

从高考选专业到进大学学专业，我始终笃信自己的选择，清晰合理的职业生涯规划，更是坚定了我投身幼儿教育事业的信心和决心。我努力学习专业课程，全面提高实践能力，专业技能成绩优异，连续三年总成绩排名年级前五名。2017年，我代表学校参加湖北省教育厅主办的首届湖北省职业院校（高职组）学前教育技能大赛，荣获个人一等奖。毕业时，我收到20余家公办幼儿园的录用通知函，最终，我以综合成绩排名第一的好成绩通过武汉市事业单位考试，正式入职武汉市汉阳区晨光第二幼儿园，成为一名基层幼儿园教师。

> **职业指南·家长选读**
>
> **性格探索和职业探索**
>
> 幼儿园教师除了要拥有广博的文学、科学和艺术知识外，还需要掌握幼儿生理、心理和教育方面的知识，能够观察和了解幼儿的能力，具备设计教育活动的能力、组织管理能力、幼儿行为辅导的能力、独立思维和创造的能力及反思能力。此外，还要善于与幼儿及家长沟通。孩子的性格中最好有细心、耐心和责任心的一面，且喜欢小朋友，乐于陪伴幼儿成长，这些都会让孩子更易对幼教工作保持热情。

工作时期 🕐

我热爱幼儿园教师这个职业，我也喜欢孩子，从小我的梦想就是有朝一日能成为一名教师。现在，我的梦想实现了，和孩子们在一起的每一天，我都是快乐和幸福的！

（一）俯首育苗五载，初心如磐如一

同龄的朋友一听说我当了幼儿园教师，看我的眼光立刻就变了；亲戚们也反复劝我改行，觉得男生当幼师不体面。梦想的实现却被亲朋好友苦口婆心地"规劝"泼了一盆冷水，每每想起当年"被优待"和"被跳槽"的经历，我总是从容一笑。面对微薄的收入和巨大的压力，我也曾纠结过、苦恼过。然而，只要看到孩子们天真无邪的笑容，听到孩子们童声萌萌的话语，我又坚定了自己的初心。

我所坚持的初心和梦想之光，同样也点亮了孩子们心中的理想之炬：科学家、医生、

警察、教师、工程师……无数个小小心愿化成孩子们对未来理想职业的梦想。如何浇灌这些可贵而娇嫩的种子生根发芽，如何让这些理想之花变成硕果累累？职业生涯规划要从娃娃抓起——这是我在幼儿园一线教育教学过程中一直思考和研究的课题。

回首自己的成长和发展路径，我更懂得"心中有信念，脚下有力量"的道理，所以我小心地收集着这些理想之花，用心呵护、引导培养，助力他们成长为未来的栋梁之材。

（二）保教并重，刚柔并济，彰显"男阿舅"魅力风采

在幼儿园的领导和同事眼里，我是阳光、热情、努力的大男孩。入职之初，便被安排到小班负责保教工作。原本小班幼儿入园就会出现分离焦虑情绪，家长的心情也是五味杂陈，到教室后发现居然还是一名年轻的"男阿舅"，家长们更是情绪不安，纷纷跟园长提议要求换一位有工作经验的女老师。尽管开学前我通过家访和电话沟通等方式做了一些准备工作，但是仍然无法消除家长们的顾虑。甚至还有一位爷爷当着我的面说："你不行！你做不了的，赶紧让园长换人！"

面对孩子的抗拒和家长的质疑，我努力做好心理建设的同时，及时调整工作方法和策略，快速记住每一名小朋友的喜好和特征，制订符合小班孩子年龄特征和兴趣爱好的活动计划，摸爬滚打和孩子们角色扮演做游戏，给他们分享精彩故事，和他们一起做泥塑、做手工。没过几天，快乐的幼儿园生活消除了孩子们的入园焦虑，他们喜欢上了幼儿园，喜欢和潘潘老师做游戏了。

在家长沟通方面，我通过家校微信群及时回复家长的问题，主动分享孩子在幼儿园学习生活的图片和视频。我还利用休息时间进行家访，主动向家长分享孩子在幼儿园的进步表现，逐一听取家长的意见和建议。两周时间内，我对全班22名幼儿的生活习性和爱好特长了如指掌。很快，家长们就发现自己的孩子越来越喜欢上幼儿园了，回家后也喜欢主动分享幼儿园的点点滴滴，家长们这才真正见识了我这个"男阿舅"的魅力。

我不仅有爱心、耐心和细心，还以男性的阳光豁达和坚毅不屈以身示范。班上有一名小男孩，因为爸爸长期出差在外，孩子一直与多病的妈妈相守。成长环境中常年男性角色的缺失导致孩子性格怯懦，在班级活动和互动游戏时，他总是默默地坐在角落里，体智能活动更是不敢挑战。我注意到这一点后，及时与孩子妈妈沟通，在日常保教工作中也给予孩子更多的关注与陪伴。我总是牵着他的小手，耐心地鼓励他，并给予他更多在班上展现自己的机会。经过一段时间的相处和训练后，这名孩子能够主动地融入集体，妈妈更是欣喜地向我讲述孩子在家主动承担家务和照顾妈妈的感人瞬间。

（三）教学科研获佳绩，永为参木护幼苗

为了上好每一节教学活动，我常常苦思冥想，每一个灵感和构思都会马上记录下来。每天下班回家，我必做的事情就是对一天的教学活动进行反思。每学期开园之初，我都会为孩子们精心创设充满乐趣和互动的游戏环境。

2020年疫情期间,我白天下沉社区做志愿服务,晚上在家自主研发宅家体育课程。该课程经过本班和本园的教学实践,受到了幼儿和家长们的一致好评,很快课程就在全区所有幼儿园全面推广。武汉教育电视台、长江日报、荆楚网和学习强国等多家权威媒体也纷纷进行了报道。

另外,我开创了许多内容丰富、形式多样、集专业性与趣味性于一体的教研活动,得到了同事和领导们的一致好评。我通过日常保教工作积累了丰富的经验,撰写了多篇幼儿教育论文,参与了多项幼儿教学课题研究。由我开发的系列课程辐射了8个学区、56所幼儿园,让近万名幼儿受益。我撰写的教育教学论文和教学案例多次获得武汉市、湖北省和国家级奖项。

这就是我——一名幼儿园"男阿舅"职业启程的故事。在众多荣誉面前,我始终没有忘记自己的初心。我喜欢小孩子,热爱幼儿园教师这个职业,我立志做幼儿健康成长的启蒙者和引路人,我愿为自己所热爱的幼教事业奉献青春和热血!

> **职业指南·家长选读**
>
> **职业上升路径**
>
> 在幼儿园教师职业发展的不同阶段,也有着不同的职业要求:
>
> 1. 入门阶段:熟悉幼儿园的工作环境,掌握基本的教学和班级管理技能,在有经验的教师指导下参与教育教学活动。
>
> 2. 成长阶段:在提升教学质量、增强班级管理能力的基础上,开始尝试设计教学计划及课程设计,尝试参与幼儿园管理工作。
>
> 3. 成熟阶段:具备深入研究教育理论及撰写教学论文的能力,可培养新教师及分享教学经验的能力,可以参与幼儿园决策的制订。
>
> 4. 领导阶段:这一阶段的幼儿园教师已成为幼儿园的领导者,可以对幼儿园的整体运营和发展负责。

看看自己有哪些能力潜质,对照核心能力模型,这样你的未来之路就更有针对性。

核心能力模型

项目	要求
学科能力	语文、音乐、美术、信息技术、英语等基础学科能力;幼儿发展知识、幼儿保育和教育知识、通识性知识等专业学科能力
基础能力	保育能力、游戏活动的设计与引导能力、教学能力、激励与评价能力、沟通能力、学习能力、创新能力等
社会能力	表达能力、组织协调能力、团队协作能力、适应社会能力、心理承受能力、社会责任感

工作后需要的职业类证书

幼儿园教师资格、保育师职业资格、育婴员职业资格、幼儿园园长任职资格、家庭教育指导师等。

进修学习路径

专升本，进修学习专业：学前教育、教育学、特殊教育等。

主要就业方向

进入幼儿园、亲子园、早期教育中心、托育机构、社区婴幼儿服务机构、儿童成长中心、艺术培训机构、家庭教育咨询机构、儿童教育集团等，从事与幼儿教育相关的工作。

主要专业能力

（1）具有观察和分析儿童身心发展特点的基本能力。

（2）具有环境创设和利用其引导、支持幼儿完成游戏的能力。

（3）具有组织幼儿一日生活和保育的能力。

（4）具有编制和实施教育活动计划和方案的能力。

（5）具有观察、记录、谈话和评价幼儿的能力。

（6）具有良好的人际沟通、资源利用和合作交流的能力。

（7）具有较强的语言表达和写作能力。

（8）具有探究学习、终身学习和可持续发展的能力。

撰稿人：陈　潘　程慧兰　王　晶

尹小淑

职　　业：新乡市延津县东屯镇社区幼儿园教育集团书
　　　　　记、园长
毕业学校、专业：新乡第一师范学校（现为新乡职业技术
　　　　　学院）、幼师专业
从业时间：22 年

为党育人、为国育才，

我骄傲我是一名幼儿园教师。

给梦想插上翅膀才能自由地翱翔
——做幼教的追梦人

我叫尹小淑，小时候喜欢唱歌跳舞，想成为一名幼儿园教师，1998 年顺利跨入了师范大门，选择了幼师专业；从一名普通的幼儿园教师到自己创业办园，又进入体制内成为一名公办幼儿园园长，再到集团化办学，只因当初那个懵懂的梦想……

梦想就像一粒种子种在了我的心里，尽管它很小，却可以生根、发芽、开花。有了梦想，也就有了追求，有了自己奋斗的目标。

中学时期

从小我就喜欢唱歌、跳舞、画画，初中以后我经常参加学校组织的文艺活动。因家里比较贫穷，为减轻家中负担，我毅然选择了幼师专业。

我出生在农村，在面朝黄土背朝天的环境中成长。父母虽然没有什么文化，可却坚持让我们姐弟通过读书改变命运，记忆中父母很少对我们进行说教，只有一句话："只要你们能考上学校，我们就算砸锅卖铁也要供。"父母的谆

职业指南·家长选读

幼师专业需要的知识结构

1. 文理均可。孩子要掌握扎实的文化基础和思想政治理论、幼儿发展、幼儿心理等知识，德智体美劳全面发展，有音乐、舞蹈、美术等特长或基础的更好。
2. 兴趣驱动，孩子要热爱教育事业，喜欢幼儿，有奉献精神。

谆教导在我幼小的心灵中深深地埋下了种子。在校期间，我养成了活泼开朗的性格，开始对文艺产生兴趣，时常主动参加学校组织的文艺活动，我的梦想也渐渐开始萌芽。初中毕业后，我顺利跨进了新乡第一师范学校的大门，选择了幼师专业。

中专时期

3年的师范生涯如同一场精心策划的蜕变之旅，让我在知识的海洋中遨游，更在人格与能力的熔炉中得到了前所未有的锤炼与升华。这段旅程不仅赋予了我扎实的专业技能，更重要的是它锻造了我坚韧不拔的性格和吃苦耐劳的品质。在无数次的挑战与自我超越中，我逐渐从初入校园时的迷茫与不安中挣脱出来，找到了属于自己的方向，那份由内而外散发的自信成为我最坚实的盔甲。

与其他同学相比，我貌不出众、满手茧子、身穿粗布、满口方言，每每自惭形秽。为了学好钢琴、舞蹈等专业性较强的课程，我投入比别人更多的时间和精力；为了锻炼自己的勇气，积极参加学校的活动，培养了我身上"从不服输"的劲头。正是这股劲头鼓舞着我不畏艰难险阻，迈过人生一道又一道坎，也为我以后的自主创业注入了强劲的动力。回想幼师时期的生活，至今历历在目。

记得那个初秋的清晨，我独自一人踏上了前往学校的征途，心中虽有忐忑，却也满怀对未知世界的好奇与憧憬。抵达学校的那一刻，没有父母的陪伴，却有幸遇到了我师范生涯中的第一位引路人——班主任李子明老师。他的温暖笑容和亲切话语瞬间消除了我内心中的紧张与不安。作为第一个报到的学生，我不仅体验到了参与迎新的乐趣，更在老师的信任与支持下与后来的同学们共同完成了班级的初步建设，从打扫卫生到迎接每一位新同学的到来，每一份努力都凝聚着我对集体的热爱与责任。

第一次上舞蹈课，我心里很忐忑，既对舞蹈充满了好奇和向往，又怕自己的笨拙成为别人的笑柄，经过几番思想斗争，我还是换上了舞蹈服。在老师的指导下进行热身运动，可越紧张动作越不协调，所幸的是，舞蹈老师是一位非常温柔而又富有耐心的老师，她很快就注意到我的紧张情绪，她温柔地对我说："别怕，每个人都有第一次，我们都是从不会到会，只要你愿意尝试，就一定行。"在老师的鼓励下我慢慢地放松了下来，跟着老师的节奏一步一步学着基本动作，虽然起初动作非常生硬和笨拙，但我从未放弃过努力。为了练好每一个动作，每天早上我比其他同学早起半小时到班级的栏杆上练习基本功（压腿），利用课间十分钟让同桌教我舞蹈动作，利用周末和室友去教室练习舞蹈动作。慢慢地，我发现我越来越喜欢舞蹈课，动作也越来越流畅自然，甚至开始尝试一些高难度的动作。通过这件事让我深知：只要我们勇敢地迈出

职业指南·家长选读

性格探索和职业探索

幼师这个职业需要从业者喜欢孩子，要有爱心、耐心和责任心；要有内在的兴趣，勇于吃苦、勇于探索、勇于创新；脚踏实地地学习专业知识，积累经验。

第一步，坚持不懈地努力追求自己的梦想，就一定能收获成功和幸福。

在师范期间，为了减轻家里的负担，我开启了勤工俭学之路，帮助食堂打扫卫生来赚取生活费。我并不认为勤工俭学是一件不光彩的事，反而我以此为荣，我更以能自食其力而自豪。除此之外，在学校我努力学习团结同学，每年被评为"十佳学生""优秀学生会干部""优秀班干部"等。3年的幼师生活让我在逆境中勃发力量，通过自己的努力用行动证明了自己的实力。

这3年对我而言，是成长的3年，是蜕变的3年。它不仅让我在学业上取得了优异的成绩，更让我在心灵上实现了质的飞跃。

工作时期

干一行、爱一行、专一行，毕业后我一直从事幼教工作，期间积累了很多教育教学及管理方面的经验，这为后续自主创业和进入公办幼儿园工作奠定了良好的基础。不忘初心，为梦前行，成为专家型园长。

（一）创业初期

1. 抓住机遇为梦想插上翅膀

机遇往往留给有准备的人。借助我爱人家乡学前教育改革的机会，我们开始筹划将村里小学的育红班改造成幼儿园。但是当时经济状况拮据，只能四处筹借，虽然家人不理解，但是2005年8月我的幼儿园还是正式开园了。首批招收了103名孩子，对比原来32人的大小班，也算创造了奇迹。

2. 为梦想全力以赴，累并快乐着

那时的我一心扑在了教育和经营上，既是老师又是园长。既要把好教育教学的质量关，又要做好家校沟通；既要带好教师队伍，又要安抚好家人的情绪。半年的时间里，我的体重从120斤直降到80斤，回家探亲时，母亲看到我直落泪。但是为了梦想我一直咬紧牙关坚持着，把幼儿园从一百名孩子扩招到了三四百名孩子，在当地小有名气。回想那段日子，辛苦但充实。每天早上5点起床就开始忙碌，就像一个不停旋转的陀螺；记忆里最深刻的一次，因为忙碌而忘记了吃饭，天气又炎热，我提着给孩子们买的水果倒在了马路边，还好周围的邻居认识我，把我送回了幼儿园。

3. 再次走入困境，为梦想迎难而上

由于幼儿园的校舍是租赁的，教室少，容不下太多孩子，严重阻碍了幼儿园的发展，我就和家人商量准备自建幼儿园，借此走出困局。在克服了重重困难和多方筹措下，2009年建成了属于我们自己的新园所。为了给孩子创造一个温馨舒适的教育环境，我在幼儿园里种植了多样的果树，同时也方便孩子观察和学习；为了幼儿园更好地发展，我不断钻研学习，提高自身的专业素质，先后取得了大专学历、本科学历、园长资格证等。这也为我后来进入体制内工作创造了条件。

（二）进入公办幼儿园工作

1. 从头开始

凭借多年的教育教学工作和幼儿园管理工作经验，我在竞聘中脱颖而出，成为延津县东屯镇社区幼儿园园长。

2014年6月，我和老师们经过一个月的培训后到新的幼儿园报道，走到幼儿园门口看到的是满院野草丛生，草比人还高，幼儿园里没水没电，而且脏得无法下脚，这可怎么办？先给老师们腾出一间房，因为有路远的老师需要住宿。没有床我们就打地铺，没有水我们就去旁边的小学里接，没有吃饭的地方我们就借助中心校的一间房自己做。总算把老师们先安顿好了，剩下的日子就是我们并肩作战清理杂草、打扫卫生。那段日子又苦又累，但大家从未抱怨过，心往一处想，劲往一处使。经过了一个月的"大战"，幼儿园终于像那么回事了，也正是因为这两个月的相处，我和我的团队在后续的工作中才能团结协作，互帮互助。短短的6年从一所农村园晋升为"河南省示范性幼儿园""河南省家园共育示范园"。

2. 专业引领

幼儿园地处乡镇，我们面对的是地地道道的农民，想让农村的孩子和城里的孩子享受同样的教育——以游戏为幼儿园的基本活动，的确很困难。一直以来农村的孩子都是以学习拼音、写字、算术为主的教学。为了改变这一现象，我想了很多办法，例如：开办家长育儿知识讲座，改变家长较为落后的教育思想；请家长来幼儿园体验寓教于乐的课堂，改变家长的教育理念；通过真实案例让家长直观地看到游戏可以促进孩子认知的发展，培养自信心、创造力和团队合作的能力等。2022年6月报送的科学幼小衔接视频"平凡的一天"荣获河南省二等奖；2023年6月报送的倾听儿童、相伴成长视频"向上，向上"荣获河南省一等奖。

3. 提高自身素质

为了更好地服务家长和老师，我平时以园为家。通过看书来提高自身的专业素质，遇到问题也经常请专家指导，不断地积累经验。2023年5月我被《教育时报》邀约做报告；同年8月《思想先行，相助成长，让师幼的内在精彩绽放》在"河南校长"公众号展播；其次，我还带领教师立项研究课题，以科研带动教研，通过科学研究不断提高我们的教学水平和专业素质，为成为专家型的园长努力。2021年我有幸被评为新乡市"教科研先进个人""优秀园长"；2023年荣获新乡市"市长名校长质量奖"，我是自此奖设立以来唯一一个农村幼儿园园长获得者。我珍惜每一次外出学习机会，把自己当成最笨的学生，用心听、用心记，回来后整理学习笔记讲给教师们听，学以致用。通过努力，2023年我被评为"河南省骨干教师""河南省青年骨干校长""河南省最具有发展力校长"。

我今天取得的所有成绩都离不开辛勤的劳动和付出，更离不开走进师范母校时那萌发的梦想。我深知成功没有捷径，只有脚踏实地地实践才能实现。同时我也清楚地认识到所有获得的成就也好，荣誉也罢，都只是过往，我也不断提醒、鞭策自己，活到老，学到老，早日成为一个专家型园长。

回首在幼教事业中的成长历程，我深感职业教育为我开启了这扇充满仁爱与责任的大门。它不仅赋予了我扎实的知识和技能，更塑造了我坚定的职业信念和不屈不挠的精神。我想说：勇敢去遵循自己内心的热爱，无论起点如何，只要有梦想，并为之不懈努力，未来必将在你的脚下铺展开来成为一条康庄大道。

> **职业指南·家长选读**
>
> **职业上升路径**
>
> 从业者需通过自身的努力和不断学习，提升自己的专业素养，具备扎实的专业知识、良好的沟通能力和丰富的教育经验。不断探索和创新教育方式和方法，培养发现问题、提出问题、解决问题的能力，做好职业的规划，在工作中脱颖而出，努力成长为专家型的人才。

看看自己有哪些潜力，对照核心能力模型，这样你的未来之路就更有针对性。

核心能力模型

项目	要求
学科能力	语文、英语、信息技术等基础学科能力；音乐、美术、舞蹈等专业学科能力
基础能力	良好的身体素质和心理素质、语言表达能力、标准普通话能力、身体协调能力、观察和分析能力
社会能力	组织和管理能力、团队协作能力、沟通能力、应急处理能力、创新能力、专业实践能力、社会责任感

工作后需要的职业类证书

幼儿园教师资格、小学教师资格、小学美术教师资格、小学音乐教师资格、普通话水平测试等级证书、保育员、园长资格、育婴师等。

进修学习路径

专升本，进修学习专业：学前教育、小学教育、音乐学、艺术教育、美术教育等。

主要就业方向

从事托育、学前教育、儿童教育、教育科研、教育行政、家庭教育指导等幼儿教育教师职业。

主要专业能力

（1）掌握扎实的文化知识及幼儿发展和教育知识，具有幼儿教育教学的能力。

（2）掌握幼儿身心发展特点及规律，掌握幼儿保育和教育的知识，具备幼儿保育的能力。

（3）具有与幼儿、幼儿家长有效沟通，激励与评价幼儿的能力。

（4）具有班级管理及家园共育等综合育人的能力。

（5）具有探究学习、终身学习和持续性发展的能力。

（6）具有良好的数字技能和适应教育智能化发展需求的现代教育技术应用的能力。

撰稿人：尹小淑

吴淑青

职　　业：上海市勋世企业管理咨询有限公司首席执行官
毕业学校、专业：上海行健职业学院、应用法语（商务方向）专业
从业时间：13年

每一段的坚持与成长都有意义，
不断前进，追求梦想，
是我心之所向。

以前，我可以说是"穿大褂、拿算盘"的

我叫吴淑青，我的工作是财税策划，主要是给第三方提供财税之类的咨询服务。过去可能叫账房先生，现在一般称为会计。我从最初的记账、编制账凭证、登记会计账簿等财务工作，成长到如今管理公司事务的首席执行官。现今，这份工作给我带来了生活上的富足，但更重要的是，它丰富了我的精神世界与人生经历。听到这，你可能会觉得我在学生时代的时候肯定特别优秀。我想这时分享我的人生经历是有意义的，这个世界上不是每个人都要有同一种绽放，我们的世界是百花齐放的绚烂。

高中时期

我当时读的是理科，高三时，老师却劝我转读文科。虽坎坷，但我目标明确。

高中时，我就读于浙江金华的一所普通高中，我那时成绩不是很好。文理分科时，我去了理科的普通班。就我的学习情况来说，英语成绩不太好，数学成绩还可以。高三时，我的数学成绩达到了重点班的水平，但其他科目成绩不是特别好，当时班主任结合我的自身情况，劝我转读

> **职业指南·家长选读**
>
> **财税策划工作需要的知识结构**
>
> 1. 理科为主。会计类工作涉及数学，工作逻辑性强，更适合头脑清晰、做事明确的人。
> 2. 兴趣驱动。对数学计算感兴趣，具有勇敢、自信和明确规划等特质会让从业者有内在驱动力，更易对工作保持热情。

文科，而当时的我并没有考虑他的建议，仍留在了理科班。

高考后，我当时的目标很明确，我想去上海读大学，想读自己喜欢的专业，于是就在专科院校里选一所适合自己的学校。那时听说小语种就业前景好，于是就选择了上海行健职业学院的应用法语（商务方向）专业。

回想我的高中时代，我非常感谢当初努力学习的自己。优秀的数学成绩、对未来做规划的习惯都为我之后的工作起到了很大的作用。我认为学生时代的职业规划是极其重要的，在社会实践中多去尝试和实践，过程中可能就会发现自己的职业兴趣。当你找到了兴趣所在，可能就会为你的未来职业埋下一颗种子。

高职时期

我从不放弃任何一个机会，我敢于毛遂自荐，我是学院里最先找到工作的那一批人。

大学时期的我没有参加社团，也没有加入学生会。虽然收到很多邀请，但是我还是坚持自己的想法：我认为大学期间的生活应该是充实的，时间应该是被分配在提高学习成绩以及培养实用能力等方面。

我是班里第一个找到工作的人。我认为机会是留给有准备的人的。大一时，我向学姐咨询，去了一家广告公司直招的岗位做食品类的促销员。大学时期的工作经历锻炼了我的沟通和社交能力。

本专业的课程让我受益匪浅之外，还有一些经济类的选修课，如市场营销，基础会计、经济学基础等，在我是职场新人时起到了很大的帮助作用，另外让我印象深刻的课程如管理基础、商务谈判、人力资源管理等课程让我学到了关于如何成立和运作公司、如何进行市场分析、如何进行商务谈判等，都为我毕业后找工作起到不可或缺的作用。应用法语专业中的语言学习往往采取项目化的小组学习方式，独特的学习方式使我掌握了组织能力和团队协作能力。

大学里专业知识的学习为我打下了坚实的专业基础和提供了工作的方向，另外我还给我的生活做了规划，为未来做打算。我在大二暑期时决定换工作，我在错过录用信息的情况下，我还是坚持争取机会，去公司总部面试，向人事部证明我的能力与优势，并成功入职。也是通过此次机会我认识了我职业生涯里的伯乐，这为我未来的职业道路铺垫了基础。

工作时期

我很喜欢我的工作，空闲之余我也乐于帮忙其他同事，起初我也没想到我会成为合伙人。

职业指南·家长选读

性格探索

会计财务工作需要细致、耐心、踏实地对待，孩子如果性格外向、善于沟通是很好的优势，毕竟人的工作具有社会性质，是需要和人打交道的。

以前，我可以说是"穿大褂、拿算盘"的

（一）从总监助理到公司财务

大三时，我进入立顿公司开始实习，参加了上海立顿公司举办的商场促销活动。现在看来有点冒失，我当时年轻，不管对什么事都很积极，在线下销售活动中我做好了本职工作后，还总是喜欢主动给督导提供建议，也不管他需不需要，就把我看到的问题向他反馈，和他讨论改进方法，他当时也感到很惊奇，觉得我不像是一个促销员。

我实习时的表现给领导留下了深刻的印象，我就被推荐去公司总部进行总结汇报，也正是因为这次的优秀表现我被公司总监邀请去做他的助理，去公司总部实习。我一直相信努力是会有回报的，我清楚对那次的总结汇报付出了多少，这是我人生的一个转折点。

当时我的实习工作内容是对接公司项目，帮忙做账，也因此会接触到产品的供应商，机缘巧合之下，因为我的工作能力突出，被邀请去另外一家公司工作。对于当时的我来说，这份额外兼职可以让我积累更多的工作经验，也更锻炼我的工作能力。随着我对财务工作越来越熟练，当时实习公司的财务突然离职了，领导认为我是担任财务工作的不二人选，最终我成为公司的财务。

随着工作内容的变化，我发现自己的专业知识不足之后，我马上就去报班进修学习。为了迅速成长，我也经常去请教前辈，向他们学习如何做好财务工作。熟悉公司的财务工作内容之后，我之后接手了其他分公司的财务工作。

> **职业指南·家长选读**
>
> **职业上升路径**
>
> 财务职业的初期需要孩子从基础的岗位做起，多看、多学、多问，做有心人。起初工作强度比较高，需要学习的内容繁复。中后期则需要孩子多多实践，主动考取相关证书；多向前辈学习，关注长期和未来的发展，成长为独当一面的专业人员；尽心工作发掘工作的有趣之处，做好各种准备抓住一切晋升的机会；放平心态，积极乐观面对挑战和困难，这样会更有获得感，更有利于提高工作积极性。

（二）从公司合伙人到首席执行官

公司发展到一定阶段后，领导想创业成立广告公司，他认为我的能力完全可以做合伙人，于是我成为合伙人。之后，我决定参加专升本，以提升专业知识与学历等级，我报考了上海大学的会计专业并成功拿到了学士学位证书。

2015年，之前实习的公司领导张总想开发一款会计财务相关的软件，于是邀请我做顾问。虽然是尝试，但第二年软件进入市场时，为了站稳脚跟，我们实施0元注册，当时经历过被误解，也有过不被看好，但事实就是我们做大做强了。

有了开发软件的经验，我抓住这个契机，开始拓展公司的业务。我清楚地明白，当时广告业务盈利模式是短暂

> **职业指南·家长选读**
>
> **价值观探索**
>
> 会计行业有光鲜的一面，也有辛苦的一面。比如，工作强度较大，时不时需要加班熬夜工作和不断学习与吸收新知识，同时要有一定的心理承受能力。有研究表明，如果工作有幸福感都含有三个因素：意义、快乐、优势。如果一份工作能让你觉得有意义，工作得快乐，同时能够发挥优势，这就是一份适合你的工作。

且单一的,而且很难积累回头客。传统会计职业的思维逻辑已经被时代淘汰了,现在想获利,就要从互联网的角度思考。所以我提出了公司需要的两种财务类型:一种是传统的财务,帮助第三方进行注册、代理做账的专业职务;一种是给客户提供税务咨询、受益筹划的相关业务。在我看来,我的职业生涯平凡且枯燥,我一步步地努力提高我的工作与学习能力,成长到担任总经理、总裁的职务。

在我职业发展的道路上,有自己的努力与坚持,更幸运的是遇到了职业上的贵人,从他们身上学到了知识,提高了工作能力,也是有了他们的赏识与帮助,我才能达到今天的成就。职业生涯中的经历不仅让我具备了面对困难和解决困难的勇气,更加成就了自信、优秀的自己。

看看自己有哪些能力潜质,对照核心能力模型,这样你的未来之路会更有针对性。

核心能力模型

项目	要求
学科能力	语文、数学、英语、信息技术等
基础能力	语言表达能力、数学逻辑能力、自我认知能力、人际交往能力、持续学习能力等
社会能力	组织协调能力、团队协作能力、沟通表达能力、创新能力、社会责任感

工作后需要的职业类证书

实用英语交际职业技能等级、初级会计从业资格、导游资格、初级电子商务师、人力资源管理师、电子商务师等。

进修学习路径

专升本,进修学习专业:(应用法语专业方向)应用外语、法语等;(财务会计专业方向)大数据与财务管理、财务管理、会计学、审计学等。

主要就业方向

进入法国跨国公司、法资(外贸)企业以及其他部门,从事以法语为载体的业务工作和涉外工作等;进入企事业单位、会计与税务中介服务机构、政府机关的财务大数据分析、预算管理、税务管理等,从事财税策划工作。

主要专业能力

(1)具有一定的法语交际和实际应用能力。
(2)具有运用法语开度进出口业务、从事跨境电商与客户服务的能力。

（3）具有应用法语提供出入境旅游服务的能力。

（4）具有日常经济业务的会计核算成本核算、成本控制和成本管理的能力。

（5）具有应用财务软件、智能化工具进行会计财务处理的能力。

（6）具有撰写财务和成本分析报告的能力，以及进行各种税费计算和申报的能力，具备基本的纳税统筹和税务风控制的能力。

（7）具有良好的沟通能力和分析问题、解决问题的能力。

撰稿人：罗　鹏　吴淑青

刘 洋

职　　业：国央企、上市公司法务总监
毕业院校、专业：北京政法职业学院、司法文秘专业
从业时间：9 年

我热爱着我从事的职业，

热爱法律事业带来的憧憬。

法律人始终站在正义的前端，

书写篇章，谱写社会希望。

我希望自己保持初心，始终如一，勇往直前。

做一个不忘初心、方得始终的法律人

我叫刘洋，出生于军人家庭，我们这代人（85 后）很多受家庭因素的影响比较大，如职业规划、学习专业、生活习惯等，但我并没有按照父母的安排，走他们规划的道路，而是遵从内心去做自己。也不想一辈子活在父母的光环下，我有自己的路、自己的人生。所以高考后我并没按照父母的构想，而是坚定地走了自己选择的路。从最初的职业理想变成了如今的职业，想想也是精彩。

高中时期

高中生活大多数人的回忆都比较"炼狱"，我的回忆除了应有的"炼狱"之外，还有很多精彩。

2002 年我进入我们当地唯一的一所全国重点高中就读，当时学校正在试点全新的教学模式，除了和其他高中一样紧抓学习之外，开设了很多综合素质培养的课程，落实德智体美劳全面发展。

一进入高中，我就积极参与了新生文艺会演，跳了一曲街舞，完成了高中"首秀"。

我还积极参加了班上的班干部评选，顺利地当选宣传委员和语文课代表，到现在还记忆犹新的是办理的黑板报需要用水粉颜料图画，第一次这么办板报，觉得很新奇，于是我就将自己的绘画和书法的基础也展现了一番。在运动场上也不会少了我的身影，哪个项目缺人我就报哪个，都可以拿点名次，为班级挣点分数。记得那年的团体比赛，我们班得了第二，输给了艺术体育班。

高二时一个偶然的机会，我被推选去了学生会做体育部部长，就这样我开始接触最初的学生工作，安排比赛、与老师沟通、研究比赛规则等。在学习之余，做了自己喜欢的事，也很开心。也是在高二，因为对体育运动的热爱，我进入了学校成立的第一支校排球队。高二的这一年，我在学习、能力等各方面得到了充分的培养和锻炼。

在高三的日子里，是反复的考试、学习、看书，是每晚的挑灯夜战，是大家一起探讨着考试的重点、分享着每次考试的得与失，也是在这一年，我遇到了人生中亦师亦友的知己——黄晓燕老师。

我从小喜欢学习语文，语文一直保持着优异的成绩。对于语文的喜爱，一方面是自己的兴趣所在，另一方面源于在各个学段遇到的优秀的语文老师。我与小学语文的段闫放老师和杨宜中老师、初中语文的李文穗老师均结缘至今，保持着紧密的联系。也是学生时代语文的基础，为我日后的法学生涯打下了良好的基础。

> **职业指南·家长选读**
>
> **司法文秘专业需要的知识结构**
> 1. 文科为主。对孩子的语文、政治的要求相对较高，尤其是语文的写作能力、语言表达能力、文字功底等。当然还有一项重要的就是逻辑思维能力和思辨能力，这源于你对文字内容的敏感和判断的能力。
> 2. 兴趣驱动。培养孩子严谨、细心、细腻的性格，以及不畏惧困难、善于沟通交流的品质。

高职时期

初入大学校园，我对一切都很好奇。选择司法文秘专业是属于一个偶然的机遇，我的第一志愿是想做一名新闻记者，却误打误撞地学上了法律，从此"一入法学深似海"，这里的老师和氛围让我从此爱上了法学。

2005年我踏入北京政法职业学院的大门，进入当时的人文系社会科学系（简称"人文系"）的司法文秘专业学习，开启了我的大学生活。

（一）专业课的经历与感悟

1. 人生中第一堂法律课

入学第一天，第一次过集体生活，那时候的一切对我来说都很新鲜。第一堂课是肖念华老师的刑法课，第一次接触法律我觉得什么都是新奇的，尤其是刑法，当时满脑子里都是之前在电视里或者网络上看见的那些奇奇怪怪的案例，抱着听故事的心态上了人生中的第一堂法律课。

现在回忆起当时，记忆犹新的是对法律知识的理解还十分浅薄，不能多角度多方面地去考虑问题，看见案例后第一个直观的反应是需要定什么罪、判几年等。初学法律时将很多概念都混为一谈，定罪和量刑这些概念都是第一次接触，完全分不清楚。在不断与过去认知的碰撞中，迷迷糊糊地上完了人生中的第一堂法律课。不过也是从这时候起，我慢慢地开始培养对法律的兴趣。

2. 对专业知识的阶段性认知

经过逐步深入的学习，在老师的细心指导和自己的努力下，逐渐地对法律学科有了进一步的认知，更深刻地领悟到法学的整体构架和思维方式。

法律并不是简单的定义犯罪与量刑，还在人类社会的诸多领域参与社会调整。刑法学单从某种角度说只是法学调整的一种手段，一种高标准的手段。每个行为领域都有相应的部门法作为行为指南或调整法则。这是当时对法学的粗浅的认知，从这开始逐渐走上了法律的道路。

3. 对于职业的萌生

在北京政法职业学院学习期间，我逐渐建立了对法律的浓厚兴趣。每次课堂的案例分析、多样的学习形式（小组讨论、小组汇报、小组分享、课题研究）、法院真实案例的审判观摩等都触动着我想要成为一名法律人的心，构想着今后要成为一名法官、检察官、执业律师等。校园时代的我，对未来充满希望和憧憬，这促使我在法学专业的学习上逐渐走深走实。

（二）丰富多彩校园生活

学习是立足之本，是作为学生的本职，无论在学生的什么阶段，都必须以学习为主，这是进入大学校园后，老师们多次向我们强调的核心思想。但积极参与课外活动，培养自己的综合素质和能力也是老师们强调的另一个重心。培养自己的兴趣爱好，学会更好地与人相处，有意识地培养自己的团队意识和组织能力，这是我给自己定的方向。因此，大学期间我竞选了班干部、校学生会干部，也积极参与了学校的各项活动，如辩论赛、运动会、羽毛球比赛、歌咏比赛、主持人大赛、摄影大赛等。在大学里，我尽情地发挥兴趣特长，同时也在各项活动中收获满满。现在回想当年，十分感谢母校给予的各种平台，可以让我展示自己，挥洒青春。

（三）在政法两年的感悟

虽然大学与中学是不同的教育模式，大学的学习有更高的自主性，因此大学给了我们更多自由支配的时间。但我们仍然处在学生阶段，第一要务是学习，任何时候都不要忘记这个根本。

在校期间的学习除了学习理论知识，更多的是培养学习能力、行为习惯和思维模式。

以我们的专业为例，大学期间学习完所有的核心课程就可以为大家很好地解决实际的法律问题吗？其实并不然。我们与没有学习过法律的人的区别在哪里？其实就在于我们懂得检索，然后才是法学思维。即出现一个具体的事实情况，我们知道该用哪一个部门法去调整，这个问题又是该部门法的哪一部分内容，我们可以快速地检索到对应的法条，进而去解决实际问题，这些都是在学校系统学习法学知识时打下的坚实基础。

大学时代是一生中学习最黄金的时期，有时间有精力，大脑与身体条件都处在鼎盛时期，对知识的接受度和消化能力是最优的。在大学期间充分利用时间多学习、多读书，不但可以吸取知识精华，更可以将知识内化，提高自己的眼界与涵养，这些都将成为日后在社会打拼的有力法宝。

在北京政法职业学院的两年是我最快乐的时光，让我从一个懵懂的中学生，一跃成为独立自主的大学生，变成了知道自身向上、争取上游的人。在政法职业学院的日子里，我经历了达成目的所付出的艰难，学会了在一次次的跌倒中坚强地起立再来，也坚定了努力终将有回报的信念。怀揣着未达成的梦想，我以北京市优秀毕业生的身份踏入了本科校园。

职业指南·家长选读

职业探索

对于法务工作，最重要的就是要以法学作为基础，即在进入高校学习阶段就应按照学校的课程安排学习专业法律知识培养法律思维模式。后续还应努力提升学历和参加律师职业资格考试，经过这两个考试的历练，孩子的法学基础就会更加扎实。

本科时期

高职毕业后，继续牢记着政法学院给予的精神、带着励志成为法律人的梦，努力学习。

2007年9月我从政法职业学院毕业，以北京市优秀毕业生的身份进入本科阶段的学习。

从踏进本科院校开始，我就为自己立了新的目标：考研，并一直在为这个目标准备。那时候本科学校的资源比较有限，但是学校所处的位置在著名的学院路上，挨着北京大学医学部、北京航空航天大学、北京邮电大学、北京电影学院，校外资源比较丰富。那时候经历大专2年的锻炼后，我也彻底适应了大学生活和一个人在外读书的日子，内心也沉淀了很多，只有一个心心念念的目标：考研。

于是本科的两年里，我基本上就是三点一线的生活，即宿舍、食堂、教室，有时候觉得对面的北京航空航天大学和隔壁的北京大学医学部教室更有氛围，就晚上雷打不

职业指南·家长选读

性格探索

大学阶段，孩子要专注于专业知识的学习，打下扎实的专业基础。在注重学科成绩的同时，孩子也要注重培养自己的学识和眼界，注重价值观的形成；可以适当拓宽自己的生活圈子，放眼于更大的空间。例如和就近的高水平学校的学生交流，去听课，了解不一样的氛围，也可以增加学习的动力。

动地去这两个学校里学习,越是这样的氛围,越是熏陶了自己,也更加坚定了自己的信念和最初的愿望。作为一个文体积极分子的我,也大大减少了在学校参加各项活动的场次,全身心地投入学习。

历经 3 年,第三次考研终于成功上岸,以优异的成绩考上了法学硕士研究生,毕业后开启了人生新的旅程。

工作时期

从刚进岗位的法务专员到如今也成为一家国有媒体企业的法务总监,回首这一路,我在不断调整心态中成长。

大学刚毕业时,我们很容易有眼高手低的心态。涉世未深及对职场的不了解,造成我们都会有一种想当然的状态,这时我们需要做的就是调整心态,并在工作中不断地积累,在工作岗位上多学、多看、多承担,与岗位相关的工作都要积极主动地去完成。在一次次的工作实践中积累经验,实现从一个职场新人向职业人的转变。

法学是一个理论与实际并重的学科,理论功底需要扎实,实践经验也同样重要,时间和机会都是留给有准备的人,花足够的时间去积累更多的内容,等待你的只会是更好的结果。

法学专业的学生中有一句流行语:"活到老、学到老。"事实也的确如此。法学是一门社会科学,是上层建筑,是随着社会的发展而不断更新发展的,社会要发展,就会出现新问题,法在这之中就要发挥指引、引导、惩罚等的作用,因此会适时地更新内容,这就需要我们法律工作者不断地学习。不但要对法学理论知识更新迭代,也要对实践问题不断总结,这样才能跟上时代的步伐,才能在工作中遇到问题后迎刃而解。

> **职业指南·家长选读**
>
> **职业上升路径**
>
> 工作中更重要的是要放低自己,杜绝一切的浮躁,在以往所学的基础上继续加强学科理论知识的学习,更多地关注社会实际案例,全身心地丰富实践知识,积极地积累基础案例。就拿法务专业来说,可以更多地关注与自己所在企业相关的案例、政策法规等。

看看自己有哪些能力潜质,对照核心能力模型,这样你的未来之路就更有针对性。

核心能力模型

项目	要求
学科能力	语文、英语、政治、信息技术等
基础能力	语言表达能力、文字表达能力、学习能力、逻辑思维能力、数据处理能力、观察能力
社会能力	团队协作能力、组织协调能力、心理承受能力、社会责任感

工作后需要的职业类证书

律师执业资格、中文速录、WPS 办公应用、档案数字化加工。

进修学习路径

专升本,进修学习专业:法律、法学、秘书学等。

主要就业方向

从事书记员、秘书、执业律师、公司/企业法务等与法律或文秘相关的工作。

主要专业能力

(1)具有文书识别、核对、整理,以及档案管理、装订、归档等的能力。

(2)具有办公室事务处理,以及会议的策划、组织与管理的能力。

(3)具有协助法官、检察官完成全部诉讼流程的能力。

(4)具有处理相关法律事务的能力。

(5)具有文字录入与处理的能力。

(6)具有良好的语言表达能力、文字表达能力和沟通合作能力。

(7)具有探究学习、终身学习和可持续发展的能力。

撰稿人:刘 洋

邓颐佳

职　　业：西安市殡仪馆金牌殡葬礼仪师
毕业学校、专业：长沙民政职业技术学院、现代殡葬技术与管理专业
从业时间：12 年

亲人的离去不是一场暴风雨，而是此生漫长的潮湿。

作为一名殡葬从业者，我愿用脉脉温情去风干这份潮湿，

用实际行动去坚守使命责任，

让生命绽放尊严，让世间少些遗憾。

青年的殡葬际遇

殡葬这个在人们意识里冰冷恐惧的特殊行业，却充满了人文关怀、闪耀着人性光辉。能够在人生中最美好的年华从事殡葬事业，更早地看惯生死、感悟生命的无常，从而敬畏生命、珍惜生命、热爱生命，这是工作给予我的精神财富。

我叫邓颐佳，是一名生命摆渡人，从事着一项敬畏生命的工作。下面由我为大家揭开殡葬从业者这层神秘的面纱，故事开始于 2008 年的那个夏天。

> **职业指南·家长选读**
>
> **现代殡葬技术与管理专业需要的知识结构**
>
> 1. 理科。从事火化机维修与管理。
> 2. 文科。从事殡葬活动策划、生命文化学、殡葬文书撰写。
> 3. 兴趣驱动。有绘画基础可从事园林与墓碑设计；善于沟通可从事市场营销、悲伤抚慰；有艺术专长可从事插画艺术、毛笔书写等。

高中时期

人生有几次重要的转折点，高考就是其中之一。是莘莘学子十年寒窗苦读，鱼跃龙门的决胜时期，是检验学习成果的重要时刻。

高三那一年我遭遇了家庭变故，还生了一场大病，只能休学在家。缺少老师的授课和指导，我的成绩并不理想。高考成绩出来后，我自然名落孙山，与心仪的学校失之交臂。那个夏天，我感受到的只有"死亡判决书"宣判一样

的黑暗。就在迷茫绝望时，志愿单上一个特殊的专业——现代殡仪技术与管理赫然映入眼帘，它像一束光照进了我浑噩的生活。经过多方了解后，我得知了该专业的从业方向，但这并没有吓退我，我要做家乡第一个吃螃蟹的人。

高职时期

2008年的夏天，我怀着忐忑激动的心，乘着绿皮火车来到了长沙民政职业技术学院，开启了我的高职生涯。

高职3年，通过对专业课程的学习、殡葬礼仪事务的了解，以及老师和同学们热情洋溢的相处方式，让我改变了对殡葬悲伤阴冷的固有认知。当看到学校开设的国学礼仪、殡仪策划、殡葬心理学，一行行闻所未闻的课程表，让我对这一专业充满好奇心和强烈的求知欲。在学校的3年，我过得非常充实，每天像海绵一样如饥似渴地吸收知识，锻炼技能。学校开展的深度校企合作，让我的理论知识有了实践的机会。在3年的默默耕耘里，我储备了专业理论和实操技能，为以后的从业奠定了良好基础。借此机会，我想向母校，这个给了我第二次人生重启机会的院校，还有辛苦培养我的老师们说一声"谢谢"。三百六十行，行行出状元，我要做这个行业的排头兵。

> **职业指南·家长选读**
>
> **性格探索**
>
> 选择现代殡仪技术与管理专业从业者需要有强大的心理素质，面临着今后特殊的工作环境，而且会直接接触到遗体，如遗体整容、遗体火化等。建议可以先了解法医的工作内容，以做参考。电影《入殓师》就是殡葬工作的一个剪影。

工作时期

2011年，我怀着满腔的热情，顺利入职西安市殡仪馆，成为民政殡仪铁军中流砥柱的一分子。

（一）强化夯基兜底，保障民生福祉

死亡是偶然事件中的必然事件，忙碌一生的芸芸众生，最终走向生命终点的这条单程线，有人凭吊黄陵，有人祭奠孤冢。在我眼里，生命是平等的，是至高无上的，我应怀着敬畏仁爱之心，用尽善尽美的服务给逝者以尊严，给生者以慰藉。在治丧礼仪过程中，我更关注对农民工、低保户、空巢老人的服务，给他们更多的关怀和帮助。"姑娘，你这么善良无私地帮助我，像个女菩萨！"我得到了许多家属诸如此类的赞誉。这个时候突然领悟了习近平总书记对民政工作的指示："民政工作是'菩萨'事业，要怀着菩萨之心、大爱之心、爱民之心去做民政工作。"遗体告别仪式不仅仅是抚慰逝者亲属悲痛的心灵，更是对逝者由心而发的尊重和对生命最高的崇敬。牢记着总书记的嘱托，坚守这份初心，我

用真情告慰着每一位逝去的生命，用温情抚慰了几十万个创伤的家庭。

（二）弘扬社会正气，谱写人间大爱

工作中我见证了一个又一个感人至深的故事。革命前辈董继昌、刘力贞让我意识到美好生活是前辈们披荆斩棘、永续接力的结果；反扒英雄戴俊、秦岭救援英雄黄忠文、人民警察王辉、王源等，这些和平年代的平凡英雄，他们用勇气、奉献和牺牲，捍卫了国家的利益和人民的安全。如果人人心中都有一座丰碑，那上面一定镌刻着那些为我们流过血、流过泪的人的英名。作为一名殡葬工，彼时，我是一名传颂者，我有责任有义务让英雄事迹发扬光大，让更多人学习英雄烈士的奉献精神和爱国精神。这不仅是对烈士的尊重和敬意，更是对我们自己的启发：勇担社会责任，为国家和人民贡献自己的力量。

英雄的传承精神也践行在重大突发事件中的应急担当中，我和千万个殡葬工作者一样，不畏困难，冲在前线，闻令即动，用良好的职业道德、高效的应急意识，上为政府排忧，下为百姓解难，锻造了我这个敢打硬仗的"女汉子"。

（三）探索殡葬文化，诠释人文关怀

每个人的人生都是独特而绚烂的，每个人都有自己的故事。在文书策划过程中，我常以"主人公"的角色去挖掘逝者的生活、工作和家庭情况，撰写"私人订制"仪式策划案，追求"别样的人生，别样的谢幕礼"。在传统殡葬文化与现代殡仪市场需求之间进行探索，在生命文化与服务项目间进行研发。西安市殡仪馆礼仪团队成立之初只有3个人，没有议程，就全国走访调研不断修订完善；没有教材，便收集资料自己编写。通过大家的集思广益，先后增加和完善了起灵、送灵、入殓、纳骨、骨灰安放等一系列的16个殡葬礼仪项目，满足群众治丧的多样化需求。

殡葬文书中的挽联、座右铭是对逝者一生的肯定和缅怀。挽联讲求仄起平收的韵律典雅，通过对传统文化挽联的深耕，我参与编纂了馆里对仗工整、言简意赅的挽联合集。

在西安市殡仪馆工作的12年，我洗尽铅华，沉淀自己，增长社会和工作经验。天道酬勤，2020年我荣获全国职业技能大赛公募管理员一等奖，2023年当选政协陕西省第十三届委员会委员。当选省政协委员以来，我始终聚焦基本民生保障、社会孤残儿童等特殊群体和群众关切的社会问题。我的事迹《邓颐佳：最美送行者》被多家媒体转载宣传，网上点击量超过1000万。同事戏说，我已经变成网红了，但我清醒地认识到作为一名基层民政工作者，我要做的是扎根一线，为群众做好服务，传播正确的殡葬社会价值。

职业指南·家长选读

职业上升路径

新时代殡葬行业需要的是复合型人才，涵盖的专业技术有整容防腐、礼仪主持、插花艺术、仪式策划、园林设计、人工智能等。向内求，可发挥工匠精神，钻研技术，晋升技师；向外求，可做人力管理、培训讲师等。只要稳抓稳打，即便日后转行，所学的每项技能都是立足社会的有力支撑。

（四）拓展职业范围，宣讲殡葬文化

所有逆袭都是有备而来，所有光芒需要时间才能被看到，所有幸运都是坚持埋下的伏笔。

在局系统组织的"新时代、民政情"主题宣讲活动中，我是一名宣讲者，通过我的行业故事分享，让殡葬以一种"温情、柔美"的方式走进大众视野，让告别有温度，让服务有深度，"生命"才会焕发出无限的生命力。

在清明节、寒衣节等大型祭祀时期，我是一名文明殡葬的践行者，宣传殡葬改革、带动移风易俗，履行着殡葬人的社会职责。连续多年策划举行了社区公祭活动，清明期间走进社区，让市民足不出户就可以祭祀自己的亲人。

2018年，邀请来自社会各界的市民代表参与"我是一名殡葬工"网络媒体大V活动，以及大学生零距离、全方位走进西安市殡仪馆等活动，吸引了30多家媒体的宣传报道。这些活动的开展揭开了殡葬行业的神秘面纱，让所有参与者感受到了生命的真谛。开通"文明殡葬、绿色清明"西安市殡仪馆清明系列活动微博，清明期间共有300万人次浏览、1284人次参与讨论，关注程度为我省历年之最。我们也受到了主流媒体的追逐，成为镁光灯下的焦点，我们的日常生活和工作事迹也被众多媒体争相报道。在倡导"文明、绿色"的祭祀方式的同时也让殡葬这个行业以健康向上的形象走进大众视野。

在致力国学与礼仪文化、公墓规划设计的传播中，我是一名修学者。我被民政部技能鉴定中心聘为竞赛指南编制专家，并参与完成了公墓管理员三级教材的编写，为殡葬从业者提供了有力的理论支撑。

2020年，我成立了自己的工作室，彼时，我是一名领跑者。以"西安市殡仪馆礼仪服务"品牌建设为引领，结合实际制订年度培训计划，以及月、周培训计划，加强业务礼仪培训，规范服务流程，举行业务技能比赛，承担起西安市殡仪馆殡仪服务（公墓管理方向）技能人才培养、技术攻关、服务优化的重任。

2021年，我被聘任为陕西省殡葬职工业务培训殡葬礼仪、公墓管理员方向的培训讲师。彼时，我是一名分享者，先后前往山西运城、陕西宝鸡和铜川等地方交流学习，分享工作经验，开展行业技术"传—帮—带"活动，彰显殡仪工作者的责任与使命。

在每一场告别仪式中，我是中国传统文化的传承者。用每一场尽善尽美的仪式策划，传播中华民族的传统礼仪美德。在第七届中国国际殡葬设备用品博览会中，我以"秦风汉韵"为主题举办了一场关中家祭礼，在行业中引起了不小的轰动，我将延续千年的丧葬传统礼乐文明与现代

职业指南·家长选读

职业探索

一般情况下，到殡仪馆工作的条件为：**大专及以上学历，不怕苦，不怕累，不怕脏，要胆子大，耐得住寂寞**。到殡仪馆工作，从业者首先要对工作内容有一个大概的了解，殡仪馆的工作相对比较枯燥，如果是在殡仪馆从事基础性的工作，更得提前做好心理准备。因此，在校期间一定要上好专业课、实操课，业余时间要多钻研并寻找实践机会，积极提升自己的综合素养能力。

殡葬相结合，展现出"绿色、文明、向上"的殡葬生命力。

我是生命驿站的"摆渡人"，用专业的礼仪汇聚"生"与"逝"的情感交流；我是"人生谢幕舞台上的情感指挥家"，用一举一动承载着对逝去亲人的不舍与留恋，用一言一行传递着无尽的思念。

投身殡葬的 12 年，我一边经历着，一边成长着。深知这 12 年也是对我人生的洗礼。其实，我们也有职业病，我们的眼睛常年布满了血丝，因为我们工作的特殊性，我们的情绪，经常被最朴素的亲情牵动着，情不自已、潸然泪下是常态。经常 24 小时在岗的工作状态，也会导致我们严重的睡眠不足。但是我从未后悔自己当初的选择，殡葬礼仪展现的是超越生死的情感和人类对生命的敬畏之心。这是一份神圣而伟大的工作，值得我用一生的时间去为万千生命装点尊严。

同时，我也想用我的工作经历去启迪更多的人。生命是跌撞的曲折，死亡是宁静的消逝，一天很短，短得来不及拥抱清晨，就已经手握黄昏；一生很短，短得来不及拥抱年华，就已经身处迟暮。我们应当敬畏生命，珍惜当下拥有的一切，爱自己、爱他人、爱这灿烂的世界。其实我们都一样，不是什么大人物，做不了惊天动地的伟业，但我们也在自己渺小、不可或缺的岗位上贡献着自己的力量。追光的人，终会光芒万丈。

择一行，忠一生。对于殡葬事业来说，我的加入只是微不足道的一瞬，但殡葬对于我来说却是刻骨铭心的一生。通过传递生与死的"对话"，体现我们对生命的尊重和敬仰，让爱心和责任同行。生命于每个人只有一次，我们无法预测生命的长度，但我们可以拓展生命的高度。巾帼不让须眉，风景这边独好，我要用行动去验证初心与使命，用担当让人民群众感受殡葬人的特别情怀。平凡的岗位更需要逆流而行的人。

职业指南·家长选读

价值观探索

以人为镜，可以知得失。穿梭在一个个离世的故事里，让我对生命的意义有了更深刻的理解和认识，这份理解促使我更加懂感恩孝亲、知生命敬畏，以平常心面对生命中的得失，珍惜所拥有的一切。同时，时刻牢记自己的忠诚担当，以扎实的专业素养做好每一次的服务工作，让生命少些遗憾，让人间多点温情。

看看自己有哪些能力潜质，对照核心能力模型，这样你的未来之路就更有针对性。

核心能力模型

项目	要求
学科能力	语文、英语、化学、书法、信息技术等
基础能力	业务洽谈能力、策划与主持能力、写作能力、表达能力、肢体运动能力、学习能力
社会能力	心理承受能力、沟通协调能力、观察判断能力、团队合作能力、人际交往能力、信息技术应用能力、生命文化传播能力、社会责任感

工作后需要的职业类证书

殡葬礼仪师、公墓管理员、风水堪舆师、入殓师、宠物殡葬师、殡葬管理师、殡葬火化师、遗体整容师等。

进修学习路径

专升本，进修学习专业：社会工作、民政管理、人力资源管理。

主要就业方向

进入殡仪馆或殡仪公司、陵园或公墓、康复中心或养老院、社会工作机构等，从事殡葬相关的工作。

主要专业能力

（1）具有殡葬服务项目介绍、业务洽谈、殡葬用品销售的能力。

（2）具有殡葬仪式策划、殡葬场景布设、殡葬仪式组织实施的能力。

（3）具有判断遗体胸腹腔积液、使用引流设备排除积液，并对遗体进行表面防腐的能力。

（4）具有按照化妆程序完成遗体面部化妆、使用工具完成缺损遗体塑形的能力。

（5）具有使用殡葬应用软件完成客户信息处理、档案管理、数据分析及制作生命影像等工作的能力。

（6）具有为服务对象提供临终关怀与哀伤抚慰服务的能力。

（7）具有信息技术应用和生命文化传播的能力。

（8）具有从事殡葬管理工作的能力。

（9）具有探究学习、终身学习和可持续发展的能力。

撰稿人：吴文平　邓颐佳　周　艳

黎露露

职　　业：天津津旅泊泰投资发展有限公司康宁津园养老院副院长

毕业学校、专业：天津职业大学、社区管理与服务（老年方向）专业

从业时间：13 年

我的工作就是真正从内心深处尊重和关怀老人，

为老人提供舒心的、有尊严的生活。

老人回馈一个笑脸、一句话，

哪怕是答非所问，都会让我体会到温暖和被需要。

扎根养老的青春筑梦人

　　我是黎露露，一名扎根养老行业十三载的"青春养老人"，毕业于天津职业大学公共管理学院社区管理与服务（老年方向）专业。从青涩学子到康宁津园养老院副院长，我始终保持勤学、敬业、律己的工作态度，坚守在养老服务第一线。很多人问："年轻人怎么能坚持做又苦又累的养老工作？"我的答案藏在老人们拉着我的手说"孩子，你来了我就安心了"的笑容里。这些年来，我坚持为每位老人量身定制护理方案，涵盖医疗、康复、娱乐和心理咨询等方面，从血糖监测到夜间翻身频次，从饮食禁忌到戏曲节目偏好，我的笔记本上密密麻麻记录着多位老人的"专属密码"。在实践摸索中，我积极推动养老院一站式服务整合，主导搭建"五维一体"护理服务体系，推出受欢迎的"健康养生课堂"，创新养老服务项目，抓牢培训和团队建设，提升服务质量和效率，时刻关注老人身心健康，让他们感受到家的温暖。

　　作为"90后"副院长，我常对新入职的年轻人说："给老人换尿不湿时，别忘记同时握住他们的手，这是触觉的温度传递，有时比护理技术更重要。"养老护理不仅是服务，更是生命的双向治愈。从护理员到管理者，变的只是岗位，不变的是那份"替天下儿女尽孝"的初心，这盏心灯，足以照亮我在养老事业上的每一个十年。

高中时期

小时候，因为父母忙于工作，所以我几乎是在爷爷奶奶身边长大的，爷爷奶奶用他们的爱护为我打造了一个幸福快乐的童年。

上高中时，学校离爷爷奶奶家很近，即便那个时候奶奶身体不太好，但她依然会坚持为我做午饭，让我无论在盛夏还是严冬都能吃上一口热乎饭。高中时我的成绩极其不稳定，如果妈妈管得严了，能考到年级第一；如果妈妈对我放松一点，基本就要年级几十名之外。高考过后，我的分数并不理想，比任何一次模拟考试的分数都要低出很多。在经过充分的考量后，我最终选择了职业院校，填报了天津职业大学的社区管理与服务（老年方向）专业，并顺利被录取。

> **职业指南·家长选读**
>
> **社区管理与服务（老年方向）专业需要的知识结构**
>
> 1. 文科为主：需要护理技能，孩子应掌握基本的护理操作，如测量血压、血糖，协助老人进行康复训练等。
> 2. 兴趣驱动：孩子应具备良好的沟通能力和表达技巧，能够与老人建立良好的关系，理解他们的需求并给予有效的回应。

高职时期

学习初期，所学专业与我而言只是个模糊的概念。那些陌生的专业术语像一堵冰冷的墙，让我无数次在课堂上走神。直到有一天讲授认知症护理时，老师突然问道："你们知道老人为什么总把假牙藏进饼干盒吗？"这个问题像一记重锤，让我突然意识到，课本上每个枯燥的知识点都有可能藏着老人晚年生活的痛点。

大二那年，我和队友在职业院校民政职业技能大赛的实操环节，在面对模拟失能老人的排泄护理考题时，我的手指不停地颤抖，是队友轻声说的那句"想想你奶奶"，让我稳住心神完成标准化操作流程。当宣布我们获得全国二等奖时，我攥着奖状在后台痛哭。原来那些深夜背诵的"压疮预防指南"，真的能化作守护生命尊严的力量。那个暑假，我每天蹲在奶奶的藤椅前给她药浴泡脚，修剪她因糖尿病蜷曲变形的趾甲。当我把参赛视频给她看时，她浑浊的眼睛突然发亮："我的露露会照顾人了。"可病魔没有给我更多尽孝的时间。接到病危通知时，我冲进病房看到的却是全身插满管子的奶奶。连续3天，我用棉签蘸水湿润奶奶龟裂的嘴唇，用竞赛中学的轴线翻身法每两个小时为她转换体位。当监护仪里的心跳轨迹渐渐拉成直线，奶奶的手在我的掌心慢慢变凉，她最终还是离开了我。返校后的一次志愿活动，在给王爷爷喂饭时，他无意识地抓住我的衣服喊了一声"闺女"，那一刻我放声大哭。老人布满老年斑的手与奶奶的手掌在我的记忆里重叠，我突然明白，那些未能在至亲身上实现的护理理想，可以化作千千万万次温柔的触碰。

进入大学的第三个学期，我有了双重身份——学生兼学徒，这个身份不仅为我打开了一扇通往社会实践的大门，更成为我人生旅途中一笔宝贵的财富。在养老院的每一天我都深感责任重大，同时也被这份职业背后的温情与使命深深吸引。养老院为我们这些学徒

> **职业指南·家长选读**
>
> **性格探索**
>
> 这个行业需要孩子对老年人有天然的亲近感，喜欢与他们交流、聆听他们的故事、关注他们的生活需求与情感世界。这些都将成为孩子未来在养老工作中持续投入和奉献的动力源泉。另外，还需要孩子具备一定的心理学、社会学等人文社科知识，以更好地理解和满足老年人的心理需求。因此，孩子若对这些领域表现出浓厚的兴趣，将有利于他们未来在职业道路上的成长与发展。

生安排了轮岗制度，让我们有机会在养老院的不同岗位上历练，从基础的生活照料到专业的医疗护理，每一个岗位都让我对养老服务的复杂性和重要性有了更深的理解。每周半天的专业技能培训让我不断汲取新知、提升自我。而每月一天的深入交流时间，让我有幸聆听了无数关于敬老、爱老、养老的感人故事，如同一股股暖流，滋养了我的心灵，坚定了我深耕养老行业的决心。除了专业技能的锤炼，我更是在这个过程中深刻体会到了中国传统孝道文化的精髓。每一次与老人的交流都是一次心灵的触碰，让我学会了倾听、理解与尊重。我意识到，养老不仅仅是一个职业，更是一种传递爱与温暖的社会责任。

实习结束后，我仍坚持每学期回到养老院实习一周，这不仅是对所学知识的检验，更是与老人们情感纽带的加固。第六学期的二次学徒经历，更是让我从"新手"成长为"老手"，在独立处理各项事务中展现了自己的能力。

毕业后，当我正式成为一名独当一面的护理员时，心中充满了感激与自豪。这段从学生到学徒，再到职业人的转变过程，不仅让我掌握了扎实的专业技能，更重要的是它教会了我如何用心去关爱每一位老人，如何在平凡的工作中寻找不平凡的意义。这段经历，无疑为我未来的职业生涯奠定了坚实的基础，也为我的人生道路指明了方向。

工作时期

毕业后我主动放弃高薪岗位，扎根养老行业十余年。从老年人日常护理、一站式服务到团队培养、养老服务项目开发、护理服务体系建设，我都事无巨细躬身实干，致力打造老人依赖、家属信赖、有爱有温度的专业养老服务。

工作中我勤勤恳恳，能力突出，先后荣获得国家级荣誉称号1项、市级奖项5项。我用专业技能践行"敬老在心，养老在行"的初心，用扎实细致的服务砥砺"尊老，敬老，爱老"的使命。

（一）坚定信仰，扎根基层：以谆谆红心服务最美夕阳

作为天津职业大学社区管理与服务（老年方向）专业的首批毕业生，毕业前我就收到了多家养老机构发出的就职邀请。但我毅然放弃高薪，选择扎根养老一线，服务耄耋老人。工作期间，我充分发挥出党员的模范带头作用，精心培养出一支年轻的养老团队，我们专注于养老护理服务体系建设工作，潜心研究护理服务细节，开发"养老院服务项目"，制订养老院规章制度、服务标准和员工培训课件，将护理部打造成为老人依赖、家属信赖的专业团队。纵非吾父母，亦尽爱心，伸援手，九州遍看夕阳红。我日常工作中任劳任怨

精神、踏实肯干的韧劲和周到细致的服务受到老人、家属和同事的一致好评，连续多年被评为年度优秀共产党。

（二）青春之火，温暖人心：以辛勤耕作守护最美夕阳

虽干着人们眼中为老人服务的最辛苦的工作，但我从来没有后悔和抱怨过。"90后"的我是养老院的服务明星，我有40多位"爷爷""奶奶"，有"嘟嘟""乐乐""妞妞"等几十位"爷爷""奶奶"给起的小名。刚毕业时，21岁的我是这里最年轻的护理员，初入职场，我兴奋且充满期待，但养老院工作的辛苦还是让我始料未及。我负责照料的第一位老人是84岁的耿爷爷，患有糖尿病和下肢静脉血栓，不能下床，每天要从床到轮椅往复搬动三四回。看着老人一米八几的个头和180斤的体重，身高不足一米六、体重只有100斤左右的我没有退缩，冷静思考后运用所学专业指导老人和我一起合力完成挪动。在我的精心照料下，老人血糖日渐平稳，虽长期卧床却没有发生压疮。每次与老人们聊天，我总是带着甜甜的笑容，聊老人家感兴趣的话题，老人们不时伸出大拇哥对我表示鼓励和称赞。就这样，我从护理员、护理长到护理主管，再到团队带头人和副院长，一线的护理工作我始终没有放下。如今的我，不仅对老人的生活照料驾轻就熟，还成了所有老人们的"知心宝贝"。

（三）春华秋实，锤炼技能：以模范传承托举最美夕阳

当前中国的养老行业即将迎来关键的黄金时期，作为新时代服务在养老行业一线的青年，我传承了"民之所忧，我必念之，民之所盼，我必行之"的实干精神，在基层坚守本分、开拓进取、锤炼技能，传承工匠精神。我用尊老爱老的初心、扎实娴熟的技艺、持之以恒的定力为养老事业的发展做出了不平凡的贡献。我多次获得公司"优秀员工"荣誉称号；2016年，我参加"家庭服务职业技能大赛暨京津冀首届家庭服务职业技能大赛"，获得天津选拔赛第一名；2017年，我荣获天津市"三八红旗手"、天津市"创新创业创优先进青年"荣誉称号；2018年，我荣获天津旅游集团"五四青年优秀共产党员"、天津旅游集团"优秀共产党员"荣誉称号；2020年，我荣获"天津市技术能手"、全国"敬老爱老助老模范人物"荣誉称号。

十年磨剑的辛勤工作，我早已将继承中华民族传统美德的"根"厚植于当代青年复兴民族的"魂"中。在养老事业日新月异的发展道路上，我愿意步履不停，带领无数的后起之秀投身提高社会公共服务质量的发展中，为养老事业的发展和壮大贡献青春力量。

作为青春养老人，我深知这份职业承载着对老年人的深切关怀与尊重。它不仅是技术与服务的结合，更是心灵与情感的交流。我们以青春的活力与耐心，陪伴老年人度过晚年时光，给予他们温暖与关爱。青春养老人，是老年人生活中的一缕阳光，用我们的笑容和努力照亮他们的心灵，让爱与陪伴成为最宝贵的礼物。我们致力提升老年人

职业指南·家长选读

职业上升路径

对于热爱学习、精通护理技术、致力提升老年人生活质量的学生来说，可以选择深耕护理技术，成为技术深化型专家。如果擅长沟通协调、具有团队领导力，且热衷于优化服务流程、提升养老机构运营效率，那么可以选择向管理领导方向发展。还可以关注国内外养老服务的最新趋势，结合本土实际情况，提出创新的服务理念或模式。

的生活质量，传承尊老敬老的美德，让社会更加和谐美好。

看看自己有哪些能力潜质，对照核心能力模型，这样你的未来之路就更有针对性。

核心能力模型

项目	要求
学科能力	数学、生物学、信息技术等基础学科能力；健康学、心理学、社会学、基础医学等专业学科能力
基础能力	语言表达能力、沟通能力、逻辑思维能力、身体运动与协调能力、自然观察能力、人际交往能力与同理心
社会能力	组织协调能力、团队协作能力、社会适应能力、心理承受能力、社会责任感

工作后需要的职业类证书

养老护理员、社工（初级、中级）、公共营养师、健康管理师、老年评估师等。

进修学习路径

专升本，进修学习专业：智慧社区管理、公共事业管理、智慧健康养老管理、医养照护与管理、养老服务管理、老年学等。

主要就业方向

进入长护险中心、社区养老服务站等，从事养老护理、养老管理、养老保险等工作。

主要专业能力

（1）具备与养老服务相关的专业技能，包括但不限于老年人护理技能、医疗知识、康复技能等。

（2）具有良好的沟通能力。理解老年人的需求和问题，并给予及时的回应；向老年人的家属及时反馈老年人的身体状况和日常表现。

（3）具有关注老年人的情绪变化、心理需求、身体健康状况，及时发现并处理任何异常情况的能力。

（4）具备团队协作的能力，能够与其他工作人员、医生、护士等保持良好的合作关系，共同为老年人提供优质的服务。

（5）具备持续学习与适应变化的能力，了解和学习新的护理技巧和知识，以提升自己的专业水平和服务质量。

（6）了解相关法律法规和伦理规范，确保自己的行为合法合规，维护老年人的权益。

撰稿人：贾倩倩　黎露露　董玉杭